Enfant, famille, justice.
Une femme à l'écoute de son siècle

Mélanges en l'honneur
d'Emma Gounot

Sous la direction de
Valérie Aubourg, Hugues Fulchiron, Bernard Meunier
et Fabrice Toulieux

Enfant, famille, justice.
Une femme à l'écoute de son siècle

Mélanges en l'honneur
d'Emma Gounot

mare & martin

Liber amicorum

Texte intégral
© Éditions mare & martin, 2022

ISBN 978-2-84934-583-2

Le Code de la propriété intellectuelle interdit les copies ou reproductions destinées à une utilisation collective. Toute représentation ou reproduction intégrale ou partielle faite par quelque procédé que ce soit, sans le consentement de l'auteur ou de ses ayants cause, est illicite et constitue une contrefaçon sanctionnée par les articles L. 335-2 et suivants du Code de la propriété intellectuelle. Pour les publications destinées à la jeunesse : application de la Loi n° 49-956 du 16 juillet 1949.

2012, Emma à la prison Saint Paul

Les éditeurs de cet ouvrage ont à cœur de remercier :

– l'ensemble des auteurs qui ont accepté d'offrir un texte inédit

– Anne Liu pour son méticuleux travail de finalisation de l'ouvrage,

– la famille Gounot pour sa collaboration à ce projet de publication en l'enrichissant de témoignages et de photos

– l'Unité de Recherche CONFLUENCE : Sciences et Humanités de l'UCLy qui apporta son soutien logistique et financier à cette publication.

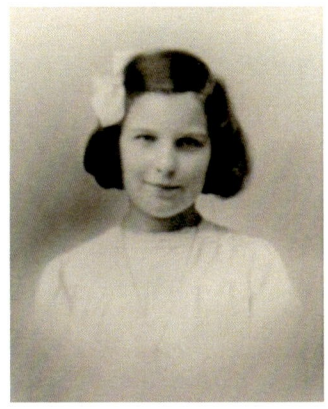

Emma, 1926

Vers 1920 Amédée Pey (Oncle Abbé)
Emma, Jean-Baptiste et Adèle Pey
(grands-parents d'Emma) Jeanne Pey

1926, devant l'église
de Neuville-sur-Ain

1921, Emma, Adèle, Marie Louise
et Jeanne Gounot

1922, première communion d'Emma

Les 9 aînés Gounot
Emma est au centre

Emma, 1932

Emmanuel et Anna Gounot avec leurs 9 aînés, vers 1930

Curriculum Vitae rédigé par Emma Gounot en 1994

CURRICULUM VITAE	
Nom :	GOUNOT
Prénoms :	Marie Jeanne Emma
Date et lieu de naissance :	26 février 1917 Lyon (6ᵉ)
Fille de :	Emmanuel Henri, né le 18 juin 1885 à Connaux (Gard), Avocat, Professeur à la Faculté Catholique de Droit de Lyon, décédé le 14 mai 1960,
Et de	Pey Marie Pierre Anna, née le 4 octobre 1889 à Lyon (6ᵉ), mère de famille (12 enfants), décédée le 20 avril 1978
Situation de famille :	Célibataire
Adresse :	36, rue Docteur Locard, 69005 LYON Tél : 78 25 04 56
Profession :	Retraitée
Études :	Baccalauréat Latin-grec-anglais – Philosophie
	Licence en Droit, D.E.S. Droit Privé, Histoire du Droit, Économie politique
	Doctorat en Droit Privé, Thèse : « L'autorité de la Mère sur les enfants pendant le mariage » (1949)
Professions exercées :	Avocat à la Cour d'Appel de Lyon (1940-1963)
	Professeur de Droit Civil à la Faculté Catholique de Droit (1939-1984)
	Doyen honoraire de la Faculté Catholique de Droit
	Directeur fondateur de l'Institut des Sciences de la Famille des Facultés Catholiques de Lyon (1972-1984)
	Professeur de Droit dans les Écoles d'Assistants de Service Social
Autres activités :	Appartenance à diverses associations à caractère social ou culturel (Chronique Sociale, Semaines Sociales de France, etc.)
Actuellement :	Présidente de l'Association de Sauvegarde de l'Enfance et de l'Adolescence du Rhône depuis 1974 (14 établissements ou services, 500 salariés, plus de 5 000 jeunes pris en charge)
	Vice-présidente de l'U.R.I.O.P.S.S. Rhône-Alpes (Union Régionale Interfédérale des Organismes Privés Sanitaires et Sociaux).
	Administratrice du C.R.E.A.I. Rhônes-Alpes (Centre Régional pour l'Enfance et l'Adolescence Inadaptées).
	Administratrice (personne qualifiée) de la Caisse d'Allocations Familiales de Lyon)
Décoration :	Chevalier dans l'Ordre des Palmes Académiques

Début des années 50 en Tunisie,
Emma avec Mgr Charles Gounot

1960, Réunion des familles Charpin,
Neyra et de la Bussière à Thol.
Emma est au 3e rang à droite,
sa mère (Anna Gounot)
au 2e rang à gauche

1939, Ramassage du bois
dans la salle d'ombrage
du Point du Jour

Repas à l'Institut des Sciences de la Famille, Emma au centre

2006, avec son arrière petit-neveu Raphaël

1997, les onze Gounot

Sommaire

Liste des auteurs

Introduction
Valérie Aubourg, Hugues Fulchiron, Bernard Meunier et Fabrice Toulieux

PREMIÈRE PARTIE
EMMA GOUNOT, UNE FEMME ENGAGÉE

Emma Gounot (1917-2017), une femme de son temps
Bernadette Angleraud

Emma Gounot. L'engagement pionnier d'une fille dans les pas de son père aux Semaines Sociales de France
Denis Vinckier

Emma Gounot et le catholicisme social lyonnais
Jean-Dominique Durand

La Sauvegarde, Emmanuel et Emma Gounot, une histoire de filiation et de transmission
François Boursier

Aux origines de l'Institut des Sciences de la Famille
Daniel Moulinet

Trois figures féminines en lien, pour partie, avec les engagements d'Emma Gounot dans le domaine de la famille, des enfants et de la justice
Mathilde Dubesset

DEUXIÈME PARTIE
DONNER SA PLACE À L'ENFANT

Ne surtout pas oublier les enfants dans la lutte contre les violences conjugales !
Isabelle Corpart

La justice familiale protectrice des droits de l'enfant
Marc JUSTON

La prise en considération de la parole et de l'intérêt supérieur de l'enfant
dans la procédure d'adoption
Blandine MALLEVAEY

L'aide sociale à l'enfance : son histoire, ses défis, ses limites,
actuels et à venir
Pierre VERDIER

Enfin, une consécration du droit à l'enfant !
(Éléments pour une anticipation vraisemblable)
Vincent BONNET

TROISIÈME PARTIE
FAMILLE ET COUPLE EN MUTATION

Le couple aujourd'hui. Un révélateur des inégalités sociales
Emmanuelle SANTELLI

Les politiques d'égalité femmes/hommes
Au-delà du combat féministe,
la promesse d'une vie meilleure pour tous
Isabelle ROME

À cet endroit précis où les liens font mal
La justice familiale selon l'espérance
Jean Philippe PIERRON

Spiritualité et théologie catholiques du mariage au risque du modèle
religieux. Un rapprochement contemporain à interroger
Bertrand DUMAS

La famille en archipel. Approche psychanalytique de la famille
Joël CLERGET

Us et abus de l'ethnologie pour éclairer les transformations
de la famille d'aujourd'hui
Martine SEGALEN †

Droit de la famille *versus* Droit des étrangers : entre rapprochements
et tensions. *L'exemple de la fragilisation du lien de la filiation
par les dispositifs de lutte contre les reconnaissances frauduleuses*
Carole PETIT

Dignité et fin de vie : enjeux sociétaux d'une expérience singulière
Julie Henry et Laure Marmilloud

QUATRIÈME PARTIE
NOUVEAUX ENJEUX POUR LA JUSTICE

Les horizons métaphysiques pré-interprétatifs du jugement pénal
Yan Plantier

Famille et détention : de la difficulté de maintenir des liens
Marion Wagner

Laïcité et prisons françaises : applications juridiques et perspectives
Alexandre Delavay

Le procès Dominic Ongwen à la CPI : l'impossible narration d'un enfant soldat
Clarisse Brunelle-Juvanon

La traite d'êtres humains en Europe
Pascale Boucaud

CINQUIÈME PARTIE
EMMA AU PLUS PRÈS

Libre traversée d'un siècle
Valérie Aubourg et Hugues Fulchiron

Témoignages familiaux – Emma vue par les siens

« *Emma Gounot faisait honneur au diocèse de Lyon !* »
Interview du père Christian Montfalcon

Liste des auteurs

Bernadette ANGLERAUD**,** *Agrégée et docteur en histoire, Professeure en classes préparatoires, Présidente de l'Antenne Sociale de Lyon.*

Valérie AUBOURG**,** *Professeure d'anthropologie-ethnologie (HDR) à l'UCLy, Directrice de l'UR Confluence : Sciences et Humanités, Directrice de l'Institut des Sciences de la Famille (2012-2019).*

Vincent BONNET**,** *Maître de conférences HDR à l'Université de Bourgogne Franche-Comté, Directeur du master 2 de droit notarial.*

Pascale BOUCAUD**,** *Professeur de droit (HDR) à l'UCLy, Membre de l'UR Confluence : Sciences et Humanités, Doyen de la faculté de droit, Sciences Politiques et Sociales (2016-2020), Directrice de l'Institut des Sciences de la Famille (2007-2012).*

François BOURSIER**,** *Historien, enseignant à l'UCLy.*

Clarisse BRUNELLE-JUVANON**,** *Juriste, Chargée d'enseignements à l'UCLy, Ancienne cheffe de mission humanitaire.*

Joël CLERGET**,** *Psychanalyste, Écrivant, Directeur de l'Institut des Sciences de la Famille (1984-1986).*

Isabelle CORPART**,** *Maître de conférences en droit privé (HDR) à l'Université de Haute-Alsace, Membre du CERDACC (Centre Européen de recherche sur le Risque, le Droit des Accidents Collectifs et des Catastrophes, UR 3992).*

Alexandre DELAVAY**,** *Avocat au Barreau de Paris, Cofondateur de l'association Prison Insider.*

Mathilde DUBESSET**,** *Agrégée d'Histoire, Maîtresse de conférences honoraire en histoire contemporaine à l'Université de Grenoble, Membre du LARHRA (UMR 5190).*

Jean-Dominique DURAND**,** *Professeur émérite d'Histoire contemporaine à l'Université Jean Moulin-Lyon 3.*

Bertrand DUMAS**,** *Docteur en théologie catholique, Maître de conférences à la faculté de théologie catholique de l'Université de Strasbourg, Conseiller conjugal et familial, Directeur de l'Institut de Pédagogie Religieuse.*

Hugues FULCHIRON**,** *Professeur de droit, Conseiller S.E. à la Cour de cassation, Directeur du Centre de droit de la famille, à l'Université Jean Moulin-Lyon 3.*

Julie HENRY**,** *Maître de conférences en philosophie à l'ENS de Lyon, Membre du Laboratoire Triangle (UMR 5206).*

Marc JUSTON**,** *Président de Tribunal honoraire, Formateur et Médiateur, Membre du Haut Conseil de la Famille, de l'Enfance et de l'Âge.*

Blandine Mallevaey, *Professeur de Droit privé et sciences criminelles, Université Catholique de Lille, Titulaire de la Chaire Enfance et familles, Centre de recherche sur les relations entre le risque et le droit.*

Laure Marmilloud, *Infirmière, Master 2 de philosophie.*

Bernard Meunier, *Neveu d'Emma Gounot, Agrégé de lettres classiques, Docteur de l'École Pratique des Hautes Études, docteur en théologie, Chargé de recherche CNRS, Laboratoire HiSoMA (Sources Chrétiennes).*

Daniel Moulinet, *Docteur en théologie, HDR en histoire, Professeur en histoire religieuse contemporaine à la faculté de théologie, UCLy, Membre de l'UR Confluence : Sciences et Humanités.*

Carole Petit, *Maître de conférences en droit privé à l'UCLy, Directrice adjointe de la faculté de droit, Directrice pédagogique DU État civil, Membre de l'UR Confluence : Sciences et Humanités.*

Jean Philippe Pierron, *Professeur de philosophie à l'Université de Bourgogne, Directeur de la Chaire Valeurs du soin.*

Yan Plantier, *Agrégé de philosophie et psychanalyste, Enseignant à la Faculté de Philosophie de l'UCLy. Membre temporaire de l'UR Confluence : Sciences et Humanités.*

Isabelle Rome, *Haute-fonctionnaire à l'égalité femmes/hommes du ministère de la justice, Inspectrice générale, Magistrate, Autrice.*

Emmanuelle Santelli, *Sociologue, Directrice de recherche CNRS, Centre Max Weber (Lyon).*

Martine Segalen †, *Professeur émérite d'anthropologie et de sociologie de l'Université Paris-Nanterre, Directrice du Centre d'ethnologie française (1986-1996).*

Fabrice Toulieux, *Docteur en droit, Enseignant-chercheur à l'UCLy, Directeur de l'Institut des Sciences de la Famille, Membre de l'UR Confluence : Sciences et Humanités.*

Denis Vinckier, *Secrétaire général aux instances, Université Catholique de Lille, Conseiller régional des Hauts-de-France, Président à Lille des Semaines sociales et membre du Conseil d'administration de l'association nationale.*

Pierre Verdier, *Docteur en droit, Ancien directeur de DDASS, Avocat au barreau de Paris.*

Marion Wagner, *Docteur en droit, Membre associée du Centre de recherche en droit Antoine Favre de l'Université Savoie Mont-Blanc.*

Introduction

Valérie AUBOURG
Professeure d'anthropologie-ethnologie (HDR) à l'UCLy
Directrice de l'UR Confluence : Sciences et Humanités
Directrice de l'Institut des Sciences de la Famille (2012-2019)

Hugues FULCHIRON
Professeur de droit, Conseiller S.E. à la Cour de cassation
Directeur du Centre de droit de la famille, à l'Université Jean Moulin-Lyon 3

Bernard MEUNIER
Neveu d'Emma Gounot, Agrégé de lettres classiques
Docteur de l'École Pratique des Hautes Études, docteur en théologie
Chargé de recherche CNRS, Laboratoire HiSoMA (Sources Chrétiennes)

et

Fabrice TOULIEUX
Docteur en droit, Enseignant-chercheur à l'UCLy
Directeur de l'Institut des Sciences de la Famille
Membre de l'UR Confluence : Sciences et Humanités

Emma Gounot devait fêter ses 100 ans le 26 février 2017. Pour l'occasion, elle avait convié ses 250 cousins, neveux, petits-neveux, arrière-petits-neveux. Début février, elle était descendue depuis son quartier du Point du Jour (Lyon 5e), jusque dans la presqu'île afin de s'acheter une tenue de circonstance. Après sa course, elle profita des quelques rayons de soleil qui inondaient la place Bellecour avant de faire un détour par la FNAC, récupérer des cartouches pour son imprimante. Refusant de prendre un taxi, elle prit le bus et, d'un pas rapide et décidé, regagna son appartement qu'elle partageait avec ses deux sœurs. Elle retrouva son ordinateur, où elle passait jusqu'à 8 heures par jour à retravailler le texte des interviews[1] qu'elle nous avait accordés. Moins d'une semaine plus tard, elle décédait, un 9 février.

---

1. *Cf.* le dernier chapitre de cet ouvrage qui présente le texte de ces interviews entièrement retravaillé de manière à inclure les corrections suggérées par Emma Gounot.

« *Si je meurs avant, venez quand même* », avait-elle prévenu. Alors, le jour de son grand anniversaire, tous se sont réunis dans le vaste amphithéâtre de l'Université catholique de Lyon, sur le campus Saint Paul – du nom de la prison auquel il succéda en 2015. La journée commença par une eucharistie célébrée par un petit-neveu d'Emma Gounot. Cette cérémonie religieuse et les lieux dans lesquels elle prenait place résumaient en quelque sorte toute sa vie, mettant en relief les quatre piliers sur lesquels elle reposait : la famille, la faculté, la prison, le catholicisme.

La famille. Aînée de 11 enfants, la famille tint une place déterminante dans son existence, à commencer par son père dont elle fut l'héritière : Emmanuel Gounot, un bâtonnier de Lyon et qui a laissé son nom à une loi à l'origine de la création de l'Union nationale des associations familiales (Unaf). Sa famille, qu'elle se plut longtemps à réunir le dimanche, elle continuait à en prendre soin en maintenant le lien entre ses membres *via* internet. La famille, le couple et l'enfant furent également au centre de ses actions et de ses réflexions en tant que présidente de la Sauvegarde de l'Enfance et de l'Adolescence (1974-1994) et fondatrice de l'Institut des Sciences de la Famille (ISF). La famille lui paraissait « l'instrument le plus nécessaire à l'épanouissement et au développement des personnes[2] ».

Les facultés catholiques. Emma Gounot y entra en 1939, à 22 ans, pour en être la première femme à y enseigner le droit. Elle en fut plus tard le doyen de la Faculté de Droit. Dans les locaux de « La Catho »[3], elle fut inventive. Dès 1965, elle envisageait d'ouvrir l'université à un public d'adultes. Il lui fallut attendre 1971 et la loi assurant le financement de la formation continue pour mettre en œuvre son projet. « Plus que jamais apparaît nécessaire l'existence d'un lieu où l'on puisse informer et réfléchir sans passion sur le sens des transformations [de la société, consécutives à 1968][4] ». Ainsi, dans un contexte de mutation rapide du couple et de la famille, l'Institut forma des centaines de travailleurs sociaux. Il s'appuya sur une équipe composée d'universitaires mais également de professionnels dans le domaine de l'action familiale et de l'éducation[5]. De manière nouvelle, elle a promu la pluridisciplinarité en réunissant juristes, psychologues,

---

2. Emma Gounot, 2014, entretien avec Bernadette Angleraud et Valérie Aubourg, UCLy.
3. La Faculté Catholique de Droit était située rue Sainte Hélène avant de déménager dans l'ancien Hôtel Claridge, 29 rue du Plat, dans les années 50, lorsqu'Emmanuel Gounot en était le Doyen. L'ISF a commencé rue Sainte Hélène avant de s'installer dans un appartement rue du Plat pour revenir rue Sainte Hélène à partir des années 80. Depuis 2015, il a pris place dans le campus Saint Paul, au 10 place des Archives.
4. Emma Gounot, 2014, « L'Institut des sciences de la famille raconté par Emma Gounot », disponible sur : https://www.ucly.fr/au-commencement-de-linstitut-des-sciences-de-la-famille-selon-emma-gounot/
5. *Ibid.*

sociologues et médecins au sein de l'ISF, qui demeure actuellement en France le seul institut universitaire pluridisciplinaire dans son domaine. Concevant l'institut comme un « lieu carrefour de rencontre et de confrontation », elle veilla de manière inédite à articuler les données des sciences de l'homme avec une réflexion philosophique, théologique et éthique.

La prison. Emma Gounot la fréquenta en tant qu'avocate. À ce titre, elle défendit des journalistes résistants – de *Combat* et de *Témoignage chrétien*. Parmi eux, Emmanuel Mounier qui se plaisait à « parler philo » lors de leurs entretiens et dont le personnalisme influença la réflexion de la jeune femme. À la Libération, Emma Gounot assura également la défense d'anciens collaborateurs, dans le contexte de l'épuration. Puis, pendant la guerre d'Algérie, des membres du FLN. À trois reprises, elle rencontra le président de la République pour des recours en grâce : deux fois Vincent Auriol et une fois le Général de Gaulle. Ses clients ont été graciés.

Le catholicisme social. Emma Gounot s'inscrivait dans cette famille de pensée et s'y engagea pleinement en participant aux activités lyonnaises de la Chronique Sociale et en assumant la charge de secrétaire générale des Semaines Sociales de France (1954-1973). Sa foi prenait appui sur ses liens familiaux (son oncle était évêque de Carthage) et s'exprimait dans ses relations personnelles avec les autorités diocésaines (le cardinal Pierre Gerlier, Christian Montfalcon), des théologiens (le père Henri de Lubac), des prêtres de la Chronique Sociale (Gabriel Matagrin, le jésuite François Varillon notamment) et des laïcs comme Joseph Folliet. Dans une typologie du catholicisme français d'aujourd'hui, Emma Gounot prendrait place dans la catégorie des « catholiques d'ouverture » qui ne condamnent pas les évolutions sociétales et les mutations anthropologiques mais cherchent à les comprendre et à les accompagner. « Réfléchir non pas à partir des principes mais à partir des réalités vécues et en découvrir le sens[6] », telle était sa démarche.

Ces différents traits saillants de la vie d'Emma Gounot, nous les retrouvons dans ce livre qui est né de la volonté de lui rendre hommage en réunissant des textes inédits autour des transformations de la famille et de la justice qui ont marqué le XXe siècle. L'objectif visait également à nourrir la réflexion sur des questions actuelles aussi délicates qu'incontournables telles que la confrontation de l'enfant à la violence conjugale, le couple révélateur d'inégalités sociales, le maintien des liens familiaux en détention, la laïcité dans les prisons françaises, etc.

Poursuivant l'approche favorisée par Emma Gounot, l'ouvrage a été pensé dans une perspective pluridisciplinaire et donne la parole à des universitaires et

---

6. *Ibid.*

à des professionnels. En amont et en aval de cette réflexion placée au cœur de l'ouvrage, deux chapitres reviennent sur la vie d'Emma Gounot.

L'ouvrage est composé de 5 parties.

La personne et la vie d'Emma Gounot tout d'abord, dont le mot « d'engagement » résume exactement la teneur. Emma Gounot y apparaît comme une figure emblématique de ces catholiques qui, dans la mouvance du Concile Vatican II (Emma assista à l'une de ses séances) se voulaient davantage « levain dans la pâte » que « lumière sous le boisseau ». Elle agissait en chrétienne en se mettant au service de la société, sans ménager ni ses forces ni son temps. C'est ainsi, qu'après sa journée de travail à l'ISF par exemple, elle rejoignait quotidiennement la Sauvegarde de l'Enfance où les réunions s'éternisaient bien souvent jusqu'à plus de 23 heures.

De sa personne, outre son regard clair dans lequel pétillait une intelligence mêlée d'un éclair de malice, il nous est dit peu de choses dans cet ouvrage, tant la demoiselle Gounot se montrait peu diserte sur elle-même. Retenons simplement quelques mots de ceux qui l'ont côtoyée à l'UCLy. Le père Pierre Gire, professeur de philosophie, décrit « une femme remarquable, laissant un héritage intellectuel et spirituel tout à fait extraordinaire, et un témoignage superbe sur la beauté de la Foi dans l'humanité[7] ». Joël Clerget, qui lui succéda à la tête de l'ISF (1984-1986), parle d'elle comme « une des femmes les plus délicates rencontrée dans sa vie » et d'« une âme vive qui était animée d'un *Esprit*[8] ». Il se remémore « la profondeur intense de son regard sur le monde et les êtres que le bleu de ses yeux venait colorer[9] ». Brigitte Tavernier, une ancienne étudiante, se souvient d'une « grande dame, et une belle âme, de celles qui font honneur à notre sexe[10] ». Quant à Bernadette Barthelet, qui dirigea l'ISF (1994-1998), elle la considère à juste titre comme « un vrai personnage de roman[11] ».

Mais, ce que nous savons d'Emma Gounot, c'est principalement sa vie qui nous l'apprend. Bernadette Angleraud part de ses héritages familiaux avant de parcourir ses différents engagements qui témoignent de leur emprise avec les problématiques de son époque. « Intellectuelle en responsabilité », c'est sous cette appellation pertinente que l'historienne décrit Emma Gounot comme une militante qui délaisse le devant de la scène pour s'impliquer de manière concrète

---

7. Pierre Gire, « décès de Mlle Gounot », Destinataire : Valérie Aubourg. 11 février 2017. Communication personnelle.
8. Joël Clerget, « décès de Mlle Gounot », Destinataire : Valérie Aubourg. 11 février 2017. Communication personnelle.
9. Voir le début de l'article de Joël Clerget dans cet ouvrage.
10. Brigitte Tavernier « décès de Mlle Gounot », Destinataire : Valérie Aubourg. 16 février 2017. Communication personnelle.
11. Bernadette Barthelet « décès de Mlle Gounot », Destinataire : Valérie Aubourg. 11 février 2017. Communication personnelle.

dans l'exercice de ses fonctions. Alors que Jean-Dominique Durand replace son action dans le terreau du catholicisme social lyonnais, Denis Vinckier revient sur sa participation aux Semaines Sociales de France dans la continuité de son père. Toujours dans les pas d'Emmanuel Gounot, François Boursier situe l'action d'Emma à la Sauvegarde de l'Enfance et de l'Adolescence. Daniel Moulinet s'arrête ensuite sur la naissance de l'ISF au début des années soixante-dix, institut dont son père avait posé la première pierre en 1948, lorsqu'il avait inauguré une série de conférences sur « La famille devant les sciences contemporaines » en déclarant : « Première étape, espérons-le, vers la fondation d'une véritable chaire des sciences familiales[12] ». Puis, pour clore cette partie historique, Mathilde Dubesset présente trois figures féminines pouvant faire écho à celle d'Emma Gounot.

L'enfant ensuite, apparaît dans la deuxième partie du livre qui montre comment le petit d'homme est dorénavant pris en considération. Cependant, sa fragilité le rend d'autant plus vulnérable lorsqu'il se trouve confronté à des dysfonctionnements graves tels que les violences conjugales au sein du couple parental. Isabelle Corpart nous alerte sur les dangers qu'il encourt et notamment celui d'être oublié en de telles situations. Dans le cadre des procédures de divorce et de séparation, Marc Juston met en avant les apports de la médiation familiale dans l'intérêt des enfants. Dans les procédures d'adoption, Blandine Mallevaey souligne les paradoxes singularisant la prise en compte de la parole et de l'intérêt supérieur de l'enfant. Quant à Pierre Verdier, son expérience d'avocat et d'ancien directeur de la DDASS le conduit à s'interroger sur les évolutions enregistrées par l'aide sociale à l'Enfance. Au-delà des « droits de l'enfant », Vincent Bonnet étudie la manière dont pourrait être consacré un « droit à l'enfant ». Il le confronte à ses enjeux en termes de procréation et de filiation, à partir des débats récents autour des lois bioéthiques.

La famille et le couple sont au centre de la troisième partie de l'ouvrage qui les étudie au prisme de leurs mutations contemporaines. Tout en éclairant les changements qui se sont opérés dans la vie conjugale, Emmanuelle Santelli montre la persistance de disparités entre hommes et femmes. Isabelle Rome aborde cette question d'égalité femme/homme sur le versant des politiques publiques. Ce faisant, elle se tient à distance des postures clivantes, cherchant à rassembler autour d'une cause qui doit à ses yeux être « l'affaire de tous ».

Comment penser les nouvelles réalités des couples et des familles du point de vue de la foi catholique lorsque ces comportements s'opposent aux normes magistérielles ? C'est à cet exercice délicat que se livre Jean Philippe Pierron en

---

12. Emma Gounot, 2014, « L'Institut des sciences de la famille raconté par Emma Gounot », disponible sur : https://www.ucly.fr/au-commencement-de-linstitut-des-sciences-de-la-famille-selon-emma-gounot/

proposant une « justice familiale selon l'espérance » comme alternative à l'intransigeance morale d'un côté et au « relativisme qui pense que tout se vaut », de l'autre.

Dans un contexte de postmodernité, les effets des mutations anthropologiques à l'œuvre dans nos sociétés s'observent aussi dans le champ de la spiritualité conjugale. Bertrand Dumas se penche sur le binôme réflexif mariage/vie religieuse pour mettre en lumière une tendance actuelle de rehaussement du premier état de vie (le mariage) en fonction du second (la vie consacrée). Au regard de la théologie chrétienne, il en montre les ressorts mais aussi les risques – de favoriser une vision préchrétienne qui court-circuiterait la logique de médiation à l'œuvre dans le christianisme, notamment.

Dans le champ de la psychanalyse, la déconstruction du terme de famille dans sa réalité historique, amène Joël Clerget à s'interroger sur ce qui vaut famille et fait famille au fil du temps. Sa réflexion le conduit à substituer aux métaphores du « noyau » ou du « réseau », celle de la famille comme « archipel ».

Autre évolution récente, la mobilisation de l'ethnologie dans l'étude des formes de familles issues des nouvelles techniques de reproduction (NTR). « Elles sont de plus en plus présentes dans les débats sociaux et éthiques que soulèvent ces pratiques consécutives aux incroyables avancées de la biotechnologie », note Martine Segalen. Celle qui s'est imposée comme une des références majeures dans l'analyse des transformations sociologiques de la famille[13] nous met en garde face au recours abusif à des exemples empruntés aux sociétés « autres » pour apaiser les inquiétudes des sociétés modernes devant la filiation embrouillée d'enfants nés par GPA.

À l'heure de la globalisation, nos sociétés sont aussi en proie à des évolutions consécutives aux flux intenses de populations. Carole Petit en analyse les conséquences en matière de filiation à partir de l'exemple des dispositifs de lutte contre les reconnaissances frauduleuses.

Dans la voie tracée par Emma Gounot, qui s'impliqua jusqu'au terme de son existence dans un groupe de réflexion éthique dont elle était présidente d'honneur, Julie Henry et Laure Marmilloud unissent leurs voix de philosophe et d'infirmière pour décrire les enjeux sociétaux autour de la fin de vie et de son accompagnement.

La justice. « Le droit nécessite une réflexion philosophique » affirmait Emma Gounot qui aurait aimé doubler sa thèse en droit par une thèse en philosophie. C'est dans cette lignée que s'ouvre cette quatrième partie avec une interrogation sur le sens de la peine que Yann Plantier porte sur le terrain métaphysique.

---

13. On en voudra pour preuve le succès dans les milieux universitaires de son ouvrage écrit avec Agnès Martial. *Sociologie de la famille*. Armand Colin dont la 9ᵉ édition a été publiée en 2019.

À la croisée entre le milieu carcéral et celui de la famille, Marion Wagner se penche sur la difficulté à maintenir ces liens en détention. Dans le cadre de la prison, Alexandre Delavay s'interroge sur l'expression de la liberté religieuse qu'il met au regard des textes juridiques et des pratiques.

En revenant sur le procès d'un enfant soldat avant que nous soit dépeinte la lutte contre la traite des êtres humains, Clarisse Brunelle-Juvanon puis Pascale Boucaud terminent cette partie en nous alertant sur des sujets graves. La dignité et l'intégrité de l'être humain demeurent un horizon à atteindre et un combat à poursuivre.

Les propos d'Emma Gounot concluent ce livre. Valérie Aubourg et Hugues Fulchiron diffusent les entretiens qu'elle leur a accordés entre janvier et juin 2016. Des témoignages familiaux, amicaux et quelques photos sont réunis. Et, puisqu'il s'agit d'entendre sa voix, avant de parler d'elle, arrêtons-nous sur une citation qui illustre la conviction qui soutenait sa mobilisation en faveur de la protection des plus vulnérables : « Toute personne, quels que soient ses difficultés ou handicaps, a la capacité d'évoluer et de développer, à son rythme et selon ses potentialités, un projet de vie individualisé ».

Première partie

Emma Gounot, une femme engagée

Emma Gounot (1917-2017), une femme de son temps

Bernadette ANGLERAUD
*Agrégée et docteur en histoire, Professeure en classes préparatoires
Présidente de l'Antenne Sociale de Lyon*

La Résistance, la guerre d'Algérie, la révolution familiale des années 1970… Voici quelques domaines dans lesquels Emma Gounot s'est engagée, témoignant de son emprise avec les problématiques de son époque. Il ne s'agit pas de combats de circonstance ou stratégiques, c'est en tant qu'avocate, professeur à la faculté catholique de droit, secrétaire générale des Semaines Sociales de France, administratrice de la Sauvegarde de l'Enfance, qu'elle s'investit dans ces chantiers multiples qui sont autant de terrains où sa foi ancrée dans le christianisme social l'appelle. Son parcours de vie est à replacer dans une histoire, à la fois locale et familiale, qui la conduit à chercher à être en prise avec les questions politiques ou sociétales qui ont traversé le XXe siècle.

I. Une histoire familiale : l'héritage

On ne peut évoquer Emma Gounot sans faire référence au clan Gounot. Emma naît en 1917, aînée d'une famille qui comptera onze enfants. Son père, Emmanuel, est un brillant avocat, engagé dans les réflexions sociales qui agitent le milieu des catholiques sociaux.

Pour comprendre les engagements des Gounot, il est nécessaire de repartir du contexte de la fin du XIXe siècle qui voit s'imposer « la question sociale »[1]. La France, comme les pays voisins, est traversée par une vague de grèves dont certaines sont longues et violentes. La situation n'est plus celle des années 1830, le monde ouvrier a acquis le droit de grève, d'association et le droit syndical. Dans le même temps, s'est affirmée une seconde révolution industrielle, marquée par une forte mécanisation, une augmentation de la taille des établissements et une intensification du travail. Dans ce contexte, l'identité ouvrière prend consistance et peut s'exprimer.

---

1. B. Angleraud, « Lyon au XIXe siècle », *in* P. Chopelin et P.-J. Souriac (dir.), *Nouvelle histoire de Lyon et de la métropole*, Éditions Privat, 2019.

Comment alors gérer cette question ouvrière ? L'État, les partis politiques, le patronat s'emparent du sujet, y répondant par une législation sociale, nouveau pacte passé entre patrons et employés, qui s'appuie sur des expériences comme l'intéressement aux bénéfices ou la protection sociale. Rien d'étonnant donc à ce que l'Église s'engage dans ce champ.

Emmanuel Gounot a 6 ans en 1891 quand parait l'encyclique *Rerum Novarum*, qui a pu être présentée comme l'acte de naissance du catholicisme social même si elle plonge, en fait, ses racines dans les premières décennies du XIXe siècle autour d'initiatives, comme celles de Frédéric Ozanam. Mais, dans les années 1830, cette ouverture sociale avait été condamnée par la hiérarchie catholique, ce qu'atteste *Mirari Vos* de Grégoire XVI à l'encontre de Lamennais, jugé subversif. *Rerum Novarum* donne naissance non au catholicisme social, mais à la doctrine sociale de l'Église, qui légitime l'engagement des catholiques dans ce domaine d'action. Dans cette encyclique, le pape Léon XIII invite les chrétiens et les États à s'engager sur les questions de société, tout en se gardant de deux dangers : le socialisme et le libéralisme. Cet appel, s'il est dans l'esprit du temps, provoque des réactions variées chez les chrétiens, qui, selon leur situation professionnelle et leur idéologie politique, l'acceptent plus ou moins bien. Ces réactions sont de trois types : traumatisme, résignation et enthousiasme. Dans le cas lyonnais, le débat s'organise entre ces trois mouvances[2] :

– Les résignés sont les catholiques intransigeants pour lesquels *Rerum Novarum* est une trahison. Leur engagement social, essentiellement à travers les œuvres, était perçu aussi comme un moyen de contrer l'État républicain, mais surtout comme un moyen d'imprimer une marque chrétienne dans une société en voie de déchristianisation. Ces militants de la défense religieuse doivent donc, par obéissance à Rome, se résigner à collaborer avec la République.

– Les « acceptants » appartiennent majoritairement aux milieux d'affaire. À Lyon, ils ont pour représentants Joseph Gillet, Auguste Isaac ou encore les Morel-Journel. Ce sont des libéraux, qui considèrent que les sphères religieuse et socio-politique ne doivent pas se recouper. Ils sont adeptes de la séparation des domaines, le religieux relevant du privé. Ceci les conduit à condamner les manifestations virulentes des catholiques rigoristes, mais aussi le trop grand engagement social de certains catholiques. La plupart d'entre eux sont assez souples en politique, favorisant des régimes qui offrent une stabilité, bénéfiques aux affaires, et ne se mêlent pas trop d'économie. Pour eux, le chef d'entreprise doit être le seul maître à bord et ne doit donc pas être entravé par des interventions de l'État, pas plus que de l'Église. L'appel de Léon XIII à une politique sociale, sa critique du capitalisme et son appel à un interventionnisme

---

2. B. Angleraud, *Lyon et ses pauvres, des œuvres de charité aux assurances sociales 1800-1939*, Éditions L'Harmattan, 2011.

étatique leur déplaisent. Auguste Isaac, évoquant Joseph Gillet, dit de lui : « Il rêvait d'une classe ouvrière indépendante et digne, gagnant un salaire assez élevé pour se passer de la charité des bourgeois. Joseph Gillet ne craignait pas de profiter des bas salaires de tout un monde de manœuvres qui n'avaient que leurs bras… mais sa conscience lui commandait d'ajouter quelque chose à ces salaires insuffisants et il se montrait également généreux pour les œuvres confessionnelles et les fondations laïques, Joseph Gillet était loin d'être indifférent au sort de la classe laborieuse, mais il pensait qu'il ne lui appartenait pas de prendre l'initiative des hausses de salaire. »

– Les convertis se retrouvent dans la mouvance de la Chronique Sociale, fondée à Lyon en 1892 par Victor Berne et Marius Gonin. La Chronique Sociale, en tant que revue, puis mouvement, entend aborder les questions sociales en s'appuyant sur l'Évangile, affirmant ainsi une pensée sociale chrétienne. *Rerum Novarum* officialise donc leur engagement.

Emmanuel Gounot appartient au dernier cercle. C'est au collège des Chartreux qu'il a participé aux « réunions de propagande et d'études » organisées par la Chronique Sociale[3]. Jeune lycéen, dans les années 1900, il s'est initié à la pensée sociale chrétienne, aux côtés de condisciples qu'il retrouvera à la Chronique Sociale, qu'il s'agisse du futur médecin René Biot ou du philosophe Joseph Vialatoux. La Chronique donne à cette génération de jeunes catholiques, issus de milieux favorisés et classiques, un lieu de réflexion et d'engagement. Elle entend permettre à ses militants d'entrer en contact avec les réalités sociales, tout en mettant à profit leur expertise pour développer des analyses. Ainsi, son Secrétariat social coordonne des groupes d'études et des services de renseignements, ouverts au public, sur différentes thématiques : l'hygiène sociale, les jardins ouvriers, le syndicalisme aussi bien que les études apologétiques.

Emmanuel Gounot, est alors un jeune « double docteur » avec une thèse de droit[4], soutenue en 1912 sur l'autonomie de la volonté, et, l'année suivante, de sciences politiques ; elles lui valent de devenir maître de conférences à la Faculté catholique de droit en 1913 ; il est également inscrit au Barreau, spécialisé en droit commercial. Il apporte donc à la Chronique ses compétences, en droit et en philosophie, qu'il met en œuvre aussi bien de façon théorique que pratique. Ainsi, il participe à la commission d'assistance juridique et prend la tête du groupe d'études apologétiques. Ce groupe entend engager des recherches sur la religion, mais aussi armer les jeunes gens pour argumenter dans des débats avec les anticléricaux. Les sujets abordés sont aussi bien l'existence de Dieu que les rapports entre l'Église et l'État.

---

3. C. Ponson, *Les catholiques lyonnais et la Chronique Sociale, 1892-1914*, Éditions PUL, 1979.
4. P. Arabeyre, *Dictionnaire historique des juristes*, Éditions PUF, 2007.

Les Semaines Sociales[5], universités itinérantes, qui ont été expérimentées pour la première fois à Lyon en 1904, sous la houlette de Marius Gonin et du Lillois Adéodat Boissard, sont vues comme un moyen de diffusion de cette pensée sociale chrétienne qui s'échafaude. En 1921, Emmanuel Gounot y fait sa première intervention sur « la crise de la probité publique et le désordre économique » et en devient vite un des conférenciers attitrés. À partir des Semaines Sociales de France de 1923, dont le thème porte sur le problème de la population, il s'intéresse plus particulièrement aux questions de la famille, dont il se fera une spécialité.

Emmanuel Gounot incarne, dans l'Entre-deux-guerres, la volonté de catholicisme intégral qui anime la Chronique Sociale et qui ambitionne de s'ancrer dans le monde pour rechristianiser la société. Intellectuel, enseignant, il est aussi un praticien de la philosophie et du droit à travers ses engagements dans les questions de la famille. S'il enseigne dans les hautes sphères universitaires, il donne également des cours de droit à l'École de service social du Sud-Est, où la formation médicale est assurée par René Biot, autre membre de la Chronique. Il s'agit de former les premiers travailleurs sociaux qui seront directement en prise avec le terrain.

Emma Gounot hérite de cette mouvance du christianisme social qui pousse les chrétiens à s'engager, au nom de leur foi, sur les questions de société. En 1936, âgée de 19 ans et étudiante en droit, elle accompagne son père aux Semaines Sociales de France. Puis, dans le contexte de la guerre, elle va progressivement se placer dans les pas de son père. Emmanuel Gounot étant mobilisé, c'est Emma, sur demande du Recteur de la Faculté catholique de droit, qui reprend l'enseignement paternel, intérim qui durera jusqu'en 1984 ! Le relais est également pris à la Chronique Sociale. Avec une fille du docteur René Biot, elle y crée un cercle féminin, sur le modèle du Cercle Marius Gonin, lieu de réflexion ouvert aux jeunes hommes. Cette initiative lui vaut, sur proposition du cardinal Gerlier, de devenir représentante des différents mouvements d'Église de jeunes, qui s'étaient repliés sur Lyon. Comme lors du premier conflit mondial, la guerre fournit le contexte d'une promotion féminine, même si, dans un premier temps, Emma Gounot ne fait figure que de substitut de son père.

II. Les remous de la seconde moitié du XXe siècle

Après-guerre, Emma Gounot conserve les places acquises, demeurant enseignante à la Faculté, membre de la Chronique Sociale et des Semaines Sociales de France. Elle collabore avec Joseph Folliet, qui est à la tête de la Chronique, et à qui elle succède au poste de secrétaire générale des Semaines Sociales en 1954.

---

5. J.-D. Durand (dir.), *Les Semaines Sociales de France 1904-2004*, Éditions Paroles et Silence, 2006.

Pour autant l'héritage n'est pas facile à assumer, le monde a changé. La place des chrétiens dans la société a été modifiée par la participation à la Résistance, ils y ont gagné une reconnaissance. Mais, pour autant, à la différence des pays voisins[6] (Allemagne, Italie, Belgique), leur participation politique a du mal à se concrétiser dans un pays sans tradition de démocratie chrétienne. L'échec du MRP rejette l'engagement chrétien dans son champ de prédilection : le social. Par ailleurs, les années 1950-1960 sont marquées par des turbulences de tous bords. Les guerres coloniales, tout particulièrement la guerre d'Algérie, déchirent les Français entre attachement à un empire et aspiration à l'émancipation des peuples. Sur un autre plan, les questions sociétales avec l'évolution des mœurs, notamment les revendications des femmes en matière de libération économique, politique mais aussi sexuelle, bouleversent les roles.

Intellectuelle en responsabilité, Emma Gounot ne va pas militer sur les terrains qui agitent la France des années 1960-1970, elle n'est pas sur le devant de la scène, mais, c'est dans l'exercice de ses fonctions qu'elle va s'engager de façon concrète.

L'aggravation des violences dans le cas algérien, avec notamment la question de la torture, exacerbe les tensions. Le milieu auquel appartient Emma Gounot est fortement impliqué. Joseph Folliet[7] et Georges Hourdin, fondateurs de *La vie catholique illustrée* s'engagent en faveur de l'indépendance algérienne. En 1959, Joseph Folliet participe à la création du Comité lyonnais pour le respect des droits de la personne. Deux ans plus tard, avec l'économiste Gilbert Blardone, il crée *Croissance des jeunes nations*. Dans le quartier de La Guillotière, à Lyon, œuvre aussi le père Albert Carteron. Chargé, dès 1948, de l'accueil des travailleurs immigrés, il a effectué plusieurs séjours en Algérie et, dans le contexte de guerre, s'efforce à la fois de faire connaître la réalité algérienne et de venir en aide aux indépendantistes. Ainsi, il partage avec deux autres prêtres, Jean Courbon et Henri Le Masne, un appartement qui devient un lieu où se rencontrent séminaristes, travailleurs algériens, prêtres, laïcs chrétiens… En 1958, il constitue un dossier sur des faits de torture commis à l'encontre de détenus algériens dans les commissariats lyonnais et le transmet au cardinal Gerlier. C'est dans ce contexte, que l'avocate Emma Gounot qui a défendu, en 1942, des résistants de *Témoignage chrétien* et de *Combat* – dont Emmanuel Mounier – s'engage dans la défense de membres du FLN.

Mais les années 1960 sont aussi celles de la turbulence sociétale et politique et des remises en cause. Les mouvements, qui grondent à partir de 1967, rejettent les autorités établies, appellent à la liberté de pensée et d'expression. Les chrétiens participent à ce débat. Le même jour[8], 22 mars 1968, des étudiants menés par

---

6. D. Pelletier et J.-L. Schlegel, *À la gauche du Christ, les chrétiens de gauche en France de 1945 à nos jours*, Éditions du Seuil, 2012.
7. « Joseph Folliet », *in* P. Béghain, B. Benoit et G. Corneloup, *Dictionnaire historique de Lyon*, Éditions Stéphane Bachès, 2009.
8. D. Pelletier, J.-L. Schlegel, *op. cit.*, p. 297.

Daniel Cohn-Bendit investissent la salle du conseil de l'Université de Nanterre, tandis qu'au palais de la Mutualité, le dominicain Jean Cardonnel prêche une conférence de Carême atypique : « Prêcher massivement le Carême, c'est éveiller, susciter et sans cesse res-susciter une action collective pour paralyser, frapper de mort les mécanismes d'une société injuste, dominée par l'argent et la puissance. La grève générale de protestation, non instinctive mais pensée contre l'injustice structurelle du monde est bien l'accomplissement du Carême qui plait à Dieu, la liturgie contemporaine de la Pâque. »

Jean Cardonnel trouve un écho auprès de catholiques engagés au sein d'une Église, réformée par Vatican II. L'exercice d'une conscience critique sur le monde se substitue aux exercices cultuels comme expression d'une identité chrétienne.

Ces remises en cause ont des répercussions sur les structures du catholicisme social[9]. Le modèle des Semaines Sociales ne séduit plus, elles sont perçues comme trop académiques. À la fin des années 1960, la participation aux sessions s'effondre[10]. Emma Gounot reste secrétaire générale jusqu'en 1972 où les Semaines Sociales se mettent en sommeil. À l'échelle locale, la situation est aussi difficile. Sous la direction de Joseph Folliet, de 1937 à 1964, puis de son proche collaborateur Gibert Blardone, la Chronique Sociale avait poursuivi sa mission de veille chrétienne sur les questions contemporaines, en étant de tous les combats : de la lutte contre les totalitarismes au soutien des nouveaux États émergents. Après-guerre, en collaboration avec les Facultés catholiques, la Chronique Sociale a multiplié ses centres d'intérêt, en s'appuyant sur les sciences humaines. Des Groupes d'études ont été créés avec pour thèmes : les régimes politiques, le rôle du citoyen, marxisme et socialisme, ou bien des problèmes sociaux et éthiques, tels le couple, la contraception. De nouveaux ouvrages sont publiés qui privilégient souvent les préoccupations sociales et sanitaires, d'autant plus que la Chronique participe aux recherches du Groupe lyonnais d'études biologiques, philosophiques et médicales : *Initiation aux problèmes familiaux*, en 1960, *La Sécurité sociale* et *Victoire sur la mort*, en 1962, *Contrôle ou régulation des naissances*, en 1963, *Adam et Ève, humanisme et sexualité*, en 1966. Après la mort de Joseph Folliet en 1972, la Chronique Sociale traverse une crise interne par rapport à son identité chrétienne. Alors que de nombreuses associations caritatives font le choix de la déconfessionnalisation et que se créent des syndicats chrétiens indépendants, la nouvelle direction fait le choix de rompre le lien institutionnel qui liait la Chronique Sociale à l'Église. Elle devient dès lors une maison d'édition sans référence religieuse.

Ces remises en question de l'autorité impactent aussi la structure familiale tandis que des évolutions juridiques se font jour. L'autorité du chef de famille, époux et père, a été mise à mal par plusieurs lois. Celle sur les régimes matrimoniaux du 13 juillet 1965 favorise l'égalité entre hommes et femmes au sein des couples mariés, tandis que la loi du 4 juin 1970, relative à l'autorité parentale,

---
9. D. Pelletier, *La Crise catholique. Religion, société, politique*, Éditions Payot, 2002.
10. J.-D. Durand (dir.), *op. cit.*

s'attaque à la toute-puissance paternelle qu'elle remplace par une autorité parentale partagée entre les deux parents. Puis, le 11 juillet 1975, est votée la loi qui instaure le divorce par consentement mutuel. Ces réformes battent en brèche une conception de la famille patriarcale, héritée du Code civil.

Ces mutations ont été portées par le mouvement féministe qui depuis le début du XXe siècle revendiquait l'émancipation des femmes pour qu'elles accèdent à une égalité de droit et de fait avec les hommes. Dans les années 1960-1970, les féministes réclament la « libération de la femme » en développant une vision très critique du mariage, de la maternité, de la famille en général. Cette vision débouche sur une militance sur la thématique du contrôle des naissances. À partir de 1960, se créent, dans l'illégalité jusqu'en 1967, les premiers centres du Planning familial, lieux d'information sur les méthodes contraceptives. Puis viennent les avancées législatives avec la loi Neuwirth qui légalise l'usage de contraceptifs et la loi Veil, en 1975, qui légalise l'avortement.

Ces mutations dans le domaine de la famille interpellent Emma Gounot, dont le père a été un défenseur infatigable, en jouant un rôle majeur dans la mise en place de la politique familiale française[11]. C'est sans hésiter qu'elle a repris le poste d'administrateur de son père, à la Sauvegarde de l'Enfance et de l'Adolescence, qui se charge des enfants en situation de fragilité pour les orienter, les rééduquer et les insérer. En tant qu'avocate, Emma s'est fait une spécialité des affaires politiques, mais elle intervient aussi dans le domaine familial (divorces, violences…), ce qui la place au plus près des mutations qu'elle entend comprendre et accompagner. Elle profite aussi des lieux de parole dont elle dispose pour expliquer et faire évoluer les mentalités. Si, aux Semaines Sociales de Bordeaux qui avaient pour thème « Familles d'aujourd'hui », c'est son père qui était intervenu[12], c'est elle qui prend le relais aux Semaines Sociales de Metz[13], en 1972, sur le thème « Couples et familles dans la société d'aujourd'hui ». Elle y déclare : « *depuis 1957, la famille française a changé et continue de changer. Le droit s'est transformé plus en quinze ans que pendant les cent cinquante années précédentes. Plus que l'évolution des mœurs, c'est l'évolution des idées qu'une loi nouvelle consacre. Il n'est pas sans importance que le droit supprime l'image du mari chef de famille, qu'il proclame l'égalité des enfants naturels et des enfants légitimes ou permette la légitimation des enfants adultérins. Dans une certaine mesure un droit nouveau suscitera une nouvelle famille* ».

Emma Gounot peut s'appuyer sur des structures de réflexion[14] qu'elle a contribué à mettre en place à Lyon. Dans le cadre de l'Institut social, créé à l'Université

---

11. M. Emmanuel, L. Laloux et E. Masson-Lerustre, *Histoire des associations familiales catholiques : Un siècle d'action civique et sociale depuis les Associations catholiques de chefs de famille*, Éditions F.X. de Guibert, 2005.
12. Emmanuel Gounot meurt en 1960.
13. E. Gounot, « Un droit nouveau pour une famille nouvelle », *Semaine Sociale de France,* 59e session, Metz, 1972, Éditions Chronique Sociale de France, 1972.
14. E. Gounot, « XXe anniversaire de l'ISF », *Bulletin de l'Institut catholique de Lyon*, n° 107, oct.-déc. 1994, p. 85-90.

catholique, en 1944, se réunit, depuis les années 1960, un groupe de juristes, dont Emma Gounot, et de théologiens pour réfléchir aux questions du mariage, du divorce et pour proposer des sessions en cours du soir. Les bouleversements socio-culturels et les mutations de l'Université, qui s'ouvre à la formation continue et à l'interdisciplinarité, vont permettre à ce groupe d'émerger en tant qu'institut autonome. Ainsi, dans l'année universitaire 1972-1973, est créé un Institut des Sciences de la Famille dont la directrice est Emma Gounot. La spécificité de cette structure, rattachée à l'Université catholique, est d'abord la question en faisant dialoguer les disciplines, ainsi juristes, théologiens, sociologues, psychologues, médecins ou philosophes travaillent de concert pour un public très large. Pour répondre au besoin de formation des différentes professions confrontées à la loi Veil, l'Institut des Sciences de la Famille propose des journées de formation sur les aspects juridiques, philosophiques ou psychologiques.

Cet institut s'insère donc dans le contexte général de réflexion sur les mutations de l'institution familiale et de la place de la femme. Or, le positionnement n'est pas aisé quand Rome condamne l'avortement, mais aussi toute régulation artificielle de la natalité dans *Humanae Vitae* en 1968, faisant dire au théologien Yves Congar : « *Je crains que Rome ait perdu, en un coup, ce qu'elle a mis seize siècles à construire* ». L'encyclique creuse un fossé entre les préoccupations quotidiennes des couples et l'Église, contribuant à l'éloigner du monde moderne.

Par-delà les résistances et les débats idéologiques, Emma Gounot choisit de proposer des lieux de réflexion, d'analyse. Il s'agit toujours d'accompagner, non de juger.

Femme de son temps, Emma Gounot l'a été en s'engageant sur les sujets de son époque et en prenant position dans les débats contemporains. Mais son positionnement n'a jamais été dans l'activisme militant, c'est avec ses outils d'avocate, d'enseignante qu'elle a cherché à y répondre. Elle a su rester fidèle à ses attaches familiales, tout en les adaptant aux problématiques nouvelles. Les valeurs du christianisme social sont la colonne vertébrale de tout son parcours de vie : dignité de la personne, combat pour la justice, solidarité sont autant de phares. Ainsi, après les tourmentes des années 1970, Emma Gounot a à cœur de participer à la re-création d'un pôle de réflexion lyonnais, arrimé à la pensée sociale chrétienne : l'Antenne Sociale de Lyon, contribuant ainsi à maintenir le souffle d'un regard chrétien sur les questions de société.

*

* *

Emma Gounot
L'engagement pionnier d'une fille dans les pas de son père aux Semaines Sociales de France

Denis VINCKIER
Secrétaire général aux instances, Université Catholique de Lille
Conseiller régional des Hauts-de-France, Président à Lille des Semaines sociales et membre du Conseil d'administration de l'association nationale

Emma Gounot est décédée en 2017, à l'aube de ses 100 ans. Professeur à la Faculté catholique de droit de Lyon à 22 ans, elle a été secrétaire générale des Semaines Sociales de France à 36 ans pendant 19 ans, s'illustrant dans des « bastions » masculins. Il a fallu attendre 2016 pour qu'une autre femme, Dominique Quinio devienne présidente des Semaines Sociales de France. La première depuis la création en 1904.

Emma Gounot, aînée d'une fratrie de onze enfants et portant les deux premières syllabes du prénom de son père, a donc eu ce rôle important de secrétaire générale des Semaines Sociales de 1953 à 1972, c'est-à-dire jusqu'à la période dite de « mise en sommeil » non sans avoir contribué sur Lyon à « la résurgence » dans les années 1990. Dans l'ouvrage de référence présentant les actes du colloque international d'histoire consacré au centenaire des Semaines Sociales de France, qui s'est tenu du 13 au 16 octobre 2004 à l'Université Jean Moulin de Lyon sous la direction de Jean-Dominique Durand, Mgr Christian Ponson, ancien recteur de l'UCLy, indique : quand Joseph Folliet devient Vice-Président des Semaines Sociales en 1954, la continuité lyonnaise au secrétariat général est assurée par Emma Gounot, seule femme parmi les présidents, vice-présidents et secrétaires généraux jusqu'en 1973 où elle cesse sa responsabilité. Elle a donc succédé à ce poste à Joseph Folliet et travaillé en relation avec Georges Hourdin qui a assumé la responsabilité de 1947 à 1962.

Héritière, Emma Gounot l'est donc par son père, Emmanuel Gounot. Un juriste de formation, qui appartient au milieu de jeunes catholiques qui se sont mis en route dans le sillage de l'encyclique de Léon XIII *Rerum Novarum*, et plus particulièrement sur Lyon dans le sillage de la Chronique sociale, initiée par Victor Berne et Marius Gonin. Nous sommes là au cœur de l'histoire provinciale qui a tant donné aux Semaines Sociales de France.

Dès 1904, Emmanuel Gounot est de la grande aventure des Semaines Sociales et c'est en 1936, qu'il se rend aux Semaines Sociales de France à Versailles, accompagné de sa fille aînée, Emma, alors âgée de 19 ans et étudiante en droit. C'est au moment de la guerre que va s'opérer une forme de passation des responsabilités entre le père et la fille. En 1939, Emmanuel Gounot étant mobilisé, Emma, sur demande du Recteur de la Faculté catholique de droit de Lyon, reprend l'enseignement du père, avec un intérim qui durera… jusqu'en 1984. Avocat depuis 1913, c'est assisté de sa fille Emma qu'en 1942 il défend Emmanuel Mounier et obtient son acquittement « sous bénéfice du doute ».

Pionnière, elle l'a été davantage, nous dit la lyonnaise Bernadette Angleraud, pour s'être imposée dans le milieu des catholiques sociaux, mais aussi dans le monde universitaire et juridique. Certes, elle s'est inscrite dans les pas de son père, mais en y apportant toute sa personnalité tant dans son métier d'avocate que d'enseignante.

L'implication d'Emma Gounot et de son père aux Semaines sociales permet d'appréhender une grande partie de l'histoire de cette grande institution du catholicisme social en France, de ses méthodes originales, de ses réussites et aussi de ses difficultés.

Nous pourrons ainsi dans un premier chapitre revenir sur l'histoire des Semaines Sociales de France, en mettant évidence la place et le rôle de Lyon et des Lyonnais dans ce long chemin de l'université itinérante avec sa longue tradition de leçons qui donnaient tout son sens à la tenue d'une semaine sociale au cœur de l'été.

Après avoir évoqué la place tenue par la question familiale dans les sujets traités, dans un second chapitre, nous reviendrons sur la rencontre d'Emma Gounot avec les Semaines Sociales, le rôle joué par un père impliqué totalement et qui s'est affirmé comme un spécialiste des questions familiales en général et aux Semaines Sociales en particulier. Nous verrons comment l'exemple d'Emma Gounot fait écho à d'autres exemples dans le Nord, ébauchant ainsi un mode de description d'un mode de transmission familiale et de participation de jeunes femmes aux Semaines Sociales de France.

Enfin, dans un dernier chapitre, nous reviendrons sur les deux grandes communications d'Emma Gounot et d'Emmanuel Gounot dans le cadre de sessions nationales de l'institution aujourd'hui centenaire : le père à la session de Bordeaux (44e semaine sociale) en 1957 et la fille à la session de Metz (59e semaine sociale) en 1972. Tous deux ont incontestablement imprimé, après Eugène Putois, un marqueur du traitement des questions familiales aux Semaines Sociales de France. Emma Gounot ayant prolongé le travail, à partir de la faculté de droit de Lyon – comme Eugène Putois quelques années auparavant à partir de la faculté de droit de Lille – par la création d'un Institut pluridisciplinaire des Sciences de la Famille (Pour lui une école de service social annexée à l'école de sciences sociales et politiques). À des décennies d'intervalles, Emma Gounot est restée attachée à ce qui reste un fondement des Semaines Sociales : la science pour l'action, avec un haut niveau d'exigence universitaire et d'ouverture à la société.

I. L'histoire des Semaines Sociales

A. Une université itinérante née en 1904… jusqu'à la « mise en sommeil » après mai 1968

« L'examen attentif de l'implantation des Semaines Sociales fait référence à une démarche chère à la vieille tradition du lien presque congénital entre histoire et géographie prôné par Pierre Vidal de la Blache et ses disciples. Il trouve sa justification également dans les travaux des sociologues religieux comme Fernand Boulard et Jean Rémy mais aussi des deux historiens, Yves-Marie Hilaire et Gérard Cholvy, qui ont mis à l'honneur la notion de pays culturels. Il correspond enfin à une démarche plus moderne d'aménagement du territoire, y compris sur le plan religieux » explique l'historien natif du Pas-de-Calais, Bruno Béthouart.

Pour autant, ce sont avant tout les hommes qui font les Semaines Sociales. La Commission générale et les animateurs, Marius Gonin en tête, le fondateur, Eugène Putois, Joseph Folliet, Charles Flory, Jean Gélamur puis Jean Boissonnat, Michel Camdessus jusqu'à Jérôme Vignon et Dominique Quinio tout récemment, influent dans le choix des villes pour cette université populaire qui se définit clairement par son itinérance jusque dans les années soixante-dix. Des facteurs politiques, culturels et économiques s'interpénètrent et viennent justifier plus ou moins clairement les choix des responsables, tout comme des choix religieux dans la première grande moitié de la vie des Semaines Sociales de France.

Le soutien de la hiérarchie catholique est un facteur décisif. Dans la décision prise par la Commission générale composée uniquement de laïcs jusqu'en 1910, une « subtile géographie épiscopale » se marie avec l'approbation pontificale de Pie X afin de contrer les menées hostiles des conservateurs. Par exemple, devant les réserves du Cardinal Andrieu à Marseille en 1908, l'avis favorable du Vatican est déterminant. Eugène Putois, à plusieurs reprises, vient obtenir le soutien du Pape, notamment en 1912 pour Limoges, en accord avec Mgr Vanneufville. Les différents archevêques de Lyon ont adhéré aux cinq projets des Semaines Sociales dans leur ville, de même que le Cardinal Liénart, proche d'Eugène Putois à Lille. Sur les dix villes les plus fréquentées, sept correspondent à des archevêchés.

Les années 1970 correspondent, selon les propos du Cardinal Decourtray, à « la plus grave crise jamais rencontrée par l'Église depuis la Révolution ». Ceci conduit les Semaines Sociales à expérimenter dans les années 1975-1985 des formes d'action plus limitées. De fait, après 1977, les sessions connaissent un rythme de fréquence irrégulier ; de trois ans pour la session suivante à quatre ans pour celle qui sépare les retrouvailles de Lille en 1982 à Bordeaux en 1986. Deux phénomènes se manifestent : certaines grandes villes accueillent encore les Semaines Sociales : comme Lille et Bordeaux mais aussi Colmar, plus modeste, en 1980. Paris prend le relais de 1987 à 2003 sans interruption.

Durant les Trente Glorieuses, se succèdent à la direction de l'institution, l'ancien président de l'ACJF Charles Flory, puis, en 1960, un professeur d'économie Alain Barrère qui connaît les heures de gloire avec la Semaine Sociale de Lyon de 1964 où sont rassemblés 5 400 participants et, ensuite, le temps des remises en cause : de 1974 à 1985, année de la fin de son mandat, trois sessions seulement sont programmées. Jean Gélamur, homme des médias chrétiens, en recentrant les rencontres sur Paris, obtient en dix ans le triplement de l'assistance. Ses successeurs, le journaliste et essayiste chrétien Jean Boissonnat, et Michel Camdessus, ancien directeur général du Fonds monétaire international (FMI) qui lui succède en 2001, amplifient l'ancrage parisien.

Le monopole parisien durant les années 1990 et 2000 peut s'expliquer par le fait que la capitale est, avec Lyon, le seul centre culturel catholique important qui subsiste à la fin du xxe siècle. Un autre élément relevant des infrastructures de communication peut expliquer ce qui ressemble désormais à un quasi-monopole : Paris est au centre d'un réseau dense de TGV et de lignes aériennes qui facilitent l'aller et le retour des congressistes. Durant les présidences de Jean Boissonnat et de Michel Camdessus, le rythme annuel est retrouvé mais désormais l'université populaire du catholicisme social n'est plus itinérante. La relance parisienne se consolide par des équipes régionales, présentes à Angers et Rennes, Lille, Troyes, Lyon, Pau, Marseille, Toulouse. La formule semble séduire puisque l'assistance est passée de 500 personnes en 1987 à 1 300 en 1993, et même 2 500 en 1999.

Avec les présidences de Jérôme Vignon puis celle depuis 2016 de Dominique Quinio, la question de l'itinérance est remise en perspective. Des expérimentations ont été proposées avec des sessions sur 3 sites (session dite polycentrée de 2015) après la session de Lille en 2014 et 2019. Lille n'oublie pas qu'elle constitue avec Lyon le berceau provincial des Semaines sociales de France. Mais les années Vignon ont rendu nécessaire la réflexion sur des Semaines sociales du futur, obligeant Dominique Quinio à engager le processus de refondation de l'association, avec une redéfinition en cours de son projet associatif. Les rencontres de 2020 auront lieu à Versailles qui avait organisé sa dernière session en… 1956.

B. La place de Lyon

Dès le départ, deux secrétariats généraux siègent l'un à Lyon et l'autre à Paris : Marius Gonin, le Lyonnais, et Adéodat Boissard, le Lillois, prennent en charge la gestion administrative et diplomatique. Cependant « l'organisation logistique est plutôt dévolue aux commissions locales ponctuellement concernées ». Historiquement, des cultures régionales propices facilitent également des implantations. À Lyon, c'est toute l'importance des syndicats chrétiens, des écoles libres et des patronages, évidemment le rayonnement de la Chronique sociale, mais aussi l'École normale ouvrière et le mouvement catholique, qui constituent un terreau très propice.

La période pendant laquelle Emma Gounot a été secrétaire générale (1953-1972) correspond à un « âge d'or » des Semaines sociales de France et par ailleurs à une forme de vitalité intellectuelle et culturelle de l'Église de France. Pendant ces années, le territoire est complètement quadrillé par le choix des implantations : Lyon accueille à plusieurs reprises les congressistes en 1948, en 1964 et en 1973. D'autres villes reçoivent à deux reprises les Semaines Sociales : Nantes et Rennes sont désormais acquises à cette forme d'apostolat, Strasbourg et Reims représentent l'est catholique, Lille, sous l'impulsion du cardinal Liénart, prend son tour. À cet arc de cercle du nord de l'Hexagone à la base duquel il convient de placer Paris et Versailles s'ajoute un autre du même type dans le sud de la France comportant de l'ouest vers l'est, Bordeaux, Pau, Toulouse, Montpellier, Marseille et Nice. Toute la France, dont la population en 1975 revendique encore à plus de 75 % son appartenance catholique est représentée. Il n'en demeure pas moins quelques zones non concernées et Bruno Béthouart indique que sur 16 villes universitaires avant 1973, seules Aix-en-Provence et Poitiers ne sont pas concernées par cette itinérance du christianisme social.

La place de Lyon (et de Lille) parmi les villes les plus fréquentées n'est pas étonnante. Le lyonnais Marius Gonin est le fondateur avec Victor Berne en novembre 1892 de la Chronique des comités du Sud-Est devenue Chronique sociale de France en 1909 : rayonnant de Dijon à Marseille, cette revue est considérée comme la base originelle des Semaines Sociales. Eugène Putois qui succède en 1919 à Henri Lorin à la présidence, est le doyen de la Faculté catholique de droit de Lille. Les propositions de Lille, métropole culturelle de l'Europe pour l'année 2004 ont convaincu les organisateurs de choisir la capitale des Flandres pour célébrer le centenaire de l'institution.

Le colloque universitaire du centenaire s'est tenu, nous l'avons souligné en introduction, à Lyon, en octobre 2004 à l'Université Jean Moulin de Lyon, sous la direction de Jean-Dominique Durand. Un travail important avait pu être réalisé grâce aux archives de la Chronique sociale de France, fondée à Lyon en 1892, qui a fait don à la Bibliothèque municipale de Lyon en 1997 d'une partie de ses archives correspondant au fonds de son centre de documentation. Un inventaire chronologique et thématique des brochures a été réalisé en 2006 par Virginie Ferrard et un inventaire sommaire des dossiers de presse a été réalisé en 2007 par Adelia Jalton. Mais pour l'événement de 2004, le directeur du colloque avait d'entrée de jeu mis en évidence le « remarquable travail réalisé par les Archives Municipales de Lyon (AML), qui s'est traduit par la publication d'un guide des sources réalisé notamment par Catherine Dormont. Construit principalement autour des fonds de la Chronique Sociale déposés aux AML, ce guide va bien au-delà des importantes ressources lyonnaises. Grâce à une véritable enquête menée au plan national, à travers les Archives départementales et communales, les Archives diocésaines, de nombreux fonds privés, et jusqu'à Rome pour les Archives vaticanes et celles de congrégations religieuses, il offre aux chercheurs bien des suggestions pour s'orienter dans un ensemble aussi riche que dispersé. Déjà ce guide a suscité bien des réactions, et incite d'anciens militants catholiques sociaux, ou leurs descendants, à signaler des fonds privés non encore répertoriés, inconnus jusqu'ici, et même à les déposer auprès des Archives Municipales de Lyon ».

Aujourd'hui Lyon représente un pôle majeur de rassemblement d'archives du catholicisme social en France et la commémoration du centenaire des Semaines Sociales n'a pas été une simple célébration du passé, mais un acte scientifique de haute valeur. Grâce à une collaboration exemplaire parfaitement orchestrée par Anne-Catherine Marin, Conservatrice en chef, Catherine Dormont, Conservatrice adjointe chargée des fonds, Noëlle Chiron-Dorey chargée des fonds privés, et tout le personnel des Archives Municipales de Lyon, un grand progrès a été réalisé sur le champ du repérage des sources, et cela est fondamental pour les recherches futures sur les Semaines Sociales notamment.

C. La tradition des leçons

L'admiration du second président des Semaines Sociales de France, Eugène Duthoit, pour le grand Président Henri Lorin transparaît dans l'article qu'il lui consacre dans les mélanges Gonnard parus en 1945. Cet article est le dernier écrit par Eugène Duthoit avant sa mort en 1944, mais dès 1920 il avait écrit un article intitulé « un sociologue catholique : Henri Lorin » dans les Annales de l'Institut Supérieur de Philosophie (tome IV, Louvain, 1920). La leçon d'ouverture de la session 1919 des Semaines Sociales de Metz est, elle, intitulée « principes et actions du catholicisme social ». La leçon d'Eugène Duthoit portait sur « les Semaines Sociales de France : ce qu'elles ont été dans le passé, ce qu'elles voudraient être dans l'avenir ».

C'est l'historienne Sabine Cattoir-Chasseing qui développe ce point. Eugène Duthoit précise que le catholique qui veut étudier les faits de société doit d'abord s'imprégner des Écritures et de la tradition catholique. Il faut connaître les faits par eux-mêmes pour savoir dans quelle mesure ils s'éloignent ou s'approchent de l'idéal chrétien. Et enfin, proposer des réformes pour réduire la distance entre les faits et les principes de la morale chrétienne.

– Une méthode :

Suivre les enseignements de l'Église / Aider tous les hommes de bonne volonté à promouvoir le progrès social / Travailler dans un esprit de soumission confiante à l'Église. Cette méthode s'appuie sur un rappel de l'importance de l'enseignement des Encycliques et notamment de *Rerum Novarum*, « véritable charte des travailleurs » et « point de départ lumineux d'une action généralisée contre l'anarchie dans le monde du travail ».

– Un programme : « la Science pour l'Action »

Les Semaines Sociales doivent transmettre le message de l'Église sans le travestir par des préjugés de classe. Elles doivent lutter contre les courants d'idées susceptibles d'ébranler les institutions familiales, politiques et professionnelles. À ce titre elles sont éveil de vocations sociales. Par l'éducation elles doivent former une élite professionnelle qui pourra agir dans les syndicats ouvriers en dehors de toute lutte des classes.

À l'écoute de ce discours inaugural, les observateurs ont ressenti que sous la présidence d'Eugène Putois, les Semaines Sociales allaient, plus que jamais, se maintenir à un très haut niveau intellectuel. Elles ne se conçoivent pas comme outil de vulgarisation mais comme un Institut Supérieur de Recherche, une Université itinérante ainsi que les avait envisagées Henri Lorin. Une École Normale Supérieure du Catholicisme Social dans laquelle ne sont jamais séparés « l'effort éducatif, visant à forger les consciences, et l'effort constructif, visant à aménager la Cité ».

Sabine Cattoir-Chasseing souligne que le président Eugène Duthoit a, en effet, su faire des Semaines Sociales une institution incontournable, bravant les critiques « d'évangélisme arrangé à la Jean-Jacques [Rousseau] » et sachant apprivoiser la méfiance de la hiérarchie catholique. Durant ses vingt ans de présidence, les Semaines Sociales de France, « carrefour des œuvres », se sont structurées dans leur forme, « une suite très structurée (…) de leçons universitaires confiées à des maîtres très qualifiés (…) à des hommes qui ont l'expérience des affaires (…) propres à initier les esprits… ». Elles vont impulser de nombreuses institutions ou lois sociales à commencer par le syndicat chrétien CFTC, mais aussi le sursalaire familial accordé par les patrons chrétiens de Tourcoing et de Grenoble qui deviendront les Allocations Familiales en 1945, ou l'École des Missionnaires du Travail de Lille fondée en 1932 par Eugène Duthoit lui-même et qui lui vaut une recrudescence de l'hostilité déclarée de la droite traditionnelle qui dénonçait dès 1924, lorsque Eugène Duthoit était intervenu contre le consortium textile, « le démocratisme et le libéralisme des Semaines Sociales ».

Huit Semaines – Lille en 1932 et Angers en 1935 – sont consacrées à l'économie et aux questions sociales. On peut ajouter à cette liste les thèmes de l'État et son rôle dans l'économie et enfin l'ordre international, notamment à Versailles en 1936. Les thèmes de ces Semaines répondent à la double volonté de rester fidèle à la tradition des Semaines Sociales et aux enseignements pontificaux mais ils témoignent également d'une actualité qui leur vaut d'ailleurs de virulentes critiques. Ainsi la Semaine Sociale de Rennes en 1924, consacrée à « la Terre dans l'économie nationale » fut précédée d'une violente campagne de dénigrement de la part de l'Action Française qui visait directement Eugène Duthoit, dénonçant « le démocratisme et le libéralisme des Semaines Sociales ».

II. La rencontre d'Emma Gounot avec les Semaines Sociales

La famille a également été un élément essentiel de discussion aux Semaines Sociales de France. Eugène Duthoit est en effet un partisan d'une politique familiale audacieuse nous dit l'historien Bruno Béthouart. Disciple de Le Play, secrétaire de l'Union de la Paix sociale de Lille, il est amené en 1920 à rédiger à la demande d'Achille Glorieux le 3 décembre dans un très court laps de temps, une déclaration des droits de la famille à l'occasion des « États généraux » de Lille. En neuf articles concernant le droit à la fécondité, à la protection, à la propriété, à la perpétuation, au revenu fruit du travail, à la justice distributive, à la représentativité, à la priorité dans le domaine législatif, il rassemble les fondements d'un vœu rappelé en fin de déclaration : « Famille d'abord ! Et le reste viendra par surcroît ». Lue devant 1 200 personnes, cette déclaration devient rapidement un texte de référence au-delà des cercles chrétiens.

À ce titre, le choix des leçons inaugurales et les thèmes des vingt sessions des Semaines Sociales que présida Eugène Duthoit entre 1919 et 1939 est révélateur : trois Semaines sont consacrées à la Famille (Grenoble – 1923, Nancy – 1927, Nice – 1934).

A. La rencontre avec les Semaines Sociales *via* son père mais pas uniquement

Nous savons que c'est en 1936 qu'Emmanuel Gounot se rend aux Semaines Sociales de France, accompagné de sa fille aînée, Emma, alors âgée de 19 ans et étudiante en droit. Petite, sa mère, voyant passer Marius Gonin, lui avait dit « cet homme est un saint » souligne Bernadette Angleraud (témoignage reçu d'Emma Gounot). C'est à la Chronique sociale qu'ils puisent leurs racines idéologiques et militantes et s'insèrent dans un réseau diversifié où se rencontrent aussi bien des universitaires, des médecins, des industriels. Emma Gounot grandit au milieu de figures du catholicisme social, ce qui reste pour une jeune femme de l'époque une chance certaine.

Dans le colloque du centenaire, Bruno Dumons (LARHRA – CNRS Lyon) a présenté une communication sur la place des femmes dans les Semaines Sociales sur la période 1904-1973. Elles ne sont plus que deux sur une cinquantaine de membres dans la commission générale des Semaines en 1950. En 1947 est admise une résistante, avocate installée à Clermont-Ferrand, Emérentienne de Lagrange. Elle avait rejoint l'ancienne militante syndicale Andrée Butillard. C'est à la faveur de la session de 1950 à Nantes qu'une assistante sociale va faire son entrée à la commission générale, Ruth Libermann. Et c'est l'année suivante, en 1951, à Dijon, qu'Emma Gounot et Hélène Caron, qui exerce dans le secteur médico-social, font leur entrée à la commission générale. Désormais, elles sont cinq femmes sur une soixantaine de membres. On peut donc parler d'une ouverture dans les années cinquante même si Emma Gounot semble avoir dû attendre 1972 pour intervenir devant les semainiers à Metz (59ᵉ session). C'est l'année où elle quittera le secrétariat général pour se consacrer à ses activités universitaires.

Emma Gounot a donc un parcours atypique. Elle a rencontré dans sa vie des femmes formidablement engagées comme Sylvie Mingeolet, qui a certainement marqué son engagement. Les témoins de cette époque s'accordent à écrire que cette dernière a secondé avec efficacité et bonne humeur Joseph Folliet dans les activités organisées par la Chronique sociale comme les Semaines Sociales, le Secrétariat social et l'École Normale Ouvrière du Sud-Est. Joseph Folliet considère même Sylvie Mingeolet comme la « seconde fondatrice des Semaines sociales ». C'est sur la proposition de celui-ci qu'elle devient en 1936 secrétaire de Marius Gonin, directeur de La Chronique Sociale.

Emmanuel Gounot est né à Connaux dans le Gard le 18 juin 1885. À l'âge de trois ans, il perd son père et sa mère va s'établir dans la région lyonnaise. Il fait ses études secondaires au Petit Séminaire de Verrières et à l'Institution des Chartreux d'où il rejoint les Facultés catholiques de Lyon. Il a onze enfants de son mariage, le 22 mai 1916, avec Anna Pey. Emma est donc la première.

Licencié de philosophie, il devient, en 1912, docteur en Droit de l'Université de Dijon après la soutenance d'une thèse sur l'autonomie de la volonté qui est rapidement considérée par ses pairs comme un exposé magistral puis comme un des meilleurs ouvrages de philosophie du droit du siècle. On y retrouve déjà les préoccupations sociales de l'auteur, soucieux de marquer son refus de reconnaître la souveraineté de la volonté individuelle comme source du Droit.

En 1913, il rédige une seconde thèse de sciences politiques pour défendre l'idée qu'il est possible de déléguer le pouvoir législatif aux professionnels en autorisant le référendum patronal. Emmanuel Gounot s'inscrit ensuite au Barreau de Lyon où il fut un brillant avocat spécialiste du droit commercial.

Il entre à la Faculté catholique de droit comme maître de conférences dès 1913. Sa carrière subit d'abord une interruption due à sa mobilisation au début de la Première Guerre mondiale. À son retour, il devient professeur suppléant en 1919 puis professeur titulaire de droit commercial en 1921. Il fut aussi chargé du cours d'introduction à l'étude du Droit. Vice-doyen de la Faculté en 1940, puis doyen en juillet 1944, sa santé commença à décliner après 1955, date à laquelle il fut nommé doyen honoraire de l'Université.

Avocate, en octobre 1942, Emma défend, en binôme avec son père, des résistants : journalistes et diffuseurs de Témoignage chrétien (dont Emmanuel Mounier) et de Combat, pour ensuite, à la Libération, prendre la défense de collaborateurs, dans le contexte d'Épuration, puis, au moment de la Guerre d'Algérie, de membres du FLN.

Il devint Bâtonnier en 1953, mais c'est surtout à travers son enseignement aux Semaines Sociales de France et son action de militant familial et social qu'il a donné le meilleur de lui-même.

B. Un spécialiste de la famille aux semaines sociales

Ami et collaborateur de Marius Gonin, Emmanuel Gounot participait activement à la Chronique sociale de France, à la Fédération des groupes d'études du Sud-Est et aux congrès de la natalité. Ses idées se précisèrent tout au long de ses écrits, de ses cours et de ses exposés, notamment une douzaine de conférences prononcées aux Semaines sociales entre 1922 et 1957.

L'historien Pierre Pierrard a montré que l'enseignement d'Emmanuel Gounot reposait sur deux idées maîtresses, d'une part la préoccupation pour la famille, trait spécifique du catholicisme social, et d'autre part la famille avec une valeur éminente pour le développement et la promotion de la personne humaine.

Son engagement dans le droit de la famille.

À côté de sa carrière d'enseignant, il fut un grand militant des droits de la famille, l'auteur de la loi Gounot qui devait entraîner la création de l'UNAF et des UDAF et la prise en compte de la représentativité familiale. Vice-Président de la Ligue des Familles Nombreuses du Rhône, il prit la présidence de cette association en 1937 lors de la maladie de son président d'alors, Louis Charvet. Il devint ensuite, en 1940, Président effectif de la ligue.

Déjà, dans sa première thèse sur l'autonomie de la volonté, la formation philosophique de Gounot lui fait apercevoir brièvement les limites du jusnaturalisme (Doctrine qui défend la notion de droit naturel) de l'Église et la nécessité de fonder une action politique sur des bases plus fermes. Plus tard, en 1923, à la Semaine Sociale de Grenoble, étudiant l'essentiel d'une « politique nouvelle de la population », il déclarait aussi que : « dire qu'un problème est avant tout d'ordre moral, ce n'est nullement établir qu'il cesse par-là d'être un problème politique ».

« L'Épouse et la mère en droit français », c'est le titre de sa conférence professée à la Semaine Sociale de Nancy en août 1927. En 1937, à Clermont-Ferrand, dans son cours « Personnes et Famille », sa doctrine personnaliste se développe encore. Il affirmait en effet que, « puisque la personne humaine est transcendante par rapport à toutes les communautés où elle s'insère ici-bas, elle ne saurait s'absorber dans la famille. La famille ne peut être pour elle qu'un moyen, non une fin. Par là même se trouve écartée toute conception totalitaire de la famille ». Dès lors, il faut agir « autant que possible, par la famille dans la famille, mais pour la personne, c'est-à-dire au-delà de la famille ». Encore, en 1939, à Bordeaux, à propos des classes et de l'ordre social, il regrettait toujours que les personnes s'effacent parfois derrière la classe abstraite et froide dans le discours des hommes politiques.

Au cours de l'occupation, il joua un rôle de premier plan dans les mouvements familiaux dont les dirigeants s'étaient repliés à Lyon. En 1942, il élabore le projet de loi qui devait devenir la loi du 29 décembre 1942. L'étude des années 1936 et suivantes avait rendu aveuglante, pour lui, la nécessité d'organiser auprès des pouvoirs publics la représentation spécifique des intérêts familiaux. Mais il était persuadé que la Famille antérieure et supérieure à l'État puise sa source et sa force dans les familles elles-mêmes et non dans l'État. Il entendait organiser cette représentation autour de groupements privés de pères et mères de famille. Construisant rationnellement ces associations, il avait prévu une association familiale par commune, un regroupement départemental et un regroupement national. Définissant les caractères des associations familiales, il avait affirmé que ces associations sont celles qui groupent les familles constituées par le mariage et la filiation légitime ou adoptive et qui se proposent d'assurer au point matériel et moral, la défense des intérêts généraux de toutes les familles. On reconnaît l'essentiel des dispositions de l'ordonnance du 3 mars 1945 formalisant la représentativité familiale qui a créé les UDAF et l'UNAF mais en supprimant l'unité de l'association de base au nom de la liberté d'association.

Sa dernière intervention publique s'est déroulée en 1957, à Bordeaux, au cours d'une Semaine Sociale qu'il avait lui-même organisée autour du thème de la famille. Emmanuel Gounot s'était réservé de traiter des « Impératifs familiaux de toute politique ». Nous y reviendrons. La maladie devait ensuite, dès octobre 1958, lui interdire tout déplacement important avant de l'immobiliser de longs mois.

C. Une histoire rare mais qui n'est pas unique

Cette histoire d'un père qui emmène une fille aux Semaines Sociales n'est pas sans rappeler celle de Marthe Dobiecki, fille de Joseph Danel (1885-1975), un avocat lillois, figure du catholicisme social et membre de la commission générale des Semaines sociales de France ou encore celle de Monique Van Morbecke. Ces deux dernières sont toujours vivantes et approchent de l'âge atteint par Emma Gounot. La première est diplômée de l'ESJ et s'est intéressée toute sa vie aux questions familiales. La seconde a été l'une des premières femmes à faire du droit et est devenue avocate.

Marthe Dobiecki raconte comment elle a eu la chance d'aller aux Semaines Sociales, ce qui n'a pas été possible pour toutes ses sœurs (six au total). C'est là qu'elle rencontrera Bernard Dobiecki, correcteur à la France agricole. Vite demandée en mariage, elle a raconté à la Voix du Nord en 2018 : « *Renoncer à l'indépendance pour faire la popote et laver des couches, puisque c'est ce que voulait dire le mariage à l'époque ? Non merci !* ». Et de raconter par ailleurs comment, en mai 1946, elle est invitée à parler de « la femme et la culture » dans un congrès à Nancy. « *Devant une assemblée d'aumôniers, j'ai raconté que la femme était le soutien de son mari et l'éducatrice de ses enfants… Aujourd'hui, je suis effrayée par mes propres affirmations !* », sourit la mère de quatre enfants, leader des groupes de parole de l'Union féminine civique et sociale et du MLF (Mouvement de libération des femmes), qui, à 50 ans, a repris ses études pour devenir thérapeute de couple.

Monique Van Moerbecke, fille unique, est une des rares jeunes femmes à participer à la session des Semaines Sociales de Toulouse en 1945 puis de Paris et de Strasbourg. La jeune étudiante n'a certainement pas été sollicitée par hasard.

D'abord, elles ne sont que trois jeunes femmes au premier banc au premier rang de la faculté de droit en 1943, elle est toute seule en 1945. Assise toujours sur le banc du premier rang. Elle rejoindra l'association des juristes chrétiens. La session de Toulouse, elle se souvient y être allée avec l'abbé Lehembre et d'autres étudiants : Hubert Verstraete et Jean-Pierre Franchomme : « Ça bouillonnait et on était content d'avoir des exposés qui ne soient pas les sermons de l'église ». Le titre de la 32ᵉ session peut apparaitre avec le recul austère mais nous sommes au sortir de la guerre. Les choses sont dites : « transformations sociales et libération de la personne ». Les actes, parus cette année-là à la Chronique sociale de France basée à Lyon, attestent du modèle historique d'une semaine entière dédiée à l'étude d'un thème. Mais avec du recul, notre jeune participante n'imagine pas que tout ce qui est dans les actes ait pu être prononcé à l'époque. « Vous vous rendez compte, ce n'est pas possible que j'aie pu écouter tout cela… » Des éléments la frappent à la relecture des Actes de la session comme l'instauration du statut du fermage, qu'elle a connu comme avocate et comme enfant de Landrecies, terre rurale du sud du département du nord.

Pourquoi et comment une jeune femme se retrouve-t-elle à la session des Semaines Sociales de Toulouse ? De sa première année de droit à la Catho, Monique Van Moerbeke se souvient parfaitement de tous ses enseignants dans les différentes matières, notamment de Louis Blanckaert en droit constitutionnel, décédé la veille de son élection comme député MRP, et de Eric Sapey en économie politique. À cette époque, la guerre, les bombardements interdisent les voyages, les vacances, les soirées. Pas de télé, seule la radio. Il reste de la place pour l'amitié et les rencontres de travail. Eugène Duthoit est Président des Semaines Sociales de France et doyen de la faculté de droit depuis 1925. Il sait qu'il va avoir la jeune Monique Trublin comme étudiante et comme ils sont presque voisins, il invite la famille à venir prendre le café chez lui. La jeune étudiante se souvient de ce grand Monsieur, aux cheveux blancs taillés en brosse, en tenue impeccable. Duthoit a le Professeur Sapey comme protégé. Ce dernier vient de Lyon ou Grenoble. Et c'est lui qui est venu solliciter les parents de la jeune étudiante pour participer à la session de Toulouse. « Il a tellement bien parlé, » se souvient Monique Van Moerbeke, « que mes parents ont donné leur accord pour aller ainsi en grand voyage… »

III. Les grandes leçons des Gounot aux Semaines Sociales de France

A. La leçon d'Emmanuel Gounot à Bordeaux en 1957 (44ᵉ Semaine Sociale de France)

Sa dernière intervention publique s'est déroulée en 1957, à Bordeaux, au cours d'une Semaine Sociale qu'il avait lui-même organisée autour du thème de la famille. Emmanuel Gounot s'était réservé de traiter des « Impératifs familiaux de toute politique ».

Le titre de la semaine sociale : Famille d'aujourd'hui, situation et avenir

Il intervient après d'autres Lyonnais, le docteur René Biot, ancien secrétaire général du groupe lyonnais d'études médicales, philosophiques et biologiques, Jean Lacroix, professeur agrégé de philosophie au Lycée du Parc, Gabriel Madinier, professeur à la faculté de lettres et Joseph Folliet, Vice-Président des Semaines et professeur de sociologie aux facultés catholiques de Lyon.

Emmanuel Gounot intervient enfin avant Robert Prigent, ancien Ministre, qui évoque le bâtonnier Gounot, « pionnier de l'action sociale ».

Pour Emmanuel Gounot, la famille relève de la politique et la politique a des prises sur elle. À partir des leçons précédentes, l'orateur souhaite préciser la politique dite du « bien familial » s'intégrant dans une politique d'ensemble du « bien général ». Une politique ne peut être qualifiée de familiale que dans la mesure où elle a le sens du groupe familial. Une telle politique est-elle nécessaire et y a-t-il des impératifs familiaux qui s'imposent à l'État ?

La famille et l'État

La famille est un élément composant et transcendant. Une politique fondée sur le droit naturel contenu progressif. Comme la famille relève pour Gounot d'une conception métaphysique du monde qui est supérieure à l'État dans l'ordre des fins mais est inférieure dans l'ordre des moyens d'action, l'État doit aider les familles à vivre et se développer normalement. Il cite Leibniz et Auguste Comte : « La famille est l'école éternelle de la vie collective ».

L'objet d'une politique familiale. Les impératifs sont de 3 ordres : juridique, économique et moral.

D'un point de vue juridique, pour Gounot, en matière de statut de la famille, le législateur positif ne crée pas le droit. Il a une mission d'interprétation.

D'un point de vue économique, les biens de ce monde ont une fin humaine. La nécessité d'une politique des charges et des ressources familiales s'impose. Il cite l'exemple de la politique de logement familial et d'une politique de l'impôt avec le quotient familial qui est une mesure élémentaire de justice, tout comme les allocations et les prestations familiales.

Enfin, d'un point de vue moral, la famille attend de la cité un climat moral propice et une collaboration positive. Et Gounot de souligner que l'assainissement du milieu social s'impose. Le métier de parents a toujours été malaisé, l'évolution de notre civilisation l'a rendu encore plus difficile. Pour lui, il s'agit également de respecter l'intimité et la responsabilité des familles. Il cite Duthoit et ses travaux de 1920, une époque où l'intimité n'était pas encore menacée. Sur la question de la responsabilité, la collaboration nécessaire ne saurait entraîner un renversement des rôles. La responsabilité générale impose de pouvoir faire des choix : médecin, école, genre d'éducation, orientation.

Il y a un dernier impératif à souligner, le souci des familles et de leurs conditions morales et matérielles doit être constamment présent au sein des organes de la Cité.

S'agissant des moyens d'efficacité, Gounot souligne que dans les régimes démocratiques à base d'individualisme, une politique familiale doit être imposée. Il évoque le suffrage familial, mais aussi l'importance des textes constitutionnels, des textes législatifs surtout car les blancs-seings laissés à l'administration sont dangereux. S'agissant des moyens institutionnels, il souligne que dès la session de Grenoble en 1923 les Semaines demandaient un Ministère de la population, un grand Ministère. Le corps familial a été consacré par les travaux menés entre 1942 et 1945 avec la naissance de l'UNAF et des UDAF consacrant les intérêts des familles.

B. La leçon d'Emma Gounot à Metz en 1972 (59e Semaine Sociale de France)

Emma Gounot avait écouté son père à Bordeaux en 1957. Il décède trois années plus tard. La première grande communication de la fille Gounot aux Semaines, c'est la session de Metz ayant pour titre : « Couples et familles dans la société d'aujourd'hui ». Sa communication s'intitule : « Un droit nouveau pour une famille nouvelle ».

Elle intervient après Joseph Folliet, ne cite pas son père Emmanuel Gounot et souligne les deux leçons magistrales prononcées en 1957 concernant le droit de la famille du Professeur Sabatier et Brèthe de la Gressaye. Sur le plan des principes, tout a été dit, souligne-t-elle.

Et elle rebondit : « Mais depuis 1957, la famille française a changé et continue de changer. Le droit s'est plus transformé en quinze ans que pendant les cent cinquante années précédentes. Plus que l'évolution des mœurs, c'est l'évolution des idées qu'une loi nouvelle consacre. Il n'est pas sans importance que le droit supprime l'image du mari chef de famille, qu'il proclame l'égalité des enfants naturels et des enfants légitimes ou permette la légitimation des enfants adultérins. Dans une certaine mesure, un droit nouveau suscitera une nouvelle famille ».

Les deux réformes qui ont apporté les changements les plus marquants à la conception classique de la famille, c'est d'une part la transformation du statut et du rôle de l'époux par suppression de l'autorité du mari et d'autre part l'avènement de la famille sans mariage (loi du 3 janvier 1972).

Didactique, la première réforme s'est faite en deux temps avec deux lois (1965 sur les régimes matrimoniaux et 1970 sur l'autorité parentale) qui instituent entre époux co-responsabilité et solidarité. Elle souligne que notre droit ne propose pas une image unique pour les deux mais deux images singulières avec un maintien d'une certaine prééminence de l'homme.

La loi enlève au mariage le monopole qui était le sien pour fonder la famille. « Famille légitime sans mariage, famille adultère légitime, nous verrons pourquoi nous refusons ces deux formes de familles » indique Emma Gounot, poursuivant : « Mais ce refus ne saurait empêcher d'approuver l'inspiration profonde de la loi ».

Déjà en 1937 à Clermont-Ferrand (La personne humaine en péril) : « Dans le statut familial, tous les éléments n'ont pas la même valeur. Ce qui doit être pour nous essentiel, c'est ce qui a pour fin ou pour raison d'être la personne. Le reste est plus ou moins accessoire. »

Mais l'essentiel a-t-il été suffisamment sauvegardé ? Nous allons dégager quelques critères de jugement en nous demandant quel devrait être le rôle du droit en matière familiale.

C. Des Semaines Sociales aux réalisations concrètes

L'action et les idées d'Emmanuel Gounot ont été saluées très largement par tous. Face à la question sociale, il perçoit peu à peu les ambiguïtés de la doctrine sociale de l'Église dont il extrait alors une forme de personnalisme juridique destiné à dépasser ces contradictions. Il théorise pour sa part durant l'entre-deux-guerres la double nécessité d'une représentation institutionnelle du mouvement familial et d'un Ministère de la famille. Ces deux idées seront mises en œuvre par l'État français de Pétain dans un cadre corporatiste. Ses travaux inspireront aussi les décisions prises à la Libération dans un cadre démocratique. Une ordonnance du 3 mars 1945 crée l'UNAF (Union nationale des associations familiales) et les UDAF dans chaque département.

Emmanuel Gounot s'intéresse également à la famille sous un autre angle avec l'aide à l'enfance. C'était un champ privilégié des œuvres. À Lyon, les réalisations sont nombreuses : les refuges, providences, mais aussi le Prado ou le Sauvetage de l'enfance, fondé en 1890 par des juristes pour prendre en charge les enfants dont les parents ont été déchus de leur autorité parentale. Emmanuel Gounot sera administrateur de la Sauvegarde jusqu'à sa mort, le relais sera ensuite pris par Emma Gounot jusqu'en 1994.

Un institut d'études de la famille

En 1948, annonçant une série de conférences sur la famille à la faculté de droit, Emmanuel Gounot appelait de ses vœux la fondation d'une chaire des sciences familiales. C'est sa fille Emma, qui vingt-cinq ans plus tard, concrétisera ce souhait.

Emma Gounot, depuis 1940, est enseignante à la faculté, et avocate. Elle plaide dans deux domaines : les affaires familiales (divorces, violences… et les questions politiques. À la mort de son père, en 1960, elle recentre ses activités sur l'enseignement à la Faculté et dans des écoles d'assistantes sociales, à commencer par l'École du sud-est. « Dans ce choix, de nouveau, se croisent catholicisme social et engagement dans les débats contemporains » explique Bernadette Angleraud.

En 1944, a été créé à la faculté de droit, en partenariat avec la Chronique sociale, un centre de recherche et de formation sur les questions de société : l'Institut Social. La direction est assurée par le président de la Chronique sociale : Joseph

Folliet, puis l'économiste Gilbert Blardone. Emmanuel et Emma Gounot, ayant un pied dans les deux instances, en sont deux des chevilles ouvrières. Le programme annuel intègre des cours ou conférences sur la famille. Ainsi, en 1948, Emmanuel Gounot introduit une série de conférences sur « La famille devant les sciences contemporaines. ». Dans le contexte des années 1960, se constitue, dans le cadre de l'Institut Social, un groupe de juristes dont Emma Gounot, et de théologiens pour réfléchir aux questions du mariage, du divorce et pour proposer des sessions en cours du soir.

Emma Gounot, se trouve confrontée, dans les années 1960, à une période d'adaptation, où le modèle d'un catholicisme incarné et social n'est plus forcément en prise avec les évolutions de la société.

D'un côté les Semaines Sociales sont perçues comme trop académiques, les exposés d'experts dont Emmanuel Gounot a été un exemple, ne font plus recette. À la fin des années 1960, la participation aux sessions s'effondre. Emma, reste secrétaire générale jusqu'en 1972 où les Semaines Sociales de France se mettent en sommeil. À l'échelle locale, la situation est aussi difficile. Après la mort de Joseph Folliet en 1972, la Chronique sociale traverse une crise, à l'aune des turbulences de ces années charnière. Les débats portent sur l'orientation : peut-on se contenter du domaine social, ne faut-il pas l'élargir à l'économique et au politique, mais aussi sur l'appartenance : quelle liberté face à l'institution Église ? Cette crise se solde par une mutation majeure lorsque la Chronique choisit de se déconfessionnaliser pour devenir une maison d'édition sans référence religieuse.

En créant parallèlement l'Institut des Sciences de la Famille en 1972-1973, Emma Gounot a témoigné de la façon originale dont elle souhaitait s'emparer de la question de la famille pour la faire émerger des débats idéologiques, en l'ancrant dans la société globale et en engageant le dialogue. La spécificité de cette structure tient en quelques mots : rattachée à l'Université catholique de Lyon, elle aborde la question de la famille de façon pluridisciplinaire (avec des juristes, des sociologues, des psychologues, des philosophes) et pour un public très large. Cette approche transversale est aussi incontestablement celle des Semaines Sociales depuis leur fondation. C'est cela l'esprit pionnier dont a su faire preuve Emma Gounot.

Elle est d'ailleurs partie prenante de la résurgence des Semaines Sociales de France dans les années 1990. L'Antenne Sociale de Lyon, à la demande du Cardinal Decourtray, recrée un pôle d'études des questions sociales, arrimé à la pensée sociale chrétienne. Renouvelant le regard et misant sur la défense de la personne, sur le rôle de l'État et sur la défense d'une justice sociale, les Gounot ont traversé le siècle entre permanence et renouvellement. Issue d'une famille nombreuse, Emma Gounot est restée célibataire, se consacrant entièrement à la tâche. Elle a gardé en mémoire le souvenir de Marius Gonin, un saint homme lui avait dit sa mère.

Après Emma Gounot, entendons aussi Monique Van Moerbecke. Pour elle qui aujourd'hui, garde le souvenir vivace de sessions utiles et chrétiennes, le travail auquel doivent s'attacher les Semaines Sociales est en soi gigantesque. Pensez, dit-elle, qu'il y a un problème de langage, de connaissance de toutes ces sciences nouvelles, même de philosophie nouvelle sur l'humain. « De nouvelles Semaines Sociales doivent aider l'Église dans ce domaine, pour que les chrétiens ne soient pas étrangers à cette évolution. Peut-être que les Semaines Sociales devront trouver un autre nom ou y ajouter un je-ne-sais-quoi… ». Le message est fort pour celle qui dit simplement les choses à la lueur d'une vie où le « travail comme distraction a forgé une personnalité ». D'autant qu'aujourd'hui, on ne viendrait pas voir les parents pour « recruter » pour les sessions. Chez les jeunes, la liberté de choix prime désormais sur l'impératif de transmission…

Emma Gounot
et le catholicisme social lyonnais

Jean-Dominique Durand
*Professeur émérite d'Histoire contemporaine
à l'Université Jean Moulin-Lyon 3*

Née en 1917, décédée en 2017, Emma Gounot a traversé un siècle marqué par d'immenses mutations économiques, sociales, politiques. Son enfance s'est déroulée dans un milieu catholique où la vie était rythmée par les fêtes liturgiques et où la foi chrétienne était pour beaucoup une évidence. Durant sa longue vie, elle a connu la guerre et l'occupation nazie, la Libération, les guerres de décolonisation, notamment la guerre d'Algérie, les Trente Glorieuses chères à Jean Fourastié[1], qui ont apporté une prospérité sans précédent, la construction d'une Europe unie et pacifiée, l'effondrement du communisme en Europe, la recherche dans la douleur de nouveaux équilibres mondiaux, le vote des femmes et l'émancipation féminine, l'affirmation de la laïcité de l'État, la sécularisation des mœurs, le pluralisme religieux, l'évolution fantastique des techniques et des connaissances scientifiques.

Au milieu de ces révolutions successives ou concomitantes, Emma Gounot a pu trouver un point fixe : l'engagement social au nom de sa foi catholique, dont elle fut à la fois héritière notamment à travers son père, Emmanuel Gounot, et actrice, tant au sein des Semaines sociales de France qu'à l'Université catholique de Lyon, que dans des structures sociales comme la Sauvegarde de l'Enfance et de l'Adolescence. Elle s'est insérée dans la tradition humaniste d'inspiration chrétienne de Lyon tout en lui apportant sa marque personnelle de liberté dans la pensée et l'action.

I. Un héritage

Le catholicisme lyonnais tel qu'Emma Gounot l'a vécu et accompagné au cours du XXe siècle, était l'héritier d'une grande tradition, dont on avait une forte

---

1. *Jean Fourastié entre deux mondes. Mémoires en forme de dialogues avec sa fille Jacqueline*, Beauchesne, 1994, 316 p.

conscience, depuis le martyre fondateur du christianisme en Gaule des premiers chrétiens venus d'Orient en 177, et saint Irénée qui a évité au christianisme de se diluer dans les hérésies. L'amphithéâtre des Trois Gaules fut identifié en 1957 par Amable Audin[2], comme le lieu où s'était accompli le martyre des chrétiens lyonnais, ce lieu que le pape Jean-Paul II désigna en 1986 comme le « baptistère » de la Gaule[3].

Cette mémoire vive, qui va des martyrs de 177 à saint Irénée, Pierre Valdo, Pauline Jaricot, Frédéric Ozanam et Antoine Chevrier, jusqu'aux contemporains Gabriel Rosset ou Bernard Devert, offre de nombreux modèles possibles. Il faudrait évoquer aussi l'évêque Gébuin que le pape Grégoire VII éleva à la dignité de Primat des Gaules en 1079, la puissance de la Renaissance carolingienne avec l'archevêque Leidrade, et la reconstruction du diocèse à l'issue de la Révolution française avec le cardinal Fesch, sans oublier les conciles œcuméniques tenus à Lyon en 1245 et 1274.

En témoignent des rappels souvent réitérés : François Varillon, dans *Beauté du monde et souffrance des hommes* (1980), parlait de l'inventivité du catholicisme lyonnais ; lors de sa venue à Lyon en 1986, Jean-Paul II se plut à souligner la richesse du passé de l'Église qui est à Lyon, célébrant la béatification du père Chevrier et soulignant la vitalité du catholicisme social et de l'œcuménisme, un passé auquel les Lyonnais devaient se montrer fidèles. Il les interpella : « Chrétiens de Lyon, de Vienne, de France, que faites-vous de vos glorieux martyrs[4] ? ». En prenant possession du diocèse, les nouveaux archevêques de Lyon ont tous en commun de dire à la fois leur admiration et leurs craintes devant une histoire si riche, qui rend le diocèse complexe et lourd. Mgr Jean Villot confia, lorsqu'il succéda au cardinal Gerlier en janvier 1965 : « Lyon est trop lourd pour moi. Je sais que je ne pourrai pas y tenir longtemps ». De fait, en 1967, il était appelé à Rome[5]. Le cardinal Philippe Barbarin, dans son premier *Message aux prêtres et aux diacres, aux religieuses et religieux, et aux animateurs laïcs du diocèse de Lyon* du 15 juillet 2002, fit part de sa timidité face à une si grande histoire : « Il est impressionnant d'entrer dans l'histoire d'une Église que, depuis l'enfance, on m'a appris à regarder comme une source de la foi dans notre pays[6] ». L'historien André Latreille a écrit :

> « Lyon jouit – à bon droit – de la réputation d'une ville où la foi et la charité chrétiennes ont toujours été, ensemble, à l'honneur et à l'action.

---

2. A. Audin, « La dédicace de l'amphithéâtre des Trois-Gaules », *Bulletin des Musées et Monuments lyonnais*, 1960, p. 151-159.
3. Jean-Paul II, Allocution à l'amphithéâtre des Trois Gaules, 4 octobre 1986, *La Documentation Catholique*, p. 937-939.
4. J.-D. Durand, « Le voyage de Jean-Paul II à Lyon : 4-7 octobre 1986 », in B. Angleraud, V. Aubourg et O. Chatelan (dir.), *50 ans de catholicisme à Lyon. De Vatican II à nos jours 1965-2015*, Karthala, p. 197-224.
5. J. Comby, *Histoire de l'Église à Lyon*, La Taillanderie, 2007, p. 196.
6. J.-D. Durand, « L'histoire se poursuit : 2002-2007 », in B. Angleraud, V. Aubourg et O. Chatelan, *op. cit.*, p. 217-224.

La dévotion de la population lui a souvent valu la qualification de cité mystique au sens d'un catholicisme fervent toujours préoccupé de s'exprimer en actes au service du prochain[7]. »

Dans cette histoire si riche, deux personnalités se détachaient au XIXe siècle, dont le souvenir était puissant, si l'on prend en considération les engagements d'Emma Gounot : une femme, laïque, lyonnaise, qui s'est mise au service des pauvres et de l'Église universelle, Pauline Jaricot, et un universitaire, Frédéric Ozanam.

La première a marqué son temps par son énergie en faveur des missions catholiques et des ouvriers, de la justice sociale. Jean-Paul II évoqua en septembre 1999 à l'occasion du deuxième centenaire de sa naissance, sa « volonté inouïe d'entreprendre ». Commentant cette appréciation du pape, l'historien Jacques Gadille a noté :

« Servie par un sens aigu de l'organisation fréquent parmi les Lyonnais, cette volonté s'est en effet traduite dans des domaines très variés. Elle a étroitement allié mission de proximité auprès des pauvres à une vision universelle de cette mission, tant au niveau de l'évangélisation lointaine que de la question sociale. Enfin, elle a toujours conjoint prière et activité extérieure, faisant de celle-ci "une contemplation active"[8] ».

Cette femme, laïque, issue d'un milieu bourgeois n'hésita pas à braver les préjugés de son temps pour se confronter à un monde en pleine mutation. Cette Lyonnaise, pleinement lyonnaise, était bien insérée dans le tissu social et religieux lyonnais, autour de l'église Saint-Nizier au cœur spirituel de la Ville, qu'elle fréquentait assidûment. Elle y a connu une véritable conversion. C'est là que sa vocation s'est dessinée, et c'est à Fourvière qu'elle prononça en secret un vœu de chasteté. C'est dans une ville traumatisée par la Révolution, mais qui s'industrialisa rapidement au début du XIXe siècle, qu'elle forgea ses convictions sociales, une prise de conscience qu'elle partagea avec un autre grand Lyonnais, Frédéric Ozanam.

La vie brève, mais intense de ce dernier, témoigne de l'accord réussi entre recherche universitaire et engagement chrétien dans la vie personnelle et les engagements publics : complémentarité entre raison et foi, éveil aux sciences de l'homme et à l'économie politique[9].

---

7. A. Latreille, « Avant-propos », dans G. Rosset, *J'étais sans abri et tu m'as accueilli*, Nouvelle Cité, 1981, p. 6-19.
8. J. Gadille, « Marie-Pauline Jaricot, figure pionnière du laïcat missionnaire (1re partie), *Omnis Terra*, février 2001, p. 77-83 ; Une biographie récente : C. Masson, *Pauline Jaricot 1799-1862*, Éditions du Cerf, 2019, 521 p.
9. G. Cholvy, *Frédéric Ozanam. L'engagement d'un intellectuel catholique au XIXe siècle*, Fayard, 2003, 783 p.

En 1833, il fonda à Paris, avec un groupe d'étudiants et en lien avec une Fille de la Charité, sœur Rosalie Rendu, la Société Saint-Vincent-de-Paul afin de rendre visite aux pauvres. Il entendait ainsi promouvoir « l'apostolat des laïcs dans le monde[10] ». Cette Société multiplia très vite ses activités en France et à l'étranger. Elle devint une véritable « pépinière de catholiques sociaux », laïcs, le plus souvent des notables, et insérés dans le tissu paroissial, mais aussi dans la République pour la promotion des lois sociales. Par ailleurs, Frédéric Ozanam obtint en 1844 la chaire de littérature comparée de Sorbonne. Dans des cours très suivis sur les origines de la littérature en Allemagne, en Italie, en Angleterre, il donnait le fruit de ses vastes recherches. Juste avant la révolution de 1848, il publia dans *Le Correspondant* un article retentissant, « Passons aux Barbares et suivons Pie IX ! » : il proposait à l'Église de faire alliance avec les classes laborieuses des grandes villes.

À ces deux modèles bien connus à Lyon, on peut ajouter les actions du père Antoine Chevrier en faveur des ouvriers pauvres et de l'enfance en difficulté. Lui-même issu d'un milieu très modeste – sa mère était ouvrière en soieries – fut ordonné prêtre en 1850, et devint vicaire à Saint-André de la Guillotière, dans un quartier misérable, dont les habitants étaient considérés de l'autre côté du Rhône, comme des « sauvages », ce qui n'était pas sans renvoyer aux « barbares » de Frédéric Ozanam. Confronté aux inondations meurtrières de mai 1856 qui aggravèrent la misère, il trouva sa vocation auprès des enfants abandonnés, sur le modèle d'un laïc, Camille Rambaud, qui recueillait et éduquait des enfants dans sa Cité de l'Enfant-Jésus. En 1860, il loua, puis acquit un ancien bal mal famé, dit du Prado et put former une cinquantaine de jeunes. Réussissant à former parmi eux des prêtres destinés à un apostolat en milieu populaire, il créa la communauté de prêtres séculiers du Prado, inspirés par l'Évangile et par la spiritualité franciscaine[11].

II. Une action

Héritière d'une histoire, Emma Gounot a contribué à son tour à faire vivre ce catholicisme social toujours très actif au XXe siècle et même à le faire évoluer sous le poids des événements qui ont pu marquer cette femme de réflexion et d'action.

La guerre et la justice

Jeune avocate et enseignante aux Facultés catholiques, son expérience de la guerre, ce fut avant tout la rencontre avec la Résistance spirituelle, animée par plusieurs de ses collègues théologiens. Cette catholique, éprise de justice fondée

---

10. M. Brejon de Lavergnée, *La société Saint-Vincent-de-Paul au XIXe siècle 1833-1871. Un fleuron du catholicisme social*, Éditions du Cerf, 2008, 713 p.
11. J.-F. Six, *Un prêtre, Antoine Chevrier, fondateur du Prado 1826-1879*, Seuil, 1965, 537 p.

sur le droit, ne pouvait qu'avoir de l'horreur pour le nazisme et récuser la politique de collaboration et de manipulation du Droit par Vichy, même si elle a pu se réjouir de l'exaltation par le régime de la famille et du début d'une politique familiale que son père Emmanuel Gounot soutint. Ce dernier, Professeur de Droit commercial aux Facultés catholiques, présidait en 1940 la Ligue des Familles nombreuses du Rhône, et il était membre du Conseil supérieur de la Famille. Il participa à l'élaboration de la loi de décembre 1942 sur la représentation des Associations familiales auprès des pouvoirs publics. Ses travaux devaient déboucher sur de nouvelles lois en 1945, après la Libération. Il était maréchaliste mais ennemi de la collaboration.

À Lyon, la Résistance spirituelle avait un organe de portée nationale, les *Cahiers du Témoignage chrétien*, imprimés clandestinement dès 1941. Bernard Comte écrit :

> « Pour les théologiens jésuites, notamment Gaston Fessard, qui les rédigent avec des amis laïcs et des protestants, le premier devoir des chrétiens, face au nazisme, est de porter témoignage de leur foi dans le Dieu de la Bible, Père de tous les hommes, et non d'assurer la prospérité de l'Église ; elle doit prendre, comme les martyrs de la foi, le risque de la persécution[12]. »

Les *Cahiers* furent diffusés bientôt dans toute la France, par des militants de l'Action Catholique et du catholicisme social qui se lièrent aux autres organisations de résistance et en partagèrent les combats. Emma Gounot fut amenée à défendre des militants de *Témoignage chrétien*, et du réseau Combat. En février 1942, Emmanuel Gounot devint l'avocat d'Emmanuel Mounier, arrêté dans le cadre du procès intenté par le gouvernement de Vichy contre *Combat*. Il fut grandement aidé dans ce procès difficile, par sa fille Emma, toute jeune avocate. Celle-ci noua avec le philosophe emprisonné une relation de confiance et d'amitié. Elle rassembla pour son père de nombreux documents et témoignages sur sa pensée et sa conduite. Bernard Comte a noté que Maître Gounot travaillait « avec l'aide d'Emma Gounot qui épluche les dossiers, traque les invraisemblances et les contradictions et rassemble des témoignages sérieux[13]. » Parmi ces derniers, il convient de relever ceux de Joseph Folliet et de François Perroux[14]. Pour Emma Gounot, cette rencontre avec Emmanuel Mounier fut fondamentale, car ce fut, à travers lui, sa rencontre avec le personnalisme, qui lui permit certainement de nuancer une vision dogmatique de la famille traditionnelle et de s'ouvrir à

---

12. B. Comte, « Résistance spirituelle », in J.-D. Durand et C. Prudhomme (dir.), *Le monde du catholicisme*, Robert Laffont-Bouquins, 2017, p. 1119-1120 ; F. et R. Bédarida (dir.), *La Résistance spirituelle 1941-1944. Les Cahiers clandestins du Témoignage chrétien*, Albin Michel, 2001.
13. E. Mounier, *Entretiens 1926-1944*, présentation par B. Comte, PUR, 2017, p. 862 et note 56, p. 878. Sur les avocats lyonnais sous l'Occupation : C. Fillon, *Le Barreau de Lyon dans la tourmente : de l'Occupation à la Libération*, Aleas Éditeur, 2003, 479 p.
14. A. Deléry, *Joseph Folliet*, Éditions du Cerf, 2003, p. 262.

l'altérité. Elle a pu approfondir sa connaissance du personnalisme portée par la revue *Esprit* et à Lyon, surtout par le philosophe Jean Lacroix[15].

Emma Gounot s'investit également dans la défense de réfractaires au Service du Travail Obligatoire (STO) institué par la loi du 16 février 1943. À la libération, elle fut amenée à défendre des collaborateurs, ou à accompagner le travail de son père à un moment où la justice se montrait expéditive. Elle suivit ainsi le dossier de l'abbé Vautherin qui s'était autoproclamé aumônier de la Milice[16].

La guerre, ce fut aussi pour Emma Gounot, l'occasion de croiser des personnalités catholiques engagées auprès des juifs persécutés, en premier lieu, le cardinal Gerlier, mais aussi de nombreux prêtres, parmi lesquels les jésuites du scolasticat de Fourvière, et des laïcs. Le père Henri de Lubac, proche de son oncle archevêque de Tunis, était pour elle un ami[17]. Elle avait été marquée par la publication en 1938 de *Catholicisme. Les aspects sociaux du dogme*, aux Éditions du Cerf. En 1943, il anima une session de formation organisée par Emma Gounot pour les responsables des mouvements catholiques féminins sur le thème « action catholique et action temporelle[18] ». En fondant la Collection *Sources Chrétiennes* avec le père Daniélou, il choisit de publier comme premier volume, *La Vie de Moïse* de Grégoire de Nysse, manière de souligner à la fin de 1942 les racines juives du christianisme et d'inviter les catholiques à redécouvrir l'Ancien Testament. Il ne s'agit pas ici de retracer l'importance de la résistance spirituelle, mais de montrer une prise de conscience, qui fut par la suite porteuse d'un nouveau type de relations entre les religions. Olivier Georges a montré l'amitié du Cardinal avec Jacques Helbronner, président du Consistoire juif replié à Lyon. Il était régulièrement reçu par ce dernier[19] et les conseillers juridiques du Consistoire, André Weil et Maître Kieffé, le consultaient[20]. Lors de l'assemblée annuelle du rabbinat français, Helbronner réitéra son éloge de la solidarité interreligieuse en déclarant que :

> « Jamais le judaïsme ne pourra être assez reconnaissant de ce que firent pour nous, prélats, prêtres, pasteurs, fidèles, catholiques et protestants, avec une gratitude spéciale au primat des Gaules[21] ».

---

15. P. Moreau et E. Gabellieri (dir.), *Humanisme et philosophie citoyenne. Joseph Vialatoux et Jean Lacroix*, DDB-Lethielleux, 2010, 464 p.
16. « Entretien avec Emma Gounot » par V. Aubourg et H. Fulchiron, *Emma Gounot. Libre traversée d'un siècle*, Université Jean Moulin-Lyon 3 – UCLY, https://webtv.univ-lyon3/videos. Ce document est reproduit dans le présent ouvrage.
17. *Ibidem*.
18. B. Comte, « Le père de Lubac, un théologien dans l'Église de Lyon », dans J.-D. Durand (dir.), *Henri de Lubac. La rencontre au cœur de l'Église*, Éditions du Cerf, 2006, p. 61.
19. O. Georges, *Pierre-Marie Gerlier, le cardinal militant 1880-1965*, Desclée de Brouwer, 2014, p. 255-257.
20. F. Delpech, « La persécution des juifs et l'Amitié chrétienne », in *Églises et chrétiens dans la Seconde Guerre mondiale : la région Rhône-Alpes*, PUL, 1978, p. 161.
21. O. Georges, *Pierre-Marie Gerlier, op. cit.*, p. 256.

De même y eut-il un rapprochement avec l'Église réformée à travers le pasteur Boegner qui lui aussi, entretenait un rapport étroit avec l'archevêque de Lyon. Sans se départir d'une grande admiration pour le Maréchal, et sans aller jusqu'à dénoncer les Statuts successifs imposés aux juifs[22], Pierre-Marie Gerlier patronna avec Marc Boegner, l'Amitié Chrétienne fondée par le père Chaillet en mai 1941. L'abbé Glasberg et le père Chaillet pouvaient ainsi se servir de son nom vis-à-vis des fonctionnaires de Vichy pour secourir les personnes[23]. L'action la plus éclatante reste le sauvetage des enfants juifs du camp de Vénissieux en août 1942, opération couverte par le cardinal Gerlier[24]. Ces actions concrètes de sauvetage des juifs persécutés, s'unirent à celles de la CIMADE protestante, aux protestations des pasteurs Roland de Pury et Georges Casalis, aux réflexions des *Cahiers du Témoignage chrétien* et de plusieurs théologiens des Facultés catholiques comme le père de Lubac[25], le père Bonsirven, l'abbé Joseph Chaine, le sulpicien Louis Richard[26].

Dès 1946, deux responsables scouts, le catholique Émile Rodet et le juif Alfred Lazare, créèrent un « groupe d'échanges amicaux » qui rejoignit en 1949 l'Amitié judéo-chrétienne de France (ACJF) fondée par Jules Isaac et Edmond Fleg[27].

Une autre guerre marqua la carrière d'Emma Gounot au cours de laquelle elle ne transigea pas sur les exigences de la justice. Dans les années 1950, l'islam fit son entrée dans la vie lyonnaise avec l'immigration venue notamment d'Afrique du Nord pour répondre aux demandes d'une industrie en pleine expansion. Le catholicisme lyonnais fut vite impacté par les effets de la guerre d'Algérie. Le cardinal Gerlier se montrait préoccupé de « renforcer les liens fraternels qui doivent unir diverses civilisations et communautés[28] », comme il le dit à Alger dans un discours prononcé le 15 avril 1948. Il délégua deux prêtres du Prado

---

22. J.-D. Durand, « La figure du cardinal Gerlier en question », in I. Doré-Rivé (dir.), *Une ville dans la guerre Lyon 1939-1945. Les collections du Centre d'Histoire de la Résistance et de la Déportation*, Fage Éditions, p. 104-109.
23. L. Lazare, *L'abbé Glasberg*, Éditions du Cerf, 1990, p. 50 ; C. Sorrel (dir.), *Alexandre Glasberg 1902-1981. Prêtre, résistant, militant*, LARHRA-RESEA, 2013, 164 p. ; R. Bédarida, *Pierre Chaillet. Témoin de la résistance spirituelle*, Fayard, 1988, p. 130.
24. V. Perthuis-Portheret, *août 1942. Lyon contre Vichy. Le sauvetage de tous les enfants juifs du camp de Vénissieux,* ELAH, 2012 ; Id., *Vous n'aurez pas les enfants*, XO Éditions, 2020, 233 p.
25. H. de Lubac, *Résistance chrétienne à l'antisémitisme. Souvenirs 1940-1944*, Fayard, 1987, 270 p.Rééd. in Cardinal Henri de Lubac, *Œuvres complètes XXXIV, Résistance chrétienne au nazisme*, Éditions du Cerf, 2006, p. 471-748.
26. B. Comte, « Conscience catholique et persécution antisémite : l'engagement de théologiens lyonnais en 1941-1942 », *Annales ESC*, 1993, p. 635-654. *Id,* « Jésuites lyonnais résistants », in É. Fouilloux et B. Hours (dir.), *Les jésuites à Lyon XVIe-XXe siècle*, ENS Éditions, p. 189-204. Voir aussi C. Ponson, *Les Théologiens lyonnais et la persécution contre les Juifs,* n° 25 des *Cahiers de l'Institut catholique de Lyon,* Profac, 1994.
27. P. Berger-Marx, *Les relations entre les juifs et les catholiques dans la France de l'après-guerre 1945-1965,* Parole et Silence, 2009, p. 143.
28. Document cité par O. Georges, *Pierre-Marie Gerlier, op. cit.*, p. 405.

pour venir en aide aux immigrés, dont l'abbé Albert Carteron. Ils furent accusés par la police de soutenir les réseaux du FLN algérien en France, dans un contexte de forte tension. Deux prêtres de la Mission de France, Bernard Boudouresques et Robert Davezies, furent arrêtés à Paris, accusés d'avoir hébergé des membres d'un commando du FLN. Le 17 octobre 1958, furent arrêtés à leur tour, à Lyon, Albert Carteron, Joseph Chaize et Louis Magnin, soupçonnés de porter assistance aux « terroristes » à travers une caisse de secours pour les prisonniers et leurs familles, que la police dénonça comme servant aux activités du FLN. Le Cardinal défendit l'action de ses prêtres dans ce qu'il appela une « douloureuse affaire ». Il dénonça les conditions de vie des immigrés en France et justifia le soutien de l'Église : « L'aide morale et matérielle fournie à des malheureux qui souffrent est conforme à la doctrine séculaire de l'Église. » Mgr Ancel, leur supérieur, protesta de leur innocence, invoquant leur seule participation à des réseaux d'« entraide morale et spirituelle ». Dans la *Semaine religieuse*, bulletin officiel du diocèse, l'archevêque souligna que l'abbé Carteron s'était procuré un local pour un service d'entraide ouvert à tous les musulmans algériens, récusant toute collusion avec le FLN. Puis il dénonça « les méthodes employées – la torture – pour extorquer les aveux qui avaient conduit à la mise en cause des prêtres[29]. » Dans ce contexte, marqué aussi par la publication en 1957 par Joseph Vialatoux, enseignant aux Facultés catholiques, grande figure de la Chronique sociale et des Semaines sociales, d'un ouvrage dénonçant l'usage de la torture en Algérie[30], Emma Gounot devint l'avocate bénévole d'un groupe d'Algériens arrêtés à Lyon en 1958, emprisonnés à Montluc, puis internés à Alger où elle dut se rendre afin de tenter de les tirer d'affaire. Elle participa au Comité lyonnais d'Action pour le respect des Droits de la Personne, fondé par Joseph Folliet avec Maître Claude Bernardin[31], et de nombreux intellectuels catholiques lyonnais[32], avec le soutien du père Gabriel Matagrin et du vice-recteur des Facultés catholiques, le père Joseph Gelin. Elle a raconté les incidents dans lesquels elle a été impliquée avec l'extrême droite à l'occasion d'une réunion[33]. Il s'agissait pour elle, non

---

29. *Semaine religieuse du diocèse de Lyon*, 31 octobre 1958, citée par O. Georges, *Ibidem*, p. 405-407 ; H. Hamon et P. Rotman, *Les porteurs de valises, la résistance française à la guerre d'Algérie*, Albin Michel, 1979, p. 117-124.
30. J. Vialatoux, *La répression et la torture. Essai de philosophie morale et politique*, Les Éditions ouvrières, 1957, 134 p. Voir C. Ponson, « Joseph Vialatoux, le philosophe lyonnais des Semaines sociales », in J.-D. Durand (dir.), *Cent ans de catholicisme social à Lyon et en Rhône-Alpes*, Les Éditions ouvrières, 1992, p. 453-484 ; Id., « Deux penseurs militants au sein du XXe siècle », in P. Moreau et E. Gabellieri, *Humanisme et philosophie citoyenne, op. cit.*, p. 29-38.
31. A. Deléry, *Joseph Folliet, op. cit.*, p. 336.
32. É. Fouilloux, « Intellectuels catholiques et guerre d'Algérie (1954-1962) », in J.-P. Rioux et J.-F. Sirinelli, *La guerre d'Algérie et les intellectuels français*, Complexe, 1991, p. 79-114 ; Id., *Les chrétiens français entre guerre d'Algérie et mai 1968*, DDB, 360 p.
33. « Entretien », cit. Voir le témoignage de Mgr G. Matagrin, *Le chêne et la futaie. Une Église avec les hommes de ce temps, entretiens avec Charles Ehlinger*, Bayard, 2000, p. 51-52.

pas d'un choix politique, mais de faire respecter le droit contre les excès de la répression. En témoigne une note datée du 5 mai 1958 dans laquelle elle laissait percer son indignation sous l'analyse juridique des pouvoirs spéciaux détenus par les autorités en Algérie :

> « Les Algériens dont il s'agit n'avaient pas été condamnés et ne pouvaient pas l'être, car la Justice refuse de condamner ou de poursuivre sans preuve. Plusieurs avaient fait l'objet de décisions d'acquittement ou de non-lieu. Leur internement était donc impossible en métropole. C'est pourquoi le Ministre de l'Intérieur a obtenu de la Justice Militaire qu'elle décerne contre eux des mandats d'arrêt pour que, une fois sur le territoire algérien, ils puissent tomber sous le coup des pouvoirs du Ministre de l'Algérie[34]. »

En prenant la défense d'Algériens, Emma Gounot ne s'est pas posé la question de leur religion. Il s'agissait, comme sous l'Occupation nazie, comme à la Libération, d'une question de droit. Mais femme d'ouverture et de dialogue, Emma Gounot suivit avec intérêt le développement de l'œcuménisme, une spécificité du catholicisme lyonnais.

L'œcuménisme et le dialogue entre les cultures

À Lyon, la notion de dialogue s'affirme dans sa version œcuménique entre les deux guerres. Depuis 1933, l'abbé Paul Couturier a obtenu la tenue en janvier d'un *Triduum* devenu l'octave de prière pour l'Unité des chrétiens, prière simultanée des Églises chrétiennes pour « demander inlassablement le miracle de la totale Réunion[35] ». Il découvrit l'orthodoxie auprès de réfugiés russes arrivés dans la région lyonnaise dépouillés de tout, mais munis de l'icône familiale. En 1932, au cours d'un séjour au prieuré belge bénédictin d'Amay-sur-Meuse, il fut séduit par la pensée de dom Lambert Beaudoin. Il rapporta à Lyon l'idée d'une « convergence de prière », qui permettrait d'envisager l'unité non comme le retour des chrétiens séparés dans l'Église de Rome, mais comme une expérience spirituelle commune. À partir de janvier 1933, la Semaine de prière devint un temps fort spirituel du diocèse[36]. Le nouvel archevêque l'encourage dans son entreprise[37]. En 1939, on adopta « l'universelle prière pour l'unité chrétienne », œcuménisme spirituel, dépourvu de tout accent prosélyte. À partir de 1937, de nombreuses conférences furent organisées sur toutes les confessions chrétiennes

---

34. « Note au sujet des Algériens de Métropole transférés en Algérie », 5 mai 1958, Archives Municipales de Lyon, Fonds Chronique sociale, 82 II 860.
35. *L'abbé Paul Couturier*, brochure de l'Unité chrétienne, Lyon, 1962, p. 9.
36. M. Villain, *L'abbé Paul Couturier, apôtre de l'Unité chrétienne,* Casterman, 1957, p. 39-44.
37. *Ibidem*, 79.

et plus largement sur les monothéismes et leur conception du Royaume de Dieu, ou en 1939, sur le thème « Sacrifice du Christ, mystère d'union ». Parmi les orateurs, on comptait Paul Doncœur, Pierre Chaillet, Louis Richard, Maurice Villain, le jésuite belge Émile Mersch, le père Francis Aupiais, supérieur des Missions africaines de Lyon et grand promoteur des cultures africaines, le père Yves Congar, dominicain, auteur de *Chrétiens désunis, Principes d'un œcuménisme catholique* (1937), Bruno de Solages, recteur de l'Institut catholique de Toulouse[38]. L'œuvre de l'abbé Couturier se poursuivit au-delà de la guerre, dans les années 1950 et par la suite, avec le Centre Unité chrétienne et le sulpicien Pierre Michalon, mais aussi avec le Centre Saint-Irénée, dirigé par le dominicain Maurice-René Beaupère.[39] La Semaine de Prière pour l'Unité de 1953, fut ouverte par une conférence du père René Voillaume, sur « Fraternité et Unité », à partir de la spiritualité de Charles de Foucauld, réflexion sur le témoignage de la foi en terre d'Islam puis au cœur de la « masse ouvrière ». Il avait publié en 1950 l'ouvrage qui marqua des générations de catholiques, *Au cœur des masses*. Ce fut la dernière Semaine placée sous l'autorité de l'abbé Couturier qui décéda le 27 mars 1953. À l'occasion de ses funérailles, le cardinal Gerlier rendit un hommage appuyé à celui qui « a honoré grandement le diocèse ».

Pendant la guerre, ce dernier avait chargé Emma Gounot de coordonner les mouvements de jeunesse chrétiens, catholiques et protestants. Elle devait organiser une réunion à Paris, mais elle ne reçut pas l'agrément de l'archevêque, ce qui lui a fait dire avec amertume que l'œcuménisme commençait à Lyon, mais n'était pas admis à Paris[40].

Le diocèse de Lyon et les milieux de la Chronique sociale ont été marqués aussi par l'expérience de l'abbé Jules Monchanin, proche de l'abbé Couturier, passionné par les études indiennes, au point de partir pour l'Inde en 1939, pour fonder en 1950 avec le bénédictin Henri Le Saux, un ashram voué à la Trinité, suivant la règle de saint Benoît, mais dans le respect des formes du culte hindou, pour proposer un lieu de dialogue entre adeptes des deux mondes culturels, se faisant ainsi un initiateur du dialogue interreligieux[41]. De Jules Monchanin, Joseph Folliet a dit qu'il était « l'une des grandes figures, peut-être la plus grande figure du clergé français entre la guerre de 1914 et nos jours[42] ».

---

38. É. Fouilloux, *Les catholiques et l'unité chrétienne du XIXᵉ au XXᵉ siècle : Itinéraires européens d'expressions françaises,* Le Centurion, 1982, p. 342. O. Georges, *Pierre-Marie Gerlier, op. cit.*, p. 169-173.
39. É. Fouilloux, « Une affaire lyonnaise : la succession de l'abbé Couturier », *Chrétiens et Sociétés XVIᵉ-XXIᵉ siècles*, 2011, p. 105-135.
40. « Entretien », cit.
41. F. Jacquin, *Jules Monchanin, prêtre 1895-1957*, Éditions du Cerf, 1996, 329 p.
42. Cité par É. Fouilloux, « Jules Monchanin dans les milieux intellectuels lyonnais de l'entre-deux-guerres », in J.-D. Durand et J. Gadille (dir.), *Jules Monchanin (1895-1957). Regards croisés d'Occident et d'Orient*, Profac, 1997, p. 53.

La Chronique sociale et les Semaines Sociales

Emma Gounot a montré son attachement au droit et à la justice ; elle était ouverte à l'œcuménisme et à la rencontre avec les religions ; elle observait avec intérêt les transformations de la société, l'évolution de la famille qui très vite n'était plus celle à laquelle son père était si attaché, au point d'accepter de défendre en tant qu'avocate, des causes de divorce[43], sans craindre son milieu d'origine ; elle porta cet esprit de liberté au sein de l'Institut social fondé en 1944 aux Facultés catholiques par Joseph Folliet, qui lui demanda d'en prendre la direction[44], puis à l'Institut des Sciences de la Famille fondé en 1974, permettant d'aborder tous les sujets sensibles, la régulation des naissances, l'éducation sexuelle, l'encyclique *Humanae vitae,* la cohabitation juvénile, le mariage, dans une confrontation permanente entre les disciplines, le droit, la médecine, la biologie, la psychologie, la philosophie, et même la théologie.

Emma Gounot raconte :

> « Depuis des décennies, à la Chronique sociale et aux facultés catholiques, des hommes avaient pensé, écrit, agi dans le domaine de la Famille : des philosophes, comme Joseph Vialatoux, Gabriel Madinier, Jean Lacroix ; des médecins, comme le Dr René Biot et le Groupe lyonnais d'Études médicales, philosophiques et biologiques ; des juristes, en particulier deux doyens successifs de la Faculté catholique de Droit, Emmanuel Gounot et Maurice Chavrier […]. Il y avait là toute une *tradition,* héritière du catholicisme social de Marius Gonin et du personnalisme d'Emmanuel Mounier[45] ».

Emma Gounot avait raison de faire référence au Groupe lyonnais d'Études médicales, philosophiques et biologiques qui avait été fondé en 1924 par le docteur René Biot à l'instigation de Marius Gonin : elle en a reproduit la démarche interdisciplinaire et l'esprit de dialogue[46]. Au cours du colloque universitaire consacré à René Biot en novembre 1989, elle est intervenue dans la discussion à la suite de la communication de Christian Ponson sur « La Chronique sociale de France et la médecine » pour apporter une précision essentielle sur la démarche du médecin : « Pas de lien institutionnel, mais des rencontres de personnes, de la sympathie, des convergences[47]. »

---

43. « Entretien », cit.
44. A. Deléry, *Joseph Folliet, op. cit.*, p. 398.
45. « Au commencement de l'Institut des Sciences de la Famille. L'Institut des Sciences de la Famille raconté par Emma Gounot », https://www.ucly.fr/l-ucly/isf.
46. É. Poulat, « René Biot et ses amis. Des hétérodoxies qui se connectent », in R. Ladous (dir.), *Médecine humaine. Médecine sociale. Le Docteur René Biot et ses amis (1889-1966)*, Éditions du Cerf, 1992, pp. 11-37.
47. Dans R. Ladous, *ibidem*, p. 95.

Tous les engagements d'Emma Gounot s'appuyaient sur cet esprit catholique social lyonnais éminemment humaniste[48], sur un terreau nourri par le travail de terrain et la réflexion critique sur la société portée par la Chronique sociale. Mgr Gabriel Matagrin, qui fut évêque auxiliaire de Lyon, puis évêque de Grenoble, a dit lui aussi sa dette à la Chronique, et particulièrement à Joseph Folliet, qui a tant marqué aussi Emma Gounot :

> « Comment ne pas dire tout ce que je dois à Joseph Folliet ? On a rarement la chance de fréquenter d'aussi près et aussi longtemps une personnalité d'une pareille envergure, ouverte sur tous les aspects de la culture[49]. »

La Chronique sociale était née à la fin du XIXe siècle avec Victor Berne en réponse à l'appel à l'engagement lancé par le pape Léon XIII dans l'encyclique *Rerum novarum* qui invitait en 1891 les laïcs à s'engager[50]. Marius Gonin (1873-1937) en devint l'animateur principal en 1899. Il était considéré par la famille Gounot comme un saint[51]. La Chronique fait partie de l'héritage de son père reçu par Emma. Emmanuel Gounot avait rejoint Marius Gonin dès 1904, avec la création des Semaines sociales par ce dernier et Adéodat Boissard. Il a fait partie de l'équipe des Semaines sociales, et elle participa à sa première Semaine en 1936 à 19 ans. Celle ci se tint à Versailles sur le thème des « Conflits de civilisation ». Dans son entretien avec Hugues Fulchiron et Valérie Aubourg, elle reconnaît : « J'ai été formée dans cet esprit des Semaines sociales ».

Quel est cet esprit ? Celui d'une institution laïque et catholique, d'une véritable « université itinérante » comme le disait Joseph Folliet, qui d'année en année, a réuni des milliers de militants associatifs, plusieurs générations de catholiques, clercs et laïcs, pour se ressourcer, se former, afin de prendre au sérieux le message évangélique dans ses implications sociales, en rappelant que la foi ne peut ignorer la justice. Les Semaines ont voulu traiter avec une grande ouverture les thématiques les plus diverses, les modes d'approche et l'interdisciplinarité étant la règle : l'État, la démocratie, la question coloniale, les questions économiques, la famille, l'Europe, la nation, l'éducation, et des sujets très neufs voire sujets à controverses, comme la place des médias dans la société en 1955, la médecine et les découvertes biologiques en 1951[52]. Au cœur de ces réflexions, il y avait toujours

---

48. C. Ponson, « Un catholicisme social démocratique », in C. Royon (dir.), *Lyon, l'humaniste. Depuis toujours, ville de foi et de révoltes*, Autrement, 2004, pp. 183-187.
49. G. Matagrin, *Le chêne et la futaie, op. cit.*, p. 51.
50. C. Ponson, *Les Catholiques lyonnais et la Chronique sociale 1892-1914*, Presses Universitaires de Lyon, 1979, 379 p. ; J.-D. Durand (dir.), *Cent ans de catholicisme social à Lyon et en Rhône-Alpes. La postérité de Rerum novarum*, Les Éditions ouvrières, 1992.
51. « Entretien », cit.
52. Pour une vision d'ensemble des Semaines sociales : J.-D. Durand (dir.), *Les Semaines sociales de France 1904-2004*, Parole et Silence, 2006, 486 p. ; P. Lécrivain, « Les semaines sociales de France », in D. Maugenest (dir.), *Le mouvement social catholique en France au XXe siècle*, Éditions du Cerf, 1990, p. 151-165.

la personne humaine. Après la guerre, Emma Gounot entra dans la Commission générale des Semaines, puis en devint la secrétaire générale de 1954 à 1973[53]. À ce titre, elle avait en charge la préparation de ces semaines qui s'inscrivaient dans l'histoire, ce qui la mettait en contact avec tous les intervenants[54]. Parmi les vingt Semaines qu'elle eut la charge d'organiser, cinq ont été organisées spécifiquement autour de la personne : « Les exigences humaines et l'expansion économique » (Marseille, 1956), « Socialisation et personne humaine » (Grenoble, 1960), « L'Europe des personnes et des peuples » (Strasbourg, 1962), « L'homme et la révolution urbaine » (Brest, 1965), « L'homme dans la société en mutation » (Orléans, 1968).

Conclusion

Emma Gounot est bien fille de ce catholicisme social lyonnais qui a porté au cours du XXe siècle, notamment avec la Chronique sociale et les Semaines sociales, le « redéploiement d'un humanisme évangélique » selon l'expression de Christian Ponson[55]. Elle y a puisé aussi, comme d'autres figures féminines du catholicisme lyonnais, telles que Philomène Magnin[56] ou Bernadette Isaac-Sibille, les bases d'une liberté d'action. Ces dernières ont choisi l'engagement politique dans la Démocratie chrétienne, tandis qu'Emma Gounot s'en tenait à l'engagement professionnel et intellectuel, comme avocate et enseignante à l'Université catholique. Elle était, comme elle l'a dit, trop « habituée à travailler en dehors de tout cadre[57] » pour se laisser séduire par un parti politique. Elle avait trouvé dans la Chronique, dans les Semaines sociales, aux Facultés catholiques, des espaces de dialogue qui lui ont permis d'éviter de s'enfermer dans un dogmatisme, de découvrir et d'approfondir la singularité de toute personne. C'est la force et l'originalité de cette expérience du catholicisme à Lyon, un catholicisme qui est inventif, ouvert sur l'altérité[58]. Emma Gounot, à des titres divers, s'inscrit

---

53. B. Dumons, « La place des femmes dans les Semaines Sociales (1904-1973) », in J.-D. Durand (dir.), *Les Semaines sociales, op. cit.*, p. 147-169.
54. Les archives des Semaines sociales de France sont déposées aux Archives Municipales de Lyon. Un catalogue a été édité en 2004 à l'occasion de leur centenaire : C. Dormont (dir.), « *La science pour l'action* ». *100 ans de catholicisme social. Les Semaines sociales de France*, Archives Municipales de Lyon, 2004, 212 p.
55. C. Ponson, « Un catholicisme social démocratique », *op. cit.*
56. M. Loude, *Philomène Magnin. L'aube des citoyennes*, Jacques André Éditeur, 2004, 159 p.
57. « Entretien », cit.
58. J.-D. Durand, « Du Concile à aujourd'hui : une lecture d'un demi-siècle d'histoire lyonnaise du catholicisme », in B. Angleraud, V. Aubourg et O. Chatelan (dir.), *50 ans de catholicisme à Lyon, op. cit.*, p. 9-25 ; Id., « Le catholicisme social », in *L'intelligence d'une ville. Vie culturelle et intellectuelle à Lyon entre 1945 et 1975. Matériaux pour une histoire*, Bibliothèque municipale de Lyon, 2006, p. 69-84 ; G. Matagrin, « Postface »,

pleinement dans cette histoire du catholicisme lyonnais si singulier, dans lequel elle a trouvé, comme elle l'a dit lors du colloque consacré au docteur René Biot, non pas une rigidité institutionnelle, « mais des rencontres de personnes, de la sympathie, des convergences[59]. » C'est sans doute la meilleure définition que l'on puisse en donner.

*
* *

---

in B. Devert, *Une ville pour l'homme. L'aventure de Habitat et Humanisme. Entretiens avec Jean-Dominique Durand et Régis Ladous*, Éditions du Cerf, 2005, p. 249-254.
59. Dans R. Ladous, *Médecine humaine, op. cit.*, p. 95.

La Sauvegarde, Emmanuel et Emma Gounot, une histoire de filiation et de transmission

François BOURSIER
Historien, enseignant à l'UCLy

Emmanuel Gounot est un des fondateurs majeurs de la Sauvegarde[1], au côté du Délégué régional à la Famille, Georges de la Grandière[2], à Lyon, en mars 1943. Sa fille, Emma, qui disait de son père qu'il était un « juriste philosophe »[3] sera à son tour une actrice majeure de la Sauvegarde, dans les années 1970-2010. Tous deux en assurèrent la présidence, tous deux furent très investis dans le monde associatif lyonnais en parallèle et en complémentarité avec leurs activités professionnelles respectives. Tous deux seront des militants de la Chronique sociale. Christian Ponson écrit : « Le passé de la Chronique peut donc se définir par l'option apolitique de laïcs soucieux de justice sociale et d'action catholique pour réaliser l'orientation romaine d'un catholicisme intégral, donc social et militant »[4]. Le milieu de la Chronique Sociale est important à Lyon en 1940 : « Le secrétariat est en effet un véritable carrefour d'idées et d'initiatives catholiques et sociales et en particulier un local où se succèdent personnalités et

---

1. F. Boursier, *Vers une politique globale de l'enfance, naissance d'une association, l'ARSEA de Lyon 1935-1950,* Thèse d'histoire contemporaine, décembre 2019.
2. C. Capuano, *Vichy et la Famille. Réalités et faux semblants d'une politique publique,* Éditions Presses Universitaires de Rennes, 2009, p. 319-330. « Issu d'une famille de la noblesse angevine, de la Grandière est un militant de la cause familiale […] son action est marquée par une idéologie familialiste hautement revendiquée […]. Fidèle de la Révolution nationale et décidé à mettre en place une politique ambitieuse, Georges de la Grandière est aussi un fervent patriote qui rejette l'orientation collaborationniste du régime. Il fait progressivement de la Délégation régionale à la Famille une plaque tournante de la résistance et assure une couverture aux militaires en congé d'armistice engagés dans la lutte clandestine […] Georges de la Grandière, lui-même lié à l'ORA et à l'Armée secrète, lui apporte son aide de diverses façons et reçoit la médaille militaire à la Libération ».
3. Entretien, juillet 2012.
4. C. Ponson, « La Chronique Sociale de Lyon en 1940 », *in* X. De Montclos, M. Luirard, F. Delpech et P. Bolle (dir.), *Églises et chrétiens dans la IIe guerre mondiale, la Région Rhône-Alpes,* Colloque de Grenoble, 1976, Éditions PUL, 1978, p. 27.

mouvements divers »[5]. Les « Gounot » ont été des acteurs essentiels de ce carrefour. Emmanuel et Emma, c'est l'histoire d'une filiation, d'une transmission, c'est l'histoire d'un commun attachement aux valeurs du christianisme social et du personnalisme d'Emmanuel Mounier : la personne, sa liberté et son autonomie, l'horizon indépassable de la société civile, qu'Emma Gounot aimait à nommer les corps intermédiaires.

I. Qui est Emmanuel Gounot ?

Né en 1885 il a fait ses études secondaires au Petit séminaire de Verrières et à l'Institut chez les Chartreux et ses études supérieures aux Facultés catholiques de Lyon. En 1910 il est docteur en droit. Il soutient sa thèse sur l'autonomie de la volonté, critique de l'individualisme juridique. Inscrit au barreau de Lyon en 1912 ; Maître de conférences en 1913. Il fait la guerre comme capitaine. En 1919 revient comme professeur suppléant. Puis à partir de 1921 professeur titulaire de droit commercial. En 1940 il est vice-doyen de la Faculté et doyen en 1944[6]. Il est nommé à la Commission du Comité consultatif de la famille française par Jacques Chevalier. Habitué des Semaines sociales, il devient membre de la Commission générale. Emmanuel Gounot milite dans les associations familiales. Comme Vice-président de la Ligue des familles nombreuses du Rhône et en prend la présidence en 1937. Il est l'auteur central de la loi du 22 décembre 1942 qui sera reprise dans ses grandes lignes par l'ordonnance du 3 mars 1945 qui donne naissance à l'UNAF. Il fonde l'UDAF du Rhône en 1945. Il est membre de la Chronique sociale, responsable du groupe d'études apologétiques, participe aux consultations juridiques. Il intervient régulièrement aux Semaines sociales, en 1923 à Grenoble : L'essentiel d'une politique nouvelle de la population, « La politique a pour but le bien commun et c'est une de ses missions essentielles que de moraliser l'économie, d'informer ou de réformer les mœurs, d'en promouvoir le progrès par des institutions et des lois… Il appartient à une politique de la population de lutter contre les multiples obstacles que le milieu social oppose à l'observation du devoir, de combattre certaines causes de perversion morale et de désagrégation familiale » ; en 1924 à Rennes : L'État devant le problème de la terre, du rôle du pouvoir politique dans la coordination des activités économiques en vue du Bien commun ; en 1927 à Nancy : L'épouse et la mère dans le droit français ; en 1937 à

---

5. C. Ponson, *op. cit.*, p. 27.
6. Bulletin de liaison de l'UNAF, n° 124, novembre 1960, Bibl. de l'Université Catholique de Lyon, cote H 60. A-1-13. Maurice Chavrier, dresse une biographie d'Emmanuel Gounot (1885-1960). Maurice Chavrier sera président de l'ARSEA, notamment au moment du passage à la nouvelle institution, le CREAI. Il écrit à propos d'Emmanuel Gounot : « Celui qui fut mon maitre et que je considère en beaucoup de domaines comme un véritable père spirituel ».

Clermont-Ferrand : Personne et famille[7], exposé au cours duquel il manifeste un personnalisme plus qu'un familialisme ; en 1939 à Bordeaux : Les impératifs familiaux de toute politique. Emmanuel Gounot est un intellectuel militant et un acteur dans la société.

II. Au cœur d'une histoire et d'un contexte complexe, Emmanuel Gounot ou la fermeté sur les principes

Nous sommes à Lyon à l'été 1940, face à l'effondrement du pays et de son armée, les gens sont bouleversés, désemparés, médusés par l'immense désastre qui frappe la nation. Emmanuel Gounot publie un article, qui paraît dans un numéro spécial de Lyon Soir et Le salut public, le 14 juillet 1940. Son titre : Quelques impressions d'un catholique social.

Au milieu du désarroi général et dans le chaos engendré par la défaite[8] il affiche une position ferme et claire. Ce texte résume bien sa pensée tout autant que sa personnalité : « Demain la France aura une nouvelle Constitution […] Il y a des formules, dans l'exposé des motifs, chères aux catholiques sociaux […]. Depuis nos malheurs, dont multiples sont les causes, le procès de nos institutions n'était plus à faire. L'unanimité du pays s'était faite sur la nécessité d'une refonte générale et non d'un simple replâtrage. Ainsi le premier sentiment que nous éprouvons à l'annonce de cet essai de rénovation est-il une immense satisfaction […] Mais à cette satisfaction se mêlent bien vite quelques inquiétudes ». Pour lui la priorité c'est de changer les personnes : « Ce sont les hommes même qu'il faut corriger. Il faudra redresser les intelligences et la volonté des Français d'aujourd'hui ; ce ne sera pas facile ». Il met en avant toute l'importance qu'il attache à la famille[9], « nous aurons, d'ailleurs une politique vraiment efficace de la famille que lorsque tous les problèmes, quels qu'ils soient, de la vie sociale

---

7. Directement inspiré des travaux de Vialatoux qui a publié en 1935, *La cité de Hobbes, théorie de l'État totalitaire*, explique Christian Ponson. Emmanuel Gounot s'exprime : « Puisque la personne humaine est transcendante par rapport à toutes les communautés où elle s'insère ici-bas, elle ne saurait s'absorber dans la famille. La famille ne peut être pour elle qu'un moyen, non une fin. Par là même se trouve écartée toute conception totalitaire de la famille. Mais c'est un moyen d'une valeur incomparable. La personne humaine postule la famille comme milieu naturel de son développement et de son rayonnement ».
8. P. Burrin, *La France à l'heure allemande,* Coll. Points, Éditions du Seuil, 1995, p. 22.
9. Cet attachement à la famille sera fédérateur, pour beaucoup d'acteurs qui vont travailler avec les administrations vichyssoises. C'est le cas de Georges Hourdin « Rien ne prédisposait ce genre de personnage à succomber aux sirènes du régime de Vichy. Mais compte tenu de l'intérêt qu'il portait aux questions familiales et des responsabilités qu'il exerçait au sein du Centre de coordination des mouvements familiaux, il fut naturellement conduit à entretenir certains rapports avec les pouvoirs publics français ». (M. Boninchi, *Vichy et l'ordre moral*, Éditions PUF, p. 17-18).

seront envisagés sous l'angle familial ». Les pouvoirs publics doivent se rappeler écrit-il « que la France est composée moins d'individus que de familles ». Mais surtout il réaffirme « Que les sacrifices ne cachent pas de régression sociale, d'atteinte à la dignité [...] qu'en aucun cas il ne saurait s'agir comme d'aucuns l'ont redouté d'une imitation servile des vainqueurs (passage censuré). Les totalitarismes oppresseurs de la personne humaine n'ont pas droit de cité chez nous. Nous ne sacrifierons pas aux idoles. Nous n'adorerons pas demain ce qu'hier nous combattions jusqu'à la mort ». Le propos est ferme, clair et lucide tout à la fois. Ce texte est écrit au cœur d'une catastrophe qui sidère la population comme ses dirigeants et plonge tout le monde dans un profond désarroi. Il est publié dans le numéro 3, daté de juin/ juillet 1940 de la revue de la Chronique sociale. Important car le monde des catholiques sociaux est divisé sur l'attitude à avoir vis-à-vis du nouveau régime. Emmanuel Gounot considérait avec distance le « maréchalisme » d'Eugène Duthoit, Président des Semaines sociales, doyen de la Faculté libre de Droit de Lille,[10].

Cette fermeté inaugure, chez Emmanuel Gounot, ce que Pierre Laborie[11] appelle la culture du double et de l'ambivalence, qui nourrit des stratégies de contournement, des adaptations contraintes, et des pratiques du penser double[12]. Cependant, il n'est pas dans une « logique d'accommodation sociale »[13] au sens où l'entend Philippe Burrin qui met en évidence les éléments qui motivent les « accommodements ». Il y en a quatre, selon lui : « le sentiment de la contrainte, l'intérêt matériel, la complaisance personnelle, la connivence idéologique ». Emmanuel Gounot n'est pas dans cette logique. Mais elle est d'abord témoin de cette fermeté d'Emmanuel Gounot, sur quelques principes et enjeux auxquels il ne dérogera à aucun moment : la liberté de pensée, l'autonomie, la personne, la famille, autant de points d'ancrage qui seront ceux d'Emma Gounot. Le travail qu'ils vont conduire tous les deux, en ces années sombres, pour défendre Emmanuel Mounier lors de son procès d'octobre 1942 en témoigne. Il y a sans aucun doute, une proximité des convictions partagées entre l'avocat Emmanuel Gounot et son client Emmanuel Mounier : « Entre l'avocat lyonnais, rallié depuis sa jeunesse à la cause du catholicisme social et de la Chronique sociale, et son célèbre client, figure de proue du personnalisme, les affinités étaient nombreuses »[14]. Emmanuel Gounot est très ami avec Jean Lacroix, c'est lui qui conseille à Mounier de prendre Gounot comme avocat. Le personnalisme est une source commune à Emmanuel et Emma Gounot.

---

10. Entretien avec Emma Gounot en juillet 2012.
11. P. Laborie, *Penser l'évènement, 1940-1945*, Folio, Éditions Gallimard, 2019.
12. *Ibid.*, p. 166-167, il ajoute : « Autant de notions aujourd'hui indispensables à une compréhension véritable des acteurs de la période ».
13. P. Burrin, *op. cit.*, p. 183.
14. C. Fillon, *Le barreau de Lyon dans la tourmente de l'Occupation à la Libération*, Alias Éditeur, 2003, p. 253.

Un homme de réseau dont le pivot central est la Chronique sociale

Par son action et ses divers engagements, il se situe alors, au cœur d'un réseau complexe et novateur. Un ensemble de personnes intéressées par les questions sociales, médicales, humaines se rencontrent dans des lieux que sont la Chronique sociale, les Semaines sociales[15], le Groupe lyonnais d'études médicales, philosophiques et biologiques de René Biot[16], le Journal de médecine de Lyon. Ce journal créé en 1919 est une tribune des « sommités » médicales lyonnaises. Revue, d'abord et avant tout, technique, elle est aussi une tribune pour afficher l'intérêt que porte ce milieu « aux questions de société ». Et la question de l'enfance coupable, déficiente ou en danger moral fait l'objet de nombreux articles pendant l'entre-deux-guerres et pendant la période de l'occupation allemande. Le Journal de médecine de Lyon, la revue de la Chronique sociale, comme les sessions du Groupe lyonnais, deviennent, sans doute, pour ces personnes des « lieux d'acculturation[17] réciproque ». Emmanuel Gounot, René Biot, Jean Dechaume, Pierre Mazel, Paul Girard, Marie Tourret, Louis Gallavardin s'y croisent, travaillent et réfléchissent ensemble, dès le milieu des années 1930 et ce, jusque dans les années 1950.

Le Groupe lyonnais s'était constitué en association en avril 1930, son objet était de réunir tous ceux, et spécialement les médecins, étudiants en médecine, philosophes, sociologues, théologiens, qu'intéressent les multiples problèmes psychologiques, moraux, sociaux, religieux que posent la médecine et la biologie ou dont la solution est éclairée par la science[18].

Aussi, peut-on identifier, sur un territoire, la région lyonnaise, la création d'un réseau original, dont Emmanuel Gounot est la pierre angulaire, fruit d'une interaction majeure entre deux réseaux : celui de la neuro psychiatrie infantile (Jean Dechaume, Pierre Mazel, Paul Girard) tous travaillant en lien avec le Journal de médecine de Lyon, (l'École du milieu social) et le réseau de la Chronique sociale et du Groupe d'études médicales, philosophiques et biologiques de René Biot. Ce dernier, né en 1889, est médecin chef de laboratoire à l'Hôtel-Dieu. En 1937, il

---

15. René Biot est au comité de rédaction de la Revue de la Chronique sociale de France ainsi qu'Emmanuel Gounot. Tous les deux interviennent à la Semaine sociale de Clermont-Ferrand du 1er au 25 juillet 1937, dont le thème est « La personne humaine en péril ».
16. R. Ladous (dir.), *Médecine humaine, médecine sociale, le Docteur René Biot et ses amis (1889-1966)*, Éditions du Cerf, 1992.
17. L'acculturation devient progressivement une notion désignant des phénomènes complexes qui résultent des contacts directs et prolongés entre deux cultures différentes entrainant la modification ou la transformation de l'un ou des types culturels en présence, c'est la notion d'interaction qui est sollicitée. Voir, C. Courbot, « De l'acculturation aux processus d'acculturation, de l'anthropologie à l'histoire. Petite histoire d'un terme connoté », *Hypothèses,* 2000/1 3, p. 121-129.
18. Archives Municipales de Lyon, 131 II 036.

entre à la Commission des Semaines sociales et en 1942 au Comité catholique des sciences familiales. Jeune, il a suivi les causeries de la Chronique sociale dont celles d'Emmanuel Gounot. Il a eu Jean Dechaume comme élève à la Faculté de médecine. C'est un ami d'Alexis Carrel.

Tous écrivent dans la revue de la Chronique sociale sur les questions de délinquance juvénile, sur la question de la protection de l'enfance, cela, au cours des années 1925-1935. Nous les retrouverons tous à l'action entre 1940 et 1950 pour créer l'Association Régionale pour la Sauvegarde de l'Enfance et de l'Adolescence (ARSEA). Emmanuel Gounot et René Biot habitent rue Alphonse Fochier et Jean Dechaume, rue du plat à Lyon, deux rues symboliques d'une culture lyonnaise, proches de la place Bellecour. Il y a, peut-être, un esprit des lieux !

Le fondateur de la Sauvegarde

Il a su prendre en compte l'expérience, notamment les premières initiatives lyonnaises avec le Cercle d'études[19] sur l'enfance irrégulière créé à Lyon à la fin de l'année 1941 et dirigé par Paul F. Girard. Ce groupe d'études est composé de trois jeunes médecins « à tendance neuropsychiatrique » : Robert Gallavardin membre permanent de l'Institut de psychologie et de pédagogie, Claude Kohler, médecin des Compagnon de France de la province du Lyonnais et Mme Line Thévenin qui suit particulièrement « les problèmes de la délinquance infantile » ; trois jeunes assistantes sociales : Mlle Dauvergne, visiteuse de l'enfance à la Fondation franco-américaine et de formation scoute, Mlle Legrain assistant scolaire de la ville de Lyon et Mlle Pravaz assistante sociale appartenant aux formations scoutes. Une jardinière d'enfants : Mlle Rhenter[20] ; Deux membres

---

19. La notion même de cercle d'études, renvoie à son inspirateur, Marc Sangnier et à l'institution lyonnaise qui s'en inspire, la Chronique sociale.
20. « En effet, une jeune puéricultrice nommée Andrée Rhenter reçoit un jour de l'année 1942, un appel téléphonique d'un grand psychiatre lyonnais, le Docteur Dechaume. Il lui demande de venir collaborer à la création et au développement de l'Association Régionale de Sauvegarde de l'Enfance et de l'Adolescence, les fameuses ARSEA, organe mi public mi privé, qui allait dans différentes régions françaises mettre en place ce qu'on appellera le secteur de l'Enfance Inadaptée et qu'on appelle aujourd'hui le secteur social et médico-social.
Cette jeune femme, fille d'un grand médecin accoucheur lyonnais, est issue de la grande bourgeoisie lyonnaise. Elle accepte cette collaboration et participe à la mise en place dès 1943 du centre d'observation et de triage qui se monte au Vinatier et sera transféré plus tard à Oullins et qui prendra vite le nom de Maison des Enfants. Les centres d'observation sont organisés de telle manière qu'ils articulent 3 domaines : l'accueil temporaire des enfants, leur observation puis leur orientation, un pôle de recherche et un centre de formation du personnel encadrant c'est-à-dire des éducateurs spécialisés. Andrée Rhenter fait cette formation, obtient le diplôme d'éducatrice spécialisée en 1944 », *in* J. Llorens,

de l'enseignement public venant des écoles de la Ville de Lyon, Mlle Kopl, scout de France, professeur de classe de perfectionnement et M. Vernet instituteur professeur pour classe normale.

Il est au contact des hommes de Vichy (le Commissaire général à la famille et son délégué régional) et les rencontre dans le cadre du Centre national de coordination et d'action des mouvements familiaux dont il est vice-président. Il est aussi conseiller municipal de la ville de Lyon. Et au sein de cette municipalité lyonnaise présidée par Georges Villiers, de juillet 1941 à janvier 1943 il accompagne, avec Jean Dechaume, adjoint au maire, les premiers pas, lyonnais, d'une politique de l'enfance anormale et irrégulière. Le Conseil est épuré, Gounot fait partie des élus renvoyés.

Le 17 février 1943, Georges de la Grandière, Délégué Régional du Commissariat général à la famille adresse un courrier à Emmanuel Gounot : « Je suis chargé par le Préfet régional de vous demander de bien vouloir accepter la Présidence d'un comité qui se forme à Lyon pour mettre en œuvre tout le plan de redressement de l'enfance, sous le nom d'Association régionale pour le redressement de l'enfance. »[21] Le Délégué Régional motive ce choix fait en haut lieu : « indispensable pour la famille d'être à la tête de toutes les réalisations dans le domaine de l'enfance. C'est ainsi matérialiser le fait que la santé, la justice ou autre organisation ne représentent que des aspects du problème, la famille réalisant la synthèse de tous ces aspects ». À ce moment-là, Emmanuel Gounot est président de l'Union des familles nombreuses de Lyon et du Rhône. Le délégué Régional a conscience de l'effort demandé « à quelqu'un de très pris »[22]. Il met en avant la composition du bureau et cite Jean Dechaume, le président du Sauvetage, Monsieur Pontet représentant les Hospices Civiles de Lyon et Isnard le Francé comme trésorier[23]. Ce dernier est membre du Secours National.

Une maison d'enfants à caractère social dans 50 ans d'histoire. André Vialle et le Rucher, 1953 – 2003, Journée d'études, 6 et 7 novembre 2003, CNAHES.
21. AML 229 W 22. Cette lettre est écrite sur un papier à en-tête « Le Chef du gouvernement, Commissariat général à la Famille, délégation régionale, Hôtel Claridge, 29 rue du Plat. »
22. Le fait de s'adresser à Emmanuel Gounot, très investi dans l'élaboration de la loi du 29 décembre 1942, s'inscrit dans la stratégie du Délégué régional à la Famille de Lyon. Emmanuel Gounot est président de la Ligue des familles nombreuses du Rhône. Voir C. Capuano, *Le « familial » en France sous le régime de Vichy : territoires, réseaux, trajectoires : les exemples de la Bourgogne et de la Franche-Comté*, p. 322-325.
23. Le Secours National créé en août 1914, suspend des activités pendant l'entre-deux-guerres. Le 19 octobre 1939 Edouard Daladier le rétablit. Placé sous la haute autorité du Maréchal Pétain, celui-ci le réforme en profondeur par la loi du 4 octobre 1940. Robert Garric assure dès 1940 les fonctions de Commissaire général. Il a un statut d'œuvre semi-publique représentant les œuvres privées devant les pouvoirs publics. Il a une triple mission : exercer le monopole des appels à la générosité publique, subventionner les œuvres, demander au Conseil d'État la suspension ou la dissolution d'une œuvre. Le Secours National développe une action en direction de la Famille, avec des

La création de l'association régionale est engagée. Elle l'est sur l'initiative du Gouvernement et sous les auspices de M. le Préfet régional comme le rappellera le Président Gounot dans un courrier au Procureur général de la Cour d'appel de Lyon[24]. À la liste que lui propose de La Grandière, Emmanuel Gounot ajoute au crayon : Pierre Mazel professeur de médecine légale et directeur du Centre de triage des mineurs délinquants, Paul Girard, Melle Tourret déléguée à la liberté surveillée et M. Rigot du Sauvetage de l'enfance, le docteur Beutter président de la fédération de l'enfance de la Loire, Antoine Pinay, Merceron-Vicat de la Société de protection de l'enfance de l'Isère, l'Abbé Boutinand de l'Ain notamment[25].

La première réunion constitutive de l'Association Régionale pour la Sauvegarde de l'Enfance et de l'Adolescence de la région de Lyon a lieu le jeudi 4 mars 1943[26] à la préfecture « sous la présidence de M. Angéli préfet régional en présence du commandant Caron directeur du cabinet du vice-amiral Platon[27] ».

À ce poste il négociera fermement la composition du Conseil d'administration, l'élaboration des statuts, dont nous avons retrouvé, aux archives municipales de Lyon, plusieurs moutures, fruits de cette négociation entre Emmanuel Gounot et Georges de la Grandière le délégué régional à la famille. Il fera de même en ce qui concerne les statuts de l'association et la demande d'habilitation imposée par le ministère.

Un farouche défenseur de la liberté associative face à l'État

Fondateur, il ne s'en contente pas. La permanence de l'association est pour lui essentielle. Il attendra que la Sauvegarde soit assurée de ses fondations pour en quitter la présidence. Ainsi en 1945, la Sauvegarde, à Lyon, c'est un Centre d'observation et de triage (Maison des enfants et Maison des adolescents)

« adjoints familiaux » dans chacune des délégations départementales, ceux-ci travaillent avec les Délégués régionaux à la famille. (Circulaire ministérielle du 31 décembre 1941). Il développe aussi un impressionnant service social de plusieurs centaines d'assistantes sociales. Il est chargé d'attribuer les subventions aux œuvres privées. Sera à l'origine de la création de nombreux Centres sociaux (D. Dessertine, R. Durand, J. Eloy, M. Gardet, Y. Marek, F. Tétard, *Les centres sociaux 1880-1980 – Une résolution locale de la question sociale ?*, Éditions Presses Universitaires Septentrion, juin 2004). S. Fishman, *Femmes de prisonniers de guerre 1940-1945*, Éditions l'Harmattan, novembre 1996.
24. Lettre du 4 mai 1943, AML 229 II 22.
25. AML 229 II 22.
26. La veille, le 3 mars 1943, Emmanuel Gounot participe à une réunion de la commission juridique du Conseil consultatif de la famille, qui travaille à la mise au point du règlement d'administration publique, relatif à la loi du 29 décembre 1942, qui sera publié le 3 décembre 1943. Voir C. Capuano, *op. cit.*, p. 319-320.
27. Archives de l'ADSEA du Rhône, Fonds Lachanat LAC 1-3 et Archives du CREAI Rhône-Alpes, registre n° 1.

installé au Vinatier, une École de cadres (École d'éducateurs) un Home de semi-liberté et le centre Édouard Seguin. La relation entre l'État et la société civile, en France, est un enjeu historique sur le temps long, et cela depuis la fin du XIXe siècle. Les travaux de Colette Bec[28] nous rappellent opportunément que le champ de l'assistance, à la fin du XIXe et au début du XXe siècle fut le lieu du « Concordat social » entre Républicains de gouvernement et monde des œuvres et de la bienfaisance. Le compromis, le concordat social seront le fil rouge des acteurs de la société civile. Emmanuel Gounot s'est toujours inscrit dans cette perspective.

Vers la fin de l'année 1945, les relations sont étroites sur le terrain entre la Sauvegarde et les services de l'État. Le 19 octobre 1945 Mlle Gaspard, Assistante sociale auprès du Commissariat de la République adresse un courrier au Commissaire de la République : « Un contact plus étroit a été établi avec la Sauvegarde de l'enfance et quelques principales œuvres lyonnaises »[29]. On est dans un esprit de collaboration. Mais à Paris on a une autre perception des enjeux du moment. François Billoux, ministre communiste dans le Gouvernement du Général de Gaule, mobilise ses relais régionaux : « Votre action doit en tout cas, compte tenu des ces dernières remarques, être dominée par le souci de préparer pour l'avenir la prise en charge complète de l'équipement général par un service public homogène »[30]. Cette phrase qui conclut une longue lettre circulaire du ministre adressée aux Directeurs régionaux de la santé et de l'assistance et aux Délégués régionaux à la famille et à la population a le mérite de la clarté. L'objectif du ministre est bien la disparition des Associations de Sauvegarde, au sein d'un service public homogène. S'adressant à eux il précise : « Membres de droit, vous ne devez pas vous borner à une représentation officielle. Vous devez vous efforcer au contraire, en collaboration, d'y prendre une position en rapport avec le rôle central de mon ministère dans toutes les questions de l'Enfance irrégulière […] Bien que la présidence de l'Association Régionale, soit ou puisse être attribuée à une personnalité privée dont la compétence et le dynamisme sont unanimement reconnus, rien ne s'oppose, au contraire, à ce que vous acceptiez vous-même cette présidence, ou au moins la vice-présidence. Il est bien entendu, que, dans ce cas, vous vous entourerez de tous avis utiles et que vous assurerez à l'association régionale les qualités d'initiatives, d'activité, de souplesse qui seules légitiment la création ou le maintien de pareils organismes »[31].

La « prise de pouvoir » commence par la présidence. Emmanuel Gounot, à Lyon, va faire échouer cet objectif. Nous sommes à un moment où la question de

---

28. C. Bec, *Assistance et République. La recherche d'un nouveau contrat social sous la IIIe République*, Édition de l'Atelier, 1994.
29. Archives Départementales du Rhône, 283 W 129.
30. Archives Départementales du Rhône, 216 W 128, Lettre de François Billoux du 1er octobre 1945.
31. Lettre de François Billoux du 1er octobre 1945.

la présidence de la Sauvegarde se pose. Le 12 juin 1946, à 17 heures 30, passage de l'Hôtel-Dieu à Lyon, se réunit le Conseil d'administration de l'ARSEA, à l'ordre du jour la succession de Georges de La Grandière, président démissionnaire[32]. Seule question à l'ordre du jour, d'ailleurs. Il y a 23 membres présents et 7 excusés. Il y trois candidats : Monsieur Arnion inspecteur divisionnaire à la population, Monsieur le doyen Garraud vice-président de l'association et le Docteur Robin directeur régional à la santé. Le docteur Robin et Monsieur Arnion ont chacun 11 voix et le Doyen Garraud une seule voix (Les représentants des œuvres membres du conseil n'ont donc pas voté pour celui que l'on pouvait considérer comme leur candidat naturel). Un deuxième tour de scrutin est effectué au cours duquel le doyen Garraud s'est retiré. Le président décide de convoquer un nouveau Conseil, car les deux candidats n'ont pu se départager. Celui-ci est convoqué pour le 19 juin 1946 à 17 heures 30. Il y a cette fois 33 participants, dont 14 représentants des œuvres privées, et 7 excusés[33]. Maître Gounot, premier et ancien président de l'ARSEA était absent la semaine précédente. Dès le début de la séance, Georges de La Grandière lui donne la parole : « En qualité d'ancien président de l'Association à laquelle il est resté très attaché ». Il estime indispensable de confier la présidence à une personnalité indépendante en raison du caractère privé que doit conserver l'Association régionale vis-à-vis des œuvres affiliées. Il lui paraît justifié de faire appel – afin de remplacer le président démissionnaire – à l'un des vice-présidents en exercice. Il propose au suffrage des assemblées le nom de Monsieur le Doyen Garraud, Vice-président de la Sauvegarde[34]. Ce dernier ne sollicite pas la présidence, mais approuve Emmanuel Gounot sur le principe d'une présidence « indépendante ». Monsieur Arnion retire sa candidature et le docteur Robin maintient la sienne

---

32. LAC 1-3, Fonds Lachanat, Archives, Association Départementale de Sauvegarde de l'Enfance et de l'Adolescence du Rhône, registre n° 2 juillet 1944-décembre 1949, archives du CREAI Rhône-Alpes.
33. Sont présents : de La Grandière, Pierre Garraud, le Professeur Mazel, Jean Dechaume, Mr. Laroue, Emmanuel Gounot, Maitre Chaine, Maitre Rigot (Sauvetage de l'enfance), Mr. Rousselon, Mr. Debolo, Mme Tourret, Melle Destruel, la Fondation Franco américaine, Mr. Thimonier (Famille rurale), Mr. Emery, le Père Ancel (Prado), le représentant du pasteur Eberhard, Vuillermoz directeur d'établissement, Mr Bonnenfant (CGT), Melle Font (CFTC), Madame Normand (Ville de Lyon) et Vernet représentant du personnel, Gaultier Procureur de la République, Reynaud substitut, le représentant du Procureur général, Brun Recteur d'académie, Arnion inspecteur divisionnaire à la Population, Robin Directeur régionale à la santé, Violet inspecteur départemental de la santé, le docteur Bertoye médecin des hôpitaux, docteur Requet de l'hôpital du Vinatier, Nodet médecin chef de l'asile saint Georges de Bourg en Bresse, docteur Larrivé médecin à l'asile Saint Jean de Dieu. Il y a 7 personnes excusées : Georges Villiers, Antoine Pinay maire de saint Chamond, le docteur Beutter de la Loire, l'Abbé Garridou de l'Ardèche, Mme Moulin adjointe à la mairie de Villeurbanne, Mr le rabbin et le docteur Paul Girard (Fonds Lachanat 1-3, archives de l'ADSEA 69).
34. Registre n° 2, archives du CREAI Rhône-Alpes.

et « fait remarquer qu'il n'y a eu aucun conflit de candidature entre Monsieur Arnion et lui-même ». On procède au vote, il y a 33 votes exprimés, le doyen Garraud obtient 20 voix, le docteur Robin 12 voix (Il n'y avait que 7 représentants des administrations). Georges de La Grandière invite Monsieur Garraud à le remplacer au « fauteuil présidentiel ». Dans de nombreuses régions, la présidence des Associations régionales a été confiée aux Directeurs régionaux à la santé ou de la population. Manifestement entre le 12 et le 19 juin, il y a eu des échanges entre certains membres du Conseil d'administration. Et Emmanuel Gounot aura joué un rôle majeur dans cette volonté d'imposer une certaine liberté associative.

Le 31 mai 1945, Louis le Guillant, qui dirige la Coordination des politiques de l'enfance au ministère, avait envoyé une lettre à Emmanuel Gounot, au moment où ce dernier a décidé de laisser la présidence de la Sauvegarde, afin de l'en dissuader. La pénurie de papier étant là, on pourra observer au passage que cette lettre était encore sur papier à en-tête de Vichy, Secrétaire d'État à la santé et à la famille avec un tampon par-dessus « Ministère de la Santé publique, coordination des services de l'Enfance déficiente ou en danger moral ». Le Guillant s'adresse ainsi à Emmanuel Gounot : « Je vois que je n'ai pas su vous convaincre. Je veux cependant vous dire combien j'ai été touché du dévouement que vous avez manifesté pour l'Association régionale qui restera votre œuvre et mes remerciements pour votre accueil à Lyon, toujours si chaleureux et sympathique. J'espère que vous continuerez à aider de votre sagesse et de vos conseils l'association et que j'aurais plaisir de vous revoir à mes visites à Lyon ». Cette relation, riche et complexe à la fois, montre ce souci qu'avaient les acteurs, et notamment Emmanuel Gounot, de nourrir leurs rapports institutionnels, de rapports plus personnels, presque amicaux, rapports de confiance qui autorisaient des marges d'autonomie réelles et trop souvent occultées par le monde des sciences humaines. Cette dimension personnelle des rapports institutionnels, qui était tout, sauf de la connivence, fut la marque d'une époque.

Lucide, Emmanuel Gounot n'hésitait pas à mettre en garde ce monde associatif qu'il chérissait. En 1955 il prononce un toast au congrès du Xe anniversaire de l'UNAF, toute sa philosophie de l'action s'y exprime : « Prenons garde en effet, au danger inhérent à toute institutionnalisation, à toute incorporation. Quand un mouvement, c'est-à-dire une activité spontanée, un élan, une flamme, un jaillissement de libres initiatives, quand tout cela devient corps organisé et s'institutionnalise, le risque est grand, je n'ose dire, suivant le mot à la mode, d'un certain déviationnisme, mais d'une certaine diminution de l'élan vital et des visées supérieures bref, d'une certaine matérialisation, d'une tendance trop exclusive à se cantonner dans les préoccupations et les soucis d'ordre économique, qui sont ceux des autres institutions, moins chargées d'idéal et d'ambitions spirituelles ». Cette réflexion n'était pas dénuée d'une certaine dimension visionnaire.

III. Emma, ou la défense et l'illustration des corps intermédiaires

Nul doute qu'Emma Gounot aura été marquée par cet engagement de son père dont elle fut le témoin, dès son plus jeune âge. Comme son père, elle est une femme de réseau, attachée à l'Association et à la famille. Son engagement associatif[35] est une constante de sa vie et de son action au sein de la société civile.

Emma Gounot entre à la Sauvegarde à la mort de son père en 1960. Elle en assurera la présidence de 1974 à 1994. C'est à ce titre qu'elle entrera au Conseil d'administration de l'URIOPSS[36] Rhône-Alpes, dont elle sera la vice-présidente. Très à l'écoute des actrices et des acteurs de terrains, elle sera porteuse du projet, au sein de la Sauvegarde, d'un Comité de recherche et réflexion éthique : Le Groupe de Réflexion Ethico-Juridique (GREJ), créé en 1995, qui réunit des personnes de disciplines différentes ayant une expérience dans les domaines de l'action sociale, médico-sociale, juridique ou médicale. Dans ce cadre, en 2004 elle collaborait activement à la production d'une étude : « Une approche éthique de la responsabilité », en 2007 « Secret professionnel et travail social aujourd'hui ». Sous sa présidence de nombreux établissements seront créés : en 1968, l'Institut Médico-Professionnel (IMPro) Le Reynard, à Ampuis ; en 1969, création de l'IMPro La Cerisaie à Bessenay ; en mars 1970, ouverture du Centre d'accueil Écully renommé ensuite « Lieu d'accueil Écully », conçu pour recevoir en urgence une vingtaine d'adolescentes ; en 1979, création de la résidence Line Thévenin. Toujours en pointe dans la réflexion, comme dans l'action, elle sera le soutien permanent aux nombreuses expérimentations sociales, en matière de prise en charge, dans le champ de la protection de l'enfance au sein de la Sauvegarde. En 2009, encore elle soutenait la création de la Structure Éducative Pédagogique et Thérapeutique (SEPT) Les Pléiades, une expérience innovante et expérimentale.

Au sein de la Sauvegarde, comme au sein de l'URIOPSS, elle a manifesté sa passion et son engagement pour la promotion des corps intermédiaires et la défense et illustration du modèle associatif. De la méthode pratiquée par son père elle a retenu la nécessité de cultiver des relations personnelles. Elle la mit en pratique au sein de l'URIOPSS Rhône-Alpes, quand celle-ci devait négocier les budgets des établissements, avec le Conseil général du Rhône, dans les années 1990.

Principes et méthode d'action, Emma Gounot tient cet héritage de son père, engagé très tôt dans les Semaines sociales, dont elle assurera, elle-même, le

---

35. Entretien avec Emma Gounot, *Libre traversée*, entretiens par Valérie Aubourg et Hugues Fulchiron. Web TV, Université Jean Moulin Lyon 3, UCLy/ISF, enregistrés le 15 mars 2017, *cf.* V. Aubourg et H. Fulchiron, *Libre traversée d'un siècle*, Cinquième partie de cet ouvrage.
36. Union Régionale Interfédérale des Œuvres Sanitaires et Sociales, créée à Lyon en janvier 1948, pour permettre aux associations de faire bloc, face à la Sécurité sociale naissante. En 1947 avait été créée l'UNIOPSS à Paris.

Secrétariat général de 1953 à 1972. En 1936, à 19 ans, avec son Père, elle participait aux Semaines sociales de Versailles sur le thème du « Conflit de civilisation ». La Chronique sociale et la Sauvegarde furent une aventure commune à tous les deux. L'enseignement de *Rerum Novarum* était la source de cet engagement nécessaire, au sein des corps intermédiaires. Mais, on ne va pas impunément, comme elle le fit régulièrement, assistant son père, tout au long de l'année 1942, porter des dossiers à Emmanuel Mounier prisonnier à Saint Paul, sans avoir été marqué par la personnalité et le personnalisme du fondateur de la revue Esprit. La personne humaine, sa reconnaissance et sa dignité, la famille furent au cœur de cette filiation. La famille, disait Emmanuel Gounot, n'est en aucun cas une fin, mais un moyen au service de la personne. C'est dans cet esprit qu'Emma a créé l'Institut des sciences de la famille. Catholiques sociaux évidemment, personnalistes assurément.

Aux origines de l'Institut des Sciences de la Famille

Daniel MOULINET
Docteur en théologie, HDR en histoire
Professeur en histoire religieuse contemporaine à la faculté de théologie, UCLy
Membre de l'UR Confluence : Sciences et Humanités

Dans l'article qu'elle avait publié pour les vingt ans de l'ISF[1], Emma Gounot (1917-2017) avait tenu à souligner que la question de la famille était présente depuis longtemps dans certains enseignements donnés à l'UCLy, notamment par des philosophes comme Joseph Vialatoux, Gabriel Madinier, Jean Lacroix, des médecins comme le Dr René Biot, des juristes, comme Emmanuel Gounot et Maurice Chavrier. Elle y voyait un héritage du catholicisme social de Marius Gonin et du personnalisme d'Emmanuel Mounier. Elle notait que l'Institut social, créé en 1944, avait chaque année dans son programme des cours ou des conférences concernant la famille[2]. En 1948, son père, Emmanuel Gounot, annonçait une série de conférences sur *la famille devant les sciences contemporaines* qu'il voyait comme une première étape vers la création d'une chaire des sciences familiales. Quant à elle, sa thèse, soutenue en 1948, portait déjà sur les questions familiales puisqu'elle avait pour titre : *L'autorité de la mère sur les enfants pendant le mariage*[3]. Il faudra cependant attendre plus de vingt ans pour que l'Institut des sciences de la famille voie véritablement le jour.

---

1. Emma Gounot, « XXe anniversaire de l'Institut des Sciences de la Famille », *Revue de l'Université catholique de Lyon,* n° 107, octobre-décembre 1994, p. 85-90.
2. Par exemple, en 1946-1947, l'enseignement social catholique du Cercle Marius Gonin propose six conférences : Le Mariage et la famille, doctrine et spiritualité chrétienne (abbé Chartier), Famille et natalité (Henri Caffarel), Le Problème du divorce (RP Mogenet sj), Famille, vie économique et vie sociale (Maurice Chavrier), Famille et habitation, la question du logement (Marius Chirat), L'École et la famille (chanoine Bossu).
3. Un rapport sur l'activité de la Faculté de droit et de l'Institut social note à ce propos : « C'est une intéressante contribution à l'élaboration technique d'une théorie de l'institution appliquée à la famille ; la distinction, qui y est présentée entre l'autorité institutionnelle du chef de famille et l'autorité d'éducation ou de formation qui appartient aux deux parents, y apparaît comme un heureux moyen de concilier dans la vie juridique pratique l'essentiel des conceptions traditionnelles avec la juste tendance actuelle à reconnaître de plus en plus largement des droits propres à la mère. »
25Z, Emma Gounot, papiers personnels, dossier « ISF, documents préparatoires ».

I. Une première étape en 1965

C'est au sein de l'Institut social (créé en 1944) que le premier projet d'un Institut des sciences de la famille voit le jour. En 1964, se constitue, au sein de la Faculté de droit, un petit groupe informel de juristes et théologiens pour réfléchir aux problèmes du mariage et du divorce.

Dès janvier 1965, le responsable diocésain de la pastorale familiale, le P. Christian Montfalcon, avait élaboré un projet ambitieux, et l'avait soumis à Emma Gounot[4]. Il envisageait d'embrasser un domaine très étendu : le couple, le groupe familial, les problèmes biologiques et juridiques, mais aussi la santé, l'hôpital, le corps, la vieillesse, la ville, et prévoyait de solliciter à la fois des universitaires et des hommes de terrain. Autour de lui, se constitue alors un petit groupe de collaborateurs bénévoles qui organise quelques sessions, en cours du soir, pour tester les attentes du public, qui répond assez nombreux. C'est en cette année 1965 que sociologues et démographes, notamment Louis Roussel, situent le début de la rupture, constatée par la suite, à la fois dans la courbe démographique et dans les idées sur la famille, c'est le moment où les jeunes générations de l'après-guerre arrivent à l'âge adulte et refusent le modèle familial proposé par les parents.

Du 7 au 12 mars 1965, se tient une session d'étude sur le thème : *Dynamique du couple*. C'est un cycle de six conférences, au long d'une semaine, du lundi au vendredi, à 20 h 45, la dernière d'entre elles étant suivie d'un débat sur l'ensemble de la session. Rappelons les thèmes : 1) homme et femme : le dialogue ; 2) sexualité et fécondité du couple ; 3) réalité profonde du couple : psychologie du couple ; 4) la socialisation du couple : le couple et la ville ; 5) angoisse et tension du couple ; 6) la dynamique du couple transfigurée par la foi. Elle s'adresse à tous ceux qui ont des responsabilités à l'égard des foyers : travailleurs sociaux, éducateurs, dirigeants d'associations familiales, médecins, juristes, responsables de la préparation au mariage. Deux enseignants ont particulièrement préparé la session : le Dr Maurice Denis, frère de l'abbé Henri Denis, expert au concile Vatican II, et le R.P. Pierre Rémy (1925-1985), père mariste, professeur à la Faculté de théologie de Lyon puis à celle de Paris, qui publiera plusieurs ouvrages sur la morale et la sexualité[5]. En adressant le programme au recteur Hoestlandt, Emma Gounot lui écrit :

« Je me permets de vous envoyer ci-joint le projet de programme de la session prévue sur les problèmes du couple, sous les auspices de l'Institut Social, session qui est, dans notre esprit, une étape et un ballon d'essai dans la voie de la création

---

4. E. Gounot note dans ses papiers que c'est chez Georges Cochet, avocat et enseignant du droit de la famille que le P. Montfalcon lui a exposé son projet et qu'elle y a adhéré. 25Z, Emma Gounot, papiers personnels, dossier « Histoire de la création ».
5. *Trois questions-clés : Foi-sexualité, foi-religion, foi-politique* (1972), *Foi chrétienne et morale* (1973), *Naissance de la morale* (1976), *Et le péché, qu'en dire ?* (1979), *« Il vit que cela était bon » : sexualité, amour, mariage, célibat* (1983).

d'un Institut d'études familiales. Je serais heureuse d'avoir votre avis sur ce projet et de pouvoir vous en reparler plus longuement[6]. »

Il ne semble pas que le recteur de l'époque (le P. Hoestlandt) ait répondu à l'espoir de la fondatrice ; on n'était pas disposé à ouvrir un institut s'adressant à un public plus large qu'universitaire. Emma Gounot avait pourtant reçu l'appui du chanoine Gaudillière, de Dijon, nommé en 1966 directeur du Centre national de Pastorale familiale, qui écrivait :

« Notre législation familiale est appréciée partout dans le monde. Lorsqu'un prêtre ou un laïc étranger vient dans notre pays pour apprendre cette législation et voir comment l'Église de France envisage la pastorale de la famille, nous n'avons rien à lui proposer. La création d'un Institut des études familiales paraît particulièrement souhaitable[7]. »

Emma Gounot ne se décourage pourtant pas et organise une session en 1968 sur *Fécondité du couple et éducation des consciences*. On est dans la mouvance de l'encyclique *Humanae vitae* du 25 juillet 1968 qui, excluant l'usage de la contraception artificielle pour les couples catholiques, a provoqué une grave crise. La session est organisée sous l'égide de l'Institut social mais E. Gounot a rajouté : Institut des sciences familiales. Elle réunit les R.P. Lintanf et Donval, le Dr Charvet (gynécologue), Pierre Fruchon (moraliste) et le P. Gustave Martelet, jésuite, l'un des artisans de l'encyclique[8].

II. Une réflexion menée dans le contexte de la crise de la Faculté de droit

Il convient de replacer la création de l'Institut des Sciences de la Famille dans le contexte de la refondation de la Faculté de droit. Dès avant la crise de 1968-1969, un projet voit le jour en 1966, au sein du collège enseignant, celui de créer une Faculté de sciences sociales qui se tournerait vers deux types de publics :

– des prêtres et des séminaristes désireux de compléter leurs études théologiques par une licence en sciences sociales ou souhaitant simplement acquérir une formation sociale et économique supérieure leur permettant de mieux comprendre le monde actuel ;

– des étudiants laïcs en fin d'études, notamment des élèves d'écoles d'ingénieurs souhaitant compléter leurs cours par une formation économique et sociale.

---

6. Archives UCLy, 2A1, « Rectorat. Relation avec la Faculté de droit ».
7. *La Croix*, 21 décembre 1967. Arch. UCLy, 25Z, fonds E. Gounot, Papiers personnels.
8. Le 15 novembre précédent, le Secrétariat social de la Région lyonnaise avait organisé une réunion d'information sur l'encyclique réunissant le P. Joseph Folliet, le R. P. Heckel, sj, et le cardinal Renard qui a présenté aux participants les orientations de l'épiscopat français à ce propos.

L'approche serait pluridisciplinaire conjoignant économie, sociologie, psychologie, droit, sciences politiques, philosophie et théologie.

Outre la transformation de la Faculté de droit en Faculté des sciences sociales, les enseignants pensent à créer des instituts spécialisés, particulièrement un Institut international de droit économique, une école préparant au diplôme d'ingénieur-économiste, ainsi qu'une école de commerce. Ils voudraient conjoindre des instituts spécialisés et une ouverture à un « grand public ». Le premier cycle de la future Faculté des sciences sociales, qu'Emma Gounot présente au recteur, correspondrait à l'année de formation dispensée par l'Institut social et à la première année de l'Institut de sociologie. Une note cosignée par Gilbert Blardone et Joseph Folliet souligne l'importance du recours à l'ensemble des sciences de l'homme et pas seulement les sciences sociales qui sont enseignées jusque-là dans des facultés distinctes, cloisonnées, sans lien entre elles.

La réflexion s'accélère dans le contexte de « la crise des équivalences », elle-même consécutive des troubles de mai 1968. En octobre 1969, devant la chute des effectifs, le corps enseignant de la Faculté de droit décide de suspendre ses activités et d'entamer une réflexion. Plus largement, le recteur Hoestlandt met sur pied une commission chargée de réfléchir aux nouvelles orientations de l'université. Dans ce cadre, Emma Gounot souligne l'importance de bien percevoir et analyser les besoins de la société et faire davantage le lien avec l'ensemble des fidèles alors que l'Université catholique lui semble représenter pour beaucoup comme une sorte de « ghetto ». Fernand Roulier estime qu'à côté de la recherche, il faut aussi assurer une certaine « animation », c'est-à-dire des formations ouvertes à un public élargi. Gilbert Blardone invite à recenser les besoins qui ne sont pas couverts par l'université d'État. Paul Chevallier, quant à lui, insiste sur les bienfaits de la pluridisciplinarité[9]. Au cours des mois suivants, Emma Gounot, qui le 2 décembre, a été élue au décanat[10], soumet une note sur la notion même de droit, sa nécessité et son fondement.

La réflexion menée au sein de la Faculté de droit débouche, en 1971-1972, sur la transformation de l'Institut social en ISSA (Institut de sciences sociales appliquées), visant à fournir aux étudiants des outils d'analyse adaptés au monde politique et social contemporain. Les initiateurs se sentent une âme de défricheurs, bâtissant pratiquement les cours en temps réel. Ils accueillent des étudiants d'Europe, d'Afrique, et d'Amérique latine, au nombre de 300 environ, et travaillent en liaison étroite avec le Centre Croissance des jeunes nations.

Parallèlement, l'opinion française a pris conscience qu'une mutation importante des mentalités et des pratiques en matière sexuelle était en train de s'opérer.

---

9. « Université catholique de Lyon. Commission d'études. Réunion du 21 octobre 1969 », Archives UCLy, 2A1, « Activités diverses rectorat P. Chevallier ».
10. Le 15 octobre, le doyen sortant, Maurice Chavrier, a présenté sa démission, notamment du fait qu'il pense n'avoir pas assez confiance, lui-même, dans les possibilités de reconversion de la Faculté.

Par ailleurs, la loi du 16 juillet 1971 sur la formation permanente a été votée[11]. Un autre élément favorable, c'est le fait, qu'à cette époque, la quête du sens conjoignait les sciences humaines aux disciplines traditionnellement invoquées comme la philosophie et la théologie.

Dans ce contexte, trouvant auprès du nouveau recteur, Paul Chevallier, une oreille plus compréhensive, Emma Gounot reprend son projet d'Institut des Sciences de la Famille. Le recteur provoque une réunion, le 12 juin 1971, destinée à la mise sur pied du nouvel institut[12]. Elle est encouragée à le faire par la rencontre avec le P. Christian Montfalcon qui, en février 1971, lui soumet un projet qu'il avait élaboré en réponse à ce qu'il percevait comme une profonde mutation sociale :

« Une analyse modeste permet de se rendre compte très rapidement que la notion de mariage, de couple, et peut-être même de famille est remise en cause, non seulement par quelques jeunes, mais également par un courant d'opinion, qui semble de plus en plus fort. Le récent discours du président Pompidou, véritable prédication, peut être à la fois compris comme un sursaut de morale politique ou comme une tentative de maintenir l'ordre bourgeois par la régulation de la famille classique[13] ; la "révolution sexuelle" du Dr Wilhelm Reich a un impact plus vaste que l'on ne pense généralement[14] et nombre de "gauchistes" sont influencés par les théories du célèbre docteur allemand. En face de ce mouvement de fond qui secoue notre société, il est difficile de discerner ce qui s'effondrera avec une civilisation contingente et ce qui demeurera en fait de patrimoine humain. La morale traditionnelle vacille et devant l'accumulation de faits, un certain nombre de chrétiens et de pasteurs se demandent si la foi en Jésus-Christ implique vraiment une morale conjugale. »

---

11. La loi reconnait le droit à la formation professionnelle pour tous et assure le maintien de la rémunération des salariés pendant celle-ci, à condition que la formation soit agréée et s'inscrive dans un « plan de formation ». Elle instaure un financement. Les entreprises doivent consacrer un pourcentage de leur masse salariale à la formation permanente (1 % dans un premier temps), cette somme étant versée à un organisme.
12. Ordre du jour de la réunion : « Étude du projet d'Institut des sciences de la famille, préparation d'un cycle de cours sur le thème : Pourquoi se marier ? ou le mariage en question. Il est demandé à chaque participant de dire : comment le problème peut être traité dans sa discipline, en combien d'heures de cours, s'il accepte de faire tout ou partie de ces cours ou à quels collaborateurs il suggère de faire appel, quelles questions il pose aux autres disciplines et comment il envisage la recherche pluridisciplinaire sur ce sujet. » Lettre du recteur Chevallier à E. Gounot, 25 mai 1971. Arch. UCLy, 25Z, Emma Gounot, papiers personnels, dossier « Histoire de la création ».
13. Discours du Président Georges Pompidou prononcé à l'occasion du 25ᵉ anniversaire de l'Union des associations familiales (5 décembre 1970).
14. Les ouvrages de Wilhelm Reich (1897-1957) soulignent la dimension subversive du désir et du plaisir. Il oppose la liberté amoureuse aux institutions produites par la société capitaliste et patriarcale. Les idées de W. Reich sont diffusées en France par Jacques Lesage de La Haye. Le livre : *La révolution sexuelle* de W. Reich est publié pour la première fois en français chez Plon en 1968.

Le P. Montfalcon appelle à ce que l'institut projeté ne modère pas ses ambitions :

« Si l'on décide de créer un institut des sciences familiales, il faut viser au grand style ou s'abstenir. Nous n'avons pas le droit de nous ridiculiser en jetant quelques bricoles en pâture à un public largement ménopausique. Au service de la pastorale, un tel institut ne saurait se réduire à une catéchèse, fût-elle géniale. Il aura soin de se préserver de conseils intempestifs venus de l'extérieur qui pourraient nuire à sa liberté génératrice de sérénité. »

Il invite à la mise en œuvre d'une véritable interdisciplinarité dans l'approche de la famille, notamment une réflexion philosophique sur le corps, en convoquant aussi la sociologie, la psychologie, l'étude même de l'urbanisme à cause de son influence sur la structure familiale, sans oublier la théologie morale et la patristique. Il invite, de ce point de vue, à reprendre en profondeur une étude du sacrement de mariage.

À la suite, Emma Gounot élabore une note reprenant ces intuitions mais les formalisant dans une perspective de fondation d'un institut d'enseignement. Elle estime qu'il faudrait deux catégories de cours : des enseignements approfondis par disciplines et des enseignements de convergence, où un même thème serait étudié par les spécialistes de plusieurs disciplines. Outre un aspect de recherche, elle pense qu'il faut aussi s'ouvrir à un large public en organisant des conférences et des sessions. Tout en convenant que l'institut ne pourra pas ouvrir en tant que tel à la rentrée d'octobre 1971, elle pense qu'il faut préparer cette ouverture en organisant quelques enseignements au cours de l'année 1971-1972. Elle propose un thème : le mariage ; pourquoi se marier ou refuser de le faire ? Un groupe de travail se réunit à plusieurs reprises sur ce thème, qui se nourrit notamment des observations sociologiques réalisées par Jean Labbens et Jean-Jacques Paquette.

En décembre, Emma Gounot rédige une nouvelle note de synthèse. Elle présente le futur institut comme « un centre de recherche et d'enseignement sur les problèmes du couple, du mariage et de la famille ». Elle reste fidèle à sa position antérieure où elle se refusait à opposer les deux secteurs de la recherche et de l'enseignement. Dans sa note, elle décline ensuite les deux axes qu'elle assigne à l'Institut :

« Centre de recherche

Le mariage et la famille n'échappent ni à la transformation qui marque la société actuelle ni à la remise en question qui frappe toutes les institutions.

L'analyse de ces mutations et de ces contestations fait l'objet, depuis quelques années, d'un certain nombre d'études, de statistiques, de colloques, de congrès. […]

Mais il ne semble pas qu'aucun organisme *permanent* de recherche ne centralise les résultats de ces travaux, ni ne poursuive systématiquement à partir de ces recherches une réflexion *philosophique* et *théologique*.

Tel serait au contraire l'objectif prioritaire de l'Institut des sciences de la Famille, sans doubler rien de ce qui existe, sans entreprendre lui-même des enquêtes dépassant ses moyens, rassembler la documentation éparse provenant de ces diverses études, la mettre à la disposition de groupes de travail ou de chercheurs individuels (à l'intérieur ou à l'extérieur de l'Institut) et assurer de façon permanente la rencontre et la confrontation de spécialistes de diverses disciplines dans le souci d'une vision intégrale de l'homme.

Cette recherche s'exprimerait dans des colloques et des publications et inspirerait l'enseignement. Un groupe de recherches a commencé à fonctionner sur "la crise du mariage".

Centre d'enseignement

L'institut n'est pas conçu, au moins au début, pour donner un enseignement à temps plein (il n'y aurait pas suffisamment d'étudiants). Il proposera des enseignements pouvant être suivis :

– par des étudiants en complément d'autres études (théologie, droit, médecine, sociologie, pédagogie, écoles...) dans lesquelles ces enseignements devraient pouvoir être reconnus comme crédits ou unités de valeur ;

– par des adultes déjà engagés dans des professions.

Mais des directions d'études ou de recherche permettraient à des personnes pouvant passer une année à temps complet à l'Institut :

– soit d'acquérir une formation approfondie en ajoutant aux cours de l'ISF des cours dans d'autres unités et des stages ;

– soit de mener un travail de recherche en vue d'un mémoire ou d'une thèse.

Notamment un programme de formation spécialisée peut être prévu en liaison avec le Secrétariat de la pastorale familiale pour assurer la formation d'aumôniers ou de conseillers laïcs pour la pastorale familiale.

Trois niveaux d'enseignement sont prévus.

L'enseignement de 1er niveau sera donné dans le cadre de l'Institut social, soit à l'intérieur de l'Institut social, soit sous forme de sessions ou de cycles à la demande pour des publics spécialisés (écoles d'infirmières, de sages-femmes, de travailleurs sociaux, mouvements familiaux ou d'Action catholique). Dès ce niveau, l'enseignement comprendra non seulement des cours dans les diverses disciplines permettant d'approcher le fait familial, mais aussi l'étude de certains "problèmes familiaux" abordés de façon pluridisciplinaire avec une réflexion anthropologique et éthique. C'est là la caractéristique essentielle de l'Institut.

L'enseignement de 2e niveau s'adressera aux personnes ayant par leurs études ou leurs activités antérieures une formation jugée suffisante. Il sera donné sous forme de cours et de séminaires. Plusieurs options seront proposées, mais seuls pourront obtenir le diplôme de l'Institut ceux qui auront suivi l'enseignement d'anthropologie et un enseignement pluridisciplinaire.

L'enseignement de 3e niveau sera une formation à la recherche et conduira à la préparation d'un mémoire ou d'une thèse[15]. »

III. Le démarrage de l'Institut

La première circulaire donnant le programme des enseignements (simple page recto verso ronéotypée) date de l'année 1972-1973. L'Institut est présenté ainsi :

L'Institut des Sciences de la Famille est un centre pluridisciplinaire de recherche et d'enseignement sur les problèmes du couple, du mariage et de la famille.

Deux publics potentiels sont cités, dans une visée très large : des étudiants ayant déjà suivi au moins une année d'enseignement supérieur, des adultes « ayant par leur profession ou leurs engagements une expérience des problèmes de la famille ». Rien n'est dit de précis sur le diplôme octroyé.

Cinq ensembles de cours sont proposés. Le dominicain Jean-Claude Sagne (1936-2010) donne un cours de psychosociologie (ce qu'il enseignera plus tard à Lyon 2) ; l'abbé Jean-Jacques Paquette (1933-) donne un cours de sociologie et tous les deux animent des séances d'études de situations. Emma Gounot professe un cours de droit de la famille. Marc Comby donne un cours d'ethnologie sur la parenté et le mariage. Deux autres cycles de cours ne sont pas encore finalisés, concernant la philosophie et la théologie, ainsi qu'un cycle de cours du soir sur le couple, le mariage et la société, probablement destiné à un large public. Il est indiqué que les étudiants peuvent suivre à la faculté de théologie un cours pluridisciplinaire sur l'éthique et la sexualité[16].

Sous l'impulsion du P. Montfalcon, un groupe de travail voit le jour sur la question de l'avortement, au début de l'année 1973.

Très vite, des formations spécifiques sont proposées à l'intention des travailleurs sociaux, qui bénéficient de l'aide réservée à la formation permanente, et qui touchent des problèmes éminemment concrets, comme le montre le programme du stage : *Le droit et la vie de la famille*, proposé en 1975-1976 :

« Ce stage ne traitera pas du droit de la famille proprement dit (mariage, divorce, filiation…) mais de certains problèmes juridiques qui peuvent se poser dans les rapports de la famille avec des tiers (dettes du ménage, menaces de saisie ou d'expulsion, plaintes de voisin, accident causé par ou à un enfant, licenciement, travail de la femme enceinte ou de la mère de famille, etc.). Le programme sera aménagé en tenant compte des désirs exprimés le premier jour

---

15. Université catholique de Lyon. L'Institut des sciences de la famille (20 décembre 1971), Arch. UCLy, 4F3.13, « Histoire de l'ISF ».
16. Cours professé par Christian Duquoc, Jean-Yves Jolif, Jean-Jacques Paquette et Jean-Claude Sagne.

par les participants et des problèmes concrets qu'ils rencontrent dans leur pratique professionnelle[17]. »

Le cours est professé par Emma Gounot et des praticiens auxquels elle fait appel.

En 1974, c'est l'ISF qui est la cheville ouvrière de l'Université d'été de l'UCLy qui se tient, comme chaque année alors, au sanctuaire de Notre-Dame du Laus. Chaque jour, sont organisées des conférences autour du thème : *Affectivité, sexualité et éducation*[18]. D'autres initiatives fleurissent au cours de l'année 1974-1975 : une session *Information, éducation sexuelle* (9 au 10 novembre 1974) à destination des formateurs en éducation sexuelle, des sessions pour les prêtres prolongeant celles de l'année précédente.

Dressant un bilan, dans une note interne de février 1974, Emma Gounot tire les enseignements suivants des premières expériences de l'ISF :

« L'enseignement s'adresse principalement aux personnes qui, par leur profession ou leur engagement, ont à intervenir auprès de couples ou de familles, ou dans le domaine de l'éducation sexuelle ou de la préparation au mariage. L'ISF n'a pas pour le moment d'étudiants à temps plein et n'a donc pas organisé ses programmes en fonction de cette catégorie d'étudiants. Mais des directions d'études et des stages peuvent être prévus pour les personnes qui disposeraient de plus de temps pour une formation approfondie. Les cours ont lieu en fin d'après-midi pour être accessibles aux étudiants et aux personnes ayant des obligations professionnelles.

Si l'enseignement est en principe pluridisciplinaire, puisqu'il comprend des cours de sociologie, psychologie, droit, ethnologie, théologie, on doit constater qu'en fait aucun étudiant ne suit la totalité des cours et que la plupart ne s'inscrivent que pour une seule discipline. Il est difficile qu'il en soit autrement, s'agissant de personnes qui viennent après une journée de travail et qui ne peuvent pas faire cet effort plusieurs fois par semaine pendant toute l'année. Mais il est intéressant de noter que plusieurs, ayant suivi des cours une année dans une discipline, s'inscrivent dans une autre l'année suivante[19]. »

---

17. ISF, « Stage de formation permanente entretien et perfectionnement des connaissances à l'intention des travailleurs sociaux. Le droit et la vie de la famille » [programme] 1975-1976, Arch. UCLy, 4F3.12.
18. François et Michèle Guy et Mme Papet, « Information sexuelle ou éducation de l'amour ? », Michel Simon, « La sexualité d'après Reich et Marcuse », Roger Daille, « Intégration culturelle, les jeunes 18/24 ans », Martial Venet, « Panorama des psychologies modernes », J. Sarano, « Le corps, lieu privilégié de l'échange et du partage », Albert Donval, « L'éducateur et la morale sexuelle », Emma Gounot, « Droit et sexualité », P. Waelkens, « Éducation sexuelle et pédagogie de la relation ; sexualité adolescente et foi chrétienne », J. Alberti, « La charité est-elle un désir infini (éros) ou un don de l'Esprit ? ». A. Desserprit, pour sa part, anime des ateliers chaque après-midi.
19. Emma Gounot, « Institut des sciences de la famille ; Rapport d'activité et perspectives d'avenir », février 1974, Arch. UCLy, 25Z, Emma Gounot, papiers personnels. C'est en 1974 que l'ISF est déclaré comme établissement de formation permanente.

Le programme général pour l'année 1975-1976 – toujours présenté avec très peu de moyens (une page polycopiée) – témoigne d'un certain nombre d'évolutions. L'ouverture à un large public est esquissée par l'affirmation que l'ISF est « un lieu de rencontre, d'échange et de confrontation pour tous ceux qui s'intéressent à ces problèmes ». En revanche, le public principal est maintenant bien ciblé :

« L'enseignement s'adresse principalement aux personnes qui, par leur profession ou leurs engagements, ont à intervenir auprès de jeunes, de couples ou de famille : éducateurs et enseignants, travailleurs sociaux, conseillers conjugaux ou familiaux, responsables d'éducation sexuelle ou de préparation au mariage, professionnels du monde de la santé, etc.[20] »

Les cours sont tous proposés en soirée, à 18 h 15 ou 20 h 30. Emma Gounot expose toujours le droit de la famille et Jean-Jacques Paquette la sociologie de la famille[21], Albert Desserprit enseigne l'anthropologie de la sexualité, Micheline Colin[22] la psychologie du couple, Noël Eyraud, quant à lui, donne trois cours : Introduction à la pensée psychanalytique, Développement affectif du jeune enfant, Troubles de la personnalité chez l'enfant. Le cours d'Albert Donval est intitulé : Morale et sexualité dans notre culture.

IV. L'époque de la loi Veil

Comme on le sait, le vote de la loi sur l'Interruption volontaire de grossesse, loi Veil, intervenu le 17 janvier 1975, a provoqué des débats passionnés[23]. À l'époque, elle était promulguée pour une durée de cinq ans renouvelables. Elle a été reconduite, sans limite de temps, par une loi du 31 décembre 1979. L'opposition à la loi avait été menée par le député de Tours, Jean Foyer, catholique déclaré. Dans la ligne de l'encyclique *Humanae vitae* de juillet 1968, les évêques de France étaient intervenus dans le débat par une "Note doctrinale sur l'avortement" émanant de la Commission épiscopale de la famille en 1971 et par la déclaration finale de l'Assemblée plénière de l'épiscopat de novembre 1974.

La loi Veil n'est pas encore promulguée qu'une réunion se tient autour d'E. Gounot, réunissant les principaux acteurs de l'ISF, débouchant sur plusieurs pistes de recherche possibles : l'entretien avec la femme souhaitant interrompre

---

20. ISF, [programme des formations, 1975-1976], Arch. UCLy, 4F3.12.
21. Son cours sur *Les transformations actuelles de la famille*, donné en 1975-1976, se structure ainsi : La famille d'hier et d'aujourd'hui, analyse structurelle et fonctionnelle – les axes d'évolution : réduction de la natalité, du patrimoine au salaire, le nouveau rôle de la femme, de la contrainte à l'élection – étude de points particuliers à déterminer suivant les désirs de l'auditoire.
22. Conseillère conjugale.
23. Elle avait été précédée par la légalisation de la contraception intervenue en 1967.

sa grossesse, la signification de l'avortement par rapport à la vie, le problème du père, les rapports entre le « légal » et le « moral », les différentes positions catholiques par rapport à la loi. E. Gounot estime que la priorité, c'est la formation des travailleurs sociaux qui seront confrontés à l'application de la loi.

Aussi l'ISF organise, dès le 6 juin 1975, une journée de réflexion sur « Le travailleur social face à la demande d'avortement ». Cette journée n'a pas seulement lieu à Lyon, mais dans un certain nombre de diocèses[24], et touche environ 400 travailleurs sociaux. Des enseignements précis sont tirés de ces journées montrant comment, jusque-là, les travailleurs sociaux n'ont pas été préparés à la tâche qui leur incombe désormais. Ceux-ci prennent conscience de la difficulté de cet entretien et comment eux-mêmes se sentent impliqués dans la question qui leur est posée. Ils découvrent alors les diverses manières de se positionner : « Qui protège-t-on, qui défend-on dans certains cas ? L'embryon ? Soi ? L'ordre moral ? Qui supprime-t-on dans d'autres cas ? » Ils s'interrogent sur la manière dont ils voient leur interlocutrice : est-ce qu'elle vit réellement l'entretien aussi mal que le travailleur social le croit parfois ? Est-elle déroutée comme elle semble en donner l'impression ? Quels moyens matériels offre-t-on réellement à une femme qui souhaite garder son enfant ?

L'Institut prolonge cette action en 1976-1977 en mettant sur pied un stage (trois sessions de deux journées consécutives) destiné aux travailleurs sociaux des organismes habilités à pratiquer l'entretien d'IVG prévu par la loi Veil. Le stage porte sur cet entretien pré-IVG et il est animé par Monique Dupré La Tour, conseillère conjugale de l'AFCCC et par Joël Clerget, psychologue.

Toujours dans le même contexte, l'ISF organise chaque année, à partir de février 1977, une semaine d'animation comportant une exposition, des films, des conférences et des débats. Le premier thème choisi, c'est *Naître en 1977* (1er au 11 février 1977) et le suivant s'intitule : *Mettre au monde ou les premières années de la vie* (30 janvier – 12 février 1978).

Ainsi qu'il ressort de cette histoire, c'est à l'action persévérante d'Emma Gounot qu'est due la création de l'Institut des Sciences de la Famille. Très tôt orientée dans cette direction, elle était convaincue de la nécessité de mener une réflexion autour de la famille. Mais deux éléments importants ont été déterminants pour passer à la réalisation : les invitations du P. Christian Montfalcon, responsable de la Pastorale familiale du diocèse de Lyon, et la constitution rapide d'un noyau pluridisciplinaire autour de la fondatrice. Les circonstances n'ont pas été pour rien non plus dans le démarrage de l'Institut avec la publication de l'encyclique *Humanae vitae* et la promulgation de la loi Veil. Ces deux événements mettaient au jour la nécessité d'une formation à apporter au clergé et aux travailleurs sociaux et c'est en direction de ces deux publics que se sont tournées les premières initiatives pédagogiques de l'Institut.

---

24. Auxerre, Besançon, Le Puy, Lyon, Mâcon.

Trois figures féminines en lien, pour partie, avec les engagements d'Emma Gounot dans le domaine de la famille, des enfants et de la justice

Mathilde DUBESSET
Agrégée d'Histoire, Maîtresse de conférences honoraire en histoire contemporaine à l'Université de Grenoble, Membre du LARHRA (UMR 5190)

I. Germaine Poinso-Chapuis (1901-1981)[1]

Germaine Chapuis est issue d'une famille de petite bourgeoisie catholique originaire de l'Ardèche qui comptait des militaires et des magistrats. Ses parents, négociants en bonneterie, catholiques pratiquants, ont eu sept enfants dont deux seulement ont survécu. Scolarisée dans un cours privé puis à domicile par sa sœur aînée Eugénie, enseignante et dame d'œuvres, et par des professeurs particuliers, elle est bachelière à 17 ans. Elle souhaite d'abord s'inscrire à la Faculté de Philosophie d'Aix-en-Provence puis fait le choix de la Faculté Libre de Droit de Marseille où elle fait un brillant cursus. Inscrite à 20 ans au barreau de Marseille à une époque où les femmes sont rares dans cette profession, elle est vite reconnue pour son éloquence et son efficacité.

Dans les années 1930, la jeune avocate s'engage sur le terrain des droits des femmes. Elle participe à la création du club marseillais des Soroptimistes (un réseau créé aux États-Unis) dont elle préside l'Union Française de 1934 à 1938. Elle s'inscrit dans les sections locales de l'Union Française pour le Suffrage des femmes, de la Ligue Française pour le Droit des Femmes et de l'Union Française

---

1. Germaine Poinso-Chapuis, *Pourquoi nous sommes partisans du suffrage féminin*, Éditions du Petit Démocrate, 1932.
Yvonne Knibielher, (dir.), *Germaine Poinso-Chapuis, femme d'État (1901-1981)*, Aix-en-Provence, Edisud, 1998, Yvonne Knibielher, *Poinso-Chapuis Germaine*, notice dans Christine Bard (dir.), *Dictionnaire des féministes, XIXe-XXIe siècles*, PUF, 2017, p. 1146-1150.
Laurent Ducerf, *Poinso-Chapuis Germaine*, notice dans Anne Cova et Bruno Dumons, (dir.), *Destins de femmes, culture et sociétés, France-XIXe-XXe siècles*, Letouzey et Ané, p. 326, 2010.

pour le Vote des Femmes, associations aux appartenances idéologiques diverses mais qui ont en commun la revendication du droit de vote pour les femmes. Membre du Parti Démocrate Populaire, dans la mouvance de la Démocratie chrétienne, elle publie en 1932 une brochure de 33 pages : *Pourquoi nous sommes partisans du suffrage féminin* ? Elle participe à des congrès, donne des conférences, fait du conseil juridique auprès des syndicats féminins chrétiens. En novembre 1936, elle épouse un confrère, Henri Poinso qui la soutient dans ses engagements, ils auront deux fils en 1938 et 1945.

Durant la période de l'Occupation, Germaine Poinso-Chapuis participe activement à la Résistance à Marseille et dans la région, aux côtés de l'avocat socialiste Gaston Deferre. Elle est appelée à défendre en justice de prétendus « terroristes », obtient des libérations de prisonniers du Camp des Mille, contribue à faciliter des évasions, cacher des juifs, héberger des maquisards. Son rôle dans la résistance marseillaise lui vaut d'être nommée vice-présidente de la délégation municipale de Marseille le 30 août 1944 et, durant huit mois, elle réorganise la vie publique dans cette ville. Elle adhère, peu de temps après, au Mouvement Républicain Populaire (MRP) démocrate-chrétien qui présente sa candidature pour les élections à l'Assemblée nationale constituante et elle est élue députée des Bouches du Rhône le 21 octobre 1945.

Germaine Poinso-Chapuis devient, deux ans plus tard, la première femme qui accède à un poste de ministre de plein exercice en France. Le 24 novembre 1947, Robert Schuman, président du Conseil, la désigne comme ministre de la Santé et de la Population. C'est une tâche lourde dans le contexte social très difficile de l'immédiat après-guerre, avec le maintien des restrictions, la forte mortalité infantile, les conditions de vie très dures dans les quartiers populaires. La ministre lance alors rapidement des mesures d'urgence, exige des crédits pour la distribution de lait et de médicaments, met en chantier divers projets en matière de politique familiale. Mais son ministère est de courte durée avec la chute du gouvernement le 19 juillet 1948. En effet, un projet de décret visant à apporter une aide aux parents d'élèves pauvres, y compris ceux qui ont choisi l'enseignement privé, déclenche le retour de « la guerre scolaire ». Face au refus de ce texte par le ministre socialiste de l'Éducation, Germaine Poinso-Chapuis tente de négocier avec les socialistes pour trouver un accord. Passant outre, Robert Schuman publie le décret sous le nom de la ministre de la Santé et de la Population, laquelle n'ose pas démentir. Cette affaire lui vaudra des commentaires de presse sarcastiques, le *Canard enchaîné* réapparu à la Libération brocarde « Madame Chapeau pointu » « la grenouille de bénitier », une disqualification qui va la poursuivre et qui contribuera à l'oubli assez rapide de Germaine Poinso-Chapuis dans l'histoire politique de la France du XXe siècle.

L'échec de la ministre n'empêche par la députée des Bouches du Rhône de continuer ses activités, avec une préoccupation particulière pour la politique familiale et l'amélioration du statut des femmes. Elle dépose des propositions et projets de loi sur la protection des femmes divorcés et des enfants « naturels », sur la limitation de la puissance paternelle, la promotion du régime de séparation des biens au profit des femmes mariées, des mesures favorables au travail des femmes mariées, mères comprises. À l'allocation de salaire unique qui permet de maintenir les mères au foyer, elle préfère les services d'aide familiale, et la création de crèches pour les enfants dont les mères ont un travail, mesure proposée aussi par l'Union des femmes françaises liée au parti communiste. Des propositions qui déconcertent ses collègues du MRP en général plutôt attachés au modèle de la famille traditionnelle où l'épouse/mère demeure au foyer. Elle contribue aussi à l'ouverture aux femmes des carrières de la magistrature, certes devenue accessible en 1946 mais souvent perçue comme un territoire masculin.

En 1956, Germaine Poinso-Chapuis n'est pas réélue à la Chambre des députés, la croisade qu'elle avait menée contre les méfaits de l'alcoolisme a suscité une vigoureuse campagne contre sa candidature de la part des amateurs et fabricants de pastis, très présents à Marseille et puis le MRP est alors en recul un peu partout. Mais elle garde un ancrage local comme conseillère municipale à Marseille de 1953 à 1959 où elle travaille à la réorganisation de l'Assistance publique avec une attention particulière à l'enfance qui remonte à ses premières années d'activités d'avocate confrontées aux « enfants de justice » pour lesquels elle avait fondé un Comité de protection. Présidente en 1946 de l'Association régionale de sauvegarde de l'enfance et de l'adolescence de Provence (ARSEA) qui regroupait des œuvres publiques et privées, elle a, par la suite, contribué à l'organisation d'une fédération des ARSEA, à l'échelle nationale, creuset d'innovation avec l'accent mis sur la prévention, boussole pour les éducateurs et les travailleurs sociaux.

La situation des enfants handicapés a tenu une place importante dans les engagements de Germaine Poinso-Chapuis confrontée dans sa propre famille au handicap de son fils aîné. Ses relations et réseaux lui ont permis d'aider les parents d'enfants handicapés à s'associer, à trouver des locaux, des financements, des médecins pour ouvrir des établissements d'accueil. Elle tenait beaucoup au principe d'intégration avec un accueil des handicapés dans divers lieux, écoles, centres d'apprentissage, lieux de travail. L'ONU avait décrété que l'année 1981 serait celle des handicapés et Germaine Poinso-Chapuis préparait l'inauguration d'un centre d'accueil pour adultes handicapés où son fils allait s'installer mais elle n'a pu y assister victime d'une crise cardiaque entrainant son décès en février 1981, dans l'année de ses 80 ans.

Germaine Poinso-Chapuis, femme de caractère qui avouait faire une prière avant tout discours ou toute plaidoirie, n'hésitait pas à bousculer les conformismes, par exemple lors de la Semaine sociale de 1957, à propos des questions autour de la famille. C'était « *une personnalité volontaire, opiniâtre, qui ne s'en laisse pas conter, qui suit son chemin, dont la ténacité vient à bout de beaucoup de résistance et surmonte ou entoure les obstacles.* » (René Rémond).

À Marseille, on a donné son nom à un lycée et à un amphithéâtre de la faculté de droit.

II. Françoise Dolto (1908-1988)[2]

Fille de Suzanne Demmler d'une famille d'origine allemande protestante et d'Henry Marette ingénieur polytechnicien catholique, Françoise Marette est la quatrième d'une famille de sept enfants. Son enfance est marquée par des ruptures douloureuses : à 8 mois le renvoi d'une nourrice toxicomane, à 12 ans le décès de sa sœur Jacqueline en 1920. Brillante élève et douée de ses mains, elle a son baccalauréat à 17 ans en 1925. Malgré l'opposition de sa mère, elle entame à 24 ans des études de médecine et s'engage, sur les conseils de son père, dans une psychanalyse durant 3 ans qui lui permet de se libérer de la culpabilité que sa mère avait fait peser sur elle.

Un stage à l'hôpital des Enfants malades à Paris, en 1937-1938, lui fait prendre conscience de la nécessité d'un traitement précoce des névroses et psychoses infantiles. Passionnée par la démarche analytique appliquée aux enfants, elle soutient sa thèse en juillet 1939 (elle a 30 ans) sur les rapports entre psychanalyse et pédiatrie. Elle montre que l'analyse adaptée aux enfants, en utilisant le dessin par exemple, permet de libérer les pouvoirs de sublimation, de création, de disponibilité intellectuelle et rend à l'enfant la libre disponibilité de son intelligence et de son entrain, tout en évitant toute moralisation.

Durant l'Occupation, Françoise Marette exerce dans plusieurs hôpitaux parisiens, tandis que ses frères entrent dans la Résistance. Elle rencontre en 1941 Boris Dolto, kinésithérapeute d'origine russe arrivé en France au lendemain de la Révolution russe puis naturalisé français. Ils se marient en février 1942 et ont trois enfants : Jean Chrysostome (1943) devenu le chanteur Carlos, Grégoire (1944) qui sera architecte naval et Catherine (1946) qui deviendra médecin. Au lendemain de la guerre, Françoise Dolto s'occupe de nombreux enfants traumatisés par les violences de guerre, des orphelins et des enfants abandonnés. Elle est alors une pionnière dans le traitement des psychoses infantiles. Clinicienne reconnue par ses pairs, elle est membre fondateur de la Société de psychanalyse de Paris dont elle démissionne avec Lacan en 1953 dans un moment de rupture dans l'histoire française de la psychanalyse. Elle participe ensuite à la fondation de la Société Française de Psychanalyse.

Dans son activité d'analyste, comme dans les nombreux ouvrages qu'elle publie et les conférences qu'elle donne en France et à l'étranger, Françoise Dolto pratique une éthique du respect de l'enfant, évite l'écueil du biologisme et insiste

---

2. Françoise Dolto, *Psychanalyse et Pédiatrie*, Seuil 1971, Le *Cas Dominique*, Seuil, 1974. Françoise Dolto, *Lorsque l'enfant paraît*, Seuil, 1977. La *foi au risque de la psychanalyse*, Seuil, 1981. *Autoportrait d'une psychanalyste, 1934-1988*, entretiens de Françoise Dolto avec A et C. Manier, Seuil, 1989.
J.-F. de Sauverzac, *Françoise Dolto. Itinéraire d'une psychanalyste*, Aubier, 1993, *Père et fille, une correspondance (1914-1938)*, lettres choisies et présentées par Muriel Djéribi-Valentin et Colette Percheminier, Mercure de France, 2001.

sur le primat de la parole, en particulier celle des pères parfois exclus par des mères trop possessives. Inventive dans sa manière de travailler, elle estime que l'enfant, même très jeune, comprend tout ce qu'on lui dit pourvu que l'on s'adresse à lui comme à une personne. Il faut, dit-elle, toujours lui dire la vérité dans les mots qu'il peut comprendre, et lui donner la possibilité d'exprimer sa souffrance. Réticente face au divorce, elle souhaite que l'on évite aux enfants la dramatisation de la séparation et rappelle l'importance de maintenir la place du père.

Très intéressée par les questions pédagogiques, Françoise Dolto salue les expériences menées par Marie Montessori et Célestin Freinet. Dans les années 1970, elle intervient souvent dans des émissions de radio sur France Inter, afin d'aider les parents dans l'éducation de leurs enfants. Son style direct et clair qui contribue à démystifier l'image du psychanalyste, est très apprécié mais il déplaît à des confrères hostiles à cette forme de vulgarisation. Elle publie en 1977 « *Lorsque l'enfant paraît* », ouvrage qui rencontre un grand succès et, à partir de 1979, elle consacre beaucoup d'énergie à « La Maison verte » dans le XVe arrondissement de Paris, un lieu accueillant des enfants de moins de 3 ans et leurs parents, lieu de parole pour éviter les traumatismes de l'entrée à l'école maternelle.

Françoise Dolto ne cache pas sa foi catholique, ce qui lui vaut des sarcasmes dans une profession traversée par des clivages idéologiques forts. Petite fille, elle apprend par cœur l'Évangile de Saint Mathieu et pose beaucoup de questions au catéchisme : « Je n'aurais pas pu envisager d'être psychanalyste si je n'avais pas été croyante ». Comme Paul Ricoeur, elle critique la vision de Freud pour qui la religion ne serait qu'« habitudes obsessionnelles », tout en prenant aussi ses distances par rapport aux religions qui « monnayent la culpabilité ». Au contact de la culture protestante par sa mère et du monde orthodoxe par son mari, elle constate le peu d'intérêt des réformés pour la mystique. Attirée par la liturgie orthodoxe, elle y découvre une autre manière d'être en relation à l'autre où « l'homme et la femme sont à égalité dans leur valeur de sujet ».

Musicienne, dotée d'une vitalité hors du commun, pratiquant beaucoup l'humour, Françoise Dolto a été l'objet de controverses dans le milieu de la psychanalyse, elle qui s'étonnait à la fin de sa vie devant le fait que « certains analystes n'aient pas, pour eux-mêmes, le souci d'un progrès de la spiritualité ». Elle est décédée en juillet 1988 à l'âge de 80 ans.

III. Marie-Madeleine Dienesch (1914-1998)[3]

Marie-Madeleine Dienesch est née le 3 avril 1914 au Caire, son père Alfred Dienesch, était conseiller juridique. Elle fait ses études au collège Sainte-Marie,

---

3. Laurent Ducerf, *Dienesch Marie-Madeleine*, notice dans Anne Cova et Bruno Dumons (dir.) *Destins de femmes, culture et sociétés, France-XIXe-XXe siècles*, Letouzey et Ané, p. 156-158, 2010.

à l'université libre des jeunes filles de Neuilly-sur-Seine, puis au collège Sévigné avant d'entrer à la Sorbonne. Reçue à l'agrégation de Lettres classiques, elle enseigne le latin et le grec au lycée de jeunes filles de Saint-Brieuc dans les Côtes-du-Nord de 1939 à 1945. La jeune enseignante, appréciée de ses élèves – l'historienne Mona Ozouf qui l'a eue comme professeure en garde un très bon souvenir – est aussi active dans la Résistance, avec le Mouvement Libération Nord. Cette expérience va la conduire vers l'engagement dans la vie publique, démocrate chrétienne convaincue, elle adhère au MRP à la Libération.

En 1945-1946, Marie-Madeleine Dienesch est élue députée aux deux Assemblées nationales constituantes puis à l'Assemblée nationale dans laquelle elle siégera comme députée de la troisième circonscription des Côtes-du-Nord jusqu'en 1981. Elle aura par la suite un parcours hors du commun durant la Ve République. Première femme vice-présidente de l'Assemblée nationale en 1958, elle est aussi la première femme à la tête d'une grande commission parlementaire, celle des affaires culturelles, sociales et familiales en 1967, année où elle rejoint les gaullistes de l'UNR puis du RPR, en se revendiquant du gaullisme social.

Elle est présente sans discontinuer dans tous les gouvernements de 1968 à 1974 : secrétaire d'État à l'Éducation nationale dans le quatrième gouvernement de Georges Pompidou du 31 mai au 10 juillet 1968, puis secrétaire d'État à la santé aux Affaires sociales dans celui de Maurice Couve de Murville du 10 juillet 1968 au 20 juin 1969. Enfin, elle devient secrétaire d'État à l'Action sociale et à la Réadaptation, dans le cabinet Jacques Chaban-Delmas du 20 juin 1969 au 5 juillet 1972, fonction qu'elle conserve dans les trois gouvernements de Pierre Messmer du 5 juillet 1972 au 27 mai 1974. Son passage dans les différents secrétariats d'État débouche sur deux lois importantes : celle sur la périnatalité, avec le dépistage des grossesses à risque et la mise en place du carnet de santé de l'enfant, et la grande loi de 1975 sur l'insertion des handicapés.

Ambassadrice de France au Luxembourg de 1975 à 1978, Marie-Madeleine Dienesch est aussi conseillère générale du canton de Plouguenast dans les Côtes-du-Nord (1976-1982), membre du Conseil régional de Bretagne et députée au Parlement européen du 17 juillet 1979 au 30 septembre 1980. Mais après 36 ans de présence dans l'hémicycle, elle décide de ne pas se représenter lors des élections législatives de 1981. À la fin de son mandat de conseillère générale, elle se retire de la vie politique et se consacre alors à la critique littéraire et à la poésie, avec une grande admiration pour la poétesse Marie Noël avec qui elle partage une foi fervente.

C. Bougeard, « Marie-Madeleine Dienesch : une carrière politique féminine méconnue » pré-actes du colloque Germaine Poinso-Chapuis, témoin de son temps, Marseille 21 au 22 novembre 1997, p. 65-76.

Marie-Madeleine Dienesch, qui a été nommée chevalier de la Légion d'honneur, décède le 8 janvier 1998 à Paris à l'âge de 84 ans. Le 19 octobre 2016, une plaque en son honneur (avec d'autres résistantes et premières députées) est dévoilée au palais Bourbon, siège de l'Assemblée nationale.

*
* *

Deuxième partie

Donner sa place à l'enfant

Ne surtout pas oublier les enfants dans la lutte contre les violences conjugales !

Isabelle Corpart
Maître de conférences en droit privé (HDR) à l'Université de Haute-Alsace
Membre du CERDACC (Centre Européen de recherche sur le Risque
le Droit des Accidents Collectifs et des Catastrophes, UR 3992)

La famille est classiquement perçue comme devant être un lieu privilégié de protection, les parents devant veiller au bien-être et à la sécurité de leur progéniture. Ils ont en effet pour mission de protéger l'enfant « dans sa sécurité, sa santé et sa moralité, pour assurer son éducation et permettre son développement, dans le respect dû à sa personne » (C. civ., art. 371-1 al. 2). Ils assurent à deux cette mission, l'intervention de l'autorité administrative ou judiciaire étant exceptionnelle, survenant toutes les fois où l'enfant se trouve en danger.

Au sein de sa famille, cet enfant peut être d'abord visé directement par des agissements répréhensibles de ses parents, ensemble ou séparément. Qu'il soit victime seulement de désintérêt, souffre de méthodes éducatives coercitives[1] ou fasse l'objet de violences sexuelles, de mauvais traitements, il faut lui venir en aide. La grande vulnérabilité de ce mineur justifie une intervention étatique au sein de la cellule familiale et la mise en place de garde-fous, les mesures d'assistance éducative pouvant aller jusqu'au prononcé du retrait de l'enfant, assorti d'un placement en famille d'accueil ou en foyer.

D'autres formes de violence se rencontrent dans la sphère familiale. Précisément, dans le rapport d'intimité spécifique aux relations entre proches parents, l'enfant peut en effet être impacté par des violences domestiques, l'un de ses parents contraignant l'autre, lui imposant ses diktats et le menaçant physiquement. Les lieux familiers, qui sont normalement des espaces protecteurs et fiables où l'amour conjugal et filial transcende les relations, deviennent alors parfois invivables et sources de dangers, en particulier pour le plus vulnérable des membres de la famille, à savoir le mineur, surtout s'il est encore en bas âge.

---

1. I. Corpart, « Fin des violences éducatives et émergence du droit de l'enfant à une éducation sans violence », commentaire de la loi n° 2019-721, 10 juill. 2019, *Dr. famille* 2019, étude 13.

Que les enfants soient alors spécialement menacés par le parent violent ou non, ces manifestations de violence nuisent à leur équilibre et perturbent leur développement. En effet, la violence conjugale influe sur l'exercice de la maternité et de la paternité. L'enfant perd ses repères, il est traumatisé et en gardera des séquelles et des fragilités, sans compter que, peut-être, il reproduira un jour à son tour de tels agissements.

Il est donc vital de le mettre au plus vite hors de portée du parent nocif, de dénoncer toutes ces violences domestiques, qu'elles soient verbales, psychologiques, physiques, sexuelles, économiques et matérielles. Il est tout aussi important de rappeler qu'il n'existe aucun droit naturel de dominer son partenaire, aucune tolérance face aux brutalités, même en famille, aucun droit de correction, ce que de vieux restes de la famille patriarcale laissent penser à certains parents, surtout à des maris et pères.

Fragiles, vulnérables et dans l'incapacité de se défendre ou de défendre l'un de leurs parents, les enfants peuvent être impliqués à plus d'un titre lors de violences conjugales, que le couple soit ou non marié.

Que l'enfant soit lui-même aux prises avec les dérapages de son parent et soit blessé, meurtri, choqué, apeuré, ou qu'il soit seulement un témoin impuissant des scènes de graves conflits familiaux qui dégénèrent en brutalités, humiliations et créent une tension familiale invivable, il est dans les deux cas bel et bien victime des violences conjugales (**I**) et tout doit être mis en œuvre pour le secourir.

Dans la mesure où ces faits se déroulent dans l'intimité des foyers, la relation parentale en est nécessairement affectée. Dès lors, il importe de redonner confiance à l'enfant en représisant sa place dans sa famille, auprès de ses deux parents. Si l'un d'entre eux ne remplit plus sa mission protectrice et attente à la sécurité du mineur, différents textes permettent en effet de l'écarter pour que l'enfant puisse grandir plus sereinement, l'essentiel étant de préserver l'intérêt de l'enfant, même si cela doit conduire à dénier à l'un des parents ses droits parentaux[2] (**II**).

I. Ne pas refuser aux enfants la qualité de victimes

Que l'enfant subisse directement les violences de l'un de ses parents ou qu'il assiste à des scènes répétées de violence, sa famille nuit à son développement harmonieux et ne lui donne pas le soutien auquel il est en droit de s'attendre. Aux prises avec les violences conjugales, l'enfant ne demeure jamais un simple spectateur. Les agissements du parent violent le mettent réellement en position de victime, victime qu'il faut secourir et pour cela, souvent, il importe de commencer par protéger le parent victime des violences conjugales.

---

2. É. Durand, *Violences conjugales et parentalité. Protéger la mère, c'est protéger l'enfant*, L'Harmattan, 2013.

A. L'enfant n'est pas seulement un témoin des violences conjugales

Il semble évident de devoir protéger un enfant quand les violences ne sont plus conjugales mais deviennent intrafamiliales, l'enfant étant alors visé tout autant que l'un de ses parents par les agressions physiques ou verbales, les dominations et les coups. Victime directe, il doit évidemment être repéré au plus vite pour être mis à l'abri et tout le dispositif de la protection de l'enfance doit être déployé, avec si besoin, un retrait du mineur de la cellule familiale.

La situation est en revanche plus délicate quand il est seulement témoin des agissements répréhensibles de l'un de ses parents. Comme il n'est pas meurtri physiquement ou visé spécialement par les menaces, pendant longtemps sa situation de victime n'était pas reconnue mais les temps ont changé et on mesure mieux aujourd'hui les effets néfastes des agissements parentaux.

1. L'enfant, spectateur des violences conjugales

Il a été longtemps dénié que les enfants soient concernés par les violences conjugales car, quand les agissements violents ne les impactaient pas directement, quand les agressions se limitaient aux relations au sein du couple, il était affirmé qu'un mauvais conjoint n'est pas forcément un mauvais parent. Les enfants du couple étaient alors relégués au rôle de spectateurs (hormis dans le cas où les violences intrafamiliales les visaient directement en même temps que le parent victime, notamment quand ils avaient tenté de s'interposer ou semblaient plus proches affectivement de lui).

Témoin des brutalités, des humiliations, des agressions physiques et verbales, l'enfant est placé dans une position douloureuse. Il est sommé d'assister impuissant aux scènes de violence et s'entend dire parfois par le parent victime que c'est à cause de lui qu'il reste au domicile conjugal, même pour y vivre l'enfer.

Aux premières loges, il peut encore être amené à témoigner de ces agressions et brutalités auxquelles il assiste malgré lui, sans pouvoir agir en raison de son jeune âge et de sa faiblesse, violences qu'il voit, entend ou devine si cela ne se passe pas vraiment sous ses yeux.

Toute la difficulté sera de savoir comment recueillir sa parole[3], voire le faire intervenir dans le procès contre l'un de ses auteurs en tenant compte éventuellement du syndrome d'aliénation parentale. Pour autant, le témoignage des descendants d'un couple est recevable car « les dispositions de l'article 205 du Code de procédure civile relatives aux divorces ne sont pas applicables devant la juridiction pénale en raison du principe de la liberté de la preuve[4] ». La juridiction pénale peut donc instruire un procès en partant des témoignages des enfants du couple.

---

3. F. Alt-Maes, « Le discernement et la parole de l'enfant en justice », *JCP* 1996, I, 3913 ; I. Corpart, « La parole de l'enfant », *RRJ, Revue de droit prospectif* 2005/4, p. 1809.
4. Cass. crim. 2 juin 2015, n° 14-85.130.

2. L'enfant, victime directe ou indirecte des violences conjugales

Il est impossible d'exclure les enfants des scènes de violence conjugale et de ne pas les englober dans la lutte contre ce fléau social. Même s'ils ne sont pas brutalisés et ne portent aucun stigmate, ils sont bien plus que de simples témoins.

Si la question a toujours été entendue quand les enfants du couple subissaient la même violence que leur parent, différents moyens de les protéger pouvant être sollicités, c'est de manière plus récente que l'on a pris conscience du fait que les enfants pâtissent des tensions familiales et du climat de violence entretenu par un parent sur l'autre. Ils ne sont pas seulement des spectateurs passifs et impuissants dont les témoignages pourraient être recueillis mais ils sont au moins des victimes indirectes des violences conjugales, traumatisés par ricochet[5].

Leurs souffrances sont réelles et ils sont nécessairement affectés par ces débordements, ces cris, ces menaces, encore davantage quand ils ne disposent d'aucun moyen pour y mettre fin. Il est admis désormais qu'ils conservent des séquelles, sont traumatisés et fragilisés par l'attitude nocive de leur père ou parfois de leur mère[6].

Leur situation particulière est à présent reconnue et on le doit en grande partie à la Convention d'Istanbul, Convention du Conseil de l'Europe sur la prévention et la lutte contre la violence à l'égard de femmes et la violence domestique du 11 mai 2011 (ratifiée par la France le 4 juillet 2014) qui reconnaît que « les enfants sont des victimes de la violence domestique, y compris en tant que témoins de violence au sein de la famille ».

Il convient en conséquence d'invoquer le statut de victime pour ces mineurs qui subissent les retombées des violences perpétrées dans la sphère privée. On peut ainsi parler de victime indirecte, par ricochet ou, selon l'expression retenue par le Conseil de l'Europe, de « victime secondaire[7] ».

À défaut de lésions corporelles ou d'atteintes à leur intégrité physique, ils sont bien victimes de troubles psychologiques, de pertes de repères, de troubles identitaires et de manque d'affection, autant de raisons qui justifient les attentions qui doivent leur être portées.

---

5. C. Gatto, « L'enfant face aux violences conjugales », *AJ famille* 2013, p. 271 ; A.-G. Robert, « Loi n° 2010-769 du 9 juillet 2010 relative aux violences faites spécifiquement aux femmes, aux violences au sein des couples et aux incidences de ces dernières sur les enfants », *RSC* 2010. 911 ; N. Séverac, *Les enfants exposés aux violences conjugales, Rapport d'étude de l'ONED*, déc. 2012.

6. É. Brown et M. Jaspard, « La place de l'enfant dans les conflits et les violences conjugales », *Recherches et Prévisions,* n° 76, déc. 2004, p. 5 ; M. Couturier, « Les évolutions du droit français face aux violences conjugales – de la préservation de l'institution familiale à la protection des membres de la famille », *Dialogue,* Familles et couples, 2011/1, (n° 191), p. 67.

7. Conseil de l'Europe, Assemblée parlementaire, résolution 1714 sur les enfants témoins de violence domestique, 12 mars 2010.

B. L'enfant est une victime dont la protection doit être organisée

Les violences conjugales sont une triste réalité, époux, partenaires et concubins peinant à sortir de cette spirale infernale, cependant le sort des enfants ainsi exposés doit aussi être au cœur de toutes les attentions. S'il est certain que la lutte contre les violences conjugales doit être poursuivie[8] et même amplifiée, elle doit englober des mesures effectives et efficaces pour sécuriser les enfants.

Il semble toutefois essentiel de ne pas déconnecter les réflexions conduisant à renforcer les secours offerts aux enfants de celles visant à assurer la protection du parent victime. La lutte contre les violences conjugales gagne à être globale car, protéger celui de ses parents qui veille sur lui, c'est bien améliorer la sécurisation matérielle et affective de l'enfant.

1. L'enfant à protéger contre son parent

La cellule familiale est le premier groupe d'appartenance pour l'enfant et elle devrait être un lieu propice à son bon développement physique et psychique, lequel n'est possible que si sa sécurité est assurée. En effet, si l'enfant a d'abord des besoins physiologiques pour se développer, il a également besoin de protection et de sécurité, à affiner en fonction de son âge. À ce titre, tout doit être mis en œuvre pour assurer sa protection s'il est victime de l'un des parents voire des deux[9].

Même si le parent, auteur des violences conjugales, n'agresse pas physiquement ses enfants, il fait preuve pour le moins de violences psychologiques au regard de son attitude au sein du foyer et du climat malsain dans lequel il les fait vivre, aussi faut-il intervenir.

Dans un tel contexte, si les parents sont les premiers protecteurs de l'enfant[10], lorsque les fonctions parentales ne sont pas remplies, il revient à l'État d'intervenir pour veiller sur l'enfant même tant qu'il vit dans son foyer. La situation

---

8. S. André, « Violences conjugales et familiales. Prévention, protection des victimes et répression des auteurs », *ASH*, septembre 2015 ; I. Corpart, « Haro sur les violences conjugales (loi n° 2006-399 du 4 avril 2006 renforçant la prévention et la répression des violences au sein du couple ou commises contre les mineurs) », *RLDC* 2007/35, n° 2403 ; M. Couturier, « Les évolutions du droit français face aux violences conjugales. De la préservation de l'institution familiale à la protection des membres de la famille », *Dialogue* 2011/1 (n° 191), p. 67 ; M. Lobe-Lobas, « La prévention et la répression des violences commises au sein du couple ou contre les mineurs », *LPA* n° 139 du 13 juil. 2006, p. 5 ; R. Coutanceau et M. Salmona (dir.), *Violences conjugales et famille,* Dunod, 2016.
9. I. Corpart, « Enfant victime et place des parents », *Liber amicorum* en l'honneur de Madame le professeur Marie-France Steinlé-Feuerbach, L'Harmattan 2015, p. 297.
10. I. Corpart, « Les parents, la famille, premiers protecteurs de l'enfant et garants du droit à la protection », in *Les actes de la conférence, Le droit à la protection de l'enfant*, vendredi 16 nov. 2018, Paris, CNAPE, 2019, p. 11.

préoccupante de l'enfant justifie pleinement des intrusions dans la sphère intime et privée et éventuellement une mise à l'abri de l'enfant.

Si l'un des parents est nocif et que l'autre est dépassé ou affaibli, il est aussi envisageable de désigner un nouveau représentant légal pour l'enfant en recourant à un administrateur *ad hoc* (C. civ., art. 388-2).

Reste à détecter ces enfants pour pouvoir leur venir en aide et, pour cela, des efforts doivent être faits pour mieux accompagner les parents victimes des violences, en partant du principe que toute la maisonnée est concernée par ces agissements répréhensibles et qu'une protection générale s'impose.

2. L'enfant à protéger avec son parent

Avec les lois qui se sont succédé, tout un dispositif est accessible pour agir au plus vite et sécuriser la famille. À partir du moment où la victime principale a des enfants mineurs, il faut rapidement trouver des solutions afin de mettre parent-victime et enfants à l'abri.

Le recours à l'ordonnance de protection permet ainsi de mieux veiller aux intérêts de l'enfant, lequel, en cas de danger avéré, est mis à l'abri avec son parent victime. Que le couple soit ou non marié, l'urgence de la situation peut effectivement justifier une éviction du parent violent du domicile conjugal par le juge aux affaires familiales (C. civ., art. 515-9 et C. proc. civ., art. 1136-3)[11]. Accorder par là même à la victime la jouissance du logement familial est parallèlement conforme à l'intérêt de l'enfant[12] et à sa sécurisation[13], toutefois cette protection est souvent jugée trop limitée dans le temps (six mois, C. civ., art. 515-12) et la reprise de la cohabitation peut s'avérer périlleuse.

Accorder un téléphone « grave danger », mettre en place un dispositif électronique anti-rapprochement[14], accueillir les victimes et entendre leurs plaintes, offrir des hébergements d'urgence en camouflant la nouvelle adresse le cas échéant, sont des mesures qui sécurisent le parent mais offrent aussi, par la même occasion, aux enfants le moyen de sortir de cet enfer familial.

Il doit devenir systématique d'envisager globalement le sort de la mère (ou du père) et des enfants pour apporter une réponse satisfaisante et de tenir compte

---

11. S. Jouanneau et A. Mattéoli, « Les violences au sein du couple au prisme de la justice familiale. Invention et mise en œuvre de l'ordonnance de protection », *Droit et société* 2018, n° 99, p. 305.
12. C. civ., art. 515-11, al. 1er, 3° : « sauf circonstances particulières, la jouissance de ce logement est attribuée au conjoint qui n'est pas l'auteur des violences, même s'il a bénéficié d'un hébergement d'urgence ».
13. La même décision pouvant à la fois prononcer l'ordonnance de protection et fixer la contribution pour l'entretien et l'éducation des enfants : CA Paris, 16 avr. 2015, n° 14/24566.
14. Expérimentation du dispositif dit DEPAR par la loi n° 2019-222 du 23 mars 2019.

de toutes les interactions[15]. Ainsi, par exemple, il convient d'introduire de la souplesse pour accorder un changement d'école lorsque le parent-victime s'est enfui du domicile conjugal. Il faut lui permettre d'obtenir seul la radiation de l'école, en considérant cette démarche comme un acte usuel et tenir compte d'une simple déclaration de l'existence de violences conjugales[16].

Il faut aussi que les forces de l'ordre soient plus attentives au fait qu'il s'agit d'un couple avec enfants.

La circulaire relative à l'amélioration du traitement des violences conjugales et à la protection des victimes adressée aux procureurs le 9 mai 2019[17] leur impose précisément de rédiger des mains courantes lors de leurs interventions, toutes les fois où il est relevé que des enfants mineurs vivent dans la famille concernée par les actes de violence physique, verbale ou psychologique. Il faut qu'il devienne systématique de penser simultanément à la victime directe et à ses enfants.

Grâce à ces nouvelles prises de conscience, relever des tensions familiales sur fond de violences conjugales conduit à organiser la protection des jeunes victimes, même si pour les mettre à l'abri, il est nécessaire qu'elles soient hors d'atteinte du parent violent, voire que l'on mette fin à toute relation avec le parent auteur des violences.

II. Ne pas ériger la coparentalité en principe mais faire primer l'intérêt de l'enfant

S'il est vrai que, lorsque l'enfant a deux parents vivant en couple ou séparés, l'enfant doit maintenir ses liens avec l'un et l'autre, les violences conjugales modifient totalement les points de vue sur la coparentalité[18]. Il faut avant tout veiller à protéger l'enfant et à assurer sa sécurité[19].

---

15. C'est dans cet esprit que la loi n° 2018-703 du 3 août 2018 renforçant la lutte contre les violences sexuelles et sexistes a créé la circonstance aggravante tenant à la présence d'enfants mineurs aux prises avec les violences conjugales.
16. Il y a en effet urgence à agir avant même que le juge intervienne : A.-M. Leroyer, obs. sous CE, 13 avr. 2018, n° 392949, RTD civ., 2018. 633.
17. Bulletin officiel n° 2019-05 du 31 mai 2019.
18. É. Bazin, « Violences familiales », *Rép. procéd. civ. Dalloz*, 2015, § 114 ; A. Dionisi-Peyrusse et M. Pichard, « La place des violences au sein des dispositions relatives à l'autorité parentale », in M. Pichard et C. Viennot (dir.), *Le traitement juridique et judiciaire des violences conjugales,* Mare et Martin, 2016, p. 185 ; A. Dionisi-Peyrusse et M. Pichard, « La prise en compte des violences conjugales en matière d'autorité parentale », *AJ famille* 2018, p. 34 ; É. Durand, « Violences conjugales et parentalité », *AJ famille* 2013, p. 276 ; A. Gouttenoire, « La prise en compte des violences dans le cadre de l'autorité parentale », *AJ famille* 2010, p. 518.
19. B. Bastard et C. Philippe, *Entre protection de l'enfant et maintien des relations enfants-parents, l'intervention sociale face aux violences conjugales*, Observatoire National de l'Enfance en Danger, 2009.

Différents moyens juridiques permettent de placer l'enfant dans un environnement moins menaçant pour lui. Il s'agit tantôt de contrôler ou encadrer les relations familiales, tantôt de les suspendre[20].

Les enfants sont en effet les victimes collatérales des violences (quand ils ne sont visés directement) mais il ne faut pas se contenter d'agir sur la conjugalité car la parentalité est tout autant impactée. Certes, on entend souvent dire qu'un conjoint violent n'est pas forcément un parent violent, toutefois affirmer cela, c'est oublier que les violences ne sont pas seulement physiques. C'est bel et bien violent que de faire vivre de tels épisodes à son enfant, ce à quoi il faut y mettre un terme au plus vite.

A. L'intérêt de l'enfant peut conduire à adapter le concept de coparentalité en cas de violences conjugales

Pour venir en aide à l'enfant, il importe de prendre le temps d'analyser la nature des relations familiales et la force des liens parent/enfant, tout en ayant présent à l'esprit que la violence peut dégénérer à tout moment. Pris au milieu de cette spirale infernale, l'enfant peut subir des retombées et il faut réfléchir aux moyens de le protéger en anticipant le plus possible.

1. Le sort de l'enfant en cas de cohabitation du couple

Il faut commencer par repérer les enfants impactés par les violences, ce qui est possible si le parent victime se manifeste lui-même ou si des membres de la famille, voire des tiers font des signalements.

Il est instamment demandé aux autorités policières de se préoccuper du sort des enfants, même s'ils ne sont pas violentés et meurtris. Leur situation est préoccupante et il faut, *a minima*, surveiller cette famille et ne pas attendre que le pire survienne ; de nombreux enfants meurent sous les coups d'un parent violent en même temps que l'autre parent.

Tant que les parents de l'enfant vivent sous un même toit, par principe, ils exercent ensemble l'autorité parentale devant prendre soin ensemble de leur enfant et devant s'accorder en vue des décisions les plus graves (C. civ., art. 372).

La coparentalité trouve ici sa plus grande expression, que le couple soit ou non marié, car les parents sont placés à égalité tant au niveau de l'éducation que

---

20. Le juge doit toutefois demeurer vigilant face à de fausses allégations de violence par un parent qui souhaite écarter son conjoint (comme il y a quelques années les prétendus incestes ou attouchements sexuels sur mineurs). Il arrive parfois qu'un parent se voie interdire de s'approcher de ses enfants et qu'il soit ensuite acquitté : CEDH, 18 juin 2019, n° 16572/17.

de l'entretien de leurs enfants. Des dérogations peuvent être prévues mais il faut des situations exceptionnelles pour que les autorités étatiques soient autorisées à intervenir dans la sphère privée.

Des actes de violence peuvent évidemment justifier la prise de mesures restrictives mais il faut avant tout que ces faits soient révélés au grand jour pour que soient planifiées des actions de surveillance, de contrôle, d'accompagnement. À partir du moment où l'on peut établir que l'enfant est en danger, le juge des enfants peut instaurer diverses mesures d'assistance éducative[21].

2. Le sort de l'enfant à la fin de la cohabitation du couple

Une fois que les parents se séparent, d'autres mécanismes entrent en jeu. Par principe la coparentalité perdure (C. civ., art. 373-2, al. 1er), néanmoins les violences perpétrées par l'un des parents sur l'autre peuvent conduire à des réaménagements[22] et à des mesures d'accompagnement protégé[23].

Le juge aux affaires familiales peut procéder à des auditions, dont celle de l'enfant (qui peut aussi demander à être entendu par le juge, C. civ., art. 388-1) et recourir à des expertises ou enquêtes sociales et médico-psychologiques. Par ce biais, le juge s'efforce de déterminer si le conjoint violent est en capacité de continuer à exercer ses fonctions parentales et s'il reconnaît réellement ses responsabilités.

Une référence au climat de tension, voire à la peur du parent, va être faite au moment de décider du lieu de vie de l'enfant, en réfléchissant à l'instauration d'une résidence habituelle ou alternée, puis le cas échéant lors de l'organisation d'un droit de visite et d'hébergement.

La gravité des faits va conduire le juge à prendre des dispositions adéquates[24]. Forcément le jeu de la coparentalité est faussé quand les relations familiales

---

21. Lorsque l'enfant grandit dans un climat de violence intrafamiliale dont il est à la fois le témoin et la victime, même s'il ne s'agit que de victime par ricochet, son éloignement du domicile parental où sa sécurité n'est plus assurée est justifié : CA Rouen, 23 juin 2017, n° 17/01681, *Dr. famille* 2017, comm. 208, note B. Younes.
22. I. Corpart, « Les dysfonctionnements de l'autorité parentale », *AJ famille* 2009, p. 155 ; M. Juston, « De la coparentalité à la déparentalité », *AJ famille* 2011, p. 579 ; K. Sadlier (dir.), *Violences conjugales : un défi pour la parentalité*, Dunod, 2015.
23. Outil expérimenté en Seine Saint-Denis grâce auquel un tiers professionnel va chercher l'enfant chez la mère et l'emmène chez le père pour qu'il exerce son droit de visite. Les parents n'ont pas de contact entre eux et l'enfant peut dialoguer avec cette personne : J. Daudé et S. Lambert, « En finir avec le conflit parental dans un contexte de violences conjugales. Le début d'une meilleure prise en charge judiciaire », *Dr. famille* 2019, alerte 24.
24. Il ne faut pas non plus sous-estimer les violences conjugales qui surviennent lorsque le couple a rompu, parce que l'un des conjoints a voulu reprendre sa liberté et souvent a voulu échapper à l'enfer conjugal : P. Romito, « Les violences conjugales

reposent sur des tensions et des agressions. Le juge se doit d'intervenir, même face à des arrangements que le couple lui proposerait. Effectivement les pactes familiaux semblent inadaptés aux situations de violence, de même que la médiation familiale (interdite en cas de violences, C. civ., art. 373-2-10) car les parties ne sont pas libres l'une et l'autre de s'exprimer et car les soi-disant arrangements sont surtout dictés par la peur.

Si l'un des parents s'est éloigné de l'autre sans l'aide du juge, il peut faire entendre sa voix pour que la résidence de l'enfant soit fixée chez lui et pour que les droits de visite et d'hébergement du conjoint soient réduits. De telles mesures permettent d'éviter que le parent victime des violences soit confronté au parent auteur et que les pressions se poursuivent à la faveur de l'exercice du droit de visite.

Le juge tiendra compte du dossier et, si la sécurité de l'enfant semble menacée, il peut effectivement encadrer strictement la coparentalité et limiter les relations entre l'enfant et l'auteur des violences, notamment en imposant que les rencontres se fassent uniquement dans des lieux médiatisés, sous le contrôle de tiers[25].

Lorsque l'un des parents ne respecte pas son conjoint et multiplie les comportements blessants, injurieux, dénigrants, humiliants ou dominateurs, voire des agressions physiques, le juge peut limiter les prérogatives parentales et, si ce comportement est vraiment violent, en déduire que le parent n'a pas, ou plus, l'aptitude à assumer ses devoirs et à respecter les droits de l'autre parent (C. civ., art. 373-2-11, 3°).

Dans les situations très graves, des mesures encore plus drastiques peuvent être envisagées, car l'exercice de l'autorité parentale ne peut plus être envisagé sereinement.

B. L'intérêt de l'enfant peut conduire à mettre fin à toute mission parentale en cas de violences conjugales

La sécurisation de l'enfant étant le maître mot, l'autorité parentale peut être remise en question, notamment lorsque l'un des parents a obtenu une ordonnance de protection évinçant le conjoint du domicile conjugal. Le juge aux affaires familiales prendra d'autant plus facilement cette décision si la commission des violences conjugales paraît vraisemblable. En outre, si les enfants sont conséquemment exposés à un réel danger (C. civ., art. 515-11)[26], il faudra s'assurer que l'agresseur ne maintient pas son emprise, en particulier à l'occasion des rencontres avec les enfants.

---

post-séparation et le devenir des femmes et des enfants », *Rev. intern. de l'éducation familiale*, 2011/1 (n° 29), p. 87.
25. L. Gebler, « Les points rencontre », *AJ famille* 2013, p. 171 ; M. Juston, « Les liens entre la justice et le dispositif espace rencontre : qu'attend le juge aux affaires familiales quand il désigne un espace rencontre ? », *Dr. famille* 2012. Étude 19.
26. Précision apportée par la loi n° 2014-873 du 4 août 2014.

Le juge a toute latitude pour y remédier car le droit à l'enfant n'existe pas et aucun parent ne peut exiger de vivre avec son enfant dès lors que la situation familiale nuit à l'intérêt de ce dernier.

Selon le degré des violences et le ressenti des enfants, le juge peut en effet mettre en place différents garde-fous, afin de commencer par limiter les relations, voire les supprimer.

Le lien de filiation ne peut pas être remis en question mais l'enfant peut grandir loin du parent violent, préservé de toute relation nocive. Tel est le cas si le juge confie au parent victime l'exercice de l'autorité parentale, délègue à un tiers cet exercice ou ordonne le retrait de l'autorité parentale. Il prend sa décision en fonction de l'âge des enfants, de leur sentiment après les avoir entendus et de la gravité de la situation (en particulier lorsque l'enfant est orphelin parce que l'un de ses parents a attenté à la vie de l'autre[27]).

1. Le choix du juge de confier l'exercice de l'autorité parentale au parent victime des violences conjugales

En vue de protéger l'enfant, le juge peut convenir de priver le parent auteur des violences conjugales de sa mission parentale. Il peut ainsi confier l'autorité parentale à l'un des parents, à savoir le parent victime des violences en mettant en échec la coparentalité. En ce cas, le parent auteur ne bénéficie que d'un droit de surveillance (C. civ., art. 373-2-1, al. 1er).

C'est en raison de l'attitude menaçante de l'un des parents que le juge met tout en œuvre pour protéger rapidement l'enfant et exclure le parent violent de son quotidien en fixant la résidence habituelle de l'enfant chez l'autre et en confiant à ce dernier l'exercice exclusif de l'autorité parentale. Ce faisant, ce parent retrouve aussi une plus grande autonomie et, ne plus avoir à faire avec son conjoint ou concubin, sauvegarde également la victime directe des violences conjugales.

Pour autant, l'exercice exclusif de l'autorité parentale n'est pas automatique, même en établissant l'emprise de l'un des parents sur l'autre et cette mesure doit être réservée aux hypothèses où la violence affecte, au moins indirectement, l'enfant du couple.

Dans des situations les plus graves, le juge aux affaires familiales peut de même prévoir l'exclusion des droits de visite et d'hébergement (C. civ., art. 373-2-1, al. 2) ou, si une amélioration peut être espérée, instaurer un droit de visite médiatisé. C'est la recherche de l'intérêt supérieur de l'enfant qui doit, là encore, guider le juge au cas par cas.

---

27. Il faut aussi régler la question de l'administration légale des biens du mineur, sur la question I. Corpart, Rép. civ. Dalloz, V° Administration légale et Tutelle des mineurs. Il faut savoir aussi qu'en cas d'administration légale, à tout moment et pour cause grave, le juge peut décider d'ouvrir une tutelle (C. civ., art. 391).

La suppression de ces droits est possible uniquement pour « motifs graves » mais l'attitude violente et menaçante d'un parent, ainsi que son comportement dangereux peuvent parfaitement inciter le juge à mettre en place de telles mesures de protection.

Éloigner l'enfant de son parent dangereux lui permettra de s'épanouir et de se développer harmonieusement, aussi le juge doit-il prendre la pleine mesure de la situation et lui offrir au plus vite un cadre sécurisé.

Dans tous ces cas, c'est l'intérêt de l'enfant qui commande de faire ce choix et d'écarter l'exercice conjoint de l'autorité parentale pour que l'un des parents, le parent victime et le plus à même de veiller sur l'enfant, joue le rôle principal. Il prend seul alors la plupart des décisions et choisit le lieu où il élèvera l'enfant. En ce cas, l'autorité parentale continue d'appartenir au couple parental mais son exercice est unilatéral.

Une autre mesure est envisageable car, si les parents sont dans l'impossibilité d'exercer tout ou partie de l'autorité parentale, un membre de la famille peut saisir le juge aux affaires familiales pour se faire déléguer totalement ou partiellement l'exercice de l'autorité parentale, sans même avoir recueilli préalablement l'enfant en question (C. civ., art. 377, al. 2). Cette piste peut permettre à des membres de la famille de venir en aide à un enfant, placé entre un parent auteur de violences et une victime, et incapable parfois de se positionner et de choisir entre eux.

Pour aller plus loin encore et renforcer la protection de l'enfant aux prises avec les violences conjugales, le juge peut aussi décider d'un retrait de l'autorité parentale.

2. Le choix du juge de réserver l'exercice de l'autorité parentale au seul parent victime des violences conjugales

Pour soustraire efficacement l'enfant aux violences exercées par l'un de ses parents, le juge peut aller jusqu'à ordonner le retrait de l'autorité parentale s'il considère que celui-ci a démérité.

La loi n° 2010-769 du 9 juillet 2010 a modifié l'article 378 du Code civil et le juge pénal peut désormais prononcer le retrait de l'autorité parentale lorsque les violences exercées par un parent sur l'autre sont qualifiées de crime. Les modalités d'un tel retrait sont inchangées (Circ. du 1er oct. 2010), mais les violences conjugales englobant les couples non mariés, ce retrait vise tant les époux que les concubins[28].

---

28. Depuis la loi du 4 août 2014, l'article 222-48-2 du Code pénal prévoit un retrait total ou partiel de l'autorité parentale en cas de condamnation pour un crime ou un délit par l'un des parents sur son enfant. On notera aussi que ce sont tous les enfants qui sont protégés car, si le retrait est envisagé pour crime ou délit sur la personne de

La loi n° 2016-297 du 14 mars 2016[29] ouvre aussi les possibilités de retrait de l'autorité parentale à l'hypothèse dans laquelle l'enfant est « témoin de pressions ou de violences, à caractère physique ou psychologique, exercées par l'un des parents sur la personne de l'autre » (C. civ., art. 378-1). Cette mesure s'ajoute au dispositif de lutte contre les violences familiales et conjugales, la protection de l'enfant pouvant parfois se suffire de l'attribution exclusive de l'autorité parentale au parent non violent mais devant, d'autres fois, passer par un retrait de l'autorité parentale. Mesure de protection et non sanction, ce retrait d'autorité parentale prive le parent, non seulement de l'exercice, mais aussi de la jouissance de celle-ci. Ses conséquences étant graves, il doit être réservé aux comportements parentaux les plus nocifs.

Quand il s'agit de protéger l'enfant contre l'un de ses parents et par là même de veiller aussi à la sécurisation de l'autre membre du couple, le retrait d'autorité parentale ne vise qu'un parent (il en va différemment par exemple quand les deux parents sont coupables de mauvais traitements ou de maltraitance). L'autre parent devient alors l'unique titulaire des prérogatives parentales, sauf si le juge prononce un retrait partiel, ce qui serait étonnant en la matière (C. civ., art. 379-1).

Toute violence doit être éradiquée et le maintien des relations de l'enfant avec ses deux parents ne doit pas être automatique. Les parents n'ont aucun droit à opposer à leur enfant, aucun droit à exiger la permanence et la régularité des liens quand l'enfant est en danger, sachant que l'autorité parentale est seulement une « fonction que les parents doivent exercer dans l'intérêt de l'enfant[30] ». C'est la protection de l'enfant et la prise en compte de son intérêt qui doit primer.

Il est essentiel qu'aujourd'hui les enfants soient vraiment entendus et accompagnés quand la vie familiale est aussi perturbée, essentiel que leur soit pleinement reconnu un statut de victimes et qu'à tout stade de la lutte contre ce fléau qui se déroule dans l'intimité des foyers[31], on veille sur le bien-être des enfants, en les préservant au maximum de tels drames.

Si l'on veut vraiment les protéger, il est urgent de cesser de considérer que les violences conjugales sont sans lien avec la parentalité. Un conjoint violent est une personne qui utilise la force, la domination, qui agresse et forcément si

---

l'enfant, le juge doit se prononcer également sur la fratrie (C. pén., art. 221-5-5 et 222-48-2).

29. F. Capelier, « Réforme de la protection de l'enfant », *AJ famille* 2016. 195 ; A. Cheynet de Beaupré, « Loi du 14 mars 2016 relative à la protection de l'enfant », *RJPF* 2016-5/33 ; I. Corpart, « Le renforcement du dispositif de protection de l'enfant par la loi du 14 mars 2016 : de nouvelles perspectives dans la continuité », *Dr. famille* 2016, étude 14 ; F. Eudier et A. Gouttenoire, « La loi du 14 mars 2016 relative à la protection de l'enfant : une loi impressionniste », *JCP G* 2016. act. 479.

30. C. Courtin, « L'intérêt de l'enfant et les droits et libertés fondamentaux », *D.* 2001. 422.

31. F. Vasseur-Lambry (dir.), *Penser les violences conjugales comme un problème de société*, Artois Presses Université, 2018.

elle a des enfants, ils en subissent les retombées, même sans subir directement les brutalités.

Par principe, l'enfant est trop jeune pour se défendre seul. Immature, il n'a aucun point de repère pour apprécier la nature des relations qu'entretiennent ses père et mère ou ses parents de même sexe et il faut sensibiliser l'entourage pour intervenir au plus vite. C'est aussi au parent victime qu'il est important d'expliquer comment il doit protéger l'enfant, surtout pas en se taisant et acceptant ce triste vécu familial.

Enfin, les traumatismes subis par les enfants de ces couples étant bien effectifs, il importe de réfléchir à leur devenir, tout en renforçant leur accompagnement et leur suivi[32], *a fortiori* lorsqu'ils sont devenus orphelins suite à ces agressions conjugales.

La circulaire relative à l'amélioration du traitement des violences conjugales et à la protection des victimes adressée aux procureurs le 9 mai 2019 témoigne de la nécessité d'une implication forte de la justice dans la lutte contre les violences conjugales[33], mais reste à savoir quels moyens concrets pourront être mis à la disposition des tribunaux. Ne faudrait-il pas mieux cibler ces violences particulières et créer un tribunal dédié à cette problématique avec des juges spécialisés, mêlant des compétences pénales et civiles ?

Il est déjà appréciable de relever que la circulaire insiste sur le fait qu'il faut traiter prioritairement les dossiers de violences conjugales, pour que les mesures de protection des victimes soient rapidement effectives. Elle prévoit aussi une évaluation des dispositifs d'éviction des conjoints violents et de la distribution de téléphones « grave danger ».

Espérons que tout cela suffise à mettre les enfants à l'abri car, qu'ils soient victimes directes ou indirectes des violences conjugales, que les violences conjugales se superposent ou non sur des violences familiales, toutes ces maltraitances doivent être prises en considération pour mettre l'enfant hors de danger, loin d'une partie de sa famille s'il le faut[34].

*
*   *

---

32. Il faut intensifier encore et toujours la sensibilisation et la formation des professionnels des services de police et de gendarmerie, des services judiciaires, des professionnels de santé et des travailleurs sociaux.
33. La ministre de la Justice a annoncé vouloir instaurer « une culture de la protection des victimes de violences conjugales ».
34. Depuis la rédaction de cet article en août 2019, le législateur a encore renforcé la protection des enfants impactés par les violences conjugales. Les lois du 28 décembre 2019 et du 30 juillet 2020 permettent de suspendre les droits de visite et d'hébergement et élargissent les cas de retrait d'autorité parentale. (I. Corpart, « Pour une famille, véritable havre de paix, de nouveaux renforcements de la lutte contre les violences conjugales », Lexbase, éd. priv., n° 809, 2020 ; « Retombées par les enfants de la nouvelle réforme relatives aux violences conjugales », *RJPF* 2020-10/22).

La justice familiale protectrice des droits de l'enfant

Marc JUSTON
Président de Tribunal honoraire, Formateur et Médiateur
Membre du Haut Conseil de la Famille, de l'Enfance et de l'Âge

Dans le cadre des procédures de divorce et de séparation, qui concernent 380 000 enfants par an[1], les avocats et les juges aux affaires familiales, mais aussi et surtout les parents, doivent avoir à l'esprit en permanence la réflexion exprimée en 1985 par Françoise Dolto dans *La cause des enfants*[2] qui est toujours d'actualité :

« On est très inquiet, en tout lieu, de découvrir combien il y a de suicides d'enfants après quelque mois d'application des décisions de garde […]. le divorce est un arrangement entre parents qui décident de se séparer et ce sont les enfants qui prennent le choc. Quant à la garde des enfants divorcés, elle fait l'objet de décisions qui sont souvent une violation pure et simple des droits de l'être humain ».

Tous ceux qui se séparent dans le conflit et tous les acteurs judiciaires du droit de la famille devraient également lire le roman, magnifique et dramatique à la fois, de Maître Jean Denis Bredin, avocat, membre de l'Académie Française : *L'enfant sage*[3].

La violente beauté de ce livre peut aider chaque parent, mais aussi tous les acteurs judiciaires à réfléchir à l'intérêt supérieur de l'enfant. Ce roman dresse le tableau d'un enfant au cœur du conflit parental. Pris entre un père et une mère séparée qui se détestent, ne se parlent pas, l'enfant sage se suicide :

« Son père, sa mère éloignés au point qu'ils semblent ne s'être jamais rencontrés, deux maisons qui s'ignorent, deux lits sans vrai repos, deux gâteaux d'anniversaire pour fêter ses douze ans, deux mondes qui n'ont en commun qu'un passé enfui, interdit, Julien est l'enfant du partage. Il va de son père à sa mère, de sa mère à son père. Il sourit, il approuve, il veille sur l'un, il veille sur l'autre, il les garde, il ment chaque fois qu'il est nécessaire ».

---

1. Rapport du 21 janvier 2020 du Haut Conseil de la Famille, de l'Enfance et de l'Âge, « Les ruptures des couples avec enfants mineurs » : http://www.hcfea.fr/IMG/pdf/dossier_ruptures_familiales-2.pdf
2. Françoise Dolto, *La cause des enfants*, éditions Robert Laffont, 1985.
3. Jean-Denis Bredin, *Un enfant sage*, éditions Gallimard, 1990.

Rendre la justice familiale est un difficile métier. Il est demandé au juge aux affaires familiales souvent, de prendre des décisions qu'au fond personne ne veut prendre, mais que tout le monde ou presque lui reproche. Et, tout le monde sait mieux que lui ce qu'il aurait fallu faire.

Le juge aux affaires familiales a pour mission, dans le cadre du respect de la loi, d'humaniser les séparations conjugales, de se recentrer toujours autour de l'enfant, de l'intérêt supérieur de l'enfant qui a besoin, pour se construire et grandir, d'avoir accès à ses deux parents, et de faire le maximum, de concert avec tous les acteurs judiciaires, notamment les avocats, pour protéger les enfants des séparations familiales conflictuelles.

Le juge aux affaires familiales doit faire évoluer les mentalités plus portées vers le conflit, que vers l'apaisement et la pacification. Il doit réfléchir principalement avec les avocats à un changement de culture judiciaire, dans l'intérêt des familles. Il doit promouvoir toute une culture :

– De l'autorité parentale reconnue et respectée par les enfants,
– Des droits de l'enfant reconnus et respectés par les parents,
– Des pouvoirs équilibrés au sein de la famille,
– Du dialogue, de l'écoute, du questionnement, du respect mutuel et de l'échange.

Ce changement de culture judiciaire constitue un challenge passionnant pour un magistrat qu'il doit surmonter à partir de notions essentielles du droit de la famille issues de quatre lois.

La loi du 4 mars 2002 sur l'autorité parentale, qui est une loi visionnaire, met sur un plan d'égalité chacun des parents, c'est la coparentalité. Elle garantit le maintien des liens entre les deux parents et leurs enfants après la séparation. Elle légalise la résidence alternée. L'article 373-2-9 du Code civil dispose que « la résidence de l'enfant peut être fixée en alternance au domicile de chacun des parents ou au domicile de l'un d'eux ». Cette loi centre la définition de l'autorité parentale sur l'intérêt de l'enfant. L'enfant a un droit à la parentalité, un droit à la coparentalité, et de plus la loi impose que « les parents associent l'enfant aux décisions qui le concernent, selon son âge et son degré de maturité »[4].

La loi du 26 mai 2004 relative au divorce tend à apaiser les procédures et à favoriser un règlement amiable et plus responsable des conséquences de la rupture. Le législateur a pris conscience des effets qui se révèlent particulièrement négatifs pour les liens familiaux et les enfants.

Ces deux lois demandent désormais aux praticiens de travailler dans un autre état d'esprit que par le passé, plus consensuel, et de moins en moins conflictuel de manière à protéger l'enfant des conflits destructeurs. L'enfant, la protection de l'enfant, l'intérêt supérieur de l'enfant sont à l'évidence le fil rouge de ces deux lois.

---

4. C. civ., art. 371-1 al. 3.

La loi du 5 mars 2007 sur la protection de l'enfance a pour objectif d'améliorer la prévention et le signalement des violences et maltraitances infligées aux mineurs. La prévention est le maître mot de cette loi. Elle introduit clairement le critère de l'intérêt de l'enfant, comme étant le fil conducteur de la matière de la protection de l'enfance. Cette loi modifie l'article 388-1 du Code civil sur l'audition de l'enfant. Il est énoncé, notamment, que désormais tout mineur capable de discernement doit être informé de son droit à être entendu, cette audition est de droit par le juge si le mineur en fait la demande. Tout enfant est légalement reconnu comme sujet de droit et peut demander au juge à être entendu, dans toute procédure le concernant :

Il est important toutefois de prendre avec l'enfant des précautions, afin certes de le reconnaître comme quelqu'un qui a le droit de penser et « qu'il faut ainsi sortir du désespoir de la solitude », comme le recommande Françoise Dolto, mais sans le laisser devenir un accusateur ou (et) un décideur. Et, l'ambiguïté réside dans la nécessité de lui permettre de s'exprimer, mais en le mettant à l'abri de la procédure et donc des pressions, sans lui laisser la responsabilité des choix.

Enfin, en votant la loi du 14 mars 2016 relative à la protection judiciaire de l'enfant, le législateur a placé la satisfaction des besoins fondamentaux de l'enfant au cœur des préoccupations des professionnels de la protection de l'enfance. L'article 1er de la loi introduit, ainsi (article L. 112-3 du code de l'action sociale et des familles), une nouvelle définition de la politique publique de protection de l'enfance, davantage centrée sur le soutien au développement de l'enfant que sur le repérage des défaillances parentales : « la protection de l'enfance vise à garantir la prise en compte des besoins fondamentaux de l'enfant, à soutenir son développement physique, affectif, intellectuel et social et à préserver sa santé, sa sécurité, sa moralité et son éducation ».

I. La médiation familiale : un processus pacificateur

Le législateur a mis à la disposition de la justice familiale pour atteindre les objectifs annoncés : coparentalité, apaisement des séparations, protection de l'enfant, un nouvel outil : la médiation familiale.

« La médiation familiale est un processus de construction ou de reconstruction du lien familial axé sur l'autonomie et la responsabilité des personnes concernées par des situations de rupture ou de séparations dans lequel un tiers impartial, indépendant, qualifié et sans pouvoir de décision, le médiateur familial, favorise, à travers l'organisation d'entretiens confidentiels, leur communication, la gestion de leur conflit dans le domaine familial entendu dans sa diversité et son évolution »[5].

---

5. Définition adoptée par le Conseil national consultatif de la médiation familiale (décembre 2003).

La médiation familiale a pour finalité de replacer le discours familial au niveau des adultes, responsables du bien-être et de l'intérêt de tous ses membres, notamment des enfants.

Toutefois, en France, malgré la légalisation de la médiation et l'introduction de la médiation familiale dans le Code civil, pour encore nombre d'avocats, mais aussi pour beaucoup de juges aux affaires familiales, la médiation familiale n'est pas encore entrée dans les mœurs et suscite toujours des interrogations, voire une défiance.

L'expérience de son utilisation dans un certain nombre de juridictions démontre toutefois son efficacité. En encourageant le recours à la médiation familiale, le législateur propose aux parents une autre logique de règlement des conflits, celle du dialogue, de la reconnaissance de l'autre, de la responsabilité face aux prises de décision, qui engagent la famille, notamment les enfants.

La médiation civile a été instituée par la loi du 8 février 1995 et le décret du 22 juillet 1996. La médiation civile est insérée dans les articles 131-1 à 131-15 du code de procédure civile. Elle nécessite l'accord des deux parties. La médiation est un processus volontaire, elle ne peut pas être imposée.

Pour la justice familiale, le législateur a souhaité donner une place particulière, privilégiée, à la médiation familiale. C'est ainsi que le législateur a intégré la médiation familiale dans le Code civil, alors que la médiation civile généraliste n'est intégrée que dans le Code de procédure civile. D'une part, dans le cadre de la réforme de l'autorité parentale[6], c'est la médiation familiale parentale. D'autre part, dans le cadre de la réforme du divorce, c'est la médiation familiale conjugale[7].

La médiation familiale s'inscrit, et ceci est hautement symbolique, au tout premier rang des mesures provisoires que le juge peut prendre. La place réservée à la médiation familiale, dans le cadre des mesures provisoires que peut décider le juge aux affaires familiales est révélatrice de l'objectif du législateur.

La première question que doit à l'évidence poser le juge aux affaires familiales, après avoir entendu chacune des parties et leurs conseils, est de savoir s'il y a lieu ou non à ordonner une médiation familiale ou à enjoindre les parties à rencontrer un médiateur familial pour une séance d'information.

Selon les vœux du législateur, la médiation familiale peut permettre désormais d'appréhender la globalité des enjeux de la séparation, tant affectifs qu'économiques, qui sont souvent étroitement liés.

De plus, pendant l'instance, les époux peuvent passer des conventions réglant tout ou partie des conséquences du divorce qui seront soumises à l'homologation du juge aux affaires familiales. Il est ainsi possible de conclure des conventions non seulement sur les modalités d'exercice de l'autorité parentale, mais aussi sur

---

6. C. civ., art. 373-2-10.
7. Loi du 26 mai 2004 et décret d'application du 29 octobre 2004 (C. civ., art. 255 1° et 2°).

la prestation compensatoire et la liquidation du régime matrimonial. Les textes incitent aux accords à toutes les étapes de la procédure de la séparation et dans tous les domaines.

Mais, l'idée nouvelle, l'une des innovations introduites par la loi du 4 mars 2002[8] et celle du 26 mai 2004[9], est la possibilité pour le juge aux affaires familiales d'enjoindre les parties de rencontrer un médiateur familial qui les informera sur l'objet et le déroulement de la mesure. Cette information est donnée gratuitement aux parties. Cette information peut donner des résultats intéressants, à partir du moment où elle est effectuée par des médiateurs familiaux diplômés d'État. Dans certaines juridictions, 90 % des personnes enjointes se rendent à l'entretien d'information, et un couple sur deux, dûment informé, accepte ensuite d'engager un processus de médiation familiale.

Le fonctionnement de la justice familiale face aux situations conflictuelles demeure un défi : comment le juge aux affaires familiales peut-il œuvrer face à certaines mères « toutes puissantes », mais aussi face à certains pères « tout puissants » ? Comment peut-il, doit-il intervenir en présence d'un conflit de loyauté, d'une situation d'emprise ou d'aliénation parentale ? Comment accompagner au mieux certains parents pour les aider à sortir de situations bloquées, afin que les enfants puissent grandir plus harmonieusement ? Comment faire pour lutter contre les divorces conflictuels et favoriser les séparations pacifiées ?

II. Réfléchir à une bonne utilisation de la médiation familiale

L'idée maîtresse repose sur la prise de conscience collective de tous les acteurs judiciaires – juges, avocats, notaires et médiateurs familiaux – de la nécessité d'un changement de comportement face à la séparation conflictuelle des couples. Il importe, notamment, que les acteurs judiciaires réfléchissent à une bonne utilisation de la médiation familiale, dans le cadre d'un travail collectif, d'une interdisciplinarité, d'un partenariat.

Le postulat de départ pour que la médiation familiale puisse fonctionner réside dans le fait que notamment les juges et les avocats soient preneurs et en comprennent les mécanismes et la spécificité.

Comment réfléchir en effet à la médiation familiale si les acteurs judiciaires ne savent pas différencier la conciliation, la négociation, l'arbitrage, la procédure participative avec la médiation familiale.

La qualité première de la médiation familiale est de permettre aux couples qui se séparent de reprendre le dialogue. La réussite de cet outil est dans l'atteinte de cet objectif.

---

8. C. civ., art. 373-2-10 al. 3.
9. C. civ., art. 255 2°.

Le dialogue est la base d'une séparation réussie. Il convient de partir du principe qu'à partir du moment où les parties dialoguent, se respectent, un grand pas est fait pour trouver des solutions satisfaisantes pour tous, ou à tout le moins, pour que les décisions prises par le juge aux affaires familiales soient mieux respectées, mieux acceptées et mieux vécues, et ce dans l'intérêt des enfants et des parents.

À l'évidence, la médiation familiale qui est un autre mode de penser les êtres et leurs relations, adoucit non seulement la tenue des audiences familiales, mais aussi et surtout les procédures judiciaires familiales, les enfants en étant les grands gagnants. Mais, il est certain que pour être convaincu de l'apport non négligeable de la médiation familiale, encore faut-il travailler avec des professionnels de la médiation familiale qui disposent du diplôme d'État de médiateur familial.

En effet, comme le souligne Lisa Parkinson[10], médiatrice familiale, accréditée du Royaume Uni :

« Les personnes qui viennent en médiation sont très vulnérables. Nous avons tous et toutes une grande responsabilité de leur offrir le meilleur service possible, et au moins de ne pas leur faire du mal ».

La médiation familiale est, à l'évidence, un « facilitateur » du travail des avocats et des juges. De plus, l'on constate que même l'information donnée dans le cadre d'une injonction à rencontrer un médiateur familial pour une séance d'information peut être utile, et ce même, si elle n'est pas suivie d'un processus de médiation familiale. En effet, cette information peut faciliter une négociation entre les parties et permettre la prise de conscience de la nécessité d'un apaisement entre les parties. Mais, il est vrai que de tels effets ne sont pas quantifiables.

Certaines juridictions, dans le cadre d'une volonté partenariale, ont réussi à rendre efficace cette mesure. En effet, en utilisant une mesure d'injonction, le juge aux affaires familiales n'ordonne pas un accord forcé, il signifie aux parties qu'il est nécessaire de tenter la reprise d'un dialogue, de comprendre que la justice ne peut pas se substituer à elles dans la nécessaire prise de conscience de leur responsabilité commune dans la séparation, et de l'exercice de leurs responsabilités de parents.

Amener, « pousser » les justiciables à s'informer sur ce qu'est la médiation familiale peut être utile et, s'avérer très efficace.

La médiation familiale permet notamment de remédier aux dérives de l'audition de l'enfant.

Ne serait-il pas bon de penser enfin autrement, de faire appel au bon sens, en aidant simplement les parents, le père et la mère, à réfléchir calmement ensemble et intelligemment à ce qu'ils pourraient faire pour éviter toute cette « casse » sur l'enfant ?

---

10. Lisa Parkinson, « Relationships : Chances and Difficulties of Family », p. 6, ERA, Académie de Droit européen, 23 avril 2007.

Comment peut-on faire pour que la Justice protège l'enfant tout en entendant et respectant la parole de l'enfant, l'aide dans des procédures de séparations parentales conflictuelles ?

Il est essentiel, en amont ou pendant la procédure de séparation, de responsabiliser les parents, de leur faire comprendre que ce qui est important pour les enfants qui ont des parents qui se séparent, c'est d'abord que la séparation se déroule en bonne intelligence, dans le calme et le respect mutuel, et qu'ensuite, les enfants connaissent les raisons de la séparation de leurs parents, et les conséquences sur leur vie d'enfants, des mots faux dits par les parents sont déstructurants pour la vie des enfants. Il convient d'être vrai avec les enfants et de leur dire que les parents, s'ils se « désaccouplent », ne se séparent pas d'eux et les aiment toujours.

À cet effet, la médiation familiale est un outil précieux. Elle permet une « déconflictualisation » des relations parentales.

Et la parole de l'enfant ne peut être sérieusement entendue et vraie qu'à partir du moment où des parents se respectent et se parlent, et dans ce cadre, l'enfant s'il est entendu, exprimera réellement ses besoins qui peuvent être discutés par les parents. Il ne prendra jamais le pouvoir.

De plus, il est possible d'envisager la présence de l'enfant en médiation familiale. Les recommandations du Conseil des ministres du Conseil de l'Europe plaident d'ailleurs pour l'intégration des enfants dans la médiation, de la parole de l'enfant en médiation, lieu dans lequel les enfants peuvent exprimer leurs besoins et dans lequel ils ont l'impression qu'on les considère comme des personnes.

Toutefois, il est opportun, avant d'intégrer l'enfant mineur (quel que soit l'âge de minorité) en médiation que les parents aient commencé à « travailler » ensemble dans le processus de médiation. Une fois que ce travail de reprise de dialogue entre les parents a été fait, que les parents ont réussi à prendre en compte ensemble des besoins de l'enfant, de ses aspirations, de son développement et de sa personnalité, l'intégration de l'enfant peut avoir lieu en médiation.

Mais, en règle générale, il convient de rester prudent sur la place de l'enfant dans la médiation familiale. Il est important de tenir compte de l'âge de l'enfant et de ne pas oublier qu'un certain nombre d'enfants sont « coincés » dans un conflit de loyauté, voire sont victimes d'aliénation parentale.

Dans un certain nombre de situations, il est intéressant d'intégrer l'enfant en fin de médiation pour que les parents l'écoutent en présence du médiateur, dialoguent avec lui et lui expliquent la décision prise. Cela doit permettre à l'enfant de discuter avec ses parents ou plus particulièrement avec l'un de ses parents, de son choix de vie, de son mode de vie adapté à ses besoins et le plus favorable au maintien de la coparentalité.

Le juge aux affaires familiales, confronté au quotidien au droit de la famille, aux droits de l'enfant, à la déresponsabilisation des parents, à la crise de l'autorité parentale, à l'enfant devenu « décideur », doit se rappeler en permanence qu'il faut traiter l'enfant en enfant.

La médiation familiale est un outil privilégié permettant la responsabilisation des parents, la mise en place de la coparentalité et le respect de ce qu'est l'enfant, c'est-à-dire un être en devenir.

La médiation familiale permet de laisser sa place à l'enfant, et de faire « travailler » les adultes pour qu'ils soient capables de prendre en charge leurs enfants, même en étant séparés.

Comme le dit le professeur Leborgne : « La médiation familiale permet aux parents de se créer leurs propres droits. Elle permet de concevoir le droit comme un outil, et non plus comme un combat »[11].

De même, Anne Berard, magistrate, affirme : « Faire de bons jugements, bien motivés, ce n'est pas forcément en matière familiale, rendre une bonne Justice. Traiter le litige, ce n'est que traiter la surface des choses, c'est confondre le litige, avec le conflit. Or, le conflit ne s'éteint pas avec le litige. La Justice ne fait œuvre utile que lorsque les parties elles-mêmes parviennent à régler ensemble leur conflit. C'est tout l'apport essentiel de la médiation familiale dans le processus judiciaire ». Aussi, Maître Agnès Dalbin, avocate au Barreau de Metz et médiatrice familiale, précise : « J'ai trouvé dans l'utilisation de la médiation familiale le moyen de pallier toutes les carences du système judiciaire, en matière de droit familial ». Enfin, Danièle Ganancia, ancienne Vice-Présidente au Tribunal Judiciaire de Paris : « Dire comme certains le prétendent qu'en incitant fortement à la médiation, on porte atteinte à la liberté des personnes est un faux problème, en effet, quand on oblige les personnes à porter une ceinture de sécurité, c'est pour protéger des vies. Quand on enjoint des parents à rencontrer un médiateur familial, c'est pour inciter les parents à déposer les armes pour protéger les enfants des conflits destructeurs ».

III. La nécessaire prise de conscience du caractère protéiforme du conflit familial

La médiation familiale permet aux avocats, juges et notaires de prendre conscience que les racines d'un conflit familial ne sont pas seulement juridiques. Le conflit conjugal est protéiforme. Il puise ses racines dans des sources diverses. Et ce serait méconnaître sa réalité que de penser que la règle de droit appliquée par les avocats et les juges puisse seule y remédier ou en embrasser toutes les facettes.

L'application d'une règle de droit ne suffit pas à résoudre les conflits familiaux, où notamment l'affectif, l'émotionnel, le passionnel et la souffrance sont en jeu. Le règlement d'un conflit conjugal peut requérir l'intervention de plusieurs

---

11. Anne Leborgne, professeur de droit à l'Université d'Aix-Marseille, communication au Colloque sur les Modes amiables de règlements des différends (septembre 2014).

acteurs : avocats, juges, médiateurs familiaux, psychologues, psychiatres, enquêteurs sociaux. Chaque profession a sa place :

– L'avocat donne des conseils juridiques, propose des solutions, négocie.

– Le juge applique la loi avec humanité et dans le souci permanent de l'apaisement.

– Le médiateur familial qui dispose d'une formation et d'outils, travaille sur le lien de communication, essaie de rétablir un dialogue direct entre les parties, en sollicitant la prise de responsabilité et le respect mutuel.

Il serait caricatural que les professionnels du droit se jettent la pierre entre eux. Il est ridicule de penser que chaque acteur judiciaire prétende à lui seul trouver la solution à un conflit familial.

Il est nécessaire qu'aucun acteur judiciaire ne soit sectaire l'un vis-à-vis de l'autre. Chaque professionnel du droit ne doit pas considérer l'autre comme un concurrent. En effet, les différents acteurs judiciaires ne travaillent pas sur le même terrain. Il y a complémentarité entre les juges, les avocats et les médiateurs familiaux, avec le même objectif.

Tous les acteurs judiciaires doivent travailler dans le même sens, avec pour objectif principal que les couples qui se séparent soient acteurs de la prise de décision.

Comme le dit Fabienne Allard, juge aux affaires familiales :

« Ordonner une médiation, c'est dire aux parents qu'ils sont capables de décider.

C'est donner, redonner le pouvoir de décision aux parents. En ordonnant une médiation familiale, le juge tente de redonner le pouvoir décisionnel aux parents. Ce sont eux qui vont mettre en application les décisions, il faut en conséquence tout faire pour les aider à les trouver par eux-mêmes ».

C'est pourquoi, les avocats et les juges aux affaires familiales ont un rôle complémentaire pour la « déconflictualisation » des procédures.

Le rôle des avocats est essentiel pour l'apaisement des séparations. L'avocat ne doit pas traiter un divorce, comme il gère une affaire commerciale, prud'homale ou civile. Il est important d'avoir toujours en arrière-pensée les enfants, l'intérêt supérieur des enfants, mais pas un intérêt théorique, subjectif. L'intérêt des enfants n'est pas une formule creuse pour faire plaisir aux parents.

L'avocat a un rôle décisif pour construire une procédure apaisée, il doit prôner dès le premier contact avec son client une culture d'apaisement et pour cela ne pas être systématiquement dans la logique : gagnant-perdant. L'avocat doit désormais être modéré dans son approche de la séparation. Il est opportun que l'avocat présente au préalable, dans son cabinet aux parents la médiation familiale, et en tout état de cause leur précise que le juge sera susceptible de la leur proposer, ou de les enjoindre à rencontrer un médiateur familial pour une séance d'information. Le comportement apaisant et modérateur des avocats à l'audience, quelle que soit la situation est impératif. Il faudrait que nombre d'avocats prennent conscience des effets dévastateurs sur les enfants de leurs pratiques conflictuelles.

Selon une chercheuse américaine sur l'aliénation parentale[12], les parents qui ont combattu avec succès « le syndrome d'aliénation parentale »[13] sont ceux qui, entre autres raisons, « ont pris un avocat de la famille ayant de l'expérience avec le syndrome d'aliénation parentale ».

Le comportement des juges aux affaires familiales est aussi essentiel. Le magistrat doit avoir un rôle pédagogique, non seulement à l'audience, mais aussi dans sa décision.

Le comportement du juge aux affaires familiales est primordial, par l'écoute, l'apaisement et la mise en place d'un début de communication sans violence. Il doit avoir pour postulat que « les mots sont faits pour rendre service, pas pour accabler ».

Il est vrai, de plus, que l'avenir d'un dossier « se joue », dans l'immense majorité des cas, lors de la première audience et de la première décision. Et cela peut être lourd de conséquences. Le juge a le devoir d'appliquer la loi, de veiller à l'égalité parentale, de ne pas « faire » un parent tout-puissant. Le juge doit notamment travailler sur la résidence des enfants, en faisant en sorte de ne pas mettre un parent en situation de toute puissance, parce qu'il a « la garde », c'est-à-dire qu'il devient le parent au quotidien, le parent principal, le parent prépondérant. Le juge doit tout faire pour essayer d'éviter de mettre en place la prééminence d'un parent sur l'autre, au mépris de toute coparentalité. Il doit également travailler sur la responsabilité des parents, sur leur responsabilisation, sur le respect mutuel parental et sur le dialogue parental.

De plus, pour tenter de convaincre les parties d'envisager une reprise de dialogue, notamment par le biais d'une mesure de médiation familiale, le juge, dans sa décision, doit tenir compte d'un certain nombre d'éléments. Il est important pour le juge d'utiliser à bon escient la résidence alternée. La loi sur la résidence alternée ne fait pas souffrir les enfants, c'est l'application que les parents peuvent en faire qui est susceptible de les faire souffrir.

---

12. Jayne A. Major : « Parents who have successfully fought parental alienation », consultable sur le site https://smexctp.trendmicro.com:443/wis/clicktime/v1/query?url=http%3a%2f%2fwww.breakthroughparenting.com%2fPAS.htm&umid=f6562ecf-d94b-437d-8bb9 5deb207f5912&auth=750793405c54aec48843912a4a8a008e112ec255-ed4544506dbc0adc70067f7718d8f0fbfb82f914
13. Il s'agit du fait « qu'un des parents programme l'enfant pour qu'il haïsse l'autre parent, sans que ce soit justifié », et que l'enfant, une fois le syndrome présent « apporte sa propre contribution à la campagne de dénigrement du parent aliéné » : Richard Gardner, *The parental alienation syndrome by creative thérapeutics*, Cresskill N.I, 1998.

La résidence alternée n'est pas du 50/50 ; elle est un partage du temps de l'enfant qui doit être égalitaire, mais pas forcément paritaire. Elle a le mérite de placer les parents sur un vrai pied d'égalité et elle peut les amener à se rendre en médiation familiale beaucoup plus facilement. La résidence alternée, à partir du moment où elle est imposée à l'une des deux parties peut permettre au juge aux affaires familiales de revoir les parties, dans un délai fixé en général à six mois, au cours duquel les parents peuvent travailler en médiation ou réfléchir dans le cadre d'une négociation.

La médiation familiale devrait être, dans la plupart des situations, une mesure obligatoire d'accompagnement à la résidence alternée, même pour une résidence en alternance amiable, ce qui permettrait d'éviter nombre de procédures après divorce et de difficultés pour les enfants.

Il est essentiel aussi si le juge veut amener les parties à reprendre le dialogue de ne plus parler de « droit de visite et d'hébergement ». Il convient d'utiliser la notion de « temps de résidence » pour celui qui n'a pas la résidence principale de l'enfant, et ce conformément à l'esprit de la loi sur l'autorité parentale. En effet, pour respecter la coparentalité, les termes employés ont toute leur signification. Comment mettre en place la coparentalité, amener les parents en médiation familiale, si l'un des parents est considéré comme inférieur à l'autre, avec seulement « le droit de visiter et héberger son enfant ».

De plus, pour que le juge amène les parents au dialogue, il est primordial, quand il prend une décision, de faire en sorte que celle-ci ne fasse ni gagnant ni perdant, de manière à ce que les parents soient en capacité de se rendre en médiation familiale, même s'il convient de reconnaître que, dans certaines situations, cela est difficile. Mais, si l'une des parties a tout obtenu dans le cadre des mesures provisoires, il est fort probable qu'elle ne se rendra pas en médiation ou sera conseillée de ne pas y aller, et la situation demeurera figée, bloquée.

Il est toujours essentiel que le juge rappelle aux parties ce que signifie l'exercice en commun de l'autorité parentale qui consiste non seulement à protéger la sécurité, la santé et la moralité de l'enfant, mais aussi à assurer son éducation et permettre son développement dans le respect dû à sa personne. Les parties doivent comprendre que l'autorité parentale est un ensemble de droits et de devoirs fondés sur l'intérêt de l'enfant. En effet, s'il existe diverses formes familiales, il n'y a qu'un droit de l'autorité parentale fondée sur l'idée que l'enfant a besoin de son père et de sa mère et que ceux-ci, qu'ils le veuillent ou non, sont parents pour la vie. À cet effet, les parents devront prendre ensemble les décisions importantes notamment en ce qui concerne la santé, la scolarité, l'éducation religieuse et le changement de résidence, s'informer réciproquement, dans le souci d'une indispensable communication entre parents, sur l'organisation de la vie de l'enfant (vie scolaire, sportive et culturelle, traitements médicaux, loisirs, vacances, etc.), et permettre les échanges de l'enfant avec l'autre parent dans le respect du cadre de vie de chacun.

En résumé, quand il prend une décision, le juge ne doit faire ni du « pilotage automatique », ni du « prêt à porter ». Mais, il doit faire du « sur-mesure », avec quatre objectifs permanents :

– La nécessaire reprise du dialogue parental,

– Le respect de la coparentalité,

– L'intérêt de l'enfant, et

– La nécessité de se séparer en bonne intelligence, de manière sereine.

IV. Une évolution nécessaire de la justice familiale

La justice familiale doit évoluer. Elle doit être une justice du dialogue et non pas une justice de l'affrontement : une justice humaniste. La médiation familiale peut d'ailleurs permettre d'introduire un autre regard sur la séparation des couples.

Les acteurs judiciaires, mais aussi les travailleurs sociaux, doivent impérativement travailler autrement, en utilisant d'autres outils. Ils doivent évoluer dans leurs pratiques et leur mode de fonctionnement, dans l'intérêt des parents, mais surtout dans l'intérêt des enfants.

La fonction de juge aux affaires familiales est essentielle pour la sécurité des enfants, des parents, des familles et de la société.

La sécurité civile des citoyens mais aussi et surtout la protection des enfants sont un des facteurs de la paix sociale. Elle devrait faire partie de la politique de sécurité.

Dans ce contexte, le juge aux affaires familiales, avec tous les acteurs judiciaires, doit en permanence se poser la question de savoir ce qu'il convient de faire pour éviter les conséquences trop souvent désastreuses, notamment pour les enfants, d'un divorce conflictuel, d'une séparation difficile et permettre que la rupture d'un couple ne soit pas irrémédiablement synonyme de naufrage d'une relation et d'une famille.

Ce qui doit être primordial et encouragé dans une procédure de divorce/séparation, c'est le dialogue.

Le justiciable, en effet, attend aujourd'hui des juges non plus seulement de dire le droit, mais d'être les artisans d'une paix familiale en incitant les parties à la voie du dialogue et de solutions négociées qui auront alors toutes les chances d'être effectivement appliquées.

Tous les acteurs judiciaires doivent faire comprendre aux parties qui se séparent que, comme elles ont su créer un couple, elles doivent de la même manière élaborer elles-mêmes leur séparation, imaginer leur reconstruction.

La séparation doit être un nouveau départ, une nouvelle vie, et non pas un conflit qui ne peut faire que des vaincus, et notamment des enfants en souffrance.

Le juge aux affaires familiales doit toujours recentrer le débat autour de la question principale dans le cadre d'une séparation conflictuelle : l'enfant, l'intérêt supérieur de l'enfant.

Cet enfant qui a besoin pour son équilibre d'un dialogue entre ses parents, et non pas d'une décision préparée et imposée par un juge.

Le juge aux affaires familiales, de concert notamment avec les avocats et les médiateurs familiaux, doit tout faire pour que la justice familiale ne soit plus une justice de l'affrontement, mais soit une justice du dialogue, une justice humaniste, pensant au bien-être des couples qui se séparent, et à l'intérêt supérieur de l'enfant qui est la vraie richesse de tous les pays.

*
* *

La prise en considération de la parole et de l'intérêt supérieur de l'enfant dans la procédure d'adoption

Blandine MALLEVAEY
Professeur de Droit privé et sciences criminelles
Université Catholique de Lille, Titulaire de la Chaire Enfance et familles
Centre de recherche sur les relations entre le risque et le droit

La Convention internationale des droits de l'enfant, adoptée à New York le 20 novembre 1989 par l'Assemblée générale des Nations Unies, consacre, parmi les droits fondamentaux de l'enfant, celui de prendre part aux décisions qui le concernent. L'article 12.1 de la Convention affirme en effet que l'enfant capable de discernement a le droit d'exprimer librement son opinion sur toute question l'intéressant, son opinion étant dûment prise en considération eu égard à son âge et à son degré de maturité. Ce droit suppose notamment, aux termes de l'article 12.2 de la Convention, que la possibilité soit donnée à l'enfant d'être entendu dans toutes les procédures qui le concernent. Le droit d'expression de l'enfant quant aux décisions le concernant, qui fait partie des quatre principes généraux de la Convention[1], a vocation à lui permettre de participer à la détermination de son intérêt supérieur[2] et doit être mis en œuvre dans de multiples

---

1. Le Comité des droits de l'enfant des Nations Unies (CDE) a élevé quatre des droits reconnus par la Convention internationale des droits de l'enfant au rang de principes généraux du traité : le droit à la non-discrimination, le droit à ce que l'intérêt supérieur de l'enfant soit une considération primordiale de toutes les décisions qui le concernent, le droit à la vie et le droit à la participation : CDE, Obs. générale n° 5 (2003) : « Mesures d'application générales de la Convention relative aux droits de l'enfant (art. 4, 42 et 44, par. 6) », CRC/C/GC/2003/5, § 12.
2. Le droit de l'enfant à ce que son intérêt supérieur soit une considération primordiale de toute décision, notamment judiciaire, le concernant, est reconnu par l'art. 3.1 de la Convention internationale des droits de l'enfant. Le Comité onusien des droits de l'enfant considère que l'évaluation de l'intérêt supérieur de l'enfant exige que soient respectés son droit d'exprimer librement ses opinions ainsi que son droit que celles-ci soient dûment prises en considération sur toute question l'intéressant : CDE, Obs. générale n° 14 (2013) sur le droit de l'enfant à ce que son intérêt supérieur soit une considération primordiale, CRC/C/GC/14, § 43.

procédures[3]. Parmi celles-ci figure la procédure d'adoption, que le Comité des droits de l'enfant des Nations Unies a visée immédiatement après les procédures de séparation parentale lorsqu'il a établi la liste des procédures au sein desquelles l'article 12.2 est applicable[4]. Ainsi, l'enfant capable de discernement a le droit de participer à la procédure judiciaire visant au prononcé de son adoption, de sorte que soit prise la décision la plus respectueuse de son intérêt[5]. Dans la lignée de la Convention de New York, la Convention européenne sur l'exercice des droits des enfants, adoptée à Strasbourg par le Conseil de l'Europe le 25 janvier 1996, a reconnu à l'enfant, considéré par le droit interne comme ayant un discernement suffisant, le droit de recevoir toute information pertinente, d'être consulté pour exprimer son opinion et d'être avisé des conséquences de l'expression de ses opinions[6]. Ces dispositions sont applicables à toutes les procédures familiales intéressant les enfants devant une autorité judiciaire[7], ce qui vise notamment la procédure d'adoption. Ainsi, les traités internationaux et européens qui s'imposent au législateur français[8] affirment sans ambiguïté le droit de l'enfant de participer à la procédure d'adoption. Qu'en est-il alors de notre droit ? La question est d'autant plus intéressante que les réponses apportées ont récemment évolué et mettent en évidence la difficulté à donner à l'enfant sa juste place dans les procédures qui pourtant le concernent au premier chef.

Préoccupation essentielle des organes supranationaux, la prise en compte de la parole de l'enfant l'a également été pour le groupe de travail sur la protection de l'enfance et l'adoption, nommé en 2013 dans le cadre de la préparation de la future loi du 14 mars 2016 relative à la protection de l'enfant[9]. Ce groupe de travail a en effet formulé dans son rapport final[10] plusieurs propositions destinées à améliorer la participation de l'enfant aux décisions le concernant, dont il est loisible de regretter qu'elles n'aient pas davantage retenu l'attention du législateur. S'agissant plus particulièrement des procédures judiciaires, il préconisait de rendre obligatoire l'audition de l'enfant capable de discernement, d'abord par

---

3. Pour une étude détaillée, cf. B. Mallevaey, « Regards sur 30 ans d'application de l'article 12 de la Convention de New York sur la participation de l'enfant », *RTD civ.* 2020, p. 291.
4. CDE, Obs. générale n° 12 (2009) : « Le droit de l'enfant d'être entendu », CRC/C/GC/12, § 33.
5. L'art. 21 de la Convention de New York, spécifique à la procédure d'adoption, insiste sur ce que les États parties qui autorisent l'adoption s'assurent que l'intérêt supérieur de l'enfant est la considération primordiale en la matière.
6. Art. 3 de la Convention européenne sur l'exercice des droits des enfants.
7. Art. 1 de cette Convention.
8. Par l'effet de l'art. 55 de la Constitution du 4 oct. 1958.
9. L. n° 2016-297 du 14 mars 2016 relative à la protection de l'enfant (*JO* n° 0063, 15 mars 2016).
10. A. Gouttenoire (prés.), *40 propositions pour adapter la protection de l'enfance et l'adoption aux réalités d'aujourd'hui*, Rapport du groupe de travail « Protection de l'enfance et adoption » au Ministère des affaires sociales et de la santé, fév. 2014.

le juge aux affaires familiales dans la procédure de délégation de l'exercice de l'autorité parentale et par le tribunal de grande instance dans le cadre du retrait de l'autorité parentale[11], ensuite par ce même tribunal dans la phase judiciaire de la procédure d'adoption[12].

Seule cette seconde proposition a été concrétisée par la loi du 14 mars 2016, après différentes modifications du texte au cours du processus législatif. Dans un premier temps, la formule retenue par le rapport du groupe de travail avait été reprise à l'identique au sein de la proposition de loi déposée au Sénat en septembre 2014 : « Le tribunal entend l'enfant capable de discernement dont l'adoption est demandée[13] ». À la faveur d'un amendement, il a été ajouté au texte, finalement adopté par les sénateurs en mars 2015, que l'audition de l'enfant serait réalisée par le tribunal « ou, lorsque son intérêt le commande, par la personne désignée par le tribunal à cet effet[14] ». Cette formule figure, depuis la loi du 5 mars 2007 réformant la protection de l'enfance[15], à l'article 388-1 du Code civil, lequel régit le droit commun de l'audition du mineur dans les procédures civiles le concernant. Le calque sur la formulation de l'article 388-1 ne s'est pas arrêté là puisque plusieurs amendements, déposés en commission des affaires sociales et en commission des lois, ont conduit à ce que le texte sur l'audition de l'enfant dans le cadre de l'adoption, adopté par l'Assemblée Nationale en mai 2015[16] et qui n'a plus été modifié jusqu'à l'adoption de la loi relative à la protection de l'enfant, soit en grande partie copié et collé sur l'article 388-1 du Code civil. Ainsi, depuis la loi du 14 mars 2016, l'article 353 du Code civil, relatif au jugement d'adoption, dispose en son deuxième alinéa que : « Le mineur capable de discernement est entendu par le tribunal ou, lorsque son intérêt le commande, par la personne désignée par le tribunal à cet effet. Il doit être entendu selon des modalités adaptées à son âge et à son degré de maturité. Lorsque le mineur refuse d'être entendu, le juge apprécie le bien-fondé de ce refus. Le mineur peut être entendu seul ou avec un avocat ou une personne de son choix. Si ce choix n'apparaît pas conforme à l'intérêt du mineur, le juge peut procéder à la désignation d'une autre personne ».

---

11. Le groupe de travail recommandait d'une part que l'art. 1208 C. pr. civ., applicable à la délégation de l'exercice de l'autorité parentale, ainsi qu'au retrait total ou partiel de cette autorité, indique que « le tribunal ou le juge entend le mineur capable de discernement » (prop. n° 18), et d'autre part que l'art. 378-1 C. civ., relatif au retrait de l'autorité parentale, énonce que « l'enfant capable de discernement est entendu » (prop. n° 20).
12. Cf. le rapport p. 112-113 (prop. n° 35).
13. Prop. de loi n° 799 relative à la protection de l'enfant, enregistrée à la présidence du Sénat le 11 sept. 2014, présentée par M. Meunier et autres, art. 15.
14. Prop. de loi relative à la protection de l'enfant, texte n° 76 adopté par le Sénat le 11 mars 2015, art. 15.
15. L. n° 2007-293 du 5 mars 2007 réformant la protection de l'enfance (*JO* n° 55, 6 mars 2007).
16. Prop. de loi relative à la protection de l'enfant, texte n° 515 adopté par l'Assemblée nationale le 12 mai 2015, art. 15.

Il apparaît clairement que la formule succincte initialement retenue par le groupe de travail sur la protection de l'enfance et l'adoption a été largement complétée, dans un double objectif qui ressort de l'étude des travaux parlementaires. Il s'agissait d'une part d'harmoniser les modalités de recueil de la parole de l'enfant en matière d'adoption avec celles prévues par le droit commun de l'article 388-1 du Code civil[17], d'autre part de renforcer la protection de l'enfant et de sa parole.

Le premier objectif est manifestement rempli, puisque les modalités de recueil de la parole de l'enfant dans le cadre de l'adoption sont identiques à celles du régime général : le tribunal peut déléguer l'audition du mineur à un tiers qualifié si l'intérêt de l'enfant le commande[18] ; le mineur peut faire le choix d'être entendu seul, avec un avocat ou une personne de son choix[19] ; il peut également refuser d'être entendu[20]. La seule indication ajoutée par la loi du 14 mars 2016 au texte sur l'audition de l'enfant au sujet de son adoption, et qui ne figure pas dans les dispositions de l'article 388-1 du Code civil, est que le mineur « doit être entendu selon des modalités adaptées à son âge et à son degré de maturité ». Bien que louable, cette précision n'a rien de révolutionnaire : gageons que les magistrats n'ont pas attendu d'y être invités par le législateur pour adapter la façon dont ils réalisent les auditions à l'âge et à la maturité de leur jeune interlocuteur, ni pour procéder de manière différente avec un enfant de 9 ans et avec un adolescent de 16 ans.

Il reste donc à déterminer si le second objectif de la réforme intervenue il y a cinq années, tenant à la protection de l'enfant et de sa parole, est quant à lui rempli. À ce titre, il y a lieu de constater qu'en imposant au tribunal d'entendre

---

17. Cf. par ex. l'amendement n° 6 à l'art. 15 de la prop. de loi relative à la protection de l'enfant, présenté le 8 déc. 2014 par F. Pillet au nom de la commission des lois du Sénat, adopté : après avoir cité les dispositions de l'art. 388-1 C. civ., l'amendement soulignait que « par cohérence avec la règle générale (...), il est pertinent que la règle spéciale relative à l'adoption reprenne les mêmes notions, pour éviter une véritable confusion ».
18. Dans le cadre du régime général, la possibilité pour le juge de désigner un tiers pour procéder à l'audition de l'enfant est prévue par le premier alinéa de l'art. 388-1 C. civ. L'art. 338-9 C. pr. civ. précise que la personne désignée par le juge doit exercer ou avoir exercé une activité dans le domaine social, psychologique ou médico-psychologique, et qu'elle doit n'entretenir de liens ni avec le mineur ni avec une partie.
19. En droit commun, ces alternatives sont envisagées par le deuxième alinéa de l'art. 388-1 C. civ. L'art. 338-7 C. pr. civ. indique que si le mineur demande à être entendu avec un avocat et qu'il ne choisit pas d'avocat, le juge requiert la désignation d'un avocat par le bâtonnier. En toute hypothèse, la rémunération de l'avocat de l'enfant mineur est de droit prise en charge par l'aide juridictionnelle : L. n° 91-647 du 10 juill. 1991 relative à l'aide juridique (*JO* n° 0162, 13 juill. 1991), art. 9-1.
20. Comme désormais en matière d'adoption, l'art. 388-1 al. 2 C. civ. ajoute que le juge apprécie le bien-fondé du refus du mineur d'être entendu, précision équivoque qui pose question quant à son opportunité : cf. B. Mallevaey, *L'audition du mineur dans le procès civil*, thèse, Université d'Artois, dir. J. Vassaux, 2015, n° 768 et s.

le mineur capable de discernement dans le cadre de la procédure d'adoption, la loi du 14 mars 2016 a réalisé une avancée réelle et bienvenue, puisqu'elle a renforcé la participation de l'intéressé à la procédure visant au prononcé de son adoption (**I**). Mais il est dans le même temps possible de regretter l'inertie dont a fait montre le législateur concernant la représentation et la prise en considération de l'intérêt de l'enfant qui ne dispose pas encore, ou pas du tout, de la capacité de discernement (**II**).

I. La participation de l'enfant capable de discernement à la procédure d'adoption : un double affermissement

Jusqu'à la loi du 14 mars 2016, il n'existait, dans le Code civil, aucune disposition spécifique à l'audition de l'enfant au sujet de son adoption. Faute de régime spécial, il convenait de se référer au droit commun de l'audition en justice du mineur, introduit par la loi du 8 janvier 1993[21]. Transposant les dispositions de l'article 12 de la Convention internationale des droits de l'enfant de 1989, la loi de 1993 a créé dans le Code civil un article 388-1, selon lequel « dans toute procédure le concernant, le mineur capable de discernement peut être entendu par le juge ». Une circulaire en date du 3 juillet 2009[22], diffusée par la Chancellerie à la suite de la réforme de l'audition en justice du mineur résultant de la loi du 5 mars 2007 et de son décret d'application[23], a confirmé que ce droit commun de l'article 388-1 du Code civil était applicable aux procédures d'adoption. L'audition de l'enfant au sujet de son adoption était donc possible avant la loi du 14 mars 2016, y compris lorsque le mineur avait préalablement exprimé son consentement à son adoption. En effet, l'article 388-1 du Code civil envisage l'audition du mineur capable de discernement dans les procédures qui le concernent « sans préjudice des dispositions prévoyant son intervention ou son consentement ». Certaines décisions de juridictions du fond font ainsi état d'auditions d'enfants réalisées avant la loi du 14 mars 2016, sur le fondement de l'article 388-1 du Code civil[24].

---

21. L. n° 93-22 du 8 janv. 1993 modifiant le Code civil, relative à l'état civil, à la famille et aux droits de l'enfant et instituant le juge aux affaires familiales (*JO* n° 7, 9 janv. 1993).
22. Circ. DACS n° CIV/10/09 du 3 juill. 2009.
23. D. n° 2009-572 du 20 mai 2009 relatif à l'audition de l'enfant en justice (*JO* n° 0119, 24 mai 2019).
24. Cf. par ex. CA Rennes, 28 sept. 2000, Juris-data n° 2000-136517 : constatant que la mineure, dont l'adoption plénière était demandée par le conjoint de sa mère, avait atteint l'âge de 13 ans en cours de délibéré, la cour d'appel sursoit à statuer afin que soit recueilli le consentement de l'intéressée et qu'il soit procédé à son audition. La mineure consentira par la suite à son adoption plénière et fera état, lors de son audition, de liens affectifs très forts l'unissant au conjoint de sa mère, ce dont la cour d'appel déduira que la demande est conforme à son intérêt ; elle prononcera en conséquence l'adoption sollicitée : CA Rennes, 15 janv. 2001, Juris-data n° 2000-144592.

Cela étant, en pratique, l'audition de l'enfant dans le cadre de la procédure d'adoption était relativement rare. Le tribunal n'était pas tenu de convoquer l'enfant en vue de son audition, excepté dans l'hypothèse où le mineur avait lui-même demandé à être entendu par le tribunal[25]. Or, en matière d'adoption, les demandes d'audition formulées par l'enfant lui-même étaient peu fréquentes. Le tribunal pouvait donc statuer sur l'adoption d'un enfant sans même l'avoir rencontré. Cela était regrettable, comme le remarquait le groupe de travail sur la protection de l'enfance et l'adoption, qui avait souligné que l'opposition de l'enfant à son adoption expliquait pour une large part les échecs de l'adoption, et jugeait dès lors essentiel que l'avis du mineur sur sa propre adoption soit recueilli dans les différentes étapes du processus d'adoption, lorsque l'intéressé est en capacité d'exprimer son opinion[26].

À cette fin, la loi du 14 mars 2016 a imposé au tribunal d'entendre l'enfant dont l'adoption est demandée. Cette audition est une obligation pour le tribunal. En effet, alors que, en droit commun, l'article 388-1 du Code civil prévoit que l'enfant capable de discernement « peut être entendu » par le juge, les dispositions applicables en matière d'adoption affirment que le mineur « est entendu » par le tribunal. Une circulaire du Garde des Sceaux en date du 19 avril 2017[27] a confirmé que le tribunal avait perdu tout pouvoir d'appréciation quant à l'opportunité d'ordonner l'audition de l'enfant capable de discernement dont l'adoption est demandée. L'obligation faite au tribunal d'entendre l'enfant au sujet de son adoption mérite d'être entièrement approuvée. Elle ne peut que s'avérer salutaire, que l'enfant soit âgé de plus de 13 ans et ait en conséquence été préalablement appelé à exprimer son consentement à son adoption (**A**) ou qu'il soit âgé de moins de 13 ans et n'ait pas dès lors consenti à son adoption (**B**).

A. La participation à la procédure d'adoption de l'enfant de plus de 13 ans

En matière d'adoption, le législateur a aménagé à l'égard de l'enfant âgé de plus de 13 ans un régime de participation particulièrement accrue, l'intéressé étant amené à la fois à consentir à son adoption et à exprimer ses sentiments devant le tribunal judiciaire. Le Code civil exige en effet le consentement personnel du mineur de plus de 13 ans à son adoption, qu'elle soit envisagée en la forme plénière[28] ou simple[29]. Ce consentement est exprimé par le mineur préalablement

---

25. Son audition est alors de droit : al. 2 de l'art. 388-1 C. civ., issu de la L. 5 mars 2007.
26. A. Gouttenoire (prés.), *40 propositions pour adapter la protection de l'enfance et l'adoption aux réalités d'aujourd'hui*, rapport préc., p. 112.
27. Circ. du 19 avr. 2017 relative à la protection judiciaire de l'enfant, fiche n° 7 : « Adoption ».
28. Art. 345 al. 3 C. civ.
29. Art. 361 C. civ.

à la phase judiciaire de la procédure d'adoption, par écrit, auprès d'un notaire, du service de l'Aide sociale à l'enfance, ou devant les agents diplomatiques ou consulaires français[30]. En outre, depuis la loi du 14 mars 2016, le tribunal est tenu d'entendre le mineur capable de discernement, y compris s'il est âgé de plus de 13 ans, avant de prononcer son adoption.

En première analyse, il pourrait paraître superflu que le tribunal procède à l'audition de l'enfant âgé de plus de 13 ans, dès lors qu'il a déjà exprimé sa volonté et son accord à être adopté. Or, même pour ce mineur, son audition par le tribunal est tout à fait opportune et il est parfaitement justifié qu'elle ait été rendue obligatoire par la loi du 14 mars 2016, au regard des différents bénéfices qu'offre cette audition.

Tout d'abord, l'audition de l'enfant permettra au tribunal de déterminer si l'adoption demandée est bien conforme à son intérêt. Rappelons que l'article 21 de la Convention internationale des droits de l'enfant commande aux États parties de s'assurer que l'intérêt supérieur de l'enfant est la considération primordiale en matière d'adoption. En droit interne, l'article 353 du Code civil énonce en son premier alinéa que le tribunal prononce l'adoption si elle est conforme à l'intérêt de l'enfant. Ainsi, le consentement du mineur de plus de 13 ans à son adoption est nécessaire, mais n'est pas suffisant. Certes, il dispose d'un droit de veto, de sorte que s'il ne consent pas à son adoption, celle-ci ne peut jamais être prononcée[31]. Mais son consentement ne saurait à lui seul emporter la décision judiciaire, dès lors que la contrariété de son adoption à son intérêt conduira au rejet, par le tribunal, de la demande en vue de l'adoption.

Ensuite, l'audition de l'enfant de plus de 13 ans qui a consenti à son adoption permettra au tribunal de s'assurer qu'il a reçu toutes les informations requises préalablement à l'expression de son consentement. En vertu de l'article 21 de la Convention internationale des droits de l'enfant, les autorités compétentes en matière d'adoption doivent vérifier que les personnes intéressées ont donné leur consentement à l'adoption en connaissance de cause, après s'être entourées des avis nécessaires. En cas d'adoption internationale, l'article 4 de la Convention de La Haye du 29 mai 1993, relative à la protection des enfants et à la coopération en matière d'adoption internationale, impose aux autorités compétentes de l'État d'origine de s'assurer, eu égard à l'âge et à la maturité de l'enfant, qu'il a été entouré de conseils et dûment informé sur les conséquences de l'adoption. Ainsi, l'audition du mineur de plus de 13 ans ayant consenti à son adoption

---

30. Art. 348-3 al. 1 C. civ.
31. À la différence de ce qu'a prévu le législateur concernant le refus des parents de consentir à l'adoption de leur enfant : l'art. 348-6 C. civ. admet que le tribunal puisse prononcer l'adoption malgré un tel refus, lorsqu'il estime que celui-ci est abusif et que les parents se sont désintéressés de leur enfant au risque de compromettre sa santé ou sa moralité. Le refus du mineur de plus de 13 ans de consentir à son adoption a ainsi plus de poids que celui de ses propres parents, le tribunal pouvant passer outre leur refus que leur enfant soit adopté.

permet de contrôler que l'intéressé a exprimé un consentement libre et éclairé. L'audition permet aussi de vérifier que l'enfant n'a pas changé d'avis depuis qu'il a exprimé son consentement à être adopté, une loi du 22 décembre 2010[32] ayant affirmé que le consentement du mineur peut être rétracté à tout moment, jusqu'au prononcé de son adoption[33]. En outre, lors de son audition par le juge, l'enfant peut faire le choix d'être accompagné par un avocat, comme l'a réaffirmé la loi du 14 mars 2016[34], tandis que, lorsqu'il exprime son consentement à son adoption, il ne peut pas être assisté d'un avocat, ce qui est d'ailleurs regretté par certains auteurs[35], à juste titre. La présence auprès de l'enfant d'un avocat doit être encouragée car elle accroît les garanties que l'intéressé a reçu toutes les informations nécessaires et qu'il souhaite véritablement que son adoption soit prononcée et être adopté par le ou les adoptant(s) envisagé(s).

Loin d'être redondante, l'audition de l'adopté âgé de plus de 13 ans apparaît comme un gage de protection de l'enfant puisqu'elle permettra de réaffirmer qu'il consent à son adoption et ce en toute connaissance de cause. Les avantages que procure l'audition du mineur se retrouvent également concernant l'audition de l'enfant âgé de moins de 13 ans et capable de discernement, d'autant plus que son consentement à l'adoption n'est pas exigé.

B. La participation de l'enfant de moins de 13 ans et capable de discernement à la procédure d'adoption

La participation à la procédure d'adoption de l'enfant âgé de moins de 13 ans, capable de discernement, obéit à un régime allégé par rapport à celui que connaissent les mineurs de plus de 13 ans. Elle a cependant été opportunément renforcée par la loi du 14 mars 2016, qui a fait de l'audition de l'enfant discernant une obligation à la charge du tribunal.

L'adoption de l'enfant âgé de moins de 13 ans n'est pas subordonnée à l'expression de son consentement. Par conséquent, son audition, qui s'impose désormais au tribunal s'il est capable de discernement, constitue le seul moyen pour l'intéressé d'exprimer son opinion quant à l'adoption envisagée. Certes, le Code de l'action sociale et des familles prévoit que le mineur capable de discernement est entendu par le tuteur et par le conseil de famille au sujet du projet

---

32. L. n° 2010-1609 du 22 déc. 2010 relative à l'exécution des décisions de justice, aux conditions d'exercice de certaines professions réglementées et aux experts judiciaires (*JO* n° 0287, 23 déc. 2010).
33. Art. 345 al. 3 C. civ. Le mineur doit être informé, par les personnes recevant son consentement à l'adoption, de la possibilité qu'il a de se rétracter et des modalités de la rétractation : art. 1165 C. pr. civ.
34. Art. 353 al. 2 C. civ.
35. En ce sens, C. Neirinck, « Le statut de l'enfant dans la loi du 8 janvier 1993 : propos critiques », *Petites affiches*, 5 oct. 1994, n° 119, p. 16.

d'adoption et des adoptants éventuels[36]. Mais cette écoute de la parole de l'enfant n'est exigée que lorsque ce dernier a la qualité de pupille de l'État, et n'existe pas dans le cadre de l'adoption de l'enfant du conjoint, où son avis n'est pas recueilli lors de la phase administrative de la procédure d'adoption. L'audition du mineur capable de discernement dans la phase judiciaire de la procédure d'adoption est donc pleinement justifiée et est essentielle pour lui permettre de prendre part à la décision qui le concerne, dans le respect de l'article 12 de la Convention de New York du 20 novembre 1989. Ainsi, comme pour le mineur de plus de 13 ans, l'audition de l'enfant âgé de moins de 13 ans participera à la détermination, par le tribunal, de la conformité de l'adoption envisagée à son intérêt.

L'obligation pour le tribunal de procéder à l'audition de l'enfant doit incontestablement être approuvée : elle renforce sa participation à la procédure, car désormais il n'a plus à solliciter son audition pour faire entendre sa voix. Dans le cadre du droit commun de l'audition du mineur dans le procès civil, tel qu'il était applicable à l'adoption avant la loi du 14 mars 2016, l'audition ne s'impose au juge que si elle a été demandée par le mineur lui-même, ce dont il résulte que c'est à l'enfant d'entreprendre les démarches en vue de se faire entendre en justice. L'enfant doit en effet demander à être entendu par le juge, ce qui suppose qu'il ait été préalablement informé de son droit de solliciter son audition[37]. Or l'accès de l'enfant à son audition est entravé par différents obstacles, tenant soit à une information qui n'est pas toujours transmise à l'intéressé[38], soit à la formulation d'une demande d'audition qui peut ne pas être évidente pour un enfant[39]. La loi du 14 mars 2016 a donc le mérite de supprimer ces embûches, s'agissant de l'audition de l'enfant dans la procédure d'adoption. Le tribunal étant tenu d'entendre le mineur, les dispositions nouvelles font reposer sur lui l'initiative de l'audition et le contraignent à convoquer l'enfant en vue de l'entendre au sujet de son adoption.

Encore faut-il que l'enfant soit capable de discernement, faute de quoi le tribunal n'est pas tenu de l'auditionner. L'exigence de discernement comme condition de l'audition du mineur est, là encore, calquée sur les dispositions de l'article 388-1 du Code civil, elles-mêmes inspirées de l'article 12 de la Convention internationale des droits de l'enfant. Or, en droit commun, l'exigence de discernement est source de nombreuses difficultés d'application. Il s'agit d'une notion subjective, qui donne lieu en pratique à des différences d'interprétation et à des inégalités de traitement d'une juridiction à l'autre[40]. Les mêmes causes produisant les mêmes effets, il y a fort à craindre que la

---

36. Art. L. 225-1 al. 2 C. act. soc. et fam.
37. Le soin d'informer le mineur de son droit a été confié à ses parents ou, le cas échéant, à la personne ou au service auquel l'enfant a été confié : art. 338-1 al. 1 C. pr. civ.
38. B. Mallevaey, *L'audition du mineur dans le procès civil*, thèse préc., n° 532.
39. *Ibid.*, n° 642 et s.
40. Sur les difficultés soulevées par la notion de discernement dans le cadre du droit commun de l'audition du mineur, cf. B. Mallevaey (dir.) *Audition et discernement de*

subordination, à la capacité de discernement du mineur, de l'obligation pour le tribunal d'entendre l'enfant au sujet de son adoption fasse elle aussi naître des difficultés de mise en œuvre, notamment des problèmes d'harmonisation entre les juridictions. Ainsi, la subordination de l'audition de l'enfant à une condition aussi vague, indéterminée et subjective que celle du discernement relativise considérablement l'obligation faite par la loi du 14 mars 2016 au tribunal d'entendre l'enfant capable de discernement au sujet de son adoption. Tandis que le mineur de plus de 13 ans est présumé capable de discernement par le législateur lui-même, qui a exigé son consentement à l'adoption, l'évaluation du discernement du mineur âgé de moins de 13 ans est laissée à la seule appréciation du tribunal, qui pourrait très bien considérer qu'un enfant de 8 ou 9 ans n'est pas capable de discernement, et par conséquent ne pas s'estimer tenu de le convoquer en vue de son audition.

Il apparaît ainsi que, si la loi du 14 mars 2016 a réalisé une avancée notable concernant la prise en compte de la parole de l'enfant dans le cadre de la procédure d'adoption, il faut se garder de surestimer sa portée, dès lors qu'elle a laissé au tribunal une marge de manœuvre extrêmement large concernant les enfants âgés de moins de 13 ans. Mais il y a surtout lieu de regretter l'absence de progrès réalisé s'agissant des enfants incapables d'exprimer leur opinion en raison de leur défaut de discernement.

II. La représentation de l'enfant dénué de discernement dans la procédure d'adoption : un double immobilisme

Il n'est pas illogique que, lorsqu'un enfant ne dispose pas du discernement requis pour exprimer ses opinions dans la procédure qui le concerne, notamment en matière d'adoption, il n'ait pas la possibilité de faire entendre sa voix. Le fait que l'enfant ne puisse être entendu en justice pour participer à la détermination de la décision la plus conforme à son intérêt est alors compensé par la représentation du mineur dans la procédure le concernant, la représentation des intérêts de l'enfant pouvant être confiée à un représentant spécial : l'administrateur *ad hoc*[41]. De façon aussi surprenante que regrettable, le législateur français n'a pas permis la désignation d'un administrateur *ad hoc* pour représenter l'enfant dénué de discernement dans la procédure d'adoption, ce qui nuit autant aux enfants qui n'ont pas encore le discernement nécessaire pour exprimer leurs propres opinions (**A**) qu'à ceux qui ne l'auront jamais (**B**).

---

l'enfant devant le juge aux affaires familiales, Rapport de recherche, Mission de recherche Droit et Justice, 2018, 228 p.
41. Ainsi, en matière de procédure d'assistance éducative, le mineur incapable de discernement est représenté par un administrateur *ad hoc* : art. 388-2 C. civ.

A. L'absence de représentation de l'enfant non encore pourvu de discernement

L'audition du mineur dans le cadre de la procédure d'adoption étant subordonnée à sa capacité de discernement, il en résulte que, avant comme après la loi du 14 mars 2016, lorsque l'enfant n'est pas encore doué de discernement, il n'est pas entendu par le tribunal au sujet de son adoption. L'impossibilité pour l'enfant non encore pourvu de discernement d'être entendu par le tribunal, pour participer à la détermination de la décision la plus respectueuse de son intérêt, pose la question de la représentation des intérêts du mineur dans les procédures d'adoption.

Lors de la préparation de son rapport, le groupe de travail sur la protection de l'enfance et l'adoption s'est interrogé sur la pertinence d'une représentation des intérêts de l'enfant par un administrateur *ad hoc* dans le cadre de l'adoption. S'il a finalement exclu la désignation systématique d'un administrateur *ad hoc*, le groupe de travail a tout de même préconisé l'intervention d'un administrateur *ad hoc* lorsque le tribunal envisage de passer outre le refus des parents de consentir à l'adoption de leur enfant. Ainsi, il aurait été ajouté à l'article 348-6 du Code civil, qui permet au tribunal de prononcer l'adoption lorsqu'il estime abusif le refus de consentement opposé par les parents ou par l'un d'entre eux et que ceux-ci se sont désintéressés de l'enfant au point de compromettre sa santé ou sa moralité, qu'« un administrateur *ad hoc* doit être désigné pour représenter les intérêts de l'enfant dont l'adoption est demandée[42] ». La proposition de loi déposée au Sénat en septembre 2014 était allée plus loin, en prévoyant que soit requise, au titre des conditions de l'adoption, la désignation systématique d'un administrateur *ad hoc* pour représenter l'intérêt de l'enfant dont l'adoption est demandée[43]. Cette disposition a toutefois été supprimée lors de l'examen du texte par la commission des affaires sociales du Sénat, suite à l'adoption d'un amendement qui soulignait d'abord que l'article 388-2 du Code civil donne déjà au juge saisi de l'instance la possibilité de désigner un administrateur *ad hoc* chargé de représenter le mineur dans une procédure lorsque ses intérêts apparaissent en opposition avec ceux de ses représentants légaux ; ensuite qu'il semblait inopportun d'imposer aux juges l'obligation de nommer un administrateur *ad hoc*, laquelle amenuiserait leur liberté d'appréciation ; enfin que la désignation systématique d'un administrateur *ad hoc* se heurterait à d'importantes difficultés pratiques, liées au coût de cette mesure et à l'insuffisance d'administrateurs *ad hoc* formés sur les spécificités de l'adoption[44]. En outre, la nomination d'un administrateur *ad hoc* intervient tradi-

---

42. A. Gouttenoire (prés.), *40 propositions pour adapter la protection de l'enfance et l'adoption aux réalités d'aujourd'hui*, rapport préc. (prop. n° 35).
43. Prop. de loi n° 799 relative à la protection de l'enfant, préc., art. 15.
44. Amendement n° COM-46 à l'art. 15 de la prop. de loi relative à la protection de l'enfant, présenté le 2 déc. 2014 par F. Pillet au nom de la commission des lois du Sénat, adopté.

tionnellement en cas de risque d'opposition d'intérêts entre l'enfant mineur et ses parents, or ce risque a été considéré comme très réduit en matière d'adoption[45].

Pourtant, le risque d'une contrariété entre les intérêts de l'enfant et celui de l'un ou de ses deux parents n'est pas inexistant dans la procédure d'adoption. Il est plus particulièrement présent dans deux hypothèses : celle d'un refus des parents de consentir à l'adoption de leur enfant mais aussi celle de l'adoption de l'enfant du conjoint. Dans ces deux situations au moins, la désignation systématique d'un administrateur *ad hoc* pour représenter l'enfant aurait été tout à fait opportune, surtout lorsque le mineur, dénué de discernement, ne peut être auditionné au sujet de son adoption. Bien que le tribunal judiciaire soit tenu de ne prononcer l'adoption que si elle est conforme à l'intérêt de l'enfant, la présence auprès du mineur d'un administrateur *ad hoc* dans ces deux hypothèses singulières aurait accru la garantie que les intérêts de l'enfant ont été représentés et pris en considération dans la procédure d'adoption le concernant.

Faute de disposition en ce sens, il est fâcheux de constater l'immobilisme dans la prise en considération de l'intérêt de l'enfant dont l'adoption est envisagée, en particulier lorsqu'il n'est pas encore doté de discernement. Mais il y a, davantage encore, matière à regretter l'inertie déplorable du législateur français s'agissant des enfants privés de discernement.

B. L'impossible adoption de l'enfant de plus de 13 ans dépourvu de discernement

Il existe en pratique une difficulté redoutable, tenant à l'exigence de consentement du mineur de plus de 13 ans à son adoption, qui n'a malheureusement pas été résolue par la loi du 14 mars 2016. Comme indiqué précédemment, l'enfant âgé de plus de 13 ans doit personnellement consentir à son adoption, faute de quoi celle-ci ne peut être prononcée. L'exigence d'un consentement personnel du mineur interdit que ce consentement soit exprimé en son nom par ses représentants légaux, ce qui pose l'épineux problème de l'enfant âgé de plus de 13 ans mais dépourvu de lucidité, en raison par exemple d'une déficience ou d'un handicap mental, et qui se trouve partant dans l'impossibilité d'exprimer un consentement libre et éclairé à son adoption.

Dans une décision ancienne, un juge des tutelles avait nommé un administrateur *ad hoc* et l'avait autorisé à consentir, au nom de l'adopté, à l'adoption d'un enfant de 15 ans souffrant de troubles psychiques qui le rendaient inapte à exprimer son consentement[46]. Mais cette solution n'est plus envisageable depuis que

---

45. Compte rendu de l'examen du texte par la commission des affaires sociales du Sénat, 3 déc. 2014 : cf. l'intervention de F. Pillet, rapporteur pour avis de la commission des lois.
46. TI Châlons-sur-Marne, ord. juge des tutelles 1er juin 1977, *Gaz. Pal.* 1978, 1, jur., p. 175, note P. Decheix.

la loi du 5 mars 2007 portant réforme de la protection juridique des majeurs[47] a affirmé que l'accomplissement des actes impliquant un consentement strictement personnel, parmi lesquels le consentement donné à sa propre adoption, ne peut jamais donner lieu à assistance ou représentation[48]. C'est d'ailleurs au motif que le consentement à l'adoption est un acte strictement personnel que la Cour de cassation s'est opposée, dans un arrêt du 8 octobre 2008, à la désignation, par le juge des tutelles, d'un tiers pour consentir à l'adoption au nom d'une majeure autiste sous tutelle qui n'était pas, au regard de l'expertise psychiatrique, en mesure d'organiser un raisonnement ni d'exprimer sa volonté[49].

De la même manière que pour le majeur souffrant d'une altération de ses facultés mentales, l'impossibilité pour le mineur de plus de 13 ans d'être représenté pour consentir à son adoption conduit à un blocage de la décision judiciaire, dans la mesure où le consentement constitue la « pièce maîtresse » de l'adoption[50]. Cet impossible consentement à l'adoption fait naître des situations humainement très difficiles[51]. Il emporte en effet dans son sillage l'impossibilité pour l'enfant d'être adopté, alors que, du fait du trouble mental dont il souffre et de sa particulière vulnérabilité, il devrait bénéficier d'une protection renforcée, au moyen par exemple de son adoption. L'intérêt de l'enfant souffrant d'une déficience ou d'un handicap mental se trouve ainsi totalement ignoré.

L'on pouvait dès lors légitimement espérer qu'une loi relative à la protection de l'enfant et contenant des dispositions spécifiques à l'adoption se saisisse de cette question et admette que, face à une situation particulièrement délicate, des aménagements puissent être envisagés pour sortir de l'impasse qu'est l'impossibilité pour le mineur âgé de plus de 13 ans d'exprimer son consentement à l'adoption. De tels aménagements ont été instaurés par certains législateurs étrangers. Ainsi, le droit belge, qui exige le consentement du mineur âgé de plus de 12 ans au prononcé du jugement d'adoption, admet que ce consentement n'est pas requis lorsque le tribunal estime, au regard d'éléments de fait constatés

---

47. L. n° 2007-308 du 5 mars 2007 portant réforme de la protection juridique des majeurs (*JO* n° 56, 7 mars 2007).
48. Art. 458 C. civ.
49. Cass., 1re civ., 8 oct. 2008, n° 07-16.094, *D.* 2008, p. 2663, obs. V. Egéa.
50. I. Corpart, « L'adoption face aux troubles mentaux, une situation à risque », in *Mélanges en l'honneur du Professeur Claire Neirinck*, LexisNexis, 2015, p. 461.
51. Concernant la décision de la Cour de cassation du 8 oct. 2008, il a par exemple été affirmé que « la protection des droits des personnes conduit à des solutions humainement insupportables » : L. Pecaut-Rivolier, obs. Cass., 1re civ., 8 oct. 2008, *AJ fam.* 2008, p. 435 ; que le « caractère peu judicieux de la règle n'échappera à personne au vu des faits de l'espèce » : M. Douchy-Oudot, note ss. Cass., 1re civ., 8 oct. 2008, *Proc.* n° 12, déc. 2008, comm. 334 ; que cette décision, bien que n'étant pas juridiquement discutable, laissait toutefois « une impression de malaise » : J. Hauser, obs. Cass., 1re civ., 8 oct. 2008, *RTD civ.* 2008, p. 655 ; ou encore que cet arrêt était « choquant » en ce qu'il créait « des catégories d'enfants définitivement privés des bienfaits de l'adoption » : P. Murat, note ss. Cass., 1re civ., 8 oct. 2008, *Dr. fam.* n° 12, déc. 2008, comm. 173.

par procès-verbal motivé, que l'enfant est privé de discernement[52]. Dans le même sens, le Code civil du Québec affirme que l'adoption ne peut avoir lieu qu'avec le consentement de l'enfant s'il est âgé de plus de 10 ans « à moins que ce dernier ne soit dans l'impossibilité de manifester sa volonté[53] ». Le législateur français lui-même a admis, en droit de la nationalité, la possibilité de passer outre l'impossibilité pour l'enfant d'exprimer son consentement. En effet, le Code civil prévoit qu'une déclaration de nationalité française peut être accomplie au profit d'un enfant né en France de parents étrangers, lorsqu'il est âgé de plus de 13 ans et qu'il réside habituellement en France depuis l'âge de 8 ans. Cette procédure exige le consentement du mineur mais le texte précise que ce consentement n'est pas requis dans l'hypothèse où l'enfant est empêché d'exprimer sa volonté en raison d'une altération de ses facultés mentales ou corporelles[54]. L'altération des facultés susceptible de faire obstacle à l'expression du consentement doit être constatée par un certificat délivré par un médecin spécialiste choisi sur une liste établie par le procureur de la République[55]. La décision de prendre la nationalité française ne paraissant pas moins grave que celle de se donner en adoption, un tel dispositif était tout à fait transposable en matière d'adoption.

Sans aller jusqu'à une suppression de l'exigence du consentement de l'adopté souffrant d'une altération de ses facultés mentales, le groupe de travail sur la protection de l'enfance et l'adoption avait estimé qu'en pareilles circonstances, le consentement du mineur âgé de plus de 13 ans devait être exprimé en son nom par une autre personne. Il avait ainsi préconisé la désignation d'un administrateur *ad hoc* dans l'hypothèse où l'enfant de plus de 13 ans ne serait pas en état d'exprimer un consentement éclairé à son adoption en raison d'une grave altération de ses facultés mentales : l'administrateur *ad hoc* aurait eu la possibilité de consentir à l'adoption au nom du mineur, à condition bien sûr qu'il estime lui-même l'adoption conforme à l'intérêt de l'enfant[56]. L'administrateur *ad hoc* aurait également eu le pouvoir de rétracter le consentement préalablement exprimé à l'adoption envisagée[57]. Bien qu'elle dût indéniablement être approuvée, cette recommandation du groupe de travail a été ignorée par les rédacteurs de la proposition de loi déposée au Sénat en septembre 2014, laquelle ne contenait aucune disposition relative aux majeurs et aux mineurs inaptes à exprimer leur consentement à l'adoption en raison d'une altération de leurs facultés mentales. La loi du 14 mars 2016 a donc laissé intact le problème du mineur âgé de plus de 13 ans ne pouvant consentir à son adoption, alors même qu'une telle situation ne serait pas rare s'agissant des enfants pupilles de l'État, les enfants souffrant

---

52. Art. 348-1 C. civ. belge.
53. Art. 549 C. civ. du Québec.
54. Art. 21-11 C. civ.
55. Art. 21-11 et 17-3 C. civ.
56. A. Gouttenoire (prés.), *40 propositions pour adapter la protection de l'enfance et l'adoption aux réalités d'aujourd'hui*, rapport préc. (prop. n° 36).
57. *Ibid.*

d'un handicap mental étant plus souvent laissés à l'adoption que les enfants en bonne santé[58].

En définitive, il apparaît que le régime juridique gouvernant la prise en compte de la parole et de l'intérêt supérieur de l'enfant dans la procédure d'adoption se singularise par ses paradoxes. Le fossé est particulièrement marqué s'agissant des mineurs âgés de plus de 13 ans : s'ils sont doués de discernement, ils bénéficient d'un régime de participation assez exceptionnel en droit de la famille, leur adoption ne pouvant être prononcée qu'avec leur accord, lequel permet de présumer qu'elle concourrait à la satisfaction de leurs besoins et de leur intérêt ; si à l'inverse ils sont privés de discernement, leur intérêt est méprisé. Ce dualisme peut également être observé pour les enfants âgés de moins de 13 ans : s'ils sont capables de discernement, leur audition par le tribunal leur permet de participer à la détermination de la décision qui sera la plus respectueuse de leur intérêt, tandis que s'ils n'ont pas le discernement requis, personne ne peut représenter leurs intérêts. Entre ces situations, un juste milieu aurait pu être trouvé. Telle était l'attente que nous pouvions avoir lors de l'adoption de la loi du 14 mars 2016. Malheureusement, le législateur ne s'est enquis que des mineurs capables de discernement, dont il a certes amélioré la participation à la procédure d'adoption, mais il n'a pas saisi l'opportunité qui lui était donnée de garantir la prise en considération de l'intérêt supérieur des enfants dépourvus de discernement. Bien que relative à la protection de l'enfant, la loi de 2016 ne permet manifestement pas d'assurer la protection de ces enfants. Quelle occasion manquée !

*
* *

---

58. M.-Ch. Le Boursicot, note Cass., 1re civ., 8 oct. 2008, *RJPF* n° 12, déc. 2008, p. 14.

L'aide sociale à l'enfance : son histoire, ses défis, ses limites, actuels et à venir

Pierre Verdier
Docteur en droit, Ancien directeur de DDASS
Avocat au barreau de Paris

Le point commun entre la profession d'avocat, qu'Emma Gounot a exercée, et son engagement associatif comme présidente de l'association de sauvegarde de l'enfance et de l'adolescence, c'est la volonté d'aider les plus faibles. À cet égard Emma Gounot a cette phrase admirable : « L'avocat est toujours du côté de ceux qui sont du mauvais côté[1] ».

L'aide sociale à l'enfance doit théoriquement tendre la main à ceux qui sont du mauvais côté. Aujourd'hui, on parle de plus en plus de protection de l'enfance. Pourtant le Code civil et le Code de l'action sociale et des familles ne parlent pas de protection, mais *d'aide à l'enfance*. Aider et protéger, est-ce la même chose ? Je ne le pense pas.

Parler de protection induit une certaine représentation des parents, puisqu'il faut en protéger leurs propres enfants.

Pourtant plusieurs lois récentes imposent le terme protection : la loi du 5 mars 2007 est dite relative à la protection de l'enfance puis la loi du 16 mars 2016 porte sur la protection de l'enfant. Alors quels sont les objectifs de ces dispositifs de protection ? Que cherche-t-on à protéger ? Et à protéger de quoi et surtout de qui ?

On dit que la protection de l'enfance en France est de la responsabilité de l'État (au titre de la Justice) et du Président du Conseil départemental. C'est inexact.

Elle est de droit la responsabilité des parents qui ont seuls, nous dit le Code civil, l'autorité parentale. Autorité, ça veut dire qu'ils sont les auteurs. L'auteur, c'est celui qui fait. Et le droit d'auteur est un droit imprescriptible. On distingue entre la propriété intellectuelle et la propriété matérielle : on peut vendre un Picasso, ça reste un Picasso. Le droit d'auteur est un droit inaliénable.

Les parents sont les premiers responsables de l'enfant ; l'État ou le département ont un rôle de soutien, d'accompagnement, parfois de suppléance, jamais de substitution.

---

1. Emma Gounot, « Mes souvenirs de cour de justice » in *Histoire de la justice* 2008, n° 18, p. 249.

La réflexion d'Emma Gounot sur la famille résonne aujourd'hui encore avec l'actualité. En novembre 2014, à l'occasion des 40 ans de l'ISF, qu'elle a fondé, elle estimait : « Si on défend la famille, c'est parce qu'elle apparaît comme l'instrument le plus nécessaire à l'épanouissement et au développement des personnes[2]. »

Pourtant ce n'est que récemment, au XXe siècle, que la place des parents dans les dispositifs d'aide sociale à l'enfance a été reconnue. Comme l'a écrit Pierre Gauthier dans la préface du livre de Didier Houzel, *Les enjeux de la parentalité* : « De l'enfant aux parents, ce fut un long chemin ». Et je dirai même que ce n'est pas terminé et qu'il nous faut encore invoquer sans cesse le droit à une vie familiale, en principe garanti par la convention européenne des Droits de l'Homme et souvent mis à mal.

Le dispositif actuel de protection de l'enfance est le résultat d'une longue histoire. Je l'évoquerai autour de six tableaux, en faisant des va-et-vient entre hier et aujourd'hui, qui ont marqué six priorités anciennes et actuelles : 1° protéger de la mort ; 2° remplacer des parents absents ; 3° protéger des parents maltraitants ; 4° soigner ; 5° affirmer le droit des personnes ; 6° répondre aux besoins de l'enfant.

I. La lutte contre la mort

Un des premiers soucis de la protection sociale était d'assurer la survie des enfants abandonnés. Ce souci restera tout au long de l'histoire et il suffit de relire les rapports préparatoires à la loi de 2007 qui a vu la création des CRIP[3] ou les débats sur la tragique actualité, affaire Marina ou autres, pour voir que c'est toujours actuel : comment déceler les difficultés suffisamment tôt pour empêcher des drames ?

On peut citer, vers 1150 l'importance de l'Ordre du Saint-Esprit fondé à Montpellier par Maître Guy. Celui-ci créa un établissement qui pouvait accueillir jusqu'à 600 enfants.

Plus tard, un arrêt précisera que ces enfants seront habillés de robes et vêtements de drap rouge, ce qui fait qu'on appela vite les enfants, les « enfants rouges ». Il existe toujours à Paris, dans le Marais, le *Marché des enfants rouges*, à l'emplacement de l'orphelinat créé par Marguerite de Navarre en 1536. On sait qu'à cette époque le vêtement indique le rang, la fonction, l'appartenance sociale. Ces enfants sont dès lors « désignés ». Et cela va durer longtemps… Je pense à la vêture des enfants de l'assistance que j'ai connus à mes débuts professionnels.

---

2. Cité par Emmanuelle Lucas, *La Croix* du 27 février 2017.
3. CRIP : cellule de recueil des informations préoccupantes, obligatoire dans chaque département.

En 1656 sera créé l'Hôpital général de Paris pour recevoir tous les exclus, mendiants et marginaux, ainsi que les enfants aussitôt séparés de leurs parents. Il fallait ainsi rompre le cycle infernal de la reproduction des gueux. « La solution consistait à soustraire les enfants à l'influence de leur milieu d'origine par une pédagogie de la séparation[4]. »

Michel Foucault dans son admirable *Histoire de la Folie à l'âge classique*, montre comment « la lèpre disparue, le lépreux effacé ou presque des mémoires ces structures resteront. Dans les mêmes lieux souvent, les jeux de l'exclusion se retrouveront étrangement semblables, deux ou trois siècles plus tard, et nous verrons quel salut est attendu de leur exclusion[5]. »

Et cela ne manque pas de nous interroger nous qui avons vu, en Lorraine, des léproseries devenues hospices, puis prisons sous l'Empire, puis foyers de l'enfance, puis aujourd'hui Maison d'accueil spécialisé. « Les jeux de l'exclusion se retrouveront étrangement semblables, deux ou trois siècles plus tard. »

L'abandon

L'abandon apparaît vite comme le moyen le plus commode de se débarrasser d'un enfant gênant socialement ou qu'on ne peut économiquement assumer. Les registres d'admissions de la Maison de couches ou des Hôtel-Dieu de province montrent un parallèle entre le nombre d'abandons et les crises de subsistance. Ce billet qui se trouve au musée de l'assistance publique (47, quai de la Tournelle, 75005 Paris) :

« Monsieur et Madame, cette pauvre enfant se recommande à vos charités ordinaires puisqu'elle n'a ni père ni mère qui la puissent nourrir. Elle est baptisée et s'appelle Marie. Tous trois prieront Dieu pour votre maison »

Très souvent on retrouve des billets épinglés sur l'enfant ; la loi Mattei sur l'adoption de 1996 prévoit que les mères qui accouchent sous X sont invitées à laisser des informations dans un pli cacheté (disposition reprise par la loi de 2002).

Dans ces billets qu'on appelait des « excuses », on retrouve souvent la formule : « Il est baptisé sous tel nom », ou bien : « Baptisez-le sous tel nom ».

Et cela m'interpelle, car, aujourd'hui, alors que la loi Mattei de 1996 a permis aux mères qui accouchent sous X d'attribuer un prénom à leur enfant, aussitôt placé en vue d'adoption, certains parents adoptifs, parfois encouragés par certaines ASE, s'empressent de changer ce prénom.

---

4. Marion Sigaut, *La Marche rouge – Les enfants perdus de l'Hôpital général*, Éd. Jacqueline Chambon, 2008. Maurice Berger écrira *Les séparations à but thérapeutique*, Éd. Dunod, 2011.
5. Michel Foucault, *Histoire de la folie à l'âge classique*, Gallimard, 1972, p. 16.

Le Secret

Dans le même sens, s'est développé l'usage du « tour ». Le tour est une sorte de tourniquet placé dans le mur de l'hospice qui permettait le dépôt anonyme et le recueil secret de l'enfant.

On trouve les premières traces d'un tour à Milan en 787. Il se répand ensuite en Italie puis en France.

Le tour n'est pas créé, ainsi que le précise le règlement du tour d'exposition de Bordeaux en 1717, « pour inviter les père et mère à abandonner, mais seulement dans l'esprit de charité, pour conserver les enfants et empêcher l'exposition dans les rues et places publiques ». Lamartine voyait dans ce système qui permet « d'abandonner un enfant sans que l'on puisse distinguer le visage de la mère pécheresse... » une ingénieuse invention de la charité chrétienne, « ayant des mains pour recevoir, mais pas d'yeux pour voir, ni de bouche pour parler ».

L'instauration du tour va susciter de nombreuses polémiques. Il va multiplier les abus qu'on avait voulu supprimer :

– À Montreuil, un sourd-muet de 17 ans fut introduit dans le tour ;

– À Nîmes, une nourrice avait reçu un enfant de l'hospice ; elle alla le déposer dans le tour voisin d'Alès pour le reprendre ensuite et toucher double salaire ;

– À Dunkerque, une femme employée de l'hospice y avait déposé ses trois enfants ;

– Presque partout des sages-femmes faisaient métier de déposer les enfants au tour pour découvrir ensuite dans quelles mains ils passaient ;

– À Sedan, à Steney, il en venait un grand nombre de Belgique où le tour n'existait pas. Il fallut fermer le tour. Même chose à Metz ;

– Il y avait aussi des meneurs qui, contre rémunération, amenaient des enfants au tour, par exemple à Lyon.

Le tour a été rendu obligatoire par le décret de 1811 en ces termes : « Dans chaque hospice destiné à recevoir les enfants trouvés, il y aura un tour où ils devront être déposés ».

Tout au long du XIXe siècle ont eu lieu des débats autour du tour, avec des arguments très actuels, car ce débat on l'a toujours à propos de l'accouchement sous X, cette spécificité française.

Ainsi Le Vicomte de Melun dénonce le caractère irréversible du tour : « C'est un gouffre », dit-il dans les *Annales de la Charité* de 1845, « une oubliette. À cause de l'anonymat, la mère ne pourra jamais revenir sur son geste et son enfant est à jamais privé d'identité et d'état civil. »

Pour dissuader les parents, on développera aussi le déplacement des enfants. En effet, on avait remarqué que

« … quelques couples légitimes abandonnaient leur enfant au tour avec un signe distinctif (médaille, ruban de couleur, carte de jeu coupée en deux…) ; la mère se présentait peu après comme nourrice, récupérait son enfant et percevait les pensions trimestrielles. L'Administration décide alors de placer les nourrissons non plus dans leur département d'origine mais dans des départements limitrophes ; les enfants déjà installés dans leurs familles nourricières seront ramenés à l'hospice et transportés, eux aussi, dans un autre département. La circulaire fut d'abord appliquée à la lettre, certains parents retirèrent alors très vite leurs enfants des hospices par peur de les perdre à jamais, mais les complications administratives furent telles que la procédure sera abandonnée peu à peu. Lamartine dénoncera le caractère arbitraire et brutal de cette mesure : pour quelques abus facilement réprimables individuellement, de nombreux enfants se voient condamnés à une vie insécurisante engendrée par ces séparations successives. Lamartine parlera même de suicides d'enfants :

« Quoi ! N'est-ce pas une rigueur ? Une peine ? Un exil ? Une barbarie ? Ah ! Demandez-le à votre propre cœur intimement interrogé […]. J'ai été vingt fois témoin moi-même de ces lamentables exécutions, demandez-le à ces enfants que votre gendarmerie vient enlever de force à celle qui a été jusque-là sa mère, et qui se cramponne à la porte de la chaumière dont on vient de l'arracher à jamais ! Demandez-le à ces pauvres mères indigentes qui courent de chez elle chez le maire, de chez le maire à la préfecture, pour faire révoquer l'ordre inflexible (…). Demandez-le aux suicides précoces d'enfants déplacés, qui, dans mon département même, ne pouvant supporter l'angoisse de ces séparations, se sont précipités dans le puits de la maison ou dans l'étang du village[6] ».

Les administrateurs des Hospices de la Seine rétorquent stoïquement que « les déplacements opérés avec prudence et précaution sont sans inconvénients notables pour la santé d'enfants transplantés et qu'il y a lieu de les continuer[7] ».

Jugés coûteux et trop permissifs, les tours seront fermés les uns après les autres. Ils n'évitaient d'ailleurs pas la mort, car on retrouvait souvent un cadavre de nouveau-né, à tel point qu'on l'avait appelé « boite aux infanticides » : « Le jour qui les a vu naître est aussi celui qui les a vu mourir ».

Celui de Paris, institué en 1827, fermera en 1861.

Vous savez qu'on est en train de réinstaller des tours en Allemagne, Hollande, Belgique[8]… sous le nom de Tourniquet ou de boîte à bébés. Et en France, le tour n'existe plus, mais existe encore la possibilité d'accoucher anonymement, appelé sous X, dispositif actuellement discuté. Ce qu'on a appelé « le tour, moins la boîte ».

---

6. Lamartine, extraits d'un discours consultable sur le site : https://lescerisiersrefleuriront unjour. blogspot.com/2015/04/tour-mobile.html.
7. *Journal de la Société de la morale chrétienne,* 1840.
8. Un inventaire en est présenté dans le rapport de Brigitte Barèges sur l'accouchement sous X (2011) accessible par internet.

II. L'organisation de l'assistance

Au point de vue des institutions, il faut bien sûr souligner la place de Saint-Vincent-de-Paul. Celui-ci découvre en 1638 la situation des enfants trouvés, dont il se faisait parfois un commerce scandaleux.

> Ça paraît ancien, mais l'office de police criminelle intergouvernemental Europol affirmait il y a quelques mois déjà que plus de 10 000 enfants migrants non accompagnés ont disparu en Europe sur les 18 à 24 mois précédents. L'agence policière craint que nombre d'entre eux soient exploités, notamment sexuellement, par le crime organisé ou même pour des transplantations d'organe.

C'est pourquoi il organise l'hôpital des Enfants-Trouvés. Les principes actuels du service seront posés dès 1639 : un dossier pour chaque enfant, une réglementation prévoyant le logement, la nourriture, le trousseau, le terme « vêture » qui est encore utilisé, le recrutement des nourrices, le placement des enfants à la campagne, leur surveillance, leur instruction.

Tout au long du XIXe siècle se développeront d'autres formes d'aides, notamment financières : le secours. Cette citation de 1830 pose le problème :

« La débauche peuple sans doute les hospices d'enfants trouvés, mais la misère est aussi l'une des causes les plus fréquentes d'abandons. Si la mère pouvait nourrir son enfant [...] elle se déterminerait difficilement à l'abandonner [...]. Il s'agirait donc de remplacer, par un bon système de secours à domicile de la mère, les secours que l'on donne aujourd'hui à l'enfant dans l'hospice, il s'agirait de payer à la mère les mois de nourrice qu'on paye actuellement à une nourrice étrangère[9] ».

Ça reste vrai, mais encore aujourd'hui au niveau national 75 % du budget ASE sont affectés aux placements et 5 % aux aides financières.

À partir de cette époque, on note une régression considérable du nombre d'abandons précoces. Une partie des structures se trouve donc disponible et pourra accueillir de nouveaux clients.

Après les orphelins et les enfants trouvés, l'Assistance publique va découvrir les enfants « en dépôt » (terme qui sera supprimé en 1943 et remplacé par « recueillis temporaires »). Il s'agit d'enfants dont les parents sont hospitalisés ou sans logement.

III. La logique de la protection

L'intérêt pour l'enfance s'est manifesté à travers plusieurs grandes lois protectrices du XVIIe et XVIIIe siècle sur lesquelles nous vivons encore :

---

[9]. Rapport du ministre de l'intérieur, 1837.

La loi du 28 juin 1793. Elle fera obligation pour la Nation de s'occuper des enfants abandonnés qui seront désignés sous le nom d'orphelins.

Première nouveauté : l'aide sociale est un droit pour tout enfant dans le besoin résidant en France. D'où possibilités de recours devant le TA en cas de refus.

Il n'y a pas de condition de nationalité, ce sont des lois de police qui s'appliquent à tous ceux qui sont sur le territoire. Vous connaissez le problème de ceux qu'on a appelés les « Mineurs Isolés Étrangers », maintenant « Mineurs non accompagnés » : le problème c'est qu'ils sont de plus en plus nombreux et que les services sont dépassés. D'où toutes les tentatives de les rejeter, de l'ASE vers le Juge des enfants, du juge des enfants au JAF, du JAF vers la rue ; le plus fréquent est de mettre en doute leur minorité.

Deuxième idée : ils seront tous désignés sous le nom d'orphelins.

Pourquoi ? Pour supprimer toute ségrégation entre l'enfant qui a des parents et donc des droits et le bâtard qui en a moins. Ça vous paraît éloigné ? Pas tellement : il a fallu attendre une loi de 1972 pour que l'enfant adultérin (c'est-à-dire né hors mariage) voie sa filiation établie. Mais encore, avec des droits restreints à l'héritage. Le Garde des Sceaux de l'époque, Jean Foyer, disant : « Il ne faut pas que les enfants du péché viennent manger le pain des enfants de l'amour ». Ce n'est que depuis 2001 qu'il a droit à l'héritage comme les enfants légitimes. Et depuis 2005, on ne parle plus de filiation légitime ou naturelle.

Mais conséquence négative : les parents sont niés et la mission du service est de remplacer les parents, à tel point qu'on a parlé des enfants de l'assistance, puis des enfants de la DDASS, alors que nous le savons, ni l'assistance ni la DDASS n'ont d'enfants, elles s'occupent des enfants des autres. Ce sont des marâtres stériles.

Le décret du 19 janvier 1811 organise le recueil des enfants trouvés, abandonnés et orphelins pauvres (c'est ce texte qui rend le tour obligatoire dans chaque hospice dépositaire).

La loi de 1841 limitera le travail des enfants.

La loi de 1882 rendra l'instruction publique obligatoire. À partir de là, les instituteurs vont découvrir la maltraitance sur certains enfants. Jusque-là on disait : « Charbonnier, maître chez lui ». Encore aujourd'hui, l'Éducation Nationale est un élément essentiel de repérage des maltraitances et le premier pourvoyeur d'informations préoccupantes.

Et cela va aboutir à la loi suivante :

La loi du 24 juillet 1889 sur la protection judiciaire de l'enfance maltraitée sera une étape essentielle. Cette loi donnait la possibilité au tribunal de grande instance de prononcer une déchéance de puissance paternelle, parfois même sur des enfants à naître (et ce sera jusqu'à ce que l'autorité parentale remplace la puissance paternelle en 1970). Pour la première fois, le législateur protège nettement l'enfant contre ses parents.

L'Assistance publique était adaptée à l'accueil des enfants jeunes et elle avait développé tout un dispositif de prise en charge matérielle et alimentaire. Avec ces enfants, elle va découvrir des problèmes nouveaux : ils sont plus âgés, plus perturbés, ils ont vécu des situations difficiles et ils vont perturber le fonctionnement des services.

Le dispositif d'accueil prévu pour de très jeunes enfants placés dès que possible à la campagne va se montrer inadapté à l'accueil de ces enfants. Pour eux, l'Assistance à l'enfance crée des écoles professionnelles, mais aussi les premiers dispositifs d'observation.

Mais l'enfant abandonné est aussi un enfant dangereux. Là aussi le débat est très actuel entre *enfant en danger* et *enfant dangereux*.

Il faudra donc rééduquer par tous les moyens et donner tout juste ce qu'il faut d'éducation pour en faire d'honnêtes ouvriers.

Je pourrais ici appeler le témoignage de Jean Genet.

Jean Genet, né en 1910, sera confié à une nourrice du Morvan.

Bien que Genet n'ait pas eu à se plaindre directement de ses parents nourriciers, il écrira dans *Le journal du voleur*[10] :

« Être un enfant de l'Assistance publique, ce que c'était, personne ne pourra vous le dire. Les autres ne se rendent pas compte. Ils croient qu'on était tous élevés de la même façon mais ce n'était pas vrai. Nous étions à part. Sauf en classe peut-être, entre camarades… Mais dans le village, ce n'était pas la même chose. Nous n'étions pas habillés comme les autres enfants. Dès qu'il y avait quelque chose dans le pays, nous étions accusés tout de suite. S'il y avait un feu, par exemple, – et c'était fréquent –, c'était tout de suite notre faute. (*Ndla* : ça n'a pas changé.)

Même pour les enfants de chœur, il y avait deux classes : la première était composée des fils de famille qui accompagnaient les mariages et les enterrements des gens importants.

Et la deuxième regroupait les "culs-de-Paris" qu'on appelait lorsqu'il s'agissait de gens pauvres ou de quelqu'un qui était mort pendant la nuit. Et nous autres, personne ne nous donnait de petites pièces, sauf parfois le curé ».

À son départ du Morvan, Genet fut envoyé dans un centre d'apprentissage de l'Assistance Publique puis, après quelques séjours en patronage, à la prison de la Petite Roquette, à la clinique neuropsychiatrique du docteur Heuyer, il sera confié à la colonie agricole de Mettray.

---

10. Jean Genet, *Journal du voleur*, Gallimard, 1982.

Je ne tomberai pas dans le misérabilisme, mais ici on ne peut qu'être révoltés à la lecture des descriptions de Genet. Elles rejoignent les justes dénonciations du journaliste Alexis Danan dans son livre de 1936 *Maisons de supplices*[11]. Les mêmes témoignages sur les évasions, les punitions, les automutilations et les morts.

Genet laisse entendre que les colons de Mettray étaient formés pour devenir de bons colons en Afrique du Nord. C'est pour cela qu'on ne leur enseignait que les rudiments de la lecture et de l'écriture et on les faisait travailler 13 heures par jour dans les champs[12]. Il était d'ailleurs possible de quitter Mettray avant 21 ans à condition de se porter volontaire pour l'Afrique en tant que soldat ou colon.

Les tentatives de colonisation sont nombreuses.

Ainsi en 1850, concrétisation la plus radicale de la peur qu'inspire l'enfant abandonné, le placement en Algérie va concerner non seulement les sans-famille de la Seine, mais également les enfants trouvés d'autres villes. Citons ici des extraits du livre de Danièle Laplaige[13] :

« Le Père Brumault, un jésuite, achète 100 hectares de terre à Ben-Aknoum, près d'Alger, et y ouvre un premier établissement destiné aux orphelins. Le maréchal Bugeaud le fait bénéficier de quelques cadeaux de l'armée, vieux pantalons et gamelles de fer. Mais comme beaucoup de ces orphelins meurent de la malaria, le Père s'adresse au département de la Seine pour demander l'envoi de jeunes assistés.

L'affaire est rondement menée par le Ministère de la Guerre, responsable des affaires algériennes et l'hospice Saint-Vincent-de-Paul. 100 garçons de l'hospice et 100 autres secourus par les bureaux de bienfaisance de Paris partiront immédiatement. Ils sont choisis pour leur robuste santé et leur sagesse, cette expédition ayant pour but principal, selon les *Annales de la charité* (!) "l'intérêt de la colonisation de cette terre française".

Le départ a lieu le 15 juillet 1853. Après messe et bénédictions, ils embarquent par train spécial vers Marseille ».

Quelques mois plus tard, l'enthousiasme n'a pas faibli. Ainsi Édouard de Tocqueville, le frère d'Alexis de Tocqueville, écrira : « L'État pourrait envoyer en Algérie tous les enfants sur lesquels il exerce des droits de tutelle, patronage et surveillance, comme les orphelins indigents, les jeunes vagabonds et les enfants condamnés correctionnellement… La France se verrait ainsi purgée de ces générations ignorantes et perverses qui s'élèvent dans son sein pour le crime et l'insurrection[14]… »

---

11. Paru en avril 2020 en version ebook.
12. Encore aujourd'hui, selon la DRESS, 78 % des enfants de l'ASE suivent un enseignement professionnel contre 33 % pour les autres adolescents.
13. Danièle Laplaige, *Sans famille à Paris, orphelins et enfants abandonnés de la Seine au XIXe siècle,* Le Centurion, 1989.
14. Edouard de Tocqueville, *Des enfants trouvés et des orphelins pauvres comme moyen de colonisation de l'Algérie*, Amyot, 1850.

Un autre membre de la Société des établissements charitables, Raymond Thommassy, ajoutera : « Ainsi pourrait être supprimé cet immense appareil d'hospices et de prisons, qui n'est pas seulement improductif en France, et ruineux sous le rapport financier, mais est encore plus inefficace sur le plan moral[15]. »

Malheureusement, cinq ans après, l'expérience finira mal. Les enfants sont terrassés par les fièvres et il faut les évacuer au plus vite.

Durant les années 1960-1970, la déportation se fera en sens inverse, mais pour les mêmes raisons économiques : plus de 2 000 garçons et filles, orphelins, abandonnés ou simplement retirés à leurs parents, ont été transplantés de l'île de la Réunion vers la France au nom de la raison d'État.

Cela permettait de désengorger les foyers de l'île et espérait-on, en tout cas disait-on, offrir de meilleures chances aux enfants. Et en même temps on apportait de la main-d'œuvre à des départements qui se dépeuplaient – le Tarn, la Creuse, le Gers, et on sauvait des établissements qui périclitaient, faute de pensionnaires. Bref, tout le monde s'y retrouvait. Sauf les enfants.

Je cite William Luret : « Comment cette idée inimaginable d'arracher ces enfants à leurs mères, à leur terre, a-t-elle germé ? Comment a-t-elle contaminé les cœurs et les bonnes consciences ? Comme si un savant fou s'était mis en tête d'acclimater des pailles en queue dans les cages du Muséum, de les enlever au grand vent de l'océan, de leur couper les ailes et de les enfermer à dix mille kilomètres de leurs nids de vagues. Pourquoi[16] ? » Une somme d'incompétence et de médiocrité.

1923, l'adoption est ouverte aux mineurs : le Code Napoléon ne permettait que l'adoption d'adultes. Elle deviendra ainsi une forme de protection de l'enfant privé de parents.

Bagnes d'enfants et colonies agricoles ont été supprimés en 1946, mais les pesanteurs institutionnelles ont eu plus de longévité que les dénominations.

C'était encore l'époque des Bons-Pasteurs qui avaient pour mission de racheter les filles vicieuses, perverses et incorrigibles[17] et qui ne disparaitront qu'après 1975.

IV. La logique du soin

Au cours du XXe siècle on va s'apercevoir que *le « placement », s'il est parfois nécessaire, est souvent évitable et constitue toujours un danger.* Ça laisse toujours des cicatrices. Et ça coûte cher.

---

15. *Annales de la charité*, 1853.
16. W. Luret, *Ti' Paille en queue – Les Enfants déportés de La Réunion*, Éditions Anne Carrière 2004.
17. Michelle Marie Bodin-Bougelot, *Enfances volées – Le Bon Pasteur – Nous y étions*, 2009. Autoédition.

Le psychiatre Michel Soulé écrira : « Les modes selon lesquels on cherche à pallier la défaillance des familles aggravent généralement leur pénalité initiale... le fait même de devenir l'objet de la sollicitude d'une administration ou d'un organisme d'aide sociale marque et accentue cette première différence »[18].

D'où le souci grandissant de développer la prévention par une aide plus précoce – financière, éducative, psychologique – à la famille – dont les associations de sauvegarde, comme celle du Rhône présidée d'abord par Emmanuel Gounot puis par Emma, sont un exemple.

Le rapport Dupont-Fauville marquera un tournant dans les pratiques du service. Il va proposer des aménagements autour de trois mots-clés : continuité, prévention, action globale déconcentrée[19].

Un effort d'amélioration des placements familiaux est recherché à travers la mise en place d'un statut des assistantes maternelles (17 mai 1977) qui instaure un agrément, une formation et les fait entrer dans le droit du travail. Ce statut sera complété en 1992 puis en 2005.

Le résultat de cette évolution sera une professionnalisation de l'aide à l'enfance. On passe d'un service de protection de l'enfance (souvent contre les parents) à un service d'aide à la famille. En théorie du moins.

Et cependant apparaît de plus en plus une attitude critique en face de ce service. La presse, la radio, la télévision n'en parlent que pour en dénoncer les pratiques, à propos notamment des retraits jugés abusifs.

Les études se multiplient. Dans le prologue de l'une d'elles, réalisée par le CERFI sur l'implication des personnels de l'Aide sociale à l'enfance, on peut lire :

« Au commencement de notre recherche serait la violence. La violence faite aux familles et aux enfants qui rencontrent l'Aide sociale à l'enfance sur le chemin de leur vie et qui ressort comme un cri de révolte d'une foule de témoignages, de récits, souvent difficiles à supporter. Pour eux, la réalité n'a guère évolué. C'est toujours la vieille Assistance publique avec ses démons qui fonctionne, l'Assistance qui prend les enfants et son personnage public, son incarnation, l'assistance sociale qui les retire[20]. »

Ce malaise sera analysé dans un nouveau rapport officiel, effectué à la demande du ministre par Jean-Louis Bianco et Pascal Lamy.

---

18. Michel Soulé et Jeanine Noel, « Le grand renfermement des enfants dits « cas sociaux » ou malaise dans la bienfaisance », in *La Psychiatrie de l'enfant*, vol. XIV, fasc. 2, 1971, p. 577.
19. Édité par ESF, Paris (1973), sous le titre : *Pour une réforme de l'Aide sociale à l'enfance.*
20. CERFI.

V. Le droit des personnes

Le **rapport Bianco Lamy** en 1980 fait le point de l'évolution depuis la précédente étude (Dupont Fauville). Dès la première page il va dénoncer le poids du passé, la compétition des pouvoirs à l'aide à l'enfance (entre institutions, justice, associations, établissements, bureaux, services…) et l'importance des absents. Et les grands absents de l'ASE, c'étaient, nous dit le rapport, les enfants, les parents et les familles d'accueil. Absents en capacité de parler. Et c'est à leur donner une place que vont s'attacher les lois qui vont s'en suivre.

Ce rapport aboutira à la loi du 6 juin 1984 sur le droit des familles dans leurs relations avec les services chargés de la protection de l'enfance. Ce titre est déjà un retournement. Jusqu'ici on parlait toujours des devoirs des parents et les dispositifs d'aide étaient des instruments de pouvoir.

Cette loi vient nous dire : bien sûr, il y a des parents défaillants. Mais ce n'est pas en les écartant qu'on les fera sortir de leur défaillance. C'est en leur donnant des droits et en leur donnant les moyens d'exercer leurs droits qu'on leur conférera une citoyenneté, qu'on les restaurera dans une dignité.

Parallèlement la décentralisation à partir de 1982 transfère la responsabilité de l'ASE de la DDASS vers le Département.

La loi 2002-2 du 2 janvier 2002 va donner une cohérence à cet édifice. Elle ne crée pas de droits nouveaux : droit à la dignité, au respect, à la confidentialité, à l'accès aux informations, tout cela existait déjà. Mais elle va les proclamer et surtout donner des moyens de s'assurer de la mise en œuvre effective de ces droits, par les schémas départementaux, Conseils de la Vie sociale et les documents obligatoires au sein des institutions (projets d'établissement, livret d'accueil, contrat de séjour…). Cela fait beaucoup de procédures, mais nous savons en droit que la forme est protectrice des libertés.

Les placements vont s'ouvrir. Les parents vont y rentrer par le biais notamment des Conseils d'établissement. La qualité des placements devrait en être améliorée. En effet, comme l'ont montré Tomkievicz et Vivet dans leurs travaux, notamment *Aimer mal, Châtier bien*[21], c'est par l'ouverture des établissements aux syndicats, au public, et surtout aux familles que l'on fait tomber les violences institutionnelles. D'ailleurs encore aujourd'hui, c'est par les parents que nous en avons connaissance.

Puis vint 2007

À travers ces quelques évocations, on perçoit deux conceptions en matière d'aide à l'enfance.

– La logique de la protection

---

21. S. Tomkievicz et P. Vivet, *Aimer mal, châtier bien. Enquêtes sur les violences dans des institutions pour enfants et adolescents,* Éditions du Seuil, 1991.

et

– La logique de la promotion et du droit des personnes.

Pour les tenants de la protection, l'enfant se définit en creux : c'est celui qui ne parle pas – *infans* – c'est celui qui n'a pas de capacité – le mineur.

Les axes forts seront le repérage, le contrôle, le signalement, … l'invocation de l'intérêt de l'enfant qui est l'alibi de toutes les décisions.

Pour les tenants du droit des personnes – enfants, parents, familles – les premiers responsables du devenir de l'enfant, ce sont ses parents. Il faudra donc s'appuyer sur leurs potentialités. Une des missions des services sera un soutien à la parentalité. C'est la logique des lois de 1984 et de 2002.

La loi du 5 mars 2007 s'appuie sur ces 2 logiques :

– Il y a des dispositions relatives au dépistage des situations de danger, au signalement, avec la mise en place des Cellules de recueil des informations préoccupantes ;

– Il y a des dispositions relatives au droit des personnes : droit d'audition pour l'enfant, association des parents au Projet pour l'enfant (document très important), accès au rapport annuel.

En effet, les deux démarches sont nécessaires.

Les quatre objectifs affichés étaient :

– Développer la prévention,
– Renforcer le dispositif d'alerte et d'évaluation des risques de danger,
– Améliorer et diversifier les modes d'intervention,
– Renouveler les relations avec les enfants et les familles.

VI. Le recentrage sur les besoins de l'enfant

La loi du 14 mars 2016 opère un nouveau virage. On a reproché aux dispositifs précédents ce qu'on a appelé le familialisme. On a même parlé de dogme. La loi de 2016 se recentre sur l'enfant, comme son titre l'indique, et ses besoins. Encore faudrait-il que nous soyons d'accord sur ses besoins fondamentaux.

Le nouvel article L. 112-3 du Code de la famille et de l'action sociale est éclairant sur ce virage. Le texte issu de loi du 5 mars 2007 était : « La protection de l'enfance a pour but de *prévenir les difficultés auxquelles les parents* peuvent être confrontés dans l'exercice de leurs responsabilités éducatives, *d'accompagner les familles et d'assurer,* le cas échéant, selon des modalités adaptées à leurs besoins, une prise en charge partielle ou totale des mineurs. »

Depuis 2016, il devient : « La protection de l'enfance vise à garantir *la prise en compte des besoins fondamentaux de l'enfant*, à soutenir son développement physique, affectif, intellectuel et social et à préserver sa santé, sa sécurité, sa moralité et son éducation, dans le respect de ses droits. » (…)

Elle privilégie les besoins de sécurité mais à mon avis ignore trop les besoins d'amour et d'appartenance, notamment familiale[22]. « À s'occuper uniquement de l'enfant, on le rejette en tant que sujet », écrivait la psychanalyste Maud Mannoni il y a 40 ans.

La loi de 2016 vise à sécuriser le parcours de l'enfant et adapter le statut de l'enfant placé sur le long terme.

Pourtant le placement sur le long terme est la marque de la faillite de la société à permettre aux parents d'assumer leur rôle. Cela me met mal à l'aise qu'on s'accommode du placement à long terme. Comme autrefois les services des incurables[23]. Alors que la place normale d'un enfant est dans sa famille[24].

Actuellement l'ASE c'est un service du conseil départemental qui, en gestion directe et/ou avec des services conventionnés, comme l'ADSEA, mène des actions de prévention et des actions de protection pour 355 000 enfants (au 31.12.2018), 53 % en placements, en foyers, MECS ou familles d'accueil, le reste au domicile. Le coût est d'un peu plus de 10 milliards d'euros par an.

Quel est le résultat de cette évolution ?

Il se trouve que je suis professionnellement avocat des enfants ou avocat des parents. Et donc que je ne vois que les dysfonctionnements. Tout ne dysfonctionne pas, bien sûr. Maurice Berger[25] a écrit *L'échec de la protection de l'enfance*, titre sans doute excessif, mais ce que nous voulons, dans ce domaine, c'est le zéro défaut, et en ce sens il a raison de tirer la sonnette d'alarme.

Ce que je constate c'est l'inflation des informations préoccupantes, dites IP. La loi du 5 mars 2007 a prévu la mise en place d'un dispositif de recueil des informations préoccupantes pour qu'aucun enfant en difficulté ou en danger ne soit oublié. Ambition louable. Mais on a vu la multiplication de ces dénonciations, parfois par malveillance, souvent par facilité ou simplement « pour se protéger ». On passe de la protection de l'enfant à la protection des professionnels.

Le nombre de placements abusifs. La France est le pays qui a le taux de placements le plus élevé, le double de la moyenne européenne[26]. Or je soutiens que 25 % auraient dû être évités, 25 % se prolongent indûment. Ça fait 50 % des 170 000 placements qui selon moi devraient être évités. Avec le coût financier mais surtout humain que ça représente. Vous allez me dire : ce sont des décisions judiciaires : alors là il faut dénoncer avec force la confusion des pouvoirs entre l'administration et la justice. Alors que le juge devrait être un arbitre neutre entre

---

22. Voir la pyramide des besoins de Maslow.
23. Loi du 14 juillet 1905 relative à l'assistance aux vieillards, infirmes et incurables.
24. « Le placement, c'est le mode de gestion de la faillite de la société de permettre à la famille de jouer son rôle. L'action des pouvoirs publics doit d'abord permettre à l'enfant de vivre dans sa famille », dit le professeur Pierre-Yves Verkindt.
25. Maurice Berger, *L'échec de la protection de l'enfance,* Dunod, 2003.
26. La France a 65 millions d'habitants dont 15,4 de 0 à 19 ans et 164 000 mineurs « placés » soit 1 %.

l'administration sociale et les usagers, le juge dépend de l'administration pour les investigations (les MJIE par exemple) et pour la mise en œuvre des mesures qu'il prononce. D'ailleurs clairement le code prévoit une saisine de la justice en cas de refus de la famille d'accepter l'intervention du service de l'aide sociale à l'enfance. C'est en quelque sorte le bras séculier de l'administration : on a les moyens d'obtenir leur consentement. Il y a une atteinte grave à la séparation des pouvoirs. Or, disait Montesquieu, un pays qui ne connaît pas la séparation des pouvoirs n'est pas une démocratie[27].

À côté de cela des mesures nécessaires qui ne sont pas mises en place : un an à 18 mois d'attente pour une AEMO dans certains départements ; ça n'a plus aucun sens. Ce n'est pas un problème de moyens, mais de leur utilisation.

Des motivations de retraits d'enfants fantaisistes en fonction des dernières modes : amour fusionnel, déni des difficultés, syndrome d'aliénation parentale, syndrome de Münchhausen par procuration.

La séparation quasi systématique des fratries, ce qui est contraire à la loi et a déjà valu des condamnations de la France par la CEDH ; car en protection de l'enfance, on a deux combats : le premier pour changer les lois et quand on l'a gagné, il faut recommencer pour les faire appliquer. Parfois en vain pendant des années.

Les difficultés pour les parents à garder une place de parent. L'historien Yvan Jablonka raconte bien ce long combat de l'assistance publique contre les familles, dans *Ni père ni mère*[28]. Souvent tout est fait pour écarter les parents. Ça se traduit par tous les freins aux visites et aux relations, par la multiplication des visites surveillées appelées indûment médiatisées, parfois même pour les communications téléphoniques. J'ai accompagné des parents qui sont autorisés à voir leur fils depuis sa naissance une heure tous les trimestres, soit seulement quatre heures par an. À six ans, ils l'ont vu 24 heures dans une pièce. Lors d'une audience, l'avocat général a dit : « Ces visites dans un bocal n'ont aucun sens ». Quels liens, quelle histoire commune ? Il suffit qu'ils ratent un rendez-vous pour que la séparation soit de six mois… Les rencontres dans la salle d'attente du tribunal sont éclairantes, quand un enfant de 6 ou 8 ans demande à l'oreille de son avocat « Est ce que j'ai le droit d'aller faire un bisou à maman ? », – et la réciproque arrive aussi – alors qu'on nous parle de soutien à la parentalité ?

En 2019, les 15 juges des enfants du TGI de Bobigny signaient un manifeste où ils dénoncent l'inefficacité de leur action, dans ce département jadis fleuron de la protection de l'enfance en France.

---

27. Repris par l'article 16 de la Déclaration des droits de l'Homme et du citoyen : « Toute Société dans laquelle la garantie des Droits n'est pas assurée, ni la séparation des Pouvoirs déterminée, n'a point de Constitution. »

28. Ivan Jablonka, *Ni père ni mère – Histoire des enfants de l'Assistance publique (1874-1939)*, Seuil, 2006.

Dans leur dernier livre, *Le massacre des innocents*, Michèle Creoff, vice-présidente du Conseil National de la Protection de l'enfance, et Françoise Laborde affirment, je cite, que « 70 % des enfants placés n'ont aucun diplôme, alors même que l'État dépense pour eux 44 000 euros par an et par enfant, c'est-à-dire le prix d'un collège d'élite ; 40 % des SDF de moins de 25 ans sont d'anciens enfants placés qui ont été renvoyés de toutes les structures d'accueil le jour de leurs 18 ans "parce que c'est la loi" ».

Les récents rapports du Conseil économique et social[29] et des commissions parlementaires[30] sont aussi accablants. Les historiens ont montré que les enfants abandonnés avaient plus de chances de survivre et d'avoir un destin favorable lorsque leur sort dépendait du bon cœur des inconnus que lorsqu'on a institué les hôpitaux pour enfants trouvés[31].

Alors quelle protection ? Que protège-t-on ?

Pour terminer sur une note optimiste sur ce thème de la protection et remettre un peu d'humanité dans ces dispositifs je reprendrai une phrase du romancier américain John Irving :

> – « C'est dur d'avoir envie de protéger quelqu'un et d'en être incapable, fit observer Ange.
> – On ne peut pas protéger les gens, petit, répondit Wally. Tout ce qu'on peut faire, c'est les aimer ».

Emma Gounot est pour nous un exemple de cette humanité.

*
* *

---

29. https://www.lecese.fr/sites/default/files/pdf/Avis/2018/2018_17_protection_enfance.pdf.
30. Rapport d'information sur l'aide sociale à l'enfance présidé par M. Ramadier, AN 3 juillet 2019.
31. Voir John Boswell, *Au bon cœur des inconnus. Les enfants abandonnés de l'Antiquité à la renaissance* NRF/Gallimard, 1993.

Enfin, une consécration du droit à l'enfant[1] !
(Éléments pour une anticipation vraisemblable)

Vincent BONNET
Maître de conférences HDR à l'Université de Bourgogne Franche-Comté
Directeur du master 2 de droit notarial

S'il y a une leçon que le droit contemporain de la famille nous enseigne, c'est bien celle selon laquelle on peut s'habituer à tout. Qui eût cru à l'époque des grands débats qui ont agité la doctrine et la société dans les premières décennies de ce siècle qu'aujourd'hui, en 2030, les arguments qui furent élevés contre le mariage pour tous, les PMA pour toutes, la GPA pour tout le monde, et autres grandes avancées sociétales, ne susciteraient plus que haussements d'épaules et regards d'incompréhension. Même les opposants les plus farouches de naguère avouent aujourd'hui que ces batailles d'arrière-garde étaient bien dérisoires, que finalement la fin annoncée de la civilisation ne s'est pas produite, que les quelques souffrances morales ou intellectuelles subies par celles et ceux qui croyaient encore en des valeurs comme principes de gouvernement ne sont rien à côté de certains désirs que les progrès de la science permettent de satisfaire, progrès qui suscitent chez les citoyennes et les citoyens l'idée que ces désirs sont des droits. Que dire en particulier du bonheur que l'on peut lire dans les yeux de celles et ceux à la demande sociétale d'enfant desquels la science et éventuellement la loi ont pu répondre favorablement ? Plus personne aujourd'hui ne conteste qu'un pouvoir politique qui s'opposerait à la réalisation de l'un des désirs les plus légitimes, l'obtention d'un enfant, qui ne ferait pas tout pour que ses citoyennes et ses citoyens puissent accéder à ce bonheur suprême, serait un pouvoir despotique et tyrannique.

On s'habitue à tout. Ce qui aujourd'hui paraît inaccessible ne le sera plus demain. Ce que la morale, ou quelques frustrations inhibitives, quelques peurs irrationnelles paralysantes, nous interdit parfois encore – dès lors que la technologie le permet – deviendra quelque chose de normal à l'avenir. La possibilité

---

[1]. Texte prononcé à l'occasion du Colloque « Procréation et filiation, Progrès d'aujourd'hui et de demain… », organisé par l'Institut des Sciences de la Famille à Lyon le 24 novembre 2030. Le style oral a été conservé.

de procréer hors mariage, la possibilité de se défaire d'un mariage par simple volonté[2], la reconnaissance d'union de couples de même sexe, le droit d'exhéréder totalement ses enfants, le recours à la GPA, bientôt la possibilité de choisir les caractères physiques ou intellectuels de son enfant, la liberté de changer de sexe à tout moment : les plus jeunes d'entre nous peuvent s'en rendre compte et auront du mal à y croire, toutes ces avancées fondées sur la liberté et l'égalité ont été conquises de haute lutte – tout comme au XXe siècle le droit de vote des femmes, la liberté de recourir à la contraception ou à l'avortement, l'égalité salariale ou encore le principe de non-discrimination entre les personnes en fonction de leurs origines, de leur religion ou de leur orientation sexuelle. D'autres évolutions sont à venir. On en pressent déjà quelques-unes en matière notamment de disponibilité du corps humain, de reproduction transgénique (terme que l'on emploie plus volontiers que celui de chimérique connoté trop négativement), et combien d'autres encore dont on ne soupçonne peut-être même pas la possibilité. À condition que la technologie progresse suffisamment vite, toutes les évolutions qui vont dans le bon sens devraient être consacrées.

Comment peut-on en être certain ? Je m'arrête quelques instants sur la définition indispensable de quelques concepts juridiques. Au cours des dernières décennies, ce sont deux principes, celui d'égalité et celui de liberté, qui ont été les moteurs principaux des progrès sociétaux qui sont ici évoqués. Le principe d'égalité s'est appliqué tous azimuts entre toutes les personnes et tous les groupes qui le réclamaient, que ce soit du point de vue de l'origine, du point de vue de la sexualité, ou du point de vue du genre, tout ce que la loi pouvait faire a été fait. Aujourd'hui le principe d'égalité a atteint ses limites, il n'est plus guère opérant.

Pour le reste c'est essentiellement le principe de « liberté sociétale » qui a fondé ces dix dernières années les grandes évolutions de la société – principe qui peut être défini de la manière suivante : « principe selon lequel toute demande d'ordre sociétal exprimée par un groupe de personnes suffisamment représentatif[3] du corps social dans son ensemble, dans le domaine des relations conjugales, de la procréation et de l'identité de genre doit trouver une consécration législative le plus rapidement possible en adéquation avec les données actuellement disponibles de la science[4] ». La doctrine, suivie par la jurisprudence, en a déduit que toute loi intervenant dans ces domaines devait prévoir sa propre réactualisation en fonction des progrès scientifiques. Le Conseil constitutionnel en a déduit également un principe corrélatif en vertu duquel « les institutions scientifiques en charge de la recherche médicale sont tenues d'une obligation d'obtention de résultats[5] ».

---

2. Songez qu'il y a une décennie encore les époux pouvaient divorcer pour faute, et notamment pour adultère !
3. La mesure en est donnée grâce à des procédés de sondage sur les réseaux sociaux.
4. CE, 1er avril 2027, avis, Lebon n° 666.
5. Cons. constit., 14 juillet 2028, Décision n° 2028-0-0 QPC. À ne pas confondre avec la notion d'obligation de résultat qui a cours en droit des obligations.

Le principe de liberté sociétale, de conception encore récente, a pour titre de gloire d'être au fondement du droit à l'enfant dont il s'agit ici de dire quelques mots. Dans le cadre nécessairement restreint de cette intervention, je m'en tiendrai aux grandes lignes de son évolution jusqu'à sa consécration et les développements qui peuvent en résulter. Au préalable, tentons une définition : dans une première approche le droit à l'enfant peut être présenté comme le droit pour tout couple ou toute personne seule d'avoir un enfant, soit par procréation naturelle, soit par procréation médicalement assistée.

La procréation naturelle n'a jamais vraiment suscité de difficulté. Ce n'est d'ailleurs pas tellement sous la forme d'un droit à l'enfant qu'elle a été portée, mais plutôt sous la forme d'une liberté de procréer qui n'a jamais vraiment connu d'entrave – si l'on excepte la réprobation sociale qui s'est longtemps attachée à la procréation hors mariage et le statut d'infériorité juridique qui en résultait pour l'enfant ; si l'on excepte également le scandale de la stérilisation des personnes handicapées avant que n'intervienne, en France, la loi du 4 juillet 2001 pour encadrer strictement cette pratique qui doit rester exceptionnelle (CSP, art. L. 2123-2). Hors ces cas, le principe de liberté de procréation signifie simplement que l'État ne doit pas mettre d'obstacle à la volonté procréatrice des personnes qui peuvent procréer quand elles le souhaitent, sans limite d'âge autre que ce que la nature impose, et sans condition de statut conjugal. Le droit à l'enfant implique la possibilité pour les personnes de pouvoir réclamer l'obtention d'un enfant : à s'en tenir à la procréation naturelle, la reconnaissance d'un droit à l'enfant aurait été bien inutile.

Son utilité se fait jour à partir du moment où la nature oppose des obstacles à la procréation : l'infertilité d'un couple peut apparaître comme une forme d'injustice et aviver un désir d'enfant encore plus aigu. Lorsqu'il n'existe pas de remèdes à l'infertilité, on est bien obligé de se résigner et dans ce cas la consécration d'un droit à l'enfant serait vaine. En revanche, lorsque des possibilités alternatives se font jour, le sentiment du droit à l'enfant jaillit, le sentiment redouble d'une injustice qu'il y aurait à refuser légalement ce que la science autorise.

L'une des modalités d'obtention d'un enfant hors procréation naturelle apparue au cours du XXe siècle consistait en l'adoption d'enfants abandonnés. Si d'un côté des couples sont en mal d'enfant et si de l'autre des enfants sont sans famille, pourquoi ne pas permettre aux adultes de faire leurs des enfants procréés par d'autres pour leur offrir une famille ? Chacun y trouve son compte. C'est ainsi qu'au cours de la seconde moitié du XXe siècle des débats sans nombre eurent lieu sur les différentes façons d'améliorer les textes de loi afin de faciliter aux candidats à l'adoption le parcours si difficile pour l'obtention d'un enfant, tout en garantissant à ce dernier le prononcé d'une adoption dans son intérêt. Ces débats semblent aujourd'hui d'un autre âge.

L'adoption présente en effet depuis quelques décennies un double inconvénient. Le premier est celui de la pénurie d'enfants adoptables liée à la maîtrise de la procréation (grâce au droit à l'avortement et au développement de la contraception) et aux progrès de la richesse économique de notre société, problème que le recours à l'adoption internationale n'a résolu qu'un temps (les pays d'origine des enfants adoptés ayant décidé pour diverses raisons de fermer leurs frontières à l'adoption[6]). Le second inconvénient tient à ce que pour les couples en mal d'enfant, l'enfant adopté n'est pas vraiment le leur. Même si le législateur a consacré le droit pour les femmes d'accoucher sous X, source bienvenue de nouveau-nés abandonnés donc adoptables, rien n'y fait : l'enfant adopté est l'enfant d'une ou d'un autre, il n'est pas la chair de ma chair ; surtout il n'est pas le fruit de ma volonté. L'adoption était un pis-aller acceptable tant qu'il n'existait pas d'autres solutions. Mais à partir du moment où les techniques de procréation assistée sont apparues, l'adoption a été progressivement abandonnée – de sorte qu'aujourd'hui elle ne représente plus grand-chose sur un plan statistique. Seuls quelques puristes y recouraient encore avant la loi de 2029, non pas tant par nécessité pour eux que par esprit humanitaire (adoption d'enfants handicapés par exemple) – alors qu'ils auraient la possibilité d'obtenir des enfants issus d'eux au moins en partie, avec la garantie qu'ils n'auraient aucun défaut génétique[7], et beaucoup d'autres avantages.

Par conséquent, même si l'adoption fut un temps l'enjeu d'un débat sur le droit à l'enfant à travers la question d'un droit à l'adoption revendiqué par des personnes homosexuelles, la question du droit à l'enfant ne sera abordée ici principalement qu'à propos des procréations médicalement assistées.

Deux phases peuvent être distinguées : le temps de l'obscurité et le temps de la lumière.

I. Le temps de l'obscurité

Obscurité pour ne pas dire obscurantisme ! Car les obstacles élevés à l'encontre de la reconnaissance d'un droit à l'enfant, s'ils pouvaient se comprendre tant que régnaient des incertitudes relatives à l'efficience du droit, à sa mise en œuvre concrète, lorsque cette nouvelle idée n'avait pas encore eu le temps de faire l'objet d'un examen minutieux, bref tant que le refus pouvait s'expliquer par une ignorance légitime, ils sont devenus intolérables lorsque la reconnaissance du droit s'est avérée de toute évidence bienfaitrice et surtout qu'elle fut revendiquée par le corps social souvent plus éclairé que nos élites. Jugez-en.

Après la naissance en France, en 1982, d'Amandine, premier bébé-éprouvette national[8], c'est-à-dire premier enfant issu d'une fécondation in vitro (FIV) dont

---

6. On pourra le regretter, ces évolutions ont été causes d'un grand désarroi chez les candidats à l'adoption, et l'on ne peut rester insensible au malheur de la pénurie d'enfants abandonnés.
7. Je pense ici au diagnostic préimplantatoire qui fait des merveilles de ce point de vue.
8. Le tout premier, Louise Brown, est né aux États-Unis en 1978.

notre territoire ait été le berceau, la pratique de ce qu'il est convenu d'appeler procréations médicalement assistées s'est développée tranquillement au profit de couples infertiles, sans que personne n'y trouvât rien à redire – jusqu'à ce que la Cour de cassation s'en mêle, puis le législateur.

D'abord, ce sont deux arrêts bien connus de la Cour de cassation qui en 1989 et en 1991, ont jeté l'anathème sur les maternités de substitution (qu'on appelle depuis longtemps maintenant GPA, gestation pour autrui) en considérant, d'une part, que les associations qui avaient pour but de favoriser la pratique des mères porteuses étaient nulles[9], d'autre part, que le processus par lequel un couple marié recourt aux services d'une mère porteuse qui s'engage à abandonner l'enfant dont elle accouche au profit du couple dont le mari reconnaît l'enfant et la femme l'adopte était frauduleux. Le tout sur le fondement de deux principes, celui de l'indisponibilité du corps humain et celui de l'état des personnes (la filiation de l'enfant en l'occurrence[10]).

Ce double fondement avait de quoi impressionner par la force qui semblait s'en dégager. Mais on constatera d'abord qu'il fut énoncé à une époque où le concept de maternité de substitution était peut-être mal connu comme encore nouveau, où le désir d'enfant était peut-être considéré comme un caprice d'enfant qui veut à tout prix ce que la nature lui refuse.

C'était sans doute mal comprendre les mécanismes psychologiques en jeu, et il n'est pas anodin de constater que, quelques années plus tard, si la Cour de cassation refusa dans un premier temps sur ce fondement les demandes de parents français de transcription en France d'actes de l'état civil étrangers concernant des enfants issus de GPA pratiquées en toute légalité, elle lui substitua dans un second temps le fondement de la fraude à la loi, pour accepter dans un troisième temps les transcriptions demandées – sous la contrainte il est vrai de la Cour européenne des droits de l'homme[11].

Par ailleurs il y eut aussi les premières lois bioéthiques du 29 juillet 1994 qui eurent pour mérite d'encadrer la pratique des procréations médicalement assistées. Le mérite car cela signifiait qu'elles en reconnaissaient la validité. Mais cette reconnaissance s'est accompagnée d'une limitation drastique des possibilités d'y recourir. En effet, d'abord, toujours en ce qui concerne les maternités de substitution, c'est une interdiction pure et simple qui a été édictée à l'article 16-7 ancien du Code civil : « Toute convention portant sur la procréation ou la

---

9. Cass. 1re civ., 13 décembre 1989, *Alma Mater*, *Bull. civ.* I, n° 387 ; *D.* 1990, p. 273, rapp. J. Massip ; *JCP G* 1990, II, 21526, note A. Sériaux.

10. Cass. Ass. plén., 31 mai 1991, *Bull. civ.* n° 4 ; *D.* 1991, p. 417, rapp. Y. Chartier, note D. Thouvenin ; *JCP G* 1991, II, 21752, concl. H. Dontenwille, comm. J. Bernard, note F. Terré ; *Defrénois* 1991, p. 947, obs. J. Massip ; *RTD civ.* 1991, p. 517, obs. D. Huet-Weiller.

11. A. Sériaux, Maternités de substitution : grandeur et décadence de deux principes d'ordre public, *Dr. fam.* 2019, étude n° 14.

gestation pour le compte d'autrui est nulle ». Quant aux autres techniques de PMA, celles qui n'impliquent pas le recours à une mère porteuse, elles furent autorisées, certes, mais de manière extrêmement limitée, non seulement en ce qui concerne les conditions pour y recourir, mais surtout dans leur objectif : seules deux indications médicales, l'infertilité pathologique et le risque de transmission d'une maladie à l'enfant s'il était conçu naturellement, permettaient alors d'avoir accès aux PMA. Cela excluait d'emblée les personnes seules et les couples de lesbiennes – qui n'avaient d'autres recours que de se rendre dans des pays voisins, comme l'Espagne ou la Belgique – des bénéficiaires possibles de ces techniques de procréation – avec cette fois la bienveillance de la Cour de cassation qui avait estimé que ce « tourisme procréatif » ne constituait pas une fraude à la loi[12], en même temps qu'elle estimait que les GPA pratiquées à l'étranger étaient, elles, frauduleuses[13].

À ce stade de l'évolution du droit positif il n'était évidemment pas question de reconnaître un quelconque droit à l'enfant. À ce titre, cependant, la loi bioéthique votée en 2021 a, malgré les apparences, constitué une évolution décisive vers sa consécration. La loi « PMA pour toutes » présentait un double visage. Si, de manière un peu scolaire, on distribue les points positifs et les points négatifs au sein de ce texte, on peut même considérer que les aspects positifs (c'est-à-dire un commencement de dissipation des brumes qui obscurcissent la vision de ces questions) l'emportent sur les aspects négatifs.

Quant aux aspects négatifs, le premier, le plus visible tient à ce qui ne paraît pas dans la loi du 30 juin 2021[14] : l'autorisation de la GPA. L'article 16-7 du Code civil fut maintenu tel qu'il avait été rédigé en 1994. Les raisons qui en furent avancées par le Comité consultatif national d'éthique (CCNE) relevaient toujours un peu de la même rengaine[15] : « Le désir d'enfant des uns ne constituait pas un "droit à l'enfant" s'il devait passer par des atteintes à l'intégrité des femmes, même volontaires et altruistes dans leur démarche, et aux enfants qui en naîtraient » ; « N'est pas une liberté celle qui permet à la femme de renoncer par contrat à certaines de ses libertés » ; « En définitive, le CCNE reste

---

12. Cass., avis, 22 septembre 2014, n°s 14-70.006 et 14-70.007, *Dr. fam.*, 2014, comm. n° 160, C. Neirinck ; *AJ fam.*, 2014, p. 555, obs. F. Chénedé ; *D.*, 2014, p. 2031, note A.-M. Leroyer, et *D.*, 2015, pan., p. 651, obs. M. Douchy-Oudot, et pan., p. 704, obs. F. Granet-Lambrechts.
13. Cass. 1re civ., 13 septembre 2013 (2 arrêts), n°s 12-18.315 et 12-30.138, *AJ fam.*, 2013, p. 579, obs. F. Chénedé ; *D.*, 2013, p. 2170, obs. I. Gallmeister ; p. 2377, avis C. Petit, note M. Fabre-Magnan ; *Dr. fam.* 2013, comm. n° 151, note C. Neirinck ; *AJ fam.*, 2013, p. 579, obs. F. Chénedé ; *RTD civ.*, 2013, p. 916, obs. J. Hauser ; 19 mars 2014, n° 13-50.005, *AJ fam.*, 2014, p. 244, obs. F. Chénedé ; *D.*, 2014, p. 901, avis J.-P. Jean, note H. Fulchiron et C. Bidaud-Garon.
14. L. n° 2021-212 du 30 juin 2021, *JO* 2 juillet 2021.
15. CCNE, « Contribution du Comité consultatif national d'éthique à la révision de la loi de bioéthique 2018-2019 », Avis 129 rendu le 18 septembre 2018.

attaché aux principes qui justifient la prohibition de la GPA, principes invoqués par le législateur : respect de la personne humaine, refus de l'exploitation de la femme, refus de la réification de l'enfant, indisponibilité du corps humain et de la personne humaine ».

Le second élément négatif de la loi est du coup cohérent avec le premier : l'introduction dans le Code civil d'un article 309-1 affirmant que « nul n'a de droit à l'enfant » – même s'il allait à l'encontre de la position de la Cour européenne des droits de l'homme qui, sans le consacrer sous cette forme, avait reconnu de manière un peu cachée un droit à l'enfant sur le fondement de l'article 8 de la convention EDH[16] et sous la déclinaison d'un droit au respect de devenir parent génétique et d'un droit au respect de devenir ou de ne pas devenir parent.

Ce besoin d'affirmer l'absence d'un droit peut surprendre, car logiquement on ne peut se prévaloir que des droits qui sont reconnus par la loi. La loi ne prévoyant pas l'existence d'un droit à l'enfant, c'est que ce droit n'existe pas. On pouvait néanmoins l'expliquer par une raison de prophylaxie sociale : la volonté du législateur de couper court à une croyance dans l'esprit des citoyennes et des citoyens en son existence, justifiée par l'idée que, comme l'affirmait le CCNE, l'enfant n'est pas une chose ; affirmation rendue d'autant plus nécessaire que par ailleurs la même loi ouvrait l'accès aux PMA aux couples de femmes et aux femmes seules – une manière de dire (provisoirement) que cette extension du domaine des PMA ne signifie justement pas l'existence d'un droit à l'enfant.

On aborde alors les aspects positifs de la loi. Comme il a été dit à l'époque, on ne voyait pas quelle raison aurait pu justifier sérieusement de répondre à une demande, non plus vraiment médicale (puisque les techniques en jeu existaient déjà et avaient déjà été consacrées par le législateur en 1994), mais sociétale. Reconnaître la possibilité pour les femmes seules ou les couples de femmes de recourir aux PMA alors qu'aucune raison médicale ne les y contraignait n'ôtait aucun droit à personne, ne faisait que répondre à un désir plus que légitime, noble. Et les arguments opposés par certaines instances comme l'Académie Nationale de Médecine[17], ou certaines philosophes[18], selon lesquels aucune étude sérieuse n'avait révélé l'innocuité pour l'enfant d'être élevé sans figure paternelle ; que l'enfant conçu volontairement dans un cadre privé de père ne pourrait se construire correctement en se positionnant dans la structure sociale puisqu'il serait privé d'un modèle différencié entre homme et femme,

---

16. CEDH, Gr. Ch., 4 déc. 2007, Dickson c. Royaume-Uni, req. n° 44362/04 – CEDH, Gr. Ch., 10 avril 2007, Evans c. Royaume-Uni, req. n° 6339/05 : D. 2007, p. 1202, obs. C. Delaporte-Carré ; JCP 2007, II, 10097, note B. Mathieu ; RD sanit. soc. 2007, p. 810, obs. D. Roman ; RDC 2007, p. 1321, obs. F. Bellivier et C. Noiville ; RTD civ. 2007, p. 295, obs. J.-P. Marguénaud, et p. 545, obs. J. Hauser.
17. Rapport du 18 septembre 2018 sur le Projet de loi relatif à la bioéthique.
18. S. Agacinski, *L'homme désincarné, Du corps charnel au corps fabriqué*, coll. Tracts Gallimard, n° 7, juin 2019.

modèle qui structure toute la société ; qu'il serait privé de son droit de connaître ses parents et d'être élevés par eux (énoncé à l'article 7 de la Convention internationale des droits de l'enfant de 1989) ; tous ces arguments furent promptement écartés. En effet aucune étude sérieuse n'avait non plus démontré que cette situation était nocive pour l'enfant ; et la possibilité pour l'enfant de connaître son père lui serait donnée par la possibilité de lever l'anonymat sur l'identité du tiers donneur. Il est vrai que le droit d'être élevé par ses parents semble ici oublié, mais au fond l'enfant n'est-il pas alors élevé par ceux que la loi désigne comme ses parents, ses parents d'intention en l'occurrence ? Quant à l'idée que la construction psychologique d'un enfant élevé par deux femmes s'en trouverait déséquilibrée, il fut rétorqué qu'il n'était nullement nécessaire que la différenciation des rôles de mère et de père s'incarne dans un couple hétérosexuel, que la fonction paternelle pouvait fort bien être assumée par l'une des deux mamans.

Si l'on met de côté la reconnaissance de l'autoconservation ovocytaire, la question de la levée de l'anonymat, un autre aspect positif de la loi réside non pas tellement dans les règles de droit qu'elle met en place expressément, mais dans la philosophie qu'elle véhicule. Même si le législateur, encore frileux, loin de reconnaître un droit à l'enfant en dénonçait au contraire expressément l'existence, en réalité, personne n'était dupe : pas à pas, à force d'extensions, d'assouplissements, de bienveillance également, le droit à l'enfant était déjà bel et bien implicitement consacré. Ne lui manquait plus que son affirmation officielle. C'est ce à quoi la loi du 28 février 2029 s'est employée.

II. Le temps des lumières

Il faut reconnaître que la consécration du droit à l'enfant n'est pas le fruit de la seule loi du 28 février 2029. Celle-ci a évidemment marqué le pas décisif et irréversible qui était attendu, mais elle n'a fait au fond qu'achever un processus commencé il y a bien longtemps, dès les premières lois bioéthiques de 1994 – et peut-être même bien avant, avec les lois qui au début du XXe siècle ont autorisé l'adoption des enfants mineurs. L'adoption du Code civil avait été conçue comme un palliatif de l'absence d'héritier pour l'adoptant et comme une affaire – contractuelle – entre adultes ; il n'était alors pas question de satisfaire un quelconque désir d'enfant. La loi du 19 juin 1923 fut le premier texte de notre histoire juridique à permettre l'adoption des « petits hommes[19] » mais, d'une part, son esprit était non pas de réparer l'infertilité d'un couple, non pas de donner un enfant à une famille qui n'en avait pas, mais de donner une famille à un enfant qui en était démuni, d'autre part, elle avait paru nécessaire au lendemain de la Première Guerre mondiale qui avait laissé derrière elle son cortège d'orphelins. La

---

19. Par opposition aux « petits d'hommes », selon les expressions de Jean Hauser.

grande loi du 11 juillet 1966 avait conservé cette finalité et toutes les réformes de l'adoption qui s'ensuivirent furent marquées par la même philosophie.

Mais toutes portaient aussi en elles le germe d'un changement de paradigme de l'adoption. Même si celle-ci devait toujours être prononcée dans l'intérêt de l'enfant, les différentes lois qui se sont succédé au cours de la seconde moitié du XXe siècle n'ont eu de cesse d'ouvrir toujours plus les possibilités d'adopter, et il s'est en outre avéré dans le même temps que cette institution était en réalité utilisée le plus souvent par les candidats à l'adoption dans leur seul intérêt, afin de satisfaire leur désir d'enfant[20]. La loi du 17 mai 2013 sur le mariage pour tous a constitué une étape très importante dans ce changement de paradigme en ouvrant aux couples mariés de même sexe la possibilité de recourir à l'adoption puisque, compte tenu du faible nombre d'enfants adoptables, on ne peut considérer qu'elle a poursuivi la finalité de pourvoir à l'intérêt des enfants abandonnés[21]. Cette loi était une loi pour les couples homosexuels avant d'être une loi pour les enfants et ce faisant constitua les prémices d'un droit à l'enfant.

Plus généralement, on peut considérer que toute loi qui a permis d'obtenir un enfant à des personnes qui pour des raisons physiologiques ou sociétales ne peuvent pas procréer, à des personnes qui refusent ou qui ne se satisfont pas de ce que la nature leur offre, leur interdit ou leur impose, une telle loi a apporté sa pierre à l'édification du droit à l'enfant. Pour atteindre enfin ce but, dans la perspective de la nouvelle révision de la loi bioéthique de 2029, il fallut procéder à une réforme du CCNE qui, rapport après rapport, continuait à s'opposer à la GPA et à la reconnaissance de ce nouveau droit fondamental, brandissant toujours les mêmes arguties dépassées. L'erreur dans laquelle se complaisait le comité avait fait l'objet d'objections définitives depuis longtemps. J'avais publié moi-même un texte dans lequel je reprenais et exposais le raisonnement suivant[22]. Comme cela avait été mis en avant par les mouvements féministes américains au cours des années 1970, les femmes (les hommes aussi sans doute, mais cela a moins de portée) sont propriétaires de leurs corps. Cette formule, transposée de l'anglais

---

20. Il est intéressant de relever que la Cour européenne des droits de l'homme avait refusé de reconnaître un droit à l'adoption dans son célèbre arrêt Fretté (CEDH, 26 février 2002, *Fretté c/ France*, *JCP-G*, 2002, II, 10074, note A. Gouttenoire-Cornut et F. SUDRE ; D., 2002, p. 814, note A. DEBET ; *RTD civ.*, 2002, p. 280, obs. J. HAUSER, p. 389, obs. J.-P. MARGUÉNAUD). Avec la nouvelle reconnaissance du droit à l'enfant par la loi française, la Cour serait sans doute amenée à modifier sa jurisprudence si elle devait être à nouveau saisie de cette question. Mais compte tenu de la désuétude qui frappe depuis plusieurs année l'adoption, il y a peu de chance qu'une telle décision soit un jour rendue.
21. L'optique était peut-être différente en ce qui concerne l'ouverture de l'adoption de l'enfant du conjoint aux couples homosexuels mariés.
22. V. Bonnet, « De la falsification et de la corruption des esprits, Tentative d'une anticipation déraisonnable », in *Mélanges Fulchiron*, LexisNexis, 2026, t. 2, p. 333. Pour démontrer l'absurdité de la position du CCNE et d'autres institutions, je m'étais placé dans un futur proche qui explorait les conséquences absurdes du refus de la GPA et de la consécration du droit à l'enfant, tout en feignant de les approuver.

« *Our bodies, ourselves*[23] », est bien meilleure que l'original car elle fait apparaître clairement le lien intime qui existe entre une personne et *son* corps, un lien d'appartenance qui, à l'instar du lien de propriété à l'égard des choses, permet à une personne de disposer librement de son corps. Fondement du droit à la contraception et à l'avortement, ce précepte signifie qu'une femme peut fort bien notamment, si elle le souhaite, mettre son corps à disposition d'autrui, en particulier ses facultés reproductrices, ainsi que l'être qui en est le produit (n'est-ce pas ce en quoi consistait le consentement à l'adoption ?). L'enfant n'est en effet au fond qu'une sorte d'accroissement ou d'accessoire du corps de la femme qui le porte, elle en est par conséquent tout autant propriétaire, et peut donc en disposer à sa convenance et décider de l'abandonner au profit du couple ou de la personne commanditaires. Cet argument était un peu abrupt et contenait en lui-même ses propres limites, il méritait donc d'être affiné.

On pouvait objecter en effet que ce raisonnement, s'il peut à la rigueur se concevoir lorsque la mère porteuse est aussi la mère génétique de l'enfant, ne tient plus lorsque l'enfant qu'elle porte a été conçu avec les ovocytes de la mère d'intention ou ceux d'une autre femme. Réponse : bien au contraire ! Mais pour le comprendre, il faut pousser le raisonnement et le réactualiser en quelque sorte. Dans un premier temps, on peut avancer que ce n'est pas tant le fait de porter l'enfant qui crée le lien d'appartenance, que celui d'avoir conçu l'enfant ; le couple qui a eu recours à ses propres gamètes pour concevoir l'enfant *in vitro* en est donc propriétaire, par conséquent la mère porteuse a assuré la gestation d'un enfant qui n'est pas le sien et doit le restituer au couple qui l'a procréé. Il faut évidemment se départir de ce vieil adage, *mater semper certa est,* et cesser de postuler que la mère est la femme qui accouche – l'accouchement n'est pas un fait significatif de l'appartenance, ce n'est qu'un incident qu'impose la nature à l'être humain. Au-delà, et dans un second temps, si on évoque le cas où l'embryon a été conçu avec les ovocytes d'une tierce femme, il faut considérer, d'une part, que la femme a bien donné au sens strict ses gamètes au couple demandeur[24]. Donc le couple qui utilise ces cellules reproductrices en est devenu propriétaire, de même qu'il est propriétaire là encore de l'enfant qui en est issu. Mais au-delà, on voit apparaître une dimension dans le raisonnement qui dépasse largement les questions un peu terre à terre de la propriété de la matière : ce qui compte véritablement au fond c'est l'esprit, la volonté de concevoir, peu importe d'où proviennent les gamètes, mâles ou femelles, du couple demandeur, de la mère porteuse, d'un tiers donneur, ou à l'avenir d'un marché de gamètes[25], c'est la

---

23. Du titre d'un ouvrage collectif publié en 1970 par une association féministe du même nom.
24. Il va de soi que le raisonnement est identique si ce n'est pas un couple hétérosexuel qui est demandeur, mais un couple homosexuel masculin ou féminin ou encore s'il s'agit d'une personne seule. Dans ce dernier cas, il faut alors étendre le raisonnement au don des gamètes mâles.
25. Maintenant que la loi de 2029 a levé la gratuité du « don » de gamètes.

volonté qui est créatrice de l'enfant, sans elle l'enfant n'existerait pas. Même chose d'ailleurs en cas de don d'embryon. Il faut à nouveau ici se départir de cette vieille habitude de pensée qui consiste à vouloir calquer à tout prix les questions de procréation, et celles de filiation qui en découlent, sur la nature. Marcel Pagnol n'avait-il pas écrit il y a déjà fort longtemps dans son fameux film, *César* : « Le père, c'est celui qui aime » ? Transposons la formule à notre époque : « La mère ou le père, c'est celle ou celui qui désire ».

Face à l'incompréhension dont faisait preuve le CCNE à l'égard d'un raisonnement aussi nécessaire et reposant sur des considérations qui tombent en définitive sous le sens, les autorités durent prendre des mesures drastiques : cette institution qui avait pourtant si régulièrement approuvé les ouvertures proposées par les gouvernements successifs en matière de demandes sociétales, qui avait si bien su détricoter une bioéthique passéiste, devait faire l'objet d'une réorganisation complète. C'est pour cette raison que peu avant le vote de la loi de 2029, un décret mit fin à l'existence du CCNE qui fut remplacé immédiatement par le CNBS, le Comité Nationale du Bonheur Sociétal, non plus chargé de donner son avis sur de prétendus problèmes de bioéthique, mais de préparer les projets de lois mettant en œuvre le principe de liberté sociétale, ainsi que de faire des propositions allant dans le même sens. Tout était prêt pour affirmer le droit à l'enfant et par conséquent admettre enfin la validité des GPA.

C'est ainsi que la loi du 28 février 2029[26] a enfin abrogé l'anachronique interdiction introduite en 1994 à l'article 16-7 du Code civil qui dispose désormais :

« *Aucune convention portant sur la gestation pour le compte d'autrui ne pourra être annulée si ce n'est pour absence ou vice du consentement.*

« *La convention pourra également être annulée pour insuffisance de prix à la demande de la mère porteuse ou de ses représentants légaux* ».

Sans entrer dans les détails de la technique biomédicale dont la loi de 2029 est riche, il faut surtout citer le nouvel article 309-1 du Code civil :

« *Toute personne, quelle que soit sa situation conjugale, est titulaire d'un droit à l'enfant qu'elle peut faire valoir devant les autorités publiques.*

« *Pour s'en prévaloir, la personne n'est pas tenue de démontrer qu'elle est dans l'incapacité médicale de procréer. Elle n'est pas non plus tenue de fournir des gamètes provenant de sa propre personne.*

---

26. L. n° 2029-1001 du 29 février 2029, *JO* 1er mars 2029. On regrettera cependant que le législateur ait choisi de ne pas traiter la refonte devenue nécessaire du droit de la filiation dans cette loi, pour la reporter à un texte ultérieur. Rappelons que l'article 3 du projet de loi prévoit de supprimer l'antique présomption de paternité pour la remplacer par une présomption de co-parenté fondée non pas sur les relations sexuelles du couple marié ou non marié, mais sur une présomption de volonté quasi irréfragable censée être émise lors du PACS ou du mariage. Mais ce n'est qu'un projet pour l'instant. Quant à l'article 5, il prévoit de supprimer l'adoption, ce qui aura le mérite de simplifier le droit.

> « *L'État s'engage à donner satisfaction à la personne qui entend se prévaloir de son droit à l'enfant, dans un délai qui sera fixé par décret en Conseil d'État, et qui ne pourra pas être supérieur à 300 jours à compter de la demande* ».

Je sais que j'ai déjà été bien trop long, mais je souhaiterais enfin, en quelques mots, à titre de conclusion, mais surtout d'ouverture vers l'avenir, présenter les potentialités immenses dont la consécration du droit à l'enfant est porteuse. On aurait pu redouter que le législateur enferme encore ce droit à l'enfant dans un carcan de conditions qui en aurait dessiné un domaine d'application restreint. Le progrès s'en serait trouvé bien médiocre, car au-delà de la reconnaissance de la GPA, il fallait bien penser aux progrès spectaculaires que la recherche médicale ne manquera pas d'accomplir à plus ou moins court terme. Le législateur, avec une sagesse qui n'est pas exempte d'une certaine audace, a au contraire fait le choix d'étendre au maximum le champ de ce nouveau droit. D'abord en supprimant les risques d'obstacles d'ordre bioéthique. La suppression du CCNE devrait nous en préserver suffisamment. De même, la formulation de l'article 309-1 du Code civil laisse comprendre que le droit à l'enfant est conçu comme un droit quasi inconditionnel puisque sa mise en œuvre semble liée à la seule volonté de la personne. Surtout, les textes insérés dans le Code de la santé publique ne contiennent qu'une seule véritable condition restrictive : celle selon laquelle le demandeur doit être en âge de procréer. On peut le regretter, car c'est recréer un lien entre la volonté et la nature que l'on voulait justement voir disparaître définitivement. Il est fort à parier que cette condition sera supprimée dans une prochaine loi rectificative.

Par ailleurs, l'article 309-1 indique clairement que le droit à l'enfant n'est pas lié à la démonstration de l'existence d'un empêchement thérapeutique. Cela vise évidemment les couples homosexuels et les personnes seules. Mais sont également concernés les couples hétérosexuels aptes à la procréation naturelle. Il faut sans doute en effet comprendre que les couples hétérosexuels fertiles peuvent recourir comme toutes autres personnes aux techniques de PMA et de GPA. L'intérêt ? Avant tout éviter à la femme d'avoir à assurer une gestation souvent difficile et injuste. L'homme ne porte pas d'enfant lui, pourquoi la femme devrait-elle être la seule à supporter le poids de ce fardeau – épuisant physiquement, dangereux sur le plan de la santé, et risqué sur un plan professionnel ? Et pourquoi les femmes hétérosexuelles vivant en couple devraient-elles être privées de la possibilité de recourir à l'usage de l'utérus artificiel bientôt accessible hors champ expérimental ? Autre intérêt à venir : pouvoir choisir l'enfant de ses rêves, son sexe bien sûr, mais aussi ses caractéristiques physiques et intellectuelles. Sur ce sujet, la technologie n'est pas encore au point, mais on sait qu'il ne s'agit que d'une question de quelques années.

On le voit, le législateur a voulu ménager l'avenir pour permettre, à toute personne qui le désire, non seulement d'obtenir un enfant, mais de l'obtenir dans des conditions techniques et psychologiques optimales. Et puis il y a une philosophie : il faut désincarner le plus possible la procréation. Cette philosophie dont la procréation conçue comme fruit de la seule volonté est la première phase, ne pourra s'accomplir si le droit à l'enfant et les techniques médicales qui lui sont rattachées ne sont réservés qu'à quelques-uns. Il y va de la survie de notre esprit républicain.

Lyon, le 24 novembre 2030

*
*   *

Troisième partie

Famille et couple en mutation

Le couple aujourd'hui
Un révélateur des inégalités sociales

Emmanuelle SANTELLI
Sociologue, Directrice de recherche CNRS, Centre Max Weber (Lyon)

Dans « La Transformation de l'intimité », Antony Giddens[1] (2004-1992) analyse l'émergence d'un nouveau modèle de couple, qualifié d'amour convergent (confluent love). Selon lui, l'amour romantique, caractérisé par la durée, l'exclusivité et la complémentarité, a fait place à une relation symétrique et individualiste, fondée sur une stricte égalité émotionnelle et sexuelle. Dans cette perspective, les deux individus seraient des êtres rationnels qui se séparent quand leur couple ne les satisfaisait plus. Ce modèle tendrait à faire abstraction de la notion d'engagement qui peut conduire un conjoint, même insatisfait, à rester dans la relation conjugale pour faire perdurer un quotidien – familial – ou faire face à l'adversité en vivant à deux. Pour autant, il est indéniable que le couple s'est beaucoup transformé au cours des dernières décennies, à l'instar de l'ensemble des relations familiales, plus égalitaires et démocratiques (Giddens, 2002[2] ; Commaille, Martin, 1998[3]). L'augmentation sans précédent du nombre de séparations est l'expression d'une moindre tolérance face aux déceptions et frustrations de la vie conjugale. Cependant, cela signifie-t-il la fin de l'amour romantique et l'avènement d'un nouveau type de couple ? La démarche sociologique ne peut prédire ce que sera le couple d'ici quelques décennies, en revanche, elle peut analyser ce qu'est le couple aujourd'hui, afin d'en définir ses contours (juridique, affectif, sexuel) et ainsi comprendre les changements en cours[4].

Un bref rappel historique reviendra sur l'origine du couple contemporain (section I) et les raisons pour lesquelles il demeure une institution forte (section II), malgré les motifs qui expliquent sa plus grande fragilité actuelle (section III). Sur un plan macrologique, on observe le maintien de fortes inégalités entre les femmes et les hommes qui composent les couples (section IV). Ces deux

---
1. A. Giddens, *La transformation de l'intimité : sexualité, amour et érotisme dans les sociétés modernes*, Éditions Le Rouergue, Rodez, [1992], 2004.
2. A. Giddens, 2002, « Global futures at a time of transition: the future of the family », London School of Economics, Digital Library, Director's Lecture, 23th January 2002.
3. J. Commaille ; C. Martin, *Les enjeux politiques de la famille*, Paris, Bayard, 1998.
4. Le propos est axé sur les couples hétérosexuels, mais un certain nombre de développements valent probablement pour les couples homosexuels.

aspects (maintien des inégalités et fragilité accrue) sont probablement liés : les deux tiers des demandes de divorce étant initiées par des femmes[5], l'insatisfaction face à leur situation conjugale peut expliquer la rupture. Interprétées en termes de mésentente, de dégradation des conditions de la vie conjugale ou de frustration, ces dernières seraient avant tout l'expression des inégalités qui s'installent et qui, à la différence de ce qui se produit en début de vie conjugale, ne sont plus compensées par une forte proximité émotionnelle.

Qu'attendons-nous du couple aujourd'hui ? Qu'exprime-t-il des attentes de chacun ? Que nous apprend-il de l'évolution des relations entre les femmes et les hommes ? Cette contribution va tenter d'apporter des éléments de réponse en montrant tout à la fois les changements, car des avancées incontestables ont eu lieu dans la sphère privée, et aussi les disparités et les injustices qui perdurent, en vue de disposer de meilleures connaissances pour promouvoir l'égalité entre les sexes.

I. L'individualisation de la sphère conjugale

Dans l'imaginaire romantique, le couple est le résultat d'une rencontre entre deux individus qui se sont librement choisis en raison de ce qu'ils éprouvent en présence l'un de l'autre, et qui resteront ensemble du fait de ces sentiments. Auparavant, le mariage répondait à un objectif d'alliance entre deux familles ; du paysan à l'aristocrate, il fallait privilégier les intérêts des familles. La « fabrique du couple amoureux » (Kaufmann, 2010[6]) s'inscrit dans un long processus qui s'est opéré graduellement au fil des siècles, que l'on nomme aujourd'hui l'individualisation[7]. Ce mouvement, amorcé à la Renaissance, s'est poursuivi au cours du siècle des Lumières, au moment où émergent des réflexions philosophiques relatives à la liberté et où sont remises en cause la légitimité politique du roi sur ses sujets et celle du religieux comme dimension explicative du monde. Ce processus s'intensifie au cours du XIXe siècle et s'accélère lors de la deuxième moitié du XXe siècle ; en France, mai 1968 en est le symbole.

Plus on avance dans le XIXe siècle, plus les familles deviennent sensibles à l'idée de prendre en compte l'avis de leurs enfants, car il importe désormais que le

---

5. Au moment de la Révolution française, déjà, les femmes étaient plus nombreuses à mobiliser ce droit, instauré entre 1792 et 1816 (entre 65 et 73 % d'après le travail de l'historien R. Philipps (1979) dans trois villes françaises).
R.-G. Philipps, « Le divorce en France à la fin du XVIIIe siècle », *Annales. Économies, sociétés, civilisations*, n° 2, p. 385-398, 1979.
6. J.-C, Kaufmann, *L'étrange histoire de l'amour heureux*, Paris, Fayard, 2010.
7. Il s'agit de l'émancipation de l'individu par rapport aux règles collectives, quand les intérêts du « je » priment sur ceux du « nous ».

mariage soit heureux. L'union va progressivement reposer sur des liens d'amour[8], à tout le moins une attirance, une entente : on assiste alors au passage du mariage arrangé (ou mariage de raison) au mariage d'inclination.

Si le couple devient l'association librement consentie de deux individus, l'idée demeure que l'amour peut conduire à une mésalliance. Le « bon mariage » concilie les convenances sociales et les inclinations personnelles, ce qu'Anne Verjus (2017)[9] nomme « le mariage d'amour arrangé » ; le fait de faire un choix qui agrée aux exigences d'homogamie des parents permet à ceux-ci de le valider, ils ne l'imposent plus. Outre le déclin de la puissance paternelle, ce changement marque l'amorce d'une volonté d'égalité et de réciprocité entre les conjoints. L'idée du mariage d'amour se répand entre la fin du XIXe siècle et le début du XXe siècle : l'amour devient le premier motif de la formation du couple (de Rougemont, 2001[10]). Toutefois, en 1959, seul un mariage sur 5 est déclaré comme étant un mariage d'amour (Kaufmann, 2010[11]).

Jusqu'aux années 1960, le couple ne commence la vie commune qu'après s'être marié[12] : la proportion de couples commençant à vivre ensemble sans être mariés était de 10 % à la fin des années 1960, elle atteint 90 % au milieu des années 1990 (Prioux, 2009 p. 87[13]). Cette évolution est le résultat d'une moindre emprise sur la sexualité des femmes. Depuis l'instauration du mariage chrétien au Moyen-Âge, le mariage a eu pour fonction de contrôler leur sexualité – le père devait être sûr que l'enfant était bien de lui. « Le cœur du mariage ce n'est pas le couple, mais la présomption de paternité »[14]. Ainsi, le mariage garantit aux « enfants d'être élevés par leurs deux parents, parce que ce dernier les institue comme tels » (*ibid.*). Au fur et à mesure du processus d'individualisation, une dissociation de plus en plus affirmée s'opère entre couple/mariage/sentiment et sexualité. Ce changement n'a pu se faire sans des transformations profondes dans d'autres domaines de la vie sociale : la scolarisation des filles, l'industrialisation de l'économie, le développement des villes, le droit de vote, la contraception médicale… Les droits acquis par les femmes au cours du siècle dernier ont contribué à modifier en profondeur le couple.

---

8. Nous reviendrons plus loin sur la définition de ce terme.
9. A. Verjus ; C. Cage ; J. Heuer ; A. Mansker ; M. Roberts, « Regards croisés sur le mariage à l'époque révolutionnaire et impériale », *Annales historiques de la Révolution française*, vol. 2, n° 388, 2017, p. 143-171.
10. D. Rougemont de, *L'amour et l'Occident*, 2001, 10/18, Paris.
11. J.-C. Kaufmann, *L'étrange histoire de l'amour heureux*, op. cit., 2010, p. 132.
12. Cette pratique est qualifiée de mariage direct : le mariage a lieu avant ou en même temps que débute la vie conjugale.
13. F. Prioux, « Les couples non mariés en 2005 : quelles différences avec les couples mariés ? », *Politiques sociales et familiales*, n° 96, 2009, p. 87-95.
14. G. Neyrand, « Le couple hypermoderne ou l'avenir d'une illusion », in G. Neyrand (dir.), *Faire couple, une entreprise incertaine*, Eres, Toulouse, 2020.

II. Une institution toujours forte

Malgré un nombre de divorces en hausse (en 2016, 128 000), le couple reste une institution forte. Plusieurs indicateurs en témoignent. En effectifs bruts, la somme du nombre annuel de mariages et de Pacs est proche du nombre de mariages célébrés durant la période de forte nuptialité : en 2017, le chiffre s'élève à 422 000 (dont 228 000 mariages et 194 000 Pacs) (Insee, Statistiques de l'état civil, 2019), contre 427 000 mariages en 1947 – toutefois il faut pondérer ce résultat par la taille de la population qui a augmenté de 50 % durant cette période. L'âge auquel on s'engage dans le mariage a reculé et une partie des couples, plus nombreuse que par le passé, ne se mariera jamais mais, depuis 1999, l'instauration du Pacs a conduit à une nouvelle augmentation de la proportion de premières unions contractualisées, renversant la tendance enclenchée depuis le début des années 1980. De plus, une partie des couples pacsés finissent par se marier, et parmi les individus divorcés, près d'un sur cinq se remarie. La vie conjugale se déroule donc encore dans un cadre institutionnalisé : parmi les individus se déclarant en couple (un peu plus de 30 millions d'individus), 80 % sont mariés ou, dans une bien moindre mesure, pacsés (Insee, 2016).

Une récente enquête conduite auprès de jeunes couples pour comprendre le processus de formation de la vie conjugale a montré que la grande majorité des couples souhaite contractualiser leur première union stable par un mariage ou un Pacs et, quand ce dernier est choisi, cela n'exclut pas le mariage par la suite. Cette contractualisation va de pair avec la projection dans une vie familiale (Santelli, Vincent, 2019 p. 69[15]). Si le sens du mariage a changé – d'un événement marquant l'entrée dans le couple, il exprime aujourd'hui l'individualité de chaque couple (Maillochon, 2016[16]) –, il demeure un acte fondateur de l'expression d'un engagement de long terme et de la construction d'une vie familiale.

Enfin, le couple continue de fournir une protection. Alors que le mariage reposait sur une forte asymétrie (illustrée par le principe selon lequel l'homme doit protéger sa femme, tandis que cette dernière lui doit obéissance[17]), de nos jours, légalement, c'est le principe d'une protection réciproque qui est retenue dans le Code civil (les époux se doivent mutuellement fidélité, secours et assistance). Dans les faits, cette protection continue de fonctionner selon une distribution genrée, justifiée par la complémentarité des rôles (d'un côté, les revenus, la force…, de l'autre, la disponibilité, la douceur…). Toutefois, l'idéal d'égalité et de réciprocité entre les conjoints a contribué à bousculer et modifier profondément les dynamiques de la vie conjugale. Ce changement s'est manifesté

---

15. E. Santelli, J. Vincent, « Devenir parent. Des jeunes couples entre projections et normes », *Revue des Politiques sociales et familiales*, n° 129-130, 2019, p. 63-76.
16. F. Maillochon, *La passion du mariage*, 2016, Paris, PUF.
17. Disposition en vigueur dans le Code civil entre 1804 (loi du 17 mars 1803) et 1938.

en premier lieu au sein des classes moyennes[18]. Il est désormais attendu que le couple soit un cocon, dans lequel chacun peut se sentir compris, soutenu, encouragé. La qualité de cet échange est source de réconfort, car l'intimité partagée contribue au bien-être émotionnel. En plus de procurer une entraide, d'être un moyen de lutter contre l'adversité, d'accroître ou de maintenir ses ressources, le couple se construit sur cet échange émotionnel qui est désormais perçu comme une forme de protection face au monde extérieur. Les psychologues (Neuburger, 2014[19]) comme les sociologues (de Singly, 1996, 2000[20] ; Neyrand, 2020[21]) l'ont mis en évidence et expliquent la plus grande fragilité du couple pour cette raison : ce dernier doit répondre à deux attentes antagonistes, la sécurité et l'autonomie.

III. Des couples néanmoins plus fragiles

Outre cette double attente paradoxale, l'entrée dans la conjugalité se déroule à un moment où les jeunes adultes doivent aussi construire leur carrière professionnelle et penser à faire famille, à une période de leur vie où se poursuit le processus d'individuation[22]. Ainsi, des attentes de divers ordres pèsent sur les individus à cette étape de leur vie, dans un contexte où les deux membres du couple veulent à présent être « acteurs de leur vie ». En parallèle du parcours conjugal, les individus peuvent aussi être confrontés à la nécessité de changer de qualification, d'emploi, de cercle relationnel, d'activités quotidiennes… provoquant des bifurcations qui peuvent contribuer à fragiliser le couple, dans un contexte où Internet démultiplie les possibilités d'échanges et de rencontres. Il s'agit là de différences majeures en comparaison du passé, lorsque la vie conjugale se déroulait selon un ordre patriarcal assumé.

La génération des baby-boomers, qui a été la première à connaître un allongement considérable de la scolarité des filles, a également été celle qui a connu une transformation sans précédent de la vie conjugale (Bonvalet et al., 2011[23]) : les

---

18. Ce sont elles qui ont inspiré l'émergence du pluralisme familial par lequel J.-D. Déchaux (2017) analyse les évolutions récentes de la vie privée. J.-H. Déchaux, « Parenté et démocratie : quelle régulation politique ? » *Revue des politiques sociales et familiales*, n° 124, 2017, p. 13-21.
19. R. Neuburger, *Le couple. Le désirable et le périlleux*, Paris, Payot, 2014.
20. F. de Singly, *Le soi, le couple et la famille*, Paris, Nathan, 1996.
F. de Singly, *Libres ensemble : l'individualisme dans la vie commune*, Paris, Nathan, 2000.
21. G. Neyrand, « Le couple hypermoderne ou l'avenir d'une illusion », in G. Neyrand (dir.), *Faire couple, une entreprise incertaine, op. cit.*, 2020.
22. Cette période est caractérisée par trois normes très prégnantes dans la société : devenir autonome, former un couple reproducteur, s'insérer sur le marché de l'emploi.
23. C. Bonvalet ; C. Clément ; J. Ogg, *Réinventer la famille : L'histoire des baby-boomers*, 1re édition, Paris, Presses Universitaires de France (Lien social), 2011.

modalités de la vie à deux sont transformées par la nouvelle « donne sociale » en raison de la forte interdépendance entre les sphères de la vie sociale.

Usage de la contraception et investissement dans une carrière professionnelle, qui sont là deux des transformations majeures dans la vie des femmes, ont aussi indéniablement modifié la construction du rapport amoureux. La sémantique amoureuse évoluant au gré des transformations de la société (Luhmann, 1990[24]), qu'en est-il aujourd'hui de l'amour dans la formation du couple ? Le philosophe F. Wolff le définit comme étant constitué de trois composantes : l'amitié, la passion et le désir. Selon lui : « Les sommets du triangle, amitié, désir, passion sont ses bornes externes : ils ne sont pas l'amour. Il y a généralement amour lorsqu'il y a fusion, en quelque proportion que ce soit, de trois tendances, l'amicale, la désirante et la passionnelle. » (Wolff, 2016 p. 47[25])

L'enquête sur la formation des jeunes couples (Santelli, 2018a[26]) a conduit à proposer l'ajout d'une quatrième composante pour comprendre la spécificité de l'amour conjugal. Car si ce dernier comporte les composantes de l'amour – amicale, passionnelle et désirante –, il ne s'y réduit pas. Il se distingue de l'amour qui unit deux personnes qui, elles, ne vivent pas (encore) ensemble, car la vie en commun et au quotidien implique, à présent que la vie conjugale repose sur un idéal d'égalité et de réciprocité, de veiller à pouvoir se réaliser tout en vivant à deux. La composante « réalisatrice » désigne cette volonté individuelle de se sentir bien dans son couple tout en se sachant autonome, c'est-à-dire en mesure de se réaliser (voir la typologie dans l'article publié en 2018, pour saisir les variations de cette notion). Et les femmes sont particulièrement attentives à la présence de cette composante. Alors qu'auparavant le quotidien des femmes était centré sur la vie familiale, à présent, elles veulent aussi s'assurer du fait qu'elles auront une vie en adéquation avec ce qui compte pour elles (leur carrière, leurs passions, leurs aspirations…). Il s'agit là d'un changement majeur puisque, en comparaison avec les générations passées, les femmes sont à présent vigilantes au fait que la relation conjugale leur permette, à elles aussi, de se réaliser. Et cela est une cause majeure de fragilisation des couples. Pas seulement parce que la quête grandissante du plaisir et de l'assouvissement des désirs individuels, conséquence de l'individualisation croissante de nos sociétés, rend plus fragile tous les collectifs, mais parce qu'à présent les deux membres du couple sont mus par cette même quête de se réaliser ; quand, dans le passé, l'une était le plus souvent au service de la réalisation de l'autre… ce dernier décidant aussi le plus souvent au nom du couple. Dans son ouvrage « Piégée dans son couple », J.-C. Kaufmann (2016)[27]

---

24. N. Luhmann, *Amour comme passion : de la codification de l'intimité*, Paris, Aubier, 1990.
25. F. Wolff, *Il n'y a pas d'amour parfait*, Paris, Fayard, 2016.
26. E. Santelli, « L'amour conjugal, ou parvenir à se réaliser dans le couple. D'une définition de l'amour à une analyse typologique », *Recherches familiales*, n° 15, 2018a, p. 11-26.
27. J.-C. Kaufmann, *Piégée dans son couple*, Paris, Les Liens qui libèrent, 2016.

en arrive à la conclusion que le couple déçoit les femmes. Mais l'explication réside probablement moins dans le fait qu'elles ont (trop) attendu le prince charmant, que parce qu'elles subissent une relation conjugale qui ne leur permet pas (autant qu'espéré) de se réaliser.

IV. Persistance des inégalités

Alors qu'en 70 ans les femmes ont acquis des droits fondamentaux (le droit de vote, la contraception, le fait de pouvoir travailler sans avoir besoin de l'autorisation du mari, le droit de disposer d'un compte bancaire personnel…), un ensemble d'indicateurs témoignent de la persistance des inégalités entre les femmes et les hommes. C'est particulièrement flagrant au niveau des revenus : il persiste un écart de salaire entre les hommes et les femmes de l'ordre de 25 %, mais les femmes en couple gagnent en moyenne, non pas 25 %, mais 42 % de moins que leur conjoint, alors qu'une femme célibataire gagne en moyenne « seulement » 9 % de moins qu'un homme célibataire (Bessière, Gollac, 2020[28]). Et, au moment de la retraite, l'écart de pensions entre les femmes et les hommes est de l'ordre de 40 %. Les inégalités concernent aussi la moindre représentation politique des premières, leur auto-censure à l'égard des filières les plus prestigieuses, les préjugés sexuels, etc. Et cet ensemble d'inégalités à l'échelle de la société a des conséquences sur la vie conjugale ; à l'inverse une égalité au sein de la plus petite des institutions – le couple – aurait des répercussions sur l'ensemble de la société.

Alors que les femmes sont globalement plus diplômées que les hommes[29], au sein des couples, la situation qui prédomine est celle d'une hypergamie féminine sur le plan professionnel – au regard de la nomenclature des catégories socio-professionnelles de l'Insee, cela signifie que l'homme occupe une position socio-professionnelle supérieure à celle de sa conjointe[30]. À partir des données

---

28. C. Bessière ; S. Gollac, *Le genre du capital. Comment la famille reproduit les inégalités*, La Découverte, Paris, 2020.
29. 49 % des femmes de 25 à 34 ans sont diplômées de l'enseignement supérieur en France, contre 38 % des hommes (données Ministère de l'Enseignement Supérieur, de la Recherche et de l'Innovation, 2018). Depuis l'an 2000, les couples dans lesquels la femme est plus diplômée que son conjoint est la configuration la plus fréquente, elle concerne 40 % des couples (cf. Bouchet-Valat, 2014).
30. Dans le cas contraire, on parle d'hypergamie masculine (la femme occupe une position professionnelle supérieure à celle du conjoint). Quand les deux conjoints partagent une même position sociale, la situation est dite homogame. À la fin des années 1950, A. Girard (1964, Le choix du conjoint : une enquête psycho-sociologique en France, Paris, PUF) a conduit une enquête nationale pour montrer comment, dans un contexte où les individus peuvent (enfin) choisir librement leur conjoint, il existe des déterminants sociaux qui président au choix du conjoint et conduisent à l'homogamie.

statistiques de l'enquête Emploi de l'Insee (entre 1969 et 2011), M. Bouchet-Valat (2014)[31] a montré que l'homogamie sociale ne disparaît pas, mais qu'elle a cependant nettement diminué : la proportion de couples homogames a baissé de 30 à 50 % quelle que soit la composante retenue (diplôme, catégorie professionnelle ou origine sociale). Les données produites par M. Bouchet-Valat (2019)[32] tendraient à montrer que l'homogamie diminue notamment parce que les situations homogames ne se maintiennent pas dans la durée : au moment de la rencontre, les couples ont tendance à être plus homogames qu'au terme de plusieurs années de vie de couple. L'écart se creuse entre les conjoints en raison des carrières ascendantes des hommes : ce n'est pas la position professionnelle des femmes qui diminue, mais celle des hommes qui s'améliore. Ainsi, une moindre tendance « homogamique » dans le domaine professionnel serait moins le signe d'une diminution de l'influence des déterminants sociaux que celui des rapports de genre qui se perpétue. Cette situation s'accompagne d'une différence en termes de temps de travail et de salaires : les femmes sont plus souvent employées à temps partiel (30 % contre 8 % des hommes, Insee, 2018) et les trois quarts perçoivent un salaire inférieur à celui de leur conjoint (Morin, 2014[33]). Une mère sur deux a également modifié son activité professionnelle à la suite de la naissance des enfants, contre seulement un père sur neuf (Govillot, 2013[34]).

Le raisonnement à partir de la catégorie « revenu du ménage » a eu pour effet de passer sous silence l'écart entre les situations financières des deux conjoints. Au sein des couples, ces différences économiques ne sont pas non plus toujours évoquées : en raison de la norme égalitaire et de l'idéal amoureux qui est censé être désintéressé et solidaire, il apparaît délicat de parler d'argent. D. Roy (2006)[35] a pourtant montré que pour mettre en place une répartition équitable en matière de gestion d'argent, les conjoints devraient prendre en compte deux partages, celui des revenus et celui des dépenses, et non répartir, comme cela se fait habituellement, en prenant uniquement en compte la somme des dépenses. Elle a également mis en évidence le fait que la répartition de l'argent au sein des ménages serait plus favorable à la constitution d'une épargne masculine, tandis que l'argent disponible des femmes est plus souvent utilisé pour les dépenses du quotidien.

---

31. M. Bouchet-Valat, « Les évolutions de l'homogamie de diplôme, de classe et d'origine sociales en France [1969-2011] », *Revue française de sociologie*, vol. 55 (3), 2014, p. 459-505.
32. M. Bouchet-Valat, « Homogames un jour, homogames toujours ? » Rencontre pendant les études et proximité de diplôme et de carrière au sein des couples en France, *Population*, vol. 74, 2019, n° 1-2, p. 131-154.
33. T. Morin, « Insee – Revenus-Salaires – Écarts de revenus au sein des couples – Trois femmes sur quatre gagnent moins que leur conjoint », *INSEE Première*, n° 1492, 2014.
34. S. Govillot, « Après une naissance, un homme sur neuf réduit ou cesse temporairement son activité contre une femme sur deux », *INSEE Première*, n° 1454, 2013.
35. D. Roy, « L'argent du "ménage" : qui paie quoi ? », *Travail, genre et société*, vol. 1, n° 15, 2006, p. 101-119.

La gestion de l'argent s'insère dans une économie domestique plus large : la question est celle du degré d'implication de chacun, en termes de travail ménager et parental, au regard de sa contribution financière (Belleau, Lobet, 2017[36] ; Roy, 2005[37]). La plus faible participation des hommes aux tâches domestiques serait justifiée par leur investissement dans la sphère professionnelle et ce qu'ils en retirent financièrement. Inversement, la plus grande implication des femmes dans le travail domestique s'expliquerait par leur moindre contribution financière aux revenus du ménage…

Nous ne reviendrons pas sur les très nombreux travaux qui, depuis trente ans, ont démontré la constante inégale répartition des tâches domestiques et parentales ; sans compter l'énergie et le temps que mobilise la fameuse charge mentale (Champagne, Pailhé, Solaz, 2015[38]). En revanche, arrêtons-nous un instant sur le maintien d'une asymétrie concernant l'activité sexuelle – domaine moins exploré par les sociologues du couple. Malgré une convergence des pratiques entre les femmes et les hommes, évaluée par le biais de l'âge au premier rapport sexuel, le nombre de partenaires et une sexualité récréative assumée (Giraud, 2017[39], Rault, Régnier-Loilier, 2015[40]), on constate une forte « immobilité des représentations sociales concernant le rôle des hommes et des femmes dans l'interaction sexuelle » (Godelier, 2008, p. 15[41]). Ainsi, malgré les changements en cours, les femmes continuent à moins valoriser la sexualité pour elle-même et à réaffirmer les liens entre sentiments amoureux et sexualité (Bozon, Le Van, 2008, p. 542[42]). En matière de sexualité, la socialisation des femmes a encore largement pour effet d'associer le rapport sexuel à une activité d'entretien du lien conjugal, une sexualité relationnelle, quand celle de l'homme serait plus centrée sur le désir individuel (Bozon, 2001[43]). Pour les unes et les autres, la dimension désirante de la sexualité n'est pas valorisée dans les mêmes termes (Santelli, 2018b[44]).

---

36. H. Belleau ; D. Lobet, *L'amour et l'argent*, Montréal, Éditions du remue-ménage, 2017.
37. D. Roy, « Tout ce qui est à moi est à toi ? », *Terrain*, n° 45, 2005, p. 41-52.
38. C. Champagne ; A. Pailhé ; A. Solaz, Le temps domestique et parental des hommes et des femmes : quels facteurs d'évolutions en 25 ans ? *Économie et Statistique*, n° 478-480, 2015, p. 209-242.
39. C. Giraud, *L'amour réaliste : la nouvelle expérience amoureuse des jeunes femmes*, Paris, Armand Colin (Collection « Individu et société »), 2017.
40. W. Rault ; A. Régnier-Loilier, « La première vie en couple : évolutions récentes », *Population et Sociétés*, n° 621, 2015.
41. M. Godelier, « Préface », dans N. Bajos ; M. Bozon, (dirs.), *Enquête sur la sexualité en France : pratiques, genre et santé*, Paris, Découverte, 2008.
42. M. Bozon ; C. Le Van, « Orientations en matière de sexualité et cours de la vie. Diversification et recomposition », dans N. Bajos ; M. Bozon, (dirs.), *Enquête sur la sexualité en France : pratiques, genre et santé*, Paris, Découverte, 2008, p. 529-544.
43. M. Bozon, « Orientations intimes et constructions de soi. Pluralité et divergences dans les expressions de la sexualité », *Sociétés contemporaines*, n° 41-42, 2001a, vol. 1, p. 1140.
44. E. Santelli, « De la jeunesse sexuelle à la sexualité conjugale, des femmes de plus en plus en retrait. L'expérience de jeunes couples », *Genre, sexualités, société*, n° 20, 2018b, https://journals.openedition.org/gss/5079.

En guise de conclusion

Nous avions débuté cette contribution en mentionnant le fait qu'il n'était pas du ressort de la sociologie de prévoir l'évolution du couple. Nous pouvons en revanche faire l'hypothèse que sans une relation égalitaire dans les faits (et pas uniquement en droit) entre les femmes et les hommes, les couples continueront d'être fragilisés (séparation, violences, insatisfaction). Pour parvenir à une égalité entre les sexes, des politiques volontaristes « fortes » devront être mises en œuvre dans la sphère publique pour que, en raison des interdépendances entre les différents domaines de la vie, on puisse en observer les répercussions dans la sphère intime. Malgré le fait que le sens et les limites du couple ont changé au fil des dernières décennies, les inégalités sociales qui persistent contribuent à maintenir un ordre de genre au sein de l'espace domestique qui, à son tour, contribue à alimenter les différences de traitement entre les femmes et les hommes dans la sphère publique.

Le couple actuel est aussi le produit d'une histoire au cours de laquelle il a rempli une fonction de protection. Cette dernière a pris des visages différents selon les époques, mais demeure l'idée que « vivre à deux » constitue un rempart pour faire face à l'adversité : s'entraider face aux accidents de la vie, la précarité, le (risque de) chômage. Les jeunes couples recherchent eux aussi cette fonction puisque, parmi les éléments explicatifs de la formation conjugale, est soulignée l'importance de se sentir en confiance, compris, rassuré, soutenu inconditionnellement (Santelli, 2018c[45]) ; le couple devient une équipe pour faire face aux incertitudes de la vie. Dès lors le couple ne peut se limiter à l'association de deux individus assurés de partager une stricte égalité émotionnelle et sexuelle. Le couple est aussi indéniablement un lien social protecteur, entre deux individus inégalement soumis au risque de vulnérabilité, et un lien social qui peut également générer des inégalités, tant les parcours des femmes et des hommes se distinguent encore dans nos sociétés. D'autres études sociologiques seraient nécessaires pour, d'une part, se départir de l'idéal romantique selon lequel seul l'amour serait à l'origine de la formation du couple et qu'il constituerait l'ingrédient principal de son maintien, d'autre part, pour comprendre les processus qui conduisent des couples à perdurer quand d'autres, dans les mêmes conditions, se séparent. Appréhender comment on fait couple aujourd'hui nécessite de considérer à la fois les parcours individuels et les contextes sociaux afin de comprendre sur quels équilibres repose la plus petite unité sociale.

*
* *

---

45. E. Santelli, avec la collaboration de J. Vincent, Former un couple aujourd'hui. Amour, décisions et inégalités, *Dossier d'études de la CNAF*, 2018c.

Les politiques d'égalité femmes/hommes
Au-delà du combat féministe, la promesse d'une vie meilleure pour tous

Isabelle ROME
Haute-fonctionnaire à l'égalité femmes/hommes du ministère de la justice
Inspectrice générale, Magistrate, Autrice

Emma Gounot ne s'estimait pas féministe, « car les femmes et les hommes sont différents, et c'est bien ainsi », affirmait-elle, lorsque la question lui était posée[1].

Hormis les mots, il y a les actes et le parcours d'une femme : une pionnière, la première à enseigner le droit dans une université catholique, en 1939. Avocate combattante des droits de l'homme, fondatrice de l'Institut des sciences de la famille à la Faculté catholique de Lyon, Emma Gounot n'eut de cesse de défendre l'intérêt de l'enfant. Elle privilégia aussi le dialogue au sein du couple, même lorsque ce dernier en vient à se séparer, semblant ainsi supposer l'existence d'une « égalité des armes » entre les parties plutôt qu'un rapport de domination de l'une sur l'autre.

Ouverte aux autres quels que soient leur milieu, leur culture, leur genre ou leur religion, elle cherchait à les rassembler, surtout lorsqu'il s'agissait de soutenir une cause ou de mener une action conjointe. « C'est cela, la laïcité » disait-elle.

À travers ses engagements et ses combats, Emma Gounot nous signifie que les différences ne doivent en rien constituer des barrières à la possible communauté humaine. Elles ne sauraient davantage constituer des freins à l'égalité entre les êtres.

C'est dans un état d'esprit similaire que doit se concevoir, aujourd'hui, la construction de l'égalité entre les femmes et les hommes. Ni la vengeance ni la guerre ne doivent procéder de cette édification, qui n'aboutirait qu'à un clivage de l'humanité. À l'instar de ce que Stendhal affirmait, « l'admission des femmes à l'égalité parfaite » peut constituer « la marque la plus sûre de la civilisation » et « doubler les forces intellectuelles du genre humain[2] ». C'est à une augmentation de l'intelligence collective que devrait donc conduire l'égalité entre les sexes.

---

1. Cf. V. Aubourg et H. Fulchiron, *Libre traversée d'un siècle,* Cinquième partie de cet ouvrage.
2. Stendhal, *De l'amour,* Gallimard, Folio classique, 1980.

Par les politiques volontaristes que sa mise en œuvre nécessite en termes de lois, d'organisation des temps de la vie et de gestion des rapports sociaux, ou encore d'éducation et de formation, l'égalité entre les femmes et les hommes peut aussi nous promettre une vie meilleure, à toutes et à tous.

Cette égalité doit être voulue, toujours. Décrétée, parfois. Insufflée en son esprit, constamment.

Elle est souvent au cœur des combats pour les droits des femmes. L'égalité des droits est, en effet, le présupposé à l'égalité réelle.

Vouloir l'égalité n'est cependant pas qu'une « affaire de femmes ». Dans son discours sur *L'admission des femmes au droit de cité*, Condorcet fut l'un des précurseurs de la parole féministe, en déclarant que les femmes, devaient avoir des droits égaux aux hommes, ayant les mêmes qualités qu'eux.

C'est également un chef d'État, Emmanuel Macron, qui a déclaré – en 2017 – l'égalité entre les femmes et les hommes grande cause du quinquennat.

Voulue par le président de la République, élu au suffrage universel, l'égalité entre les femmes et les hommes est bien « l'affaire de tous ».

I. À la conquête des droits…

Dans le préambule de la Déclaration des droits de l'homme et du citoyen, les représentants du peuple français constitués en Assemblée nationale en 1789, considèrent que l'ignorance, l'oubli ou le mépris des droits de l'Homme sont cause des malheurs publics et de la corruption des gouvernements. Ainsi, ont-ils résolu d'exposer, dans une Déclaration solennelle, les droits naturels, inaliénables et sacrés de l'Homme, afin que chacun se rappelle sans cesse ses droits et ses devoirs.

Composée de dix-sept articles, elle énonce les grands principes qui fondent encore notre République : celui de la liberté, de l'égalité des droits, de la liberté de penser, de croire, de s'exprimer.

Elle affirme notamment que la loi est l'expression de la volonté générale, édicte le principe de la séparation des pouvoirs, ainsi que ceux de l'inviolabilité du droit de propriété, de la légalité des délits et des peines, ainsi que celui de la présomption d'innocence.

Pas un mot sur les femmes.

Ce texte de la Déclaration des droits de l'homme et du citoyen, considéré aujourd'hui comme porteur d'une vocation universelle, et destiné à s'appliquer aux hommes et aux femmes, sans distinction de sexe n'a été écrit que pour les hommes.

Les femmes ne sont à cette époque, y compris après la Révolution, pas des citoyennes à part entière.

Le seul à envisager l'égalité, sans faire de différence entre les hommes et les femmes et à proposer un suffrage universel, sans en exclure les femmes, est précisément le député Condorcet.

Il ne put faire entendre sa voix. Condamné à mort, il se suicida avant de monter sur l'échafaud.

Une femme, nommée Olympe de Gouges, s'adresse alors à la reine Marie-Antoinette en lui dédicaçant, en 1791 un texte particulièrement audacieux : *la Déclaration des droits de la femme et de la citoyenne.*

Elle y reprend l'ensemble des préceptes de la Déclaration des droits de l'homme et du citoyen de 1789, en précisant dans chacun des articles qui les énoncent, qu'ils sont applicables AUSSI aux femmes.

On peut citer, par exemple :

« – L'article 1er : La femme naît libre et demeure égale à l'homme en droits. Les distinctions sociales ne peuvent être fondées que sur l'utilité commune.

– L'article 6 : La loi doit être l'expression de la volonté générale : toutes les citoyennes et tous les citoyens doivent concourir personnellement, ou par leurs représentants, à sa formation (…)

– L'article 10 : Nul ne doit être inquiété pour ses opinions même fondamentales ; la femme a le droit de monter sur l'échafaud ; elle doit avoir également celui de monter à la tribune, pourvu que ses manifestations ne troublent pas l'ordre public établi par la loi. »

Elle énonce aussi en son article 12 que « la garantie des droits de la femme et de la citoyenne nécessite une utilité majeure ».

Olympe de Gouges fut guillotinée le 3 novembre 1793.

En France, les femmes obtinrent le droit de vote en 1944 et devinrent donc des citoyennes, dont la voix compte dans l'expression de cette volonté générale, à l'origine de toute loi.

II. Ce n'est qu'au XXe siècle que les femmes en France deviennent non seulement des citoyennes à part entière, mais acquièrent au fur et à mesure des années et des lois successivement votées par le Parlement, une égalité en droits avec les hommes, et se voient reconnaître une liberté qui les fait devenir des « sujets de droit », et non plus des « êtres soumis » à leur mari, « chef de famille ».

Rappelons quelques étapes de cette émancipation :

– 1965 : liberté de l'exercice d'une profession, sans l'assentiment du conjoint ; reconnaissance des biens propres de l'épouse

– 1967 : loi autorisant la régulation des naissances et la contraception

– 1970 : avènement de l'autorité parentale conjointe, se substituant à la puissance paternelle

– 1975 : légalisation de l'avortement, instauration du divorce par consentement mutuel

– Depuis 2000, les lois sur la parité en politique, instituant pour les scrutins de liste une pénalisation pour les partis ne présentant pas un nombre égal de femmes et d'hommes, ont permis une émergence des femmes à la tête de collectivités locales et territoriales comme à l'Assemblée nationale. Aujourd'hui 224 députés sont des femmes, soit 38,7 % des élus du Palais Bourbon. Elles n'étaient que 155 sous la précédente législature. Jusqu'en 1997 elles étaient moins de 10 %.

Depuis 2011, une loi impose aussi une participation des femmes à hauteur de 40 % dans les conseils d'administration et conseils de surveillance des entreprises du CAC 40. À ce jour, elles sont 42,3 %. Dans certaines entreprises elles y sont majoritaires comme chez Engie – 56 % – ou Vivendi – 54 %.

Force est de constater que cette évolution législative a été concomitante de la construction d'une pensée féministe, représentée en particulier par Simone de Beauvoir.

Elle a été aussi le fruit de revendications portées par des mouvements et des manifestations de femmes, réclamant notamment la légalisation de l'avortement.

Sans une politique volontariste et courageuse, elle n'aurait pu cependant se concrétiser.

Il a fallu, en effet, vaincre de fortes inerties.

Trois ans se sont écoulés avant la publication des décrets d'application de la loi Neuwirth autorisant la contraception, élaborée en 1967. Les images de Simone Veil, défendant la loi sur l'avortement, malmenée, injuriée par certains élus de son propre camp, sont dans toutes les mémoires ou dans toutes les archives parlementaires…

On sait combien les lois sur la parité en politique ont été l'objet de vives critiques. Elles favoriseraient les femmes, parce qu'elles sont femmes, et non en raison de leurs compétences. Au nom de l'égalité mais donc au détriment de l'intérêt général, puisqu'elles ne seraient pas nécessairement aptes à exercer les mandats qui peuvent alors leur être confiés.

La réalité ne semble-t-elle pas, au contraire, démontrer que de telles mesures ont permis à de nombreuses femmes d'accéder à des responsabilités sur le plan local, au sein de collectivités territoriales, et qu'ayant réussi dans l'exercice de leur mission, elles ont pu être élues comme têtes de listes aux élections suivantes ou comme parlementaires ?

Ces lois volontaristes sur la parité ne permettraient donc pas seulement de résorber les déficits existants à l'égard des femmes, sans qu'aucun privilège ne leur soit spécifiquement accordé ? Les femmes n'ont pas besoin de béquille pour s'affirmer. La loi apparaît, en revanche nécessaire à la reconnaissance de leurs droits. Dans un souci d'égalité. Sans favoritisme. Sans victimisation des femmes.

La parité peut représenter, à ce titre, un marchepied vers l'égalité.

Ce qui s'est passé en Islande mérite une attention particulière.

Une loi, votée par 80 % des députés, y a été promulguée en janvier 2018. Elle impose l'égalité salariale – à travail égal, salaire égal – et prévoit une amende de 400 euros par jour en cas de non-respect ce celle-ci.

Pour la défendre, un député islandais utilisait ces mots : « L'histoire a montré que si nous voulons le progrès, il faut l'imposer » !

En 2008, le krach financier avait provoqué dans ce pays un véritable cataclysme. Les remboursements des crédits avaient triplé et les banquiers avaient fui l'île avec des valises pleines de billets. De nombreuses femmes en colère – cheffes d'entreprises, commerçantes, enseignantes, chercheuses – ont alors organisé un « gouvernement » d'urgence des femmes : un gouvernement virtuel sur Facebook, afin d'éviter que la société islandaise ne fût de nouveau dominée par des hommes. Elles ont créé des fonds éthiques destinés à fonder des entreprises saines, organisé des réseaux, des clubs. Face à ces initiatives, le gouvernement (réel) s'est trouvé contraint de prendre une directive portant la participation des femmes dans les conseils d'administration à un taux compris entre 40 et 60 %.

Si les débats et les interrogations existent au moment du vote des lois sur la parité, il semble que leur application permette, au contraire, de les dépassionner et de les dédramatiser… Quelle députée, quelle ministre serait aujourd'hui accusée de présenter des incompétences ou d'avoir bénéficié d'une faveur injustifiée en raison de son genre ?

III. Le concept d'égalité n'est plus forcément un objet de luttes mais devient un élément à part entière de la mise en œuvre des politiques publiques, en matière de gouvernance, comme de gestion des ressources humaines

Grande cause du quinquennat, l'égalité femmes/hommes fait, aujourd'hui, en France, l'objet d'un plan gouvernemental, comportant des objectifs et un suivi interministériel.

L'un de ces objectifs est l'équilibre dans les nominations.

Dans la fonction publique, la loi impose un quantum de 40 % de personnes du même sexe dans les primo-nominations aux postes de cadres dirigeants de l'État. Une pénalité est prononcée à l'encontre de tout ministère qui ne le respecterait pas. Ce fut le cas du ministère de la justice en 2016. Cela ne le fut plus au cours de ces trois dernières années.

Il faut aussi agir sur les ressorts des facteurs d'inégalité.

Des inégalités entre les sexes persistent, au sein de la société en général, comme dans le cadre professionnel.

Les femmes sont les premières victimes de la pauvreté, représentant plus de 56 % des personnes accueillies dans des structures d'aide sociale. 88 % d'entre elles ont des enfants à charge. Leur vulnérabilité est considérée par les travailleurs sociaux, comme plus grave que celle des hommes connaissant une situation similaire.

Il est également constaté que les travailleurs pauvres sont surtout des travailleuses pauvres, aux ressources régulières, mais très faibles, soit environ 600 euros par mois.

Sur le plan professionnel, on note l'existence d'un plafond de verre.

Cette expression est apparue dans les années 1970 pour désigner l'ensemble des obstacles que rencontrent les femmes pour accéder à des postes élevés dans les hiérarchies professionnelles.

Comme si un plafond invisible empêchait les femmes de gravir les échelons. Ce phénomène se traduit notamment par une plus faible représentation des femmes dans les postes de responsabilités.

Il n'y a aujourd'hui, en France, qu'une seule patronne d'une entreprise cotée au CAC 40 !

Dans presque tous les secteurs, on fait le même constat : la carrière des femmes « piétine » à partir de 35 ans.

Têtues sont aussi les inégalités salariales : les femmes représentent 25 % des cadres dans le secteur privé et semi-public mais leur salaire est inférieur de 26 % à celui de leurs homologues masculins. En moyenne dans le privé, les femmes gagnent 19 % de moins que les hommes, pour 11 à 13 % dans la fonction publique, et sur une période réduite.

Comment agir pour atteindre l'égalité ?

Les entreprises sont de plus en plus nombreuses à s'impliquer en ce sens. Certaines d'entre elles – Gecina, Sodexo ou Loréal – développent une politique particulièrement volontariste, en matière de féminisation de leurs instances dirigeantes ou de mixité[3].

---

3. La Tribune, 1er juillet 2020 « *Féminisation des grandes entreprises : Gecina, Sodexo et Loréal en tête d'un classement annuel* ».

Telle est aussi l'une des ambitions de l'État, à travers notamment la loi du 6 août 2019 relative à la fonction publique.

Selon les termes de cette dernière, l'État, ses établissements publics administratifs, les hôpitaux publics, les collectivités locales et les établissements publics de coopération intercommunale (EPCI) de plus de 20 000 habitants ont dorénavant l'obligation d'élaborer un plan d'action pluriannuel pour l'égalité professionnelle entre les femmes et les hommes.

Ce plan doit comporter au moins des mesures visant à :

– Évaluer, prévenir et traiter les écarts de rémunération entre les femmes et les hommes ;

– Garantir leur égal accès aux corps, cadres d'emplois, grades et emplois de la fonction publique ;

– Favoriser l'articulation entre activité professionnelle et vie personnelle et familiale ;

– Prévenir et traiter les discriminations, les actes de violence, de harcèlement moral ou sexuel ainsi que les agissements sexistes.

En cas d'absence d'élaboration du plan ou de non-renouvellement, l'employeur défaillant est passible d'une pénalité d'un montant maximal de 1 % de la rémunération brute annuelle globale de l'ensemble de ses personnels.

Par ailleurs, toutes les administrations doivent instaurer un dispositif de recueil des signalements des agents qui s'estiment victimes d'un acte de violence, de discrimination, de harcèlement moral ou sexuel ou d'agissements sexistes. Ce dispositif permet également de recueillir les signalements des témoins.

Des mesures sont également prévues pour renforcer l'obligation de nominations équilibrées, étendue aux collectivités territoriales, ou pour instituer une composition équilibrée des jurys ainsi qu'une présidence alternée de ceux-ci, ou encore pour mieux garantir les droits des personnes enceintes ou parents de jeunes enfants, en préservant leurs droits à avancement en cas de congé parental ou de disponibilité.

C'est aussi l'esprit de la mission confiée aux haut(e)s fonctionnaires, désigné(e)s auprès de chaque ministère, afin de promouvoir l'égalité entre les femmes et les hommes.

C'est la tâche que j'assure, au sein du ministère de la justice, depuis juin 2018.

Au cours de ces deux années, les deux axes majeurs de l'exercice de la mission qui m'est confiée ont consisté à insuffler une culture de l'égalité au sein du ministère de la justice et à mettre en place des outils efficients permettant de décliner une politique d'égalité professionnelle.

Insuffler la culture de l'égalité

Insuffler la culture de l'égalité passe par la formation, la sensibilisation des personnels, et l'échange avec eux.

J'ai ainsi développé un partenariat étroit avec les quatre écoles formant aux métiers de la justice : l'école nationale de la magistrature (ENM), l'école nationale des greffes (ENG), l'école nationale de l'administration pénitentiaire (ENAP), l'école nationale de la protection judiciaire de la jeunesse (ENPJJ). J'y effectue des interventions régulières et je les soutiens dans l'organisation d'évènements sur ce thème et dans la mise en œuvre de programmes de sensibilisation à l'égalité femmes/hommes.

Pour exemple, à l'école nationale de la magistrature : interventions au titre de la formation continue, ou au cours des sessions à destination des nouveaux chefs de cours et de juridictions, ou de celle organisée, auprès de ces derniers, sur la « gouvernance humaine », ou encore aux sessions du cycle approfondi d'études judiciaires, ouverture de la session de formation ENM / ENA : « Les leviers d'action pour encourager la carrière des femmes » ; Implication dans la mise en œuvre de formations renforcées dans le domaine de la lutte contre les violences au sein du couple ; Accompagnement d'un groupe d'auditeurs de justice dans le cadre d'un travail collectif autour de la thématique « justice et genre », ayant donné lieu à une restitution en amphithéâtre à l'ENM, à Bordeaux, et à la cour de cassation, lors du colloque *femmes, droit et justice* le 11 mars 2019 que j'ai initié ; Réalisation et tournage avec des auditeurs de justice de spots visant à lutter contre le sexisme, diffusés à l'occasion de la journée internationale des droits des femmes le 8 mars 2019.

Parce que l'égalité entre les femmes et les hommes ne se construit pas seulement place Vendôme, cette sensibilisation doit se développer à tous les niveaux, sur tous les territoires. Il est essentiel d'entendre les préoccupations qui peuvent y être exprimées et de retenir, le cas échéant, les suggestions qui peuvent y être faites. C'est pourquoi j'effectue de nombreux déplacements, à la rencontre des personnels du ministère, au sein des tribunaux et des cours, comme dans les services déconcentrés de la protection judiciaire de la jeunesse ou de l'administration pénitentiaire, dans les prisons ou dans les foyers hébergeant des jeunes suivis judiciairement.

Dans un souci d'interactivité à l'échelon ministériel, j'ai aussi constitué un comité égalité femmes/hommes au sein de l'administration centrale du ministère de la justice. Composé de référentes et de référents désignés par chaque direction, il est une instance de concertation, de suivi et d'impulsion des actions menées pour l'égalité entre les sexes.

Dans la gestion des ressources humaines comme dans la déclinaison des différentes politiques publiques, une parole non-sexiste doit également devenir principe, réflexe, règle de conduite portée par toutes et tous, au plus haut niveau. Les responsables, directrices et directeurs, chef(fe)s de service doivent avoir le souci de l'exemplarité du comportement, sans rien laisser passer, sans rien cautionner. Une remarque sexiste doit être relevée et reprise. Il en va de la qualité de vie des femmes et hommes, de leur bien-être au travail, de l'estime de soi, du respect de la dignité de chacune et chacun. Une parole non-sexiste s'entend aussi d'une manière proactive d'accompagner les femmes dans leurs carrières et de veiller à véhiculer des représentations non-sexistes.

C'est pourquoi un texte d'engagement pour une parole non-sexiste a été élaboré[4]. Conçu en concertation avec l'ensemble des directions du ministère de la justice, *via* le comité égalité femmes/hommes, et en lien avec l'association femmes de justice[5], ce texte vise à garantir l'égalité femmes-hommes auprès des agents du ministère.

Il comporte une série de recommandations simples, claires et concises montrant l'exemple à suivre pour mieux parler et inviter à mieux agir. Il s'adresse à toutes et tous, et a vocation à être diffusé et adopté le plus largement possible. Il a été signé par une centaine de personnes occupant des postes de responsabilité, à la date du 1er mai 2020.

Afin de rassembler autour de cette politique menée en faveur de l'égalité femmes/hommes et d'en diffuser l'esprit, j'ai aussi invité les chefs de cours et de juridictions, ainsi que les directeurs des services pénitentiaires et de la protection judiciaire de la jeunesse, à organiser tout au long du mois de mars 2020 des petits-déjeuners, autour de l'égalité femmes/hommes, en leur suggérant de se rapprocher à cette fin des déléguées régionales ou départementales à l'égalité femmes/hommes et, le cas échéant, des représentantes de l'association femmes de justice. Chacune et chacun d'entre eux a été destinataire d'un PowerPoint détaillé[6], pouvant servir de support à cet événement.

C'est enfin une communication constante sur le site intranet du ministère de la justice que je m'applique à assurer. Les publications rédigées par mes soins permettent un suivi de l'exercice de mon activité, et mettent en valeur des actions mises en œuvre sur les territoires, dans le domaine de l'égalité professionnelle ou de la lutte contre les violences faites aux femmes, relatant également des événements ou des manifestations en lien avec ces questions.

En période de confinement, les articles que j'ai publiés ont visé à apporter une information précise sur l'ensemble des dispositifs déployés pour la protection des victimes de violences intrafamiliales.

---

4. http://www.justice.gouv.fr/haute-fonctionnaire-a-legalite-femmes-hommes-12939/texte-dengagement-pour-une-parole-non-sexiste-12945/
5. http://www.femmes-de-justice.fr
6. http://www.justice.gouv.fr/haute-fonctionnaire-a-legalite-femmes-hommes-12939/petits-dejeuners-de-legalite-femmes-hommes-32962.html

Mettre en place des outils efficients permettant de décliner une politique d'égalité professionnelle

Il s'est agi dans un premier temps d'analyser la place des femmes et des hommes au sein du ministère et d'identifier les points d'inégalités, afin d'actionner les leviers utiles pour faire progresser l'égalité entre les sexes.

À cette fin, le premier baromètre de l'égalité femmes/hommes du ministère de la justice a été édité le 7 mars 2019[7].

Cette étude, axée sur l'accès des femmes et des hommes aux postes de hiérarchie, au sein de chacune des directions, confirme l'engagement du ministère pour l'égalité.

Rendre publiques de telles données remplit une exigence de transparence que la mission de haute-fonctionnaire impose et permet à chacune et chacun de consulter l'état de l'égalité femmes-hommes dans son service. C'est pourquoi ce baromètre comporte les données chiffrées et genrées les plus récentes possibles. Il a été établi pour être lisible et accessible à toutes et tous, pour que chacune et chacun puisse se l'approprier. Il ne s'est pas agi de faire un bilan global sur les inégalités femmes-hommes au ministère de la Justice, mais plutôt d'apporter des clés de réflexion sur les moments stratégiques où les inégalités femmes-hommes se révèlent et se concrétisent, dans les carrières des femmes. Tout n'a pas été relevé. L'attention a été portée sur les points problématiques, afin d'envisager et d'énoncer de possibles leviers d'action pour mieux garantir l'égalité. Des évolutions positives doivent être soulignées, comme le triplement du nombre de procureures générales et le doublement de celui des premières présidentes en sept ans, l'accroissement du nombre de directrices des services pénitentiaires, l'augmentation des femmes occupant un poste de directeur fonctionnel de la protection judiciaire de la jeunesse (de 26 % de femmes en 2008 à 48 % en 2017), ou encore la féminisation massive du comité de direction de l'inspection générale de la justice en dix ans, passant de 22 % de femmes à 67 % en 2018.

Il sera suivi par d'autres baromètres, publiés bisannuellement. Enfin, ce baromètre s'inscrit dans une démarche participative et partenariale. Tous ceux qui ont des recommandations pour le prochain baromètre à paraître en mars 2021, ou qui souhaitent apporter d'autres chiffres et pointer d'autres données peuvent me les adresser.

Pour ancrer la politique en faveur de l'égalité professionnelle[8], un accord a été signé le 20 janvier 2020 par la garde des Sceaux, Nicole Belloubet, avec les 5 organisations syndicales majoritaires (UNSA, FO, CFDT, C. Justice et FSU) du ministère de la justice.

---

7. http://www.justice.gouv.fr/haute-fonctionnaire-a-legalite-femmes-hommes-12939/barometre-de-legalite-femmes-hommes-12944/
8. http://www.justice.gouv.fr/art_pix/egalite_femmes_hommes_signature.pdf

Il est issu d'une concertation approfondie qui s'est déroulée tout au long de l'année 2018 et d'une négociation de neuf mois. Menée avec l'ensemble des organisations syndicales, sous l'égide du secrétariat général et de son service des ressources humaines, celle-ci a ainsi pu donner naissance à cet accord, lequel comprend 60 actions qui seront déclinées, selon un agenda très précis.

Elles portent sur la consolidation des acteurs du dialogue social, sur le plan national comme sur les territoires, sur les moyens de tendre vers une égalité effective dans les rémunérations et les parcours professionnels mais aussi sur une amélioration concrète de l'articulation entre la vie professionnelle et la vie personnelle ainsi que sur la prévention des violences faites aux personnels. Sur ce dernier point, une cellule d'écoute sera prochainement mise en place.

S'agissant de l'équilibre vie professionnelle/vie personnelle, il est souvent la clé d'accès à une égalité réelle entre les femmes et les hommes. Cette question est d'autant plus cruciale que l'avancement dans les carrières est souvent lié à la mobilité géographique. Une aide à la mobilité des familles doit être construite. C'est une priorité de l'année à venir, pour le ministère de la justice.

On comprend aussi aisément que la problématique de l'articulation des temps de la vie relève, pour une large part, de la politique des ressources humaines menée au sein d'une institution ou d'une entreprise, au-delà du seul enjeu de l'égalité entre les femmes et les hommes. L'aborder permet de questionner l'organisation même du travail. Elle amène peut-être aussi à une conception renouvelée des temps impartis dans la vie au travail, à la famille, aux autres et à soi-même.

La recherche de l'équilibre entre les différents temps de la vie n'a pas de genre. Elle concerne aussi bien les femmes que les hommes.

On constate néanmoins qu'en voulant tendre à une égalité plus effective entre les femmes et les hommes, on ouvre de nombreux tiroirs à partir desquels on peut construire des changements organisationnels profonds et susciter des avancées législatives notables laissant entrevoir, pour chacune et chacun d'entre nous, une amélioration de son quotidien comme de son avenir professionnel.

C'est pourquoi l'égalité professionnelle doit se construire avec l'ensemble des forces vives de l'institution ou de l'entreprise. Femmes et hommes. Parce qu'elle est un enjeu pour toutes et tous et parce qu'au-delà d'une égalité en droit, c'est une vie meilleure qu'elle peut nous promettre, à toutes et à tous.

Rendant la vie meilleure, l'égalité réelle entre les femmes et les hommes rendrait aussi la société plus apaisée.

C'est un véritable tournant dans cette direction que nous pouvons prendre toutes et tous ensemble, sereinement. Sans virulence, mais avec une détermination conjointe. Fraternellement.

Afin qu'un jour, l'on puisse, aux mots forts de Simone de Beauvoir : « Se vouloir libre, c'est aussi vouloir les autres libres », en ajouter d'autres : « Et se vouloir fraternel, c'est aussi vouloir l'autre comme son égal ». Emma sourirait.

À cet endroit précis où les liens font mal
La justice familiale selon l'espérance

Jean Philippe PIERRON
Professeur de philosophie à l'Université de Bourgogne
Directeur de la Chaire Valeurs du soin

> *J'ai dit au cardinal Gerlier : « D'abord en tant que femme, j'ai beaucoup de clientes femmes qui ont beaucoup de difficultés, qui sont contentes d'avoir une avocate femme, et je pense qu'on peut sinon les réconcilier, au moins empêcher qu'on se batte trop. Ce n'est pas l'intérêt des enfants de laisser les choses s'envenimer. Et puis, si on peut réconcilier, eh bien, ce n'est pas en refusant de plaider qu'on y arrivera ». Il avait été tout à fait d'accord, il m'a dit : « Ne poussez pas au divorce, mais ne refusez pas ». Tandis que mon père était de la génération où beaucoup d'avocats catholiques, surtout après la séparation de l'Église et de l'État, ne plaidaient pas les divorces.*
>
> Emma Gounot[1]

Comment une « bonne catholique » comme Emma Gounot a-t-elle pu tout à la fois plaider le divorce, travailler à fonder un Institut des sciences de la famille et penser et agir sous le regard de sa foi chrétienne ? Était-ce de l'incohérence de la part d'une avocate que certains ont pu croire trahir la morale catholique en sapant les fondements de « la » famille, ou une lucidité d'une interprétation des signes des temps et des changements liés à la sécularisation et à l'évolution de la sociologie familiale, voire le courage d'une justice selon l'espérance ? Nous ferons l'hypothèse que l'originalité de la démarche d'Emma Gounot a été de soutenir, sans les confondre, amour, justice et judiciaire en famille. Définir l'amour conjugal et familial sans la justice peut cautionner des formes de violences, et promouvoir la justice sans amour réduit les liens conjugaux et parentaux à des rapports contractuels formels. N'est-ce pas ce qui l'aurait autorisé a) à plaider la

---
1. *Cf.* V. Aubourg et H. Fulchiron, *Libre traversée d'un siècle*, Cinquième partie de cet ouvrage.

rupture nécessaire du divorce lorsque les liens font mal, b) tout en l'accompagnant d'une nécessité de comprendre les mutations anthropologiques et sociales qui transformaient une France devenant postchrétienne et ce faisant reconfigurait le cadre culturel au sein duquel les liens conjugaux et parentaux se symbolisaient en créant l'Institut des sciences de la famille en 1974 dans une perspective pluridisciplinaire ; c) sans renier, mais au contraire en l'assumant, la grandeur de la liberté engagée dans l'alliance mutuelle que déploie la nuptialité, cette forme d'entente méritant d'être « sacramentalisée », éprouvée dans le tragique de la perte d'un amour ?

I. Séparation, rupture et perte dans les relations conjugales et familiales

Lorsque le judiciaire, *via* le magistrat et l'avocat, s'invite dans les affaires familiales, il envisage ces dernières, moins là où elles réussissent – les joies de la nuptialité et le festif du familial –, qu'à cet endroit précis où les liens font mal, accompagnant des séparations, des ruptures et l'épreuve de la perte. Séparation, rupture et perte suggèrent trois niveaux de lecture des liens familiaux. À un premier niveau, une anthropologie du lien humain et familial, qu'explorent les sciences humaines et sociales dans une culture, développe une intelligence bien comprise des séparations. Elle prépare épistémologiquement l'intervention des accompagnateurs et travailleurs sociaux dans leur rôle de médiation. Sur le fond de cette anthropologie du droit, à un deuxième niveau, le tiers médiateur du judiciaire symbolisera contractuellement la rupture. Le conjugal et le familial relèvent aussi du contractuel, travaillés par une logique de l'équivalence et un souci de droits de chacun comme sujet. À un troisième niveau, en plus du judiciaire, au moment où le droit positif a pris son autonomie à l'égard du droit canon, et sans confondre la sphère publique de la décision judiciaire et la sphère privée de la délibération à portée éthique et religieuse, s'exprime, si on est croyant ou pas, la dimension ontologique et spirituelle de la perte d'une alliance relationnelle altérée, pour en faire le lieu d'un discernement et d'un combat spirituel.

Séparation, rupture et pertes suggèrent une trajectoire dans l'expérience des liens interhumains et familiaux. Dans une première approche, cette trajectoire commence par la *séparation* (une expérience du lien fait l'épreuve d'une fragilisation et d'une possible coupure comme on le dit d'un couple parental qui se sépare), se prolonge, dans un cadre qu'il faudra préciser, en *rupture* (une séparation se précise, se durcit et s'objective jusqu'à s'affirmer en une discontinuité franche comme l'est la déclaration du juge aux affaires familiales qui prononce un divorce), et enfin, sur un autre registre, moins sociologique ou éthique qu'ontologique, s'ouvre l'épreuve de la *perte* comme subversion de l'avoir engagé dans les liens (« avoir » une famille, « avoir » des enfants, « avoir » un conjoint) confrontant à la dimension relationnelle de notre être. Dans la perte, la relation a encore une valeur d'être, questionnant la perte de l'image idéale de la famille ou d'un membre de la famille lors d'un décès ; questionnant aussi ce qui tente de se dire, parfois de façon étrangement intransigeante parce qu'elle paraît ignorer la dimension crucifiante de la perte, dans l'affirmation d'une indissolubilité du mariage-sacrement.

Cette trajectoire laissant penser qu'il y va, dans une première approximation, du plus léger au plus dramatique, du superficiel des interactions humaines décrites en leurs combinaisons (des compositions aux recompositions familiales) à la profondeur des enjeux d'existence (être ensemble sur fond de perte) n'a peut-être pas l'évidence qu'on veut y voir. Mais s'agit-il, de la séparation à la rupture jusqu'à la perte, d'une trajectoire continue allant vers de plus en plus d'entropies et d'ouvertures au chaos ? Les instances d'évaluation et de détermination de la séparation, de la rupture et de la perte sont-elles les mêmes ou faut-il les distinguer, disant par exemple que la séparation est d'ordre anthropologique, la séparation d'ordre juridique et la perte d'ordre éthique et ontologique ?

De plus, est-ce que ces trois concepts renvoient nécessairement à une expérience négative, voire déceptive, en prenant les liens interhumains et familiaux du point de vue d'un manque, d'un échec voire d'une faute, dans une forme de « dé-lien » comme le suggèrent tous les préfixes qui parlent aujourd'hui des liens familiaux en termes de *dé-*, – ce préfixe qui exprime l'éloignement, la privation, la cessation, la négation, la destruction de quelque chose, l'action ou l'état contraire, inverse ? Certes, ce peut être le cas lorsqu'on parle de « démariage »[2] à propos de l'inconditionnalité qui se déplace des liens conjugaux vers les liens parentaux avec l'augmentation statistique du nombre de divorces ; lorsqu'on parle de dépendance pour penser les asymétries alternées qui travaillent les familles avec l'entrée dans le grand âge des membres les plus âgés ou la sortie de la dépendance pour les plus jeunes ; lorsqu'on évoque la « démission » et la perte de repères éducatifs dans le rôle des autorités familiales au nom de la défense de « la » famille dite traditionnelle. Mais séparation, rupture et perte ont aussi une positivité, tournée vers le caractère dynamique et mouvant des liens interhumains et familiaux qui, sans cesse, cherchent un équilibre dynamique, une juste configuration, une forme d'inventivité relationnelle.

La judiciarisation des liens familiaux ne peut être le seul prisme de lecture des affaires familiales. On ne peut ignorer l'importance pacifiante de la juridicisation des liens conjugaux et familiaux (le rôle du droit de la famille du berceau au tombeau ; de son travail de reconnaissance des formes de vie familiales invisibilisées ou humiliées si l'on pense à l'homoparentalité, au statut juridique du beau-parent ou des tiers d'engendrement dans l'AMP, etc.). On ne peut ignorer également le rôle d'une explicitation instruite et d'une éthicisation des liens opérée par les « médiations familiales » des travailleurs sociaux. Elle envisag l'institution

---

2. Irène Théry, Le démariage, *Le démariage. Justice et vie privée*, Paris, Odile Jacob, 1993.

familiale sous le signe de liens dont elle demandera s'ils relèvent de liens qui libèrent ou qui aliènent. Comment faire pour, à la fois, lutter[3] contre ce qui refuse d'aimer, porte atteinte aux droits et méprise, et tout à la fois soutenir la reconnaissance de liens aimants, subjectivants et d'estime ? L'originalité de la démarche d'Emma Gounot, celle d'une justice selon l'espérance, a consisté à installer le souci d'émancipation à l'égard de ce qui aliène, développé dans une lutte pour la reconnaissance du droit des femmes mariées maintenues en état de minorité, dans un parcours de la reconnaissance soutenant les capacités de chacun dans le temps. Sous le caractère descriptif des mots « séparation, rupture et perte », se cacheraient une description de la réalité familiale relevant d'une symbolisation des liens et une valorisation/dévalorisation normative de liens libérant ou enfermant, pour laquelle il est des séparations utiles et joyeuses (des séparations de bien en droit notarial aux séparations en protection de l'enfance), des ruptures fécondes et qui font grandir humainement (« la rupture du cordon ») et des pertes qui maintiennent l'importance de ce qui s'est engagé dans les liens (dit-on que l'on a perdu sa maman ou « son » couple ou qu'il reste l'autre au cœur de la perte questionnant « *qui* » est-ce qui reste dans *ce* qui a été perdu ?) S'ouvre alors une nouvelle interrogation : qu'est-ce qu'une séparation réussie, une rupture féconde qui ne soit pas une blessure, et ne doit-on pas apprendre à perdre ?

« Séparation, rupture et perte » pensent un îlot d'interactions conjugales et familiales dans une séquence bien spécifique, habitée sinon hantée par la possibilité de la négativité et de la violence. Mais cet îlot est à installer dans un cadre plus vaste et dynamique : celui des liens interhumains et familiaux, avec leur institutionnalisation et de leur symbolisation, trouvant dans la kantienne « insociable sociabilité » leur point nodal. En effet, séparation, rupture et perte décrivent des modalités de relations qui arrivent chronologiquement, sinon logiquement, trop tard, par rapport à l'expérience de liens familiaux parfois présentés sous la métaphore organique de la cellule – la cellule familiale –, c'est-à-dire sous le signe d'une forme d'unité vitale, envisageant la famille du côté du fusionnel, du groupal, sinon du tribal comme si son harmonie était donnée à l'image d'une « sainte Famille » alors qu'elle est, sinon conquise, du moins promise dans une histoire. La Terre sainte du familial est peut-être moins une terre conquise qu'une terre promise ! Là où on peut mettre l'accent sur l'insociabilité qui se nourrit de séparation et de ruptures, on peut aussi, de l'autre côté, mettre l'accent sur la sociabilité familiale dans sa portée d'unité, d'unification, de communauté familiale. Cette dernière est portée par le désir de lien tirant la communauté vers la possibilité de la communion, *via* la communication, éprouvée dans la symbiose du festif propre aux fêtes de famille, à la joie des liens célébrés, et aux épopées familiales mythifiées unifiant en profondeur, cherchant du côté d'une antériorité ancestrale un principe d'unité fondateur (le totem de Freud ou l'icône de l'ancestralité chère

---

3. Axel Honneth, *La lutte pour la reconnaissance*, Cerf, Collection Passages, 2000.

à Paul Ricoeur). On ne peut envisager les interactions familiales sous le seul signe de la séparation, de la rupture et de la perte dans la décomposition. Nous sommes conduits à penser leur composition dynamique comme une histoire à être. Séparation rupture et perte ne seraient plus alors des pathologies ou bien des accidents du lien, même si elles peuvent l'être, mais des moments dans le processus par lequel des liens libérant seraient possibles, vivables et désirables.

II. Une symbolique du lien

Au plus près de l'organicité qu'assume le familial (le sexe et la mort, la génétique, la procréation, la différence sexuelle, la succession des générations), car il y a de la famille parce qu'il n'y a pas d'éternité mais de l'individualité – l'individu meurt mais l'espèce demeure – et parce qu'il y a une forme d'unité du familial qui court sous la multiplicité des relations qui se cherchent, les métaphores sont nombreuses qui travaillent à en exprimer l'unité. Elles traduisent le fait biologique de la procréation (qui suppose séparation cellulaire, rupture du cordon et perte des eaux, c'est-à-dire autant de déclinaisons possibles qui au plus près du vivant en nous donnent à nos trois expériences de la dé-liaison une dimension incarnée, corporelle qui tonalise une existence) en cet événement biographique qu'est l'engendrement symbolique personnel et communautaire. S'y travaille le passage de *l'ombilic à la voix*, disait le psychanalyste Denis Vasse[4].

Le formulant en d'autres termes, dans le cadre d'une réflexion sur l'institution instituante (la famille module), et non de l'institution instituée (la famille modèle), qui est au cœur de ce qu'engagent l'analyse des séparations et les ruptures au sein des liens familiaux, dans la mesure où l'on se demande comment au sein du domestique, dans la conjugalité comme dans la parentalité, il est possible de maintenir des capacités qui suscitent et tiennent l'autre dans ses puissances de subjectivation, Merleau-Ponty dira *que la dynamique corporelle n'est pas un calendrier corporel*[5]. Il ne suffit pas de croître pour grandir en famille. Une séparation cellulaire, une rupture de cordon ombilical, une perte des eaux qui inaugure le passage incroyable d'une vie dans le monde aqueux à celui d'un monde atmosphérique, tout comme la métamorphose du corps pubère ou la dépendance du grand âge, relèvent de « calendriers corporels » prévisibles. Sous cet angle, les séparations ou les pertes n'y sont pas d'abord des drames mais des programmes.

Or, telle est la différence entre dynamique et calendrier, les interactions familiales donnent à ces trois faits, une portée dont l'enjeu est bien, pour l'institution familiale, un enjeu d'institution. Celui d'instituer un type d'humanité, d'une manière de se comprendre comme homme ou comme femme, comme fils ou comme fils avec et devant les autres que nous apprenons à comprendre comme les

---
4. Denis Vasse, *L'ombilic et la voix*, Paris, Seuil, 1974.
5. Maurice Merleau-Ponty, L'institution, Note de cours, p. 74.

nôtres. Ils deviennent des événements symbolisés, ritualisés, mis en mots, en cris, en corps et en affects, et ils se feront symbole de symbole par l'institution anthropologique du droit lorsque ce dernier, dans le cadre de l'accompagnant judiciaire des familles, exercera son rôle de tiers symbolisant les ruptures ou les pertes, les alliances et les parentés. « Le propre de l'institution humaine : un passé qui crée une question, la met en réserve, fait situation indéfiniment ouverte. Donc à la fois l'homme (est) plus lié à son passé que l'animal et plus ouvert à l'avenir[6] ». Dans cet esprit séparation, rupture et perte deviennent, non des programmes, mais des processus, des situations « indéfiniment ouvertes » aux interprétations de soi avec les autres, au sein de l'institution familiale.

Séparation, rupture et perte sont autant d'occasions d'interprétations de soi avec et pour les autres, mais également de conflits d'interprétations du couple dépendance/autonomie au sein de l'entre-nous domestique. Cette façon d'envisager les réalités familiales en fait un cadre herméneutique au sein duquel chacun apprend à se comprendre. Il le fait relativement à des questions qui comptent concernant le sens (pourquoi suis-je de cette famille moi qui n'ai pas demandé à venir au monde ?), l'attachement (qu'est-ce qui fait la consistance et la constance du lien parental sous le hasard pour une part qui y présida ?), la reconnaissance (ma famille permet-elle un parcours de reconnaissance où chacun peut être reconnu comme sujet à part entière devant d'autres sujets ?), le vrai (qu'est-ce qu'un vrai parent, si l'on pense à l'exacerbation de cette question aujourd'hui par la croisée du test génétique et du généalogique ?), le juste (quel juste héritage après la perte d'un parent, au-delà de la répartition équitable des biens ?). Cette dimension éthique et existentielle permettait à Paul Ricoeur de définir l'éthique comme une *visée de la vie bonne avec et pour autrui dans des institutions justes*[7]. Cette définition sied bien à la réalité familiale conçue comme espace-temps d'interprétation de soi, fût-elle conflictuelle dans les relations mutuelles ou dans la compréhension de soi. Telle est la dynamique corporelle engagée dans le corps de l'adolescent qu'étudie Merleau-Ponty ou dans celui de la personne âgée vieillissante qui engage là une nouvelle allure de vie, installant dans le temps/corps familial et ses rythmes, des ruptures.

L'exemple de la décision du placement en maison de retraite, voire en Ehpad, du membre de la famille devenu très dépendant que l'on place très/trop vite sous la rubrique d'une perte d'autonomie, avec ses incidences juridiques lorsqu'il s'agira des curatelles ou des mises sous tutelles, manifeste combien on a du mal à penser la dépendance et la perte comme un processus et non comme un enjeu à ne traiter que fonctionnellement[8]. Cette question difficile, qui interroge les familles pensées comme lieu des aidants naturels, interroge aussi comment la

---

6. Maurice Merleau-Ponty, L'institution, Note de cours, p. 75.
7. Paul Ricoeur, *Soi-même comme un autre*, Paris, Seuil, 1990.
8. Voir les travaux de thèse de la psychologue Céline Racin, *De l'hospitalisation à l'institutionnalisation des soins de longue durée dans le grand vieillissement : étude clinique, psychopathologique et projective du « travail de dépendance »*, soutenue le 30/11/2017.

réalité sociologique du grand âge devient un terrain d'action considérable à investiguer, mettant le projecteur du souci de l'émancipation du côté de la fin de vie où une vie se poursuit encore dans son désir de vie libre. Les conflits de libertés ne sont pas que conjugaux ou parentaux à l'égard des enfants ; ils concernent aussi la relation aux parents très âgés. Or, l'enjeu n'est-il pas de ressaisir l'événementialité dynamique du grand âge sous ce qu'on croit expliquer comme une causalité de type calendaire (vieillissement biologique, incident somatique) pour faire en sorte par exemple, dans une forme de ménagement, que le placement devienne et s'envisage comme un déménagement ? Chaque moment de la croissance corporelle qui vit de séparation, de rupture et de perte transforme un passé vivant en une question à exister, à approfondir et à ouvrir ; c'est ce que les âges de la vie en famille rappellent dans leur jeu de dissymétries alternées. Cette dimension d'institution instituante investit les liens familiaux au cœur de séparations, de ruptures et de pertes dont elle cherche à exprimer au plus près les nuances, la consistance et l'ambiguïté. C'est la tâche que s'est assignée la psychanalyse, mais avec elle toute la culture en tant qu'elle est envisageable comme un univers symbolique, que d'expliciter cette symbolisation ouverte engagée dans la séparation et la perte.

Ces symbolisations, le familial les convoque dans une poétique des matières[9], questionnant de quelle « matière » est faite la relation à l'autre au sein du familial, faite de proximité et de distance. Ce peut ainsi parfois être le minéral pour définir les extractions familiales et la solidité des relations ; le végétal avec l'arbre généalogique pour figurer le lignage, le sang qui n'est pas l'hémoglobine ; le codage avec la métaphore moléculaire du code génétique qui veut redire le généalogique et tantôt les métaphores du tissage pour formuler la dynamique processuelle de ce qui nous engage en termes de liens. Ce sont autant de manières de tenter d'exprimer du même avec de l'autre, ou de se demander comment les liens familiaux travaillent dans l'espace et dans le temps à rendre la différence compatible avec la similitude. La métaphore du tissage, de la famille poétisée en termes de tissu, offre l'avantage de décrire l'enchevêtrement des relations dans une approche structurée qui croise l'axe vertical des successeurs (la trame et sa portée généalogique épelle ainsi le lignage comme ce qui trame et fait que du successif devienne une suite dans la suite des générations) et l'axe horizontal des contemporains (les interactions fortement mobilisées pour rendre compte des nœuds relationnels, des nouages, des accordages et des tensions jusqu'au risque de la déchirure ou de la casse. La métaphore des liens, empruntée au monde des tissus, des étoffes, avec leurs trames, leurs fils de chaîne, et leurs textures, sitôt convoquée, nous installe dans l'opacité des relations prises entre les liens qui libèrent – expression presque oxymorique – et les liens qui aliènent, sinon enchaînent –[10].

---

9. Sur ce point, nous renvoyons à notre ouvrage *Le Climat Familial, Une poétique de la famille*, Cerf, collection La nuit surveillée, 2011.
10. Une symbolique de la séparation, une symbolique de la rupture et une symbolique de la perte seraient autant de tentatives d'événementialiser des faits familiaux, activant une poétique de l'espace dans la séparation, une poétique des solides avec la rupture et ses

III. Pourquoi créer un Institut des sciences de la famille : une épistémologie des relations pour comprendre les séparations

Penser les liens peut les examiner dans leur positivité qui soutient des capacités et dans les parties ombreuses que mobilisent les décompositions et les dé-faites familiales. Travailler sur les symboliques de la séparation et de la rupture nourrit une compréhension profonde de ce qui s'engage dans les liens conjugaux et familiaux. Il suscite une épistémologie des liens (de la systémie à la thérapie familiale, de la psychanalyse à la psycho-sociologie) qui en produit une intelligence et identifie aussi des lieux de cristallisation et de souffrance.

Avoir eu l'idée de créer un Institut des sciences de la famille, comme le fit Emma Gounot en 1974 en vue de former des professionnels accompagnant les familles tels les travailleurs dit sociaux (assistantes sociales, éducateurs, médiateurs familiaux, coach parental, etc.), interroge le type de savoirs qui sont mobilisés pour la connaissance des réalités familiales dans leur dimension à la fois de connaissance et d'étayage de l'intervention sociale et du travail social. Ces savoirs ne se confondent pas avec une idéologie familialiste défendant une unité principielle intemporelle de la famille, au risque d'une indifférence à la violence intrafamiliale, tout en travaillant à ce que ces savoirs permettent d'accompagner des histoires de vies et promeuvent une subjectivité de haut rang, fussent dans l'expérience de la rupture. Il n'est pas question ici d'en faire l'histoire ni l'épistémologie. Mais on peut souligner la richesse du champ qui a consisté à ouvrir les réalités familiales aux études des sciences humaines et sociales (histoire, sociologie, ethnologique, psychosociologie, psychologie, psychanalyse, etc.) pour y découvrir des réalités mouvantes et émouvantes, non pour en relativiser la nature mais pour discuter l'idée anhistorique de « La famille ». Il révèle comment le travail social dédié aux affaires familiales est un travail « équipé » ou épistémologiquement instruit. Cette épistémologie des relations qui soutient le travail social sert un processus de professionnalisation qui le détache de son passé vocationnel, redonnant à l'idée vocationnelle de charité chrétienne, souvent accompagnée d'attitudes de bienfaisance charitable et de compassion au service d'une « défense des valeurs familiales » équivoques, une nouvelle signification. La valorisation de compétences professionnelles en ces matières souligne que prendre soin de la famille ne peut se contenter de la seule bienfaisance, fût-elle inspirée par une foi généreuse.

C'est là le cœur sensible et difficile des professions qui accompagnent les familles : comment la sollicitude qui a longtemps été portée par le concept de charité devient-elle une compétence ? Les analyses en termes de *care* donnent

---

brisures et une poétique de l'absence et de la disparition avec la perte. Les mettre au jour, dans la dialectique proximité/distance ou amour/loi peut soutenir une intelligence de la réalité familiale pour étayer les professionnels qui accompagnent les réalités familiales.

l'occasion de revisiter ce qu'en régime chrétien on nommait sollicitude, engagée dans les métiers qui accompagnent les familles dans des moments difficiles ou à ces endroits précis où les liens font mal (séparation puis placement d'un enfant ou d'un parent âgé ; protection de mineur en danger ; écoute, accompagnement et protection de femmes victimes des violences conjugales, etc.) En effet, ces métiers activent des compétences au statut ambigu, lequel explique la confusion entre profession et vocation : l'attention à l'autre, l'écoute, la sollicitude sont des compétences professionnelles, émotionnelles et relationnelles indissociables de la personne qui les mobilise, au risque de passer pour des compétences invisibles et innées. « La sollicitude est une posture professionnelle qui, pour être crédible, doit contenir un minimum d'authenticité. Autrement dit, pour agir conformément à son rôle ou simplement pour pouvoir agir, le ou la professionnelle s'efforce de réduire l'écart entre l'expression d'empathie convenue et son propre ressenti[11] ». Parler de compétence travaille également à dénaturaliser les qualités des actes professionnels pour prendre ses distances avec l'idée que presque tout le monde pourrait faire ce métier. Cela permet également à, sinon à expliquer, du moins comprendre les dynamiques relationnelles qu'engagent les processus de séparation et de rupture, non pour les justifier, mais pour ne pas ignorer les « causalités » qui nous déterminent, et ce faisant soutenir une lucidité sur ce qu'engagent les relations familiales qui sont une école de liberté qui n'exige pas pour autant d'accepter de subir et de souffrir des relations perverses et toxiques. Car tel est le difficile de ces professions : prendre soin des réalités familiales sans se faire le promoteur d'une norme idéalisée de ce que devrait être la famille, mais sans ignorer que s'y engagent des enjeux éthiques voire métaphysiques ou spirituels. Une question en ces matières demeure : comment ne pas être suspect, en construisant une anthropologie des relations familiales de soutenir une « idéologie » car qui est le mieux habilité à signifier une séparation, une rupture, une perte ?

IV. Le discernement spirituel du lien difficile et de la perte

La perte n'appartient pas au même registre que la séparation ou la rupture. Si ces dernières relèvent de descriptions psychosociales et d'évaluations éthique et juridique, la perte mobilise une dimension d'être, une portée au retentissement métaphysique ou spirituel, raison pour lesquelles les communautés humaines, religieuses ou sécularisées, ritualisent et symbolisent, jusqu'au sacrement parfois, l'alliance pour en dire la grandeur et le mystère. Cela questionne dans quelle mesure « la relation à valeur d'être » pour parler comme Joan Patocka ?

---

11. Marianne Modak, « Entre mesure et démesure : les enjeux sexués de la mise en visibilité du *care* chez les assistants et assistantes sociales » dans Marie Garrau, Alice Le Goff *Politiser le care ? Perspectives sociologiques et philosophiques*, Le bord de l'eau, 2012, p. 28.

On ne peut traiter la question des séparations et des ruptures en couple ou en famille comme si elle ne relevait que des mœurs, du droit existant et de règles éthiques. Ces aspects mobilisent une subtilité dans l'accompagnement des histoires de familles ; dans la façon de suivre les mobiles et les motivations des acteurs. Mais toute décision humaine, notamment lorsqu'elle est de séparation ou de rupture, revêt une dimension spirituelle, y compris dans une société sécularisée. Parler de la dimension de la perte engagée là, contribue à la mettre au jour. Cette dimension d'un discernement spirituel, il nous semble qu'Emma Gounot que nous avons lointainement suivie pour guide dans ce texte, l'érigée en méthode : ne pas ignorer le tragique qu'il y a d'oser plaider la déchirure de la rupture jusqu'au divorce au nom d'un amour non caricatural. Le discernement spirituel s'installe à cet endroit précis où les liens font mal. Il ne s'impose pas de l'extérieur à la réflexion éthique et au positionnement juridique mais constitue leur présupposé.

Contre une vague mystique familiale favorisant l'amour abstrait en évacuant les attentes de justice et ignorant l'épreuve de la perte, et à distance d'un rigorisme scolaire qui enferme la vie familiale et conjugale dans la segmentation compartimentée de la *check* liste des « dix commandements » (honorer son père et sa mère ; ne pas commettre d'adultère) pas toujours entendus comme « dix paroles », il s'agit d'enraciner spirituellement le discernement. Il est question de ne pas se couper du désir d'être et du dynamisme méta-moral qui soutient l'aspiration à la vie bonne et à la recherche d'un accord profond avec soi-même et les autres. Méditer le retentissement intérieur de la perte et ce qu'elle nous apprend de l'amour redonne à cette expérience humaine sa portée intégrale. Il n'y est plus question uniquement de réglementations ou de normes ; mais bien d'aspiration à être parfois distordue. Toute décision a une portée spirituelle, et c'est dans le difficile de la perte et le mouvant d'une histoire de vie, ici conjugale ou parentale, qu'elle se prend.

La perte ne se situe pas sur la même ligne de force que la séparation et la rupture. L'expérience de la perte est plus profonde, en amont de ces dernières qui en sont des actualisations. Ébranlement ontologique de nos assises existentielles, il n'est pas si facile de perdre, même si les ruptures sont devenues, quant à elles, plus faciles, en termes de procédures, à consommer. La perte mobilise notre intériorité, interrogeant ce qui, dans la relation conjugale et parentale, ne saurait être approprié. Le propre de la perte est qu'il n'y a pas de propriété dans les relations, même si de façon parfois tragique ou dramatique, la séparation ou la rupture semblent dire ou manifester douloureusement le contraire : les équivoques violences conjugales en témoignent. La perte manifeste la radicalité d'un lien vital engagé dans une relation : elle creuse un abysse au cœur de la relation en une distance indépassable. On pourrait croire que la famille est une machine à faire des vivants, mais elle est faite de plus de morts et de pertes que de vivants dira-t-on en plagiant Auguste Comte. La perte d'un enfant ou d'un conjoint, la perte d'une position sociale et d'une honorabilité, mais aussi aujourd'hui la « perte de la mémoire » qui manifeste une autre façon de perdre l'autre. La perte est brute et brutale. De fausses consolations disent qu'il suffirait d'attendre que le temps de la réflexion succède au temps du chagrin, sous l'effet bénéfique et salvateur du temps. « Une gonzesse de perdu, c'est dix copains qui reviennent » chante-t-on un peu vite. De même, l'invitation rapide à faire son deuil dans un volontarisme forcené méconnaît ce qu'engage la perte. « La stupidité dangereuse de conceptions volontaristes et inquisitrices du "travail de deuil", qui somment l'individu de sortir de son état au plus vite (…) tient à la méconnaissance flagrante de la nature du deuil qu'ainsi elle défigure en y faisant pénétrer sa violence normalisatrice, des conceptions libérales du sujet volontaire et maître de lui-même et ses appareils conceptuels rudimentaires[12] ». On ne dévisage pas la perte de l'extérieur comme quelque chose qui serait à distance de soi, mais on s'envisage à partir d'elle. On vit à partir de la perte une forme de désolation intérieure qui est un désert spirituel. On ne perd pas quelqu'un comme on perd quelque chose, ce qui est d'ailleurs une formule trompeuse parce que les choses perdues auxquelles on est attaché, ne sont pas simplement hors de vue. La perte ne porte pas sur un objet mais sur une situation et ce qu'elle rendait possible. Elle nous donne de prendre la mesure de tous les possibles suspendus, et d'approfondir ce qui se donnait dans cette relation. Une rupture confronte à la perte, convoquant des enjeux allant au-delà du calcul des intérêts (répartition des biens, distributions des héritages), de la manière d'honorer des principes moraux ou des convenances (divorcer, ça ne se fait pas), car s'y engage un discernement tâtonnant sur ce que signifie l'appel à vivre plus de vie dans sa vie malgré le tragique, et à trouver le juste chemin permettant d'accroître la justice et l'amour dans un couple ou une famille. Est-ce cela qui ne se perd pas, même après un divorce ? Est-ce cela, si on ne réduit pas l'indissolubilité à une logique disciplinaire, qui est indissoluble et qu'on a voulu « sacramentaliser » malgré l'effroi de l'emprise, de la violence qu'on ne saurait ni justifier, ni oublier pourtant ? S'y redit combien nos existences et notre autonomie sont relationnelles, inventant une nouvelle modalité de relations avec nos pertes : une relation qui a valeur d'être.

Se dramatise dans les séparations et les ruptures, jusque dans la grande fragilisation et l'inquiétude, l'importance de ces liens auxquels on tient et qui nous font tenir. « Si l'objet de la perte, ce n'est pas tant l'objet perdu lui-même que la relation ou, mieux, un ensemble de relations qui s'étend jusqu'à la structure du monde lui-même, qu'est-ce qui interdira d'étendre progressivement la désignation d'un état de deuil à beaucoup d'autres situations de perte que la mort de l'autre ?[13] »

Penser la perte questionne ce que peut signifier aimer. L'amour, y compris caricaturé dans le més-amour, voire son envers dans la haine – aimer assez pour haïr sans complexe –, redit que les liens conjugaux et familiaux ne sont pas travaillés par la seule logique de l'équivalence de la « loi » et du droit positif qui traitent chacun de manière identique. Dans le passionnant et le passionnel, s'y

---

12. Vincent Delecroix, *Apprendre à perdre*, Bibliothèque Rivages, Paris, 2019, p. 88-89.
13. *Ibid.*, p. 92.

revendique aussi une logique de la surabondance envisageant chacun dans sa singularité incomparable. Cette logique de l'amour[14] s'exclut parfois des considérations de justice en revendiquant une inconditionnalité engagée dans l'intimité au nom d'un amour infini. Elle peut le faire, par le bas, s'excluant de la sphère de justice, pervertie par une sorte d'exclusive de l'affect, encourageant les pires violences, dans un amour, confondu avec la pulsion brute, ne se soumettant pas à la demande des raisons et de justifications qu'exige la justice. On pense à ce qu'à tort on nommait « crime d'amour ou passionnel » devenu plus justement féminicide, ou à l'idée de sacrifier au « devoir conjugal » au risque de ce trouble dans le consentement qu'a identifié enfin l'idée de viol conjugal ; sans oublier toutes les violences intrafamiliales. Mais la logique de l'amour peut aussi, par le haut, engager dans le familial des enjeux révélant l'autre dans l'inconditionnalité de sa grandeur, non instrumentalisée par nos fins (de conjoint ou de parent). Elle ose le laisser être, non en l'abandonnant à sa perte, mais en approfondissant le lien qui demeure quand on « perd » : se déposséder du projet qu'on a pour l'autre en le laissant être en projet. Le dernier film de Terrence Malick, *Une vie cachée* (2019) raconte et filme admirablement cette portée du perdre par et dans l'amour. N'est-ce pas cela que livre ultimement l'expérience vécue de la perte en couple ou en famille ? *Chacun de ces pôles – amour et justice – abandonné à lui-même, comporte des conséquences inquiétantes : le pur amour peut justifier la destruction de la réciprocité et virer à l'immoralité, et la simple réciprocité de l'échange peut conduire directement à l'instrumentalisation utilitariste. C'est le maintien de leur simultanéité qui interdit leur perversion, et ouvre en chacune d'elles des significations inédites*[15].

Emma Gounot a osé développer une justice dans l'amour. Elle peut nous aider à opposer un démenti contre l'intransigeance morale qui guette parfois un catholicisme durci en moralisme perdant de vue la portée du discernement spirituel qu'appelle la défense des droits des personnes ; mais aussi à l'égard d'un relativisme qui pense que tout se vaut, n'est qu'affaire de circonstances et se laisse croire que les séparations sont faciles. Le défi demeure d'inventer une justice dans l'amour afin d'éviter que dans leurs accompagnements des couples et des familles et de leurs nouvelles réalités (familles recomposées, familles homoparentales, mariage homosexuel, etc.), les catholiques, et au-delà, soient en danger d'être connus non pour la manière qu'ils ont d'aimer mais par celle dont ils haïssent. Promouvoir un amour dans la justice dans le soutien des couples et des familles n'ignore pas le tragique de ruptures prémunissant du mal-amour. La justice sans amour est implacable ; l'amour sans la justice peut être pitoyable.

*
* *

---

14. Paul Ricoeur, *Amour et justice*, Seuil, 2008.
15. Abel, Olivier. « Épilogue. Amour et justice », *Paul Ricœur. La promesse et la règle*, sous la direction de Abel Olivier. Michalon, 1996, pp. 115-122.

Spiritualité et théologie catholiques du mariage au risque du modèle religieux. Un rapprochement contemporain à interroger

Bertrand Dumas
*Docteur en théologie catholique, Maître de conférences à la faculté de théologie catholique de l'Université de Strasbourg, Conseiller conjugal et familial
Directeur de l'Institut de Pédagogie Religieuse*

Dans la longue et quelques fois tumultueuse histoire de la spiritualité et de la théologie catholiques du mariage, certains éléments stables constituent des repères précieux. Parmi ceux-ci figure en bonne place le binôme réflexif mariage-vie religieuse : depuis les épîtres pauliniennes (I Co. 7, 1-30) jusqu'aux documents magistériels les plus récents, en effet, la Tradition a toujours pensé ces deux états de vie en rapport l'un avec l'autre[1]. Pour autant, cette stabilité réelle ne saurait masquer ni les différences d'approche, ni les questions, ni les mouvements qui ont affecté au cours des siècles ce binôme hautement significatif. Leur articulation, notamment, constitue un sujet d'étude intéressant. Évidemment, il n'est pas possible ici de faire un état des lieux des multiples manières dont la vie religieuse et le mariage ont pu s'influencer réciproquement au cours des temps. D'une part, la vie religieuse – de par sa visibilité et sa radicalité – a longtemps possédé un « parfum distinctif » qui la mettait à part et qui en a fait dans une large mesure le noyau de toute spiritualité, y compris conjugale[2]. D'autre part, le cadre familial a transmis tout naturellement à la vie religieuse une part non négligeable de ses références : par exemple, qu'on pense à la manière dont les grandes règles religieuses ont intégré le vocabulaire familial (à commencer par les titres de « père » – abbé – et de « mère »). Saine porosité entre les états de vie : dans l'unique corps du Christ que forment les chrétiens (I Co. 12, 12 ss.) et sur l'horizon de leur appel unique à faire la volonté du Père[3], il est normal

---

1. A.-M. Triacca, « Verginità cristiana e matrimonio cristiano. Orientamenti e prospettive », dans ID., *Matrimonio e verginità. Teologia e celebrazione per una pienezza di vita in Cristo*, Roma, LEV, 2005, p. 12.
2. J. Splett, « Evangelical Counsels in Marriage? », *Communio* 31/3, 2004, p. 412.
3. H.-U. von Balthasar, *L'État de vie chrétien*, Einsiedeln / Freibourg-im-Brisgau, Johannes Verlag, [1977], 2016, p. 19-118.

qu'existent une sollicitude mutuelle et une influence réciproque entre les gens mariés et les religieux.

Toutefois, on observe aujourd'hui en catholicisme le retour[4] d'un paradigme spirituel et théologique différent : celui qui consiste non pas seulement à admettre ou à cultiver une certaine influence réciproque des deux états de vie, mais à penser explicitement le mariage en fonction de la vie consacrée ; souvent dans le but de le magnifier. Rehaussement du mariage par son rapprochement supposé avec la vie consacrée vue comme l'idéal chrétien : une représentation d'une influence presque unilatérale, en somme, qu'il convient d'interroger du point de vue de ses origines et de sa pertinence. Nous le ferons en tant que théologien. Après une évocation de la situation actuelle dans la pratique et dans les études académiques, nous ferons jouer la fonction critique de la théologie pour tenter de proposer quelques explications à ce phénomène et pour en montrer la fragilité. Pour finir, nous proposerons quelques pistes de réflexion théologique qui pourraient aider, aujourd'hui, les catholiques à sortir d'une vision séduisante mais problématique de l'articulation entre mariage et vie religieuse.

I. Le rehaussement du mariage par son rapprochement avec la vie religieuse : une tendance contemporaine, une impasse

Un idéal proposé au grand public

Avant tout, il nous a semblé intéressant de regarder des publications grand public – papier ou site internet –, nous concentrant ici sur l'aire francophone. Notre but ne consiste pas tant à mener une recension exhaustive qu'à voir si nous sommes en présence d'une tendance de poids… ou si, au contraire, nous sommes en train d'affronter une improbable Tarasque. Concernant le paradigme d'un mariage rehaussé en fonction de son rapprochement avec la vie consacrée, le constat est clair : il s'agit d'une vision assez présente dans les mentalités religieuses de certains catholiques soucieux d'une vie spirituelle intense au sein même de leur vie conjugale ou de ceux qui s'adressent à eux (prêtres, religieux). Il nous semble discerner ici trois gradations, en fonction de l'intensité et du caractère plus ou moins explicite de ce rapprochement où la vie religieuse fait office de pôle d'attraction.

Premier niveau : celui d'un parallèle plus ou moins serré entre mariage et vie religieuse en fonction du Christ décrit comme pauvre, chaste et obéissant. Que

---

4. Aux XVIe et XVIIe s. fleurissaient déjà, dans le sillage de Trente, des manuels de clercs exhortant les gens mariés à conduire leur couple et leur famille sur le modèle du monastère (A. Walch, *La spiritualité conjugale dans le catholicisme français. XVIe-XXe siècle*, Paris, Cerf, 2002, p. 216-236).

cela concerne tous les couples en général[5], ou plus particulièrement tel ou tel couple « modèle » (par exemple les Quattrocchi[6], un des deux seuls couples canonisés en tant que couple dans l'histoire de l'Église), le message est le même : la vie conjugale peut (doit ?) se vivre selon l'esprit des conseils évangéliques propres aux religieux, moyennant adaptation à la vie conjugale.

Deuxième niveau : des auteurs qui franchissent – au moins implicitement – le pas de la comparaison en plaçant les religieux ou la vie religieuse dans une position supérieure par rapport aux gens mariés et à la vie familiale. Que les religieux, leurs vœux et leurs règles soient présentés comme un rappel de l'essentiel ou comme une inspiration à adapter aux conditions des gens mariés (un quasi-modèle) : nous sommes aux prises avec l'idée d'une influence bénéfique mais unilatérale. Une sorte de ruissellement de la sainteté d'un état de vie élevé jusqu'à l'autre, certes noble, et néanmoins redevable[7].

Troisième niveau : la vie religieuse conçue comme un modèle, voire comme le type achevé de l'être chrétien. C'est, par exemple, la remarque surprenante d'un J. Lafitte :

> La virginité consacrée n'a pas eu besoin [...] de devenir comme le mariage un sacrement : car elle est déjà en elle-même la forme de vie que Jésus a embrassée et proposée aux disciples[8].

Ou encore, c'est la conception d'un P. Evdokimov (auteur orthodoxe, mais largement diffusé dans des milieux catholiques) qui voit le monachisme comme

---

5. Par exemple G. de Lestrange, *J'écoutais, le cœur rempli – Homélies de l'année A –*, Publibook, 2002, p. 217 (un auteur, prêtre, actif dans l'évangélisation). Voir aussi les actes du forum de 2015 de la Famille Missionnaire de Notre-Dame des Neiges, institut religieux actif auprès des familles : « Jésus, pauvre, chaste et obéissant, parfait modèle pour tous ! », accessible sur https://files.fmnd.org/PDF/Actes/2015_forum_acte.pdf (site consulté le 12 fév. 2020) ; ou encore la consécration séculière proposée à ses membres par l'Institut de droit pontifical *Voluntas Dei*, https://www.voluntasdei.org/fr/la-vie-voluntas-dei/la-consecration.html (site consulté le 12 fév. 2020).

6. Dépêche de l'agence *Fides*, 26 oct. 2006, accessible sur https://www.fides.org/fr/news/7710-vatican_les_paroles_de_la_doctrine_par_l'abbe_Nicola_Bux_et_l'abbe_Salvatore_Vitiello_Le_celibat ecclésiastique dans le contexte laïcisé actuel (site consulté le 12 fév. 2020).

7. *Cf.* entre autres C. Burgun, « Mariage et vie consacrée : quels rapports ? », 2013, accessible sur https://www.cedric.burgun.eu/mariage-et-vie-consacree-quel-rapport/ (site consulté le 12 fév. 2020) ; Y. Semen, *La spiritualité conjugale selon Jean-Paul II*, Paris, Presses de la renaissance, 2010, p. 181-183 ; M. Lapponi, *Saint Benoît et la vie de famille – Une lecture originale de la règle bénédictine*, trad. E. Delavigne, Paris, Ed. de l'Homme nouveau, 2012.

8. J. Lafitte, L. Melina, *Amour conjugal et vocation à la sainteté,* Paray-le-Monial, Ed. de l'Emmanuel, 2001, p. 105 (cité par O. Bonnewijn, *Éthique sexuelle et familiale*, Paray-le-Monial, Ed. de l'Emmanuel, 2006, p. 64).

une « valeur normative pour tout croyant », appelant seulement à « adapter cette aspiration fondamentale aux conditions de tous et de chacun[9] ». Plus près de nous, pour en parler avec assez de profondeur, un intellectuel et mystique comme Jean Bastaire († 2013) s'est cru devoir décrire son couple sous l'horizon d'un idéal explicitement monastique[10].

Un paradigme académique vivant

À côté de cette vision grand public et s'en nourrissant peut-être, on trouve dans certaines études académiques de théologie et de spiritualité du mariage ce même paradigme consistant à penser explicitement la grandeur du mariage en fonction de la vie consacrée. Donnons deux exemples récents.

Tout d'abord David Crawford, dont le travail possède un titre explicite : « *Marriage and the Sequela Christi. A Study of Marriage as a "State of Perfection" in the Light of Henri de Lubac's Theology of Nature and Grace* ». Sur la base d'une anthropologie théologique nourrie essentiellement des œuvres d'Henri de Lubac et de Jean-Paul II, l'auteur met en lumière le dynamisme nuptial propre à tout état de vie[11] : au fond, vie consacrée et mariage participent tous deux de ce dynamisme de la nature humaine qui aspire à se laisser saisir par la Grâce et à s'épanouir dans le don de soi. Sa problématique essentielle vise à résoudre cette aporie typiquement catholique : comment le mariage pourrait-il être une authentique suite du Christ alors qu'il n'en présente pas les caractéristiques les plus visibles de pauvreté, de continence et d'obéissance qu'on voit à l'œuvre dans la vie consacrée ? Certes, à la différence d'autres auteurs, Crawford ne tombe pas dans le travers qui consisterait à faire dériver la valeur du mariage d'une éventuelle participation directe à la vie consacrée. Cependant il illustre une tendance théologique encore vivante[12] : chercher dans la vie conjugale elle-même une forme cachée mais réelle d'exercice des vœux de pauvreté, de chasteté

---

9. P. Evdokimov, *Sacrement de l'amour. Le mystère conjugal à la lumière de la tradition orthodoxe*, Paris, DDB, [1962]1980, p. 110. Voir plus largement p. 110-114 ; Voir également D. Phan, « Mariage, monachisme et eschatologie : contribution de Paul Evdokimov à la spiritualité chrétienne », *Ephemerides Liturgicae* 93/4, 1979, p. 371-373.

10. J. Bastaire, *La Pâque à deux. Récit*, Paris, Parole et Silence, 2003, p. 129-130.

11. D. S. Crawford, *Marriage and the Sequela Christi. A Study of Marriage as a « State of Perfection » in the Light of Henri de Lubac's Theology of Nature and Grace*, Lateran University Press, 2004, p. 25. 51. 253 s.

12. P. C. Phan, « Possibility of a Lay Spirituality: a Re-Examination of Some Theological Presuppositions », *Communio* 10, 1983, p. 378-395 ; J. Splett, « Evangelical Counsels in Marriage? », *Op. cit.* ; ID. « Die evangelischen Räte in der Ehe ? », *INTAMS Review* 12/1, 2006, p. 15-24 ; A. Mikolášiková, *The Evangelical Counsels in Marriage as the Way of Participation in the Perfection of the Consecrated State of Life*, Dissertation pour la licence canonique de théologie catholique, Internationales Theologisches Institut, Trumau, 2013, p. 65-89.

et d'obéissance. Comme s'il y avait besoin, pour rehausser le mariage, de le rapprocher de la vie consacrée.

Mentionnons encore l'ouvrage de Kent Lanoski[13]. Dans ce travail largement ouvert à la critique de la pensée magistérielle et à la complexité des sources historiques, l'auteur cherche lui aussi à contribuer à un approfondissement théologique du mariage en le rapprochant de la vie consacrée. Il déploie une vaste fresque appuyée assez largement sur saint Augustin et sur une relecture de l'historiographie volontiers concurrentielle entre monachisme et mariage pour déboucher, *in fine*, sur une proposition de notion commune permettant de travailler la consonance entre les deux états de vie : le *householding with God*. On ne peut qu'approuver cette tâche de fondation qui vise à donner au mariage et à la vie consacrée une même origine et une même fin. Cependant, nous restons marqués par certaines ambiguïtés de cette « consonance » des états de vie finalement mise en scène par Lanoski. Car bien que lui aussi se démarque explicitement d'auteurs qui risqueraient de « monasticiser » le mariage en le faisant participer directement à la grandeur de la vie consacrée[14], on peut s'étonner de son dernier chapitre, à la fois passionnant et révélateur : l'auteur y pense le mariage comme intégration des conseils évangéliques et d'une règle de vie ; et les fiançailles comme une sorte de noviciat[15]. Après tout ce travail visant à démontrer une influence réciproque entre mariage et vie religieuse ainsi qu'un horizon commun, pourquoi en revenir à une influence en fait unidirectionnelle (c'est-à-dire de la vie consacrée sur le mariage) ? Comme si l'auteur, profondément, ne trouvait en fait pas de meilleurs repères que dans la vie religieuse (monastique)[16] pour parler des réalités conjugales.

... Mais une impasse

Nul chrétien ne peut rester indifférent à la somme de sagesse humaine et évangélique concentrée dans l'histoire et dans les pratiques de la vie religieuse. Mais cette prétention à rehausser la vocation au mariage par un rapprochement direct et par une influence de la vie religieuse nous semble une voie séduisante, certes, mais aussi une impasse. Cette affirmation mériterait une étude à part entière ; esquissons néanmoins quelques éléments d'argumentation.

---

13. K. Lanoski, *Renewing a Catholic Theology of Marriage through a Common Way of Life: Consonance with Vowed Religious Life-in-Community*, thèse de doctorat, Marquette University, 2011, disponible sur https://epublications.marquette.edu/dissertations_mu/98/ (consulté le 12 fév. 2020).
14. Leckey et Wright. *A contrario*, il se situe du côté de Bonhoeffer, Breidenthal, Bennett et Crawford (Lanoski, p. 234).
15. *Ibid.*, p. 367-423.
16. Il en convient lui-même : « I sought an aspect of ecclesial life with an already rich tradition and theological rounding in Christ and the Trinity as a practice for moving toward the universal vocation of Christian perfection: vowed religious life in community. » (*Ibid.*, p. 425).

D'un point de vue théologique, déjà, beaucoup serait à dire. Par exemple, cette influence unidirectionnelle constitue une vision pauvre des sacrements de l'initiation chrétienne (baptême, confirmation et Eucharistie). Ou bien tout est donné là, alors la vie chrétienne se présentera comme un déploiement multiforme de cette grâce initiale et « sommitale ». Ou bien on pourrait – et donc il faudrait – compléter cette initiation chrétienne par un plus, un mieux : ici, la vie religieuse. On pourrait également s'interroger sur la dissociation entre nature et Grâce, c'est-à-dire sur notre théologie de la création : faut-il que l'adhérence caractéristique du mariage aux réalités naturelles (affectivité, sexualité, vie dans la cité…) pose un tel problème, pour qu'on cherche ailleurs que dans la conjugalité elle-même les ressources nécessaires à sa sanctification ? L'on pourrait creuser encore la référence à Eph. 5, 32 et la survalorisation de I Co. 7 ; la liturgie du nouveau rituel romain de mariage intégrant explicitement une épiclèse ; l'aspect eschatologique – donc nécessairement inaccompli – de toute vie chrétienne ; le sens de l'Incarnation du Christ ; etc. Impasse théologique, donc.

D'un point de vue pratique (spirituel et pastoral), aussi, les difficultés sont manifestes. Richard Gaillardetz les résume de manière lapidaire : si vraiment l'idéal chrétien n'est conçu qu'en termes de détachement jalonné par la pauvreté, la chasteté et l'obéissance ; si donc Dieu se trouve imaginé en concurrence plus ou moins directe avec l'enracinement conjugal terrestre, alors « *the only realistic approach to marital spirituality within this framework would be the simple injunction : pray more.*[17] » Autrement dit : si la vie religieuse constitue l'idéal chrétien, il faut alors en tirer toutes les conséquences. Ne plus chercher dans le mariage en soi le lieu d'une intégrale suite du Christ, mais lui adjoindre et chercher prioritairement ces moyens qui forment la colonne de la spiritualité religieuse. Mélanger, en somme, mariage et vie religieuse… Pourtant, beaucoup en témoignent : comme couple, il est déjà assez difficile de ne pas se sentir de trop concernant l'être ecclésial[18]. Le malaise ne pourra qu'augmenter à mesure qu'on pensera le mariage comme une sorte de vie religieuse adaptée ; ou pire, comme une vocation religieuse un peu moins brûlante.

II. Derrière les raisons théologiques, des raisons culturelles ? Conjugalité et postmodernité

Ce diagnostic étant posé, il convient maintenant de s'interroger sur les raisons d'un rapprochement si risqué. Sans doute, le phénomène est multifactoriel ;

---

17. R. Gaillardetz, *A daring Promise: a Spirituality of Christian Marriage*, New-York, Crossroad, 2002, p. 28.
18. F. Hohwald, *Entre idéal d'Église et réalité vécue : le couple chrétien marié, disciple du Christ*, Thèse en théologie catholique, dir. R. Moldo, université de Strasbourg, 2009, p. 406-418.

cependant, nous voudrions pointer deux séries de causes qui ouvriront la voie à une proposition théologique.

Raisons historico-doctrinales : catholicisme et sexualité, une histoire ambiguë

L'histoire du mariage chrétien est bien connue ; bien connus, aussi, les courants optimistes et pessimistes qui la traversent de bout en bout[19]. Considérée durant les trois premiers siècles du christianisme comme une vocation qu'il fallait défendre et moraliser contre les excès du rigorisme aussi bien que contre les sectes licencieuses, la vie conjugale a très vite été pensée dans un cadre que l'on pourrait résumer par : « Oui, mais[20] ». « Oui » au mariage et à sa dignité, « mais » méfiance tout de même. La synthèse augustinienne, par exemple, tiendra de manière révélatrice cet entre-deux qui cherche à défendre le mariage (contre les encratistes et les manichéens, ou encore contre les outrances ascétiques d'un saint Jérôme) tout en pointant les accointances entre sexualité et concupiscence[21]. Dès avant saint Augustin (à partir du IIIe siècle) puis durant tout le Moyen-Âge, l'Église acquiescera de manière relativement modérée aux réalités du mariage, à ses réalités charnelles notamment. Du reste, on sait que le mariage fut le dernier des sacrements à prendre place dans le septénaire, entre autres parce que l'on ne parvenait guère à le penser comme instrument d'une grâce positive, mais d'une grâce simplement médicinale (le fameux « remède à la concupiscence »[22]). Parallèlement à cet accueil circonspect des réalités conjugales, on verra se mettre en place très tôt dans l'Antiquité chrétienne une fascination croissante puis un attrait préférentiel pour la virginité consacrée[23]. De ce point de vue, la condamnation de Jovinien – lequel prônait l'égal mérite du mariage et de la virginité pour le Royaume – constitue un signe éclatant de cette infériorisation[24] du mariage désormais ancrée dans la doctrine et dans la mentalité catholique, pour de longs siècles. Il faudra attendre le concile Vatican II (lui-même préparé par un

---

19. B. Dumas, « "Il était une fois"… L'idéalisation catholique du mariage, menace pour l'espérance », dans *Revue Théologique de Louvain* 50, 2019, p. 423-426.
20. É. Fuchs, *Le désir et la tendresse : pour une éthique chrétienne de la sexualité*, Paris – Genève, Albin Michel – Labor et Fides, 1999, p. 94.
21. Par exemple P. Brown, *Le renoncement à la chair : virginité, célibat et continence dans le christianisme primitif*, Paris, Gallimard, 1995, p. 500.
22. À l'époque même du concile Vatican II, un auteur ouvert comme Adnès tenait pour acquise en catholicisme cette idée (inscrite jusque dans le code de droit canonique de 1917) que le mariage constitue une sorte d'exutoire autorisé au désir sexuel : P. Adnès, *Le mariage* (Le mystère Chrétien), Tournai, Desclée, 1963, p. 122.
23. Sur ce point, la figure d'Origène († 253) domine l'antiquité (Brown, p. 206-226).
24. D.-G. Hunter, *Marriage, Celibacy dans Heresy in Ancient Christianity: The Jovinianist Controversy*, Oxford, Oxford University Press, 2007, p. 87-129.

mouvement spirituel laïc de grande ampleur au XVIIe et surtout au XXe siècle[25]) pour voir émerger officiellement une revalorisation du mariage. Encore le concile n'est-il pas clair sur ce point, juxtaposant plutôt l'idée d'un appel universel à la sainteté et l'affirmation dite traditionnelle d'une supériorité objective de l'état de vie consacrée[26]. Officiellement, la supériorité de la vie consacrée demeure comme un acquis.

Pour être tout à fait juste, il faut bien noter que ce consensus est en train de s'effriter doucement au plan théologique : de plus en plus de théologiens (en majorité laïcs et mariés) travaillent la théologie du mariage dans le sens d'une intégrale et radicale suite du Christ. Les approches varient : mariage vocation[27], consécration baptismale[28], *Householding with God*[29]... il n'est pas jusqu'au pape François lui-même qui ne prenne une certaine distance avec ses prédécesseurs en conseillant de cesser de comparer les états de vie entre eux[30]. Mais il faut reconnaître également que, sauf exception[31], les théologiens ne vont pas encore jusqu'à une remise en cause explicite de cette hiérarchisation : la Tradition presque unanime de l'Église depuis le IIe siècle commentant les Écritures[32] ainsi que la référence usuelle au concile de Trente[33] semblent faire barrage. Ainsi l'histoire théologique catholique favorise-t-elle, aujourd'hui encore, une vision chrétienne largement fascinée par la vie religieuse ; donc une attraction du modèle religieux sur la vie conjugale.

---

25. A. Walch, *La spiritualité conjugale dans le catholicisme français. XVIe-XXe siècle, op. cit.* p. 32-86 ; 419-449.
26. A.-M. Triacca, « Verginità cristiana e matrimonio cristiano. Orientamenti e prospettive », *op. cit.* p. 6-9.
27. Par exemple Anne-Marie Pelletier, « Le mariage, une vocation ? », dans L.-M. Chauvet (dir), *Le mariage entre hier et demain*, Paris, Éd. de l'Atelier, 2003, p. 219-232 ; D. Orsuto, « Marriage as vocation », dans T. Knieps-Port le roi, M. Sandor (Eds.), *Companion to Marital Spirituality* (Studies in Spirituality Supplements 18), Leuven, Peeters, 2008, p. 169-184.
28. Récemment M. Homedes-Palau, *La consécration chrétienne. Ses fondements, expressions et caractéristiques* (Cerf Patrimoines), Paris, Cerf, 2019.
29. K. Lanoski, p. 206-278, qui mentionne également T. Breidenthal, D. Leckey et surtout J. Bennett.
30. Pape François, *Exhortation Apostolique post-synodale Amoris Laetitia*, 2016, n. 159.
31. Voir surtout M. Martinez Peque, « Matrimonio y Virginidad : desarrollo histórico-teológico. Aportación pneumatológica a la reflexión actual sobre los estados cristianos de vida », dans *Revista Española de Teología* 51, 1991, p. 57-98 ; G. Moioli, « Per una rinnovata riflessione sui rapporti tra matrimonio e verginità. I principali documenti del Magistero », *La Scuola Cattolica* 95, 1967, p. 202-228.
32. C. Munier, *Mariage et virginité dans l'Église ancienne (Ier et IIIe siècles)*, Peter Lang, Berne – Francfort-New York – Paris, 1987, p. LVI ; J-P. Revel, *Traité des sacrements. VII. Le mariage, sacrement de l'amour*, Paris, Cerf, 2012, p. 603-627.
33. Session XXIV (11 nov. 1563), Canon 10 (Dz 1810).

Raisons culturelles : la postmodernité, source d'incertitudes

Pour autant, les catholiques sont aussi enfants de leur siècle. Et les raisons culturelles constituent sans doute une part importante – décisive ? – de cette manière de penser le mariage en fonction de la vie religieuse. Bien que le phénomène ne soit pas récent, nous l'avons dit, il paraît évident que la postmodernité lui donne un relief nouveau.

Fondamentalement, il apparaît que malgré leur diversité réelle, les manières contemporaines de faire couple reflètent largement les mutations d'une société postmoderne caractérisée par un tournant civilisationnel d'ampleur comparable, pour certains, à ce que fut l'entrée dans le néolithique[34]. Pour reprendre la métaphore du sociologue Zygmunt Bauman, c'est le passage d'une société organisée à une société « liquide » où les appartenances aussi bien que les identités ne sont jamais assurées automatiquement ni une fois pour toutes. Au fond, sommé d'assurer lui-même la cohérence de son existence à tous niveaux (professionnel, culturel, amoureux, familial), le sujet postmoderne est un individu apparemment immensément libre, mais tout aussi immensément incertain et « fatigable »[35]. Suivant cette tendance générale, les couples ont connu eux aussi de profondes mutations typiquement postmodernes appuyées non plus sur des bases institutionnelles mais mues avant tout par des ressorts affectifs et des attachements négociés et librement consentis ; jamais auparavant dans l'histoire de l'humanité l'alliance entre deux êtres amoureux n'avait été investie de telles valeurs de liberté, de relation, d'égalité, d'épanouissement… de bonheur, en somme. Cette nouveauté et ces attentes immenses – voire hypertrophiées[36] – ont pour corollaire le fait que rester amoureux en postmodernité s'apparente de plus en plus à un art requérant d'importants investissements psychiques, une plasticité et une capacité d'adaptation peu commune. C'est qu'au sein même de chaque couple postmoderne se conjuguent – ou bien se heurtent – maintenant : plasticité des rôles (sexuels et parentaux) et perte des modèles hérités, revendication d'autonomie personnelle et désir d'harmonie, réitération quotidienne de l'amour et allongement de l'espérance de vie, investissement affectif et promotion professionnelle des deux membres du couple, etc. Délié de toute attache historique et communautaire et de toute contrainte – hormis peut-être le devoir d'originalité, secrètement contraignant – le couple contemporain doit en outre s'appuyer sur

---

34. M. Serres, « Éduquer au XXIe siècle », Le Monde.fr, 07 mars 2011 (cité par H.-J. Gagey, *Les ressources de la foi*, Paris, Salvator, 2015, p. 17). Du même, pour une description résolument optimiste de ce changement, voir aussi *Petite poucette,* Paris, Le Pommier / DL, coll. « Manifestes », 2012.
35. Voir le livre stimulant d'A. Ehrenberg, *La fatigue d'être soi : dépression et société*, Paris, O. Jacob, 2008 (1998).
36. J.-H. Dechaux, *Sociologie de la famille*, Paris, La Découverte, coll. « Repères » 494, 2009 (2007), p. 40-42.

lui-même et inventer sa propre voie en se choisissant sans cesse à nouveau... au risque de l'épuisement :

> Ce qui donne sa valeur à la durée de l'amour [dans le couple électif], c'est son choix réitéré assumé qui, à bien y songer, constitue une forme de miracle quotidien. Sans pression sociale ni ecclésiale régulatrice se crée ainsi un pacte très pur, si du moins il respecte ses termes [...]. Exercer sa liberté d'aimer équivaut à chercher toujours de nouvelles manières pour toucher l'autre, le rassurer, le soutenir et l'aider à se construire [...]. L'insécurité induite peut aussi épuiser les énergies dans une preuve perpétuelle de l'amour[37].

En somme, si le projet du couple électif postmoderne a la pureté du cristal, il en a aussi la fragilité. Cette incertitude existentielle[38] expliquerait aisément le besoin de se trouver une référence forte : comment ne pas penser que, pour beaucoup de catholiques, la vie religieuse puisse jouer en partie ce rôle d'identification ?

Dans le même sens, une autre hypothèse qu'il serait intéressant de développer si nous en avions le temps : la connivence entre cette attraction de la vie religieuse au sein de la vie conjugale et la « spectacularisation » postmoderne[39]. C'est-à-dire cette tendance à rechercher des expériences fortes, voire extrêmes, pour se sentir vivre vraiment. L'attirance religieuse, une sorte de logique de l'extrême pour des couples catholiques en mal de sensation et de visibilité ? Dans les deux cas, il nous semble en tout cas que la voie du rapprochement religieux constitue plutôt un aveu de faiblesse et un symptôme d'incertitude qu'une richesse véritable. Face à cette incertitude, il importe de proposer aux couples d'entrer dans une vision plus riche de la réalité conjugale elle-même.

III. Pour une théologie de la médiation conjugale comme remède à la « monasticisation » des couples

Il convient d'aider à desserrer ce double étau historico-doctrinal et sociétal dans lequel sont pris de nombreux couples catholiques en mal de vie spirituelle. Les pistes sont nombreuses, à commencer en spiritualité du mariage[40]. Dotée d'une solide assise théologique traditionnelle, l'une d'elles nous semble

---

37. S. Barth, *La voie de l'amour électif. Une interpellation spirituelle pour notre temps* (Intams Studies 3), Zürich, Lit Verlag, 2018, p. 222.
38. J.-K. Kaufmann, *Sociologie du couple* (Que Sais-je ? 2787), Paris, Presses Universitaires de France, 2017 (7e Ed.), p. 48-52.
39. Gagey, *op. cit.* p. 217-218.
40. Voir un état des lieux par T. Knieps-Port le Roi, « Marital Spirituality : the Emergence of a New Paradigm in the Theology of Marriage and in Christian Spirituality », dans *Companion to Marital Spirituality, Op. cit.*, p. 15-44. Plus largement, voir le site de

particulièrement adaptée à un développement catholique : la notion de médiation. En effet, on ne prend pas un grand risque en affirmant que, sous-tendant la survalorisation de la vie religieuse, il n'y a dans le catholicisme contemporain qu'une vision largement répandue de la consécration religieuse comme don immédiat à Dieu. Bien sûr, la chose empruntera divers vocables : on parlera par exemple de don « sans partage », de don « radical » ou encore de don « exclusif »[41]. Mais l'idée se pose là, comme une vulgate ecclésiale toxique : le religieux serait celui qui s'est donné immédiatement à Dieu, sans intermédiaire, au travers des conseils évangéliques. Tandis que le chrétien marié, *a contrario*, serait l'homme (la femme) du don, certes, mais indirect. Du don médiat, donc moindre : on ne compte plus les discours qui s'appuient sur cette affirmation paulinienne[42]. Sans doute trouve-t-on là une notion théologique à réinterroger.

Sans prétendre faire le tour d'une notion fondamentale en christianisme, on peut rappeler qu'en théologie catholique (et à la différence de son étymologie qui suppose une division en deux), la « médiation » désigne une cause qui vient unir deux éléments, mais sans s'interposer entre eux[43]. Ainsi, le médiateur ne doit pas se poser en troisième terme qui gênerait la communication entre les deux réalités ainsi unies. Concernant notre sujet, deux aspects de la médiation nous semblent devoir être soulevés :

1. De l'homme à Dieu, il n'existe pas de relation proprement immédiate, au sens de non médiatisée. Il faut non seulement tenir compte de la médiation du Christ, mais aussi de toutes ces médiations coordonnées qui lui sont unies : la réalité ecclésiale en ses multiples dimensions, les sacrements, l'Écriture, mais aussi le cosmos tout entier, la conscience humaine, etc. Ce que de Lubac appelait, à la suite de son maître Origène, les « incorporations » du Logos[44]. De ce point de vue, il faudrait sans doute se défaire d'une conception moderne de la mystique qui prétendrait toucher directement à Dieu, donc sans passer par rien. Conception moderne, répétons-le, et incompatible avec la révélation de l'économie Trinitaire[45]. Concrètement, le religieux ou la religieuse passeront aussi par un ensemble de réalités créées qui médiatiseront leur don à Dieu : outre les

---

l'International Academy of Marital Studies et sa revue *New Issue of Marriage, Families and Spirituality* (précédemment *INTAMS Review*).
41. Un exemple parmi tant d'autres : Jean-Paul II, *Vita Consecrata*, 1996, n. 1. 15.
42. « Celui qui n'est pas marié a souci des affaires du Seigneur : il cherche comment plaire au Seigneur. Mais celui qui est marié a souci des affaires du monde : il cherche comment plaire à sa femme, et il est partagé (…). Je vous dis cela dans votre propre intérêt, (…) afin que vous soyez attachés au Seigneur, sans partage » (I Co. 7, 32-35).
43. H. de Lubac, *Catholicisme. Les aspects sociaux du dogme* (Œuvres complètes VII), Paris, Cerf, [1938], 2003, p. 290-291.
44. H. de Lubac, *Histoire et Esprit. L'intelligence de l'Écriture d'après Origène* (Œuvres complètes XVI), Paris, Cerf, 2002 (1950), p. 336-373.
45. B. Dumas, *Mystique et théologie d'après Henri de Lubac* (Études lubaciennes VIII), Cerf, Paris, 2013, p. 285-322.

sacrements et les Écritures, il faut considérer aussi les puissances de l'effectivité, le corps en prière durant l'office ou la méditation, la vie communautaire avec ses grandeurs et ses petitesses, l'intelligence appliquée à l'étude, le désir de posséder mortifié par le vœu de pauvreté, etc. De ce point de vue, penser qu'il y aurait des formes de vie chrétienne assujetties à un détour et d'autres formes de vie chrétienne données à Dieu « en direct » relève de l'erreur de perspective et, osons le dire, d'une méconnaissance du caractère concret de la vie consacrée. Comme le disait avec humour le père abbé de Sept-Fons lors d'une conférence sur l'humour : « On vient [à la Trappe] pour être en tête-à-tête avec Dieu, on se retrouve au coude-à-coude avec ses frères ! ».

2. Le rapport à Dieu se joue davantage dans le cœur que dans la matérialité des gestes posés : au Temple, les deux piécettes de la veuve valurent mieux que la riche obole des autres juifs (Mc 12, 41 ss.). De ce point de vue, le témoignage évangélique ainsi que la tradition spirituelle devraient nous garantir d'une conception trop liée à la nature des actes posés au détriment de leur intentionnalité. Sans tomber dans des débats éthiques complexes mais en restant dans la question du rapport à Dieu, on pourrait ici se laisser guider par une remarque pénétrante de celle qui fut une immense mystique française et que ne séparait du monde aucun habit ni aucun vœu : Madeleine Delbrêl. Un jour, cette mystique de la vie ordinaire a pu écrire audacieusement (nous étions en 1953) dans un texte intitulé « Les zéros et l'infini » :

> « On ne peut croire à la fois au hasard et à la Providence. Nous croyons à la Providence. Nous vivons comme si nous croyions au hasard. De là viennent les incohérences de notre vie ; ses mauvaises agitations et ses mauvaises passivités. Nous subissons ce que nous n'avons pas choisi… Ce sont nos zéros : zéro du métier imposé, des camarades obligatoires, de la clientèle anonyme, des visites professionnelles. Zéro ! Zéro ! Zéro !
> À d'autres circonstances, à d'autres rencontres, à d'autres devoirs, nous attribuons les coefficients 2, 5, 7, de volonté divine. Nous y concentrons le meilleur de nos énergies comme si notre vie commençait là.
> Et c'est pourtant chaque matin, notre journée tout entière que nous recevons des mains de Dieu. Dieu nous donne une journée préparée pour nous, par lui. Il n'y a rien de trop et rien de pas assez, rien d'indifférent et rien d'inutile (…).
> Chaque minute de la journée, qu'elle nous veuille n'importe où pour y faire n'importe quoi, permet au Christ de vivre en nous parmi les hommes. Alors, il n'est plus question de chiffrer l'efficacité de notre temps. Nos zéros multiplient l'infini.
> Nous prenons humblement la taille de la volonté de Dieu[46]. »

---

46. M. Delbrêl, *La joie de croire*, Paris, Seuil, 1968, p. 138.

On pourrait aussi en appeler à saint Ignace de Loyola et à sa capacité à trouver Dieu en toute chose, ainsi qu'à tant d'autres représentants d'une pensée attentive à la fin de l'antique distinction entre le sacré et le profane. Au fond, pourquoi attribuer des « coefficients » spirituels différents aux différentes réalités terrestres ? Pourquoi qualifier plus fortement la médiation d'un renoncement à la vie sexuelle pour le Royaume (continence) que celle d'une sexualité vécue dans le don de soi à un homme ou à une femme, eux aussi sortis des mains de Dieu et temple de sa Gloire ? Pourquoi penser que le renoncement aux biens soit un geste en soi supérieur à l'usage modéré et généreux des réalités créées ? Ou que l'obéissance au supérieur doive nécessairement prévaloir sur l'abandon de sa volonté propre au fur et à mesure des circonstances d'une vie ordinaire, mais vécue avec et pour Dieu ? Certes, l'intentionnalité de la vie religieuse lui confère en général une force, une orientation à Dieu qu'on ne trouve pas – soyons clairs ! – dans la plupart des mariages. Les hommes et les femmes, dans leur immense majorité, ne se marient pas d'abord *pour* Dieu, mais en vertu d'un attrait réciproque pour un autre humain. Et la plupart d'entre eux, dans le meilleur des cas, auront à intégrer progressivement et non sans tensions l'amour humain dans l'amour divin. Pour autant, outre le fait qu'il arrive de rencontrer des époux qui se sont réellement choisis l'un pour l'autre et pour Dieu, nous ne sommes pas obligés de penser que la réalité conjugale constituerait *en soi* un détour, là où d'autres iraient directement à Dieu. D'autant plus dans le cadre d'un mariage électif profondément nouveau, qui n'a plus grand-chose à voir avec les arrangements claniques et patrimoniaux du passé. La réalité du christianisme tout entier tissé de médiations nous impose sans doute une prudence et un approfondissement critique de nos discours habituels concernant la vie « divisée » des conjoints : Paul, une fois n'est pas coutume, reconnaissait qu'il n'avait pas reçu d'ordre exprès du Seigneur en ces matières[47].

En christianisme, d'ordinaire, on n'ignore rien de ces saintes médiations dans leur diversité. Conformément à la parole de l'Évangile (Mt. 25 par exemple), on n'aura notamment jamais osé théoriser une voie rapide – celle de la prière – à côté d'une voie plus lente – celle de l'amour du prochain. La prière apparemment directe à Dieu et le soin patient du prochain se rejoignent ; bien téméraire celui qui oserait appliquer ici un coefficient plus ou moins élevé à l'un ou à l'autre. Et pourtant, il semblerait que l'on peine encore à traduire cela dans les considérations relatives au mariage. Certes, quelques théologiens ont commencé à approfondir cette médiation typiquement conjugale comme une médiation au sens fort du terme, c'est-à-dire une mise en présence de Dieu plutôt qu'une division ou un détour ; en des formules quelques fois percutantes :

> *The neighbor is not an obstacle to God but the personal intersection where God himself is loved (…). In the intimacy of marriage the love that goes out to the beloved does not need to be redirected toward God –there is no need to*

---

47. I Co. 7, 10. 12. 25.

lift either the physical or spiritual eyes from the spouse toward the heavenly realms[48].

Mais force est de constater que des méfiances demeurent et que la vie conjugale, avec toutes ses lourdeurs et ses contingences, produit encore comme un court-circuit de la théologie des médiations[49].

Pourtant la vie – y compris chrétienne – ne se tient pas d'abord dans les grandes choses. Elle consiste avant tout à habiter le quotidien, tous ces moments dits « ordinaires » et qui se répètent sans gloire ni qualification sacramentelle au sein d'un couple : dialoguer tendrement ou âprement, se fâcher et se réconcilier, faire des projets et gérer l'imprévu, tenir la maison propre, inviter des voisins, prendre patience, faire l'amour et la fête, lutter pour que les enfants poussent droit, aller au travail et en revenir, être fatigué ou triste, se réjouir ou s'ennuyer, etc. Autant de lieux bien réels où se jouent le sacrement du mariage et son déploiement familial, sauf à faire mentir la logique de médiation à l'œuvre dans le christianisme. Il est sans doute regrettable que les chrétiens aient souvent si peu à dire de ces petites choses courantes, du minuscule et souvent sans attrait. Jésus avait lui-même quelque chose à en dire, comme en témoignent les nombreuses paraboles qui mettent en scène la vie quotidienne de ses auditeurs :

> Un père et son fils, un berger atterré par la perte d'une brebis, une femme qui perd un sou dans sa maison, des pêcheurs ramenant leurs filets au matin, un époux en retard à son mariage. Ce n'est pas que Jésus préfère choisir des images simples pour expliquer des choses compliquées. Nullement. C'est que le Royaume de Dieu n'est pas une chimère. Le Royaume n'est pas pour Jésus un fantasme d'au-delà ou une rêverie apocalyptique. Il est proche. Si proche qu'il touche déjà le quotidien[50].

Au risque de paraître iconoclaste, on peut se demander au fond si la manière de rehausser le mariage en le rapprochant de la vie religieuse ne traduit pas une vision préchrétienne : celle d'une frontière étanche entre histoire sainte et histoire profane. Une faiblesse et une tentation plutôt qu'une force, tant au regard de la théologie chrétienne authentique que des conditions postmodernes de l'existence conjugale.

---

48. K.-D. Russell, « Loves in Conflict: Maritain on Marriage and Contemplation », *Église et Théologie* 7/3, 1976, p. 338 (cité par Lanoski, p. 120).
49. Révélatrices, ces pages où D. Crawford, tout en affirmant que le conjoint médiatise Dieu et qu'on peut donc se donner totalement à Dieu en se donnant totalement à son époux, revient périodiquement en arrière en introduisant une réserve : le don conjugal serait analogiquement une complète remise de soi à Dieu (Crawford, p. 26. 274-275. 301).
50. D. Marguerat, *L'homme qui venait de Nazareth*, Aubonne, Éd. du Moulin, [1990], 1993, p. 40.

Plus que jamais en ce XXIe siècle où peinent bien des couples, il apparaît nécessaire que les chrétiens s'approprient leur ordinaire conjugal comme une médiation pleine et entière. C'est-à-dire le lieu d'un total don de soi à Dieu, au cœur et par les conditions apparemment banales du don conjugal et familial, égrené au fil des jours. Loin d'être une transposition de la vie religieuse ou consacrée, la vie conjugale constitue une voie spirituelle en soi. Comme l'écrivait le bénédictin Thomas Merton : « Un arbre rend gloire à Dieu en étant avant tout… un arbre ! ». C'est d'abord en creusant le sillon de leur vie conjugale que les conjoints rendent gloire à Dieu et participent modestement au salut de toute création.

*
* *

La famille en archipel
Approche psychanalytique de la famille

Joël Clerget
Psychanalyste, Écrivant
Directeur de l'Institut des Sciences de la Famille (1984-1986)

« *Au fond, si on défend la famille,
c'est parce que la famille paraît l'instrument le plus nécessaire
à l'épanouissement et au développement des personnes.* »

Emma Gounot, 2014.

Pour ce qui me concerne, rendre hommage à Emma Gounot consiste à témoigner de son apport à ce qu'elle appelait les *Sciences de la famille*, ce qui la conduisit, alors qu'elle était doyenne de la Faculté de Droit, à fonder l'Institut du même nom au sein de l'Université catholique de Lyon. Elle évoquait discrètement la participation de son père à l'élaboration des lois relatives à la famille dans les années quarante. Elle situait volontiers sa réflexion dans le courant d'une philosophie humaniste, notamment le personnalisme d'Emmanuel Mounier, l'intérêt de la *personne* justifiant à ses yeux la famille.

Une intense et riche ardeur nous réunissait, avec Albert Desserprit, dans l'esprit, la pensée et le travail. C'est avec un art consommé de la forme oratoire qu'elle distillait, au sein de l'enseignement du Droit, ce que le Droit enseigne. Jacques Lacan se posait pareille question : ce que la psychanalyse enseigne, comment l'enseigner ? La réflexion d'Emma Gounot était constamment animée d'une contribution relative à la philosophie du Droit. Par nos échanges, simples et rigoureux, nous nous sommes beaucoup « enseignés » en nous initiant à la langue de l'autre. Elle, par son ouverture à la pensée de Lacan et moi, à la lecture du texte juridique. Du reste, l'un des premiers textes de Lacan s'intitule *Les complexes familiaux dans la formation de l'individu* (1938). Le droit et la psychanalyse ont en partage le terme de *jouissance*. Emma ouvrait au clinicien que je suis devenu, et qu'elle m'a permis de devenir, des perspectives s'accordant à mon désir de confronter la psychanalyse à d'autres champs et sciences affines.

Emma est l'une des femmes les plus délicates que j'aie rencontrée dans ma vie. Elle était animée d'un esprit et d'une ferveur qui m'émerveillaient et continuent d'entretenir l'indéfectible estime que je conserve pour sa personne et pour son œuvre. Lorsque nous séjournions en dehors de Lyon pour animer des sessions de formation, nous avions de longs échanges. Elle m'enthousiasmait par la vivacité de son esprit et par la Foi qu'elle mettait à ce qu'elle faisait, la profondeur intense de son regard sur le monde et les êtres que le bleu de ses yeux venait à colorer.

Pour une large part, les débuts de l'ISF ont été consacrés à l'analyse et à la présentation de la loi de 1975 concernant l'Interruption Volontaire de Grossesse à destination des travailleurs sociaux, partenaires du dispositif à cette époque. Cette analyse du texte de loi exposée à des professionnels portait une conception pragmatique de l'enseignement universitaire et de la recherche, assortie de la liberté qu'ils requièrent, cette liberté de parole engageant à découvrir le sens et la portée des réalités familiales.

J'expose ici une part de ce que le terme de *famille* me suggère et engendre comme réflexions et élaborations.

I. Feu la famille

Les diverses formes de vie familiale nous conduisent à reconsidérer et à réinventer constamment ce que nous mettons sous le terme de famille. Comment, en effet, garder référence à des relations de génération, assurant à un enfant de la Cité, une filiation dans une nomination, une place dans un arbre généalogique singulier, le sien ? Comment vivre avec les mots de papa et de maman, de mère et de père, compte tenu des aléas de la vie des hommes et des femmes d'aujourd'hui, du Code civil qui retient la seule dénomination de parent ?

La famille, si toutefois nous en conservons le terme, est un espace de résidence. On dit : dans ma famille. Elle est aussi le temps-lieu de la parenté. C'est là que je vis avec celle ou avec celui que je nomme mon parent : mère, père, papa, maman. Elle est ce lieu où je rencontre, uni ou séparé de l'autre, *un parent* ou les deux. Elle est cet espace où, bébé, j'ai relation avec *mon grand proche*. Sylviane Giampino désigne ainsi la personne qui assure au petit d'homme une fonction de proche et occupe auprès de lui une place d'adulte tutélaire. Le grand proche, avec qui je grandis, est cette figure de l'Autre nécessaire à toute vie humaine, quels que soient, par ailleurs, les aléas de l'organisation de la vie en famille ou en société.

Quelle famille aujourd'hui ? Celle d'hier est-elle morte ? Il convient, en déconstruisant le terme de famille dans sa réalité historique, de s'interroger sur ce qui vaut famille, sur ce qui fait famille au fil du temps. Et surtout, à quelle structure symbolique un sujet humain ne peut échapper pour naître, vivre et grandir. Le terme flou de parentalité me paraît édulcorer la réalité. Je lui préfère résolument le terme de *parent*, les vocables de maman et de papa, ceux de père et de mère. Un père, une mère, valides pour un enfant donné, ne forment pas toujours une famille au sens d'un assemblage réel, mais ils peuvent, en leur exercice effectif de référence, valoir pour un enfant dans sa vie imaginaire et symbolique. Un parent est une personne, père et mère, qui donne à son enfant les moyens symboliques de vivre et de faire avec les autres.

Il convient, par-delà les aléas de la vie réelle, qu'un enfant se conçoive comme né d'un homme et d'une femme, quels que soient les avatars de leur coïtération ou les recours à la Procréation Médicalement Assistée (PMA), que ce soit dans une adoption légale comme dans un couple de personnes de même sexe[1]. Les lois incluront de strictes règles de filiation pour les enfants nés des possibles actés par les êtres humains, y compris pour la Grossesse Pour Autrui (GPA). Il importe donc qu'un enfant symbolise sa venue au monde comme étant lui-même *issu de* deux lignées, l'une des deux fût-elle inconnue de lui-même. Né d'un homme et d'une femme, – pas toujours là ensemble. Issu également d'une scène dite primitive, pour ce qui relève du fantasme. Françoise Dolto insistait sur la symbolisation de la scène primitive comme union sexuelle des parents et révélation du rôle fécondateur du père[2]. Dans la curiosité d'un enfant relative à l'intimité de sa mère et de son père, « ce fantasme, qui est ainsi donné à l'enfant, de la scène primitive originelle de sa vie, lorsqu'il est verbalisé dans une bonne ambiance entre l'enfant, sa mère et son père, produit chez l'enfant la libération définitive de ce qui restait d'incestueux », écrivait-elle[3]. Car, s'il y a naissance d'un enfant, il y eut préalablement une conception et une grossesse. Une conception ne se réduit pas à un coït fécond d'enfant, car elle peut avoir lieu hors de toute relation sexuelle. Toutefois, la conception d'un enfant ne va point sans l'union de deux gamètes, l'une femelle et l'autre mâle. Dans cette mathématique où 1 + 1 font trois *et* avec ce qu'il faut pour qu'un bébé croisse et vive dans le corps maternel, il n'y a jamais de part maternelle sans un apport paternel, à tout le moins masculin.

Pleins *feux* sur la famille. Au feu la famille. La cohorte de nos pulsions partielles réparties aux bords de notre corps brûle du feu du désir. S'agit-il d'éclairer la famille du feu de la parole, de la vivifier au feu du désir ou de faire feu sur elle ? Meurt-elle à petit feu ? Non, pas vraiment. Car des formes de famille meurent, d'autres naissent. Il convient de prendre en compte les réalités rencontrées. Non pas de juger. Qui peut en effet juger et parler du désir d'un autre. Il s'agit d'inventer, de créer et de *repenser* les relations entre les parents et les enfants. Il s'agit de ne pas céder à la mise en jeu d'immédiates relations de cause à effet. « Si le petit est comme ça, c'est parce qu'il n'a pas eu de papa ! » Qu'en savez-vous ? Strictement et rigoureusement, rien du tout. Nous ne savons pas, et cependant nous ne cessons de parler ainsi. Ce faisant, nous engendrons une culpabilisation

---

1. Cf. Joël Clerget (coordonné par), revue Spirale, N° 85, *Les bébés et leurs papas,* Érès, juin 2018.
2. *Sexualité féminine*, Gallimard, 1996, p. 122.
3. *Ibid.*, p. 160-161.

qui transforme les soi-disant relations de cause à effet en faute, oubliant que, si un enfant est objet de soin de son parent, promu par là comme sujet de désir et de parole, ce n'est pas à cause de ses parents, ni de leur faute, mais de leur *fait*. Du fait de leur désir, avec toutes les faiblesses, avec toutes les carences inhérentes à notre vulnérabilité humaine[4]. Le monde de l'interchangeabilité permanente érigée en loi du genre prive les sujets de toute affectation : celle de pouvoir ressentir et celle d'être assigné à une place de sujet libre et citoyen. Il importe que soit maintenue l'aire de l'expérience : celle de faire câlin, celle d'éplucher les légumes ou confectionner un plat, celle de ramasser les feuilles mortes ou les branches coupées, celle de jouer dans la cour ou dans le bac à sable, celle de faire un arc et découvrir l'usage de la flèche dans le respect de l'autre sur qui il est interdit de tirer, etc.

II. Adoption

À ce jour, et je ne sais pour combien de temps encore, nous avons tous été *portés* dans le ventre d'une femme qui, de ce fait, reste à vie notre génitrice (ou gestatrice comme on dit parfois). Cette femme peut, si elle le désire, et nous avec elle, devenir notre maman, notre mère. Pour que notre mère de naissance devienne notre maman, une *adoption* est de rigueur, une adoption de la loi et du cœur, selon les cas. Une adoption de cœur toujours, qui n'est pas sans référence à un père, qu'il soit ou non le géniteur de l'enfant concerné. Cette mention, évocation, invocation, d'un troisième terme entre mère et enfant peut tout à fait être mythique.

Un enfant se conçoit. S'il est attendu et naît au sein d'un couple marié, composé d'un homme et d'une femme, il a pour papa le mari de la femme qui, de ce fait, est sa maman. Il a pour maman la femme de l'homme qui est son papa. Ils appellent leur enfant *mon bébé*. Cet appel du prénom et cette adresse à sa jeune personne lui feront dire, le temps venu, les mots de papa, maman, avec un possible *mapa* intermédiaire. Il aura vécu la différence sexuée des corps, des voix, des manières d'être et de faire avec lui. Au fil du temps, il aura entendu le récit de ses origines, la narration de ses premiers moments de vie avec ses parents. Il aura été identifié comme un petit d'homme et pas seulement investi comme un petit bestiau (mon lapinou) ou comme une chose (ma crotte). Des questions simples se posent à tous les trois : que signifie être mère pour cette femme qui est sa maman ? Comment cet homme devient-il son père et son papa ? Et comment lui, bébé grandissant, reçoit-il, de la vie familiale, un papa, une maman, un père et une mère ? Cela paraît simple. Il a ses deux parents à la maison. Son papa est son père. Sa maman est sa mère. Certes oui. Mais à quelles conditions ? Eh bien, à la condition que s'effectuent une véritable adoption et une triple reconnaissance de l'un par l'autre.

---

4. *Cf.* Jean-Philippe Pierron, *Vulnérabilité Pour une philosophie du soin*, PUF, 2010.

Toute filiation comporte un *acte d'adoption*. Cet acte ne concerne pas seulement les enfants légalement adoptés à la suite d'un « abandon ». Nous avons à adopter notre enfant. Qu'est-ce à dire ? J'adopte mon enfant comme parent quand je l'appelle. Ainsi je le pose comme un être de parole, un sujet vivant. Je l'adopte en humanité quand je lui dis : « Mon fils, ma fille ». En effet, les enfants ne sont pas seulement les enfants de leurs parents, ils sont aussi des fils de la Parole et de la Cité, ce qui les engage à vivre avec d'autres personnes que leurs parents, hors de la demeure familiale.

Les enfants légalement adoptés par un dispositif judiciaire ont comme parents des adoptants. L'abandon préalable, qui leur permet d'être « confiés à l'adoption », comme on dit pudiquement, est une expérience de vie à intégrer et à symboliser. Si un enfant est né, c'est qu'il a eu deux géniteurs, deux parents de naissance. Je veux dire un père et une mère de naissance, à tout le moins un géniteur masculin. Vouloir un enfant, parfois à tout prix, n'est pas obligatoirement le désirer et désirer l'élever. Adopter un enfant veut dire le prendre légalement pour fils ou pour fille. L'adoption crée un lien de filiation légale. Cet acte comprend aussi une adoption de cœur et de parole. Parole authentique par laquelle un parent déclare fils ou fille celui ou celle qu'il nomme fils ou fille. L'adoption est un acte humain dans le plein exercice de la fonction symbolique et poétique de la parole. Le parent d'un enfant adopté, comme de tout enfant, l'est donc aussi par la relation qu'il entretient au quotidien avec l'enfant, son fils ou sa fille. Lorsqu'une adoption est accomplie, le parent n'est plus un parent adoptif. Il est *mon* père ou *ma* mère tout simplement.

Plus que des formes de la famille – nucléaire, monoparentale, homoparentale, polynucléaire, coparentalité… que sais-je encore, nous avons à veiller à ce qu'un enfant reçoive d'autres humains, ses parents bien sûr en premier chef, mais aussi d'autres, professionnels aussi bien, de quoi vivre en sujet du désir et de la parole. Nous avons à travailler à ce qu'il reçoive des mots de vérité donnés à sa réalité de vie, telle qu'elle se présente, heureuse ou douloureuse, réjouie ou cruelle. Car dans la vie, si belle à vivre, nous traversons tous des moments éprouvants.

Cette inscription à une place s'accomplit dans la nomination qui donne corps et vie à la vie nue qui vagit dans le cri d'un nouveau-né. Ainsi, un petit d'homme, quelles que soient les formes de sa réalité familiale, est un être incarné, généré, filié et nommé, mortel aussi. Nous l'accueillons dans cette adoption qui fait de lui un autre en humanité et lui révèle, dans et par l'appel de son nom, son prénom pour un petit, son visage d'humain, ce visage à nul autre pareil qui fait de lui un membre de l'humanité parlante. Nous la partageons avec lui comme l'eau et le pain font vivre notre corps de chair. La singularité de son visage inimitable vibre de ce qu'il est aussi multiple en autant de figures qu'il y a d'humains sur la terre.

Sur ces questions, la psychanalyse occupe une place paradoxale. Le psychanalyste est souvent requis, par les médias entre autres, pour donner son avis, émettre une opinion, cautionner une manière de voir ou de faire. Il prend alors une position morale, fondée sur le bon sens le plus éculé. Il décrète ce qui est bien ou mal. Bref, il se porte garant de la bonne morale dans un discours normatif fait d'un Œdipe réduit à des jeux de rôle de papa et de maman et à une sexualité de panpan cucul. Il oublie la clinique de chaque jour où un sujet humain, quel que soit son âge, tente de faire entendre son désir et de venir à dire *Je,* aux fins de ne pas devenir fou, afin de vivre vraiment dans sa dignité d'être humain. Car l'Œdipe est un passage symbolique.

III. La famille en archipel

> « Notre parole, en archipel, vous offre,
> après la douleur et le désastre,
> des fraises qu'elle rapporte des landes… »
>
> René Char,
> « Nous avons », *La parole en archipel.*

Une famille n'est pas un noyau. Elle n'est pas même seulement un réseau. Elle est bien plutôt un archipel. Cette pensée de l'archipel met en avant une pratique « du possible sans cesse reconduit, à partir des limites de l'actuel ». « Tout archipel renvoie à une série d'enjeux et à une série de tâches » écrit Christian Ruby[5]. Des îlots de singularité peuplent les territoires de la famille aux formes variées et changeantes, à la condition que soient assurés les éléments symboliques, don de la parole, qui nous inscrivent dans la génération et dans une filiation. Ces éléments nous confèrent une place, la nôtre, irréductible, à nulle autre substituable, y compris dans la mort. Cette place dans l'arbre des noms qu'est notre arbre généalogique est irremplaçable. Y compris quand nous avons le même nom que d'autres, connus ou non. Cette place du nom est la nôtre dans la succession des générations, elles-mêmes régénérées des paroles qui la disent.

Le *milieu* familial est à découvrir comme un lieu ouvert où se tiennent le rapport entre les générations (parents/enfants) et des relations entre pairs d'âge différent. Il s'agit d'un lieu où être, résidence ayant une adresse, et où vivre. Une famille est un milieu *en vue de* chacun, où chaque membre déploie sa parole, d'où chaque enfant sortira afin de porter fruit de désir en dehors, ailleurs.

La notion d'archipel affirme combien notre réalité humaine consiste à être séparés et ouverts sur les autres simultanément. Notre existence est séparation *et* rapport, au sens où le rapport à l'extérieur est la constitution même de l'existence.

---

5. Cette formule issue d'un titre du poète René Char, *La parole en archipel*, est en relation avec les élaborations de Christian Ruby, revue *Conférence* N° 24, 2007, p. 36-74, p. 56 pour les deux citations.

Exister, c'est se tenir hors soi (ex-sistere). L'archipel fait jouer la position d'un sujet dans son rapport à l'autre. Dans ce rapport à d'autres se rencontrent conflits, tensions et confrontations. L'unité de ladite famille n'a pas à être une visée idéale. Elle peut être une pratique du mouvement provoqué par l'action du rapport à l'autre. L'archipel familial est ainsi mû par le mouvement entraîné par les exercices et les tâches qui s'y accomplissent. Un enfant peut avoir de multiples papas et mamans, au gré des identifications. Selon son âge, n'importe quel adulte partageant la vie de son père ou celle de sa mère, par qui il se sent accepté, sera nommé par lui papa, maman.

Dans ce qui le structure, un enfant gardera référence à l'autre parent, présent en lui de façon symbolique, bien qu'absent physiquement. Je souligne cependant ceci : qu'un parent soit présent réellement dans la vie d'un enfant n'est pas équivalent à son absence. Sans cette référence, il est « comme un hémiplégique dans sa structure symbolique : une moitié seulement fonctionne en miroir avec l'adulte dont tout de sa vie dépend » écrivait Françoise Dolto[6]. Ainsi, un enfant né d'une femme célibataire entendra parler du cœur et de la bouche de sa mère d'une référence autre à elle-même et autre à lui, son enfant. Cette référence vaut père symbolique. C'est la condition pour qu'il puisse apprendre à lire, sans craindre de rencontrer les secrets de polichinelle du tiroir dont il est sorti, à écrire des lettres adressées dans la langue de l'absence et à compter sur d'autres qui lui apprendront à se compter parmi nous. Par exemple, du fait d'une vie en couple sans être marié, ce ne sont plus de justes noces qui désignent le père. Si l'on n'est pas marié, il convient donc d'inventer une autre manière de faire, pour que l'enfant ne reste pas sans référence parentale, car, en la matière, il y va toujours d'une reconnaissance et d'une adoption[7].

Le collectif familial est alors à la charge de chacun, à celle des enfants tout également. L'unité symbolique de l'archipel est en harmonie, c'est-à-dire participe de la cheville et de la jointure, quand elle ne cesse pas de se construire en paroles. Lors de certaines séparations, il est dit que seul le couple conjugal est rompu, mais que le couple parental demeure. Comment un enfant pourrait-il ne pas vivre la rupture de ses parents comme un acte mettant en question sa venue au monde ? La fictive unité du père et de la mère séparés a des conséquences souvent catastrophiques, phobogènes à tout le moins. En cas de rupture, quelle peut être la solidarité vécue ? Comment favoriser des relations et maintenir « des pratiques du rapport, construit et assumé » (*Ibid.*, p. 62). Il s'agirait, entre autres, de produire et d'entretenir un dispositif de relations et d'adresse (parler à) plutôt que de pondre des édits de contrôle et le renforcement permanent des mesures de censure. L'archipel est un opérateur de relations à des fins ordonnées, fût-ce très momentanément. Par exemple, la résidence alternée présente des conditions

---

6. *Les étapes majeures de l'enfance*, Gallimard, 1994, p. 28.
7. *Cf.* « Satyakama », Joël Clerget, *Comment un petit garçon devient-il un papa ?* Érès, 2015, p. 129-131.

d'exercice qui conviennent ou ne conviennent pas aux personnes concernées, enfants ou parents. L'archipel est fondé sur la reconnaissance de l'autre, chacun étant pour chacun un autre. Il ouvre sur des subjectivités « nouvelles, plurielles, qui ne se laissent pas enfermer dans des identités ». Des identités imaginaires, s'entend. Félix Guattari prolonge ainsi cette formule : « Chaque fois qu'on se fixe pour objectif une identité, on perd quelque chose d'essentiel qui est le devenir.[8] » On perd assurément une part de ce qui compose le *pays-visage* de l'humanité vivante que nous vivons en partage.

IV. Composition familiale

L'idéologie redoutable et mortifère dont nous abreuvent les discours politiciens et les propos de certains travailleurs sociaux consiste justement à faire passer une *idée* de la famille au lieu d'en rencontrer chaque membre unique et différencié. Nous avons résolument à renoncer à une psychologisation de masse qui fait de la famille un modèle ou un idéal. Je tiens, pour ce qui me concerne, l'idéalisme pour être la perversion la plus répandue. Le discours psy risque d'être encore pire que celui des curés, car il ne pardonne pas. Plus la famille est idéalisée comme norme sociale, moins un enfant y a la parole libre. Or, la réalité nous offre de rencontrer des situations extrêmement diversifiées, faites de compositions, décompositions, recompositions, agencements, certes souvent conflictuels, mais au moins vivants. La famille compose avec les changements et les mutations. Elle peut se *recomposer*.

Se recomposer veut dire se composer à nouveau et autrement. La famille se compose. Elle se pose avec des éléments différenciés en un ensemble, dont les termes ne sont pas toujours et obligatoirement réellement présents, mais n'en demeurent pas moins symboliquement déterminés, imaginairement circonscrits en rôles et en places plus ou moins définis. Ce qui se nomme famille varie selon les temps et les lieux. Composer veut dire assembler des éléments, non pour faire Un, ni pour faire un Tout. La famille se compose de relations établies sur la ligne de la filiation et des générations successives, tout en prenant en compte la dimension de l'alliance exogamique. La famille est là pour qu'un sujet en sorte, la quitte.

Son assemblage relève des métaphores de la composition, qu'elle soit florale, musicale, œnologique ou olfactive, telle la composition d'un parfum. Chacun des membres, dans sa famille d'origine comme dans sa famille actuelle, réelle, symbolique et imaginaire, y a sa place. Elle *compose assez* afin de mettre ensemble, de façon plus ou moins renouvelée, ce qui sied à la poursuite du don de la vie

---

8. Guattari Félix, « La philosophie est essentielle à l'existence humaine », Entretien avec Antoine Spire (1990), *La Tour d'Aigues, L'Aube*, 2002, cité par Christian Ruby, *op. cit.*, p. 68.

et à l'éducation des rejetons. La famille est de bonne composition si l'on admet la diversité de ses formes, des formes variées propres à assurer la pérennité des deux fondements subjectifs que sont la filiation (être fils de) et la nomination (pouvoir être appelé). La famille se décompose, tels les traits d'un visage, pour se recomposer, se faire un nouveau et autre visage, apparaître et se vivre sous d'autres traits. Ce qui se figure sous les traits d'un « p'tit air de famille » gardera vivant l'air du désir en expansion, afin de ne pas étouffer un bébé dans un air confiné et manquant de parole. Vivre, c'est respirer. Vivre, c'est laisser libre la parole naissante. C'est donner à un enfant de quoi trouver sa fécondité de vie.

V. Faire famille

Les figures de parent dépendent de leur rapport avec leur propre parent ainsi que de leur incarnation dans la relation à l'autre parent de leur enfant. On n'est jamais parent tout seul. Anthropologiquement, un parent prend place dans un entrelacs de relations familiales et sociales. Devenir parent ne dépend pas des seules images. Cet acte engage des désirs et des paroles – et, plus singulièrement, la parole qui porte nos désirs et nos paroles. Mais un enfant est toujours désiré pour ce qu'il n'est pas. Il ne manque pas de nous le révéler et de nous le faire vivre. Suscitant parfois violence et rejet. Pouvons-nous l'adopter, vivre avec lui, l'aimer pour *qui* il est. Autre à ses parents. Autre à nous. Non seulement différent, mais Autre. De cette altérité qui parle en lui à nous angoisser ou à nous ravir, à nous faire trembler ou à nous enchanter, à nous faire taire ou à nous intimer de parler. L'espérance dont il est, pour nous, la promesse, tient à la parole qui se révèle par sa présence en notre vie. À nous bousculer et à nous déranger. À nous stimuler ou à nous déprimer. À nous faire peur de vivre ou à nous porter dans la vie.

L'individuation n'est jamais solitaire. Elle est toujours plurielle. La différenciation subjective implique des solidarités. Qui peut mieux exprimer la tendresse et l'amour qu'une mère témoignant de la présence de leur père auprès de ses enfants devant le cercueil de leur père mort. La dévolution de paternité donne aux enfants un père, insubstituable comme tel, avec des possibilités de relais, du côté des ascendants, comme de celui des parrains. Par exemple, le rôle actif d'un parrain certes ne remplace pas le papa. Mais il peut assurer de sa présence une mémoire du père.

La famille considérée comme une entité stable composée de mère-père-enfant est une forme actuellement dépassée. Elle est loin d'être la seule manière de *faire famille*, famille au sein de laquelle s'exerce ce que l'on appelle *parentalité*, cela qui nous fait parent, père et mère, maman et papa. De qui et comment ? Telles sont les questions régénérées par les pratiques de la vie de famille. C'est pourquoi nous préférons à l'expression de lien familial le vocable de *relations familiales*, disposées, plus encore qu'en réseau, en archipel, dans un milieu complexe et dynamique. L'enjeu n'est peut-être pas tant la transmission (d'un patrimoine, génétique, culturel, terrien, immobilier, etc.) que le *don*, que le dispositif par lequel la vie se donne. Le don défie toute marchandisation. Il consacre l'irremplaçable de toute individuation s'acquérant dans le mouvement spatial et temporel de la différenciation subjective et de l'inscription généalogique dans un *lignage*. L'enjeu du devenir papa et maman n'est-il pas l'inscription d'une filiation et l'expression d'un désir d'être reconnu et connu du nom de parent. Son nom de papa. Son nom de maman[9]. La parentalité s'incarne dans le corporel de relations en cours. Concrètement. Sans oublier qu'une part de mystère et d'énigme résiste à toute explication. Car le désir de devenir parent n'a pas d'autre raison que lui-même. Il se réalise en un papa et une maman, en des papas et des mamans. Cette singularité ne se réduit pas à parler du père ou de la mère en général, mais à propos de tel enfant concerné, de *son* papa, de *sa* maman, qui n'est pas toujours l'enfant du facteur. Rhésus ou autre !

L'exercice de la parentalité, comme la pratique du faire famille, exigent des lieux et des temps, une habitation, un lieu de vie, des temps passés ensemble pour asseoir le moment familial, lieu de rencontre et temps de présence avec son enfant. Présent comme don de temps sourcé dans le désir d'*être là avec*. Moment de l'intime à portée anthropologique et cosmique. La parentalité posée en termes de responsabilité met chaque parent devant ses responsabilités, comme on dit. Le responsable papa, à peu près bon, la responsable maman, à peu près bonne, est celui, celle qui va répondre de ses actes et de ses paroles concernant la venue au monde de son enfant. Répondre aux questions de l'enfant. Répondre devant lui, non pas tant des bricolages mis en branle pour sa conception, que des désirs impliqués et engagés. L'acte est ici désir. Le désir est ici parole. La vérité en cause ne relève pas des réalités pratiquées, mais du désir assumé comme tel. Nulle dérobade, nulle imposture, nulle esquive n'est permise, sans risque de désubjectivation de l'enfant, fils ou fille. En effet, le lien génétique (et le code du même nom opère bien comme une langue) ne suffit pas à constituer le lien généalogique qui ne se réduit pas au gène ni ne s'hypostasie dans quelque Madame sans gêne.

Faire famille témoigne de ce que la famille et la parentalité sont en travail, un véritable travail d'accouchement et de rêve. Cette gésine du sens est traversée par l'économique, la marchandisation des services (crèches, gardes, etc.) et la mise en acte de ce qui permet à chaque sujet de s'individualiser dans une architecture de l'intime. Le nom propre et le prénom en sont les déterminants. Parler des papas et des mamans est à entendre comme la manifestation d'une pluralité, non seulement des personnes, mais aussi des rôles, des fonctions, des places, des fictions… C'est peut-être trop pour un seul homme ! Trop pour une femme seule ! À la logique et aux impératifs du seul échange, nous opposons le don irréductible d'un

---

9. Ainsi, Kaoutar Harchi dans un très éloquent roman, *À l'origine notre père obscur*, Actes Sud, Babel, 2016, fait une distinction qui parcourt tout son texte entre le personnage qu'elle nomme constamment *la* Mère et *le* Père qu'elle nomme parfois *notre* Père quand elle parle de son demi-frère, et, *ce*, *un* ou *mon* Père.

insubstituable, pour celle ou celui qui s'y donne et s'y adonne. Prendre soin de son enfant, en avoir le souci, l'accompagner en lui tenant la main, le soutenir du regard, le porter dans ses bras prend, dans ces figures de parents, le sens de porter à l'existence. Les parents ont sans doute à découvrir que le souci de soi n'est pas un égoïsme exacerbé. Il est au fondement du souci de l'autre en lequel l'un et l'autre s'épanouissent en égalité d'être dans la joie partagée d'être ensemble – à ne rien faire d'autre que d'être ensemble. Cela est expérience de vie.

L'usage des pluriels, les mamans, les papas, revêt une visée de distinction affirmant le caractère irremplaçable de chaque être, « simplement avec conscience de son caractère irremplaçable », pour le dire avec Cynthia Fleury[10]. Notre attention à l'enfant le rend attentif à lui-même et aux autres. Dans l'attention, il y a le souci de soi et de l'autre. Cette attente à forme d'espérance distingue et rassemble. Elle nous expose et nous voue intimement à ce qui parle dans l'autre côtoyé. Cette prise de parole est la racine de notre *conception*, celle où nous avons pris corps. Notre intelligence et notre pensée se formulent ainsi dans un langage articulant en une langue singulière la naissance *du* monde comme notre naissance *au* monde.

Mon papa, irremplaçable. Ma maman non substituable. Cette expérience de l'esprit, du corps et du cœur, psychique et corporelle, symbolique, est ressentie dans notre être entier. *Faire famille* a la plasticité des manières et formes de faire avec le symbolique. La réalité des modes de vie où se vit l'altérité nous met en manque de ce que l'autre est nécessaire – lui aussi comme être de manque. Nous manquons à faire famille tout seul, tant la dynamique en est à quatre : père, mère, enfant et l'instance tierce qui soutient et ordonne leur relation. L'histoire inclut les ascendants, ceux qui ne sont plus, tant ce lieu d'être est un espace de sollicitude et d'attention, tant le don est actif en ce que l'enfant donne au parent et le parent à l'enfant. Devenir parent est l'acte créatif, et vulnérable, de la générativité qui permet à un enfant de devenir lui-même à son tour créatif, *créactif*, comme je dis souvent. Sollicitude, responsabilité, attention, adresse et appel, jeu, créativité et culture, telle est une parentalité engagée impliquant en chaque parent l'homme et la femme qu'il est. L'enfant engendre en son parent un être redéployé par cet autre être humain qui est son enfant. Cela décentre de la seule préoccupation narcissique pour *restituer* chacun comme membre de l'humanité partagée. Ce que parent et enfant ont en partage : leur nom propre et leur nom d'Homme. Telle est la valeur du donner symboligène. Faire famille concerne un espace plus large que ladite cellule familiale. Une cellule du corps ne vit que par ses rapports d'axones et de synapses avec des milliards d'autres cellules pour être cerveau et corps. Qu'un enfant participe à la confection (affection) de son parent est pour lui une fierté certes, mais aussi l'expérience vécue du déploiement de sa propre individuation s'affirmant. Les parents ont à découvrir cette

---

10. *Les irremplaçables*, Gallimard, 2015, p. 63, p. 67, dont je reprends ici certains éléments.

dialectique et cette dynamique du donner et du recevoir au sein de l'éducation qu'ils prodiguent. La fécondité du donner vie, alors même qu'un papa ne porte pas le bébé dans son corps physique, mais l'engendre dans la coprésence d'une portance sensorimotrice et symbolique, se déploie et se réalise dans la « création de la part de celui qui le reçoit » (Fleury, *op. cit.*, p. 81). Cette participation n'est réductible à aucune interprétation, mais s'accomplit dans le sens, insu et insensé, qu'il a pour qui reçoit le don. Cela est joie. Joie autre que jouissance. Ce qui ne renie nullement les mille et un plaisirs d'être un parent.

L'autorité de la présence parentale n'est pas un coup de force ou de gueule. Dès lors, *écouter l'autorité parentale* ne relève pas de l'exercice d'un « *pouvoir sur* », mais d'une temporalisation : celle du temps accordé à s'accorder l'un à l'autre, père et fils par exemple, assurant ainsi la suite des générations, dans le transgénérationnel. L'autorité génère en grande partie les conditions de la parentalité. Si de nombreux parents pensent leur désir d'enfant dans un rapport à la transmission, ils la situent dans leur finitude et leur être mortel. Ils se situent aussi par rapport à cet autre qu'est un enfant. Leur enfant est cet Autre qui les rend soi. Ne croyez pas ce que ce soit trop lourd pour un enfant, car ce dernier *reçoit* le fruit de cette érection du parent comme la joie d'être filié et celle de partager avec son parent leur commune appartenance à l'humanité parlante. Ce point de solitude de chaque parent n'est pas l'isolement du parent. Au contraire, il en est la socialité-même. La responsabilité parentale allie à la décision d'un désir consenti l'agir d'une présence assentie. Bref, cela répond à l'exigence de l'enfant qui demande accord entre le dire et le faire, l'acte et la parole, non point qu'un parent doive être un modèle du genre, mais il peut être une référence portant l'espérance d'être soi. La soutenant. Cela se donne dans la joyeuse portance d'un peau à peau, d'un chaste corps à corps, d'un cœur à cœur, d'esprit à esprit, aux fins de susciter et entretenir un contact symbolique entre parent et bébé grandissant. Être parent, au singulier comme au pluriel, n'est-ce pas toujours déjà un engagement du corps et du cœur.

La naissance d'un enfant ne s'accomplit donc plus dans l'espace familial unique d'une triade composée d'une mère, d'un père et d'un enfant. Qu'est-ce que cela modifie, dans la pratique comme dans nos élaborations conceptuelles ? Les parents recouvrent une réalité d'exercice dépendant d'un lieu, d'un temps, d'un milieu, d'une culture, d'une langue, etc. La fonction du parent n'est pas nouvelle en soi. Ce qui est nouveau, c'est qu'elle se réalise et s'incarne selon de nouvelles modalités. Ce que l'on nomme homoparentalité – terme inapproprié car d'une relation homosexuelle ne naît aucun enfant à même de faire parents deux êtres –, par exemple, n'est plus un fait d'exception, mais une réalité. Nous ne pouvons l'ignorer, nous les cliniciens, car nous rencontrons cette réalité, dans la mesure où chaque sujet est irremplaçable en l'expérience singulière qu'il est amené à vivre, non sans Autre. Il convient de prendre en compte la *fonction capacitante* (Jean-Philippe Pierron) de la famille en archipel redéployée en des formes régénérées et portant l'armature symbolique qui permet à un sujet de se singulariser en disant *je* et en parlant en son nom. Le corps social de la parentalité se constitue également par ses relations avec la parentèle (oncles, tantes, cousins, cousines, grands-parents), le voisinage, la scolarité, la vie sociale et culturelle.

VI. Individuation et éducation

> « Yahvé dit à Abram : Quitte ton pays,
> ta parenté et la maison de ton père,
> pour le pays que je t'indiquerai. »
>
> *Genèse*, 12, 1.

Je viens au monde d'un monde dans lequel ma singularité me rend unique, au milieu d'autres familiaux et extra-familiaux, et avec eux, jamais sans ceux qui nous permettent d'être soi. Mon individuation se conquiert dans le courage d'être à mon propre devenir. L'individuation est d'emblée réalisée sur la scène collective. Mon individuation ne saurait être sans foi ni loi. Elle n'est pas ce qui fait de moi un individu (un indivis) comme le fait l'individualisme. Elle est ce qui me permet, voire m'intime d'être un sujet divisé. Elle m'initie à la finitude de mon être-pour-la-mort. À tout le moins destiné à mourir. Elle suppose le monde du symbole pour l'accomplissement natal. Elle nous concerne dans une sollicitude à l'égard de soi-même, car il y va d'un mouvement dans lequel un sujet fait l'expérience d'une *continuité d'être* et d'un sentiment d'exister. Dans la fiabilité de relations familiales stables par exemple. L'importance accordée à la résidence nous fait prendre en compte la particularité signifiante du lieu de vie, du lieu où nous vivons, lequel façonne notre image inconsciente du corps. Il s'agit bel et bien de venir habiter un monde autre à la demeure initiale de la portance gravidique et de la résidence familiale. Le petit d'homme qui vient au monde possède potentiellement un pouvoir organisateur de monde, propre à devenir son monde avec d'autres, reconnu comme tel pour parvenir à le faire sien. Nous découvrons le monde dans lequel nous sommes inclus, *au sein* duquel nous demeurons, en sortant de l'orbe familial. Ce rapport à l'autre qui fait monde *se joue* sur une aire transitionnelle. Cet espace *entre* vient à être le lieu de notre rapport au monde et fait relation entre famille et école, par exemple. Il n'y a de rapport au monde et à l'autre, au monde de l'autre et à l'autre du monde qu'est le monde, que dans l'espace d'une aire intermédiaire qui se situe entre le subjectivement conçu et l'objectivement perçu, pour le dire avec Donald Winnicott. C'est ainsi que l'intelligence d'un enfant s'éveille au contact d'autres intelligences, pour autant qu'il est livré à l'énigme du monde et de l'autre.

Dans la venue au monde, l'éducation est un processus intime. De plus, elle concerne l'accès à la culture et la vie en société. L'éducation nous confie au monde des autres. J'évoquais le souci de soi. Il est un véritable travail d'avènement à soi qui ne peut s'accomplir sans Autre. La naissance du soi nous confronte à la pluralité, celle du monde, des êtres, des sites et des lieux, des œuvres et des cultures. À travers les institutions humaines comme dans une famille aux mille et un visages. L'éducation consiste à promouvoir le courage et la liberté d'être soi. Nous venons à un monde qui nous préexiste et qui s'étend bien au-delà de soi. Vivre c'est traverser pour aller vers, aller vers la séparation qui relie en différenciant. N'est-ce pas cela l'éducation : transformer le présent en présence. Le trajet de notre individuation nous fait faire l'expérience d'un monde sur le chemin d'entrer en relation avec ce qui nous est étranger, pour ne pas dire hostile. « Sans individuation, l'individu reste étranger au monde qui l'environne » écrit Cynthia Fleury, (*op. cit.*, p. 190). Mais il restera toujours plus ou moins en nous cette étrangeté de l'autre, cette inquiétante étrangeté, connue de l'intérieur de soi comme familière et étrangère à la fois au sein même de notre famille.

*
* *

Us et abus de l'ethnologie pour éclairer les transformations de la famille d'aujourd'hui

Martine Segalen [†]
Professeur émérite d'anthropologie et de sociologie de l'Université Paris-Nanterre
Directrice du Centre d'ethnologie française (1986-1996)

Le grand anthropologue Jack Goody[1] a souligné qu'il n'y avait pas plus dommageable pour la connaissance des changements concernant l'institution familiale que la coupure instaurée entre deux disciplines : l'ethnologie, qui traite de la parenté, et la sociologie, de la famille. Ce sont deux chemins, deux visions, deux méthodes qui ont mis du temps à se croiser.

Pour fonder leur discipline comme une science aussi respectable que l'étaient l'histoire ou la géographie, les premiers ethnologues se sont emparés du concept de parenté dont l'intérêt pour ce sujet résulte de leur étonnement devant la diversité des modes de dénomination ayant cours dans les ethnies étudiées. Leur attention avait été attirée sur la variété des types de famille par la découverte de terminologies de parenté différentes de celles auxquelles ils étaient accoutumés, ce qu'Émile Durkheim nommait « les règles de politesse ». D'un côté et à partir de cette découverte de l'Autre, et accumulant de nombreuses recherches parmi les populations appelées alors « sauvages, primitives » ou « archaïques », s'est construit un corps de concepts entre les années 1900 et 1980 : la famille y était vue sous l'angle d'un groupe de parents accomplissant un ensemble de tâches, ayant en commun des biens matériels et immatériels, possédant une ancestralité sur laquelle fonder son identité, etc. Jusqu'au tournant du XXe siècle, les transformations de nos institutions familiales, de l'autre côté, étaient lues uniquement à l'aune de concepts sociologiques, dans la lignée des travaux de Durkheim qui mettait en avant le concept de conjugalisation ou de nucléarisation de la famille – autrement dit, d'une famille qui, par contraste avec les formes familiales étudiées par les ethnologues, était réduite à la cellule familiale composée du père, de la mère et de leurs enfants. Certains expliquaient cette situation par le développement de la Chrétienté puis de l'État qui avait affaibli les liens

---
1. J. Goody, Introduction au tome II, « Le choc des modernités », in A. Burguière, C. Klapisch-Zuber, M. Segalen, F. Zonabend (dir.), *Histoire de la famille*, Paris, Le livre de poche, 1994 [1986].

intergénérationnels ; d'autres estimaient que le salariat, la montée de l'individualisme les avaient rendus inutiles. C'est seulement au tournant du XXIe siècle que s'est opérée une découverte ou plus exactement une redécouverte des liens de la parenté, inspirée par les travaux ethnologiques.

Se sont donc côtoyées au fil des années, dans une ignorance plus ou moins sévère, deux disciplines traitant de la même matière, c'est-à-dire l'organisation sociale de personnes attachées les unes aux autres par des liens biologiques et sociaux. Leurs retrouvailles sont passées par les travaux d'anthropologie historique et d'ethnologie des sociétés paysannes avant qu'elles ne se rencontrent dans ce qu'on pourrait appeler une socio-anthropologie du fait familial contemporain.

I. Ce que nous enseignent les concepts de l'anthropologie

Les piliers sur lesquels repose l'ethnologie de la parenté : la nomination, la filiation, l'alliance peuvent être transposés dans nos sociétés européennes, historiques ou contemporaines pour éclairer de manière originale certaines facettes de la société.

Nommer

En ce qui concerne le système de dénomination, dans la société française, ces termes sont peu nombreux : père, mère, oncle, tante, cousin, frère, sœur, etc. Ce sont là des termes de référence. Les termes d'adresse, dont on comprend aisément la fonction, sont utilisés en parlant au parent en question : papa, maman, tonton, tata, etc. Certains prêtent parfois à confusion : beau-père et belle-mère désignent le second mari ou la seconde femme de mon père ou de ma mère, et aussi les parents de mon mari. Nous ne distinguons pas entre le mari de la sœur de notre père (allié) et le frère de notre père (consanguin), tous deux étant nommés « oncle ». En général, la terminologie de parenté française ne fait pas de distinction entre consanguinité (liens de sang) et alliance (liens du mariage), contrairement au vocabulaire anglais qui possède deux termes pour désigner ce que nous groupons sous le seul vocable de parenté. Ainsi, en Angleterre, la relation d'alliance est qualifiée du terme *in-law*, soulignant son aspect juridique. Le terme « beau » utilisé en français peut avoir une double interprétation : ou bien il cherche à parer de qualités le nouvel arrivant dans la famille comme pour mieux l'y intégrer et effacer la distance, ou bien, au contraire, comme dans la terminologie anglaise, à la souligner. Noms « propres », noms de famille, noms de maisons, prénoms, sobriquets, surnoms, « petits noms » sont autant de façon de décliner, ou de se voir attribuer une identité. Dans *La Pensée sauvage*[2], Claude

---

2. C. Lévi-Strauss, *La pensée sauvage*, Paris, Plon, 1962.

Lévi-Strauss remarque que le nom propre sert à la fois à identifier un individu, une famille et à classer, propos repris et développés dans ses multiples dimensions par les ethnologues qui travaillaient sur les sociétés rurales. Comme le notait Françoise Zonabend : « Dans nos sociétés dites modernes, non moins que dans les sociétés dites archaïques, les anthroponymes ne sont jamais des termes conventionnels, interchangeables ou vides de sens. Ils rangent les personnes dans un système qui est en liaison directe avec d'autres systèmes de classification propres à la société en question, ou avec d'autres traits de la réalité sociale »[3]. La question du sens des termes de désignation a donc connu un regain d'intérêt avec la présence de nouveaux venus dans la famille : le beau-père – nouveau conjoint ou compagnon de la mère – et la belle-mère – nouvelle conjointe ou compagne du père. Comment désigner celui ou celle qui n'a aucun lien de sang avec vous, mais peut vous élever au quotidien ? Mon « faux père » ? Avec l'effacement du mariage, les termes époux-épouse, mari-femme tendent aussi à disparaître, même parmi les couples officiellement mariés. Quant à ceux qui ne le sont pas, c'est le terme copain-copine pour les plus jeunes, compagnon-compagne pour les plus âgés, qui semble s'imposer. Lorsqu'il y a des enfants, on entendra plus souvent parler du « père » de mon fils, que de « mon mari ». Ces nouveaux termes sont très parlants pour signifier la fragilité contemporaine du lien matrimonial et le renforcement du lien de filiation. Travailler sur la dénomination des individus est souvent riche d'enseignements, par exemple dans l'analyse des nouvelles relations avec les grands-parents qui désormais récusent les termes de Papi-Mamie[4].

S'affilier

Après ce que l'on nomme le vocabulaire de la parenté, le concept de filiation apparaît fondamental dans les sociétés classiquement étudiées par les ethnologues qui fonctionnaient sans pouvoir central. La filiation est la reconnaissance de liens entre des individus qui descendent les uns des autres, ce qu'illustre mieux le terme anglais *descent*. Le principe joue, en fait, dans les deux sens, en remontant ou en descendant le long des générations successives. Toutes les sociétés connaissent la filiation, mais certaines lui accordent plus d'importance que d'autres. Pour résumer schématiquement, les individus étaient par la naissance répartis dans des groupes qui exerçaient telle ou telle fonction, étaient spécialistes de telle ou telle activité, avaient accès à telle ou telle terre. Par la filiation, ils appartenaient à un clan et le regroupement de plusieurs de ces clans, qui se reconnaissaient descendre d'un même ancêtre, s'appelait un lignage, d'où le terme de société lignagère, un modèle qui d'ailleurs n'en était qu'un parmi une multitude d'autres façons d'être en famille.

---

3. F. Zonabend, « Le nom de personne », *L'Homme*, 20-4 : 7-23, 1980, p. 18.
4. C. Attias-Donfut, M. Segalen, *Grands-parents. La famille à travers les générations*, Paris, Odile Jacob, 2007 [1998].

Dans la société contemporaine, le concept de filiation est également central, mobilisé notamment par le biais du Code civil ; par la filiation se transmettent les biens de famille ; elle assure sa continuité par-delà la mort ; pour Durkheim, cette transmission entre générations fondait la famille conjugale afin qu'elle dépasse son petit horizon. Le concept a récemment recouvré une place majeure. Jusque dans les années 1970, conjugalité et filiation étaient associées par le biais du mariage qui garantissait que l'enfant était bien l'œuvre du mari de la mère. Le mariage fondait la présomption de paternité. Depuis lors, les nouveaux modes de conjugalité, concubinage, Pacs, mariage pour tous et surtout les conséquences des naissances issues des nouvelles techniques reproductives en viennent à se demander à qui appartiennent les enfants[5]. Paternité et maternité se trouvent dissociés, filiation biologique et filiation sociale entrent en conflit ou en concurrence.

Ce qui distingue nos sociétés des sociétés exotiques, ce n'est pas l'absence de filiation, mais le fait que nos groupes sociaux se recrutent moins sur la base de la parenté que sur d'autres principes : classe d'âge, classe sociale, origine ethnique, affinités religieuses, amicales, etc. ; nous pouvons être membre d'une association de parents d'élèves, d'un syndicat, d'un club sportif, ou simplement partager notre temps libre avec des amis. Dans une société exotique, tous ces clivages seraient regroupés et déterminés en fonction de l'appartenance au groupe de parenté. Dans l'ethnologie des sociétés historiques ou paysannes, le concept de filiation a aussi démontré sa valeur heuristique, alors que l'on s'interrogeait sur la reproduction des unités familiales dans le monde rural en fonction des différents types de droits, avant l'unification imposée par le Code civil.

À partir de la diversité des sociétés étudiées, les ethnologues ont mis à jour plusieurs types de filiation, la filiation unilinéaire dans laquelle ne sont reconnus pour parents que ceux qui descendent soit d'une ligne paternelle, soit d'une ligne maternelle. La filiation unilinéaire adopte un principe de classement fondé sur le sexe : patrilinéaire ou matrilinéaire. Les sociétés féodales européennes offrent un bon exemple de sociétés patrilinéaires. Ce groupement parental s'efforce à la fois de conserver la pureté du sang en nouant des alliances entre « grandes familles » tout en cherchant à poursuivre des entreprises guerrières. Le concept fera surtout florès lorsque se développera une anthropologie historique des sociétés paysannes à la suite de la redécouverte d'un certain type de famille – dite « famille souche » – dans certaines régions d'Europe, qui a été décrit entre autres, et célébré, pour des raisons idéologiques, par Frédéric Le Play. Pour résumer, il s'agit d'un groupe domestique qui associe deux à trois générations : le couple marié chef de ménage chez qui réside généralement un fils aîné marié avec ses enfants. Ce modèle est très répandu dans la zone pyrénéenne des deux côtés de la frontière, dans certaines régions circumalpines. La famille souche est étroitement identifiée à la maison, dite oustal en occitan, à tel point que les ethnologues parlent « d'un système à maison ». L'oustal est plus qu'une demeure physique : elle englobe un

---

5. M. Segalen, *À qui appartiennent les enfants ?*, Paris, Tallandier, 2010.

nom de famille, les bâtiments d'exploitation et les terres, les droits d'usage sur les biens collectifs, les eaux, les forêts, les pacages communaux, tout comme l'emplacement des tombes au cimetière. De génération en génération, ces biens et ces droits devaient être transmis dans leur intégrité, tout comme la réputation de la maison se devait d'être soutenue. Il en allait de l'honneur de chacun des héritiers. La clé de voûte de ce système reposait sur le mariage qui associait l'héritier d'une « maison » à la cadette d'une autre « maison » ; toutes les stratégies de mariage avaient pour but de maintenir le rang de la maison, comme l'a montré Pierre Bourdieu dans son analyse du Béarn[6].

Dans les années 1980, Claude Lévi-Strauss témoigne du dialogue qui se nouait entre anthropologues de l'Europe et des sociétés autres : « Les historiens qui, pour le monde européen, se sont penchés sur ce type de formation sociale – écrit-il – ont souligné que la "maison", distincte de la famille, ne coïncide pas non plus avec la lignée agnatique, qu'elle est même parfois dépourvue de base biologique, et consiste plutôt en un héritage matériel et spirituel, comprenant la dignité, les origines, la parenté, les noms et les symboles, la position, la puissance et la richesse. Cette description convient fort bien à des institutions américaines, polynésiennes, et même jusqu'à un certain point, africaines que, depuis un siècle, les ethnologues se déclarent incapables de ranger dans la typologie traditionnelle, puisqu'on ne peut voir en elles ni des tribus, ni des clans, ni des lignages, ni des familles. Qu'est-ce donc que la maison ? D'abord une personne morale, détentrice ensuite d'un domaine composé de biens matériels et immatériels, et qui, enfin, se perpétue en transmettant son nom, sa fortune et ses titres, en ligne directe ou fictive, tenue pour légitime à la seule condition que cette continuité puisse s'exprimer dans le langage de la parenté ou de l'alliance et le plus souvent les deux ensemble »[7].

Outre la filiation unilinéaire, les ethnologues ont aussi repéré des types de filiations indifférenciées, (dites encore cognatiques), dans lesquelles l'appartenance à un groupe de parenté n'est pas fondée sur le sexe. Tous les descendants d'un individu font partie de son groupe de parenté. La société française, à l'exception du nom qui était légalement transmis en filiation patrilinéaire jusqu'à la loi de 2002, fonctionne selon un tel régime. Nous pouvons recevoir par héritage des biens venant de nos quatre grands-parents, et plus généralement, nous nous reconnaissons apparentés à tous les ancêtres – dans quelque ligne que ce soit – que la reconstitution de notre généalogie permet de repérer.

Si les modes de filiation décrits sont constitués par référence à un ou plusieurs ancêtres communs, à l'inverse, la parentèle prend pour centre l'individu qui reconnaît ses parents par le sang et l'alliance jusqu'à épuisement des liens généalogiques que sa mémoire ou celle de son groupe parental peut retenir. Ces groupes ne sont pas des personnes morales comme les groupes de filiation ; ils ne possèdent

---

6. P. Bourdieu, « Célibat et condition en Béarn », *Études rurales*, 5-6 : 32-135, republié dans *Le Bal des célibataires*, Paris, Le Seuil, 2002 [1962].
7. C. Lévi-Strauss, « Histoire et ethnologie », *Annales ESC*, nov.-déc., 6, 1983, p. 1224.

ni droits en commun, ni biens indivis. Les parentèles sont très vivantes dans nos sociétés. Leur taille varie en fonction des occasions sociales. Aujourd'hui, dans la pratique courante, on en marque les limites aux cousins issus de germains, mais à l'occasion des enterrements, dans les communautés villageoises, des parentèles plus nombreuses se rassemblent pour un dernier adieu à un défunt auquel on est rattaché par le sang et l'alliance, sans que ce lien passe nécessairement par l'existence d'un ancêtre commun. Autre différence fondamentale avec le lignage : tel groupe de parents pourra être sollicité dans telle circonstance, – soutenir une jeune mère qui vient de se séparer de son compagnon, aider une personne âgée dépendante, etc. – et tel autre pour une occasion différente. Toute l'interaction sociale ne repose donc pas sur un seul groupe rigidement structuré comme le lignage patri – ou matrilinéaire.

S'épouser

Pour achever cette très courte présentation, soulignons qu'une des grandes avancées théoriques de l'analyse de la parenté a été de rapprocher les modes de filiation (lignages, lignées, parentèles) des modes de mariage, travaux qui ont donné lieu à de copieux débats au sein de la discipline. Si, jusqu'à présent, on a pu montrer une certaine continuité entre ces sociétés autres et les nôtres, la cassure s'opère autour de la construction contemporaine des unions. Certes, dans la lignée des travaux de Claude Lévi-Strauss[8], opposant aux sociétés à système « élémentaire » dans lesquelles le choix du conjoint est prescrit (il faudra prendre épouse dans tel ou tel clan ou lignée) les sociétés à système « complexe » dans lesquelles le choix du conjoint est seulement proscrit (interdits édictés par L'Église, puis l'État), se sont développés des travaux concernant les sociétés rurales, souvent fondés sur l'utilisation des premiers ordinateurs qui brassaient un grand nombre de données[9] et qui, par l'usage de logiciels généalogiques ont pu faire apparaître des régularités matrimoniales au sein des parentèles, en pointant le grand nombre de mariages doubles frère-sœur ou de renchaînements d'alliances.

Ici, la perspective ethnologique a trouvé sa limite lorsque les socio-démographes ont mis en avant, dans les sociétés modernes, l'importance de la position sociale dans le choix d'un partenaire matrimonial. Dans un travail fondateur, Alain Girard[10] a révélé les mécanismes qui font fonctionner l'homogamie sociale, recherches reprises à nouveaux frais par Michel Bozon et François Héran[11] portant sur les conséquences des transformations familiales et sociales

---

8. C. Lévi-Strauss, *Les Structures élémentaires de la parenté,* Paris, Mouton, 1967 [1949].
9. M. Segalen, *Quinze générations de Bas-Bretons. Parenté et société dans le pays bigouden sud,* Paris, Presses universitaires de France, 1985.
10. A. Girard, *Le choix du conjoint. Une enquête psycho-sociologique en France,* Paris, Armand Colin, 2012 [1964].
11. M. Bozon, F. Héran, « La découverte du conjoint, I et II », *Population,* I, 1987, p. 943-986 ; II, 1988, p. 121-150.

de la France avec les Trente Glorieuses. La question de l'homogamie sociale se pose aujourd'hui de façon toute différente alors que le développement d'Internet reconfigure les lieux de rencontre d'un compagnon ou d'un conjoint[12].

Ressurgit néanmoins, sous de nouveaux habits, la vieille question anthropologique du refus de l'inceste qu'expliquent en partie les pratiques exogamiques des sociétés exotiques. Un moment oubliée, la question résonne ici encore en lien avec les conséquences des nouvelles techniques de reproduction[13].

II. Ruptures théoriques et rencontres thématiques

Tandis que l'interdisciplinarité qui fit la force des sciences humaines dans les années 1980-1990 associait historiens, démographes, ethnologues autour de la question de la parenté et de la famille dans les sociétés anciennes et dans les sociétés rurales, une sociologie de la famille contemporaine s'efforçait de suivre les changements de l'institution, en multipliant les enquêtes socio-démographiques concernant le couple et ses enfants. Éberlués, les sociologues et les démographes observaient la baisse de la fécondité, la chute du nombre de mariages, l'augmentation des divorces, des recompositions familiales, le développement de la catégorie mères célibataires… Bref, les recherches se focalisaient sur l'instabilité du petit noyau familial, à la recherche d'explications qui devenaient caduques aussi vite qu'elles étaient publiées. Des liens entre générations, il en était très peu question, car ceux-ci apparaissaient comme contraires à la modernité des sociétés, fondées sur la mobilité et le salariat qui offrait l'indépendance ; on saluait la fin du modèle patriarcal, comme si sa disparition entraînait en même temps la fin de tous les liens entre parents. Dans la lignée de Durkheim, puis de Talcott Parsons, un courant de la sociologie définissait la famille comme un ensemble d'individus liés par des relations inter-subjectives. Dans cette perspective, l'ethnologie, vue sous l'angle de la parenté, apparaissait comme inopérante pour comprendre les changements de l'institution familiale, car fondée sur l'usage de concepts archaïques comme l'étaient les sociétés jusqu'alors étudiées par la discipline, alors que la modernité était du côté de l'individu et du couple dont les travaux de François de Singly et de Jean-Claude Kaufmann ont certainement éclairé les mécanismes de construction, de fonctionnement et de destruction. Mais ce n'était là qu'une des facettes de l'espace familial.

L'ethnologie ne peut certes éclairer les multiples complexités de l'institution familiale contemporaine. La sociologie dispose d'outils très puissants pour révéler

---

12. J.-C. Kaufmann, *Sex@mour. Les clés des nouvelles rencontres amoureuses,* Paris, Le Livre de poche, 2010.
M. Bergström, *Les nouvelles lois de l'amour : Sexualité, couple et rencontres au temps du numérique*, Paris, La Découverte, 2019.
13. C. Collard, F. Zonabend, *La parenté*, Paris, Presses universitaires de France, Que Sais-je ?, 2019 [2015].

les grands mouvements sociaux au sein desquels l'institution familiale s'inscrit dans sa diversité, par exemple concernant les migrations ou le vieillissement. Quel que soit le thème travaillé, la recherche articulera les diverses dimensions du social en prenant en compte l'origine géographique, le mode de résidence, le niveau d'études, le milieu professionnel, etc. qui proposent un cadrage indispensable.

En quoi une approche ethnologique peut-elle être utile ? On ne peut comparer nos sociétés aux sociétés des ethnologues qu'avec de grandes précautions : les petits groupes que ceux-ci ont étudiés vivaient (à tout le moins à l'époque de leurs travaux) dans des sociétés sans État, où la famille et son système de parenté constituaient souvent les piliers principaux de la société, alors que nous vivons dans des mondes complexes, globalisés, avec des corps de lois, des politiques sociales, et particulièrement en France, avec un système d'État providence particulièrement développé.

En dépit de ces réserves, l'ethnologie ouvre à un autre regard, complémentaire : regarder la famille, comme le recommandait Jack Goody, au-delà du seul groupe nucléaire donne une meilleure appréciation des changements de l'institution familiale ; parfois, quelques entretiens approfondis révèlent des questionnements que de grandes enquêtes menées par questionnaires n'ont pu saisir. On peut donc reconnaître à l'ethnologie le mérite d'avoir attiré l'attention sur les relations intergénérationnelles, longtemps absentes de l'analyse des changements familiaux des sociétés contemporaines. Nous en donnons ici deux exemples, concernant le vieillissement et la migration.

Le vieillissement : du coût social à la grand-parentalité

L'allongement phénoménal de la durée de vie a conduit les sociologues à s'intéresser à une nouvelle catégorie d'âge, celle des vieux. Si celle de la jeunesse était étudiée à travers ses pratiques, celle de la vieillesse n'a longtemps été vue qu'à travers la gestion de ses maladies et de sa dépendance. Inspiré par la lecture du rôle des classes d'âge dans des sociétés africaines, le regard sur le vieillissement a pu être renversé avec l'étude des grands-parents, nouvelles figures des sociétés contemporaines. Ainsi les vieux n'étaient plus seulement vus sous un angle économique, mais ils revêtaient les habits d'une nouvelle figure de la famille contemporaine qui, loin d'être un coût pour la société, est au contraire un recours.

La famille aujourd'hui est verticale, s'articulant autour des générations qui sont coprésentes, sur trois, parfois quatre générations… et même cinq générations : ainsi la famille « pentagénérationnelle », loin d'être une exception, instaure une coprésence qui peut durer plusieurs années[14]. Les grands-parents ont été les

---

14. Y. Mamou, « Quand cinq générations coexistent », *Le Monde*, 5 décembre 2000. F. Cassan, M. Mazuy, L. Toulemon, « Douze millions et demi de grands-parents », *in* C. Lefevre, A. Filhon (dir.), *Histoires de familles, histoires familiales,* Paris, INED, Cahiers de l'INED, 156, p. 357-364, 2005.

grands oubliés de la sociologie de la famille. Et c'est en faisant référence au rôle des générations dans les sociétés autres qu'ils ont été découverts ou redécouverts. Ici l'ethnologie sert de source d'inspiration à la recherche, propose un autre regard. À travers eux s'est trouvée mariée à nouveau l'étude de la famille et de la parenté, entendue sous l'angle d'une dimension temporelle longue.

Si les membres des couples sont à la recherche de l'expression de leur moi, de leur identité personnelle et statutaire[15], simultanément se fabrique une identité collective, au sein des générations, et qui est d'autant plus importante que les couples sont plus fragiles aujourd'hui. Tous les travaux montrent l'importance contemporaine des grands-parents pour la garde des petits-enfants qui se situe au cœur des transactions intergénérationnelles, prises entre dette et don[16]. Alors que le lien conjugal est révisable, alors que celui qui associe parents et enfants se construit au sein de diverses parentalités, la visibilité nouvelle de relations entre générations montre que l'institution familiale contemporaine ne se résume pas aux tribulations de l'amour et de l'individu, même si le sens des « obligations familiales » a changé. Ainsi, pour repartir des définitions anthropologiques, la filiation s'incarne dans la société contemporaine dans les « relations de parenté » et dans les échanges dont elles sont le théâtre qui sont vues, sous l'angle de la sociologie, comme des « solidarités familiales ». Si la famille nucléaire abrite ses membres, les nourrit et les socialise, dans sa forme élargie, elle transmet et fabrique du lien, elle est le « pilier des identités » pour 86 % des personnes, 89 % pour les femmes, 83 % pour les hommes, bien avant le travail[17]. Articulant à l'injonction d'être soi l'injonction d'être nous, c'est donc une tout autre vision du champ familial qui se dessine.

Les migrations internationales : des transformations sociales et spatiales aux réseaux familiaux

Si pendant longtemps, de grandes enquêtes macrosociologiques ont étudié les enjeux économiques, sociaux et politiques des mouvements migratoires, des travaux qu'on peut nommer ethnographiques permettent de comprendre des mécanismes que des données chiffrées mettent en évidence mais n'expliquent pas.

La question des immigrés est désormais étudiée au prisme de la famille et de la parenté qui devient une unité d'analyse des phénomènes migratoires. Les recherches se consacrent sur la façon dont on « fait famille à distance », scrutent les stratégies des acteurs et la façon dont sont mis en relation les territoires d'arrivée et de départ ; ces mobilités mettent en jeu toutes sortes de ressources matérielles et symboliques qui relient les espaces entre eux dans le cadre de relations

---
15. F. de Singly, *Le soi, le couple et la famille*, Paris, Armand Colin, 2016 [1996].
16. C. Attias-Donfut, M. Segalen, *Grands-parents. La famille à travers les générations*, Paris, Odile Jacob, 2007 [1998].
17. F. Houseaux, « La famille, pilier des identités », *INSEE première*, 937, décembre 2003.

à longue distance[18]. Évidemment le regard ethnologique s'impose pour connaître les cultures des pays de départ – c'est le cœur de la discipline – mais des enquêtes de terrain sont nécessaires aussi au point d'arrivée. De très nombreux travaux monographiques montrent le poids heuristique d'une telle démarche. Pour ceux qui arrivent, la connaissance approfondie de sa parenté est un capital, une source de référence fondamentale, une compétence que l'on peut solliciter[19]. On peut citer le cas des modèles de liens transnationaux très actifs parmi les émigrés de la Turquie et du Sahel (qui se distinguent de leurs voisins d'Afrique centrale ou de Guinée) : c'est parmi eux que s'effectuent le plus de transferts financiers ; l'envoi d'un membre de la parenté en France est conçu comme une « stratégie de diversification des revenus des familles et des communautés »[20]. En effet, « le mode d'organisation de la migration est contrôlé depuis les zones de départ, avec un souci d'encourager les retours au pays et le renouvellement des flux »[21]. Le cas des migrants sénégalais est documenté en France depuis longtemps, en raison de l'ancienneté de ce mouvement. Les migrations participent de l'identité du Sénégal contemporain, se dirigeant vers l'Europe et ailleurs dans le monde. La parenté qui est sollicitée dans certains cas concerne la fratrie et c'est à l'aune de la solidarité entre germains que l'on peut comprendre aussi bien les allers et retours que les conflits liés aux projets migratoires[22]. Le modèle culturel subsaharien se caractérise ainsi par la force de l'attachement aux racines familiales ; avec la pauvreté, il expliquerait, selon certains auteurs, à la fois le mode migratoire et les dysfonctionnements familiaux par rapport aux normes de la société française.

Le cas des Chinois illustre un autre mode de pratiques transnationales, qui articulent des pratiques familiales, associatives et économiques. Les entreprises chinoises emploient majoritairement des Chinois[23] et le lien entre famille et

---

18. T. Lacroix, C. Audebert, E. Ma Mung, « La famille transnationale dans les recherches sur les migrations » *in* C. Imbert, E. Lelièvre, D. Dessault (dir.), *La famille à distance. Mobilités, territoires et liens familiaux*, Paris, INED, 2018, p. 73-92.
19. C. Autant-Dorier, « La parenté "faitiche" ou que fait-on faire à la parenté ? Des familles turques en migration », *European Journal of Turkish Studies*, Thematic Issue n° 4, The social practices of kinship. A comparative perspective, 2006. http://journals.openedition.org/ejts/597.
20. C. Beauchemin, H. Lagrange, M. Safi, « Entre ici et là-bas : un aperçu des pratiques "transnationales" de la population vivant en France métropolitaine », *in* C. Beauchemin, C. Hamel et P. Simon (coord.), *Trajectoires et Origines. Enquête sur la diversité des populations en France, Premiers résultats*, Paris, INED, Cahiers de l'INED, 168, 2010, p. 25-31.
21. J. Barou, *De l'Afrique à la France. D'une génération à l'autre,* Paris, Armand Colin, 2011, p. 33.
22. H. Dia, « Les fratries des familles multisituées sénégalaises », *in* C. Imbert, E. Lelièvre, D. Dessault (dir.), *La famille à distance. Mobilités, territoires et liens familiaux, op. cit.*, p. 277-291.
23. T. Lacroix, C. Audebert, E. Ma Mung, « La famille transnationale dans les recherches sur les migrations » *in* C. Imbert, E. Lelièvre, D. Dessault (dir.), *La famille à distance. Mobilités, territoires et liens familiaux, op. cit.*, 2018, p. 73-92.

entreprise est consubstantiel. Une enquête portant sur les Colombiens émigrés en Espagne montre aussi que les liens transnationaux à longue distance sont toujours actifs et augmentent après plusieurs années d'émigration (envois d'argent, communications nombreuses, visites), ce qui signifie que l'implantation a réussi.

Comme pour la question du vieillissement, celle des migrations s'enrichit de ce nouveau regard sur les liens de parenté.

III. Comparaison n'est pas toujours raison

S'il est un domaine qui mobilise régulièrement l'anthropologie, c'est celui des NTR (nouvelles techniques reproductives), procréation médicalement assistée, gestation pour autrui, toutes techniques qui visent à pallier la question de la stérilité. Depuis la fin des années 1980, ces spécialistes de la parenté que sont les ethnologues se sont emparés de l'étude des formes de familles issues de ces NTR, aussi surprenantes que celles qui avaient été découvertes dans les sociétés lointaines… Ils sont devenus très présents dans les débats sociaux et éthiques que soulèvent ces pratiques consécutives aux incroyables avancées de la biotechnologie. C'est une anthropologue anglaise qui a montré le chemin, Marilyn Strathern, dont le livre au titre prémonitoire *After Nature*[24] étudiait la remise en cause de la base « naturelle » des relations de parenté, les conséquences de la séparation entre sexualité et procréation, comme les développements des techniques qui consistent à confier son matériel génétique (ou celui d'un autre ou d'une autre) pour produire un enfant.

À l'égard de ces nouvelles pratiques, l'appel à l'ethnologie se manifeste sous deux espèces : la mobilisation des connaissances par jeu de comparaison, et les discussions autour du concept de filiation. La présence des ethnologues dans le débat public contemporain s'inscrit donc dans une longue tradition disciplinaire qui la légitime, d'autant plus qu'ils et elles ont reçu l'onction du grand-maître pour s'arroger le droit d'être les porte-parole des nouvelles formes de filiation. Dans l'une de ses conférences donnée à l'invitation d'une Fondation japonaise, en 1986, mais qui ne furent publiées qu'en 2011 sous le titre *L'Anthropologie face aux problèmes du monde moderne,* Claude Lévi-Strauss aborde très directement les questions liées aux NRT et qui devaient, en tant que spécialiste des questions de parenté, le passionner. Ces conférences furent données 1986, soit un an après la publication du rapport Warnock en Angleterre qui déjà envisageait toutes les façons de fabriquer un enfant. Claude Lévi-Strauss est alors très informé des avancées de la biotechnologie qui n'étaient encore, pour certaines d'entre elles,

---

24. M. Strathern, *After Nature : English Kinship in the Late 20*[th] *Century* and *Reproducing the Future: Essays on Anthropology, Kinship and the New Reproductive Technologies*, Cambridge, Cambridge University Press, 1992.

que des possibilités du futur, notamment ce qu'il nomme « prêt » ou « location » d'utérus. Comme tout l'argumentaire de l'ouvrage consiste à montrer ce que peut apporter un regard anthropologique aux mutations de la société dans divers domaines, dans ce cas, il développe plusieurs exemples pour affirmer que « le conflit qui nous embarrasse tellement entre la procréation biologique et la paternité sociale n'existe pas dans les sociétés qu'étudient les anthropologues. Elles donnent sans hésiter la primauté au social, sans que les deux aspects se heurtent dans l'idéologie du groupe ou dans l'esprit des individus »[25]. Par ailleurs, comme il observe que dès la fin des années 1980, des commissions étudiaient les conséquences de ces nouvelles filiations et s'interrogeaient sur le fait de légiférer ou non sur la procréation assistée, il remarque : « Dans les commissions et autres organismes institués par les pouvoirs publics de plusieurs pays siègent des représentants de l'opinion publique, des juristes, des médecins, des sociologues et parfois des anthropologues. Il est frappant que ceux-ci agissent partout dans le même sens : contre une trop grande hâte à légiférer, à permettre ceci et interdire cela. Aux juristes et aux moralistes trop impatients, les anthropologues prodiguent des conseils de libéralisme et de prudence. Ils font valoir que même les pratiques et les aspirations qui choquent l'opinion – procréation assistée mise au service des femmes vierges, célibataires, veuves ou au service des couples homosexuels – ont leur équivalence dans d'autres sociétés qui ne s'en portent pas plus mal »[26]. Invitation directe à faire entrer les ethnologues dans le débat public, donc politique. Et en effet, ceux-ci se sont montrés particulièrement actifs lors de l'élaboration de la loi sur l'ouverture de l'IAD aux femmes célibataires et en couple, actuellement en débat[27], comme dans les campagnes en faveur de la GPA, interdite en France. On peut d'ailleurs s'interroger sur leur rôle dans le champ politique. Comme le notait Eric Fassin lors des débats relatifs au mariage pour tous : « Il ne s'agit pas de revendiquer un absurde partage entre le savant, sourd à la politique, et le politique, aveugle au savoir. Il est donc bien entendu légitime que les sociologues ou anthropologues interviennent comme experts, pour informer la décision politique, non pour la fonder scientifiquement ». Les choix de société appartiennent aux citoyens[28].

Confortés par la parole du maître, les ethnologues ont donc retrouvé dans la procréation médicalement assistée (PMA), c'est-à-dire les pratiques d'insémination avec donneur (IAD) et la gestation pour autrui (GPA) un nouveau champ de recherche et d'action ; c'est au nom de la connaissance qu'ils et elles ont de

---

25. C. Lévi-Strauss, *L'Anthropologie face aux problèmes du monde moderne,* Paris, Le Seuil, 2011, p. 73.
26. C. Lévi-Strauss, *Ibid.*, p. 75.
27. Alors que nous relisons ce texte, août 2020, le vote de la loi bioéthique en première lecture à l'Assemblée nationale, ouvre la PMA (la procréation médicalement assistée) aux femmes seules et aux couples de lesbiennes.
28. E. Fassin, « Usages de la science et science des usages. À propos des familles homoparentales », *L'Homme*, 154-155, avril-septembre 2000, p. 392.

cette diversité remarquable des modes d'être en famille qu'ils et elles trouvent la raison de légitimer ces nouvelles pratiques. Deux axes de comparaison sont le plus souvent mobilisés pour illustrer l'idée qu'il n'y a rien de nouveau sous le soleil : la question de la maternité de substitution et la circulation familiale des enfants.

Comment pallier la stérilité des couples

La question de la stérilité est centrale tant au plan familial que social. Sans enfants, personne pour s'occuper de vous au cours de votre vieillesse, personne pour rendre hommage à vos mânes. C'est un devoir de s'assurer une descendance comme signe d'accomplissement mémoriel. Aujourd'hui encore, la naissance des enfants fabrique le lien de continuité entre morts et vivants, d'où les efforts pour avoir une descendance si les relations sexuelles habituelles ne le permettent pas. Dans un article faisant preuve d'un don de prémonition remarquable, Françoise Héritier[29] développe les exemples offerts par des sociétés Autres pour se procurer des enfants dans le cas d'infécondité biologique, et met en évidence la tension entre filiation biologique et filiation sociale, qu'avait déjà soulignée Emile Durkheim.

Dans les sociétés Autres, la stérilité est généralement attribuée à la femme et certaines d'entre elles ont mis en place des mécanismes sociaux pour continuer à procurer à une femme des enfants. On cite très souvent le cas des Nuer, une population nilotique du sud soudanais[30] où la femme qui restée sans enfants après de nombreuses années de mariage retourne dans son lignage où elle se voit attribuer le statut d'homme, reçoit à ce titre des parts de bétail qu'elle peut verser à un autre lignage dont elle obtient une épouse. Celle-ci servira son « mari » et inséminée par un serviteur lui procurera ainsi des enfants. La filiation est purement sociale dans cet exemple.

Dans une autre société qui fait d'ailleurs figure d'exception, la paternité semble ne pas exister, chez les Na de Chine[31]. Les femmes vivent chez leurs frères qui élèvent leurs enfants ; les maris sont des « visiteurs furtifs » qui se glissent la nuit dans la couche des femmes ; ils sont plus des amants que des pères. Les enfants savent qu'ils sont nés d'un homme, mais sont élevés dans le foyer de leur mère et de ses frères.

Les défenseurs de la gestation pour autrui en appellent aussi à des exemples tirés de la Bible, citant bien souvent le récit biblique selon lequel Sarah, épouse stérile d'Abraham, offrit sa servante Agar à son époux dont elle enfanta d'un fils Ismaël. C'est oublier que l'enfant, reconnu par son père, fut cependant élevé par sa mère.

---

29. F. Héritier, « La cuisse de Jupiter », *l'Homme*, 94, XXV, 2, 1985, p. 19.
30. E. E. Evans-Pritchard, *Les Nuer. Description des modes de vie et des institutions politiques d'un peuple nilote*, 1994 [1937], trad. fr. 1968, rééd. Gallimard, coll. « Tel ».
31. C. Hua, *Une société sans père ni mari, les* Na *de Chine*, Paris, Presses universitaires de France, 1998.

Faire circuler les enfants

La naissance de l'enfant par GPA est aussi parfois présentée sur le mode de la circulation depuis la « donneuse » d'enfant jusqu'à la famille qui en a passé commande, en référence à des pratiques qui existaient autrefois ou auraient déjà été observées ailleurs. Il est vrai que dans les sociétés étudiées par les ethnologues, les enfants circulent entre leurs géniteurs, ceux qui les élèvent, ceux à qui ils rendent service, auprès desquels ils travaillent. Il en allait de même dans les sociétés paysannes d'autrefois où l'on prêtait volontiers un enfant quand on en avait trop à un couple qui n'en avait pas. La question des droits sur l'enfant se pose là plus souplement que dans nos sociétés européennes car les fonctions génitrice et éducative sont dissociées ; il existe parfois une forme intermédiaire de lien, appelé « *fosterage* » qui consiste à confier l'enfant à un tiers qui l'élèvera et le nourrira comme ses parents[32]. Comme ce fut mentionné ci-dessus, cette circulation d'enfants est d'ailleurs entretenue dans le cadre des migrations contemporaines où l'on rencontre souvent des enfants de familles africaines qui sont placés chez des parents éloignés en France afin qu'ils soient mieux éduqués.

Dans les sociétés non européennes (africaines, malaises, etc., comme c'était le cas dans l'Europe paysanne d'autrefois), l'enfant est un bien précieux, par la force de travail qu'il représente et comme garantie de soutien aux vieux, en l'absence de tout État providence. Un nombre élevé d'enfants est signe de richesse car il est un bien négociable. Avant d'appartenir à un couple, celui-ci appartient à toute sa parenté patri ou matrilinéaire qui possède en commun des droits et des obligations sur les ressources. L'enfant entre dans le champ de ces ressources partagées. Dès qu'il est apte à produire, il est placé en fonction des besoins des membres du groupe, par exemple auprès des plus âgés. L'enfant circule à l'intérieur du groupe de parenté. Il est, comme l'ont dit Suzanne Lallemand[33] ou Jacqueline Rabain[34], « l'enfant du lignage ». Il sait sa position dans la lignée, connaît ses parents biologiques. Les deux filiations (biologique et adoptive) s'articulent et se règlent autour de l'enfant. Un autre exemple de circulation des enfants s'inscrit dans des représentations relatives aux fluides biologiques. Ainsi, chez les Sulka de Nouvelle-Guinée[35], l'allaitement d'un nourrisson par sa mère enceinte est réputé mettre en péril la vie de l'enfant. En le confiant à un couple âgé dont l'activité sexuelle est supposée avoir pris fin, on permet à l'enfant de grandir. Les adoptants, donc les aïeux matrilatéraux, en quelque sorte lui redonnent vie : « Ils procèdent à [sa] remise au monde. »

---

32. E. Goody, *Parenthood and Social reproduction. Fostering and occupational roles in West Africa,* Cambridge, Cambridge University Press, 1982.
33. S. Lallemand, « Adoption, fosterage, alliance », *Anthropologie et sociétés*, 12, 2, 1988, p. 25-40.
34. J. Rabain, *L'enfant du lignage. Du sevrage à la classe d'homme*, Paris, Payot, 1979.
35. M. Jeudy-Ballini, « De la filiation en plus : l'adoption chez les Sulka de Nouvelle-Bretagne », *Droit et Cultures*, 23, 1992, p. 109-135.

Ces quelques exemples de circulation des enfants s'inscrivent dans un système de parenté bien différent du nôtre, où ceux-ci appartiennent à un groupe familial et non à un couple individuel. Dans le monde occidental, l'enfant est un bien rare, conçu lorsque le couple en aura le temps et les moyens. Enfant voulu, programmé par et pour le couple, entouré de tous ses soins, nos sociétés ont fabriqué un « *priceless child* » comme dit Viviana Zelizer[36], farouche enjeu d'un désir d'appropriation personnelle, une construction sociale européenne bien éloignée des pratiques qui viennent d'être décrites. La comparaison de la GPA à ces modes de circulation d'enfants dans les sociétés africaines ou malaises dont il a été donné un aperçu n'est pas fondée. Il s'agit, dans le cadre d'un marché mondialisé du corps humain, de la vente d'un enfant par une femme pauvre à un couple riche.

Conclusion : l'ethnologie est une grande maison

La référence à l'ethnologie s'exprime donc à travers l'usage de comparaisons, notamment dans le cas des NTR qui conduisent à produire des enfants à la filiation embrouillée, principalement dans les cas de gestation pour autrui. Prétendre en apaiser les inquiétudes en ayant recours aux recherches ethnologiques relève quelque peu d'une imposture. La comparaison est fallacieuse entre nos sociétés modernes mondialisées et des sociétés qui vivent en groupes de centaines, voire de dizaines de personnes dans des communautés extrêmement intégrées, sans organisation centrale et dont la culture est très éloignée de la nôtre. Non, je ne partage pas du tout l'avis de Claude Lévi-Strauss lorsqu'il prétend que « toutes ces formules offrent autant d'images métaphoriques anticipées des techniques modernes »[37]. Il n'avait probablement pas pris conscience des considérables enjeux financiers liés à une marchandisation mondialisée de ces pratiques nouvelles[38].

En revanche, si avec leurs pratiques de *fostering*, de circulation d'enfants qui articulent à une filiation biologique une filiation sociale, ces sociétés peuvent nous inspirer, c'est travers une règle sociale, incarnant une sorte de sagesse, que définit Françoise Héritier : « pour que les règles de la filiation fonctionnent comme des institutions, il faut qu'elles soient soutenues sans ambiguïté par la loi du groupe, inscrites fermement dans l'imaginaire collectif et correspondent aux représentations de la personne et de l'identité. La loi du groupe doit désigner clairement les éléments qui fondent la filiation, le droit à succéder et à hériter »[39]. Rien de plus éloigné que le développement contemporain du supposé droit fondé sur la seule volonté individuelle – une position extrême tenue par certains militants.

---

36. V. Zelizer, *Pricing the Priceless Child. The Changing Social Value of Children*, Princeton, Princeton University Press, 1994 [1985].
37. C. Lévi-Strauss, *op. cit.*, p. 73.
38. M. Segalen, « Pourquoi la gestation pour autrui dite "éthique" ne peut être », *Travail, genre et sociétés*, 2, 38, 2017, p. 53-73.
39. F. Héritier, *op. cit.*, p. 19.

Au-delà de ces comparaisons, nous pouvons retenir d'autres leçons de l'ethnologie pour étudier les effets des NTR. Les chercheurs ont tous montré que, quel que soit le modèle de parenté qui fonctionne dans telle ou telle société, on repère des constantes : « Il n'existe que deux sexes et leur rencontre (ou la fusion de leurs gamètes) est nécessaire dans l'acte de procréation ; la procréation entraîne une succession de générations dont l'ordre ne peut être inversé (celle des parents précède celle des enfants) ; un ordre de succession des naissances au sein d'une même génération classe les individus en aînés et en cadets »[40]. Voilà le matériau universel que manipule la pensée symbolique qui se manifeste dans des mythes et des croyances ; la doctrine chrétienne s'inscrit dans le spectre de ces différents mythes. Ces réalités mentales sont partagées par un groupe humain[41] et on ne peut en fabriquer d'autres pour le compte de quelques désirs individuels. Étrange paradoxe que le soutien apporté par des ethnologues qui ont établi ces démonstrations à des revendications fondées sur des désirs individuels laissant entendre que la filiation résulte désormais d'un choix individuel.

Il est mille et une façons de faire usage de la discipline ethnologique ; par abus de langage parfois, on habille de ce terme quelques rapides entretiens ; parfois on l'utilise pour augmenter la dignité d'une référence. Rechercher les concepts qui ont été utilisés pour analyser les sociétés autres, appliquer le même regard à la fois proche et distancié sur tel ou tel objet peut en revanche contribuer à enrichir l'analyse. Depuis les années 1990, la discipline ethnologique s'est ouverte à d'autres terrains. En tournant son regard vers les sociétés occidentales européennes et états-uniennes, elle a permis d'ouvrir le focus sur l'institution familiale jusqu'alors bloquée autour de la famille conjugale et ses transformations. La parenté est ainsi revenue au centre de la famille par le biais des recherches sur les relations intergénérationnelles, les échanges, la mémoire et l'identité, restaurant l'institution dans la majesté de sa dimension longue, quels que soient les avatars du couple. En ce sens, l'apport de l'ethnologie a enrichi considérablement la vision de la famille contemporaine.

---

40. F. Héritier, *Ibid.*, p. 7.
41. M. Godelier, *Au fondement des sociétés humaines. Ce que nous apprend l'anthropologie*, Paris, Albin Michel, 2007.

Droit de la famille *versus* Droit des étrangers : entre rapprochements et tensions
L'exemple de la fragilisation du lien de la filiation par les dispositifs de lutte contre les reconnaissances frauduleuses

Carole Petit
Maître de conférences en droit privé à l'UCLy
Directrice adjointe de la faculté de droit, Directrice pédagogique DU État civil
Membre de l'UR Confluence : Sciences et Humanités

Le Droit des étrangers et le Droit civil entretiennent des rapports à la fois distants, dans leur conception de la famille, et proches, en ce qu'ils s'entremêlent. La vie familiale est en effet au cœur du Droit des étrangers, qui, tout en étant contraint de la protéger, est animé d'objectifs conduisant à vouloir en limiter la prise en compte en hiérarchisant les liens personnels et familiaux et en contrôlant autant que possible leur sincérité.

S'agissant du couple, le Droit des étrangers adopte une conception relativement traditionnelle et étroite, favorisant les couples mariés[1], tout en contrôlant les mariages de complaisance. Progressivement toutefois, le Droit de la famille irrigue, pénètre, influence le Droit des étrangers qui, contraint d'assouplir son conservatisme, a accordé une place au pacte civil de solidarité, notamment, laquelle reste toutefois timide et souvent non formulée expressément[2].

---
1. Cf. Défenseur des droits, 5 sept. 2019, n° 2019-152, qui alerte sur les difficultés rencontrées par les étrangers pacsés avec un Français.
2. Cf. C. Petit, « Le couple non marié et le Droit des étrangers », ss dir. H. Fulchiron, thèse Lyon 3, 2008 ; *L'entrée du Pacs dans le Code des étrangers*, RLDC, févr. 2012, n° 90, p. 33 ; *Non assimilation du PACS au mariage pour la délivrance d'une carte de séjour : le Conseil constitutionnel botte en touche*, Dr. famille, juil.-août 2013, comm. 101 ; *Non-assimilation du PACS au mariage pour le renouvellement d'une carte de séjour : le Conseil constitutionnel botte de nouveau en touche*, Dr. famille, juin 2014, comm. 94.

S'agissant de la filiation, le phénomène semble contraire, tant en ce que l'on observe une tension grandissante entre les deux matières que parce que c'est ici davantage le Droit des étrangers qui entre dans la sphère du Droit de la famille.

La filiation semblait jusque-là relativement épargnée par les lois sur l'immigration, le Code de l'entrée et du séjour des étrangers et du droit d'asile (CESEDA) paraissant apporter moins de limites à la prise en compte des liens de filiation qu'à celle des liens de couple. S'il existe des difficultés pratiques non négligeables s'agissant de la preuve de la filiation et un contentieux important liés aux doutes de l'administration sur l'authenticité des actes d'état civil étrangers, les seules limites textuelles à la prise en compte du lien de filiation, indépendamment des questions de preuve, concernaient la lutte anti-fraude, qui reposait toutefois essentiellement sur les outils classiques du Droit civil et du Droit pénal et intervenait *a posteriori* de l'établissement de la filiation[3].

La loi n° 2018-778 du 10 septembre 2018 pour une immigration maîtrisée, un droit d'asile effectif et une intégration réussie a toutefois renforcé le dispositif de lutte contre les reconnaissances frauduleuses, visant les reconnaissances à visée migratoire, et modifié, pour ce faire, le Code civil. Le Droit des étrangers est ainsi directement, mais de manière insidieuse, et d'ailleurs passée sensiblement inaperçue, venu modifier le Droit de la filiation, sans réflexion approfondie et globale sur les conséquences de tels changements. Ainsi, agissant tant en aval qu'en amont, le dispositif de lutte contre les reconnaissances frauduleuses affecte, non seulement, de manière classique bien que renforcée, les effets de la filiation (**I**) mais aussi, désormais, l'établissement même du lien de filiation (**II**).

I. La limitation des effets du lien de filiation par le dispositif de lutte *a posteriori* contre les reconnaissances frauduleuses

Parce qu'il ne paraissait jusqu'alors pas souhaitable d'empêcher, même temporairement, l'établissement de la filiation, les outils de lutte contre la fraude intervenaient seulement postérieurement à l'enregistrement de la reconnaissance, sous la forme de sanctions directes (**A**), mais aussi, de manière plus indirecte, sous la forme d'une privation du droit au séjour découlant de la filiation (**B**).

A. Les sanctions des reconnaissances frauduleuses enregistrées

Parce que tout le Droit de la filiation par procréation est fondé sur l'idée que la mère est certaine – c'est celle qui accouche, selon l'adage romain *mater semper*

---

3. En particulier dans les affaires de regroupement et de réunification familiaux : CEDH, 10 juillet 2014, Mugenzi c/ France, 52701/09 ; Tanda-Muzinga c/ France, 2260/10 et Senigo Longue et a. c/ France, 19113/09 ; CAA Nantes, 5 avr 2019, n° 18NT03208.

certa est – la simple désignation de celle-ci dans l'acte de naissance de l'enfant suffit à établir, par l'effet de la loi, la filiation maternelle[4]. Le mari de la mère bénéficie d'une présomption de paternité qui suffira en principe à établir la filiation à son égard si l'enfant est né ou conçu pendant le mariage[5]. Le père non marié doit quant à lui, s'il souhaite que l'enfant lui soit rattaché, le reconnaitre, avant ou après sa naissance, c'est-à-dire procéder à une démarche personnelle et volontaire, devant l'officier de l'état civil à la mairie ou, plus rarement, devant le notaire.

Cette reconnaissance paternelle, fondée sur la volonté de son auteur, censée traduire la vraisemblance de sa paternité biologique, fait l'objet d'une suspicion grandissante essentiellement parce qu'elle produit, plus ou moins directement, des effets en matière de nationalité et de séjour des étrangers en France. En effet, la nationalité française est attribuée par filiation ; l'enfant dont l'un des parents au moins est français, est lui-même français dès sa naissance[6]. Ainsi, si un homme français reconnaît l'enfant d'une mère étrangère, l'enfant sera français et la mère bénéficiera de la qualité de parent d'enfant français susceptible de lui permettre d'obtenir un titre de séjour et une protection contre l'éloignement. Inversement, l'homme étranger qui reconnait l'enfant d'une Française devient parent d'enfant français.

Le mode d'établissement de la filiation que constitue la reconnaissance fait donc l'objet d'une attention particulière. Le Droit français comporte un arsenal assez complet de dispositions visant à lutter contre l'établissement frauduleux de la filiation, en particulier par cette voie[7], sous forme de sanctions civiles et pénales intervenant postérieurement à la reconnaissance.

Sur le plan civil, il est possible de faire annuler une reconnaissance par la voie d'une action en contestation de paternité ou de maternité. S'agissant des reconnaissances frauduleuses, on pense en particulier à l'action du ministère public fondée sur la fraude[8]. Il faut en effet distinguer les reconnaissances de complaisance, mensongères par rapport au lien biologique mais souvent sincères relativement au souhait de créer un lien avec l'enfant et à l'engagement pris d'en assumer les conséquences[9], des reconnaissances frauduleuses, qui visent exclusivement à obtenir ou faire obtenir un avantage et poursuivent ainsi un but a priori étranger à l'intérêt de l'enfant.

---

4. C. civ., art. 311-25.
5. C. civ., art. 312.
6. C. civ., art. 18.
7. Dans le cadre du mariage, le dispositif anti-fraude agit au stade la formation du mariage. Cf. notamment C. civ., art. 63, 146, 180, 175-2.
8. C. civ., art. 336.
9. Ces reconnaissances peuvent être contestées à certaines conditions, en démontrant que l'auteur de la reconnaissance n'est pas le parent biologique. Art. 332 s. C. civ.

Sur le plan pénal, les infractions de faux en écriture publique et d'atteinte à l'état civil de l'enfant permettent également de sanctionner les reconnaissances frauduleuses, de manière assez large et en dehors même du cadre migratoire[10]. En outre, des sanctions visant spécifiquement les reconnaissances à visée migratoire ont été mises en place. Le CESEDA prévoit en effet plus précisément que le fait de reconnaître un enfant aux seules fins d'obtenir ou de faire obtenir un titre de séjour ou le bénéfice d'une protection contre l'éloignement, ou aux seules fins d'acquérir ou de faire acquérir la nationalité française est puni de cinq ans d'emprisonnement et de 15 000 euros d'amende. Ce délit, qui ne concernait antérieurement que les mariages, a été étendu aux reconnaissances par la loi n° 2006-911 du 24 juillet 2006[11].

Ces textes visent à sanctionner l'auteur de la reconnaissance. Un peu plus indirectement mais toujours postérieurement à l'enregistrement de la reconnaissance, le Droit des étrangers vient aussi limiter les effets des reconnaissances sur le droit au séjour des parents, sanctionnant ainsi parfois le parent qui n'est pas lui-même l'auteur de la reconnaissance.

B. Les restrictions au droit de séjour des parents d'enfants français

Des solutions jurisprudentielles et légales viennent limiter les effets de la reconnaissance en Droit des étrangers, en restreignant le droit au séjour du parent étranger de l'enfant français.

Le Conseil d'État considère en effet de manière constante qu'il appartient à l'administration, lorsque se révèle une fraude commise en vue d'obtenir l'application de dispositions de droit public, d'y faire échec même dans le cas où cette fraude revêt la forme d'un acte de droit privé. Cette position peut conduire le préfet à refuser de délivrer ou retirer un titre de séjour obtenu grâce à une reconnaissance souscrite dans le but de faciliter l'obtention de la nationalité française ou d'un titre de séjour, tant que la prescription n'est pas acquise, et indépendamment d'une annulation de ladite reconnaissance par le juge judiciaire[12]. S'il appartient à l'administration de démontrer la fraude, la pratique tend à montrer que l'enquête menée peut entraîner des délais d'instruction de la demande de titre de séjour particulièrement longs et que le refus ou retrait du titre de séjour n'est pas toujours fondé sur des éléments suffisamment précis

---

10. C. pén., art. 441-1 et 227-13.
11. CESEDA, art. L. 823-11 et L. 823-12.
12. Refus ou retrait du titre de séjour pour fraude : CE, 10 juin 2013, n° 358835 et 27 juill. 2016, n° 391939 ; CAA Paris, 2ᵉ ch., 23 oct. 2018, n° 17PA02287 et 22 janv. 2019, n° 18PA02340, Dr. famille 2019, comm. 77 H. Fulchiron ; CAA Nantes, 1ʳᵉ ch., 29 oct. 2018, n° 18NT01012.

et concordants[13]. Le titre de séjour visé dans ces affaires est principalement la carte de séjour temporaire « parent d'enfant français »[14].

Le CESEDA permet en effet au parent d'un enfant français qui s'en occupe de séjourner en France avec lui. Mais les conditions, de plus en plus strictes, posées à la délivrance d'une carte de séjour temporaire vie privée et familiale de plein droit au parent d'enfant français contribuent elles aussi à limiter les effets de la reconnaissance de paternité.

La délivrance d'une telle carte par le préfet est, en premier lieu, subordonnée à la démonstration par le parent demandeur qu'il contribue effectivement à l'entretien et à l'éducation de l'enfant depuis la naissance ou depuis au moins deux ans. Les préfectures sont exigeantes et cette preuve est parfois difficile à rapporter, notamment lorsque le parent concerné est en situation de précarité, laquelle est souvent due au fait même qu'il ne détient pas de titre de séjour et ne peut pas, officiellement, travailler, même si l'appréciation de la contribution est faite en fonction des besoins de l'enfant et des ressources de chacun des parents et ne doit pas être considérée dans sa forme exclusivement financière[15]. Elle est

---

13. CE, 30 sept. 2016, n° 400359. Cf Défenseur des droits, avis n° 18-14 du 17 mai 2018 sur le projet de loi pour une immigration maitrisée, un droit d'asile effectif et une intégration réussie, pp. 61-62.

14. CESEDA, art. L. 423-7 et L. 423-8 nouveaux ; ord. n° 2020-1733, 16 déc. 2020. Cf. CE, 31 juillet 2019, n° 429095 : non-lieu à renvoi d'une question prioritaire de constitutionnalité portant sur les dispositions de l'art. L. 313-11 6° anc. dans sa rédaction issue de la loi du 7 mars 2016 et telles qu'interprétées par la jurisprudence du Conseil d'État relative à la fraude.

15. C. civ., art. 371-2. Circ. 20 janv. 2004, application de la loi n° 2003-1119 du 23 nov. 2003 relative à la maitrise de l'immigration, au séjour des étrangers en France et à la nationalité, NOR : INTD0400006C : les préfets doivent « veiller à ce que le défaut de ressources ne soit pas un obstacle à l'admission au séjour du demandeur, dès lors que celui-ci établit par tout autre moyen remplir ses obligations légales en matière de surveillance et d'éducation de l'enfant ». Les juridictions administratives rappellent régulièrement la bonne interprétation et application des textes face aux décisions de certaines préfectures suspectant systématiquement la fraude : CAA Douai, 1re ch., 30 juin 2011, n° 11DA00445 (père dispensé par le juge aux affaires familiales de contribuer financièrement à l'entretien et à l'éducation de l'enfant du fait de son état d'impécuniosité mais qui contribue effectivement à l'éducation de l'enfant) ; CE, 29 juin 2018, n° 408778 et 407087 (« Il ressort des énonciations de l'arrêt attaqué que, pour juger que l'intéressé ne satisfaisait pas à la condition posée par le 6° de l'article L. 313-11 du code de l'entrée et du séjour des étrangers et du droit d'asile, la cour, après avoir constaté qu'il contribuait financièrement à l'entretien de l'enfant par l'envoi régulier de mandats cash à la mère, s'est fondée, d'une part, sur ce qu'il n'établissait ni n'alléguait vivre habituellement avec l'enfant, qui résidait au domicile de sa mère, et, d'autre part, sur ce que, selon elle, les attestations qu'il produisait ne justifiaient pas suffisamment de la réalité et de l'intensité des liens noués avec l'enfant. La cour, à qui il appartenait seulement d'apprécier, compte tenu de l'ensemble des circonstances de l'espèce, notamment des ressources de chacun des deux parents et des besoins de l'enfant, la contribution financière de M. A… à l'entretien

d'autant plus difficile à rapporter lorsque les parents sont séparés, en particulier lorsqu'ils vivent dans des régions géographiques éloignées et qu'il est coûteux et risqué pour le parent demandeur en situation irrégulière de se déplacer.

En second lieu, la loi du 10 septembre 2018 a ajouté la condition suivante : « Lorsque la filiation est établie à l'égard d'un parent, en application de l'article 316 du Code civil, le demandeur, s'il n'est pas l'auteur de la reconnaissance de paternité ou de maternité, justifie que ce dernier contribue effectivement à l'entretien et à l'éducation de l'enfant, dans les conditions prévues à l'article 371-2 du même code, ou produit une décision de justice relative à la contribution à l'éducation et à l'entretien de l'enfant. Lorsque le lien de filiation est établi mais que la preuve de la contribution n'est pas rapportée ou qu'aucune décision de justice n'est intervenue, le droit au séjour du demandeur s'apprécie au regard du respect de sa vie privée et familiale et au regard de l'intérêt supérieur de l'enfant ».

Au-delà de sa rédaction particulièrement absconse, d'ailleurs légèrement retouchée par l'ordonnance n° 2020-1733, cette nouvelle condition étonne parce que l'un des parents peut désormais être privé de titre de séjour du fait du manquement de l'autre. En effet, dans l'hypothèse où une mère étrangère obtiendrait la qualité de parent d'enfant français du fait de la reconnaissance de son enfant par un homme français, elle devra, pour obtenir une carte de séjour temporaire sur ce fondement, prouver, non seulement qu'elle-même contribue à l'entretien et à l'éducation de l'enfant, mais également, puisqu'elle n'est pas l'auteur de la reconnaissance, que le père légal de l'enfant y contribue aussi effectivement ou à défaut produire une décision de justice relative à cette contribution[16].

Le Droit des étrangers prend ici appui sur le Droit de la famille et sur les conséquences que doit assumer en principe tout parent à l'égard de son enfant, le lien de filiation entraînant l'autorité parentale et donc un ensemble de droits et de devoirs à l'égard de l'enfant, notamment la contribution à son entretien et son éducation. Il vise en outre l'objectif *a priori* légitime de renforcer la lutte contre les fraudes, de priver d'effet les reconnaissances qui n'auraient comme but que de conférer à l'un des parents un avantage lié au séjour en France sans que l'auteur de la reconnaissance n'ait l'intention de véritablement s'occuper de l'enfant[17], et par-là même à combattre l'exploitation voire la violence faite à

---

de son fils et son implication dans son éducation, a fait une inexacte application des dispositions précitées du 6° de l'article L. 313-11 du code de l'entrée et du séjour des étrangers et du droit et commis une erreur de droit ») ; CAA Marseille, 5ᵉ ch., 7 janv. 2019, n° 18MA03525 ; CE, 20 décembre 2019, n° 420331 : une mesure d'assistance éducative ne fait pas obstacle, en elle-même, à l'octroi du titre de séjour ; CE, 31 juillet 2019, préc.

16. L'accord franco-algérien du 27 décembre 1968 modifié, art. 6, est plus favorable.

17. L'instruction du 28 février 2019 relative à l'application de la loi pour une immigration maîtrisée, un droit d'asile effectif et une intégration réussie (NOR : INTV1906328J), qui considère que « cette modification permettra de mieux prendre en compte l'intérêt

certaines femmes. Ces objectifs résistent toutefois mal au crible de la pratique. Il n'est pas difficile d'imaginer combien la preuve de la contribution de l'autre parent sera difficile à rapporter, en particulier dans les hypothèses de séparation et/ou d'éloignement. Cette condition contribuera à n'en pas douter à rendre plus difficile encore l'obtention du titre de séjour et à maintenir des mères souhaitant vivre avec leur enfant français dans le pays de nationalité de celui-ci dans l'illégalité et, par conséquent, la précarité et l'isolement, ou à subir des pressions[18]. Elle laisse en outre peu de chances aux liens de se développer si la mère doit quitter la France, portant atteinte au droit de l'enfant de développer des liens avec ses deux parents[19]. Ces constats s'appliquent d'ailleurs aussi à la stabilisation du statut du parent étranger d'un enfant français puisque la délivrance de la carte de résident, valable dix ans, après trois années de séjour régulier sous couvert de la carte de séjour temporaire, est soumise au maintien des conditions[20].

Le texte nuance l'appréciation de la nouvelle exigence, en rappelant qu'elle doit se faire au regard de l'atteinte portée à la vie familiale et/ou l'intérêt de l'enfant. Mais cette précision sonne comme un aveu de culpabilité. Chaque décision en la matière doit être conforme aux obligations conventionnelles de la France et en particulier soumise au contrôle du droit au respect de la vie privée et familiale des intéressés et de l'intérêt supérieur de l'enfant ; nul n'est besoin de le préciser[21]. La tension entre Droit des étrangers et Droit de la famille est bien perceptible ici, d'autant que le Droit des étrangers opère ainsi une différence de

---

supérieur de l'enfant et de lutter contre la reconnaissance de filiation effectuée dans le but exclusif d'obtenir ou de favoriser la délivrance d'un titre de séjour », précise par ailleurs que la contribution à l'entretien et à l'éducation de l'enfant « s'établit par tout moyen : versements de sommes d'argent pour l'entretien de l'enfant, achats divers le concernant, mais aussi preuve de relations affectives (visites, échanges épistolaires, de courriels, garde, suivi scolaire, etc.) ».
18. L. Carayon, *Enfants délaissés : mères sans-papiers. Pour une critique nécessaire de l'article 30 du projet de loi sur l'asile et l'immigration (second épisode)*, Revue des droits de l'homme [en ligne], avr. 2018, Actualités Droits-Libertés, http : journals.openedition.org.redh.
19. Conv. EDH, art. 8 ; Conv. Internationale relative aux droits de l'enfant, art. 3-1 et 7-1.
20. CESEDA, art. L. 423-10°. La condition n'a toutefois pas été ajoutée aux textes sur la protection du parent français contre les mesures d'éloignement (art. L. 611-3 not.), créant ainsi probablement une nouvelle catégorie d'étranger dits, de manière impropre, « non expulsables et non régularisables ».
21. Conv. E.D.H., art. 8 ; C.I.D.E., art. 3-1. Selon l'instruction du 28 févr. 2019, préc., cette appréciation tiendra compte notamment de l'ancienneté ou du caractère récent de la présence en France du demandeur, de sa bonne foi ou non, de la situation de l'enfant notamment au regard de sa scolarisation, des conditions de son séjour, de l'intensité des liens que le demandeur a tissés en France, de l'existence ou non de ses attaches dans le pays d'origine ou celui où il est légalement admissible, de la possibilité ou non de poursuivre une vie familiale normale dans l'un de ces pays ».

traitement entre, d'une part, le père et la mère et, d'autre part, entre les pères non mariés et les pères mariés, et par ricochet entre les enfants.

La loi de 2018 est pourtant allée encore un cran plus loin en sortant du cadre habituel des lois sur l'immigration et en touchant, non plus seulement aux effets de la filiation en matière de droit au séjour mais en atteignant directement l'établissement de la filiation.

II. La création d'obstacles à l'établissement du lien de filiation par le dispositif de lutte *a priori* contre les reconnaissances frauduleuses

La loi du 10 septembre 2018 a étendu à l'ensemble du territoire les contrôles préalables instaurés spécifiquement pour Mayotte par la loi du 24 juillet 2006 relative à l'immigration et à l'intégration, qui visent clairement à identifier le plus en amont possible les reconnaissances qui pourraient avoir un caractère frauduleux[22] (**A**). L'onde de choc de cette réforme dépasse toutefois largement et probablement inutilement l'objectif recherché, en ce qu'elle constitue une atteinte aux droits fondamentaux de l'enfant (**B**).

A. Les entraves à l'enregistrement des reconnaissances

La nouvelle rédaction de l'article 316 et les nouveaux articles 316-1 à 316-5 du Code civil imposent à l'auteur de la reconnaissance de passer avec succès deux contrôles ; l'un relatif à son identité, l'autre relatif à la sincérité de sa démarche.

Jusqu'à récemment, l'enregistrement de la reconnaissance n'était subordonné à la production d'aucun justificatif. Si une certaine pratique avait développé l'exigence d'un document d'identité, l'absence d'un tel document ne pouvait légitimement constituer un obstacle à l'enregistrement, l'idée étant que, dans l'intérêt de l'enfant, il fallait faciliter la reconnaissance. Or, depuis le 1er mars 2019, la personne qui souhaite reconnaitre un enfant doit produire un justificatif d'identité et un justificatif de domicile. Ces conditions, qui peuvent à première vue paraître relativement anodines et purement formelles, posent en réalité un certain nombre de questions pratiques et sont susceptibles de constituer une entrave, au moins temporaire, à l'établissement de la filiation. La loi

---

22. Circulaire du garde des sceaux de présentation des dispositions destinées à lutter a priori contre les reconnaissances frauduleuses de paternité et de maternité, 20 mars 2019 (application au 1er mars 2019), NOR : JUSC1904138C, page 1, annexe 1.

donne des définitions des justificatifs attendus[23], qui ne résolvent pas toutes les questions. L'exigence d'une photographie et d'une signature limite l'admissibilité des documents d'identité[24] et la circulaire est parfois plus restrictive que la loi. Les personnes étrangères, en particulier si elles se trouvent en situation irrégulière sur le territoire français et/ou en situation de précarité sociale risquent plus que les autres de se heurter à l'impossibilité de produire ces justificatifs et de reconnaitre leur enfant, de manière d'ailleurs probablement variable en fonction des mairies[25]. Or l'auteur empêché de la reconnaissance semble avoir peu de moyens d'action. Les nouvelles dispositions ne lui offrent pas d'action en justice spécifique et rapide. Il faudrait imaginer une action en recherche de sa propre paternité – mais les délais de procédure sont longs et l'auteur empêché n'étant pas titulaire de l'action, il devrait convaincre la mère de l'exercer au nom de l'enfant[26] – ou l'établissement d'un acte de notoriété constatant la possession d'état, dont il faudra, dans ces circonstances, réussir à démontrer l'existence et les qualités. Il y a fort à parier que certains hommes se trouveront démunis et renonceront à reconnaitre leur enfant, pas toujours conscients de l'importance de cette démarche. On ne voit en outre pas très bien en quoi l'exigence d'un justificatif d'identité empêcherait une quelconque fraude et sur quoi l'exigence d'un justificatif de domicile est fondée, en l'absence de compétence territoriale, pour l'heure, en la matière. Le système est donc dissuasif et constitue un obstacle indirect à l'établissement de la filiation[27].

---

23. Le justificatif d'identité est défini par la loi comme un document officiel délivré par une autorité publique comportant le nom de l'auteur de la reconnaissance, son prénom, sa date et son lieu de naissance, sa photographie et sa signature ainsi que l'identification de l'autorité qui a délivré le document, la date et le lieu de délivrance. La circ. du 20 mars 2019 préc. précise que peuvent être admis l'original de la carte nationale d'identité, du passeport, du titre de séjour ou de tout autre document remplissant les conditions sans qu'il puisse être exigé que la pièce soit en cours de validité. Le justificatif de domicile est quant à lui constitué de « toute pièce justificative datée de moins de trois mois ». Lorsqu'il n'est pas possible d'apporter la preuve d'un domicile ou d'une résidence et lorsque la loi n'a pas fixé une commune de rattachement, l'auteur fournit une attestation d'élection de domicile. Le justificatif de domicile dématérialisé semble largement admis en pratique.
24. Le livret de famille et l'acte de naissance sont notamment exclus. Cf. L. Carayon, *Plutôt des enfants sans père que des personnes étrangères sur nos terres ! Pour une critique nécessaire de l'article 30 du projet de la loi sur l'asile et l'immigration. Premier épisode*, Revue des droits de l'homme [en ligne], avr. 2018, Actualités Droits-Libertés.
25. La question se pose, pour les étrangers, de l'admissibilité d'un récépissé de demande de carte de séjour comme document d'identité. Ce document remplit les conditions de la loi. Pourtant la circulaire précitée indique qu'il convient de le refuser. Les Procureurs de la République interrogés par les mairies semblent quant à eux apporter des réponses hésitantes et variables.
26. C. civ., art. 327.
27. Cf. L. Carayon, *Nouvelle procédure de reconnaissance de filiation : viser les personnes étrangères, frapper tous les pères*, AJ Famille 2018, p. 541.

Au vu des premières déclarations et justificatifs produits et/ou lorsque l'officier de l'état civil a connaissance de reconnaissances multiples, en particulier à l'égard de mères différentes, il peut procéder à une audition de l'auteur de la reconnaissance. Il doit agir au plus vite au regard des conséquences de l'absence d'enregistrement de la reconnaissance[28], dans toute la mesure du possible le jour même de la présentation de l'auteur de la reconnaissance à la mairie. Une grille d'audition a été diffusée par le Garde des Sceaux, mais n'a pas été publiée, afin de limiter la connaissance par le public des éléments recensés comme étant susceptibles de constituer des indices sérieux de fraude. L'irrégularité du séjour en France de l'auteur de la reconnaissance ne saurait bien évidemment suffire à déclencher cette saisine. À l'issue de l'audition, l'officier de l'état civil dresse un compte-rendu et, s'il constate un faisceau d'indices sérieux de fraude, c'est-à-dire, au sens de la circulaire, des indices laissant sérieusement présumer que la reconnaissance est souscrite dans le seul but d'obtenir ou de faire obtenir un avantage particulier, notamment lié à la nationalité, et dont la finalité est étrangère à l'intérêt de l'enfant et son éducation, le parquet doit être saisi, là aussi sans délai.

Le procureur de la République doit prendre une décision dans les quinze jours de sa saisine. Il peut laisser procéder à l'enregistrement, en l'absence d'indices suffisamment sérieux de fraude. Il peut préférer ordonner un sursis à l'enregistrement de la reconnaissance ou sa mention en marge de l'acte de naissance, le temps qu'une enquête soit réalisée, pendant un mois renouvelable une fois[29]. Il peut enfin, directement ou à l'issue du sursis, s'opposer à la reconnaissance. La décision de sursis peut être contestée et une demande en mainlevée de l'opposition peut être formée devant le tribunal judiciaire par l'auteur de la reconnaissance.

Ce mécanisme à deux volets fait très étroitement écho à celui existant en matière de mariage. Mais si, pour le mariage, il s'agit de s'assurer de la réalité et de l'intégrité du consentement des époux ; en matière de reconnaissance il laisse un peu perplexe. Il vise naturellement à limiter l'instrumentalisation des enfants et des mères, à démanteler les filières et réseaux d'organisation des fraudes, mais il est très lourd pour les officiers de l'état civil. Jusque-là, il leur était martelé qu'il ne fallait pas refuser de prendre une reconnaissance, même en l'absence de document d'identité, même sans l'identité complète de la mère, même en cas de doute sur la sincérité de l'auteur de la reconnaissance, quitte à saisir *a posteriori* le parquet. Désormais, la reconnaissance ne peut plus, d'après les instructions ministérielles et alors que l'article 316 ne précise pas que les justificatifs sont requis à peine d'irrecevabilité, être enregistrée en l'absence de justificatif valable, pas même sous forme de projet d'acte, peu importe à ce stade que la reconnaissance soit ou non suspectée de fraude[30]. Si la reconnaissance est envisagée par son

---

28. La possibilité d'une audition n'était pas prévue dans le dispositif mis en place à Mayotte par la loi du 24 juill. 2006, préc.
29. Deux mois si l'enquête a lieu à l'étranger.
30. Circ. 20 mars 2019 préc., annexe 1, p. 3.

auteur concomitamment à la déclaration de naissance mais refusée par l'officier de l'état civil, même temporairement le temps que le justificatif soit produit, l'acte de naissance doit être dressé sans faire état de la reconnaissance. Le père est donc dans ce cas mentionné comme simple tiers déclarant. À plus forte raison, aucune reconnaissance ni projet d'acte ne sont enregistrés si l'officier de l'état civil, suspectant sérieusement une fraude, saisit le parquet.

Le Gouvernement réclame une « application dynamique » de ces dispositions[31]. En attendant, l'enfant sera privé de filiation, avec toutes les conséquences que cela implique.

B. Une atteinte inutile aux droits de l'enfant

Les parquets feront probablement très rarement opposition. L'enregistrement tardif d'une reconnaissance, dans l'hypothèse où le procureur laisse finalement procéder à la reconnaissance ou d'une mainlevée de l'opposition n'est toutefois pas sans conséquences. L'article 316-5 prévoit que lorsque la reconnaissance est enregistrée, ses effets pour l'application des articles 311-21 et 311-23 sur le nom de famille remontent à la date de la saisine du procureur de la République, introduisant ainsi une nouvelle complexification des règles relatives au nom de famille[32]. Plus déroutantes encore sont les précisions de la circulaire concernant la date générale d'effet de la reconnaissance. Le garde des Sceaux précise en effet que lorsque le procureur laisse finalement procéder à l'enregistrement de la reconnaissance ou à sa mention en marge de l'acte de naissance, la reconnaissance prend effet à compter de l'établissement de l'acte de reconnaissance et que c'est donc à ce moment-là que prendront effet les règles relatives à l'autorité parentale, à la contribution à l'entretien de l'enfant et à la nationalité, étant précisé que la filiation de l'enfant n'aura d'effet sur sa nationalité que si elle est établie pendant sa minorité. Certes, la filiation doit effectivement, en application des règles sur la nationalité, être établie pendant la minorité de l'enfant pour permettre l'attribution de la nationalité. Mais si elle produit cet effet, l'enfant est réputé français depuis sa naissance et non pas depuis l'établissement de l'acte de reconnaissance[33].

---

31. Comité interministériel sur l'immigration et l'intégration, 6 nov. 2019, https://www.gouvernement.fr.
32. La circulaire préc. consacre quatre pages et trois tableaux aux conséquences sur le nom de famille. Cf. déjà C. Petit, *Difficultés d'application de la législation relative au nom de famille : appel au législateur ?*, RLDC, sept. 2011, n° 85, p. 39 ; *Nouvelles modalités d'indication des « doubles noms » dans les actes de l'état civil. Liberté, égalité et... complexité*, Dr. famille, févr. 2012, n° 2, p. 13 ; *Modifications des règles relatives au nom de famille des enfants : égalité, liberté et complexité (suite)*, RLDC, juil. 2013, n° 106, p. 35 ; *Difficultés d'application de la législation relative au nom de famille : simplification ?*, RLDC., n° 128, juill.-août 2015, p. 56-58.
33. En ce sens CAA Lyon, 1re ch., 15 mars 2012, n° 11LY02030.

La reconnaissance a en principe un caractère déclaratif, produisant donc ses effets à la naissance de l'enfant né vivant et viable.

Ce malaise révèle qu'au-delà de la modification substantielle des pratiques, les changements apportés posent la question de l'atteinte aux droits fondamentaux de l'enfant et sont susceptibles d'avoir des répercussions importantes dépassant le champ qui leur était destiné. L'intérêt supérieur de celui-ci et la protection de son droit au respect de la vie privée et familiale impliquent qu'il puisse établir la substance de son identité, y compris sa filiation ; qu'il ait le droit de connaître ses parents et d'être élevés par eux. Or le système mis en place est susceptible de faire obstacle à l'exercice de ces droits. Il crée en outre des différences de traitement, d'une part, entre enfants issus de deux parents français et enfants dont l'un au moins des parents est étranger, et, d'autre part, entre enfants nés de parents mariés et enfants nés de parents non mariés. Or, à supposer que ces nouvelles dispositions poursuivent un objectif nécessaire[34] et légitime, les moyens employés semblent toutefois disproportionnés et d'une utilité très modérée au regard des moyens déjà existants, parce qu'il est bien plus facile d'être convaincu du caractère frauduleux d'une reconnaissance *a posteriori*, à l'aune, notamment, du développement de la possession d'état, qu'*a priori*[35]. Une loi du 19 septembre 2017[36] a mis en place en Belgique un dispositif de détection des reconnaissances frauduleuses proche de celui créé en France[37]. Or cette loi a fait l'objet d'un recours en annulation devant la Cour constitutionnelle belge, notamment sur le fondement des articles 3.1 et 7.1 de la Convention internationale relative aux droits de l'enfant, qui pourrait inspirer en France une ou plusieurs questions prioritaires de constitutionnalité[38] ainsi qu'un recours en annulation de la circulaire d'application de la loi.

---

34. Cf. les chiffres, difficiles à déterminer précisément, in Étude d'impact préc., pp. 220-221 et Rapport du Sénat, n° 552, 6 juin 2018, pp. 310-311.
35. Le système mis en place *a priori* pose d'ailleurs la question de la reconnaissance de l'enfant dont la conception et l'établissement de la filiation n'auraient eu qu'une finalité migratoire mais qui serait bien l'enfant biologique de l'auteur de la reconnaissance, qui ne compte pas s'occuper de lui.
36. Loi modifiant le Code civil, le Code judiciaire, la loi du 15 décembre 1980 sur l'accès au territoire, le séjour, l'établissement et l'éloignement des étrangers et le Code consulaire en vue de lutter contre la reconnaissance frauduleuse et comportant diverses dispositions en matière de recherche de paternité, de maternité et de comaternité, ainsi qu'en matière de mariage de complaisance et de cohabitation légale de complaisance. Cf. F. Granet-Lambrechts, Panorama Droit de la Filiation, *D.* 2019, p. 663.
37. C. civ. belge, art. 327/2, 330/1 et 330/2. La loi supprime la compétence des notaires pour recevoir les reconnaissances, liste les documents qui doivent être remis à l'officier de l'état civil et permet de ne pas acter la reconnaissance en cas de présomption sérieuse de fraude.
38. Nouvelle rédaction art. L. 313-11, 6° du CESEDA, nouvelle rédaction de l'article 316 C. civ., nouveaux art. 316-1 s. C. civ. NB : Cons. Constit., décision n° 2018-770 DC du 6 sept. 2018, Loi pour une immigration maitrisée, un droit d'asile effectif et une intégration réussie : l'article 55 de la loi n'a pas été contesté. La loi belge a fait l'objet

Au-delà d'une atteinte aux droits, c'est d'ailleurs aussi d'une atteinte au Droit dont il s'agit. C'est en effet tout le droit de la reconnaissance, ses fondements et peut-être même son sens qui est déstabilisé voire remis en cause[39] ; c'est plus largement le droit de l'établissement de la filiation qui est perturbé en profondeur. La filiation est touchée au cœur de ses valeurs, par une loi sur l'immigration à l'origine de laquelle aucune étude ni réflexion sérieuse n'ont été menées, en particulier concernant les répercussions en Droit de la famille et sur l'enfant[40]. À l'heure où le projet parental voire la volonté semblent en voie de devenir un fondement important, en particulier dans le cadre de la procréation médicalement assistée au sein d'un couple de femmes – sinon *le* fondement, à l'avenir, de la filiation – cette atteinte à la reconnaissance semble aller à contre-courant. Les objectifs de la politique de l'immigration entrent en conflit avec la cohérence et les fondements sociétaux du Droit de la filiation. Cela méritait au moins une réflexion un peu plus approfondie, qui aurait pu conduire soit à un *statu quo*, soit, à tout le moins, à des changements plus mesurés et mieux ficelés.

*
* *

---

d'une annulation partielle concernant l'absence de recours spécifique (arrêt n° 58/2020, 7 mai 2020).

39. Cf. E. Ronzier, « La modification des règles relatives à l'établissement de la filiation par reconnaissance », *Revue générale du Droit on line*, 2019, n° 48013 (www.revuegeneraledudroit.eu).

40. Cf. Étude d'impact, NOR : INTX1801788L, 20 févr. 2018 : les conséquences ont été analysées de manière particulièrement succincte, superficielle et sans analyse en Droit de la famille. L'impact sur les particuliers est appréhendé en quelques lignes seulement, et essentiellement par comparaison avec le dispositif existant en matière de mariage. L'impact sur les collectivités territoriales est lui aussi examiné de manière extrêmement brève par référence à la charge de travail de ces derniers, dont l'augmentation doit être « relativisée » et qui n'auraient besoin d'aucune formation spécifique puisqu'ils sont déjà « rompus à de tels exercices de contrôle » en matière de mariage. C'est vraiment ne pas connaître leur travail et sous-estimer, même ignorer, la pression pesant sur leurs épaules et l'importance de la reconnaissance. Quid, en outre, des reconnaissances faites à l'étranger ? Le Conseil d'État (avis, NOR : INTX1801788L, 15 févr. 2018) a quant à lui examiné de manière assez lapidaire le projet de loi sur ce point et s'est contenté d'indiquer qu'il n'émettait pas d'objections au nouveau dispositif de lutte contre les reconnaissances « fictives ». Quid, en outre, des reconnaissances faites à l'étranger ? Sur les aspects de droit international pari, cf. H. Péroz, *Filiation et lois de police : le cas des reconnaissances frauduleuses*, Dr. fam., déc. 2020, étude 25.

Dignité et fin de vie : enjeux sociétaux d'une expérience singulière

Julie Henry
Maître de conférences en philosophie à l'ENS de Lyon
Membre du Laboratoire Triangle (UMR 5206)

et

Laure Marmilloud
Infirmière, Master 2 de philosophie

Aujourd'hui, le domaine de la fin de vie rencontre des sujets chers à l'engagement d'Emma Gounot et à ses centres d'intérêt tant il y est question de dignité en acte, de discussion à propos des droits des personnes en fin de vie et du rôle de la loi dans une société démocratique.

Si l'on est toujours seul lorsque l'on meurt, cette mort chaque fois singulière s'inscrit dans une histoire familiale et un tissu social, plus ou moins solidaires, plus ou moins déchirés, plus ou moins familiers de la vulnérabilité.

Ce présent article se propose de dresser un état des lieux des questions contemporaines en rappelant quelques éléments d'histoire médicale et législative. À partir de l'expérience du terrain et l'apport des sciences humaines, il s'attachera à défendre la conviction que les enjeux sociétaux autour de la fin de vie et de son accompagnement nous engagent toutes et tous, personnellement et collectivement.

I. Naissance du mouvement des soins palliatifs

En 1986, le Dr Maurice Abiven, un des pionniers des soins palliatifs en France, concluait ainsi son article : « Il est souhaitable que notre pays suive sans tarder l'exemple venu d'ailleurs. Plus largement, il est sans doute important d'apprécier ce nouveau service que rend à l'homme la médecine moderne de cette fin du XXe siècle : après s'être employée à lui rendre la santé, elle devra s'employer à lui rendre la mort la plus digne, la plus humaine possible »[1].

---

1. Maurice Abiven, Revue *Études*, nov. 1986 (365/5), p. 475.

« L'exemple venu d'ailleurs » fait référence aux initiatives britanniques et canadiennes : à Londres, vingt-cinq ans plus tôt, Cicely Saunders crée l'hospice Saint-Christopher et c'est d'elle que nous tenons le concept de « soins palliatifs »[2]. À cette époque, il existait en Angleterre un certain nombre d'hospices tenus par des religieuses aidées d'infirmières ; leur vocation était d'accueillir et de soutenir les personnes en fin de vie mais la compétence proprement médicale y était pour ainsi dire absente. C'est cette carence que Cicely Saunders entend combler en ajoutant, au service de la démarche déjà engagée, l'apport de la médecine moderne. Elle oriente celle-ci vers le soulagement des symptômes avec, en premier lieu, une meilleure prise en charge médicale de la douleur.

De l'autre côté de l'Atlantique, c'est à l'initiative du Professeur Balfour Mount exerçant à Montréal que des unités dites de « soins palliatifs » furent mises en place dans plusieurs hôpitaux généraux dans les années soixante-dix. Il faut attendre 1987 pour qu'en France une première Unité de soins palliatifs voie le jour ; elle est créée sous l'impulsion du Dr Abiven à l'hôpital international de la Cité universitaire à Paris. Dans notre pays, le mouvement moderne des soins palliatifs n'aurait pu prendre son essor sans quelques médecins pionniers parmi lesquels figurent aussi Renée Sebag-Lanoë, Robert Zittoun, Michèle Salamagne. Ceux-ci ont été fortement soutenus par un mouvement associatif et intellectuel : pensons à l'association Jalmalv[3] fondée à Grenoble dans les années quatre-vingt, regroupant soignants et non-soignants ; de même que dans ces années, se sont formés des groupes de réflexion où se retrouvaient soignants et intellectuels, avec notamment Emmanuel Hirsch, Patrick Verspieren et d'autres.

En effet, un tournant s'opère dans les années 75[4] avec une nouvelle prise de conscience que la mort est occultée : l'urbanisation conduit à ce que les personnes meurent de plus en plus à l'hôpital, les rites funéraires s'appauvrissent, les rituels de deuil disparaissent. L'hôpital, quant à lui, est concentré sur la haute tâche de guérir. Les études médicales se focalisent sur la science des diagnostics et des thérapeutiques dans ce seul objectif. Dans ce contexte, le soin et l'accompagnement des personnes en fin de vie souffrent de nombreuses lacunes : mauvaise prise en charge médicale des symptômes, manque de parole, défaut d'accompagnement et de réflexion rendant les conditions du mourir souvent désastreuses. Le soin balance entre acharnement thérapeutique (à ne pas voir qu'il faudrait changer d'approche et par excès de médicalisation) et accélération médicale et clandestine du décès (à ne pas savoir quoi faire, quoi dire, de ce temps qui reste…)

---

2. Définition figurant dans la Loi du 09 juin 1999 : « Les soins palliatifs sont des soins actifs et continus pratiqués par une équipe interdisciplinaire en institution ou à domicile. Ils visent à soulager la douleur, à apaiser la souffrance psychique, à sauvegarder la dignité de la personne malade et à soutenir son entourage. » Pour une définition plus complète, voir définition de l'OMS (1990, 2002).
3. Jusqu'à la mort accompagner la vie : http://www.jalmalv-federation.fr/
4. Une soixantaine de livres (études sociologiques, historiques, philosophiques…) paraissent en 1976 sur le sujet de la mort.

C'est alors qu'un nouveau droit pour les malades se fait entendre : celui d'avoir une mort digne. Et dans cette perspective, deux mouvements aux approches très distinctes émergent : l'association pour le droit de mourir dans la dignité (ADMD), fondée en 1980, qui dénonce l'acharnement thérapeutique et milite pour le droit à l'euthanasie ; et les soins palliatifs qui refusent de penser que l'euthanasie peut être la solution au mal mourir. Ils privilégient l'idée que le droit à une mort digne passe par un meilleur accompagnement avec, au premier plan, une meilleure prise en charge de la douleur. Il passe aussi par le fait d'être considéré dans ses besoins spécifiques quand la maladie s'aggrave malgré les traitements, quand elle fait souffrir dans toutes les dimensions de son être et quand la mort s'annonce et reconfigure l'identité sociale et intime des sujets. Les soins palliatifs vont s'attacher à promouvoir une médecine capable d'une réponse plus juste : plus engagée dans le soulagement et l'attention à ces malades en fin de vie et à leurs proches, et plus accueillante à d'autres dimensions qu'exclusivement médicales.

A. D'hier à aujourd'hui : quelles avancées ? Quel état des lieux ?

Le 9 juin 2019, la loi fondatrice visant à garantir l'accès aux soins palliatifs[5] a fêté ses 20 ans et pourtant les problèmes liés au « mal mourir en France » font régulièrement la une des journaux… Et même, ce constat devient une réserve d'arguments pour ceux qui prônent une évolution du droit en faveur de la légalisation de l'euthanasie et/ou du suicide assisté. Faut-il en conclure que nous n'avons pas avancé d'un pouce ? Il serait faux de le dire. Cependant, les besoins restent immenses en de nombreux endroits. Les territoires sont inégalement équipés en structures de soins palliatifs et les problématiques se sont, pour une part, déplacées avec la chronicisation de maladies qui étaient hier incurables et la complexité de certaines situations créées par les avancées médicales[6]. Par ailleurs, la culture médicale autour du mourir est relativement lente à évoluer et ce, pour diverses raisons. À l'hôpital, la pressurisation est forte devant le flux tendu des « entrées » et « sorties » dans un contexte où les durées moyennes de séjour ne cessent de diminuer. Beaucoup d'acteurs de santé se sentent aujourd'hui tiraillés entre les pressions financières de l'approche purement gestionnaire et les enjeux de dignité. Les grèves de ces derniers mois n'en sont qu'une confirmation de plus.

La demande de traitements jusqu'au bout, de la part des patients, est aussi à considérer et à nommer : c'est comme s'il était devenu plus insupportable d'avoir à mourir dans un pays où la médecine guérit de plus en plus et de mieux en mieux et dans une sorte de vide spirituel pour appréhender la mort dans la vie et au terme de celle-ci.

---

5. Loi n° 99-477 du 9 juin 1999 visant à garantir le droit à l'accès aux soins palliatifs.
6. Voir sur le sujet Régis Aubry, « La place de l'incertitude dans l'agir médical », *in* Revue *Jalmalv* 2012/2 (N° 109) p. 41-49.

Le secteur médico-social des EHPAD affronte, quant à lui, plusieurs difficultés : l'accueil de résidents dans un état de dépendance élevé avec des pathologies lourdes sans avoir en regard les ressources en personnel suffisantes ; l'hyper exigence de certaines familles qui voudraient que l'EHPAD prévienne, retarde, repousse toujours plus loin, le déclin inexorable de leur proche[7] pendant que d'autres, devant le « long mourir » de leur parent, manifestent leur épuisement et portent la question saillante du sens avec la souffrance de ne plus pouvoir le nommer clairement. Comme dans une chambre de résonance, tout cela se vit en écho des représentations sociales péjoratives du vieillissement et des problématiques de solidarité intergénérationnelle et de tissu social permettant des solidarités de proximité. Les initiatives contemporaines pour réformer la vie en EHPAD ou chercher des modèles d'intégration et d'habitat plus inclusifs avec et pour les aînés, entendent apporter des réponses nouvelles à cet enjeu social de dignité majeur.

B. Des questions et des missions non réservées aux professionnels des soins palliatifs

Après avoir rappelé l'histoire des soins palliatifs et la mission qu'ils se sont donnée, il convient dans le même temps de se prémunir de cet écueil : en effet, le risque afférent pourrait être de faire de la médecine humaniste et de l'accompagnement de la fin de vie l'apanage des soins palliatifs, en délivrant la médecine curative, d'une part, de cette charge humaine et la société, d'autre part, de questionnements qui la concernent au plus haut point.

Pour préciser ce point, nous pourrions faire un parallèle avec l'usage qui est fait de nos jours du concept du *care* (prendre soin) en éthique médicale.

Pour dire les choses rapidement, le récit que nous faisons à propos de l'évolution de la médecine est qu'elle a été focalisée pendant de nombreuses décennies sur la nécessité de faire des progrès en termes de diagnostic et d'innovations thérapeutiques, en lien étroit avec une recherche biomédicale obéissant à des critères de scientificités, et que cela s'est fait sans une attention suffisante au fait que les destinataires de ces pratiques étaient des êtres humains. Nous étions alors dans la perspective de soigner pour guérir, c'est-à-dire du *cure*. Puis, prenant conscience des excès de cette pratique biomédicale focalisée sur la pathologie plus que sur les patients, ainsi que portée par les progrès en termes de survie sans prêter attention à l'état dans lequel elle laissait les patients, un mouvement a tenté

---

7. Nous pourrions relever également l'ambiguïté du statut des « Résidences autonomie », censées accueillir les personnes en situation de fragilité, mais auxquelles on a donné comme mission première, dans leur financement même, la *lutte* contre cette fragilité, le *combat* contre la perte d'autonomie, comme s'il s'agissait de mauvais objets à éradiquer et non de processus naturels à accueillir et à accompagner.

d'inverser la tendance en replaçant la personne au cœur du dispositif. L'idée était alors d'œuvrer vers une pratique médicale plus humaine ; nous sommes là du côté du *care*. On pourrait imaginer que ce mot d'ordre éthique a eu pour effet une reconfiguration de la profession de médecin, mais la réalité des effets de ce qui est presque devenu un slogan est plus complexe que cela. Cela a surtout eu pour effet d'accentuer la répartition des rôles dans les équipes : tandis que l'établissement du diagnostic et du pronostic et la proposition de traitements adéquats (le *cure*) restent assignés dans l'imaginaire commun aux médecins, on s'en remet aux infirmières et plus encore aux aides-soignantes (professions majoritairement féminines) pour prendre soin des patients au quotidien. Le *cure* et le *care* ont ainsi été répartis dans une certaine division des tâches professionnelles, plus que les réflexions sur le *care* n'ont fait évoluer les pratiques de *tout* soignant.

Il nous semble qu'une attention similaire doit être portée dans la compréhension du message porté par les soins palliatifs. Si la thématique de l'accompagnement s'est particulièrement développée dans ce milieu sensibilisé aux soins du patient hors approche exclusivement curative, il ne faudrait pas que l'on considère cette thématique comme ne concernant *que* les soins palliatifs, là où les pratiques curatives resteraient dans la technique et l'approche scientifique de la pathologie. L'aspect humain de la prise en charge ne doit pas être l'apanage des soins palliatifs, pas plus que l'accompagnement des personnes et la réflexion sur la fin de vie ne doivent être l'apanage des pratiques de soins. En ce sens, nous avons à tirer de la fin de vie des réflexions sur la vie au-delà de son dernier moment, nous avons à apprendre des soins palliatifs des éléments sur le sens du soin. Et nos déchirements sur les questions de fin de vie nous disent quelque chose de nos questionnements communs sur le « faire société » depuis une pluralité de valeurs et sur l'accueil du vulnérable, du vieillissant, du différent au sein de notre société.

II. Réflexions sur la législation française autour de la fin de vie

Pour reprendre une thématique chère à Emma Gounot, il est d'ailleurs des liens forts entre le droit et le « faire société » – ou du moins, et plus exactement, ces liens seraient à réinvestir de nos jours, dans une double dimension de la loi comme cadrage de ce qu'il est permis de faire, et horizon vers lequel l'assemblée législative souhaite guider la société.

En effet, d'un côté, la vie sociale comme la vie morale supposent des interdits anthropologiques fondateurs, au premier titre desquels l'interdit de tuer et l'interdit de l'inceste. Il n'est d'ailleurs pas anodin que la possible légalisation de l'euthanasie (autrement dit, la possible légalisation d'un geste létal exercé sur autrui, fût-ce à sa demande et dans des conditions très encadrées) questionne à ce point la société, en ce qu'elle reviendrait sur cet interdit fondamental de mettre fin à la vie d'autrui.

Mais dans le même temps, pour reprendre les termes de Robert Badinter devant la commission de réévaluation de la Loi Léonetti de 2005, le droit n'a pas seulement une fonction « répressive » (posant des sanctions à l'égard de ce qui est inscrit comme interdit dans la loi), mais également « expressive » (en ce qu'il traduit les valeurs d'une société). Ce qui peut se faire en un double sens : traduire les valeurs que l'on constate de fait dans les mentalités, ou bien traduire les valeurs que l'on souhaite diffuser au sein de la société. En cela, les lois en lien avec les questions éthiques (accès à la procréation médicalement assistée, recherche sur les embryons humains, médicalisation de la fin de vie, etc.) évoluent avec le temps. Nous pouvons ainsi constater une certaine évolution, d'une approche mettant l'accent sur le lien social, le bien commun et le secours porté à autrui, vers une approche plus libérale mettant en avant le consentement pour soi-même dans les seules limites de l'absence de nuisance directe pour autrui. Plus que protéger les individus en société et organiser le vivre ensemble, on attend de la loi qu'elle transcrive les volontés individuelles de certains membres de la société et qu'elle leur permette de revendiquer ces droits individuels.

Il nous semble important dans ce contexte d'inviter tout à la fois à la connaissance de la loi, de sa formulation, de ses enjeux, et à la réflexion sur la loi actuelle et à venir, sur son statut, sur le sens qu'on lui donne dans l'organisation du vivre ensemble en société.

A. Retours sur l'histoire législative autour de la fin de vie

Concernant le cœur de notre réflexion, trois points nous semblent importants à retenir dans le Rapport de la commission des affaires sociales de l'Assemblée nationale sur l'application de la loi Léonetti de 2005 et l'éventualité de légiférer à nouveau au sujet de la fin de vie (2013)[8]. Le premier est qu'il estime que la loi Léonetti de 2005 répond « à l'immense majorité des problèmes rencontrés en fin de vie ». Il y a bien sûr deux manières d'interpréter ce point. Soit on retient que « l'immense majorité » n'est pas la totalité, et donc que la loi ne répond pas à toutes les situations. Par exemple, même si les demandes d'euthanasie diminuent sensiblement lorsque la personne en fin de vie est bien prise en charge et que ses douleurs et souffrances sont apaisées, on ne peut pas dire qu'elles disparaissent totalement. Soit on se rappelle que l'objet d'une loi est d'organiser le vivre-ensemble et non de répondre aux revendications individuelles, et alors dans ce cas, on doit reconnaître que répondre à « l'immense majorité » des situations est plus qu'honorable pour une loi, et qu'en cela la loi Léonetti de 2005 est satisfaisante en l'état.

---

8. Rapport fait au nom de la commission des affaires sociales sur la proposition de loi visant à renforcer les droits des patients en fin de vie, par M. Jean Léonetti, 17 avril 2013, http://www2.assemblee-nationale.fr/documents/notice/14/rapports/r0970/(index)/rapports

Le deuxième point est qu'il serait à la fois inutile et dangereux d'introduire une « exception d'euthanasie », expression qui avait été utilisée par le Comité Consultatif National d'Éthique (CCNE) dans l'un de ses avis. Introduire une exception dans la loi reviendrait à dire que la loi peut ne pas être respectée dans certaines situations. *Inutile* car, et c'est le point précédent, la loi répond en l'état à l'immense majorité des situations ; or, comme l'objet de la loi n'est pas de légiférer sur quelques cas individuels, il est inutile en ces conditions de la modifier. *Dangereux* car la loi ne peut comporter en elle-même la possibilité de ne pas la respecter, fût-ce de façon ponctuelle et non généralisée. De fait, si l'euthanasie était légalisée, elle ne s'appliquerait que dans certains cas particuliers. Donc instaurer une exception d'euthanasie reviendrait dans les faits à légaliser l'acte euthanasique. Si le législateur a estimé que ce n'était pas souhaitable, il est dès lors dangereux d'introduire une exception revenant de fait à le rendre possible.

Enfin, le troisième point est que la loi est insuffisamment connue et que l'accès aux soins palliatifs est insuffisamment développé sur le territoire. Pour le premier point, nous avons pu le constater lors d'une étude menée auprès d'internes et d'assistants au sujet de leurs représentations de la sédation : la très grande majorité d'entre eux disent ne pas avoir connaissance du contenu de la loi, ne pas avoir eu la curiosité de s'y intéresser, et se référer aux pratiques des services dans lesquels ils passent, en espérant que ces pratiques soient « dans les clous ». Si la loi n'est pas connue par les professionnels dont elle encadre la pratique, nous pouvons imaginer qu'elle l'est encore moins dans la population en général... Quant au second point, il met en lumière les difficultés d'application d'un droit pourtant inscrit dans la loi depuis 1999 et il invite à renforcer les efforts en termes de moyens financiers, de moyens humains et de formation pour améliorer ce déficit d'accès.

Contrairement à ce que l'on aurait pu attendre suite à ce rapport (qui établit donc pour résumer que cette loi est satisfaisante en l'état mais qu'elle gagnerait à être plus connue et mieux appliquée), le choix est fait de légiférer de nouveau. C'est ce qui donnera lieu à la loi Clayes-Léonetti de 2016.

Il serait trop long de la reprendre et de la commenter point par point mais gardons-en quelques éléments marquants pour notre sujet :

– Tout d'abord, elle a été mise à l'agenda législatif en raison d'une promesse électorale à ce sujet (ce qui court-circuite par définition les rapports en lien avec la loi de 2005) et sous une certaine pression médiatique à l'égard de la place accordée au patient en général, mais aussi dans le choix des conditions de sa fin de vie.

– Le sous-titre de la loi est ainsi significatif : « créant de nouveaux droits pour les malades et personnes en fin de vie ». L'accent est donc mis sur les droits des uns (là où de fait ils impliqueront un devoir d'y répondre pour les autres, les soignants) et sur la reprise en main sur sa fin de vie médicalisée, que l'on soit malade ou non.

– La loi établit également un droit à une « sédation profonde et continue maintenue jusqu'au décès », « à la demande du patient » même si elle en pose les conditions. Mais surtout, elle rapproche ce droit de la volonté d'« éviter toute souffrance » (ce qui questionne notre aptitude à accueillir la souffrance, y compris la nôtre d'êtres en bonne santé mais mortels, en société…) et de celui de « ne pas subir d'obstination déraisonnable » (introduisant une confusion dans les esprits, en occultant l'arrêt des traitements et l'accompagnement palliatif qui permettent déjà d'éviter toute obstination déraisonnable, sans nécessairement être sédaté).

Beaucoup d'enjeux pourraient être soulevés à partir de là : le fait de penser l'éthique comme la revendication de droits individuels par les uns, sans se soucier des devoirs qu'ils engendreront nécessairement pour les autres ; l'accent mis sur un patient décideur, revendicatif, voire consommateur, pouvant mettre en difficulté des personnes vulnérables ou ne souhaitant pas s'inscrire dans ce type de relations de soins ; une tendance à gommer les symptômes de la fin de vie en société, au point que l'on pourrait se demander si ce n'est pas la fin de vie elle-même que nous cherchons à occulter ; notre capacité à accueillir ensemble la vulnérabilité et l'approche de la mort dans une société qui prône l'application de droits individuels dans ce moment de la vie, etc. Bref, un creuset de questions pour notre conception actuelle du droit et de la loi, de l'éthique des pratiques de soins et des professions de santé, et de la vulnérabilité et de la mort dans notre société.

B. À propos du besoin d'éthique une fois la fonction du droit reconnue

Au moment des débats préparatoires de la Loi de 2005, l'artisan principal de cette loi disait : « La loi ne résout pas tout. Le droit ne gère pas tout. Nous devons désormais reconquérir l'espace humain déshabité d'un monde technique et scientifique qui a perdu son âme. Cette reconquête concerne le regard que chacun d'entre nous porte sur le souffrant, qui doit être considéré comme un sujet à part entière, et non comme un objet d'investigation, de recherche ou comme un numéro. Le handicapé, le malade mental, le vieillard, mais aussi les mendiants et les mourants font partie de notre humanité »[9].

Il est des heures où il nous faut le réaffirmer et ce faisant, nous retrouvons la « dignité » comme une affirmation éthique qui s'élève en réaction de tous les actes et attitudes qui la bafouent. C'est le cas, par exemple, lorsque le sujet singulier

---

9. Assemblée nationale, *Droits des malades et fin de vie : le débat à l'Assemblée nationale*, 26 novembre 2004, p. 13.

est réduit à la généralité d'une maladie, lorsqu'il est gravement offensé dans son intégrité à n'être considéré que par « morceaux » et lorsque sa parole ne compte pour rien. Nous avons besoin de lois, de cadre déontologique, de recommandations de bonne pratique mais aussi et plus fondamentalement encore de regard partagé sur la dignité de l'humain. Cette « reconquête » collective concerne bien évidemment la communauté soignante et s'étend au corps social. Quelle idée nous faisons-nous de l'homme et de son humanité ? Toute réflexion éthique est greffée à cette question. Et il nous faut distinguer entre ce qui relève d'une éthique de conviction personnelle et ce qui relève des repères communs qui organisent et garantissent l'existence sociale.

« La dignité » comme valeur intangible

Concernant la dignité, la Déclaration universelle des droits de l'Homme du 10 décembre 1948, en fait une définition essentielle de l'homme. Au sortir de la guerre et de ses horreurs, la « dignité » est reconnue et même déclarée comme étant une valeur intangible de l'humain. Il est bon de se souvenir que la dignité se déclare ; elle ne se démontre pas. Elle se déclare en faveur de soi et de l'autre et ce repère prend une acuité d'autant plus grande lorsque l'autre ne peut plus rien démontrer de sa superbe. D'ailleurs nous voyons bien l'embarras dans lequel nous serions à l'idée de devoir donner un contenu à la dignité et les risques associés d'une telle entreprise. Elle se déclare certes mais pour ne pas rester lettre morte, elle requiert une attestation en actes et relève donc du champ de l'éthique et du lien social. Au fil des jours, la dignité de chacun demande à être honorée, respectée, soutenue et plus encore lorsque le sujet est fortement ébranlé dans son identité par l'épreuve de la fragilité qu'il endure. La dignité est en quelque sorte notre « ossature commune » et le « bien en commun » confié à la qualité des relations qui nous lient les uns aux autres. À l'échelle de la vie sociale, il faut reconnaître qu'on ne pourrait tenir collectivement dans des relations qui ne seraient que de compétition. Nous avons besoin de relations de coopération tant la notion de société repose sur la solidarité. On voit aujourd'hui beaucoup d'investissements dans la robotique et la domotique, en particulier dans le champ de l'accompagnement du grand âge : ces nouvelles approches peuvent rendre des services mais ne peuvent remplacer la relation humaine qui donne corps à la solidarité.

Il nous faut pouvoir penser le soin, au-delà des services immédiats qu'il rend, comme une relation de coopération qui soigne l'humain ; qui en cela donne un sens, une direction, un avenir à la vulnérabilité humaine. Accueillir que l'homme est une « dignité », c'est vivre – et permettre de vivre – les étapes de la vie comme autant d'expressions de notre humanité et s'engager à prendre soin de la vie dans son expression la plus vulnérable.

En situation de fin de vie et peut-être davantage encore dans le cadre des maladies neuro-évolutives, la question souvent posée est : que devient la dignité lorsque l'humain se confronte à si grande vulnérabilité, lorsqu'il n'a plus la liberté d'aller et venir, lorsqu'il ne contrôle plus forcément ses sphincters, lorsqu'il se sent ainsi « dégradé » par tout l'incontrôlé en lui, « humilié » par l'ampleur que prennent les besoins élémentaires, « rétréci » dans sa présence au monde ou lorsque le destin semble scellé dans un lent et redoutable déclin neuro-cognitif ? Au-delà de la question théorique voire rhétorique, il y a des hommes et des femmes touchés en leur chair, en leur intime conscience, en leur désir, profondément ambivalents de vie et de mort. Cette ambivalence qui peut faire demander sincèrement la mort un instant et dans un temps proche investir une proposition tournée vers la vie présente, déstabilise bien souvent ceux qui sont autour. « Il faudrait savoir ! » s'agacent intérieurement ceux qui veulent croire que les choses peuvent être « carrées », c'est-à-dire avec des contours nets et précis, sans aucun flou, sans aucune ligne qui viendrait s'emmêler avec une autre.

Des questions qui appellent du discernement

Parfois certains malades, dans une attitude réfléchie, disent qu'ils préféreraient la mort à la vie et qu'ils aimeraient pouvoir choisir. Par ailleurs, quantité de bien portants qui n'ont jamais approché la maladie de près ou de loin et qui nourrissent à son égard une sorte d'effroi, disent haut et fort, à coups de sondage d'opinion, qu'ils seraient favorables à la légalisation de l'euthanasie. On remarque une certaine tendance populaire à rapprocher la dignité de la liberté d'en finir avant que les choses ne se gâtent.

La question de savoir si l'on est POUR ou CONTRE l'euthanasie est une question qui a le mérite d'être claire mais qui porte le gros défaut de dénaturer la réflexion sur un sujet si complexe, dans cette mise en compétition entre deux « camps » opposés. Cela nous conduit dans les ornières que nous connaissons avec une tendance à l'idéologisation et à la caricature de l'adversaire. Nous gagnerions en sensibilité et intelligence à nous interroger plus finement sur des aspects précis : en termes d'état des lieux : quelles sont les situations vécues qui ne sont pas couvertes par la loi Claeys-Léonetti ? En termes de droit : quelles seraient les conditions requises pour justifier de transgresser ponctuellement l'interdit fondateur de meurtre au profit d'une volonté individuelle ? Et enfin en termes de choix de société : qu'est-ce qui est à défendre absolument ? Dans une de ses conférences, Eric Fiat rappelle que « les relations entre les hommes ne peuvent pas ne pas être médiatisées par le droit mais elles deviendraient inhumaines si elles étaient uniquement médiatisées par le droit »[10]. Il plaide pour que nous ayons droit à autre chose que le droit... Dans le champ de la fin de vie, hautement symbolique et humainement dense, ce droit devient fondamental ! Ici les résonances affectives, psychiques et spirituelles de « ce qui aide à vivre » et de « ce qui tue » prennent une acuité particulière et un relief plus grand ; elles peuvent

---

10. Eric Fiat, « Du droit à l'éthique », Conférence du 12.10.15 à l'Espace Ethique Île de France (consultable sur internet).

être différentes selon les personnes, selon les moments ; elles doivent être, pour les soignants et plus largement, l'objet d'un questionnement incessant car elles appellent à de la réflexion éthique et à l'engagement responsable ; avec en premier lieu celui de soutenir la vie du malade qui n'en peut plus, sans que cela veuille dire qu'il faille sacraliser cette vie ou inversement supprimer le souffrant pour faire taire la souffrance.

Une chose est sûre : dans le champ du soin, de l'accompagnement des personnes gravement éprouvées par la maladie ou en fin de vie, honorer la dignité et la préserver, c'est continuer de se parler dans une dynamique de réciprocité humaine et un climat de respect, même quand les mots se font rares, mêmes quand les idées s'emmêlent ; continuer de se parler comme la marque d'une fragile et précieuse attention. C'est encore continuer de nous adresser à la personne qui ne parle plus, continuer de la faire exister dans le souci partagé et différencié que des soignants et des proches portent pour elle.

Continuer là où peut se vivre du découragement, de la lassitude, de la solitude : cela suppose d'y être à plusieurs, généralement en équipe, d'être en relation de coopération et non de compétition entre les différents acteurs qu'ils soient soignants, bénévoles, famille et amis. La parole qui accueille l'autre en tant qu'il est lui-même, qui consent à mettre au travail ce qui la travaille, qui cherche à comprendre, à accompagner au plus juste tout en reconnaissant qu'elle ne possède pas la vérité, est ce qui prémunit le plus les soignants et les accompagnants de la fascination devant la souffrance et de l'instrumentalisation à son endroit.

La mort dans les familles et dans l'espace social

La fin de vie, nous venons de le dire, mais aussi la mort, la sépulture et le deuil sont loin d'être des affaires seulement individuelles, ou même intra-familiales. Certes, au moment où nous approchons de la mort, nous avons à vivre ce moment à la première personne ; il y a de la solitude face à la mort quand bien même nous y sommes accompagnés et entourés (toute solitude n'est pas nécessairement un isolement). Certes, un hommage, un deuil est avant tout quelque chose d'intime qui se vit au sein de la famille et avec les personnes qui ont été les plus proches du défunt mais la sépulture ne saurait être totalement privatisable.

Nouvelles questions autour du choix de la crémation

Il est intéressant en ce sens de nommer les nouvelles questions éthiques et juridiques qui se sont posées par le développement du choix de la crémation qui concerne aujourd'hui près de 40 % de la population française. Notamment celle du statut des cendres et de leur traitement. En 2005, dans sa proposition de loi, le sénateur Jean-Pierre Sueur mettait en exergue le problème suivant : la crémation rend le corps « dispersable, partageable, portatif et privatisable ».

L'article de Cécile Prieur de la même année s'en fait l'écho : « Avec l'augmentation de la crémation, le devenir des cendres est de plus en plus incertain : des urnes ont été retrouvées chez des brocanteurs, dans des décharges municipales ou sur des plages, après des tentatives d'immersion »[11]. Pour combler le vide juridique autour du statut des cendres, la loi Sueur, relative à la législation funéraire, est promulguée le 19 décembre 2008. Elle garantit le respect dû aux restes du corps humain, elle fixe un nombre limité de destinations pour les cendres et en empêche la privatisation ou l'abandon. Ceci pour assurer « le travail de deuil et de mémoire [qui] nécessite des traces accessibles ». Elle réaffirme ce faisant une conception républicaine, laïque et publique de la sépulture.

Soulignons que dans cette affaire, le droit a réaffirmé que l'on ne fait pas ce que l'on désire de son corps, même mort, et même transformé en autre chose que le corps. La volonté du défunt concernant la destination des restes de son corps ou celle de ses descendants ne peuvent se penser hors d'un cadre républicain. Celui-ci prévaut, au nom d'une certaine conception du respect dû à la personne humaine une fois décédée. Le nouvel article 16-1-1 du Code civil synthétise cette nouveauté de la Loi Sueur : « Le respect dû aux corps humains ne cesse pas avec la mort. Les restes des personnes décédées, y compris les cendres de celles dont le corps a donné lieu à la crémation, doivent être traitées avec respect, dignité et décence ».

Le sens de la sépulture

Revenons maintenant au caractère « public » de la sépulture pour le travail de deuil et de mémoire. Si nous associons spontanément le deuil à un éprouvé intime et privé, il ne faudrait pas oublier qu'il a aussi une dimension sociale. La sépulture, écrit Paul Ricoeur, « n'est pas seulement un lieu à part de nos cités, ce lieu appelé cimetière où nous déposons la dépouille des vivants qui retournent à la poussière. Elle est un acte, celui d'ensevelir. Ce geste n'est pas ponctuel ; il ne se limite pas au moment de l'ensevelissement ; la sépulture demeure, parce que demeure le geste d'ensevelir ; son trajet est celui même du deuil qui transforme en présence intérieure l'absence physique de l'objet perdu »[12]. À l'échelle du social, le deuil est là pour séparer le passé du présent et pour faire place au futur. À l'échelle du social encore, il s'agit de permettre une continuité de vie par-delà les ruptures et les séparations.

Ainsi, la manière dont on envisage l'accompagnement de la fin de vie, la mort, l'hommage et le deuil, pour soi-même, au sein d'une famille et d'un tissu social, est le symbole d'un certain état de la société. Ces différents moments disent

---

11. Cécile Prieur, « L'essor de la crémation pose la question du statut des cendres », *in Le Monde*, 30 octobre 2005.
12. Paul Ricoeur, *La mémoire, l'histoire, l'oubli*, Le Seuil, 2000.

beaucoup en effet de notre faire avec notre condition de mortels. Ils disent aussi beaucoup de notre être ensemble à la fois en situation de fragilité (la maladie, la vieillesse, la fin de vie) et en situation de pluralisation des valeurs. C'est bien là l'un des enjeux contemporains : trouver une forme de vivre-ensemble tout en respectant les croyances de chacun, trouver la force commune pour faire que les lignées suivies par chacun ne donnent pas lieu à un éclatement du vivre-ensemble et à une impossibilité de parler, d'envisager et de vivre un avenir en commun. Car il incombe à chaque époque de reprendre, de revisiter, de réactualiser une tâche qui lui est toujours contemporaine, en même temps qu'elle est immémoriale : celle d'arracher à la mort une puissance d'humanisation. Il y a dans nos mémoires intimes et collectives, tout à la fois des blessures, voire des traumatismes et la présence discrète de « passeurs de vie » qui continuent d'inspirer et de soutenir notre marche, aussi périlleuse et incertaine soit-elle. Honorer leur mémoire, c'est prendre soin du présent et dynamiser notre avenir.

*
* *

Quatrième partie

Nouveaux enjeux pour la justice

Les horizons métaphysiques pré-interprétatifs du jugement pénal

Yan Plantier
Agrégé de philosophie et psychanalyste
Enseignant à la Faculté de Philosophie de l'UCLy
Membre temporaire de l'UR Confluence : Sciences et Humanités

Si, de manière générale, dire le juste par un prononcé judiciaire est un exercice difficile et jamais indemne à l'égard des scrupules de la conscience, décider d'une sanction en matière pénale est une véritable **épreuve** tant la charge d'infliger une souffrance est spontanément contraire à l'idéal pacifique qui semble conduire les différentes institutions du droit. Celui qui ne souffre pas de donner à souffrir est suspect : soit qu'il jouisse dangereusement de son pouvoir ou soit qu'il s'identifie à la stricte positivité de la loi en fantasmant de s'équivaloir à la seule rationalité procédurale.

Le temps du procès devient ainsi le temps de l'épreuve ouverte, pour chacun des acteurs : épreuve de la vérité qui est à faire, épreuve de la justice qui est à rendre, épreuve de l'acte et de sa valeur infractionnelle qui sont à assumer. Or c'est bien l'effectivité de la peine encourue qui donne à cette épreuve toute sa gravité. La peine est la vérité pratique du procès pénal en ce qu'elle le finalise comme la question ultime à laquelle il s'agira bien de répondre : sera-t-elle prononcée ? Faudra-t-il donner à souffrir et sous quelle forme ? Du même coup l'épreuve du magistrat, avant d'être celle d'un pouvoir, se révèle être celle d'une signification : quel sens y a-t-il à punir un homme ?

L'activité de jugement propre au magistrat ne s'arrête donc pas ici à la détermination du cas et des modes adéquats de traitement ; elle ne se limite pas non plus à l'analyse prudentielle de la situation ; elle ne s'épuise pas même dans la recherche créatrice et pondérée de l'énoncé juridique faisant défaut ; ou bien encore dans l'élaboration réfléchie des règles d'un art et d'une déontologie. Mais l'activité de jugement doit en amont de tous ces exercices endosser sa vocation critique et interroger la raison d'être de la justice pénale en se confrontant à ce qui la spécifie en propre : le droit de punir. Le recours à la peine est-il donc justifiable ? Non pas seulement par la production politique d'une délégation de pouvoir qui autorise à la décider, mais par la manifestation philosophique d'un sens qui autorise à en soutenir la pertinence malgré l'évidence du mal qu'elle donne à subir ?

L'appel à une humanisation de la peine est fréquent dans la magistrature, tant en ce qui concerne les procédures pénales qu'en ce qui concerne le régime des peines et de leur effectuation. Le *Recueil des obligations déontologiques des magistrats* proposé par le Conseil Supérieur de la Magistrature ainsi que le *Rapport* du Réseau Européen des Conseils de la Justice *sur la déontologie judiciaire*[1], tous deux parus en 2010, insistent sur « l'obligation de respecter et de faire respecter la dignité d'autrui » et sur « le sens de l'humanité » dont le juge doit faire preuve. L'approche judiciaire contemporaine est fortement marquée par l'humanisme auquel elle se réfère explicitement et dont la Déclaration Universelle des Droits de l'Homme lui semble donner la plus juste expression. La magistrature se pose en ce sens comme un organe de résistance, pour les nécessités de sa mission, face aux dérives gestionnaires ou sécuritaires. Pourtant la notion de peine demeure, sans être vraiment remise en question dans sa légitimité d'existence ; et d'ailleurs même le souci de recourir à des peines dites alternatives continue le déploiement de la logique pénale. Alors, comment comprendre cette persistance d'une quasi-évidence de la peine devant échoir au délinquant ou au criminel dans le contexte d'une culture dont la dignité humaine est la référence axiologique centrale ?

Pourquoi l'idée même de peine demeure-t-elle le référentiel du droit criminel ? D'où vient son aspect d'inéliminabilité dans le traitement judiciaire des infractions ? S'agit-il de la prégnance encore vivace d'anciens modèles de pensée qui promouvaient le châtiment comme la démonstration la plus efficace de la puissance politique ayant en charge l'ordonnancement des mœurs ? S'agit-il d'une logique calculatoire qui évalue tout dommage selon l'axe des rapports marchands exigeant l'équivalence d'un dédommagement et l'équilibrage des souffrances ? S'agit-il de l'entretien ritualisé d'une « fête du châtiment » selon les mots de Nietzsche ? Ou bien encore le discours sur la peine ne serait-il que le prétexte à maintenir actif un système pénitentiaire dont la fonction serait moins de punir que de retenir et de surveiller, pour sécuriser la société civile extra-carcérale ?

À moins, plutôt, que l'intuition réaffirmée d'une nécessité de la peine ne témoigne d'une logique anthropologique **plus métaphysique** que marchande et que son insistance à exister dans l'orbe du souci de justice ne révèle une sorte d'économie de l'âme humaine… Ainsi, la pratique judiciaire en matière pénale, dans la société contemporaine, n'est-elle pas un « lieu » continuant d'attester d'une certaine dimension spirituelle de l'homme, c'est-à-dire d'un *devenir homme* irréductible aux seuls processus biologiques et aux seules déterminations comportementales, mais exigeant des opérations de sens et un travail de la loi ? L'exercice pénal ne porte-t-il pas avec lui comme un horizon métaphysique de provenance qu'il importe de mettre à jour, tant pour discriminer parmi les

---

1. Recueil des obligations déontologiques des magistrats (2010 Réactualisé en 2019). Consultable sur http://www.conseil-superieur-magistrature.fr/publications/recueil-des-obligations-deontologiques

diverses mises en œuvre possibles que pour déterminer intelligemment les conditions d'effectuation d'une peine sensée ?

Dans ses derniers entretiens[2], M. Foucault concédait que « punir est la chose la plus difficile qui soit ». Il affirmait alors tout l'intérêt de « repenser le sens que l'on peut donner à la punition légale » quand justement ce sens ne semble plus être que la concaténation de multiples significations sédimentées par l'histoire et continuant de faire valoir, dans la juxtaposition, des rationalités divergentes. Il reprenait ainsi en écho l'analyse nietzschéenne constatant « qu'aujourd'hui il est impossible de dire avec certitude pourquoi l'on punit ». Les justifications philosophiques du recours légal à la peine sont pourtant classiques, mais leur apparent consensus autour du droit de punir ne cache pas longtemps l'irréductibilité de leur système de référence et l'impossibilité parfois de les concilier dans une même organisation de la pratique pénale.

Paul Ricoeur[3] a néanmoins tenté de les articuler en rapportant leur foyer d'argumentation à des pôles de référence non exclusifs afin de proposer une lecture renouvelée du sens de la justice pénale. Ainsi, trois modèles principaux président selon lui à la rationalisation de la peine légale :

– Un premier modèle thérapeutique et purgatoire qui pense la peine comme un châtiment dont la finalité est la guérison du coupable, le crime étant le symptôme d'une âme malade. Cette approche défendue par Platon met au premier plan la correction du coupable.

– Un second modèle synallagmatique et compensatoire qui vise davantage à corriger la situation que le criminel en considérant le tort procuré à la victime et en établissant la dette du coupable à son égard. Cette approche, conduite par Aristote fait donc davantage droit à la plainte de la victime lésée et à la nécessité de réparer les dommages.

– Enfin, un troisième modèle strictement rétributiviste qui tient la sanction pénale pour un impératif catégorique n'ayant d'autre fonction que de réhabiliter la valeur transcendante de la loi transgressée à l'égard de laquelle aucune réparation n'est possible. Cette approche trouve une expression aboutie chez Kant qui ordonne ainsi la décision pénale à la catégoricité de la loi dont l'attestation par la sanction équivaut à la réhabilitation de la communauté entière.

L'effort de Ricoeur, une fois ces pôles de référence repérés, est alors double. En effet, d'une part il s'agit pour lui de penser un nouveau modèle qui honore en quelque sorte les exigences mises à jour par chacun des systèmes précédents à l'égard du criminel, de la victime et de la loi commune. D'autre part il s'agit

---

2. M. Foucault, *Dits et écrits, tome 2*. Quarto Gallimard. *Entretiens* 301 et 346. 2001.
3. P. Ricoeur, *Le juste, la justice et son échec*. Carnets de l'Herne. 2006.

d'affronter l'aporie éthique et juridique que risque toujours de sceller « le scandale de la peine ».

Car si le souci de la justice procède de la visée éthique, s'il est le correspondant de la vie bonne sur le plan social, comment « justifier » la pénibilité d'une peine *dans la durée effective de son exécution* ? Quel ordre humain peut-il prétendre s'accomplir dans la communauté quand le mal demeure un principe actif sous les traits de la violence, quoiqu'il soit transféré d'un pôle à l'autre ? Ce n'est pas le procès pénal qui pose difficulté, ni même l'idée de sanction, mais la violence et la souffrance qui sont attachées à la peine dans la durée oubliée de son exécution. Comment l'ajout d'un mal à un mal peut-il prétendre exprimer la visée d'une vie bonne dont on attend qu'elle le soit pour tous ?

Il est donc urgent, selon Ricoeur, de mobiliser les ressources de la sagesse pratique pour trouver un nouveau foyer capable de reconstruire dialectiquement et dynamiquement la justice pénale enferrée dans les apories de la souffrance et de la violence. Ce foyer, Paul Ricoeur croit le reconnaître dans la catégorie de relation, seule à même d'irradier vers chacun des pôles pour dépasser sa propre trame de déploiement en l'orientant vers « l'horizon utopique d'une justice non violente » à travers le schème d'une justice restaurative (dont les « commissions vérité et réconciliation » initiées par Desmond Tutu sont un premier jalon).

Mais justement, cette perspective d'une restauration du lien humain n'est-elle pas trop proposée comme en surplomb ? La justice restaurative, pressée de mieux conduire la peine hors du scandale que constitue sa violence n'esquive-t-elle pas trop rapidement l'énigme du mal premier ? Ne doit-elle pas s'affronter davantage à l'effectivité du crime et à la négation de l'horizon d'altérité qu'il semble indiquer chez le criminel ? Car il ne suffit pas de penser la réhabilitation du criminel et sa réinsertion pour qu'il soit rendu à la possibilité des rapports humains. La catégorie de la relation perd de son opérativité si elle n'est pas d'abord soutenue par une attention au mystère du vécu personnel qui en porte ou non le projet.

Si donc une visée de réconciliation humaine doit finaliser la pratique pénale, alors le lieu d'épreuve ultime réside dans la transformation réelle de la perspective existentielle qui motive les actes délinquentiels et criminels. L'utopie éthique et politique ne peut oser s'avancer, de façon crédible, qu'en entrant par la porte d'une interprétation de la signification de l'acte criminel et sans régler trop vite la question pénale sur le refus de l'infliction supplémentaire d'une souffrance. La réflexion sur le sens de la justice pénale ne peut faire l'économie d'une pénologie véritable. Or ni la lecture synallagmatique d'Aristote, ni la lecture rétributiviste de Kant ne s'y affrontent. En revanche, Platon semble en avoir assumé l'enjeu et la difficulté.

En effet, depuis le dialogue du Gorgias[4] jusqu'aux livres des Lois, Platon articule toute sa philosophie pénale autour d'un paradoxe : « Nul n'est méchant

---

4. Platon, *Gorgias*. GF Flammarion, 2018.

de son plein gré ». Cette formule étonnante ouvre pour la première fois la scène criminologique en développant, le long d'un axe métaphysique, une double ligne d'analyse, axiologique et anthropologique. Deux affirmations coordonnent alors la réflexion. D'une part celle de la finalité éthique du désir qui garde la faute dans le sillage d'une division interne au sujet, due à son ignorance ou à sa faiblesse de caractère. D'autre part, l'affirmation de l'existence d'une âme individuelle et substantielle qui demeure marquée des actes qu'elle a posés en portant avec elle sa vilenie jusque dans les provinces eschatologiques si aucune délivrance ne lui est donnée. Ces deux affirmations concourent à penser la dimension éminemment thérapeutique de l'institution judiciaire qui prend le relais des instances éducatives et soigne autant qu'elle rétablit l'ordre. Les lois, nous dit Platon, doivent se présenter « dans l'attitude d'un père ou d'une mère pleins d'amour et d'intelligence et non à la manière d'un tyran qui ordonne et menace » (859a)[5].

La peine, qui n'est qu'un registre possible d'intervention aux côtés de l'exhortation ou de la récompense, peut alors s'interpréter sur le mode du châtiment dont la visée est d'opérer une correction de l'âme. Cependant cette correction n'est possible que si le châtiment porte avec lui l'empreinte de la justice de celui qui l'inflige, selon la loi d'identité des natures entre l'action et la passion qui veut que la marque se retrouve à l'identique du type qui l'a apposée. La peine n'opère donc pas d'elle-même en tant que châtiment, mais seulement par la transmission de vertu qu'elle permet, en fonction de la bienveillance et de la justice de celui qui punit ainsi que du degré d'atteinte de l'âme malade.

La temporalité joue ici un rôle essentiel, exigée par une transformation ontologique qui relève davantage de la maturation d'un être que de l'adaptation d'un comportement. Le déploiement eschatologique n'est donc pas seulement le vis-à-vis éthique, dans sa portée sacrée, qui encourage et suscite la crainte dès l'ici-bas terrestre, mais l'indice de la teneur spirituelle du travail qui accomplit le retournement du criminel vers les horizons de la vie heureuse. L'eschatologie confirme l'enjeu psychagogique d'une âme qui est à accompagner vers son achèvement dans un désir rendu à sa polarité véritable.

C'est donc bien au lieu du désir que la peine intervient pour Platon, quand elle transporte dans son opération les signes de la justice et de la bienveillance de celui qui l'inflige. Or ce lieu du désir et son horizon d'accomplissement ne sont pensables que sous les espèces d'un travail de l'âme. Ceci dit, le rôle que joue la souffrance demeure énigmatique, quoiqu'elle doive être référée à la loi et à la vertu de qui la décide pour trouver quelque fonction thérapeutique.

Or c'est peut-être à la lumière d'un autre discours sur l'âme et le désir, celui de la psychanalyse[6], que la *psychagogie pénale* peut trouver une nouvelle voie d'intelligibilité.

---

5. Platon, *Les lois 2*, Livre IX. GF Flammarion, 2006.
6. C. Balier, *Psychanalyse des comportements violents*. P.U.F. 2003.

En effet, dans la perspective analytique, la violence criminelle peut être pensée en tant qu'« agressivité libre », c'est-à-dire « non liée » dans le cadre d'une intrication des pulsions elle-même organisée sous le signe de la loi et de la reconnaissance de l'autre. Cette agressivité, par son déchaînement, immerge le sujet dans le régime autarcique de sa jouissance et l'enclôt dans une position toute puissante et défensive d'où l'autre est exclu, soit qu'il n'ait jamais su émerger auparavant dans l'univers du sujet, soit qu'il se fût montré à ce point menaçant dans sa propre jouissance qu'il s'est agi de l'éliminer de la scène psychique interne. *La Loi*, dans sa signification anthropologique première est alors salvatrice en tant qu'*inter-dit* qui, tout à la fois, protège de sombrer dans une violence aveugle et empêche de disparaître dans la jouissance de l'autre.

C'est dans le rai symbolique de cette Loi donnée comme parole d'humanité et juridiquement articulée que se situe alors la pertinence d'une sanction pénale, non seulement dans son prononcé, mais aussi dans la durée pénible de son effectuation. La peine devient comme l'incise dans le régime saturant de la jouissance, ménageant une place à l'altérité par sa résistance coercitive et par l'adresse d'une demande d'aide que sa pénibilité peut faire surgir.

Cependant, cette valeur de « castration symboligène » ne peut jamais procéder du seul fait de l'infliction d'une souffrance. Bien au contraire, elle ne peut résulter que de la parole humaine et sensée qui trame le passage de la jouissance à l'existence personnelle, par le relais du magistrat, de l'éducateur, du psychologue ou des divers interlocuteurs. La peine ne fait jamais sens en elle-même, mais elle est un opérateur dont la performativité dépend en premier lieu des interprétations qu'elle véhicule.

Ainsi, la sanction pénale est toujours au moins implicitement référée à une pensée criminologique dont les représentations conditionnent l'opérativité. Et cette criminologie est elle-même inséparable d'une certaine anthropologie fondamentale dont la criminalité constitue l'épreuve critique. Le délinquant sera-t-il à éliminer, à soumettre, à contenir, à convaincre, à soigner, à instituer, à éduquer ? Tout dépend de ce qui est cru de l'homme tant par les acteurs de la peine que par la communauté politique. Or les figures de la peine sont à leur tour requises et portées par l'intention qui les finalise. Ainsi la sanction qui vise à l'instauration d'une reconnaissance de l'altérité par un travail d'ouverture ne peut que prendre la figure de la privation dans un environnement de bout en bout ferme et bienveillant. L'institution pénale est une *métaphysique pratique* par ce qu'elle dit de l'existence humaine, de sa destination, de ses possibilités, de ses impasses et de ses modes d'accomplissement. Aucun acteur de la peine ne peut, par exemple, faire l'économie d'une réflexion sur le mal et sur la liberté. Pourtant, il demeure bien rare que de telles représentations soient assumées, interrogées et discutées.

Nous avons mentionné, au début, les codes de déontologie qui insistent sur les vertus du juge en rappelant son devoir d'humanité. Mais il est étonnant que ce devoir soit présenté comme une qualité commune socialement attendue plutôt que comme une exigence première commandée par une pensée mûrie à l'égard de la personne humaine. Le magistrat et le législateur ne sont-ils pas sommés par la gravité de leur charge d'approfondir les soubassements philosophiques de leurs propositions et de leurs décisions ? Le jugement pénal ne se départit pas, en son amont, d'un premier jugement sur la condition humaine et sur le sens de la peine. Et c'est seulement de cette herméneutique fondamentale que la peine peut tirer sa puissance d'opération, si tant est qu'on la veuille opérer et qu'on travaille à l'élaboration des relais de sa signification. Car ce n'est pas tant la souffrance pénale qui est scandaleuse, que le silence du non-sens. Gageons en tout cas que de porter l'interrogation sur le terrain métaphysique peut établir le magistrat dans la posture d'un gardien du sens qui, de ce fait, humanise vraiment la peine et honore enfin *le devoir de soutenir* dont on peut rêver qu'il soit inséparable du *droit de punir*.

*
* *

Famille et détention : de la difficulté de maintenir des liens

Marion WAGNER
Docteur en droit
Membre associée du Centre de recherche en droit Antoine Favre
de l'Université Savoie Mont-Blanc

Selon le mot d'Emma Gounot : « *Si on défend la famille, c'est parce qu'elle apparaît comme l'instrument le plus nécessaire à l'épanouissement et au développement des personnes.* »[1] Ces mots résonnent tout particulièrement dès lors que l'on s'intéresse à la situation des personnes privées de liberté : le maintien des liens familiaux permet aux personnes détenues condamnées[2], de tenir debout malgré l'enfermement en continuant d'exister au sein de leur famille, et de pouvoir ainsi garder une chance de réinsertion au sortir des murs.

Le ministère de la Justice lui-même met en avant l'importance du maintien des liens familiaux en détention, le concevant comme une « condition fondamentale de la réinsertion des personnes placées sous-main de justice et de la prévention de la récidive », et à ce titre, comme « une des principales missions de l'administration pénitentiaire »[3].

Le maintien des liens avec la famille représente pour les personnes privées de liberté une source d'affects, mais également un fil tendu vers l'extérieur : les proches, la famille, sont ceux qui sont dehors et maintiennent dans un espoir et une envie de réinsertion. Voir ses proches, appeler ses proches, écrire à ses proches, récupérer du linge propre, jouer avec ses enfants, assister à la naissance de son enfant, mettre au monde son enfant, se rendre à des obsèques... sont autant d'expériences de vie vécues différemment dans le cadre de l'enfermement, car des règles spécifiques s'appliquent.

---

1. Emma Gounot, propos tenus à l'occasion des 40 ans de l'Institut des Sciences de la Famille, UCLy, Lyon, nov. 2014.
2. Le présent article est consacré aux seules personnes détenues condamnées au sens strict, après décision de condamnation d'une juridiction pénale ; le cas des prévenus, personnes en attente de jugement, dans les liens de la prévention, ne sera pas développé, sauf comme exemple à titre de comparaison.
3. Site internet du ministère : www.justice.gouv.fr

Autant d'expériences aussi qui affectent non seulement la personne privée de liberté, mais également ses proches : eux aussi sont touchés par l'enfermement. Comment peuvent-ils rendre visite à leur proche privé de liberté ? Comment un enfant vit-il l'absence d'un parent enfermé lors d'un événement important ? Comment un parent vit-il un décès sans la présence de celui qui est enfermé ?

Concrètement, le maintien des liens familiaux pose la question du lien du dedans vers le dehors – la personne détenue doit pouvoir communiquer avec ses proches et sortir pour des événements importants ; et également du dehors vers le dedans – les proches doivent pouvoir être reçus en détention. La privation de liberté ne touche pas que la personne condamnée, mais tout son entourage. Or, tous ont droit à la protection de leur vie privée et familiale, principe à valeur constitutionnelle[4].

La Cour européenne des droits de l'homme (CEDH) affirme l'existence d'un droit au maintien des liens familiaux des personnes détenues, sur le fondement de l'article 8 de la Convention européenne de sauvegarde des droits de l'homme et des libertés fondamentales (CESDH). Selon la Cour, l'administration pénitentiaire d'un État doit aider le détenu à maintenir un contact avec sa famille proche[5], tandis que les restrictions apportées au droit de visite sont une « ingérence » dans l'exercice de son droit à une vie familiale normale[6]. Ainsi l'interdiction à vie de visites familiales longues viole-t-elle l'article 8[7]. De même en est-il du fait de refuser de transférer un détenu dans une prison plus proche du domicile de ses parents, en ce qu'elle constitue une ingérence disproportionnée par rapport au but de sécurité poursuivi et non nécessaire dans une société démocratique[8]. De même encore en est-il du fait de refuser à un détenu le droit d'assister aux

---

4. Le droit de toute personne au respect de sa vie privée et familiale est un principe à valeur constitutionnelle depuis 1995, Cons. const., 18 janv. 1995, n° 94-352 DC, cons. 3 : « La méconnaissance du droit au respect de la vie privée peut être de nature à porter atteinte à la liberté individuelle. »
5. CEDH, 28 sept. 2000, Messina c/ Italie, n° 25498/94 ; 9 avr. 2013, Kurkowski c/ Pologne, n° 36228/06 ; 23 oct. 2014, Vintman c/ Ukraine, n° 28403/05 ; 30 juin 2015, Khoroshenko c/ Russie, n° 41418/04 ; 28 mai 2019, Chaldayev c/ Russie, n° 33172/16.
6. CEDH, 23 févr. 2016, Mozer c/ République de Moldova et Russie, n° 11138/10 : les restrictions consistaient en une limitation du nombre de visites familiales, la surveillance des visites, la soumission du détenu à un régime pénitentiaire spécifique.
7. CEDH, 30 juin 2015, Khoroshenko c/ Russie, n° 41418/04 : la Cour rappelle ici aussi : « Il est essentiel au respect de la vie familiale que l'administration pénitentiaire autorise ou, le cas échéant, aide le détenu à maintenir le contact avec sa famille. »
8. CEDH, 25 juill. 2013, Khodorkovskiy et Lebedev c. Russie, n° 11082/06 et 13772/05 ; 14 janv. 2016, Rodzevillo c. Ukraine, n° 38771/05 ; 17 sept. 2019, Avsar et Tekin c/ Turquie, n° 19302/09 et 49089/12.

funérailles d'un proche parent, en ce que cela constitue une ingérence excessive dans le droit à la vie privée protégé par l'article 8[9].

En revanche, elle a pu considérer comme justifiés : des restrictions apportées au droit à une vie familiale normale d'un détenu, en raison de la dangerosité de ce dernier[10], le refus de rapprochement avec le domicile des parents d'un détenu condamné à une longue peine pour collaboration avec une entreprise terroriste, en raison de la légitimité du but poursuivi par les autorités espagnoles de briser les liens du détenu avec l'organisation terroriste[11], le transfert de détenus dans un centre de détention éloigné du domicile de leurs proches, en raison des impératifs de sûreté publique, de défense de l'ordre et de prévention des infractions pénales[12], ou enfin le refus d'assister à des funérailles, pour les mêmes motifs de sécurité[13].

Si la CEDH condamne fréquemment les États pour restriction aux droits de visite ou au maintien des liens d'un détenu avec ses proches, elle ne protège pas le droit à une vie familiale normale de façon systématique pour tout détenu, acceptant de se ranger derrière la souveraineté étatique et les impératifs de sécurité et d'ordre public internes : toute ingérence dans la vie privée au sens de l'article 8 de la CESDH n'est donc pas condamnée par la Cour. Seules les ingérences excessives le sont, la Cour en décidant au cas par cas.

Ainsi un détenu condamné pour terrorisme n'a-t-il pas droit au maintien des liens familiaux au même titre qu'un détenu condamné pour une infraction de droit commun. Cela ne manque pas d'interroger. Le droit au maintien des liens familiaux, pourtant facteur de réinsertion, se révèle être soluble dans la protection de l'ordre public, selon cette position de la Cour européenne des droits de l'homme. La réinsertion via le contact, essentiel, avec les proches se voit ainsi freinée par la gravité et la nature des faits commis.

Le constat interroge d'autant plus qu'en droit interne, les nombreuses règles techniques prévues pour encadrer les contacts des détenus avec leur famille se heurtent à des difficultés d'application, empêchant un droit effectif au maintien des liens familiaux pour tous les détenus.

---

9. CEDH, 12 nov. 2002, Płoski c/ Pologne, n° 26761/95 ; 2 mai 2019, Vetsev c/ Bulgarie, n° 54558/15.
10. CEDH, 18 mars 2014, Öcalan c/ Turquie, n° 24069/03, 197/04, 6201/06 et 10464/07 : des régimes de sécurité renforcée à l'égard de détenus dangereux sont une ingérence dans la vie privée justifiée par des impératifs de sûreté publique, de défense de l'ordre et de prévention des infractions pénales.
11. CEDH, 28 mai 2019, Fraile Iturralde c/ Espagne, n° 66498/17.
12. CEDH 2 mars 2017, Labac Larrea et autre c/ France, n° 56710/13 ; 17 sept. 2019, Avsar et Tekin c/ Turquie, n° 19302/09 et 49089/12.
13. CEDH, 11 avr. 2019, Guimon c/ France, n° 48798/14.

Ce droit est reconnu par principe pour les détenus par l'article 35 de la loi pénitentiaire n° 2009-1436 du 24 novembre 2009 : « *Le droit des personnes détenues au maintien des relations avec les membres de leur famille s'exerce soit par les visites que ceux-ci leur rendent, soit, pour les condamnés et si leur situation pénale l'autorise, par les permissions de sortir des établissements pénitentiaires.* » Il est ensuite décliné dans différentes dispositions techniques, relatives à des composantes concrètes de son exercice effectif : droit d'avoir des visites, dans différents cadres (parloirs classiques, parloirs familiaux, unités de vie familiales) ; droit de sortir pour certains événements (permissions de sortir) ; droit d'avoir des correspondances orales ou écrites ; droit de recevoir des objets ou effets ; ou encore droit de garder son enfant avec soi jusqu'à ses dix-huit mois quand on est une femme détenue. Ce sont autant de règles techniques conçues pour permettre aux détenus de conserver ou de développer leurs liens avec leurs proches.

Mais ces textes, essentiellement réglementaires – voire parfois sans valeur normative officielle[14]– laissent trop de place aux disparités d'application sur le territoire, en ce que nombre de rencontres ou de contacts entre les détenus et leurs proches dépendent d'une décision administrative individuelle. Les détenus ne peuvent ainsi bénéficier d'un réel accès à une vie familiale normale : tous ne peuvent entretenir des liens avec leur famille dans les mêmes conditions sur tout le territoire (I), pas plus qu'ils ne peuvent construire un lien solide avec leurs enfants (II).

I. Le difficile entretien des liens familiaux : la famille sacrifiée

La famille est entendue largement dans le dispositif organisant le maintien des liens familiaux des détenus. La circulaire du 20 février 2012 précise que la famille autorisée à avoir des contacts avec un détenu inclut les « personnes justifiant d'un lien de parenté ou d'alliance juridiquement établi : ascendants et descendants, collatéraux (frères et sœurs notamment), conjoints pacsés ou mariés, concubins »[15], mais également les « personnes ne justifiant pas d'un tel lien mais attestant d'un projet familial commun avec la personne détenue »[16]. La circulaire entend ainsi, et le rappelle expressément, « prendre en compte la diversité et les évolutions des modèles familiaux, telles que les recompositions

---

14. Comme souvent en matière de droit pénitentiaire, les règles relatives à la protection des liens familiaux des détenus sont explicitées par des circulaires d'application, textes privés officiellement de toute valeur normative, cf. : Crim., 18 févr. 2003, n° 02-80.018, Bull. crim, 2003, n° 40 ; Crim., 6 déc. 2016, pourvoi n° 16-82.872.
15. Circ. n° JUSK1140029C, 20 févr. 2012, relative au maintien des liens extérieurs des personnes détenues par les visites et l'envoi ou la réception d'objets.
16. *Ibid.*

familiales »[17]. L'enfant du conjoint du détenu est ainsi considéré comme un membre de la famille selon la circulaire précitée.

Le même texte reconnait également la possibilité à des « proches » de garder des liens affectifs avec les détenus ; ce sont les personnes autres que les membres de la famille, mais qui peuvent prétendre à des liens privilégiés avec les détenus, en raison d'un intérêt commun : cercle amical ou soutien important[18].

Les notions de famille et de proches sont ainsi largement entendues, ce qui révèle la volonté de prendre en considération les multiples modèles de familles, et non seulement la famille traditionnelle par le sang. Mais il n'en reste pas moins que les liens familiaux – même entendus largement – ne sont pas pleinement protégés en détention : les entrées des proches dans l'univers carcéral et les sorties des personnes détenues pour aller à la rencontre de leurs proches ne sont pas garanties de façon uniforme sur tout le territoire (**A**), tandis que les transferts fréquents d'un établissement pénitentiaire à un autre fragilisent encore – voire rompent – les liens (**B**).

A. Les disparités sur le territoire : un inégal accès au maintien des liens familiaux

Les détenus peuvent recevoir des visites de leurs proches en détention *via* les parloirs classiques, les parloirs familiaux et les unités de vie familiale. Les premiers donnent lieu à des rencontres brèves, dans un espace réduit, sous la surveillance permanente d'un agent de l'administration pénitentiaire[19]. Les seconds, appelés aussi « salons familiaux » sont de petites salles de 12 à 15 m^2 qui peuvent donner lieu à une visite de 6 heures[20]. Les dernières, créées en 2003, sont de petits appartements de 2 ou 3 pièces situés dans l'enceinte pénitentiaire, et qui permettent au détenu de recevoir une visite de ses proches pour une durée pouvant aller jusqu'à 72 heures[21]. Ni les salons familiaux ni les unités de vie familiale ne sont soumis à une surveillance permanente[22], c'est là leur grand avantage. Mais première disparité qu'il faut ici relever : ces aménagements propices à des visites dans de meilleures conditions pour les détenus et leurs proches ne sont pas proposés dans tous les établissements. En effet, seuls 33 établissements étaient dotés de parloirs familiaux au 23 juillet 2019, pour un total de 124 salons sur tout le territoire[23] ; de même, tous les établissements ne comportent pas d'UVF :

---

17. *Ibid.*
18. *Ibid.*
19. CPP, art. R. 57-8-15.
20. CPP, art. R. 57-8-13.
21. CPP, art. R. 57-8-14.
22. CPP, art. R. 57-8-15.
23. Chiffres du ministère de la Justice, www.justice.gouv.fr.

seuls 52 établissements au 23 juillet 2019, pour un total de 170 UVF sur tout le territoire[24].

À cette disparité dans le parc carcéral s'ajoutent des risques d'inégalité de traitement entre les proches de détenus condamnés, en ce que l'accès aux parloirs, classiques ou familiaux, est prévu par des textes réglementaires généraux qui laissent toute latitude à chaque chef d'établissement. En effet, est nécessaire pour toute visite un permis de visite : formulaire à remplir obligatoirement par tous ceux qui veulent rendre visite en parloir classique ou en parloir familial, et qui donne lieu ou non à autorisation par le chef d'établissement où est incarcéré le détenu condamné concerné[25].

S'il est délivré le plus souvent pour une durée indéterminée, le dispositif prévu laisse place à un fort risque de disparités, voire d'arbitraire.

Non seulement le délai d'attente nominal de réponse à une demande de permis de visite peut être long, pouvant aller jusqu'à 2 mois[26], mais encore, le chef d'établissement peut surseoir à prendre sa décision, et ce, pour un motif général. Si le texte vise deux motifs précis (empêchement matériel de la personne détenue, tel que transfert, extraction judiciaire, hospitalisation ; ou détenu en cellule disciplinaire ayant épuisé son permis de visite hebdomadaire), il vise également un motif général : des « circonstances exceptionnelles »[27] peuvent justifier un sursis. Un chef d'établissement peut ainsi invoquer un empêchement matériel du service des parloirs pour retarder une demande de permis de visite. Si l'argument technique se comprend, et s'il est vrai que les réalités matérielles sont différentes d'un établissement à un autre (une maison d'arrêt, un centre de détention ou une maison centrale ne sont pas soumis exactement aux mêmes réalités pratiques), il n'en reste pas moins que cela crée des risques d'arbitraire et d'inégalités entre les familles de détenus condamnés, et par conséquent entre les condamnés.

De même, les motifs de refus opposés à la demande dépendent de la qualité du visiteur : s'il n'est pas membre de la famille au sens de la circulaire du 20 février 2012 précitée, le chef d'établissement peut se contenter d'un motif général de bon ordre ou de sécurité, ou de prévention des infractions, ou encore d'obstacle à la réinsertion du condamné[28]. La loi donne ainsi un blanc-seing au chef d'établissement pour invoquer n'importe quel motif (simple attitude prétendument suspicieuse d'un visiteur par exemple). Si pour les membres de la famille, le

---

24. *Ibid.*
25. CPP, art. R. 57-8-8 et s., étant précisé que l'autorité compétente est un juge si le détenu est en attente de jugement, mais là n'est pas notre sujet.
26. L. n° 2000-321, 12 avril 2000.
27. CPP, art. R. 57-8-11. – Circ. n° JUSK1140029C, 20 févr. 2012.
28. L. n° 2009-1436, 24 nov. 2009, art. 35, al. 3.

refus doit être spécialement motivé[29] pour deux motifs et non trois, les raisons à invoquer n'en sont pas moins imprécises : il peut refuser pour un motif lié au bon ordre ou à la sécurité ou lié à la prévention des infractions. Tout motif sécuritaire, soit de risque pour l'ordre, même non avéré, peut donc être une justification d'un refus de permis de visite. En outre, le chef d'établissement, ou le préfet en cas d'hospitalisation du condamné[30], peut annuler ou suspendre le permis, dans les mêmes conditions que pour le refus : famille et proches ne sont pas traités de la même façon sur le territoire national, et les motifs sécuritaires sont largement entendus[31].

Chaque permis délivré, chaque refus, chaque sursis, chaque annulation ou suspension, dépend donc d'une autorité administrative qui prend seule une décision sur des motifs généraux. Ainsi des décisions administratives déterminent-elles le droit de visite de chaque proche de chaque condamné, et non des décisions judiciaires prises par un magistrat comme ce devrait être le cas. En effet, selon l'article 66 de la Constitution, c'est l'autorité judiciaire qui assure le respect de la liberté individuelle, en tant que gardienne de cette dernière. Or, le respect de la vie privée s'est vu reconnaître une valeur constitutionnelle par le Conseil constitutionnel, comme émanation de la liberté individuelle[32]. Le garant du droit au maintien des liens familiaux de chaque détenu devrait donc être l'autorité judiciaire, et non l'autorité administrative. Pourtant, les condamnés, et leurs proches, n'ont pas droit à cette garantie constitutionnelle.

Non seulement les décisions administratives individuelles exposent chacun d'eux à des réponses divergentes dans des situations pourtant similaires, mais encore et surtout, le recours s'en retrouve limité. Il est soit gracieux devant le chef d'établissement ; soit hiérarchique par courrier recommandé avec accusé de réception adressé au directeur interrégional de l'administration pénitentiaire ; soit contentieux dans le cadre d'un recours pour excès de pouvoir devant le juge administratif ou dans le cadre d'un référé suspension, en invoquant l'urgence et l'illégalité de la décision ou encore dans le cadre d'un référé-liberté, en invoquant l'urgence et l'atteinte au droit de mener une vie familiale normale[33]. Ces recours n'ont d'autre choix que de tenter de s'appuyer sur l'article 35 de la loi pénitentiaire du 24 novembre 2009 pour défaut de motif, ou sur l'article 8 de la CESDH, pour atteinte injustifiée au droit à la vie privée. Mais l'argument tiré du droit interne est difficile à démontrer, tant les motifs sécuritaires visés par la loi sont généraux ; et celui tiré du droit européen s'expose à la position de la

---

29. L. n° 2009-1436, 24 nov. 2009, art. 35, al. 2.
30. CPP, art. R. 57-8-10.
31. L. n° 2009-1436, 24 nov. 2009, art. 35, al. 2 et 3.
32. Cons. const., 18 janv. 1995, n° 94-352 DC, cons. 3 : « La méconnaissance du droit au respect de la vie privée peut être de nature à porter atteinte à la liberté individuelle. »
33. CE, 7 mars 2018, n° 417370.

Cour EDH, qui admet des ingérences dans le droit à la vie privée si elles sont justifiées par un but légitime tenant à un impératif de sécurité[34].

Le risque d'inégalités de traitement est encore accru s'agissant de l'accès aux unités de vie familiale. Si pour les parloirs, le permis est demandé uniquement par le visiteur et est le plus souvent délivré pour une durée indéterminée, ce n'est pas le cas pour les visites en UVF : l'autorisation est demandée par le visiteur et le condamné pour chaque visite[35], et a pour préalable obligatoire l'octroi d'un permis de visite classique, suivi d'un certain nombre de visites effectives[36]. Aussi, toutes les difficultés soulevées pour l'accès aux parloirs classiques et familiaux seront à affronter avant une visite en UVF, avec les mêmes risques de disparités et d'arbitraire, en ce que la décision d'autorisation, de refus, de retrait ou de sursis est de nature administrative, également en matière d'UVF, et pour les mêmes motifs. À cela s'ajoutent des difficultés propres aux règles relatives aux permis de visite en UVF. Ainsi, par exemple, si la décision d'autoriser une visite en UVF est prise en commission pluridisciplinaire[37], le règlement intérieur peut exiger d'autres pièces que celles prévues par les textes. Le traitement est donc potentiellement différent d'un établissement à un autre. De même s'agissant de la fréquence des visites : si un minimum légal est imposé (au moins une fois par trimestre[38]), elle est décidée par l'établissement concerné. Tout dépend donc encore du règlement intérieur de chaque établissement, laissant place au risque de disparités : certains établissements peuvent se contenter du minimum légal, d'autres peuvent aller plus loin. De même encore, la durée de la visite dépend du règlement intérieur et du chef d'établissement : le Code de procédure pénale prévoit une très grande amplitude (minimum de 6 heures et maximum de 72 heures[39]), laissant toute latitude au chef d'établissement pour déterminer la durée de la visite en fonction du règlement intérieur[40]. Si la circulaire précise que la durée de l'incarcération ou la nature exacte du lien avec le visiteur doivent être indifférentes[41], le chef d'établissement, autorité administrative, demeure libre, et

---

34. CEDH, 12 nov. 2002, Płoski c/ Pologne, n° 26761/95 ; 18 mars 2014, Öcalan c/ Turquie, n° 24069/03, 197/04, 6201/06 et 10464/07 : des régimes de sécurité renforcée à l'égard de détenus dangereux sont une ingérence dans la vie privée justifiée par des impératifs de sûreté publique, de défense de l'ordre et de prévention des infractions pénales ; 2 mai 2019, Vetsev c/ Bulgarie, n° 54558/15 ; 2 mars 2017, Labac Larrea et autre c/ France, n° 56710/13 ; Guimon c/ France, 11 avr. 2019, n° 48798/14 ; 28 mai 2019, Fraile Iturralde c/ Espagne, n° 66498/17 ; 17 sept. 2019, Avsar et Tekin c/ Turquie, n° 19302/09 et 49089/12.
35. Circ. n° JUSK0940004C, 26 mars 2009.
36. *Ibid.*
37. *Ibid.*
38. L. n° 2009-1436, 24 nov. 2009, art. 36, al. 2.
39. CPP, art. R. 57-8-14.
40. Circ., n° JUSK0940004C, 26 mars 2009.
41. *Ibid.*

sans possibilité de recours et de contrôle par une autorité judiciaire. Enfin, le cadre et le déroulement des contrôles inopinés pouvant être organisés sont fixés dans le règlement intérieur de chaque établissement, exposant encore les détenus condamnés et leurs proches à un traitement différent selon l'établissement pénitentiaire concerné.

Si les règles de visite permettant aux condamnés de voir leurs proches entrés en détention laissent ainsi le maintien de leurs liens familiaux aux mains des chefs d'établissement, autorités administratives, il n'en était pas de même jusqu'en 2019 s'agissant des règles d'aménagement de peine permettant aux condamnés de sortir de l'univers carcéral pour entretenir des liens familiaux les plus normaux possibles. Avant la loi du 23 mars 2019[42], aucun des aménagements de peine prévus ne pouvait être décidé par le chef d'établissement : ces mesures accordées aux condamnés afin de favoriser leur insertion ou leur réinsertion et d'éviter la récidive[43] étaient aux seules mains des juges judiciaires, les chefs d'établissement étant seulement impliqués dans le suivi de l'exécution des mesures, mais jamais dans la décision. Ainsi, la libération conditionnelle[44], le placement sous surveillance électronique fixe[45] (future détention à domicile sous surveillance électronique[46] à compter du 24 mars 2020), ou encore la semi-liberté[47] sont autant de mesures de réinsertion, dont l'un des motifs peut être la « participation à la vie de famille ». De même, la suspension de peine pour raisons médicales peut être analysée comme un aménagement de peine pour raisons familiales, dès lors qu'elle consiste dans le droit de sortir pour mourir avec les siens lorsque le pronostic vital est engagé[48]. Aucune ne repose sur la décision du chef d'établissement du condamné concerné. Il n'en allait pas autrement de la permission de sortir. Aménagement de peine qui autorise un condamné à s'absenter sans escorte de l'établissement pénitentiaire pour un temps déterminé, en fonction de la durée de la peine et du motif de sortie[49], la permission de sortir peut être fondée sur quatre motifs énumérés par la loi[50], dont deux ont trait à la famille et aux liens familiaux : la maladie grave, le décès d'un proche ou la naissance de l'enfant du condamné[51] et le maintien des liens familiaux[52]. Jusqu'à la loi du 23 mars 2019, un tel aménagement de peine s'obtenait uniquement *via* une

---

42. L. n° 2019-222, 23 mars 2019 de programmation 2018-2022 et de réforme pour la justice.
43. CPP, art. 707.
44. CPP, art. 729.
45. C. pén., art. 132-26-1.
46. C. pén., art. 132-25 et 132-26.
47. CPP, art. 723-1.
48. CPP, art. 720-1-1.
49. CPP, art. 723-3.
50. *Ibid.*
51. *Ibid.*, al. 2 ; CPP, art. D. 143-5.
52. *Ibid.*, al. 2 ; CPP, art. D. 143 à D. 143-3.

demande contentieuse devant le juge d'application des peines après avis de la commission d'application des peines. Depuis le 25 mars 2019, la décision peut être prise par le chef d'établissement pénitentiaire[53] si le condamné majeur a déjà bénéficié d'une permission accordée par le juge d'application des peines et si ce dernier en est d'accord. Une place décisionnaire est donc laissée au chef d'établissement pour accorder une sortie sans escorte à un détenu condamné, alors qu'il est sous l'autorité administrative : qu'en est-il alors des garanties judiciaires jusque-là assurées par la loi pour tous les condamnés ? Les recours ne pourront alors qu'être de nature administrative ? Le risque de disparités et d'arbitraire gagne ainsi un aménagement de peine pourtant utile au maintien des liens familiaux, en ce qu'il permet une réelle vie familiale normale pour quelques heures, car en dehors de l'enceinte de la prison.

Toutes ces disparités et risques d'arbitraire qui traversent les règles d'entrée de la famille dans l'univers carcéral, et de façon résiduelle, mais pas moins inquiétante, les règles de sorties ponctuelles des condamnés vers le monde familial libre sont d'autant plus perturbantes qu'elles sont en opposition avec les objectifs fixés par les règles pénitentiaires européennes (RPE), dans leur rédaction issue de 2006[54]. Ces 108 règles établissent les droits fondamentaux et des préconisations de mise en œuvre de ces droits. Sont sujettes à cette protection les personnes détenues suite à une décision de condamnation pour une infraction pénale, et les personnes prévenues, en attente de jugement. Toutes ont « droit à des contacts avec le monde extérieur »[55]. Ainsi est-il prévu que les détenus soient répartis « autant que possible dans des prisons situées près de leur foyer ou de leur centre de réinsertion sociale »[56], qu'ils « doivent être autorisés à communiquer aussi fréquemment que possible – par lettre, par téléphone ou par d'autres moyens de communication – avec leur famille (…) ainsi qu'à recevoir des visites desdites personnes »[57], et qu'ils puissent, grâce aux modalités de visite, maintenir et développer « des relations familiales de façon aussi normale que possible »[58]. De même est-il prévu une obligation pour les autorités pénitentiaires d'aider les détenus à maintenir un contact adéquat avec le monde extérieur[59], et une sanction disciplinaire ne peut pas consister une interdiction totale des contacts

---

53. *Ibid.*, tel qu'issu de L. n° 2019-222, 23 mars 2019 de programmation 2018-2022 et de réforme pour la justice, art. 85.
54. Adoptées en 1973, révisées en 1987, puis en 2006, les règles pénitentiaires européennes ont été adoptées par les États membres du Conseil de l'Europe pour harmoniser leurs politiques pénitentiaires et viser à des pratiques communes.
55. Les RPE développent les règles relatives aux détenus, et opèrent par renvoi s'agissant des prévenus (règle 99).
56. RPE, règle 17.1.
57. RPE, règle 24.1.
58. RPE, règle 24.4.
59. RPE, règle 24.5.

avec la famille[60]. Enfin, la possibilité de restreindre le droit aux contacts avec l'extérieur est également anticipée, à la manière de ce que la CEDH rappelle régulièrement : les restrictions sont possibles dès lors qu'elles sont justifiées par un impératif de sécurité[61]. Mais les RPE s'écartent de la position de la CEDH en ce qu'elles interdisent aux restrictions de priver totalement le détenu de tout contact[62]. Les règles européennes affichent ainsi clairement un objectif de protection du droit au maintien des liens familiaux du détenu, et dans une moindre mesure du prévenu, qui peut faire l'objet « dans un cas individuel » d'une interdiction spécifique de son droit à communiquer avec sa famille[63]. Certes, les règles pénitentiaires européennes ne lient pas les autorités françaises en ce qu'aucune sanction n'est prévue. Mais l'État français affiche sa volonté de suivre ces principes. En effet, une démarche de réception des RPE a officiellement débuté avant 2009, l'objectif étant de recenser les bonnes pratiques professionnelles et méthodes d'organisation afin de répondre aux objectifs fixés par les RPE. Les autorités françaises sont ainsi engagées officiellement depuis plus de dix ans dans une démarche de respect des RPE, donc dans le respect du droit au maintien des liens familiaux selon ces règles, de façon a priori uniforme sur tout le territoire. Il est donc pour le moins étonnant de découvrir des règles françaises sujettes à tant de disparités, alors même que les autorités françaises se plaisent à mettre en avant le référentiel RPE…

Si les liens familiaux des détenus condamnés sont fragilisés par ces nombreuses difficultés et disparités, les nombreux transfèrements dont ils sont l'objet durant leur parcours carcéral font obstacle au maintien de tout lien.

B. Les transfèrements : obstacle au maintien des liens familiaux

Transférer un détenu consiste pour l'administration pénitentiaire à conduire, sous surveillance, un détenu d'un établissement pénitentiaire à un autre[64]. Il existe deux types de transfèrements : la translation judiciaire, ordonnée par l'autorité judiciaire pour comparution devant un juge[65] et le transfèrement administratif[66], qui nous intéresse ici, c'est-à-dire la conduite d'un établissement à un autre. Ce type de transfèrement est de la compétence soit du ministre de la Justice[67] pour un transfert d'une région à une autre, ou vers ou à partir d'une maison centrale ou d'un quartier d'une maison centrale ; soit du directeur

---

60. RPE, règle 60.4.
61. RPE, règle 24.2.
62. *Ibid.*
63. RPE, règle 99.
64. CPP, art. D. 290.
65. CPP, art. D. 297 à D. 299.
66. CPP, art. D. 300.
67. *Ibid.*

régional[68] des services pénitentiaires d'une région donnée à l'intérieur de sa région, sans que ce dernier ait besoin de l'autorisation d'une autorité judiciaire si le détenu est un condamné. Par une décision administrative individuelle, un déplacement est donc possible d'une région à une autre, soit potentiellement très loin du cercle familial ou amical du condamné. Or, c'est le cas en pratique : des détenus sont transférés à des centaines de kilomètres de leur résidence familiale ou de leur cercle habituel de vie avant la détention. Les raisons peuvent en être la surpopulation carcérale[69], ou une sanction à la suite d'un mauvais comportement en détention.

A priori, un tel transfert très éloigné du lieu de vie habituel du condamné est contraire aux RPE évoquées plus haut, et viole l'article 8 de la CESDH en tant qu'ingérence injustifiée dans le droit à la vie privée et familiale[70].

Pourtant, le Conseil d'État, saisi dans le cadre d'un référé-liberté[71], a estimé le 9 avril 2019 qu'un transfèrement dans un établissement situé à plus de 500 km du domicile de l'épouse d'un détenu n'empêchait pas le maintien des liens familiaux. Outre que la décision ne semble pas empreinte d'une grande humanité, elle manque surtout d'une justification juridique cohérente. En effet, après avoir reconnu expressément que la décision de transfert contestée rendait plus difficile l'exercice par le détenu de son droit à conserver une vie familiale en détention « en raison de l'éloignement de sa nouvelle affectation, située à plus de 500 kilomètres du domicile de son épouse, du coût et de la durée du trajet », le Conseil se fonde sur le fait que le détenu a bénéficié malgré tout de trois parloirs entre décembre 2018, date de son transfert, et avril 2019, date de la décision, et qu'ainsi, son droit au maintien des liens familiaux n'a pas été atteint. Très prosaïquement, si sa famille ne s'était pas organisée pour venir le voir, le Conseil n'aurait pas pu tenir ce raisonnement, non juridique mais purement factuel, et inique : un droit dont l'exercice est rendu « plus difficile » mais pas impossible, serait-il respecté ?

En réalité, le vrai motif de la décision du Conseil réside ailleurs que dans ce prétexte factuel fallacieux : le détenu a agressé deux surveillants dans l'établissement d'où il a été transféré ; c'est cela qui justifie son transfert aux yeux du Conseil. C'est bien l'urgence sécuritaire du transfert qui l'emporte sur le respect de la vie privée et familiale et le droit au maintien des liens familiaux.

---

68. CPP, art. D. 301.
69. La France a déjà été plusieurs fois condamnée en raison de la surpopulation carcérale, v. par ex., CEDH, 25 avr. 2013, Canali c/ France, n° 40119/09 (violation de l'art. 3 CEDH : atteinte à la dignité) ; et très récemment, CEDH, 30 janv. 2020, JMB et autres c/ France, n° 9671/15 et 31 autres (violation art. 3 et 13).
70. CEDH, 23 oct. 2014, Vintman c/ Ukraine, n° 28403/05 ; à rappr. : 25 juill. 2013, Khodorkovskiy et Lebedev c. Russie, n° 11082/06 et 13772/05 ; 14 janv. 2016, Rodzevillo c. Ukraine, n° 38771/05 ; 17 sept. 2019, Avsar et Tekin c/ Turquie, n° 19302/09 et 49089/12.
71. CJA, art. L. 521-2.

Or, si ce motif de sanction pour comportement dangereux est inopérant pour les RPE, il est admis par la Cour EDH, et le Conseil pouvait se fonder dessus en retenant le modèle du raisonnement tenu par la Cour. En effet, le transfert à 500 km du domicile familial consiste en une ingérence dans le droit à la vie privée de l'article 8 de la CESDH, mais une ingérence justifiée selon la jurisprudence de la Cour : justifiée par un but légitime que de répondre à un impératif de sécurité face à un détenu dangereux pour les surveillants pénitentiaires dans l'établissement d'origine[72].

Malheureusement, le Conseil préfère un raisonnement factuel, pour en conclure que le transfert dans un établissement très éloigné du domicile n'est pas une atteinte grave et manifestement illégale à une liberté fondamentale. Il refuse ainsi de garantir pleinement le droit au maintien des liens familiaux : ce dernier, fragilisé de fait par l'univers carcéral, est en outre insuffisamment protégé par les textes et les autorités administratives compétentes. Les liens particuliers à construire avec les enfants ne sont guère davantage épargnés.

II. La difficile construction des liens familiaux : les enfants sacrifiés

La question du lien des détenus condamnés avec leurs enfants dépasse celle du respect des liens familiaux et le principe fondateur de respect de la vie privée et familiale. Elle pose en outre le problème du respect de l'intérêt supérieur de l'enfant, affirmé pour la première fois par la Convention internationale des droits de l'enfant le 20 novembre 1989, et ce, dans deux types de situations. Les enfants peuvent être amenés à rendre visite à leur parent détenu, comme tout membre de la famille (**A**), ou à vivre en détention avec leur mère, jusqu'à leurs 18 mois (**B**). Les deux posent le problème du respect de l'intérêt de l'enfant, en ce que ce dernier semble peu compatible en lui-même avec la vie carcérale.

A. Les enfants en visite

Des règles spécifiques aux visites des enfants, qui s'ajoutent aux règles communes, sont prévues. Pour rendre visite en parloir classique, le mineur doit détenir un permis de visite individuel (en cas de fratrie, chaque enfant doit demander et détenir un permis de visite), et non celui d'un parent. La demande

---

72. CEDH, 18 mars 2014, Öcalan c/ Turquie, n° 24069/03, 197/04, 6201/06 et 10464/07 : des régimes de sécurité renforcée à l'égard de détenus dangereux sont une ingérence dans la vie privée justifiée par des impératifs de sûreté publique, de défense de l'ordre et de prévention des infractions pénales ; 2 mars 2017, Labac Larrea et autre c/ France, n° 56710/13 ; 17 sept. 2019, Avsar et Tekin c/ Turquie, n° 19302/09 et 49089/12.

doit en être faite dans certaines formes : elle doit être faite par le ou les titulaires de l'exercice de l'autorité parentale et doit être accompagnée de certaines pièces (livret de famille ou extrait de naissance, photographie de l'enfant et liste des accompagnateurs majeurs). En outre, le mineur de 16 ans en visite doit se rendre au parloir avec un adulte autorisé par les titulaires de l'autorité parentale[73]. Enfin, et surtout, toute visite d'un mineur au parloir est soumise à deux conditions cumulatives : il faut une autorisation écrite du ou des titulaires de l'autorité parentale, et le détenu visité doit être titulaire de l'autorité parentale. De même, un enfant qui souhaite rendre visite à son parent en UVF doit répondre à des obligations spécifiques : il faut, en plus de la demande du détenu condamné (comme pour tout UVF), l'accord écrit du ou des titulaires de l'autorité parentale, ou encore du ou des délégataires de l'autorité parentale le cas échéant. La visite en UVF d'un enfant doit se faire sur le créneau horaire décidé par le ou les titulaires de l'autorité parentale, l'enfant doit être accompagné d'un autre adulte que le seul détenu, et la sortie doit avoir lieu en journée[74].

Toutes ces règles censées garantir le respect de l'intérêt de l'enfant, et traiter différemment les enfants en visite, apparaissent ainsi décrites comme des règles purement formelles, de documents à fournir et de formalisme à respecter. Mais rien n'est prévu de façon nationale sur tout le territoire pour garantir que les visites se déroulent bien concrètement, dans le respect effectif de l'intérêt de l'enfant. Cela, l'administration pénitentiaire le met en place en pratique, mais ni le législateur, ni le pouvoir réglementaire central ne le prévoient dans tous les établissements pénitentiaires français, ce qui génère encore des disparités en fonction des établissements, et donc une inégalité de traitement entre les enfants de parents incarcérés.

Le Défenseur des droits a d'ailleurs, le 19 juin 2019, conclu « à l'insuffisante prise en considération par l'administration pénitentiaire de l'intérêt supérieur de l'enfant dans l'organisation des visites des enfants à leur parent détenu »[75]. Dans sa décision, le Défenseur prend acte des efforts de l'administration pénitentiaire (élaboration d'un référentiel de programmation immobilière pénitentiaire qui inclut désormais systématiquement un espace enfants dans les nouveaux établissements construits ; développement d'espaces pour des parloirs médiatisés, prévus systématiquement dans tous les nouveaux établissements ; engagement à déployer des relais enfants-parents dans 75 % des établissements d'ici à 2020 ; mise en place d'un groupe de travail chargé d'élaborer un guide pratique de l'accueil des enfants destiné à tous les personnels pénitentiaires ; projet de révision et de refonte des outils relatifs aux pratiques professionnelles, en collaboration avec l'ENAP). Il formule cependant dix recommandations, dont une incitation à uniformiser les pratiques sur tout le territoire, une autre à généraliser les espaces

---

73. Circ., 20 févr. 2012.
74. Circ. n° JUSK0940004C, 26 mars 2009.
75. Défenseur des droits, déc. n° 2019-114, 19 juin 2019.

enfants dans tous les établissements, un appel à la mise en conformité avec l'article 36 de la loi n° 2009-1436 du 24 novembre 2009, en déployant des dispositifs de rencontre familiale sans surveillance directe dans tous les établissements pénitentiaires, une incitation à déployer des partenariats avec le secteur associatif sur tout le territoire, afin de garantir le droit de l'enfant au maintien des liens avec chacun de ses parents sur l'ensemble du territoire, ou encore la mise en place d'un guide pratique de l'accueil des enfants dans tous les établissements pénitentiaires, afin que les pratiques soient les mêmes partout.

La décision pointe ainsi clairement les disparités sur le territoire d'un établissement à un autre dans la façon d'accueillir les enfants en visite de leur parent incarcéré, par de nombreux appels à la généralisation, des dispositifs (espaces enfants, UVF…) et des pratiques (avec une formation commune à l'ENAP).

Si les visites des enfants en détention posent des difficultés, les séjours prolongés en génèrent encore davantage, en ce que les rares textes prévus n'offrent pas de garanties suffisantes quant à la protection de l'intérêt de l'enfant.

B. Les enfants en détention

Jusqu'à l'âge de 18 mois, les enfants peuvent rester avec leur mère incarcérée, soit s'ils sont nés en détention, soit s'ils ont encore moins de 18 mois lorsque leur mère est emprisonnée[76]. L'article D. 401 du Code de procédure pénale qui prévoit cette possibilité ne donne pas de détails sur la procédure à suivre pour qu'une mère puisse garder son enfant avec elle en détention, ni sur les conditions dans lesquelles l'enfant demeure dans l'univers carcéral. Il est juste fait mention de « *locaux spécialement aménagés […] réservés à l'accueil des mères ayant gardé leur enfant auprès d'elles* »[77], et du rôle général du service pénitentiaire d'insertion et de probation (SPIP) chargé d'organiser le séjour de l'enfant, et de préparer également la séparation au mieux de son intérêt, tout cela, « *en liaison avec les services compétents en matière d'enfance et de famille et avec les titulaires de l'autorité parentale* ». Enfin, l'article D. 401 anticipe la sortie de l'enfant de façon superficielle, se contentant de prévoir que « *durant les douze mois suivant son départ, l'enfant peut être admis à séjourner pour de courtes périodes auprès de sa mère* ». Mais rien sur le déroulement du séjour, ni sur les équipements des établissements en conséquence au niveau national, ni sur les conditions de séjour durant ces « courtes périodes » au-delà des 18 mois. Ainsi, à partir de 2 ans et demi, l'enfant rendra visite à sa mère dans le cadre des parloirs classiques, UVF ou parloirs familiaux, avec les difficultés déjà évoquées : si un grand nombre de parloirs prolongés est accordé dans certains établissements (par exemple, à la maison d'arrêt de Dijon, selon un rapport du Contrôleur général des lieux de privation de liberté de

---

76. CPP, art. D. 401.
77. *Ibid.*

2017, 68 parloirs ordinaires ont été accordés, et 43 prolongés, en 9 mois[78]), les textes ne contraignent pas expressément l'administration pénitentiaire à œuvrer obligatoirement en ce sens.

La loi pénitentiaire du 24 novembre 2009 ne fournit pas davantage de gages d'uniformité d'application de la mesure, en faisant seulement mention d'une convention établie entre l'établissement pénitentiaire et le département définissant « *l'accompagnement social proposé aux mères détenues avec leurs enfants* » et prévoyant un « *dispositif permettant la sortie régulière des enfants à l'extérieur de l'établissement pour permettre leur socialisation* »[79].

Pour trouver des détails sur le dispositif concret, il faut chercher dans la circulaire du 18 août 1999[80], avec tout ce que cela comporte de contestable quant à la portée normative des circulaires[81]. On y apprend ainsi que par exception, il peut être dérogé à l'âge limite de 18 mois : une commission régionale (directeur interrégional, psychologue, médecin psychiatre, pédiatre, chef d'établissement et un personnel du SPIP) réunie de manière exceptionnelle après un courrier adressé par la mère au directeur interrégional des services pénitentiaires, prend alors la décision de prolonger le séjour de l'enfant auprès de sa mère, en général pour un maximum de 6 mois. En pratique, selon le Contrôleur général des lieux de privation de liberté (CGLPL) dans son avis de 2013[82], « peu de prolongations sont accordées ; seulement lorsque la date de libération de la mère suit de peu la limite des 18 mois ou par survenue d'un événement exceptionnel ». Si la prolongation est exceptionnelle, le séjour avec la mère l'est également. En effet, le dispositif prévoit une simple « possibilité » selon le Code de procédure pénale, mais aucun détail sur les conditions de l'octroi du maintien de la relation mère-enfant n'y est prévu. Seule la circulaire du 18 août 1999 apporte quelques menus détails : on y découvre que priorité est donnée aux règles de l'autorité parentale, et que c'est aux deux parents de trouver une solution. Ce qui n'est pas sans générer des conflits familiaux, qui doivent être tranchés par le juge aux affaires familiales. Bien plus, la circulaire conçoit l'accueil de l'enfant avec sa mère comme exceptionnel si l'enfant est déjà né au moment de l'incarcération de la mère : « Il convient avant tout que les autorités judiciaires tentent de rechercher des solutions pour éviter l'accueil de l'enfant en milieu carcéral. » De même, si l'enfant naît en détention, le SPIP est incité par la circulaire à envisager avec le juge compétent les mesures alternatives à l'incarcération, et avec la mère « les possibilités de l'accueil de

---

78. CGLPL, rapport de visite après vérifications sur place relatives aux cellules mère-enfant de la maison d'arrêt de Dijon les 29 et 30 mai 2017.
79. Loi n° 2009-1436, 24 nov. 2009, art. 38.
80. Circ. n° JUSE9940065C, 18 août 1999, relative aux conditions d'accueil des enfants laissés auprès de leur mère incarcérée.
81. Crim., 18 févr. 2003, n° 02-80.018, Bull. crim. 2003, n° 40 ; 6 déc. 2016, n° 16-82.872.
82. CGLPL, avis du 8 août 2013 relatif aux jeunes enfants en prison et à leurs mères détenues : JO 3 sept. 2013.

l'enfant à l'extérieur ». En pratique, selon la circulaire, c'est donc si l'accueil hors les murs est impossible et si l'autre parent est d'accord, que la mère peut garder son enfant auprès d'elle jusqu'à ses 18 mois, en faisant une demande écrite en ce sens auprès du chef d'établissement. L'accueil est donc l'exception, et est soumis à la volonté des chefs d'établissement. En outre, les autorités peuvent s'opposer à la demande de la mère, malgré l'impossibilité d'accueil à l'extérieur, s'il ne reste plus de place dans les établissements équipés pour recevoir des enfants ou si rester représente un danger pour la santé, la sécurité ou la moralité de l'enfant. Or, c'est toute incarcération qui est nuisible à un enfant de moins de 18 mois ! Le refus arbitraire est donc rendu possible par les textes, exposant les mères à une rupture du lien avec leur enfant.

Ce peu de détails concrets sur les conditions effectives de la mesure, qu'il faut aller puiser dans une circulaire (qui n'anticipe pas tout[83]), et ce renvoi à des conventions conclues au niveau local entre les établissements et les départements, sont à nouveau le berceau de disparités sur le territoire selon le type d'établissement concerné et le département dans lequel il est situé, exposant ainsi les femmes détenues et leurs enfants à un risque d'inégalité de traitement. Tout dépend de la volonté du chef d'établissement et de la nature et des moyens de l'établissement (ce qui est possible en maison centrale ou en centre de détention ne l'est pas forcément en maison d'arrêt par exemple ; certaines maisons d'arrêt ont des puéricultrices pour préparer la sortie de l'enfant, d'autres pas). Les espaces dédiés aux mères restant avec leurs enfants ont donc été aménagés par chaque établissement accueillant des femmes de façon pragmatique, en fonction des possibilités et des volontés de chacun : c'est ainsi que dans le centre pénitentiaire pour femmes de Rennes, la nurserie, conçue dès 1989, est séparée du reste de la détention, offrant plus de calme qu'à la maison d'arrêt de Dijon où les cellules mère-enfant, qui ne sont qu'au nombre deux, ne sont pas séparées du reste de la détention[84], et où la cour de promenade n'est pas adaptée.

Face à ces disparités, les seuls recours possibles sont d'ordre administratif, avec les difficultés déjà évoquées plus haut au sujet du maintien des liens.

Mais bien plus inquiétantes encore que les disparités entre établissements pouvant accueillir des femmes et leurs bébés, sont les difficultés générées par le dispositif lui-même : la présence de nourrissons dans l'univers carcéral est en effet en contradiction avec la protection de l'intérêt de l'enfant. Certes, ils n'ont pas le statut de détenu[85] mais ils ressentent nécessairement l'enfermement. Ainsi

---

83. Ainsi par exemple si la mère est hospitalisée, rien n'est prévu pour la garde de l'enfant en détention ; cela se résoudra donc en fonction du bon vouloir des établissements et directions interrégionales.
84. CGLPL, rapport de visite après vérifications sur place relatives aux cellules mère-enfant de la maison d'arrêt de Dijon les 29 et 30 mai 2017.
85. Circ. n° JUSE9940065C, 18 août 1999.

le CGLPL déjà en 2013 était-il fortement défavorable à cette solution, nuisible à l'intérêt de l'enfant, affirmant sans fard que : « La détention des mères avec leurs enfants n'est qu'un palliatif visant à concilier l'inconciliable. »[86]. Nombreux sont les arguments en ce sens. En premier lieu, le maintien de l'enfant en détention avec sa mère pose le problème de l'effectivité des liens avec le parent resté dehors : soit il dispose d'un permis pour rendre visite à la mère, et alors il peut, de fait, rendre visite à l'enfant, avec ou sans la mère ; soit il faut demander autorisation au chef d'établissement, ce qui l'expose une nouvelle fois à une décision administrative quasiment incontestable. Le séjour en détention des enfants jusqu'à leurs 18 mois empêche ainsi le parent libre d'exercer un droit de visite classique, comme si l'enfant était hors les murs. Les deux subissent ainsi l'enfermement alors qu'ils ne sont pas écroués. En second lieu, l'univers carcéral n'est intrinsèquement pas adapté à un enfant en bas âge : ainsi, par exemple, comme le soulève le CGLPL dans son rapport sur la maison d'arrêt de Dijon de 2017, il n'existe pas de cantine spécifique pour la nurserie (espace où se trouvent les cellules mères-enfants) dans les textes nationaux. Or, dans les cantines classiques, il n'existe que peu ou pas de choix pour les nourrissons. Le CGLPL appelle donc de ses vœux dans son rapport qu'une « liste des produits accessibles par le biais des cantines normales comporte certains produits spécifiques aux enfants (petits pots, yaourts et autres produits de marques variées) et des aliments frais permettant la préparation de repas équilibrés et adaptés à l'âge des enfants »[87]. Mais si ces produits sont « cantinés », ils seront, comme les autres, beaucoup plus chers que dans le monde libre : même si l'Administration pénitentiaire trouve des palliatifs en aidant les détenues les plus démunies, les textes laissent ainsi les enfants tributaires du sort réservé à leur mère, ce qui peut compromettre leur droit au meilleur état de santé possible[88]. Autre illustration de l'inadéquation de l'univers carcéral avec la protection de l'intérêt de l'enfant : le problème du suivi médical du nourrisson. Il n'est pas détenu, et doit donc être soigné à l'extérieur par principe[89]. Concrètement, cela empêche la prise en charge par l'unité sanitaire du lieu de détention. L'intervention de la

---

86. CGLPL, avis du 8 août 2013 relatif aux jeunes enfants en prison et à leurs mères détenues : JO 3 sept. 2013 ; V. aussi C. Rostaing, Des mères incarcérées avec leur enfant : un statut suprême mais paradoxal, in Enfances et psy, 2019/3, p. 58-67.
87. CGLPL, rapport de visite 29 et 30 mai 2017 préc.
88. CIDE, 20 nov. 1989, art. 24.
89. Circ. n° JUSE9940065C, 18 août 1999 : « L'enfant n'étant pas détenu, sa prise en charge sanitaire et sociale n'a pas à être assurée par l'établissement pénitentiaire mais par les services de droit commun avec lesquels les établissements habilités doivent systématiquement entretenir un partenariat. Les spécialistes des services concernés peuvent intervenir pour ce faire en détention (sur autorisation du chef d'établissement). Les enfants peuvent en outre se rendre à l'extérieur. Les modalités d'intervention sont formalisées, dans la mesure du possible, dans des conventions locales. L'accès de l'enfant aux différentes prestations offertes par ces services relève de la décision de la mère. »

protection maternelle et infantile (PMI), qui est une structure non pas « sanitaire et sociale », mais de « prévention et d'information », n'est pas prévue de façon systématique par la circulaire. Les femmes en détention avec leur enfant n'ont donc concrètement pas accès à ce soutien, puisque rien n'est organisé selon les textes. Tout dépend encore du bon vouloir de l'établissement, des moyens et des accords pratiques avec les partenaires sociaux. Par exemple, la PMI intervient dans la maison d'arrêt de Dijon, mais c'est un accord tacite, sans autre formalisme, ce qui ne fournit pas une garantie de continuité de ce service : il peut évoluer au gré des changements de direction d'établissement, ou de direction interrégionale. Se pose également le problème des sorties de l'enfant, si son hospitalisation est nécessaire ou s'il a besoin d'une consultation chez un spécialiste : sort-il sans ou avec sa mère ? Si oui, est-elle alors bénéficiaire d'une permission de sortie ? Dans la circulaire de 1999, il est écrit en toutes lettres que la mère « doit pouvoir assister à la consultation médicale », mais cela, si le médecin vient en visite dans l'établissement. Si l'enfant sort pour la consultation, ce n'est plus une obligation, mais une simple possibilité. La mère peut alors demander une permission de sortie pour motif familial, mais elle ne bénéficie pas d'un motif particulier, qui faciliterait sa sortie immédiate, souvent justifiée par l'urgence. Dernières illustrations de l'inadaptation de la prison au nourrisson : quelques éléments d'ordre psychologique. L'univers carcéral ne réunit pas les critères de l'épanouissement personnel d'un enfant en bas âge ; en effet, selon Myriam David, de 1 à 8 mois, « trois conditions essentielles président à l'épanouissement harmonieux de l'enfant : son intégrité organique, la satisfaction de ses besoins ; un climat émotionnel favorable. »[90]. Difficile pour une mère incarcérée de baigner son enfant dans cette affectivité… De 8 à 14 mois, l'enfant part à « la découverte de son moi, du monde et de sa mère » et « établit avec eux un rapport actif et possessif que nous retrouvons dans tous les domaines de son existence : motricité, alimentation, rapports avec l'adulte ». C'est à cette période également que « son éveil affectif le rend avide de contact »[91]. Puis entre 1 et 2 ans, « l'enfant continue à demeurer étroitement dépendant de sa mère sur le plan affectif : il aime être avec elle, lui montrer tout ce qu'il fait, avoir son admiration ; il la fait participer à toutes ses joies et à toutes ses peines. (…) L'activité, la maîtrise de soi et de l'entourage, l'autonomie, deviennent des besoins psychologiques aussi pressants que l'étaient à la naissance les besoins de jeux, de passivité, de dépendance physique »[92]. Ce besoin d'autonomie et d'activités est difficilement compatible avec les cercles concentriques qui enferment l'enfant comme la mère : ils sont dans l'enceinte de la cellule, laquelle est dans l'enceinte de la nurserie, dans l'enceinte du quartier des femmes bien souvent, dans l'enceinte du centre pénitentiaire.

---

90. M. David, *L'enfant de 0 à 2 ans, vie affective et problèmes familiaux*, Dunod, 2016, p. 45.
91. M. David, *op. cit.*, p. 55.
92. M. David, *op. cit.*, p. 69.

Du reste, pour les femmes, la présence de leur enfant peut générer plus de difficultés que de bénéfices. En effet, si certaines oublient l'enfermement au contact de leur enfant, d'autres au contraire peuvent très mal vivre cette promiscuité permanente avec lui, ce qui ajoute à la sensation d'enfermement ; les femmes vivant avec leur bébé en détention n'ont pas de moment de respiration, sauf à aller travailler. Or, l'accès aux activités est rendu de fait beaucoup plus difficile pour la mère vivant dans sa cellule avec son enfant : la première garderie a ouvert à l'automne 2019 dans l'enceinte de Fleury-Mérogis, des systèmes de relais peuvent être mis en place. Mais il reste que le sentiment de promiscuité permanente avec son enfant peut être pesant dans le contexte d'enchevêtrement des zones closes décrites ci-dessus.

Tous ces arguments concourent à la démonstration de l'inadéquation intrinsèque d'un bébé avec la détention : l'enfant n'est certes pas sous écrou, mais il subit tous les effets concrets de l'incarcération. En outre, en prévoyant la possibilité d'enfermer l'enfant avec la mère, les textes ne se placent pas du côté de l'enfant, mais du côté de la mère : le droit de la mère sur l'enfant, son « autorité parentale », prend le pas sur l'intérêt de l'enfant, et sur la responsabilité parentale. L'intérêt de l'enfant commande que ce dernier soit en dehors de la prison : soit avec sa mère, soit avec un autre titulaire de l'autorité parentale, soit dans une institution de l'aide sociale à l'enfance.

Que le législateur cesse de s'évertuer à « concilier l'inconciliable », comme en appelle de ses vœux le CGLPL depuis plusieurs années, et qu'il trouve des solutions pour l'enfant en dehors des murs : des solutions mettant l'intérêt de l'enfant au centre, sans mettre à mal l'ordre public.

De deux choses l'une alors : soit le choix est fait de laisser la mère s'occuper de l'enfant, ce n'est alors pas « pour » elle que le dispositif doit être conçu, ce n'est pas un droit pour elle, mais une responsabilité qu'elle doit assumer envers son enfant ; pour ce faire, l'État qui, par ailleurs, la punit pour une infraction, doit aménager spécialement sa peine ; soit le choix est fait de ne pas reconnaître ce rôle à la mère, et de donner priorité au reste de la famille, alors assumons-le clairement, et donnons en dernier recours le soin aux institutions étatiques spécialisées de s'occuper d'un enfant qui n'a pas de parent à même de s'occuper de lui en dehors de la prison.

Si le choix était fait de laisser priorité à la mère pour s'occuper de son enfant en dehors des murs de la prison, il faudrait aménager les textes : il suffirait, comme le préconise le CGLPL, d'élargir le champ de la suspension de peine[93] ; qu'elle ne soit plus seulement décidée pour raison médicale, mais pour raison familiale : la responsabilité pour la mère d'avoir à prendre soin de son enfant en bas âge. Juridiquement, c'est extrêmement simple : il suffit de modifier le champ d'un aménagement existant. Politiquement, en revanche, il est à craindre

---

93. CPP, art. 720-1-1.

que cela soit vu comme un traitement de faveur accordé aux mères incarcérées, au détriment de l'ordre public. Or, il n'en est rien. Comme son nom l'indique, l'aménagement dont l'élargissement du champ d'application est proposé, n'est qu'une suspension de peine : le temps pénal est suspendu le temps que la mère s'occupe de son nourrisson en dehors des murs de la prison (pourquoi pas dans des résidences spécialement aménagées ?), et il reprend ensuite. Passé un certain délai, la mère reprend l'exécution de sa peine.

Pour le moment, le CGLPL n'a pas été entendu : la loi du 15 août 2014 a seulement modifié les conditions d'application de la libération conditionnelle, en prévoyant des conditions spécifiques pour les détenues enceintes de plus de 12 semaines[94]. Une telle libération conditionnelle s'ajoute ainsi à la libération conditionnelle dite « parentale » accordée à ceux exerçant l'autorité parentale sur un enfant de moins de 10 ans. Mais ces deux aménagements de peine sont soumis à des conditions strictes. Sont exclus de leur bénéfice les auteurs d'infractions contre les mineurs ; et les deux aménagements répondent à des conditions de temps d'épreuve : la bénéficiaire enceinte ou ayant autorité sur un enfant de moins de 10 ans doit soit avoir été condamnée à une peine de 4 ans ou moins, soit avoir encore un temps d'incarcération de 4 ans ou moins. Le maintien du lien familial en dehors des murs dépend ainsi de la durée de la peine exécutée ou restant à subir, alors pourtant que cela demeure étranger à l'intérêt de l'enfant. En outre, la libération conditionnelle « parentale » est soumise à une condition particulière : l'enfant doit avoir sa résidence habituelle chez le condamné qui sollicite l'aménagement de peine. En pratique, si l'enfant est placé jusqu'à ce que sa mère soit éligible à la demande de libération conditionnelle, l'aménagement est impossible.

Une suspension de peine pour raison familiale permettrait de passer outre ces nombreux obstacles. Bien plus, elle participerait d'une cohérence juridique et pratique, et ce, à trois titres : premièrement, ce serait la garantie du maintien d'un lien familial aussi normal que possible, car hors les murs (dès qu'il est dans les murs, il ne peut, par essence, être normal) ; deuxièmement, ce serait la garantie du respect de l'intérêt supérieur de l'enfant, qui n'aurait pas à subir la détention alors qu'il n'a pas été condamné ; troisièmement, cela octroierait compétence à un magistrat, garant des libertés individuelles en vertu de l'article 66 de la Constitution, qui appliquerait la même loi sur tout le territoire, ce qui serait à même d'éviter, autant que faire se peut, les disparités entre les établissements.

Le droit au maintien des liens familiaux a trait au respect de la vie privée des détenus, mais pas seulement. D'autres enjeux le dépassent : le respect de la vie privée du proche resté à l'extérieur, et l'intérêt de l'enfant du parent incarcéré. Si les règles techniques sont rédigées en se préoccupant des personnes détenues dans l'objectif affiché de leur permettre « de conserver leurs rôle et statut

---

94. CPP, art. 729-3.

tout particulièrement au sein de leur famille »[95], elles doivent protéger aussi les proches, et pas seulement en leur garantissant d'être reçus dans de bonnes conditions quand ils viennent en visite. Laisser sortir un détenu pour une permission, ou plus généralement, aménager la peine d'un détenu, sont des moyens de lui permettre de maintenir ou de construire des liens avec sa famille, mais également des moyens de permettre à la famille de maintenir ou de construire ces liens. Lorsque l'efficacité de ces règles fait défaut, ce n'est donc pas uniquement la personne enfermée qui en souffre, mais également ses proches. Bien plus, le contact familial et affectif, s'il est positif, peut être analysé non comme un pan de la liberté individuelle, mais comme un pan de la santé, telle que définie par l'Organisation Mondiale de la Santé : « un état de complet bien-être physique, mental et social ». Ainsi entendue, la protection des liens familiaux des détenus deviendrait un pan de la politique de santé publique. L'envisager ainsi serait peut-être un moyen d'en faire une priorité politique, passant par une uniformisation des règles et moyens concrets effectivement déployés.

*
* *

---

95. Site internet du ministère de la Justice.

Laïcité et prisons françaises : applications juridiques et perspectives

Alexandre Delavay
Avocat au Barreau de Paris
Cofondateur de l'association Prison Insider

Le service pénitentiaire s'est vu reconnaître, par voie législative, la qualité de service public administratif dont les personnes détenues sont usagères. Le même corpus de règles juridiques devrait dès lors indistinctement s'appliquer à l'intérieur et à l'extérieur des établissements pénitentiaires. Toutefois, les caractéristiques inhérentes à la prison, sécuritaires principalement, imposent un aménagement des normes à la privation de liberté. Les réformes pénales et pénitentiaires successives n'ont pourtant pas intégré pleinement cette dimension, laissant le droit pénitentiaire morcelé et composé de règles éparses.

Tel est le cas pour l'application du principe de laïcité qui garantit à chacun la liberté de conscience, celle d'exprimer ses convictions et de pratiquer la religion de son choix. Repas confessionnels, objets de culte ou aumôniers, en prison la règle a longtemps été empirique, soumise à la politique propre à chaque établissement. Aujourd'hui, les règles applicables en ce domaine se précisent, notamment au fil de la jurisprudence administrative, et tendent à une conception commune à tous les établissements pénitentiaires. Le principe de neutralité de l'État qu'induit celui de laïcité est atténué au profit d'une intervention inédite de la puissance publique, notamment afin d'assurer la libre pratique cultuelle des personnes détenues.

Comment et par quels moyens, juridiques et matériels, l'État concilie-t-il ses obligations résultant du principe de laïcité et les contraintes inhérentes au service public pénitentiaire ?

Les normes juridiques encadrent la pratique du culte en détention et tentent de limiter les atteintes pouvant y être portées, tout en obligeant l'administration pénitentiaire à fournir les moyens matériels de cet exercice. Bien qu'ayant favorablement évolué, cette situation juridique nécessite que des efforts soient poursuivis.

I. Encadrer par le droit la pratique cultuelle en détention

L'encadrement normatif de l'accès au culte

Le garde des Sceaux dispose d'un pouvoir réglementaire étendu, lui permettant de prendre « *les mesures nécessaires au bon fonctionnement de l'administration placée sous leur autorité* »[1]. Ce pouvoir général est complémentaire de celui du chef d'établissement, qui jouit d'un pouvoir particulier en qualité de chef de service.

Cette qualité[2], lui confère le pouvoir de concilier les impératifs liés à la gestion d'un service public avec les droits fondamentaux constitutionnellement garantis, ce en l'absence de texte législatif suffisamment précis[3].

Dans le cadre du service public pénitentiaire, la conciliation s'opérera entre les obligations sécuritaires et le respect de la liberté de culte. Pour ce faire, le chef d'établissement dispose de deux outils juridiques principaux qui sont le règlement intérieur et les mesures internes.

Le règlement intérieur est censé « *affirmer la conception de l'État de droit dans l'enceinte de l'établissement* » [Pechillon 2004]. Son édiction est obligatoire et a pour but de déterminer les règles applicables en détention. Le règlement revêt un rôle primordial pour la pratique cultuelle des personnes incarcérées.

Longtemps hors du contrôle juridictionnel, il faut attendre l'avis du Conseil d'État du 27 novembre 1989[4], relatif au port des signes religieux à l'école, pour accéder à un contrôle des règlements intérieurs. Jusqu'alors considérés comme des mesures internes d'organisation du service public, le Conseil d'État reconnaît la validité de ces règlements « *sous réserve du contrôle de légalité* ».

Pour faciliter l'uniformisation de l'application des règles pénitentiaires, dont l'accès au culte, l'article 26 de la loi pénitentiaire de 2009 prévoyait l'adoption, par décret en Conseil d'État, d'un règlement intérieur type. Ce texte a éprouvé les plus grandes difficultés à être adopté, tant et si bien qu'un rapport sénatorial sur l'application de la loi pénitentiaire [LECERF, 2012] faisait état de cette situation, constatant un réel manque et appelant à l'adoption de ce décret « *très attendu* » pour un meilleur respect des droits des détenus.

Cela s'expliquait sans doute par une réticence historique du pouvoir réglementaire et du juge administratif à « *pénétrer dans l'univers carcéral* », selon les termes du commissaire du gouvernement Mathias Guyomar. Ce n'est en effet que par les arrêts Caillol[5],[6] que la compétence du juge administratif va être reconnue pour « *le fonctionnement administratif du service pénitentiaire* ».

---

1. CE, 7 février 1936, Jamart, n° 43321, Rec. Leb. p. 172.
2. CE, 8 décembre 2000, Frérot, n° 162995, Rec. Leb. p. 589.
3. CE, 7 juillet 1950, Dehaene, n° 01645, Rec. Leb. p. 426.
4. CE, avis, 27 novembre 1989.
5. Trib. confl., 4 juillet 1983, Caillol, Rec. p. 541.
6. CE, Ass., 27 janvier 1984, Caillol, n° 31985, Rec. Leb. p. 28.

Plus de trois ans après l'adoption de la loi pénitentiaire, le décret créant un règlement intérieur type[7] a été promulgué le 30 avril 2013.

L'article 18 de ce décret est relatif à l'assistance spirituelle. Les trois derniers alinéas reconnaissent aux personnes incarcérées le droit d'exercer le culte de leur choix, soit dans leur cellule, soit au cours d'offices religieux. Le rôle des aumôniers est appréhendé par le prisme de ces offices, qu'ils animent, et par celui de la correspondance libre et anonyme avec les personnes incarcérées.

Concernant les mesures d'ordre intérieur, le chef d'établissement exprime son pouvoir de chef de service par le biais d'actes juridiques directement liés au traitement individuel des détenus. Les implications de ces mesures peuvent être particulièrement attentatoires aux libertés individuelles.

L'expression du pouvoir de l'administration pénitentiaire trouve ici une application très large, dont le juge administratif a longtemps refusé d'étudier la légalité.

De minimis non curat praetor. Le contrôle juridictionnel des mesures d'ordre interne s'est longtemps résumé à cet adage. Le juge administratif, pourtant compétent pour connaître de la régularité des actes de fonctionnement du service public pénitentiaire, a longtemps jugé irrecevables les requêtes dirigées contre des mesures individuelles internes.

Le vice-président du Conseil d'État, relevait deux incohérences dans cette absence de contrôle, tenant d'une part à la compétence expressément reconnue au juge administratif et d'autre part au statut de citoyen attaché aux détenus [SAUVE, 2009].

Si l'arrêt Marie, en 1995[8], accepte pour la première fois la recevabilité des mesures d'ordre interne, c'est à la condition qu'une telle requête se fonde « *sur une atteinte sensible à des libertés ou droits protégés* », aux termes des conclusions du commissaire du gouvernement, Patrick Frydman.

Toutefois, si la liberté de culte est un droit fondamental, rares sont les mesures portant directement atteinte à cette liberté. Les violations constatées sont plus souvent constituées par le silence des textes, même internes, que par une interdiction formelle et explicite.

Pour pallier ce manque, le juge administratif va finalement adopter un réel contrôle de proportionnalité, appréciant l'ensemble des effets qu'implique une mesure individuelle. Par les arrêts Remli[9] et Rogier[10] le juge va considérer comme recevable la requête dirigée contre une mesure de mise à l'isolement, en ce qu'elle « *prive la personne qui en fait l'objet de l'accès à celles des activités [...] qui sont proposées de façon collective aux autres détenus* ».

---

7. Décret n° 2013-368 du 30 avril 2013 relatif aux règlements intérieurs types des établissements pénitentiaires.
8. CE, Ass., 17 février 1995, Marie, n° 97754, Rec. Leb. p. 83.
9. CE, 30 juillet 2003, Remli, req. n° 252712, Rec. Leb. p. 366.
10. CE, 9 avril 2008, Rogier, req. n° 308221, Rec. Leb. p. 235.

Les conclusions du commissaire du gouvernement Claire Landais sur ces arrêts, témoignent d'une conception stricte de l'atteinte aux droits fondamentaux, qui « *doit être regardé[e] comme étant en cause lorsque la décision attaquée y porte atteinte et même, s'agissant de détenus, une atteinte excédant celle qu'implique nécessairement cette condition* ».

Deux critères de contrôle des actes de l'administration pénitentiaire seront adoptés par les trois arrêts d'assemblée, Boussouar, Planchenault et Payet[11]. Il s'agit d'une part du critère matériel, de la nature de la décision et, d'autre part, des conséquences pratiques qu'elle induit. Ainsi, la laïcité, en ce qu'elle garantit la liberté de l'exercice effectif du culte, trouve une protection théorique assurée.

Les juges du fond ont adopté cette démarche et n'hésitent plus à étudier les éventuelles sanctions prises à l'encontre des personnes détenues à l'aune de la liberté de religion, exerçant un contrôle entier sur ces mesures individuelles.

L'encadrement de la compétence du chef de service assure un respect théorique de la pratique cultuelle en détention. Toutefois, la notion de laïcité interroge celle de neutralité en tant que principe autonome.

Le principe de neutralité impose à l'État et à ses services publics de garantir à chacun le libre exercice de son culte et d'assurer l'égalité des citoyens face au service public, quelle que soit leur religion. Ce principe revêt une importance toute particulière eu égard à la promiscuité forcée inhérente au service public pénitentiaire.

L'application du statut de la fonction publique : le droit à la neutralité

Le personnel de surveillance de l'administration pénitentiaire est soumis à des obligations multiples. En tant qu'agents titulaires d'un service public, ils dépendent d'abord du statut général de la fonction publique. Leur est également applicable le statut spécial des fonctionnaires des services déconcentrés de l'administration pénitentiaire, prévu par le décret du 21 novembre 1966[12]. Enfin, ils dépendent du statut particulier du corps du personnel de surveillance de l'administration pénitentiaire, en vertu du décret du 14 avril 2006[13].

Le statut particulier applicable au personnel de l'administration pénitentiaire en général et au corps du personnel de surveillance en particulier leur impose le respect des droits des personnes détenues, dont la liberté de culte.

---

11. CE, Ass., 14 décembre 2007, Boussouar, Planchenault et Payet, n° 290420, Rec. Leb. pp. 475 et s.
12. Déc. n° 66-874, 21 novembre 1966 portant règlement d'administration publique relatif au statut spécial des fonctionnaires des services déconcentrés de l'administration pénitentiaire.
13. Déc. n° 2006-441, 14 avril 2006 portant statut particulier des corps du personnel de surveillance de l'administration pénitentiaire.

Cette obligation ressort également du code de déontologie des agents du service public pénitentiaire, adopté par décret du 30 décembre 2010[14], pris en application de l'article 11 de la loi pénitentiaire de 2009. Le code de déontologie impose notamment aux agents l'obligation d'informer les détenus de leurs droits et de leurs obligations. Lorsque les détenus arrivent en détention, ils sont ainsi systématiquement informés de la possibilité de pratiquer une religion au sein de l'établissement, notamment par le biais du livret d'accueil « *Je suis en détention* ».

Le personnel de surveillance de l'administration pénitentiaire est soumis au strict respect du principe de neutralité. Ce principe d'origine jurisprudentielle[15] s'impose à tous les services publics et, *a fortiori*, au service public pénitentiaire et à ses agents[16]. Dans le même temps, les agents du service public pénitentiaire, comme tous les citoyens, jouissent de la liberté de religion, conformément à l'article 6 de la loi statutaire n° 83-634 du 13 juillet 1983 portant droits et obligations des fonctionnaires.

Toutefois, dans le cadre de leur service, ils sont soumis à une obligation stricte de neutralité, impliquant que soit constitutif d'une faute le fait pour un agent de porter un signe de nature à manifester son appartenance religieuse ou de s'adonner à des actes de prosélytisme peu importe la fonction de l'agent incriminé.

La liberté de culte connaît certaines limites en raison de l'application des normes de sécurité au sein des établissements. Le personnel de surveillance bénéficie d'une certaine latitude quant à l'application de ces règles, flexibilité qui nécessite du personnel qu'il dispose d'une formation continue et effective en matière de religions.

Le personnel de surveillance a pour mission d'assurer la sécurité au sein de l'établissement[17]. Cette mission de sécurité incombe tant au personnel de surveillance qu'au service public pénitentiaire dans son ensemble.

Le personnel de surveillance dispose de pouvoirs qu'il exerce sous l'autorité du chef d'établissement. À ce titre, les fouilles de cellule et la confiscation des objets interdits par le règlement intérieur peuvent heurter la liberté de culte.

Si les fouilles des locaux sont prévues par l'article D. 269 du code de procédure pénale, leur réglementation se fait essentiellement par le biais de notes internes qui ne sont pas publiées au bulletin officiel du ministère de la justice. Elles peuvent s'avérer problématiques lorsque le personnel de surveillance s'apprête à procéder à la fouille d'une cellule pendant la prière d'un détenu. Aussi, conformément à une note de l'administration pénitentiaire datant du 16 juillet

---

14. Déc. n° 2010-1711, 30 décembre 2010 portant code de déontologie du service public pénitentiaire, modifié par le décret n° 2016-155 du 15 février 2016 et le décret n° 2019-966 du 18 septembre 2019.
15. CE, 8 décembre 1948, Pasteau, Rec. p. 463.
16. CE, avis, 3 mai 2000, Demoiselle Marteaux, Rec p. 169.
17. Déc. 1966, préc., art. 1 ; L. pénitentiaire de 2009, art. 12 ; Déc. du 14 avril 2006, art. 3.

2014 (III B 1), le personnel de surveillance de l'administration pénitentiaire est enjoint de différer la fouille le temps que la prière se termine.

La manipulation des objets cultuels peut aussi générer des tensions fortes et nécessite que les personnels soient informés et formés à la manipulation de ces objets.

Le personnel de surveillance a également un rôle prépondérant en matière de pouvoir disciplinaire. À l'instar des procédures disciplinaires en matière de fonction publique ou d'enseignement, celles auxquelles peuvent être soumises les personnes détenues entrent dans le champ de l'office du juge administratif. C'est dans ce cadre qu'ont pu être soumis au juge de l'excès de pouvoir des sanctions disciplinaires relatives à la pratique du culte en des lieux non prévus à cet effet.

Ainsi, il a été jugé qu'une sanction disciplinaire pouvait être prise à l'encontre d'un détenu priant dans la cour de promenade d'un établissement. Le juge d'appel, confirmant la position du juge de première instance, a considéré « *que la liberté de culte en milieu carcéral s'exerce sous réserve des prérogatives dont dispose l'autorité administrative, aux fins de préserver l'ordre et la sécurité au sein des établissements pénitentiaires qui peuvent notamment se manifester par l'édiction de dispositions sur ce point dans le règlement intérieur* »[18].

Pour le juge administratif, la circonstance que des lieux soient spécifiquement prévus pour l'exercice du culte et que les détenus puissent prier en cellule autorise que soient prises des mesures spécifiques tant qu'elles ne portent pas une atteinte disproportionnée à cette liberté[19] et que des sanctions puissent être prononcées en cas de violation de ces interdictions[20].

L'approche sécuritaire, lame de fond du droit pénitentiaire, semble conserver une importance particulière que l'on peut déplorer dans le cadre des sanctions disciplinaires. Entérinant cette position, le Conseil d'État a refusé d'annuler l'article R. 57-7-44 du code de procédure pénale suspendant la participation aux offices religieux des personnes placées en quartier disciplinaire[21].

II. Permettre la pratique cultuelle en détention : une obligation positive à la charge de l'État

Le service public pénitentiaire connaît, en matière de culte, un régime parmi les plus dérogatoires. La loi de séparation des Églises et de l'État, du 9 décembre

---

18. CAA Lyon, 29 novembre 2012, n° 12LY00174 ; n° 12LY00250.
19. Trib. adm. Limoges, 13 mars 2008, n° 0601476.
20. Trib. adm. Clermont-Ferrand, 24 novembre 2011, n° 1100590.
21. CE, 11 juin 2014, n° 365237. Pour une application ultérieure : CAA Lyon, 29 janvier 2015, n° 13LY03123.

1905, est à ce titre significative en son article 2. Ce dernier dispose que « *pourront toutefois être inscrites auxdits budgets les dépenses relatives à des services d'aumônerie et destinées à assurer le libre exercice des cultes dans les établissements publics tels que lycées, collèges, écoles, hospices, asiles et prisons* ». Tranchant singulièrement avec l'interdiction formelle d'un financement public du culte, cette disposition appelle une remarque et deux interrogations.

Concernant le financement des aumôniers, le juge administratif a pu confirmer la légalité des traitements versés. Le traitement qui leur est versé ne méconnaît pas les termes de la loi de 1905 en ce qu'ils apportaient un concours à la mission de service public qui, eu égard à l'objet de la congrégation, était exclusif de tout prosélytisme[22].

Se pose ensuite une question liée à la portée de cet article. La rédaction originelle fait état d'une simple faculté proposée à l'État. Dans la doctrine tant universitaire qu'organique, le verbe « *pouvoir* » renvoie non pas à une obligation stricte, mais à un choix discrétionnaire de la personne publique.

L'ancien contrôleur général des lieux de privation de liberté, Jean-Marie Delarue, dans un avis relatif à l'exercice du culte dans les lieux de privation de liberté [CGLPL, 2011], précise que « *le principe de laïcité, qui garantit le libre exercice du culte, doit être mis en œuvre* ». Dans une démarche pédagogique, le conseiller d'État opère une interprétation extensive de cet article, lui conférant une portée obligatoire.

Enfin faut-il s'intéresser à la sémantique employée par le législateur de 1905. En effet, la loi propose, ou impose, à l'État le financement des aumôneries dans les « *établissements publics* ».

Bien que l'article 3 de la loi du 22 juin 1987 prévoie la possibilité pour les établissements pénitentiaires d'être érigés en établissements publics, cette possibilité est restée inexplorée et marginale. Serait-ce à dire que seuls les établissements publics, tels qu'on les définit aujourd'hui, peuvent voir leurs aumôneries financées par l'État ?

Jean-Marie Delarue, dans l'avis du 24 mars 2011, insiste sur l'évolution du sens qu'on a donné à ce terme et précise qu'il s'agissait bien des « *services autonomes relevant exclusivement de l'autorité publique* », ainsi applicable aux lieux où les personnes n'ont pas accès à l'exercice du culte dans un délai jugé « raisonnable ».

Ces propos ont connu un écho jurisprudentiel particulier. Par l'arrêt remarqué du 16 octobre 2013 précité, effectuant un revirement de jurisprudence relatif aux témoins de Jéhovah, le Conseil d'État fait de la simple faculté textuelle une obligation, considérant que l'administration pénitentiaire « *doit (…) agréer comme aumônier un nombre suffisant de ministres de ce culte, sous la seule réserve des exigences de sécurité et de bon ordre de l'établissement* ».

---

22. CE, 29 mai 2002, n° 235806, Inédit au Rec. Leb. ; CE, 27 juillet 2001, n° 215550.

Il a précisé que les simples visites de droit commun[23] (les parloirs) et le nombre restreint de personnes détenues pratiquant le culte concerné ne permettent pas de pallier l'absence d'aumôniers dûment agréés.

Le manquement à cette obligation qu'a constitué le défaut d'agrément d'aumôniers témoins de Jéhovah a donné lieu à une série d'indemnisations des personnes incarcérées pratiquant ce culte par les juridictions de première instance[24].

La privation de la liberté d'aller et venir oblige l'État à prendre en charge les dépenses nécessaires au libre exercice des cultes. Le code de procédure pénale a précisément défini les conditions dans lesquelles s'exerce l'accès au culte.

La diversité des statuts et missions imparties aux aumôniers

Dès 2004, le ministère de la justice faisait de la liberté de culte un des éléments « *d'humanisation des conditions de détention* » [rapport d'activité du ministère, 2004]. Pour satisfaire aux exigences du code de procédure pénale qui prévoit que « *chaque détenu doit satisfaire aux exigences de sa vie religieuse, morale ou spirituelle* », la présence de près d'un millier d'aumôniers en détention est essentielle. L'article D. 439 du code de procédure pénale précise que les aumôniers sont proposés par l'aumônier national du culte concerné et désignés par le directeur interrégional des services pénitentiaires, après avis obligatoire non-conforme du préfet.

On distingue trois types d'intervenants spirituels : les aumôniers agréés indemnisés par l'administration, ceux agréés non indemnisés et les auxiliaires bénévoles d'aumônerie, agréés selon la même procédure que vue ci-avant (article D. 439-2).

Depuis 2017, les aumôniers agréés qui souhaitent être indemnisés doivent avoir validé une formation « civile et civique »[25].

Cette obligation de formation, jugée légale par le Conseil d'État[26], est censée préparer les aumôniers « qui interviennent dans des lieux fermés ou isolés, auprès d'agents ou de publics dont la liberté de mouvement est limitée, afin de leur permettre le libre exercice de leur culte ».

En 2004, on dénombrait 324 aumôniers indemnisés par l'administration pénitentiaire, dont 44 à temps plein, 426 bénévoles et 168 auxiliaires bénévoles d'aumônerie.

On dénombrait en 2018, 1 655 intervenants cultuels (+ 1.7 % par rapport à 2015), dont 601 aumôniers rémunérés par l'administration pénitentiaire, 868 aumôniers bénévoles et 186 auxiliaires d'aumônerie.

---

23. Trib. adm. Rouen, 25 novembre 2014, n° 1300664.
24. Trib. adm. Rouen, 25 novembre 2014, n° 1300664 ; Trib. adm. Strasbourg, 3 décembre 2014, n° 1300795 ; Trib. adm. Toulouse, 30 avril 2015, n° 1205687.
25. Décr. n° 2017-756 du 3 mai 2017 – art. 4.
26. CE, 27 juin 2018, n° 412039.

Néanmoins, les confessions sont représentées de manière très inégale. En 2018, derniers chiffres disponibles, on dénombrait 720 intervenants catholiques (− 5.2 % par rapport à 2015), 75 israélites (− 1.3% par rapport à 2015), 231 musulmans (+ 19,7 % par rapport à 2015), 60 orthodoxes (+ 15.4 % par rapport à 2015), 361 protestants (+ 0,3 % par rapport à 2015) et 191 Témoins de Jéhovah (soit + 72 % par rapport à 2015) et 18 bouddhistes.

Il est nécessaire de dissocier le besoin de spiritualité, qui peut trouver à s'exercer individuellement, et la pratique cultuelle, qui se doit de trouver un encadrement institutionnel. C'est précisément sur ce point que l'aumônier assoit sa légitimité d'action. Il apparaît comme le cadre nécessaire à l'exercice constructif du culte, véritable référent pour l'administration pénitentiaire.

Sa présence assure un culte exercé dans le respect des obligations sécuritaires, en accord avec les règles de l'établissement pénitentiaire, évitant toute dérive.

Les missions des aumôniers sont précisées par le code de procédure pénale. L'article R. 57-9-4 leur confère la mission de célébrer les offices, dont le jour et l'heure sont fixés en accord avec le chef d'établissement (article R. 57-9-5), d'assurer l'assistance spirituelle des détenus et d'organiser des fêtes religieuses. Au-delà des activités collectives, l'aumônier dispose souvent d'un droit de libre circulation dans l'établissement, témoin d'un rapport de confiance avec l'administration pénitentiaire, lui permettant notamment un entretien individuel avec les personnes détenues, sans surveillance (article R. 57-9-6) et une correspondance confidentielle.

L'obligation de mise à disposition de moyens matériels : la situation des objets cultuels et des repas confessionnels

La promiscuité carcérale implique que soient respectées des croyances aux pratiques diverses, dans un même lieu. Cette coordination s'avère parfois complexe et ouvre des pistes de réflexions pour le respect plein et entier de la pratique cultuelle des personnes détenues.

À l'instar de la rémunération des aumôniers, l'État est titulaire d'une obligation positive qui l'oblige à assurer l'égalité de traitement des usagers du service public pénitentiaire. Le respect du principe d'égalité nécessite que les mêmes mesures soient prises pour garantir l'exercice du culte, quelle que soit la religion pratiquée sous le contrôle du juge administratif.

Le principe de laïcité garantit le libre exercice du culte et doit être mis en œuvre, comme l'indique l'article premier de la loi du 9 décembre de 1905, sous réserve des impératifs d'ordre public dont la sauvegarde est un objectif de valeur constitutionnelle. Comme le rappelle le Contrôleur général des lieux de privation de liberté dans l'avis précité de 2011, « *la portée du principe de laïcité ne disparaît pas, ni ne s'affaiblit dans les lieux de privation de liberté* ».

Outre la célébration des offices, souvent hebdomadaires, la pratique religieuse quotidienne recouvre de multiples aspects dont l'organisation de la détention rend la mise en œuvre complexe. Deux modalités principales ont été appréhendées par les juridictions : les repas confessionnels et les objets cultuels.

Le principe d'égalité de traitement des détenus au regard de leurs convictions religieuses s'illustre par certains éléments comme le respect des prescriptions alimentaires dans les cantines pénitentiaires ou le port de signes ostentatoires de religion.

Sur les objets cultuels

Le respect de la pratique du culte se heurte aux prohibitions du règlement intérieur quant aux objets potentiellement dangereux[27]. Néanmoins, les détenus sont autorisés à détenir des vêtements et des objets pour la pratique du culte[28], dont l'usage n'est pas autorisé dans les parties communes et qu'ils doivent transporter dans un sac lors de leurs déplacements.

En pratique, le contrôle du respect de ces dispositions ne peut qu'être effectué par les surveillants, ce qui suppose un minimum de connaissance du fait religieux. Aussi, on peut douter de l'efficacité d'un tel système dans l'éventualité d'écrits rédigés dans une langue étrangère ou de religions peu pratiquées.

La formation des fonctionnaires pénitentiaires ainsi que l'organisation interne à la détention tendent à pallier cet écueil et à rendre effectif la détention d'objets cultuels par les personnes incarcérées.

La formation dispensée à l'École nationale de l'administration pénitentiaire (ENAP), prévoit pour l'ensemble des personnels un module, de trois ou six heures, relatif à l'approche des religions et un module traitant de la laïcité et de l'exercice des cultes. Le même temps est consacré à la formation sur « les phénomènes de radicalisation et d'emprise mentale », entre quatre et six heures selon la formation.

Le pouvoir réglementaire s'est emparé de cette question et a essayé d'encadrer la réception ainsi que la conservation des objets cultuels. Le ministère de la justice a d'abord adopté une approche sectorielle, désormais assez ancienne, en émettant des notes internes relatives par exemple aux cantines casher (note du 7 mars 2005), à l'exercice du culte musulman (note du 13 juillet 2007) ou plus récemment aux objets cultuels israélites (note du 14 juin 2010).

Par une note du 16 juillet 2014 relative à l'exercice du culte en détention, la direction de l'administration pénitentiaire a choisi une approche globale de cette problématique. La rédaction de ce document se veut didactique en procédant

---

27. Art. 5 du règlement intérieur type (annexé à l'article R. 57-6-18).
28. Art. 18 du règlement intérieur type (annexé à l'article R. 57-6-18).

à un rappel des dispositions applicables en la matière et en couvrant l'ensemble des facettes de la pratique cultuelle.

Cette note interne, dont la valeur normative est faible, apporte deux évolutions. Il est institué un « *référent chargé de la laïcité* » dans chaque établissement, dans chaque direction interrégionale des services pénitentiaires et au sein de l'administration centrale. Ce référent a pour mission une centralisation des informations relatives à la pratique cultuelle et un échange plus fluide des informations afférentes. Outre un rappel bienvenu des « *gestes professionnels respectueux de la pratique religieuse* », une annexe illustre les objets cultuels que les personnes détenues sont autorisées à conserver en détention.

Concernant le contrôle du juge administratif sur ce point, très peu de litiges relatifs aux objets cultuels ont été jugés, notamment en raison de la limitation drastique des objets autorisés. Le contentieux lié aux objets suit celui plus général de la reconnaissance du caractère cultuel.

À titre d'exemple, le refus opposé par un établissement de transmettre à une détenue des exemplaires de la revue éditée par les Témoins de Jéhovah de France avait été jugé régulier[29], avant qu'un revirement de jurisprudence global ne juge l'inverse[30].

Sur les repas confessionnels

La question des prescriptions alimentaires motivées par des convictions religieuses se pose régulièrement dans le milieu carcéral. Afin de répondre à cette problématique, la solution souvent adoptée consiste à offrir des menus dits « neutres », sans porc ou végétariens, qui remplissent la fonction de menus « universels ».

Certaines exigences alimentaires religieuses demeurent très complexes à respecter par le service de restauration collective car elles induisent, par exemple, un décalage dans les rythmes de prise de repas, ou encore une alimentation basée sur des produits spécifiques. Tel est le cas de la pratique du Ramadan. Toutefois la solution retenue par l'administration qui consiste à délivrer un menu universel, auquel certains produits peuvent être ajoutés selon la convenance religieuse, possède des limites, notamment eu égard au coût des produits ajoutés aux frais des personnes détenues et à la variété de ceux proposés.

Le Conseil national de l'alimentation, dans un avis du 1er décembre 2011, estimait que « *pour que le cantinage*[31] *puisse être un élément de réponse efficient*

---

29. CAA. Nantes, 12 avril 2012, n° 10NT01980.
30. Trib. adm. Rouen, 11 juillet 2013, n° 1102627 ; Trib. adm. Toulouse, 17 avril 2014, n° 1105114.
31. Achat de produits (hygiène, nourritures, etc.) par les personnes détenues en plus des repas fournis par l'administration pénitentiaire.

au souhait d'observer telle ou telle prescription alimentaire, les produits doivent être proposés avec un bon rapport qualité/prix, afin d'être accessibles au plus grand nombre. Concrètement, les prix des denrées, casher ou halal par exemple, doivent être les plus bas possibles, sans céder pour autant sur la qualité des produits, ni sur l'accès aux produits de marque, qui constituent une réassurance pour les personnes détenues, en tant qu'ils sont porteurs d'une présomption de qualité ».

Une autre solution envisagée par le comité serait de fournir aux détenus les moyens d'accommoder et de compléter les plats servis en restauration collective ainsi que de différer leurs repas pour satisfaire leurs obligations rituelles.

Par un arrêt du 7 décembre 2010[32], la CEDH s'est prononcée sur cette question en examinant l'impact d'une telle différence de traitement : « *les adaptations qu'aurait eu à prendre l'administration pénitentiaire pour respecter ce régime alimentaire n'allaient pas grever son budget, ni alourdir le travail des personnes préparant le repas car celui-ci n'impliquait ni la présence de produits spéciaux, ni des cuissons distinctes* ». En l'espèce, il s'agissait d'un détenu bouddhiste qui avait à plusieurs reprises demandé à l'administration pénitentiaire que ses repas respectent le végétarisme imposé par sa religion.

Le juge administratif s'est penché sur de telles pratiques. Visant expressément l'avis du contrôleur général de 2011, le tribunal administratif de Grenoble[33] a annulé le refus opposé à un détenu par un directeur d'établissement pénitentiaire de proposer aux personnes de confession musulmane tout menu hallal régulier. Le centre pénitentiaire proposait déjà des cantines dites spéciales, comportant à l'achat des produits hallal et des « *cantines fêtes religieuses* ».

Le juge de première instance allait plus loin, en imposant que soient proposés dans les menus servis quotidiennement, des plats respectant les prescriptions religieuses.

Jean-Marie Delarue rappelait à ce titre que « *le principe de laïcité ne s'oppose nullement, tout au contraire, sauf discrimination fondée sur l'origine religieuse, à la confection ou à la distribution d'aliments confessionnels dans les lieux privatifs de liberté* ». Ce point précis des repas confessionnels a d'ailleurs fait l'objet d'une nouvelle recommandation du contrôleur dans son rapport d'activité pour 2013.

Toutefois, l'audace de la juridiction du fond et de la Cour administrative d'appel de Lyon[34], s'est heurtée à la censure du Conseil d'État[35], statuant dans le cadre d'une demande de sursis à exécution. La haute juridiction a considéré qu'une telle obligation nécessiterait soit des travaux trop importants soit un coût imposé par le sous-traitant trop important.

Le système de cantine spéciale était ainsi jugé satisfaisant, compte tenu des « *exigences* » d'un domaine « *sensible* ».

---

32. C.E.D.H., 7 décembre 2010, Jakobski c/ Pologne, n° 30210/96.
33. Trib. adm. Grenoble, 7 novembre 2013, n° 1302502.
34. CAA. Lyon, 20 mars 2014, n° 14LY00115.
35. CE, 16 juillet 2014, n° 377145.

Les plus optimistes considéraient toutefois que l'accord de ce sursis à exécution était en partie dû à la date de l'arrêt, pendant la période de Ramadan de l'année 2014 (du 29 juin au mardi 29 juillet 2014), circonstance qui rendait « *difficilement réversibles* » l'exécution de l'arrêt de la Cour administrative d'appel de Lyon.

Le Conseil d'État a confirmé sa position dans un arrêt de principe[36], statuant sur le refus d'annuler l'article 9 du règlement intérieur type, relatif à l'alimentation des personnes incarcérées, en ce qu'il serait contraire aux prescriptions de l'article 8 et 9 de la Convention européenne. Tout en se ralliant à la position de la CEDH selon laquelle l'observation de prescriptions alimentaires peut être considérée comme une manifestation directe des croyances et pratiques religieuses, l'arrêt considère explicitement que les dispositions du règlement intérieur type ne sont pas contraires à la Convention.

La juridiction justifie sa décision par une vieille antienne du droit pénitentiaire, l'intérêt général, le bon ordre et les contraintes matérielles propres aux établissements pénitentiaires.

Faisant application de sa propre jurisprudence, le Conseil d'État a ensuite affiné son propos en considérant qu'« *il appartient à l'administration pénitentiaire, qui n'est pas tenue de garantir aux personnes détenues, en toutes circonstances, une alimentation respectant leurs convictions religieuses, de permettre, dans toute la mesure du possible eu égard aux contraintes matérielles propres à la gestion de ces établissements et dans le respect de l'objectif d'intérêt général du maintien du bon ordre des établissements pénitentiaires, l'observance des prescriptions alimentaires résultant des croyances et pratiques religieuses* »[37].

Ainsi, si l'administration pénitentiaire n'est pas tenue de fournir des repas respectant les convictions religieuses des personnes incarcérées, elle est en principe tenue – malgré les nombreuses précautions prises – de leur permettre de se procurer ces aliments, notamment par le biais d'achat de produits en cantine.

Cette obligation de moyens qui pèse sur l'administration pénitentiaire peut donc induire l'achat de produits complémentaires par les personnes incarcérées. Dans ce cas, le Conseil d'État considère que l'administration doit « *garantir à celles qui sont dépourvues de ressources suffisantes la possibilité d'exercer une telle faculté en leur fournissant, dans la limite de ses contraintes budgétaires et d'approvisionnement, une aide en nature appropriée à cette fin* ».

Les juges administratifs du fond étant peu enclins à statuer contre la position du Conseil d'État, il faudra attendre encore pour que la situation évolue, soit par le biais réglementaire, ce qui semble peu probable, soit par celui des instances du Conseil de l'Europe.

---

36. CE, 25 février 2015, n° 375724.
37. CE, 10 février 2016, n° 385929.

Conclusion : des textes à la pratique, vers un meilleur respect des droits

Le cadre juridique relatif à la pratique cultuelle en détention s'est étoffé et tend à une uniformisation des pratiques de l'administration pénitentiaire. Deux efforts principaux semblent devoir être poursuivis afin d'assurer la mise en application effective des textes.

Le regard porté sur la pratique religieuse en détention est aujourd'hui plus orienté sur les dérives fondamentalistes que sur le respect des droits des personnes incarcérées. C'est ainsi que la commission de l'Assemblée nationale pour la loi de finance 2019 relevait que « la place de la religion en détention a souvent été abordée, ces dernières années, sous le seul angle de la lutte contre la radicalisation violente et la prise en charge des personnes poursuivies ou condamnées pour des faits de terrorisme »[38].

Il s'agit d'un écueil que la formation des parties prenantes doit pallier.

La formation des personnels de l'administration pénitentiaire doit être accentuée et permettre une compréhension accrue du fait religieux en détention. La radicalisation est trop souvent au centre des propos relatifs aux cultes, au détriment d'une vision plus globale et plurale de l'exercice cultuel des personnes détenues.

Outre la formation initiale, les directions interrégionales des services pénitentiaires peuvent et doivent user de la faculté qui leur est offerte d'organiser des modules complémentaires sur un point saillant ou une problématique récurrente.

Par ailleurs, une uniformisation des procédures d'agrément des aumôniers – qui sont à ce jour proposés selon l'organisation interne de chaque culte – pourrait permettre une répartition plus uniforme des aumôniers selon les cultes et en fonction des besoins de chaque lieu.

*
* *

---

38. Avis n° 1307, Projet loi de finances, Tome IV Justice – p. 15, 12 octobre 2018.

Le procès Dominic Ongwen à la CPI : l'impossible narration d'un enfant soldat

Clarisse BRUNELLE-JUVANON
Juriste, Chargée d'enseignements à l'UCLy
Ancienne cheffe de mission humanitaire

La proposition de contribuer aux mélanges Emma Gounot fut l'occasion pour moi de découvrir cette avocate, créatrice de l'Institut des Sciences de la Famille, et de mesurer sa pugnacité à mener son chemin conformément à ce qui lui semblait juste dans un souci constant du pluriel.

Elle me fut présentée comme « guidée par le catholicisme social (…), illustre juriste et une femme avant-gardiste. » Puis, plus tard, d'autres récits de sa vie me furent transmis. Aucun d'entre eux ne lisse la complexité de ses choix au profit d'une image qui n'aurait pas honoré sa vie hors norme dans des contextes collectifs qui le furent tout autant. Elle vécut deux guerres en tant qu'adulte : la Seconde Guerre mondiale et la guerre d'Algérie.

Emma Gounot chemina un siècle et affronta les obstacles inhérents à être femme dans un temps et une discipline qui ont peiné à s'ouvrir à l'altérité féminine. C'est à elle en tant que femme avocate que je pense en rédigeant ces lignes. Il ne me semble pas trahir sa vocation alors que je l'imagine osciller au sein d'une pratique de la justice qui, pour être juste, se déploie d'abord au singulier alors même qu'elle se rend au nom du collectif.

C'est ainsi que je me plais à l'imaginer : toucher du doigt une recherche sensible entre un singulier et un multiple.

Ma contribution à ces mélanges déplace le propos du côté de La Haye aux Pays-Bas, ou pour déplacer encore un peu plus, vers les plaines désertiques du *bush* d'Afrique de l'Est, entre l'Ouganda, le Darfour, la RDC, la RCA et le Soudan du Sud. C'est dans le premier pays que sont jugés des crimes commis dans les seconds. Le 6 décembre 2016 débutait à la Cour Pénale Internationale basée à La Haye le procès « Procureur c. Dominic Ongwen »[1].

---

1. https://www.icc-cpi.int/uganda/ongwen?ln=fr

Ce procès sensible, dans les faits et par la personne accusée, est jugé par une institution judiciaire extraordinaire. Extraordinaire par ses compétences mais aussi par son aspect unique : elle est la seule juridiction pénale internationale permanente à vocation universelle. Créée officiellement le 1er juillet 2002, elle est chargée de juger les personnes accusées de génocide, de crime contre l'humanité, de crime d'agression et de crime de guerre.

Il existe une abondante littérature critique du fonctionnement de la CPI en particulier et de la justice internationale en général. Cette contribution n'est pas de nature juridique et n'a pas vocation à rédiger une énième réflexion critique de cette nature.

Mon intérêt pour le procès de Dominic Ongwen, jugé en tant que commandant présumé de la brigade Sinia de la Lord's Resistance Army[2], a au moins deux causes.

La première est expérientielle : plusieurs mois passés dans un pays en guerre en Afrique de l'Est m'ont donné accès à toute une narration de la LRA et des exactions menées par ces enfants armés et sans limite. Les récits étaient effroyables, il ne s'agit plus d'enfants mais de diables au service de la destruction. Les personnes qui narraient les exactions des enfants soldats n'avaient pas forcément été des victimes directes, mais elles ressemblaient aux victimes de la LRA[3]. Il s'agissait bien souvent d'agriculteurs qui vivaient dans des zones désertiques et qui eux-mêmes portaient dans leurs chairs les traumatismes de la destruction par d'autres milices que la LRA. Je connaissais le réel des destructions de la LRA, et la sidération face à ces enfances sacrifiées. Ce statut d'enfants ne leur était plus reconnu et se dérobait face à la cruauté des attaques. Être enfants soldats les a envoyés dans une zone dont on ne revient pas…

En 2005, un mandat d'arrêt international fut délivré contre Joseph Kony[4], le chef de la LRA.[5], Vincent Otti (vice-président de Kony mort en 2007), Raska Lukwiya (Commandant des armées mort en 2006), Okot Odhiambo (Major en chef mort en 2013) et Dominic Ongwen en tant que commandant[6].

En janvier 2015, Dominic Ongwen ignorant du mandat d'arrêt (et de 5 millions de dollars de récompense promis par les États-Unis en échange de sa

---

2. Armée de Résistance du Seigneur.
3. Selon un rapport d'Amnesty International, 1/3 des enfants soldats se trouvent en Afrique. La LRA n'est pas la seule milice à utiliser des enfants comme armes de guerre. https://www.amnesty.org/download/Documents/HRELibrary/sec010042012fra.pdf.
4. Joseph Kony est le chef historique et incontesté de la LRA. /www.icc-cpi.int/pages/record.aspx?uri=97188&ln=fr.
5. https://www.icc-cpi.int/pages/record.aspx?uri=97188&ln=fr.
6. À ce jour, Joseph Kony vivrait à Kafia Kingi, un territoire à la frontière entre le Soudan, le Soudan du Sud et la République centrafricaine. Dominic Ongwen est très différent des autres nommés dans le mandat d'arrêt : il fut enfant soldat avant de devenir commandant.

capture) tente de se rendre aux forces centrafricaines[7] en ayant un peu négocié son sort. Ce n'est que quelques heures avant son transfert qu'il apprendra que son jugement aura lieu en Europe[8].

La seconde cause de cet intérêt est née de la plaidoirie de l'accusation. À l'ouverture du procès, par le biais de la procureure Fatou Bensouda, il a été plaidé le fait que la CPI : « *ne va pas décider du fait qu'Ongwen est bon ou méchant, ni dire s'il mérite la sympathie, mais s'il est coupable des crimes graves qu'il a commis en tant qu'adulte.* »

L'approche décomplexifiée est problématique quel que soit le crime commis. Un crime est nécessairement complexe, singulier, avec des zones grises et l'impossibilité de tout en comprendre. Dans le cas des enfants soldats, le rappel du devoir d'une approche attachée à la complexité par les juges est encore plus impératif.

L'histoire de Dominic Ongwen s'additionne à des milliers d'histoires d'enfances sacrifiées en Ouganda puis dans d'autres pays qui voient traverser cette armée redoutée. Il a 10 ans lorsqu'il est enlevé sur le chemin de l'école par l'armée de Joseph Kony. Toutes ces histoires racontent la même terreur, l'arrachement par l'enlèvement, puis la survie qui se négocie par l'exécution d'autres enfants, de villageois et parfois de ses propres parents. Ce rituel de passage promet l'appartenance à la LRA. L'esclavage sexuel est imposé aux filles, avec des enfants nés entre deux massacres, deux bombardements de l'armée régulière qui n'a cure de savoir si elle pilonne des civils, des enfants soldats… Tous racontent la peur de vivre dans le *bush*, les massacres dans les villages qui les détruisent petit à petit. Dans l'endoctrinement de Joseph Kony la question de la présence des esprits est constitutive. Il y a une ritualisation des exorcismes avec des liens aux esprits très forts : les esprits du *bush*, les esprits de ceux qui ont été massacrés, et le mauvais esprit qui n'est jamais loin. Ces enfants sont endoctrinés par Kony, leader incontesté et redouté (ou ses chefs comme ce fut le cas pour Ongwen qui

---

7. Entre temps, il est arrêté par des anciens de la séléka (elle-même milice centre africaine) espérant les 5 millions de dollars qui ne seront jamais versés.
8. En tant qu'ancien commandant de la Brigade Sinia de l'Armée de résistance du Seigneur (LRA), Dominic Ongwen est accusé de 70 chefs de crimes contre l'humanité et des crimes de guerre qui auraient été commis lors d'attaques contre les camps de déplacés de Pajule, Odek, Lukodi et Abok entre octobre 2003 et juin 2004, y compris : attaques contre la population civile ; meurtre et tentative de meurtre ; viol ; esclavage sexuel ; torture ; traitements cruels ; atteintes à la dignité de la personne ; destruction de biens ; pillage ; conscription et utilisation d'enfants de moins de 15 ans pour participer activement à des hostilités ; réduction en esclavage ; mariage forcé comme acte inhumain ; persécution. Il est également allégué qu'entre le 1er juillet 2002 et le 31 décembre 2005, Dominic Ongwen, Joseph Kony, et les autres commandants de la Brigade Sinia faisaient partie d'un plan commun d'enlever des femmes et des filles dans le nord de l'Ouganda qui ont ensuite été utilisées comme épouses forcées et esclaves sexuelles, torturées, violées et contraintes de servir comme domestiques ; et d'enrôler et utiliser des enfants de moins de 15 ans pour les faire participer activement à des hostilités.

fut « élevé » par Otti), qui étend son influence dans les esprits des enfants qui ne voient aucune possibilité de s'échapper.

De fait, un possible retour à la vie « normale » semble compromis tant ils sont haïs par les civils, victimes de leurs crimes et tant ils sont fracturés par les massacres auxquels ils ont assisté et bien souvent commis. La réalité est brutale : pour ces enfants, grandir et parvenir à l'âge adulte au sein de la LRA, signifie être responsables d'attaques, d'enrôlements d'enfants, de massacres et de viols : responsables moralement et responsables juridiquement. Ces histoires semblent toutes dire la même chose par une répétition implacable, et le risque serait de penser qu'elles sont toutes les mêmes. La possibilité de se sentir « coupable » singulièrement est omniprésente et peu nommée. Jonathan Littell a réalisé un extraordinaire reportage à propos de ces vies brisées[9]. Seul un regard en écoute de l'histoire complexe et douloureuse de ces enfants devenus adultes permet d'appréhender la difficile érection d'une frontière entre victimes et bourreaux. Il faut du temps, et le désir « d'aller vers » ce territoire d'Afrique pour appréhender une parcelle de ce réel.

Dominic Ongwen en grandissant a pris du galon puis est devenu un des plus haut gradés de la LRA avec un pouvoir de décision. On le voit avec la plaidoirie de l'accusation, cette double histoire encombre : là où Joseph Kony ne fut jamais enfant soldat, Dominic Ongwen le fut. Mark A. Drumbl explique que les enfants soldats sont des victimes imparfaites et responsables de violences tragiques[10]. Dominic Ongwen est à la fois « l'enfant modèle » et « l'enfant à problème » de ce balancier victime / bourreau[11].

Juger Dominic Ongwen en tant que commandant de la LRA responsable pénalement de ses décisions, en excluant son destin d'enfant, interroge sur la manière dont les anciens enfants soldats vivent ce procès et son dénouement. Et ainsi, comment ils se considèrent dans ce balancier entre victimes protégées par la CPI et le bourreau condamné par elle.

Car la CPI assume de protéger et de représenter ces enfants victimes mais n'assume pas l'histoire complexe de Dominic Ongwen devenu adulte. La classification juridique permet de le poursuivre. Thijs Bouwknegt et Barbara Holà écrivent que (la procureure) Bensouda a signé son mémoire de clôture contre Ongwen en adoptant le point de vue le plus rigide, selon lequel « au cours du procès, il a cherché à se cacher derrière des excuses impliquant la maladie mentale et la contrainte, dont on a démontré qu'elles étaient fausses »[12].

La reconnaissance juridique par la CPI des enfants soldats comme victimes semble acquise par le Statut de Rome (et peut-être moins « absolument » depuis

---

9. Jonathan Litell, *Wrong Elements*, Production Veilleur de nuit, 2017.
10. Mark A. Drumbl https://academic.oup.com/lril/article/4/2/217/2222520.
11. Thijs Bouwknegt et Barbora Holá, https://www.justiceinfo.net/fr/les-debats-justiceinfo/opinions/44013-dominic-ongwen-tete-affiche-enfant-a-problemes-pour-cpi.html.
12. Ibid.

le procès Lubanga comme nous le verrons plus bas). Autrement dit, tant que l'enfant soldat est mineur, il est protégé par sa minorité mais dès qu'il atteint sa majorité, le régime de sa responsabilité change. Pour la CPI et dans le cas des enfants soldats, la majorité deviendrait le curseur légal entre celui qui subit et celui qui décide, *objectivement.*

L'histoire de Dominic Ongwen est intimement liée à celle de milliers d'autres enfants et, de son histoire, l'on pourrait tisser le contour de celles de tant d'autres. C'est toute la difficulté de lisibilité d'une histoire qui est prise en otage de la grande Histoire. Il y a l'Ouganda et « la guerre de brousse » qui secoua le pays et dura au moins 5 ans, puis le soulèvement mené par Kony jusqu'à maintenant, en RCA ou au Soudan du Sud. Il s'agit aussi de toutes les guerres internes et externes qui secouent l'Afrique de l'Est, comme autant de terreaux propices à l'utilisation d'une armée d'enfants, que d'autres armées régulières ont utilisés à volonté. Les contours de son histoire se brouillent avec celle d'autres enfants devenus grands et pris en otage de mouvements collectifs absurdes.

Et en cela, la décision d'entendre et d'accueillir l'histoire singulière de Dominic Ongwen – afin aussi de limiter la prise en otage de milliers d'autres qui vécurent le même destin – devrait être assumée et posée comme pierre angulaire de ce procès si difficile. Car il exige de l'institution judiciaire de mettre au travail ses propres enjeux, afin que le procès n'en soit pas (trop) l'otage. Nombreux furent les anciens enfants soldats qui furent entendus durant ces mois d'audience, en tant que témoins ou victimes[13].

En mai 2018, je fis le déplacement à La Haye et assistai durant quelques jours aux audiences du procès Ongwen.

En entrant dans l'enceinte de la CPI, on ne peut que penser à ses témoins, victimes et accusés qui la franchissent. Il s'agit d'un bâtiment moderne à l'ambiance feutrée entouré à l'intérieur de ses murs d'un canal qui fait jonction avec les murs d'enceinte. S'il n'y a pas trop de monde à l'extérieur, on peut entendre le clapotis de l'eau, cette douceur « travaillée » révèle aussi une infranchissable frontière entre le dehors et le dedans. Le bâtiment vitré à plusieurs étages semble promettre une justice transparente qui n'aurait rien à cacher. La lumière est crue, et éclaire sans ambiguïté les grands espaces du rez-de-chaussée. Nous sommes bien loin de l'utilisation de la lumière des peintres flamands, qui utilisèrent la lumière oblique pour mieux souligner l'obscurité.

Après le passage des portiques sécurisés, il est offert aux visiteurs des panoramas chronologiques narrant les crimes qui ont été jugés par la justice internationale. Au sein de petites cavités sont projetés des films qui racontent des crimes commis durant des guerres avec des témoignages de victimes et d'images d'archive : la mise en scène joue sur l'effet du « comme si on y était ».

---

13. Plus de 4 000 personnes furent entendues durant ce procès.

À l'entrée, en dépôt du passeport, il est remis un badge, sésame qui permet de se promener à tous les étages et d'avoir accès aux procès en cours sans limite de temps. Les salles qui accueillent les visiteurs sont vitrées, en arc de cercle et surplombent la salle d'audience ce qui en permet une vision panoramique. Cette exposition permanente est levée lorsque les rideaux se ferment à la faveur d'un témoignage en huis-clos. En dehors de ces temps, le visage de l'accusé n'est jamais soustrait du regard des visiteurs assis en surplomb derrière les vitres blindées.

Cette structuration de l'espace n'est pas sans rappeler le panoptique pensé par Bentham, puis travaillé par Foucault, en tant qu'architecture et en tant que métaphore[14]. Le panoptique proposé par Bentham est une architecture (essentiellement carcérale) composée d'une tour centrale qui permet aux geôliers de surveiller, sans être vus, tous les faits et gestes des prisonniers enfermés en cellules dans un bâtiment en anneau encerclant la tour. Michel Foucault décrit très bien cette structure : « *À la périphérie, un bâtiment en anneau ; au centre une tour ; celle-ci percée de larges fenêtres, qui ouvrent sur la face intérieure de l'anneau. Le bâtiment périphérique est divisé en cellules, dont chacune traverse toute l'épaisseur du bâtiment. Ces cellules ont deux fenêtres : l'une ouverte vers l'intérieur, (...) l'autre donnant sur l'extérieur permet à la lumière de traverser la cellule de part en part. Il suffit de placer un surveillant dans la tour centrale, et dans chaque cellule d'enfermer un fou, un malade ou un condamné* »[15]. Le panoptique permet ainsi la « *constitution d'un savoir permanent de l'individu* ». L'individu doit être soumis à un regard, une surveillance et une observation continues. Il est « *appareil de savoir et de pouvoir à la fois* »[16].

En poussant encore la lecture, cette structuration de l'espace métaphoriserait une justice qui se voudrait transparente à elle-même, vraie, révélée à celui qui regarde. Autrement dit, une institution sourde à ses propres enjeux.

Si ce regard toujours porté est vrai pour toutes personnes présentes dans la salle d'audience (juges, représentants du greffe, représentants des victimes, bureau du procureur), l'accusé est la pierre angulaire du procès et à portée de toutes les fixations. La CPI est inscrite comme lieu phare du tourisme aux Pays-Bas. Ainsi, à heures fixes, des groupes de touristes échouent sur les bancs de la salle des visiteurs et dévisagent les accusés tout en terminant, pour certains, leur nuit. Ce

---

14. Comme le commente C. Laval, J. Bentham à la fin du XVIIIe et début du XIXe a théorisé la société de la surveillance qui se veut transparente à elle-même. Il anticipe un nouveau type de pouvoir en réfléchissant aux institutions et aux architectures nécessaires pour faire fonctionner efficacement nos sociétés. À cette fin, il invente *le panoptique* qui est supposé permettre au sujet qui regarde de tout voir. Cette architecture n'est pas à seule destination des prisons même si elle a pu servir de modèle comme prison idéale. Michel Foucault, *Surveiller et Punir : naissance de la prison*, Gallimard, Paris, 1993, p. 49-52.
15. Michel Foucault, « L'œil du pouvoir » in *Dits et Écrits* Vol III, Gallimard, Paris, 1994, p. 190-191.
16. Michel Foucault, *Le Pouvoir Psychiatrique*, Gallimard Seuil, Paris, 2003, p. 79.

n'est pas le caractère public d'une audience qui est à interroger, mais les modalités d'exposition des accusés.

Les exposer ainsi permet de les destituer de leur identité en tant que sujets porteurs de leur histoire, de la vérité de leur réel au nom d'une justice qui n'a rien à cacher. Ils appartiennent aux regards qui les scrutent. Ils deviennent outil d'une justice idéologisée au nom de la transparence et de la vérité. Tous les procès au sein de la CPI bénéficient de la même scénographie. L'histoire de Dominic Ongwen la rend encore plus tragique et notamment lorsque les témoins et victimes sont entendus.

Si Dominic Ongwen est exposé aux regards, le box des témoins et des victimes est caché sous la tribune des visiteurs. Le procès est filmé et retransmis sur des écrans placés dans la salle des visiteurs. Lors du huis-clos, les transmissions par écran et l'écoute au casque du témoignage et de ses traductions sont coupées.

Les témoignages des témoins et victimes furent des moments difficiles, tant l'attendu de la cour et des juges était différent de celui des personnes entendues. Il est à noter que dans le procès Ongwen, l'identité des victimes et témoins est différente. Les victimes sont les personnes survivantes des attaques, les témoins sont pour beaucoup des enfants soldats qui doivent attester de la responsabilité d'Ongwen dans les faits dont il est accusé[17].

Un témoignage fut particulièrement troublant. Un homme d'un âge difficilement déterminé témoignait de la vie dans le *bush*, du souvenir de son enlèvement, de la vie au sein de la LRA… Alors que les juges et le bureau du procureur le guidaient vers Ongwen, il s'en détournait : il ne le connaissait pas tant que cela, il ne l'avait jamais vraiment vu, il ne souvenait pas exactement des faits. Il contrebalançait toujours les souvenirs difficiles de souvenirs presque heureux : la LRA était aussi une famille avec des liens qui appellent une loyauté difficilement assumable. Et la question fondamentale restait dans ce qui faisait différence entre les deux. Pour être arrivé à l'âge adulte, cet homme avait dû commettre des crimes relevant de la CPI, c'était la condition pour rester vivant. Ils avaient une commune histoire qui demande du temps et de la délicatesse pour se le dire. Mais entendre l'un revient à entendre l'autre. Reconnaître l'un comme enfant victime de la LRA c'est aussi reconnaître l'autre comme enfant victime. Après un long moment de questions sans beaucoup de réponses, ce témoin a voulu raconter sa mère, combien elle lui avait manqué durant toutes ces années. Lorsqu'il est revenu du *bush,* elle était décédée. Ce fut un moment tragique de son témoignage, coupé par les juges. Son émotion était compréhensible mais n'entrait pas dans les attendus. Comment ne pas penser aux heures de voyage pour venir jusqu'à La Haye, de l'Ouganda lointain, avec son histoire à raconter qui pour finir n'était pas entendable car elle n'était pas celle attendue.

---

17. En cela, le procès Ongwen n'est pas celui de l'enrôlement des enfants soldats (contrairement au procès Lubanga) mais celui de commanditaire de massacres de villageois.

Cet autre témoignage tendu entre un témoin et le bureau du procureur : la représentante n'avait de cesse de demander à la personne, la date de tel ou tel fait, l'âge d'Ongwen à ce moment, le mois... Invariablement le témoin lui répondait la même chose : il ne savait pas. Il a bien essayé de lui expliquer qu'en Afrique le rapport au temps est différent, qui plus est, lorsque l'on est dans le *bush*, il peut se passer des semaines sans que l'on sache où l'on est... On est coupé du temps. Rien n'y fit, la représentante reprenait ses notes, s'énervait en lui disant qu'en refusant de faire un effort, son récit ne serait pas cru. Le témoin fit montre d'humour en finissant par lui dire qu'elle pouvait faire un test en lui demandant d'estimer son âge... sa réponse ne lui ferait pas plaisir mais au moins elle entendrait qu'il ne sait pas.

Globalement, la Cour eut de grandes difficultés à prendre en compte les enfants soldats qui venaient témoigner. Des études soulignent que les témoignages d'anciens enfants soldats posent des problèmes de « fiabilité » par des questions relatives à leur crédibilité, leur traumatisme et leur âge. La qualité de victimes et de témoins des enfants soldats a ainsi été testée et contestée[18]. Les enfants soldats de la LRA ne furent ni drogués ni alcoolisés, contrairement à d'autres enfants soldats enrôlés au sein d'autres milices. Leur témoignage et les souvenirs sont « complets » et ne peuvent se noyer dans les brouillards de psychotropes.

En outre, la trop grande part faite aux victimes est discutée durant les procès pénaux car l'ensemble des critiques supposerait que la motivation des victimes soit d'obtenir le châtiment des coupables[19]. Comment désigner LE coupable dans des crimes de masse. Jusqu'où remonte-t-on l'échelle de LA décision ?

Cette difficulté liée aux témoignages des enfants soldats n'est pas exclusive du procès Ongwen[20], le procès Lubanga est le premier procès lié *strictement* à l'enrôlement forcé d'enfants de moins de 15 ans : cette accusation a caractérisé le crime de guerre.

À l'issue de ce procès, les traumatismes liés à cette épreuve sont indéniablement reconnus, mais la « non-fiabilité » des témoignages des enfants pourrait les exclure d'être témoins mais plus encore victimes. Un peu comme un aveu : les enfants soldats paieront le crime de leurs ravisseurs sans jamais pouvoir être reconnus comme victime. Il y aurait une indissociabilité de l'un et de l'autre et la reconnaissance implicite qu'un enfant soldat ne pourra jamais devenir « un témoin fiable ». Cette tension est le fruit d'une quasi-impossibilité de la

---

18. B. Holà, T. Bouwknegt, *Ibid*.
19. E. Jaudel, *Justice sans châtiment, Les commissions Vérité-Réconciliation*, Odile Jacob, 2009, p. 50.
20. *Cf.* le procès Lubanga jugée par la CPI en 2012. https://www.icc-cpi.int/drc/lubanga?ln=fr. Thomas Lubanga a créé en RDC l'UPC accusé de crimes de guerre par enrôlements d'enfants de moins de 15 ans.

Cour (dans les réquisitoires du Procureur, dans les positions des juges, de la posture des avocats des victimes) à admettre des victimes en demi-teintes, avec un parcours de violences, sacrifiées au nom d'une transparence univoque, telle qu'évoquée plus haut. Il semblerait qu'un enfant soldat mort soit plus légitime à être considéré comme victime qu'un enfant soldat vivant, adulte et potentiellement condamnable.

Dominic Ongwen semble être l'accusé par « défaut ». Les charges retenues contre lui sont claires (70 chefs d'accusation) et concernent tous les chefs de guerre de la LRA. Elles englobent des massacres perpétrés dans un temps donné avec une responsabilité dans l'enrôlement d'enfants soldats, soit l'histoire de la LRA.

Lire ces accusations sans mise en perspective est problématique car c'est un peu comme si elles avaient été extraites de leur contexte temporel, géographique, historique pour pouvoir être jugeables tout en esquissant l'ensemble des crimes de la LRA dans son ensemble. Pour pouvoir être accusé et condamné, le même procédé est appliqué à Ongwen : on l'exfiltre de son histoire, de tout ce qui a contribué à faire de lui l'adulte qu'il est devenu, pour ne plus juger que l'adulte qu'il est devenu : de situations *collectives* il est créé un tout sans permettre de lier à ce qui le précède *singulièrement*. En référence à Bergson, ce refus de lier les points d'une histoire dans la narration revient à ne concevoir que le temps du fait et non plus la durée d'une vie.

Toute histoire, tout réel qui précèdent les faits ne sont pas entendables, sûrement aussi parce qu'ils sont difficilement entendables. La CPI sait juger des crimes de guerre, et de tous les crimes qui relèvent de sa compétence, elle sait indemniser les victimes reconnaissables que l'on peut accueillir parce que l'on sait où les situer grâce à ce qu'elles n'ont pas fait. Dominic Ongwen n'est pas victime ou bourreau, il est victime ET bourreau, comme l'immense majorité des enfants soldats. Reconnaître les enfants soldats comme victimes et assumer la violence faite à leur propre victime : ceux qui ont massacré seraient au même « niveau » que ceux qui furent massacrés.

Le verdict de ce procès est attendu en janvier 2021. La procureure a concédé que son statut d'ancien enfant soldat pourrait lui donner « d*es circonstances atténuantes, mais qu'il n'y aura pas d'immunité possible* ». Un grand nombre d'adultes, anciens enfants soldats, se retrouvent dans une impossibilité de vivre « normalement ». Les victimes de leurs exactions les haïssent et refusent qu'ils puissent retrouver leurs villages, ils sont traumatisés par les années dans le *bush,* poursuivis par les massacres qu'ils ont commis. Il n'y a rien à atténuer à l'extrême violence de ces parcours. Durant ces années de procès, des experts psychiatriques se sont succédé auprès de D. Ongwen, certains pour souligner son trauma absolu frisant l'autisme, d'autres pour dire qu'il avait toutes ses capacités intellectuelles.

Autrement dit, soit il est capable juridiquement, soit il est incapable, soit il est majeur, soit il est mineur, soit il est victime, soit il est bourreau, soit il est malade, soit il est « sain » d'esprit, soit il est jugeable, soit il ne l'est pas. Entre ces guerres de tranchées, il n'y a aucune alternative.

Un de ses avocats a plaidé qu'Ongwen « avait reçu l'ordre de la part de Kony et de ses esprits de brutaliser les autres. » Il a souligné l'accusation qui a dépeint Ongwen « sortant de l'enfer comme un saint et devant être jugé comme un homme raisonnable. »

Juger Ongwen en décidant de ne passer que par une partie de sa vie, exclure l'enfant enlevé et l'enfant bourreau, condamne les enfants soldats dans l'inentendable de leurs histoires et les laisse très loin, dans une damnation dont ils ne pourraient pas revenir. C'est un renoncement de la reconnaissance de tous les points qui ont fait et font leur vie.

La traite d'êtres humains en Europe

Pascale Boucaud
Professeur de droit (HDR) à l'UCLy
Membre de l'UR Confluence : Sciences et Humanités
Doyen de la faculté de droit, Sciences Politiques et Sociales (2016-2020)
Directrice de l'Institut des Sciences de la Famille (2007-2012)

La traite des êtres humains est aujourd'hui un problème majeur en Europe. Chaque année, des milliers de personnes, en majorité des femmes et des enfants, sont victimes de traite à des fins d'exploitation sexuelle, de servitude, de prélèvement d'organes ou autres, dans leur propre pays comme à l'étranger. Tous les indicateurs vont dans le sens d'un accroissement du nombre des victimes. La lutte contre cette agression persistante à l'encontre des personnes s'insère dans le combat plus vaste du Conseil de l'Europe en faveur des droits de la personne et de la dignité humaine[1].

La traite des êtres humains, parce qu'elle prend au piège ses victimes, est la forme moderne du commerce mondial des esclaves. Les êtres humains sont considérés comme des marchandises à acheter et à vendre, que l'on force à travailler, la plupart du temps dans l'industrie du sexe, mais aussi, par exemple, dans le secteur agricole ou dans des ateliers, clandestins ou non, pour des salaires de misère voire pour rien du tout. De nombreuses victimes sont des jeunes, parfois des enfants. Toutes recherchent désespérément de quoi subsister, pour voir ensuite leur vie ruinée par l'exploitation et l'appât du gain.

Si l'on veut qu'elle soit efficace, la stratégie de lutte contre la traite des êtres humains doit être fondée sur une approche multidisciplinaire qui passe à la fois par la prévention, la protection des droits des victimes et la poursuite des trafiquants, tout en veillant à ce que les législations pertinentes des États soient harmonisées et appliquées uniformément et efficacement.

Phénomène mondial, la traite des êtres humains est pratiquée à l'intérieur d'un même pays ou par-delà les frontières. La traite – souvent liée à la criminalité organisée pour qui elle est devenue l'une des activités les plus lucratives – doit être combattue en Europe de façon aussi vigoureuse que le trafic de drogue ou le

---

1. B. Fernandez Burgueno, « The uselfulness of the legal concept of dignity in the human rights discourse: literature review », *OXIMORA : revista internacional de ética y politica*, 2016, n° 8.

blanchiment de capitaux[2]. Elle représente la troisième source de revenus illicites dans le monde après le trafic d'armes et le trafic de stupéfiants.

Dans ce contexte, le Protocole additionnel à la Convention des Nations Unies contre la criminalité transnationale organisée[3], visant à prévenir, réprimer et punir la traite des personnes, en particulier des femmes et des enfants, « *Protocole de Palerme*[4] », a posé les bases de la lutte internationale contre la traite. La Convention du Conseil de l'Europe sur la lutte contre la traite des êtres humains[5], tout en ayant pour point de départ le Protocole de Palerme, et en tenant compte des autres instruments juridiques internationaux – universels ou régionaux – pertinents dans la lutte contre la traite des êtres humains, vise à renforcer la protection assurée par ces instruments et à développer les normes qu'ils énoncent.

Le Protocole de Palerme contient la première définition commune (reprise par la Convention du Conseil de l'Europe) juridiquement contraignante au niveau international de l'expression « *traite des personnes*[6] ». Il est important à ce stade de souligner que la traite des êtres humains se distingue du « *trafic illicite de migrants* ». Le trafic illicite de migrants fait du reste l'objet d'un protocole distinct à la Convention des Nations Unies contre la criminalité transnationale organisée (Protocole contre le trafic illicite de migrants par terre, air et mer[7]). Alors que l'objet du trafic illicite de migrants est le transport par-delà les frontières afin d'en tirer, directement ou indirectement, un avantage financier ou un autre avantage matériel, le but de la traite des êtres humains est l'exploitation. En outre, la traite des êtres humains n'implique pas nécessairement un élément transnational, celle-ci peut exister à un niveau purement national.

---

2. Commission to the European Parliament and the Council, *Report on the progress made in the fight against trafficking in human beings (2016)*, Brussels, 19/5/2016 COM52016° 267 final, p. 11.
3. Convention des Nations Unies contre la criminalité transnationale organisée, adoptée par la résolution 55/25 de l'Assemblée générale le 15 novembre 2000, entrée en vigueur le 29 septembre 2003.
4. Protocole adopté par la résolution 55/25 de l'Assemblée générale, entré en vigueur le 25 décembre 2003.
5. Convention du Conseil de l'Europe sur la lutte contre la traite des êtres humains, adoptée le 16 mai 2005, entrée en vigueur le 1er février 2008, ratifiée par 47 États, dont le Bélarus non membre du Conseil de l'Europe.
6. Article 3 : « *Aux fins du présent Protocole :*
a) L'expression "traite des personnes" désigne le recrutement, le transport, le transfert, l'hébergement ou l'accueil de personnes, par la menace de recours ou le recours à la force ou à d'autres formes de contrainte, par enlèvement, fraude, tromperie, abus d'autorité ou d'une situation de vulnérabilité, ou par l'offre ou l'acceptation de paiements ou d'avantages pour obtenir le consentement d'une personne ayant autorité sur une autre aux fins d'exploitation. L'exploitation comprend, au minimum, l'exploitation de la prostitution d'autrui ou d'autres formes d'exploitation sexuelle, le travail ou les services forcés, l'esclavage ou les pratiques analogues à l'esclavage, la servitude ou le prélèvement d'organes ».
7. Protocole adopté par l'Assemblée générale à New York, le 15 novembre 2000 ; entré en vigueur le 28 janvier 2004.

D'autres instruments internationaux existants sont susceptibles de contribuer à la lutte contre la traite des êtres humains et à la protection de ses victimes[8].

L'un des objectifs principaux du Conseil de l'Europe étant la sauvegarde et la protection des droits et de la dignité de la personne humaine et la traite des êtres humains étant une atteinte directe aux valeurs sur lesquelles le Conseil de l'Europe est fondé, trouver des solutions à ce problème est une priorité de l'Organisation. Ceci est d'autant plus pertinent que le Conseil de l'Europe compte, parmi ses 47 États membres, des pays d'origine, de transit et de destination des victimes de la traite.

La principale valeur ajoutée de la présente Convention par rapport aux autres instruments internationaux est le fait qu'elle est centrée sur les droits de la personne humaine et la protection des victimes.

Bien sûr, la recherche d'efficacité de cette convention est soutenue par l'application de l'Article 4 de la Convention européenne des Droits de l'Homme devant la Cour européenne des Droits de l'Homme. Rappelons que cet article 4 interdit l'esclavage, la servitude, le travail forcé ou obligatoire et que cette interdiction constitue une norme absolue de droit international[9]. La jurisprudence de cette Cour permet de sanctionner réellement les États.

Nous verrons dans un premier temps les moyens mis en place par la Convention sur la lutte contre la traite des êtres humains, puis l'apport complémentaire de la jurisprudence de la Cour européenne des Droits de l'Homme.

I. Moyens mis en œuvre par la Convention pour lutter contre la traite des êtres humains

Cette Convention met en place un cadre juridique complet pour la protection des victimes et des témoins, ainsi qu'un suivi indépendant et efficace. L'organe de contrôle créé par la Convention, le Groupe d'experts sur la lutte contre la

---

8. Au niveau des Nations Unies, les conventions suivantes peuvent être mentionnées :
– la Convention de l'Organisation Internationale du Travail (OIT) concernant le travail forcé ou obligatoire du 28 juin 1930 (n° 29) ;
– la Convention pour la répression de la traite des êtres humains et de l'exploitation de la prostitution d'autrui du 2 décembre 1949 ;
– la Convention relative aux droits de l'enfant du 20 novembre 1989 ;
– la Convention de l'OIT concernant l'interdiction des pires formes de travail des enfants et l'action immédiate en vue de leur élimination du 17 juin 1999 ;
– le Protocole facultatif à la Convention relative aux droits de l'enfant, concernant la vente d'enfants, la prostitution des enfants et la pornographie mettant en scène des enfants du 25 mai 2000.
9. M. N. Shawn, *International Law*, CUP Cambridge, 6e éd., 2008, p. 275 ; J. Allain, *Slavery in International Law: of Human Exploitation and trafficking,* Brill, 2012, p. 254.

traite des êtres humains (GRETA) est composé de manière pluridisciplinaire, de quinze experts indépendants et impartiaux. Ce groupe organise des visites dans les différents États parties, puis remet un rapport contenant des recommandations que doivent suivre les États afin de se conformer pleinement aux exigences de la Convention. À ces visites périodiques s'ajoute une procédure d'urgence : si le GRETA reçoit des informations fiables révélant une situation problématique qui appelle une réaction immédiate pour limiter l'étendue des violations de la Convention, il peut adresser une demande urgente d'information à l'État concerné et désigner deux membres pour effectuer une visite sur place afin d'évaluer la situation. Nous le verrons dans les développements qui suivent, le rôle de cet organe est primordial.

A. Quelles sont les victimes visées ?

La Convention s'applique aussi bien aux victimes dont l'entrée et le séjour sur le territoire de l'État d'accueil sont légaux qu'à celles dont l'entrée et le séjour sont illégaux. Dans certains cas, les victimes de la traite sont emmenées dans un pays illégalement, mais dans d'autres cas, elles entrent de façon légale, en tant que touristes, futures épouses, artistes, domestiques, filles au pair ou demandeurs d'asile.

La Convention s'applique également à des victimes qui vivent depuis toujours sur le territoire. C'est ainsi qu'en France, en avril 2013, le Comité contre l'esclavage moderne (CCEM), a attiré l'attention de l'Office central de lutte contre le travail illégal, sur la situation de deux personnes françaises âgées respectivement de 61 et 71 ans, employées et logées dans des conditions indignes.

Profitant de leur état de faiblesse, l'employeur les maintenait à son service sans limite de temps, les réduisant ainsi à un état de servitude. L'enquête ouverte par le Procureur de la République d'Évry a permis d'établir des faits de traite, une dissimulation d'activités et un abus de vulnérabilité à l'égard de ces deux victimes soumises à un rythme de travail inhumain requérant une disponibilité totale, le jour comme la nuit. Le 9 avril 2014, les auteurs ont été condamnés du chef de traite des êtres humains, à une peine de 5 ans de prison et 60 000 euros d'amende.

B. Quels sont précisément les éléments constitutifs de l'infraction de traite ?

Selon l'article 4 de la Convention, la traite d'une personne consiste en la combinaison de trois éléments :

1er élément. Une action : recrutement, transport, hébergement ou accueil de personnes.

Le recrutement est visé quelle que soit la manière dont il est effectué : oralement, par voie de presse, *via* Internet. Les trafiquants trouvent dans les réseaux internet à haut débit ou sans fil, extrêmement rapides et bon marché, une aide précieuse. Ils peuvent rester anonymes puisqu'il n'est pas nécessaire qu'ils se présentent sous leur véritable identité. Ils n'ont pas non plus besoin de quitter leur domicile pour effectuer leur crime : le recrutement peut avoir des effets simultanément dans plusieurs pays et toucher d'innombrables victimes.

2ᵉ élément. Le recours aux moyens suivants :
- Recours à la force ou d'autres formes de contrainte, enlèvement ;
- Fraude, tromperie, par exemple en faisant miroiter aux victimes un contrat de travail très attractif ;
- Abus d'autorité ou d'une situation de vulnérabilité ;
- Offre ou acceptation de paiements ou d'avantages pour obtenir le consentement d'une personne ayant autorité sur une autre.

3ᵉ élément. Un but déterminé, l'exploitation des victimes.

L'exploitation comprend, au minimum, l'exploitation de la prostitution d'autrui ou d'autres formes d'exploitation sexuelle, le travail ou les services forcés, l'esclavage ou les pratiques analogues à l'esclavage, la servitude ou le prélèvement d'organes.

L'hébergement d'une personne (action), sous la menace (moyen), dans le but de la mettre au travail forcé (but), est un comportement qui doit être qualifié de traite d'être humain.

Il faut donc en principe la réunion de ces trois éléments. Une exception est cependant prévue pour les enfants : le recrutement, le transport, l'hébergement ou l'accueil dans le but d'exploitation de l'enfant sont considérés comme une traite même s'il n'est pas fait appel aux moyens énoncés précédemment.

C. Quelles sont les mesures visant à protéger les droits des victimes ?

1. La première mesure consiste d'abord à identifier les victimes : fréquemment, elles voient leurs passeports ou leurs documents d'identité pris ou détruits par les trafiquants. En ce cas, elles risquent d'être traitées avant tout comme des immigrants illégaux et d'être sanctionnées ou renvoyées dans leur pays sans qu'aucune aide ne leur soit apportée. Même lorsqu'elles ont conservé leurs documents d'identité, elles ne se déclarent pas victimes de traite. Il s'agit donc pour les autorités d'apprendre à détecter les cas de traite. Par exemple, de nombreuses Nigérianes, débarquées en Italie, demandent une protection internationale, mais ne dénoncent pas leurs exploiteurs en raison de barrières linguistiques et culturelles et du rituel de prestation de serment (*Juju*) auquel elles sont soumises, serment de loyauté envers les réseaux criminels de trafiquants. Les trafiquants appliquent une stratégie consistant à leur faire demander l'asile, ce qui donne droit à un permis de séjour. Aujourd'hui, l'Organisation internationale des Migrations part de l'hypothèse que la plupart des demandeuses d'asile nigérianes sont *de facto* des victimes de traite.

En France, depuis 2013, l'OFPRA a désigné en son sein un groupe d'une vingtaine de référents « *traite* » pour faciliter la détection de victimes engagées dans un parcours de demande d'asile.

Les référents « *traite* » ont notamment pour fonction d'apporter aux officiers de protection qui instruisent les demandes d'asile un appui ponctuel sur les dossiers individuels. En outre, la durée de la procédure d'instruction d'une demande d'asile peut être adaptée afin de favoriser le recueil du récit d'un demandeur identifié comme particulièrement vulnérable, y compris les victimes de traite. Il est également possible de déclasser vers une procédure normale une seconde demande d'asile, qui normalement devrait faire l'objet d'un examen accéléré, lorsqu'il y a soupçon de traite et que la première demande était formulée sous l'influence des trafiquants. L'OFPRA a indiqué qu'il était désormais plus fréquent de détecter les victimes dès la première demande. Dans l'optique d'améliorer la détection, mais aussi la mise à l'abri, l'OFPRA a également tissé des liens avec des ONG spécialisées et le dispositif national Ac. Sé[10], ainsi que des acteurs institutionnels. Le GRETA se réjouit du fait que dans le cadre de la procédure d'asile une personne peut se voir reconnaître victime de traite, obtenir une protection subsidiaire ou le statut de réfugié, indépendamment de l'éventuelle décision des forces de l'ordre. Le GRETA[11] salue également la création de référents spécialisés sur la traite au sein de l'OFPRA pour améliorer la détection des victimes de traite engagées dans la procédure de demande d'asile.

Par ailleurs, à de nombreuses reprises, la Cour Nationale du Droit d'asile (CNDA) a accordé la protection subsidiaire à des femmes nigérianes invoquant leur enrôlement dans un réseau et leur soumission par le rituel du « *juju* ». La question de la traite des femmes et encore plus spécifiquement des réseaux de prostitution entre la France et le Nigéria est un phénomène que la juridiction française statuant sur les demandes d'asile prend particulièrement au sérieux[12]. Selon des représentants de la CNDA, une quarantaine de personnes en provenance du Nigéria et une dizaine d'Albanie et d'Ukraine ont obtenu depuis 2015 le statut de réfugié en raison de leur appartenance à un groupe social exposé à des persécutions liées au fait qu'elles étaient victimes de traite.

---

10. Le Dispositif National Ac. Sé fait partie intégrante des mesures de protection des victimes de la traite en France, telles que citées dans le décret n° 2007-1352 du 13 septembre 2007, relatif à « *l'admission au séjour, à la protection, à l'accueil et à l'hébergement des étrangers victimes de la traite des êtres humains* ».
11. Rapport du GRETA concernant la mise en œuvre de la Convention du Conseil de l'Europe sur la lutte contre la traite des êtres humains par la France, publié en juillet 2017.
12. CNDA du 28 janvier 2008, n° 582698 ; CNDA du 27 novembre 2008, n° 627584 ; CNDA du 23 octobre 2009, n° 09000931-642112 ; CNDA du 23 octobre 2009, n° 09006467 ; CNDA du 16 juillet 2009, 636560/08017016, *Mlle K.*

2. La seconde mesure consiste à leur apporter assistance : l'État partie où se trouve la victime doit assurer que lui soient fournies les prestations suivantes :

– Des conditions de vie susceptibles d'assurer leur subsistance par des mesures telles qu'un hébergement convenable et sûr, une assistance psychologique et matérielle. L'assistance matérielle peut prendre la forme d'une aide en nature, nourriture, vêtements. Elle comprend également l'accès aux soins médicaux d'urgence et l'aide linguistique indispensable.

– Des mesures de sécurité : garder leur adresse secrète et réglementer les visites de personnes extérieures.

– Des informations sur les droits que la loi leur reconnaît, notamment sur les conditions relatives à la régularisation du séjour sur le territoire, mais aussi sur les recours juridiques possibles.

3. La troisième mesure est particulièrement importante : il s'agit de l'octroi d'un délai de rétablissement et de réflexion ; la Convention exige des États parties qu'ils prévoient dans leur droit interne un délai d'une durée minimale de 30 jours, délai permettant à la victime de se rétablir ainsi que d'échapper à l'influence des trafiquants. Ce délai doit également permettre aux victimes de prendre une décision quant à leur coopération avec les autorités répressives en vue de poursuivre en justice les auteurs de la traite. Mais l'octroi de ce délai n'est pas en soi conditionné à la coopération de la victime avec les autorités chargées de l'enquête.

Chaque État partie doit remettre immédiatement les documents autorisant les victimes à séjourner sur son territoire pendant le délai de rétablissement et de réflexion.

Sur ce point, le droit français prévoit un délai de 30 jours. Cependant le droit actuel n'est pas conforme à la Convention. Il ne respecte pas la distinction qui doit être faite entre rétablissement et réflexion.

L'article R. 316-1 du Code d'entrée et de séjour des étrangers et du droit d'asile (CESEDA) précise que ce délai de 30 jours est exclusivement conçu pour susciter la réflexion de la victime en vue d'une éventuelle coopération avec les forces de police ou de gendarmerie. En revanche le rétablissement est totalement passé sous silence. Ce délai apparaît en lien direct avec la possibilité de bénéficier d'une admission au séjour lorsque la victime accepte de coopérer avec l'enquête.

S'ajoute à cela le fait que l'octroi de ce délai de réflexion n'est pas une pratique bien établie et requiert souvent que les victimes demandent proactivement à en bénéficier, ce qui suppose qu'elles soient soutenues dans cette démarche par des ONG spécialisées. Le Conseil d'État s'était d'ailleurs prononcé sur ce point dans un arrêt du 15 juin 2012. Il constatait que les services de police avaient manqué d'informer une victime potentielle de la possibilité qui lui était ouverte de bénéficier du délai de réflexion ; la requérante a par la suite fait l'objet d'un arrêté de reconduite à la frontière qu'elle a contesté[13]. À la suite de cet arrêt, un rappel des instructions a été opéré au sein de la gendarmerie nationale au travers de la circulaire du directeur général de la gendarmerie nationale du 5 octobre 2012.

Comme le GRETA l'avait déjà constaté dans son premier rapport publié en 2012, tant les services d'enquêtes que les services préfectoraux ne semblent avoir qu'une connaissance partielle du double rôle qui est celui du « *délai de rétablissement et de réflexion* » au sens de l'article 13 de la Convention. En effet, le délai prévu dans le CESEDA ne reprend dans son intitulé que l'aspect de réflexion sur la possibilité de collaborer à l'enquête (« *délai de réflexion* ») et, en pratique, l'autre fonction de ce délai qui est de permettre aux victimes de se remettre de leur expérience de traite et de s'extraire de l'emprise des trafiquants semble méconnue et ce bien que l'instruction ministérielle du 19 mai 2015[14] le rappelle. En outre, des ONG ont souligné les difficultés pour obtenir un hébergement pendant le délai de rétablissement et réflexion. Le GRETA note avec inquiétude l'exemple de trois victimes de traite qui étaient en centre de rétention et ont bénéficié d'un délai de réflexion mais qui, faute d'hébergement à leur sortie, se sont retrouvées livrées à elles-mêmes et ont disparu.

4. La quatrième mesure concerne l'octroi d'un permis de séjour renouvelable : le renvoi immédiat des victimes est insatisfaisant aussi bien pour elles que pour les autorités répressives. Pour les victimes, cela signifie souvent des mesures de rétorsion à l'égard de leurs familles ou de leurs proches, un retour au système de traite. Pour les autorités répressives, cela signifie la perte d'informations très utiles.

La victime obtiendra donc un permis de séjour dans deux hypothèses :

> Soit qu'elle se trouve dans une situation personnelle telle que l'on ne peut exiger d'elle qu'elle quitte le territoire ; c'est le cas en particulier des mineurs isolés non accompagnés ;
>
> Soit qu'elle décide de collaborer avec les autorités judiciaires lorsqu'une procédure pénale est ouverte.

Quelle est l'avancée du droit français sur ce point suite au contrôle de mise en œuvre de ce texte par le GRETA ?

Deux situations sont à distinguer :

Lorsque la victime a déposé plainte ou a témoigné dans le cadre d'une procédure pénale pour traite, l'article L. 316-1 du CESEDA prévoit la délivrance

---

13. Conseil d'État, requête n° 339209, arrêt du 15 juin 2012.
14. Instruction du ministre de l'Intérieur du 19 mai 2015 relative aux conditions d'admission au séjour de ressortissantes étrangères victimes de la traite des êtres humains ou de proxénétisme.

désormais de plein droit d'un titre de séjour, renouvelable pendant toute la durée de la procédure et autorisant l'exercice d'une activité professionnelle. Selon l'article R. 316-3 du CESEDA, la durée de validité est de 6 mois minimum, mais l'instruction du ministère de l'Intérieur du 19 mai 2015 spécifie que la durée de validité doit être d'un an. Par ailleurs, une carte de résident valable dix ans est désormais délivrée de plein droit aux victimes en cas de condamnation définitive du trafiquant.

Lorsque la victime ne coopère pas pour quelque raison que ce soit (crainte de représailles), elle peut bénéficier d'un titre de séjour en raison de considérations humanitaires ou de motifs exceptionnels (Art. L. 313-14 du CESEDA) ; mais la décision d'octroyer ce titre reste à la discrétion du préfet et l'on souligne la rareté des titres octroyés aux victimes qui ne collaborent pas. La victime peut aussi tenter de bénéficier d'un titre de séjour si elle peut se prévaloir de liens privés et familiaux anciens et intenses établis en France (Art. L. 313-11-7 du CESEDA). Enfin, la loi du 13 avril 2016 a inséré un nouvel article L. 316-1-1 au CESEDA, prévoyant qu'une autorisation provisoire de séjour d'une durée minimale de six mois peut être délivrée aux victimes de traite et de proxénétisme, engagées dans le parcours de sortie de la prostitution indépendamment de leur coopération avec les services judiciaires. Il s'agit là d'une avancée importante. Nous avons cependant un regret : l'article 14 de la Convention du Conseil de l'Europe n'établit pas de distinction suivant les types d'exploitation pour l'octroi d'un permis de séjour. Il faudrait donc que le droit français ouvre cette possibilité à toute victime qui s'engage dans un parcours de sortie de son exploitation.

5. La cinquième mesure vise l'indemnisation des victimes : l'article 13 § 3 insiste sur l'indemnisation des préjudices matériel et moral subis par la victime. Ce droit à indemnisation s'exerce à l'égard des auteurs de l'infraction. Cependant, en pratique, un dédommagement intégral a rarement lieu du fait notamment que l'auteur n'a pas été découvert, a disparu ou a organisé son insolvabilité. Dès lors, le § 4 prévoit que les États parties doivent faire en sorte que l'indemnisation soit garantie. La Convention suggère l'établissement d'un fonds d'indemnisation financé par les avoirs d'origine criminelle.

En France, le nouvel article L. 131-21 alinéa 6 du Code pénal prévoit désormais que pour les infractions les plus graves, dont la traite des êtres humains, il est possible de confisquer l'intégralité du patrimoine du condamné sans considération de l'origine, licite ou illicite, des biens et sans que ces biens soient liés à l'infraction. Toute personne constituée partie civile, qui bénéficie d'une décision définitive lui accordant des dommages-intérêts peut obtenir de l'Agence de Gestion et de Recouvrement des Avoirs Saisis et Confisqués (AGRASC) que ces sommes lui soient payées prioritairement sur les biens de son débiteur.

Encore faut-il que les États intègrent dans leur Code pénal l'infraction de traite.

D. L'imposition aux États parties d'incriminer la traite des êtres humains

1. Les États parties à la Convention ont l'obligation de conférer le caractère d'infraction pénale à la traite, soit par le biais d'une seule infraction pénale, soit par la combinaison de plusieurs infractions.

La législation française en matière de traite des êtres humains a été modifiée par la loi du 5 août 2013. L'infraction figure à l'article 225-4-1 du Code pénal et son libellé reprend les trois éléments de base prévus par la Convention.

Le GRETA note que conformément à la recommandation émise dans son premier rapport, les motifs d'exploitation prévus à l'article 225-4-1 du Code pénal incluent désormais l'esclavage, la soumission à du travail ou à des services forcés, la réduction en servitude ainsi que le prélèvement d'organes.

L'exploitation de la mendicité et la contrainte à commettre tout crime ou délit avait déjà été introduite dans l'article 225-4-1 du Code pénal depuis la loi du 18 mars 2003 sur la sécurité intérieure. Le fait de contraindre une personne à commettre une infraction est réprimé de manière autonome par l'article 121-7 du Code pénal selon lequel « *est également complice la personne qui par don, promesse, menace, ordre, abus d'autorité ou de pouvoir aura provoqué à une infraction ou donné des instructions pour la commettre* ».

La traite des êtres humains est punie de sept ans d'emprisonnement et de 150 000 euros d'amende ; lorsque la victime est un mineur, elle est punie de dix ans d'emprisonnement et de 1 500 000 euros d'amende.

Le GRETA considère que les autorités françaises devraient indiquer expressément dans le Code pénal que le consentement de la victime de traite est indifférent, ce qui pourrait améliorer la mise en œuvre des dispositions antitraite, ou à tout le moins permettre de prendre des mesures supplémentaires pour sensibiliser les enquêteurs, procureurs et juges à l'importance de ce principe dans le cadre des affaires de traite.

2. Les États doivent également incriminer le client qui utilise les services d'une victime de traite, dans le but de décourager la demande qui favorise la traite.

En France, la loi n° 2016-444 du 13 avril 2016 visant à renforcer la lutte contre le système prostitutionnel, introduit dans le Code pénal une infraction punissant l'achat de services sexuels. Cette infraction sera punie d'une amende d'un montant allant jusqu'à 1 500 euros et, en cas de récidive, 3 000 euros (Art. 611-1 du Code pénal). Selon ce même article, l'achat de services sexuels à une personne qui se livre à la prostitution, y compris de façon occasionnelle, lorsque cette personne est mineure ou présente une particulière vulnérabilité, apparente ou connue de son auteur, due à une maladie, à une infirmité, à un handicap ou à un état de grossesse, sera puni d'une peine pouvant aller jusqu'à trois ans d'emprisonnement et/ou d'une amende d'un montant pouvant atteindre 45 000 euros.

3. Les États doivent aussi incriminer les actes relatifs aux documents de voyage ou d'identité : fabrication de documents de voyage ou d'identité frauduleux ; fourniture de tels documents mais également soustraction de ces documents aux victimes afin d'exercer des pressions sur elles.

E. Afin de faciliter les poursuites et le déroulement de la procédure, la Convention prévoit enfin des règles particulières en faveur des victimes

1. En premier lieu, s'agissant des règles de compétence, chaque État partie est tenu de punir les infractions commises sur son territoire. Si un ressortissant d'un État partie commet une infraction à l'étranger, l'État partie est tenu d'engager les poursuites si l'infraction ne relève de la compétence d'aucun autre État. De plus, si un ressortissant d'un État partie est victime d'une infraction à l'étranger, l'État partie a la possibilité d'engager les poursuites correspondantes. L'objectif est bien que les auteurs de telles infractions ne restent pas impunis.

2. En second lieu, les autorités publiques peuvent poursuivre sans qu'une plainte de la victime ne soit nécessaire : il s'agit d'éviter que les auteurs n'exercent des pressions sur les victimes pour qu'elles ne portent pas plainte. De plus, les États doivent assurer aux ONG et autres associations qui luttent contre la traite, la possibilité de soutenir la victime qui y consent au cours des procédures pénales.

3. En troisième lieu, la protection des victimes et des témoins doit être assurée pendant toute la durée de la procédure. Pour protéger les enfants, certaines législations prévoient l'enregistrement audiovisuel de leurs auditions avec limitation des personnes autorisées à assister à l'audition ou à visionner l'enregistrement, comparution des enfants par vidéo-conférence devant les juridictions.

Quant à la question de la protection des témoins, elle a été traitée en conformité avec la jurisprudence de la Cour Européenne des Droits de l'Homme : le témoignage anonyme est admis lorsque des menaces ont été proférées à l'encontre de la vie, de la liberté et de la sûreté des personnes appelées à témoigner[15].

4. Enfin, les États doivent prendre des sanctions « *effectives, proportionnées et dissuasives* ».

Cette convention joue donc un rôle fondamental grâce au dynamisme du GRETA[16]. Ce mécanisme de supervision, par son travail de vigilance et

---

15. CEDH, 14 février 2002, *Visser c. Pays-Bas*.
16. 8ᵉ Rapport général sur les activités du GRETA couvrant la période du 1ᵉʳ janvier au 31 décembre 2018, Impact pratique des travaux de suivi, p. 14-18 du Rapport.

d'évaluation, constitue l'un des piliers de lutte contre la traite en Europe[17]. Allant un peu plus loin, la Cour européenne des droits de l'homme va doter la Convention anti-traite, de manière indirecte, du contrôle juridictionnel qui lui manquait.

II. La Cour européenne des droits de l'homme et la condamnation de la traite des êtres humains

L'article 4 de la Convention européenne des droits de l'homme interdit l'esclavage, la servitude et le travail forcé. Mais elle ne contient aucune référence expresse à la traite des êtres humains. Cependant, la Cour européenne des droits de l'homme observe que la traite, à l'échelle mondiale, s'est développée de manière significative ces dernières années. La conclusion du Protocole de Palerme en 2000 et la Convention anti-traite du Conseil de l'Europe en 2005 montrent la reconnaissance croissante au niveau international de l'ampleur du problème et de la nécessité de lutter contre.

En conséquence la Cour va examiner la mesure dans laquelle ce phénomène peut en lui-même être considéré comme contraire à l'esprit et au but de l'article 4 et ainsi relever des garanties apportées par cet article, sans qu'il soit nécessaire d'apprécier de laquelle des trois conduites (esclavage, servitude, travail forcé) relèvent les traitements.

Dans l'affaire Rantsev contre Chypre du 10 mai 2010[18], les faits étaient les suivants : Mlle Rantseva arriva à Chypre le 5 mars 2001 avec un visa d'« *artiste* ». Elle commença à y travailler le 16 mars 2001 comme artiste dans un cabaret, avant de quitter son travail et son logement trois jours plus tard, laissant une note indiquant qu'elle repartait en Russie. Après l'avoir retrouvée dans une discothèque à Limassol une dizaine de jours plus tard, le 28 mars 2001 vers 4 heures, le directeur du cabaret où elle s'était produite l'emmena au poste de police, demandant qu'elle fût déclarée immigrée illégale et incarcérée, apparemment en vue de son expulsion, ce afin qu'il pût la remplacer dans son établissement. Après avoir consulté sa base de données, la police conclut que Mlle Rantseva semblait être en règle et refusa de la placer en détention. Elle demanda au directeur du cabaret d'accompagner Mlle Rantseva hors du poste de police et de revenir avec elle plus tard dans la matinée pour faire d'autres recherches sur son statut d'immigrée. Le directeur du cabaret repartit avec Mlle Rantseva vers 5 h 20.

---

17. Le GRETA organisait le 17 décembre 2019 au Conseil de l'Europe une Table ronde sur la traite des êtres humains à l'ère du numérique. L'objectif de la table ronde était de mettre en commun des informations et des propositions sur les moyens de mieux utiliser les outils existants et de développer les partenariats public-privé pour prévenir et combattre la traite des êtres humains à l'ère du numérique.
18. CEDH, 10 mai 2010, *Rantsev c. Chypre et Russie*, n° 25965/04.

Il l'emmena dans l'appartement d'un autre de ses employés, dans une chambre au sixième étage d'un immeuble résidentiel. Il resta dans cet appartement. Le même jour, vers 6 h 30, Mlle Rantseva fut retrouvée morte dans la rue en bas de l'appartement. Un couvre-lit avait été attaché à la balustrade du balcon.

Après le constat du décès de Mlle Rantseva, les personnes présentes dans l'appartement furent interrogées. Un voisin qui l'avait vue chuter sur le sol fut lui aussi questionné, ainsi que les policiers qui étaient de service ce même matin au commissariat de Limassol où le directeur du cabaret avait emmené Mlle Rantseva depuis la discothèque. L'autopsie conclut que les blessures de Mlle Rantseva étaient dues à sa chute, qui avait entraîné sa mort. Le père de Mlle Rantseva se rendit ultérieurement à ce commissariat à Limassol et demanda à participer à la procédure d'information judiciaire. Le 27 décembre 2001, une audience fut finalement tenue dans le cadre de cette information, en son absence. Le tribunal jugea que Mlle Rantseva était décédée dans des circonstances étranges ressemblant à un accident, alors qu'elle s'échappait de l'appartement où elle se trouvait, mais que rien ne prouvait que sa mort fût d'origine criminelle.

À la demande du père de Mlle Rantseva, une fois le corps rapatrié de Chypre en Russie, des experts russes en médecine légale effectuèrent une autre autopsie et les conclusions des autorités russes, à savoir que Mlle Rantseva était morte dans des circonstances étranges et non élucidées appelant un complément d'enquête, furent communiquées aux autorités chypriotes sous la forme d'une demande d'entraide judiciaire en vertu de traités auxquels Chypre et la Russie étaient parties. Il était notamment demandé que l'enquête se poursuive, que l'ouverture d'une procédure pénale concernant le décès de Mlle Rantseva soit envisagée et que le père de la victime soit autorisé à participer effectivement à l'instance. En octobre 2006, Chypre confirma au parquet russe que l'information judiciaire sur ce décès avait pris fin le 27 décembre 2001 et que le verdict rendu par le tribunal était définitif. Le père de Mlle Rantseva continua à demander instamment qu'une enquête effective fût conduite sur la mort de sa fille.

Le médiateur chypriote, le Commissaire aux Droits de l'Homme du Conseil de l'Europe et le département d'État des États-Unis d'Amérique publièrent des rapports faisant état de l'essor de la traite d'êtres humains à Chypre à des fins d'exploitation sexuelle commerciale et du rôle facilitateur joué par les cabarets et les visas d'« *artiste* » dans ces trafics.

Invoquant les articles 2, 3, 4, 5 et 8 de la Convention européenne des droits de l'homme, le requérant, père de la victime, se plaignait devant la Cour européenne des Droits de l'Homme, de l'enquête conduite sur les circonstances du décès de sa fille et soutenait que la police chypriote n'avait pris aucune mesure pour la protéger alors qu'elle était encore en vie et que les autorités chypriotes n'avaient rien fait pour punir les personnes responsables de son décès et des mauvais traitements subis par elle. Sur le terrain des articles 2 et 4, il estimait en outre que les autorités russes n'avaient conduit aucune enquête sur le trafic dont, selon lui, sa fille avait fait l'objet, et sur son décès subséquent et qu'elles n'avaient pris aucune mesure pour la protéger du danger constitué par ce trafic.

L'article 4 était-il applicable en l'espèce ?

La Cour européenne conclut purement et simplement qu'en elles-mêmes, la traite d'êtres humains ainsi que l'exploitation de la prostitution, au sens de l'article 3 a) du Protocole de Palerme et de l'article 4 a) de la Convention du Conseil de l'Europe sur la lutte contre la traite des êtres humains, relèvent du champ d'application de cet article 4 de la Convention européenne des Droits de l'Homme.

> « *Du fait même de sa nature et de son but consistant à exploiter autrui, la traite des êtres humains repose sur l'exercice de pouvoirs qui se rattachent au droit de propriété. Dans ce système, des êtres humains sont traités comme des biens que l'on peut vendre et acheter et ils sont soumis à un travail forcé, qu'ils exercent souvent pour peu ou pas d'argent, généralement dans l'industrie du sexe mais aussi ailleurs. Cela implique une surveillance étroite des activités des victimes, et bien souvent, celles-ci voient leur liberté de circulation restreinte, subissent des actes de violence et des menaces, et sont soumises à des conditions de vie et de travail épouvantables.*
>
> *La traite et l'exploitation de la prostitution portent atteinte à la dignité humaine et aux libertés fondamentales de leurs victimes et elles ne peuvent être considérées comme compatibles ni avec une société démocratique ni avec les valeurs consacrées dans la Convention*[19] ».

Dans une autre affaire, S.M. contre la Croatie[20], du 4 décembre 2018, une ressortissante croate se plaignait également d'avoir été contrainte à se prostituer. Là encore, la Cour estima qu'il n'était pas nécessaire de rechercher si les traitements dont la requérante se plaignait constituaient de l'« *esclavage* », de la « *servitude* » ou un « *travail forcé ou obligatoire* ». De surcroît, peu importait que la requérante soit en l'occurrence une ressortissante de l'État défendeur et que l'affaire ne présente pas de dimension internationale : la Cour se référant à l'article 2 de la Convention sur la lutte contre la traite des êtres humains considéra qu'il englobait « *toutes les formes de traite des êtres humains, qu'elles soient nationales ou transnationales* ».

Dans l'affaire Chowdury et autres contre la Grèce, du 30 mars 2017, la Cour amorça un nouveau cycle de protection des personnes victimes de traite par le travail forcé. Les requérants, 42 migrants bangladais, furent recrutés entre octobre 2012 et février 2013, à Athènes, pour travailler dans la plus grande exploitation de fraises de la région. À la tête des unités de production, se trouvaient T.A. et N.V., les employeurs des requérants.

---

19. *Rantsev c. Chypre et Russie*, § 281-282.
20. CEDH, 4 décembre 2018, *S. M. c. Croatie*.

Un salaire de 22 euros pour 7 heures de travail leur avait été promis. Ils travaillaient de 7 heures à 19 heures, tous les jours, sous le contrôle de gardes armés. Ils vivaient dans des huttes de fortune, faites de carton, de bambou, dépourvues de toilettes et d'eau courante. Leurs employeurs les avaient avertis qu'ils ne leur verseraient leurs salaires que s'ils continuaient à travailler pour eux. Fin février 2013, mi-mars 2013, 15 avril 2013, les ouvriers se mirent en grève afin de revendiquer le versement de leurs salaires, en vain. Le 17 avril 2013, les employeurs firent venir d'autres migrants bangladais, pour les faire travailler dans les champs. Craignant de ne pas être payés, 150 ouvriers recrutés pour la saison 2012-2013 se dirigèrent vers les deux employeurs et demandèrent leurs salaires. Un des gardes armés ouvrit le feu contre les ouvriers. Trente d'entre eux furent blessés dont 21 des requérants. Ils furent hospitalisés.

La police arrêta N.V. et T.A., ainsi que le garde à l'origine des tirs. Le procureur les poursuivit pour homicide involontaire et pour traite des êtres humains. Par un arrêt du 30 juillet 2014, la cour d'assises acquitta N.V. et T.A. du chef d'inculpation de traite des êtres humains. Elle condamna le garde armé ainsi que l'un des employeurs pour dommages corporels graves et usage illégal d'armes à feu. Leurs peines de réclusion furent converties en une sanction pécuniaire. Ils furent également condamnés à verser 43 euros aux 35 ouvriers reconnus victimes.

Le 21 octobre 2014, les ouvriers demandèrent au procureur près la Cour de cassation de se pourvoir contre l'arrêt de la cour d'assises, soutenant que l'accusation de traite des êtres humains n'avait pas été examinée de manière adéquate. Cette demande fut rejetée et la partie de l'arrêt de la cour d'assises portant sur la traite des êtres humains devint irrévocable. Les requérants déposèrent leur requête devant la Cour européenne des droits de l'homme le 27 avril 2015.

La Cour considéra que l'exploitation par le travail constituait aussi un aspect de la traite des êtres humains. Elle se référa directement à l'article 4 de la Convention anti-traite. Les requérants ont travaillé sans avoir reçu le salaire convenu et dû jusqu'alors. Par ailleurs, leurs conditions d'hébergement et de travail étaient particulièrement dures. Leurs employeurs les avaient avertis qu'ils ne percevraient leurs salaires que s'ils continuaient à travailler. Les requérants ne disposaient ni de permis de séjour ni de permis de travail. Ils savaient que leur situation irrégulière les exposait au risque d'être arrêtés et détenus en vue de leur expulsion du territoire grec. Une tentative de quitter leur travail aurait signifié la perte de tout espoir de toucher leur dû.

La Cour considéra en outre que, lorsqu'un employeur abuse de son pouvoir ou tire profit de la situation de vulnérabilité de ses ouvriers afin de les exploiter, ceux-ci n'offrent pas leur travail de leur plein gré. Le consentement préalable de la victime n'est pas suffisant pour exclure de qualifier un travail de travail forcé. Les ouvriers travaillaient dans des conditions physiques extrêmes, avaient des horaires exténuants et étaient sujets à une humiliation constante. En leur promettant des abris rudimentaires et un salaire journalier de 22 euros, l'employeur avait réussi à obtenir leur consentement au moment de l'embauche afin de les exploiter ultérieurement. Ces faits démontraient clairement qu'ils étaient constitutifs de traite d'êtres humains et de travail forcé.

La Cour européenne des droits de l'homme ayant retenu l'application de l'article 4 aux cas de traite, toutes les obligations issues de cet article s'imposaient à l'État mis en cause.

La Cour estima dans toutes ces affaires que limiter le respect de l'article 4 de la Convention aux seuls agissements directs des autorités de l'État irait à l'encontre des instruments internationaux spécifiquement consacrés à ce problème et reviendrait à vider cette disposition de sa substance[21]. Dès lors, il découlait nécessairement de l'article 4 de la Convention des obligations positives pour les États.

Quelles sont ces obligations ?

A. Tout d'abord, des obligations substantielles

1. L'obligation positive de mettre en place un cadre juridique et réglementaire approprié

L'article 4 exige que les États membres sanctionnent effectivement tout acte visant à réduire un individu en esclavage ou en servitude ou à le soumettre à un travail forcé ou obligatoire[22]. Pour s'acquitter de cette obligation, les États membres doivent mettre en place un cadre juridique et réglementaire interdisant et réprimant de tels actes[23].

Outre les mesures d'ordre pénal destinées à punir les trafiquants, l'article 4 exige des États membres qu'ils mettent en place des mesures appropriées afin de réglementer les activités souvent utilisées comme couverture pour la traite. La législation des États sur l'immigration doit répondre aux préoccupations en matière d'incitation et d'aide à la traite ou de tolérance envers celle-ci. Les États doivent également former comme il se doit les agents de leurs services de répression et d'immigration[24]. Dans l'affaire Rantsev, Chypre a violé ses obligations car, en dépit de preuves de traite à Chypre et des préoccupations exprimées dans divers rapports selon lesquelles la police de l'immigration chypriote et les lacunes juridiques encourageaient la traite de femmes vers ce pays, le régime de visa d'artiste n'a pas conféré à Mlle Rantseva une protection concrète et effective contre la traite et l'exploitation[25].

---

21. CEDH, 26 juillet 2005, *Siliadin c. France*, § 89.
22. CEDH, 13 novembre 2012, *C. N. c. Royaume-Uni*, § 66 ; *Siliadin c. France*, § 112 ; CEDH, 11 octobre 2012, *C. N. et V. c. France*, § 105.
23. *Rantsev c. Chypre et Russie*, § 285.
24. *Ibid.*, § 287.
25. *Ibid.*, § 290-293.

2. L'obligation positive de prendre des mesures de protection

L'article 4 peut, dans certaines circonstances, imposer à l'État de prendre des mesures concrètes pour protéger les victimes avérées ou potentielles de traitements contraires à cet article[26].

Pour qu'il y ait obligation positive de prendre des mesures concrètes dans une affaire donnée, il doit être démontré que les autorités de l'État avaient ou devaient avoir connaissance de circonstances permettant de soupçonner raisonnablement qu'un individu était soumis, ou se trouvait en danger réel et immédiat d'être soumis, à un traitement contraire à l'article 4 de la Convention[27].

Dans l'affaire Rantsev, les fautes de la police étaient multiples : elle n'a pas immédiatement fait de plus amples recherches pour savoir si Mlle Rantseva avait fait l'objet d'une traite ; elle a laissé celle-ci entre les mains du gérant du cabaret au lieu de la remettre en liberté, décision qui n'avait aucune base légale en droit interne. Dès lors, la Cour a conclu que les autorités chypriotes n'avaient pas pris de mesures suffisantes pour protéger la fille du requérant.

Dans l'affaire Chowdury et autres contre la Grèce, la Cour note que des débats avaient eu lieu au Parlement sur le travail des migrants dans les champs de fraises de Manolada, mais cette mobilisation n'a abouti à aucun résultat concret. Le médiateur de la République avait alerté plusieurs ministères et organismes d'État en relevant que les rapports de travail entre les migrants et leurs employeurs étaient caractérisés par la domination physique et économique des employeurs et que l'État était totalement absent. La Cour relève que la réaction des autorités a été ponctuelle et n'a pas apporté de solution générale aux problèmes des migrants travailleurs. Là encore, les mesures n'étaient pas suffisantes pour prévenir la traite des êtres humains.

Dans l'affaire L. E. contre la Grèce[28], la Cour insiste sur le retard pris par l'État pour reconnaître à Mlle L. E. le statut de victime de traite. Ce retard constitue selon la Cour, un défaut substantiel quant aux mesures opérationnelles que les autorités pouvaient prendre pour la protéger. Mlle L. E., ressortissante nigériane, fut conduite en Grèce par K. A., lui-même nigérian, pour travailler dans des bars et des boîtes de nuit. En contrepartie, L. E. s'engagea à verser à K. A. 40 000 euros et à ne pas avertir la police grecque de ses activités.

À son arrivée en Grèce, K. A. lui confisque son passeport et l'oblige à se prostituer. Deux ans plus tard, elle fut arrêtée pour violation des lois sur la prostitution et sur l'entrée et le séjour des étrangers en Grèce. Un jugement l'acquitta. De nouveau arrêtée, elle fut condamnée en 1re instance et acquittée en appel puis placée en détention en vue d'une expulsion.

---

26. *Rantsev c. Chypre et Russie*, § 286, et *C. N. c. Royaume-Uni*, § 67.
27. CEDH, 29 novembre 2011, *V. F. c. France*.
28. CEDH, 21 janvier 2016, *L. E. c. Grèce*.

Elle déposa plainte contre K. A. pour traite d'être humain ; le procureur rejeta sa plainte. Deux mois plus tard, elle demandait à nouveau que sa plainte soit réexaminée, la directrice de l'ONG « Nea Zoi » ayant confirmé ses dires. Neuf mois plus tard, le procureur lui reconnut le statut de victime de traite. Pour la Cour européenne des Droits de l'Homme, ce délai ne pouvait être qualifié de raisonnable et avait eu des conséquences particulièrement négatives puisque la mise en liberté de L. E. avait été retardée.

B. En plus des obligations substantielles, la Cour déduit de l'article 4 une obligation procédurale d'enquêter, à la charge des États

La Cour a souligné que l'obligation d'enquête ne dépendait pas d'une plainte de la victime ou d'un proche : une fois que la question a été portée à leur attention, les autorités doivent agir. Pour être effective, l'enquête doit être indépendante des personnes impliquées dans les faits. Elle doit également permettre d'identifier et de sanctionner les responsables.

Il s'agit là d'une obligation non de résultat, mais de moyens. Une exigence de célérité et de diligence raisonnable est implicite dans tous les cas mais lorsqu'il est possible de soustraire l'individu concerné à une situation dommageable, l'enquête doit être menée d'urgence. La victime ou le proche doivent être associés à la procédure dans toute la mesure nécessaire à la protection de leurs intérêts légitimes[29].

Dans les affaires de traite internationale, les États membres ont non seulement l'obligation de mener une enquête interne sur des faits survenant sur leur propre territoire mais aussi celle de coopérer efficacement avec les autorités compétentes des autres États concernés dans le cadre des enquêtes sur les faits survenus hors de leur territoire. Cette obligation est conforme tant aux objectifs des États membres exprimés dans le préambule du Protocole de Palerme, qui consistent notamment à adopter une approche globale et internationale de la traite dans les pays d'origine, de transit et de destination, qu'aux accords internationaux d'entraide judiciaire. Dans l'affaire Rantsev c. Chypre et Russie, le manquement des autorités de l'État de départ à enquêter sur le volet recrutement d'un trafic allégué permit aux auteurs d'agir en toute impunité sur une partie importante du circuit. À cet égard, la Cour souligne que le recrutement des victimes est expressément visé dans la définition de la traite adoptée tant dans le Protocole de Palerme que dans la Convention anti-traite du Conseil de l'Europe. Il est indiscutable qu'il faut mener une enquête complète et effective couvrant tous les aspects de la traite soupçonnée, depuis le recrutement jusqu'à l'exploitation des victimes. La Cour en conclut que les autorités russes n'ont pas mené d'enquête sur la possibilité que des individus ou des réseaux opérant en Russie aient été impliqués dans la traite de Mlle Rantseva vers Chypre.

---

29. *Rantsev c. Chypre et Russie*, § 288.

Dans l'affaire L. E. c. Grèce, le témoignage de la directrice de l'ONG « *Nea Zoi* » n'a pas été versé au dossier en raison de l'inadvertance des autorités policières. Ces dernières n'ont pas repris l'examen de la plainte suite à l'inclusion de ce témoignage. Le procureur ne prendra en compte ce témoignage pour engager les poursuites pénales que 5 mois plus tard. S'ensuivit un retard considérable dans l'instruction de l'affaire et le renvoi en jugement de l'auteur principal : plus de 4 ans et 8 mois se sont écoulés entre l'engagement des poursuites et l'audience devant la cour d'assises, qui retint la qualification de traite, K. A. ayant frauduleusement obtenu le consentement de L. E. en exploitant sa vulnérabilité.

Les autorités internes n'ont pris aucune initiative concrète pour repérer l'auteur principal et aucun contact avec les autorités nigérianes pour l'amener devant la justice. La Cour relève des déficiences notables à l'égard des obligations procédurales découlant de l'article 4.

Dans l'affaire Chowdury et autres c. Grèce du 30 mars 2017, la Cour estime que l'obligation d'enquêter effectivement lie, en cette matière, les autorités de poursuite et les autorités judiciaires. Lorsque ces autorités établissent qu'un employeur a eu recours à la traite des êtres humains et au travail forcé, elles doivent en tirer, dans la mesure de leurs compétences respectives, toutes les conséquences découlant de l'application des textes répressifs pertinents. Or, la cour d'assises de Patras a non seulement acquitté les défendeurs de l'accusation de traite d'êtres humains, mais elle a aussi transformé la peine de réclusion prononcée à l'égard de deux d'entre eux pour dommage corporel grave, en une sanction pécuniaire de 5 € par jour de détention.

Par ailleurs, la Cour note que le procureur près la Cour de cassation a refusé de se pourvoir en cassation contre l'arrêt d'acquittement. À l'allégation des avocats des ouvriers qui soutenaient que la cour d'assises n'avait pas examiné de manière adéquate l'accusation de traite des êtres humains, le procureur a répondu sans autre motivation que « *les conditions prévues par la loi pour former un pourvoi ne se trouvaient pas réunies* ».

Enfin, la Cour constate que, même si l'un des employeurs et l'un des gardes armés ont été reconnus coupables de dommage corporel grave, la cour d'assises ne les a condamnés qu'à verser une indemnité de 1 500,00 €, soit 43 € par ouvrier blessé. Or l'article 15 de la Convention anti-traite du Conseil de l'Europe fait obligation aux États contractants, dont la Grèce, de prévoir dans leur droit interne le droit pour les victimes à être indemnisées par les auteurs de l'infraction, ainsi que de prendre des mesures afin, entre autres, d'établir un fonds d'indemnisation des victimes.

Eu égard à ces circonstances, la Cour estime qu'il y a eu violation de l'article 4 § 2 de la Convention au titre de l'obligation procédurale incombant à l'État d'assurer une enquête et une procédure judiciaire effectives sur la situation de traite des êtres humains et de travail forcé dénoncée par ces requérants.

Par cette jurisprudence bien établie, la Cour européenne des droits de l'homme assure une sanction réelle de la traite des êtres humains et contraint les États parties à prendre toutes les mesures nécessaires pour lutter contre cette violation de l'article 4 de la Convention européenne des droits de l'homme. En s'appuyant dans ses arrêts sur les exigences mêmes de la Convention anti-traite du Conseil de l'Europe, elle donne à ce dernier texte le contrôle juridictionnel indispensable à sa totale efficacité. Si l'on ajoute enfin que depuis 2018, le GRETA a désormais la possibilité de déposer lui-même une requête devant la Cour européenne des droits de l'homme, on peut espérer que les efforts conjugués de ces deux organes permettront de lutter contre ce que le Président du Groupe d'experts sur la lutte contre la traite des êtres humains (GRETA), Davor Derenčinović, qualifie de « *commerce impitoyable et de honte pour l'Europe*[30] ».

*
*　　*

---

30. D. Derencinovic, « Nous avons le devoir moral et juridique d'aider les personnes victimes de traite », texte publié en anglais sur le site <neweurope.eu>.

Cinquième partie

Emma au plus près

Libre traversée d'un siècle

Valérie Aubourg
Professeure d'anthropologie-ethnologie (HDR) à l'UCLy
Directrice de l'UR Confluence : Sciences et Humanités
Directrice de l'Institut des Sciences de la Famille (2012-2019)

et

Hugues Fulchiron
Professeur de droit, Conseiller S.E. à la Cour de cassation
Directeur du Centre de droit de la famille, à l'Université Jean Moulin-Lyon 3

En février 2016, Emma Gounot entrait dans sa centième année. Durant de longs entretiens, elle revient sur son itinéraire, depuis ses premiers pas d'enseignante aux Facultés catholiques jusqu'à la création de l'Institut des sciences de la famille (ISF), en passant par sa carrière d'avocate et ses engagements associatifs. Occasion également de partager son regard sur les évolutions sociétales, universitaires et ecclésiales qui ont marqué le XXe siècle[1].

I. La Jeunesse

À l'heure où vous entrez dans votre centième année, vous avez un grand recul sur notre époque et nous sommes désireux de connaître votre jeunesse, votre parcours, en commençant par vos origines familiales.

Alors mes origines familiales, ce n'était pas la bourgeoise lyonnaise. Du côté de mon père comme du côté de ma mère, ils n'étaient pas lyonnais depuis plusieurs générations. Ma mère [Anna Pey] l'était seulement par son père. Quant à mon père [Emmanuel], ses parents s'étaient établis à Lyon, mais n'étaient pas originaires de Lyon. Sa mère était du Gard et son père était issu d'une famille de l'Yonne mais certains membres s'étaient établis à Nancy. C'était donc assez divers. Parmi eux,

---

1. Valérie Aubourg et Hugues Fulchiron ont réalisé trois entretiens d'une durée totale de 8 heures, avec Emma Gounot entre février et juin 2016 dans les locaux de l'Université Jean Moulin-Lyon 3. Ils ont donné lieu à un film documentaire mis en ligne : https://webtv.univ-lyon3.fr/ videos/?video=MEDIA170315082001433

il y avait des agriculteurs, des viticulteurs, et mon grand-père paternel était représentant de commerce, ce qu'on appelait à l'époque « voyageur de commerce ».

Mon père était est né en 1885, dans le Gard parce que sa mère, qui avait déjà un tout jeune enfant, avait préféré accoucher à Connaux pour que ses parents gardent l'aîné. J'ai lu quelques fois, par ceux qui ont voulu écrire la vie de mon père, qu'il serait originaire du Gard et que sa mère ne serait venue s'établir à Lyon que lorsqu'elle est devenue veuve. Non, en réalité, mon père aurait dû naître à Lyon et ce n'est pas la perte de son père qui l'y amena. En revanche, il a effectivement perdu son père lorsqu'il avait trois ans, ce qui obligea sa mère à travailler et j'ai souvent pensé que c'était peut-être pour cette raison que mon père, qui avait souffert d'être séparé de sa mère, s'est toujours montré partisan de « la mère au foyer » et de tout ce qui pouvait être fait afin de permettre à la mère de rester auprès de ses enfants. D'ailleurs, tout à fait au début, ses grands-parents se sont occupés des trois jeunes enfants[2] de leur fille pendant qu'elle commençait à s'installer comme modiste.

Dès qu'il a pu être scolarisé, mon père est allé à l'école de la paroisse Saint-Vincent (Lyon 1er), et là, il a heureusement été remarqué par le vicaire de la paroisse, l'Abbé Pérole. De lui, comme de son frère aîné il a dit : « Voilà des enfants qui sont doués, ce serait dommage qu'ils travaillent tout de suite après le certificat » – ce qui était alors la voie normale. Aussi, il incita leur mère à les envoyer au Petit Séminaire de Verrières (Loire). C'est là que mon père a fait ses études jusqu'à la première. Ensuite, les classes de rhéto et philo, il les a faites aux Chartreux (Lyon 1er). Il y fit la connaissance d'un certain nombre de gens bien lyonnais et de personnes qui fréquentaient la Chronique sociale qui venait de se créer. Après le bac de philo, il commença à la fréquenter avec Marius Gonin.

Il n'a pas fait son droit tout de suite. Comme il aimait beaucoup la philo, il a fait une licence lettres-philo à la faculté d'État de Lyon et il pensait faire l'agrégation.

À la Chronique sociale, il a rencontré monseigneur Dadolle, alors recteur de la Catho et peut-être aumônier de la Chronique sociale en même temps, qui lui a dit : « Mais la philo et le droit, ça va bien ensemble ! Faites votre droit et ensuite vous verrez si vous aimez mieux passer l'agrégation de philo ou vous orienter vers l'enseignement du droit en Faculté catholique ». Alors, il a fait son droit à la Faculté catholique. À l'époque, les étudiants ne passaient pas leurs examens à Lyon mais à la faculté de Dijon. Il les a tous réussis brillamment. Ensuite, il a préparé deux doctorats. D'abord, la thèse la plus importante, il l'a faite en droit privé, sur le principe de l'autonomie de la volonté. C'est tout autant une thèse de philosophie du droit que de droit privé. Et on en parle encore !

---

2. Charles Albert et Emmanuel Gounot avaient une jeune sœur porteuse d'un handicap mental contracté à la suite d'une maladie infantile. Après s'en être longtemps occupée, sa mère la plaça dans une institution spécialisée dans l'Ain où elle décéda au début de la Seconde Guerre mondiale.

La thèse de votre père est toujours la référence ?

Oui, une fois, j'ai rencontré un libraire qui m'a dit : « Si vous en aviez des exemplaires, je suis preneur, parce qu'on me la demande ». Mais comme mon père a eu beaucoup de petits-enfants, je me suis dit que le peu d'exemplaires qui restent, ce serait pour les petits-enfants. Et actuellement, sa thèse est utilisée par une de ses arrière-arrière-petites-filles qui a fait toutes ses études aux États-Unis, qui maintenant enseigne le droit aux États-Unis, le droit américain, mais qui aime beaucoup la philosophie du droit et qui a été tout heureuse de trouver la thèse de son ancêtre. Après sa thèse de droit privé, il a fait une thèse de science économique et politique, avec un sujet un peu à l'ordre du jour dans le milieu des catholiques sociaux sur le référendum patronal, un moyen d'améliorer les conditions de travail des travailleurs, si un certain nombre d'employeurs peuvent être d'accord et obtenir un début de convention collective. Cette thèse qui correspondait tout simplement à une préoccupation de l'époque a reçu un prix de l'Académie française.

Alors, sa thèse de droit privé en 1912, sa thèse de sciences économiques en 1913... À ce moment-là, il n'a plus du tout pensé à l'agrégation de droit, mais il s'est fait inscrire au Barreau et puis il est devenu chargé de cours à la Faculté catholique en 1913. En 1914, il a été mobilisé pour presque cinq ans parce qu'ayant été blessé il est resté en convalescence, mobilisé comme simple soldat. Au bout de 10 mois, il était capitaine parce que les gradés tombaient les uns après les autres, il fallait les remplacer. En 1916, il a été blessé une première fois et il a profité de sa permission pour se fiancer et se marier, puisqu'il avait connu maman avant la guerre et puis la guerre avait tout arrêté. Mais ayant une première permission un peu longue de convalescence, il se mariait avec l'espoir à l'époque qu'à la fin de sa permission la guerre serait peut-être finie, mais il est reparti quand même. Il a été blessé moins sérieusement une seconde fois et puis très sérieusement en 1918 puisqu'à ce moment-là, son ordonnance qui était fait prisonnier a écrit à maman qu'on l'avait laissé mort sur le champ de bataille – les Allemands ne l'ont pas fait prisonnier parce qu'on le croyait mort – et il signala à quel endroit pour qu'on retrouve son corps. Mais heureusement, dans l'intervalle maman avait su qu'il n'était que blessé, que sa compagnie avait pu reprendre du terrain et le retrouver.

En 1919, il a été démobilisé au moment de la naissance de son troisième enfant. Il a alors développé son cabinet au barreau et il est devenu professeur. Il a toujours enseigné le droit commercial, il était professeur en même temps à l'école de commerce. Il s'est beaucoup occupé de la Chronique sociale et des Semaines sociales où il a donné très souvent des cours, soit sur le droit et la morale des affaires puisqu'il était professeur de droit commercial, soit sur les questions familiales, puisque ayant été rapidement père de famille nombreuse, il s'est beaucoup occupé des mouvements familiaux... Il a été mobilisé de nouveau en 1939, mais peu de temps, parce qu'on a démobilisé les pères de plus de six enfants. Il en avait encore huit ou neuf mineurs, donc il a été démobilisé.

Et pendant la guerre comme tous les mouvements familiaux nationaux s'étaient repliés à Lyon, il a beaucoup travaillé avec ceux-ci à l'échelon national. Il avait été chargé de préparer un projet de loi sur la représentation des familles auprès des pouvoirs publics. Il a fait ce projet qui est devenu la loi de décembre 1942 sur la représentation des familles, qui, après la libération, a été annulée pour le principe, mais reprise par une ordonnance de décembre 1945 dans les mouvements familiaux. On parle encore de la loi Gounot qui a donné naissance à la représentation du corps familial auprès des pouvoirs publics.

Votre famille est une famille très nombreuse. Vous étiez donc...

Mes parents ont eu 12 enfants. J'ai un frère qui est mort à un an. Ils n'ont donc élevé que 11 enfants. Je suis l'aînée.

Vous pourriez nous parler de cette famille nombreuse dans les années vingt ? La façon dont elle vivait ?

Il y avait beaucoup de familles nombreuses, mais dans les professions libérales, elles étaient très peu aidées. Il n'y avait pas encore d'allocations familiales, et il n'y avait pas de Sécurité sociale si on n'était pas salarié. C'est pour ça qu'il fallait que les associations familiales se battent pour obtenir quelque chose.

Et à la maison, vous étiez en tant qu'aînée impliquée dans l'éducation ?

Bien sûr, c'était normal d'aider les petits. Personnellement, je me suis même arrêtée un an dans mes études entre la rhéto et la philo. J'avais passé le bachot avec dispense et mon père trouvait que j'étais trop jeune pour faire ma philo. Et puis, maman trouvait que c'était bien que j'en profite pour apprendre un peu à tenir une maison.

Où est-ce que vous avez été à l'école ?

J'avais commencé toute petite dans ce qu'on n'appelait pas encore une « école maternelle », mais une « école enfantine ». Maman m'a dit qu'elle me portait dans ses bras quand il faisait mauvais, parce que c'était tout près de chez nous. J'ai commencé lorsque mes parents se sont installés. Nous étions en 1919, j'avais deux ans et demi. Maman était restée chez ses parents tant que mon père était à la guerre. Lorsqu'ils se sont installés à Lyon, maman avait deux enfants plus jeunes que moi. Je m'ennuyais paraît-il avec les tout-petits, alors je suis allée à l'école.

Ensuite, de 6 ans à la philo, je suis allée à l'école Chevreul qui était rue Boissac pour les tout jeunes puis rue Sala lorsqu'on grandissait. Au début, mes parents habitaient rue Saint-Étienne, à côté de la cathédrale Saint-Jean. Alors mon père, avec ma sœur qui avait un an de moins que moi, nous emmenait le matin à huit heures en allant faire ses cours à la Faculté. Je me souviens qu'il fallait marcher vite sur le pont Tilsitt pour traverser. Il nous posait à [l'école] Chevreul et nous étions demi-pensionnaires parce que maman ne voulait pas avoir à venir nous chercher à midi. Elle venait nous chercher le soir pendant que la dactylo de mon père gardait les plus jeunes. À l'époque, les avocats avaient leur cabinet à domicile.

Pouvez-vous nous parler un peu de votre parcours et de vos études par la suite ?

Après m'être arrêtée un an après la rhéto, j'ai fait ma philo à Chevreul. Passionnée par la philo, je me suis dit que j'allais faire une Licence. Mais, mon père m'a dit : « C'est très bien, mais il faut faire ton droit en même temps. On peut très bien faire les deux choses en même temps ». Pendant les vacances, je pensais donc que j'allais faire droit et philo. Je suis d'abord allée voir la Faculté de droit. Je me suis fait inscrire à la Faculté catholique. Là-dessus, maman a attendu son dernier enfant. On ne savait pas si c'était le dernier, mais ça a été finalement le numéro onze vivant. La naissance était pour le mois de mai. C'était risqué de vouloir préparer deux choses pour à peu près le moment de la naissance chez nous. Finalement, je n'ai fait que mon droit en disant : « Je verrai bien l'année prochaine si je fais plus ». Et le droit m'a passionnée, j'ai trouvé qu'on pouvait philosopher aussi dans le droit et je n'ai plus pensé à faire de la philo.

Est-ce qu'il y avait beaucoup de jeunes filles qui faisaient leur droit à l'époque ?

Non, pas trop. On devait être trois ou quatre, peut-être un petit peu plus en première année. On a été trois à aller jusqu'au bout. On le faisait en trois ans à l'époque.

Donc, c'était plutôt masculin.

Après la licence, tout naturellement, j'ai eu envie de passer des diplômes d'études supérieures et le doctorat. Je pensais un peu à l'agrégation de droit, mais pour la thèse, il fallait deux DES et pour l'agrégation, il en fallait trois. Je me suis dit : « Je ne veux pas avoir à passer après la thèse un troisième DES, pendant que j'y suis, je passe les trois ». Alors, j'ai fait droit privé, histoire du droit et sciences économiques parce que je n'étais pas tentée par le droit public.

Au printemps 39, je me suis dit : « Je vais choisir un sujet de thèse. Je verrai ensuite si je fais l'agrégation », parce que l'enseignement me tentait. À ce moment-là, je ne pensais pas du tout, du tout, à la Catho parce qu'il n'y avait que des hommes. Ça ne me venait pas à l'idée qu'une femme puisse entrer comme professeur.

Puis, été 39, déclaration de guerre, mon père est mobilisé… Tous les professeurs en âge d'être mobilisés le sont. Le doyen me dit : « Vous remplacerez votre père en droit commercial ». J'aimais bien le droit civil, mais j'avais bien aimé le droit commercial parce que mon père l'enseignait de façon intéressante et en même temps philosophique. Je me suis dit : « Ça va, pas de problème, j'ai les notes de mon père. Je ferai les cours d'après ses notes » [les cours ne commençaient qu'en novembre]. En octobre, mon père est démobilisé. Je dis : « Il va reprendre ses cours ». Le doyen me dit : « Ah ! Il y a le professeur de droit civil en capacité – il faisait la première et la deuxième année – il a été mobilisé, je n'ai pas encore trouvé [quelqu'un] pour le remplacer. Vous allez faire les deux années en capacité ». C'était moins compliqué qu'en Licence, mais ça faisait quand même six heures de cours à préparer. Je n'avais rien de prêt à l'avance. Donc, j'ai vécu une année épouvantable où tous les jours je me disais : « Il ne faut pas que je me couche avant que mon cours de demain soit rédigé jusqu'au bout », puisqu'on faisait des cours qu'on dictait. Il m'arrivait quelquefois de donner quelques explications supplémentaires pendant le cours en me disant : « Il faut que je tienne jusqu'à la fin de l'heure. Il ne faut pas que j'arrive à la fin de ce que j'ai rédigé tant que l'heure n'est pas terminée ». Donc, ça a été une année très, très dure, mais comme c'était la guerre, personne ne se plaignait. On remplaçait nos soldats mobilisés. Il fallait travailler.

La guerre s'est arrêtée avec l'armistice. Ce professeur était prisonnier. Alors, on m'a dit : « Il faut continuer ». Alors, j'ai continué, mais un peu décontractée parce qu'il suffisait de perfectionner, de remettre à jour, etc. Ce n'était pas la bousculade tout le temps. J'ai trouvé intéressants les étudiants de capacité. J'ai fait ensuite la première année de Licence. Je trouvais qu'il y avait une grande différence en première année de Licence en droit. J'avais quand même deux catégories d'étudiants : ceux qui font ça parce qu'ils l'ont choisi, à cause de la profession du père ou parce qu'ils veulent s'orienter de telle façon. Ceux-ci, en principe, ça leur plaît, ils travaillent. Puis, vous avez ceux qui font ça parce qu'ils ne peuvent pas faire autre chose. Ils n'ont pas fait de sciences, par conséquent ils n'ont pas pu entrer en prépa. Rien ne les tente beaucoup. Ils redoubleront leur première année et ils n'iront pas plus loin. Ceux-ci sont très lourds à mener en première année. Je ne sais pas si vous avez la même expérience ?

C'est toujours le cas.

Tandis qu'en capacité, j'avais des jeunes qui n'ont pas le Bac, qui sont fiers d'être en faculté. Ils ne sont pas là parce qu'ils ont raté le reste. Ils sont là parce qu'ils ont envie d'avoir un diplôme universitaire. Souvent, ils sont plus âgés. Il y en a qui ont déjà travaillé. Ils en veulent. Ils suivent les cours avec intérêt. Alors, ce n'est pas le même niveau. Il y en a qui n'ont pas fait de philo. Ils ont envie de travailler et ils sont intéressés si on leur apporte des explications complémentaires. Ceux qui n'ont pas fait de philo proprement dite, mais qui auraient été doués pour ça, toutes les explications un peu philosophiques qu'on peut leur donner, ils les reçoivent beaucoup mieux que des étudiants de Licence qui ne sont quelquefois pas intéressés.

Vous étiez la première professeure de droit femme aux Facultés catholiques. Comment prend-on sa place comme femme dans une université où il n'y a que des hommes ?

Vous savez, quand c'était la guerre, il fallait bien que les femmes prennent la place des hommes puisqu'elles n'étaient pas mobilisées. Ça ne m'a pas posé de problème. Peut-être au début d'avoir comme collègues ceux qui avaient été mes professeurs ; mais les plus jeunes, la première année, ils n'y étaient pas. Ils étaient mobilisés.

Et les étudiants vous ont accueillie… ?

Ah, les étudiants… Ça ne leur a rien fait. Les étudiants de capacité deuxième année, je les avais connus l'année précédente – j'étais alors étudiante en diplôme supérieur, eux en première année de capacité, donc on était étudiant [ensemble] mais sans se voir beaucoup. [Parmi eux] il y en avait un ou deux que je connaissais plus et que ça amusait parce qu'on s'appelait par nos prénoms. Pour les autres, j'étais le professeur.

Et donc votre thèse ?

N'étant pas docteur, je n'étais que chargée de cours et je ne portais pas la toge. Autrefois, les professeurs à la Catho portaient la toge comme en Faculté d'État. Ils ne l'ont quittée qu'en 1968, c'était la révolution, on ne pouvait plus mettre de toge.

Donc vous avez fait une thèse ensuite ?

J'ai mis du temps à commencer ma thèse. En 1939, j'avais commencé l'enseignement, mais en 1940, mon père m'a dit : « On parle de créer un diplôme spécial pour être avocat, il y aura une formation et un certificat. Alors si tu as envie d'être avocate, ce serait peut-être plus prudent que tu t'inscrives et que tu prêtes serment maintenant, parce que si tu te décides dans deux ou trois ans, tu seras obligée de passer ce diplôme ». Alors, j'ai prêté serment en décembre 1940. La première année (parce qu'on était stagiaire cinq ans) on ne plaidait pas. On participait simplement à ce qu'on appelait les « conférences du stage », où on vous racontait les règles du barreau. Donc, ça ne m'a pas trop occupée, mais ensuite, on était commis d'office. Comme à l'époque, nous n'étions pas beaucoup de stagiaires, il est vrai qu'il y avait beaucoup moins d'affaires à plaider, mais ça représentait quand même pas mal de travail. Aujourd'hui, il y a plus de 3 000 avocats à Lyon. Quand j'ai prêté serment, il y en avait 200 et quelques, pas plus. Les stagiaires n'étaient pas nombreux.

Il y avait peu de femmes, j'imagine, à l'époque ?

Il n'y avait pas beaucoup de femmes. Dans mon année, il n'y en a pas qui ont prêté serment. Il y en avait une avant, une ou deux après. Il y en avait de plus anciennes. Ça devait représenter une vingtaine.

Maintenant, il y en a plus de la moitié qui sont des femmes. C'est comme les magistrats.

Vos confrères avocats vous ont accueillie sans difficulté au début ?

Je ne me suis jamais sentie en infériorité. Il faut dire que j'étais la fille de mon père. C'est différent parce que je les connaissais déjà. Je ne connaissais pas les jeunes, mais je connaissais les anciens.

II. Avocate pendant la guerre

De qui vous avez pris la défense pendant la guerre ?

Au début, j'avais demandé (parce qu'on pouvait choisir les catégories pour être commis d'office) à ne pas avoir de pénal, parce que j'avais trop peur de ne pas pouvoir sortir les gens de prison. Je disais : « C'est grave. C'est la liberté des gens qui dépend de vous ». J'avais préféré les tribunaux civils. À l'époque, il y avait le tribunal des pensions où on liquidait encore des pensions de la guerre de 14. Et puis, il y avait de nouveau les pensions de ceux qui étaient blessés de la guerre.

Ma première affaire pénale a été en 1942 dans l'affaire que l'on avait appelée l'« affaire *Combat* » ou l'« affaire Mounier », parce que Mounier était considéré comme le chef de file, alors que finalement, il a été acquitté. Mon père avait été choisi par Mounier et puis par un de ses amis à lui, un militant syndicaliste chrétien, Maurice Guérin, qui avait aussi son fils et son gendre poursuivis comme diffuseurs du journal *Combat* et du journal *Témoignage chrétien*. On m'a confié la défense des deux jeunes dont un avait moins de 18 ans. Ce n'était pas difficile. J'ai obtenu tout de suite sa liberté provisoire comme étant mineur. L'autre était plus âgé, mais très intéressant à défendre parce qu'il s'était bien comporté pendant la guerre de 1939 : il avait été blessé, avait reçu la croix de guerre. Alors, défendre un résistant qui veut lutter pour son pays et qui a d'abord lutté en se faisant blesser, c'était intéressant. Cela a été mes premières affaires pénales. L'audience a duré 8 jours, parce qu'on avait regroupé au tribunal correctionnel de Lyon tous ceux qui avaient été arrêtés un peu partout en France comme diffuseurs de *Combat*. Ils étaient une quarantaine là-dedans et ils ont tous été condamnés sévèrement, c'est-à-dire à plus d'un an, peut-être même au maximum, qui devait être dix ans – ceux qui étaient en fuite étaient condamnés par défaut. Les autres, sur les quarante, il y en a eu un qui a eu un an de prison. Il n'y eut que Mounier d'acquitté et deux mineurs dont un de ceux que je défendais qui ont été considérés, selon la formule de l'époque, comme « ayant agi sans discernement ». Ils étaient vexés. Mon client m'a dit : « Je savais bien ce que je faisais et je voulais le faire ». Les autres ont eu entre deux et quatre mois, ce qui couvrait la prévention. Heureusement pour eux, parce que c'était en octobre 1942.

Après le 11 novembre 1942, les condamnés pour résistance qui sortaient de prison ne sortaient pas de la prison, parce qu'on les arrêtait à l'intérieur de la prison et ils partaient en Allemagne. Dès que la zone Sud a été occupée, ils ont quitté Lyon. Ils sont partis se cacher, partout. Ils n'ont pas été inquiétés tout de suite. Sauf une de celles qui ont été arrêtées. C'est le bâtonnier Valenciot qui l'avait défendue.

Mais, à la suite de cette première affaire, comme il y avait beaucoup de monde pour écouter, pour suivre les débats, pour écouter les plaidoiries… Et tout heureux de voir que la parole au barreau était libre, et qu'on avait pu plaider pour des résistants, sans venir dire : « Il faut tenir compte de leur âge. Ils se sont trompés ». Le Procureur de la République avait dit : « Je ne comprends pas ces gens, ils sont presque tous de bons catholiques pratiquants. Ils devraient bien savoir que le pape a condamné le communisme. Et que la résistance et tout ça, ce sont les communistes ». Alors, moi, je sais que j'ai plaidé en disant : « Mon client sait que le pape a condamné le communisme. Mais il sait aussi que le pape a condamné le national-socialisme. Et c'est pour ça qu'il diffuse *Témoignage chrétien* et qu'il diffuse *Combat* ». Je n'ai pas cherché à dire : « Le pauvre ! Il s'est trompé ». J'ai dit : « Il le fait justement parce qu'il ne veut pas être d'accord avec le national-socialisme ». On a tous plaidé un peu dans ce sens. Alors, il y a un prêtre qui, en sortant a dit : « Je vois qu'on peut parler un peu librement. J'en tiendrai compte dimanche dans mon sermon ».

Mais, parmi les jeunes qui étaient venus écouter, il y en a qui se sont fait arrêter ensuite, plusieurs d'ailleurs pour le STO. J'ai eu pas mal de clients qui m'ont dit : « Il faut nous défendre comme vous avez défendu… » Il s'appelait Thomas. Ils ne voulaient pas qu'on dise qu'ils s'étaient trompés ou que je plaide des circonstances atténuantes. Ils voulaient qu'on dise qu'ils avaient eu raison de faire ce qu'ils avaient fait.

Donc, ensuite, vous avez défendu…

J'ai eu pas mal de résistants et de réfractaires au STO [ceux qui avaient de fausses cartes]. Il y en a qui partaient dans le maquis. Il y en a qui avaient une carte d'identité qui les faisait plus jeunes ou plus vieux. Ils n'étaient pas de l'âge du STO. Ils étaient poursuivis pour fausse carte d'identité. Alors ça, que l'on plaide une chose, que l'on plaide une autre, il y avait le tarif : un mois ou deux mois de prison. Cela couvrait la détention préventive. Mais, ce qui était terrible… Un jour, toute une série de réfractaires au STO étaient passés au tribunal en même temps. À la porte de la prison, sur le cours Charlemagne, il y avait toutes les mamans qui attendaient : « Il va sortir de prison puisqu'il a juste été condamné à de la détention préventive ». Je rentre dans la première cour de la prison : deux cars de GMR : Gardes Mobiles Républicains (actuellement appelés CRS). La police française les attendait parce qu'ils devaient être expédiés en Allemagne pour le STO sans les laisser embrasser les mamans qui les attendaient à la porte. Je me suis dit : « C'est quand même terrible ». Je suis sortie. Les mamans : « Est-ce qu'ils vont bientôt sortir ? ». Je n'ai pas eu le courage de leur dire : « Mais ils sortiront dans un car ». On ne les laissait pas même dire au revoir à leur famille.

Quels souvenirs avez-vous de la justice à l'époque du fonctionnement du tribunal pendant cette période ?

C'était difficile. Il y avait un magistrat qui était très sévère pour tout ce qui était résistance. Il a du reste été tué par la résistance.

Est-ce que vous aviez peur par moments ?

Non. On savait qu'il fallait faire attention. D'ailleurs, le bâtonnier nous avait prévenus : « Vous avez la chance d'avoir un grand appartement qui a deux montées d'escaliers et deux sorties différentes sur la rue. Alors, s'il y a quelque chose de suspect, vous pouvez sortir par un autre côté ». On savait qu'il fallait laisser une sortie disponible, mais… nous ne faisions partie d'aucun mouvement de résistance, ni mon père ni moi. On les défendait. Ils nous faisaient confiance, mais on ne luttait pas dans les mouvements. On risquait moins que les résistants.

Et vous n'avez jamais été inquiétée ? Vous n'avez jamais eu de pression ?

Non, pas tellement. On se méfiait. Remarquez, j'ai été, comme d'autres avocats, sur écoute pendant la guerre d'Algérie, parce que je défendais des gens du FLN. C'était moins dangereux avec la police française pendant la guerre d'Algérie que pendant la guerre avec les Allemands.

D'autant que vous étiez juste en face de la Kommandantur ?

À la fin, oui, après les bombardements du mois de mai, parce qu'avant, la Gestapo, elle était...

À l'école de santé militaire.

À l'école de santé. Puis, après les bombardements, elle a réquisitionné la Place Bellecour. Ils ont dit à notre concierge de demander que les enfants ne soient pas toujours à la fenêtre à les regarder, parce que les plus jeunes chez nous, qui avaient sept ans, huit ans, dix ans, ça les amusait de voir les soldats, les Allemands, en face.

III. Avocate après la guerre

Quels types de personne vous avez défendus après la guerre ?

Il y avait deux grandes catégories. En premier, la clientèle qui m'était envoyée par des travailleurs sociaux parce que, en même temps qu'à la Catho, j'ai enseigné dans les écoles d'assistantes sociales, puis dans des écoles d'éducateurs. Il m'est aussi arrivé de faire des cours de droit dans les écoles de travailleuses familiales et à l'école de sages-femmes. Ce qui m'a étonnée chez les élèves sages-femmes, c'est qu'il y avait deux ou trois hommes... Je ne sais pas si ensuite ils s'appelaient sages-femmes ou prud'hommes ! (*Rire*). Mais c'était surtout les écoles d'assistantes sociales, parce que j'ai enseigné dans une, puis dans deux, et ensuite l'État a dit : « Regroupez-vous pour avoir des cours théoriques communs ! ». Donc, j'avais les quatre écoles, ce qui était beaucoup moins intéressant : quand vous avez trente, quarante élèves, ils peuvent poser des questions, ça va encore. Quand on les regroupe, que vous en avez cent cinquante, cent soixante, s'il y a des questions, tout le monde se met à parler, alors on ne peut pas faire le cours de la même façon, on ne peut faire que des cours magistraux, quand ils sont trop nombreux. Mais mes anciens élèves se rappelaient mon adresse, ceux qui n'étaient pas à Lyon me téléphonaient pour avoir des renseignements ou m'envoyaient des clients. Au point de vue financier, ce n'était pas rentable parce que la plupart du temps, il fallait que je leur fasse faire une demande de ce qu'on appelait à l'époque « l'assistance judiciaire ». Mais, cela m'a beaucoup, beaucoup servi pour mon enseignement, parce que les cas qu'on rencontre en feuilletant la jurisprudence, on ne voit pas exactement comment ça se passe. Alors que là, on a des exemples à donner, des cas de filiations impossibles !

Bien sûr, beaucoup de divorces, alors que mon père, par principe, n'a jamais plaidé un divorce ! Moi, c'était ma clientèle habituelle. Et j'ai vu que c'était important d'en plaider et quelquefois on pouvait arriver à des réconciliations. Je me souviens d'une cliente qui avait demandé le divorce parce que son mari avait une maîtresse. Je reçois un coup de téléphone du mari qui me dit : – « Voilà, j'aimerais que vous me convoquiez en même temps que votre cliente, parce que j'aimerais me réconcilier avec elle, lui demander pardon. J'ai rompu avec ma maîtresse ».

Alors, je lui dis : « D'après les règles, je ne peux vous recevoir qu'avec votre avocat ».

– « Oui, mais il ne veut pas que je me réconcilie, il veut que je fasse de mon côté une demande ! »

– « Écoutez, je transmettrai votre point de vue à ma cliente et puis elle vous donnera sa réponse ».

Alors, je fais venir ma cliente qui me dit : « Ah ! Je ne peux pas lui pardonner après ce qu'il m'a fait ! Moi qui le soigne tellement bien, moi qui ai fait ceci, moi qui ai fait cela, etc. »

J'ai fini par lui dire : « Ah, Madame ! Je regrette que vous n'ayez jamais trompé votre mari ! »

– « Ah bien, par exemple ! »

– « Oui. Peut-être que vous lui pardonneriez plus facilement si vous aviez quelque chose à vous faire pardonner ! »

– « Eh bien non ! Il n'a rien à me reprocher ! D'ailleurs, j'ai demandé à mon curé qui m'a dit que s'il me trompait, j'avais bien le droit de le quitter ! »

Je me suis dit : « Puisqu'elle demande à son curé, elle pourrait peut-être lui demander si elle doit pardonner quand il a envie de se faire pardonner ».

Je lui ai dit : « Bien, écoutez, vous faites comme vous voulez, mais vous pourriez, peut-être, dire à votre curé que votre mari demande pardon et qu'il voudrait reprendre la vie commune ».

– « Ah oui, oui, mais vous comprenez, après ce qu'il m'a fait… »

Le soir, je reçois un coup de téléphone du curé qui m'a dit : « C'est vrai que le mari veut demander pardon et qu'il veut rompre ? »

– « Oui, mais c'est elle qui fait des difficultés »

– « Ah bon, bien, je vois ce que j'ai à faire ! »

Et puis ils se sont remis ensemble et d'habitude on n'entend plus parler des gens… L'année suivante, ils m'ont invitée pour me présenter leur enfant, l'enfant de la réconciliation…

Il y a des choses, quelquefois, qui font plaisir, on se dit qu'on pourrait y arriver, si on s'en donnait la peine… C'est pour ça que lorsque vous préparez des médiations [familiales] comme vous le faites à l'ISF [Institut des Sciences de la Famille], ça pourrait, au-delà de la médiation, aboutir à des réconciliations.

Et à l'époque, plaider des divorces n'était pas difficile pour vous, dans le milieu dans lequel vous viviez, compte tenu des engagements que vous aviez par ailleurs ?

J'en ai parlé carrément au cardinal Gerlier. Ma famille était très en rapport avec lui parce que j'avais un oncle qui était archevêque à Carthage. Toutes les fois qu'il venait à Lyon, nous recevions le cardinal Gerlier à l'occasion de son passage. Il a connu mes jeunes frères et sœurs tout petits. Il nous appelait tous par nos prénoms.

Donc, j'ai dit au cardinal Gerlier : « D'abord en tant que femme, j'ai beaucoup de clientes femmes qui ont beaucoup de difficultés, qui sont contentes d'avoir une avocate femme, et je pense qu'on peut sinon les réconcilier, au moins empêcher qu'on se batte trop. Ce n'est pas l'intérêt des enfants de laisser les choses s'envenimer. Et puis, si on peut réconcilier, eh bien, ce n'est pas en refusant de plaider qu'on y arrivera ». Il avait été tout à fait d'accord, il m'a dit : « Ne poussez pas au divorce, mais ne refusez pas ». Tandis que mon père était de la génération où beaucoup d'avocats catholiques, surtout après la séparation de l'Église et de l'État, ne plaidaient pas les divorces. Et puis lui, comme le bâtonnier Chavrier qui était président d'association familiale, disait : « On ne peut pas plaider le divorce en même temps que défendre la cause de la famille au point de vue juridique ». Tandis que moi, on ne m'a jamais fait aucune observation. Peut-être que dans mon dos, on disait quelque chose, mais comme on savait que j'étais capable de me défendre, on ne m'a jamais rien dit.

Donc vous aviez une clientèle divorce, familles, problèmes de filiations et puis toujours une clientèle politique aussi…

J'ai eu beaucoup d'affaires politiques. J'avais eu la Résistance, mais au début, je ne voulais pas plaider d'affaires de collaboration. Dans les jours qui ont suivi la Libération, c'était l'hécatombe, il y avait la cour martiale… Mon père a eu un client choisi par la famille. Puis le Président lui a demandé de défendre quelqu'un qui n'avait pas d'avocat. Alors ils étaient là, plusieurs avocats, avant l'audience. Le Président leur dit : « Messieurs, vous êtes libres demain pour l'exécution ? Parce que ça va être des condamnés à mort ». À l'époque, on faisait le recours en grâce le lendemain matin auprès du commissaire de la République. On exécutait tout de suite, fusillade, parce que la guillotine, il n'y en avait qu'une, elle ne pouvait pas se promener dans toute la France, donc c'était l'exécution. Et mon père a eu la chance, pour un client, d'avoir perpétuité. Pour un autre, non, il a été condamné à mort. Et encore un autre, il a eu deux ans, ce n'était rien. Le lendemain, il a eu une grâce pour son client, le seul à être gracié. Mon père s'est précipité à la préfecture au Fort Montluc, où l'aumônier était en train de préparer à la mort ceux qui attendaient d'être exécutés. Mon père a dit : « Attendez ! J'ai une grâce ! ». Il fallait se dépêcher pour empêcher qu'on l'exécute avant. Les autres ont été fusillés. Mais ce malheureux garçon qui avait été gracié, a pris froid en prison et il est mort pour Noël d'une congestion pulmonaire. Lorsque mon père avait apporté sa grâce, il avait eu ce mot : « L'aumônier nous avait tellement bien préparés ! ». Il regrettait. Je me suis dit qu'il était prêt à mourir comme ça mais qu'il est mort tristement dans sa cellule de prison, le jour de Noël.

Donc, tout à fait au début, je ne voulais pas plaider, mais, j'ai été sollicitée par un ou deux et j'ai commencé à plaider dans des affaires pas trop graves. Et puis, pour le tout-venant. Peu les premières années, mais beaucoup ensuite pour ceux qui avaient été condamnés par défaut à la peine de mort par contumace, parce qu'ils étaient partis avec la milice et avec les Allemands en Allemagne, et puis ils étaient revenus après 1945. Les uns sont revenus tout de suite, les autres deux ans, cinq ans, dix ans après. Ceux-ci ont eu de la chance parce que plus tard, on était sévère. Ce qui fait que j'ai eu quelques condamnations à mort, mais pas d'exécution. Pour plusieurs, j'ai pu obtenir des cassations. C'était tellement mal fichu cette procédure, qu'il suffisait d'étudier un peu les dossiers pour trouver des moyens de cassation. Et comme il y en avait beaucoup, on n'allait pas jusqu'à la Cour de cassation, donc ça allait très vite. On était jugé par la Chambre qu'on appelait à l'époque la « Chambre des mises en accusation ». C'était cassé dans les quinze jours, trois semaines, qui suivaient. Donc, ils ne restaient pas trop longtemps les chaînes aux pieds – parce que, les condamnés à mort, on leur mettait des chaînes aux pieds et aux mains, pour qu'ils ne se sauvent pas. Alors, j'ai eu des cassations et quelquefois ils ont de nouveau été condamnés à mort.

Je suis allée trois fois voir le Président pour des recours en grâce : deux fois Vincent Auriol et une fois le Général de Gaulle pour un Algérien. Grande différence entre Vincent Auriol et le Général de Gaulle ! Vincent Auriol, il était de Toulouse je crois, il avait un peu l'accent du Sud-Ouest. Avocat vous recevant comme confrère, en vous mettant la main sur l'épaule. On était très bien reçu et j'ai d'autant plus apprécié que les deux fois il a gracié mon client. De Gaulle m'a aussi gracié mon client, mais alors lui, c'était froid ! On s'asseyait : « Maître, je vous écoute ». J'explique toute ma petite histoire et je lui dis, surtout, que mon client n'avait tué personne. C'était quelqu'un du FLN qui avait raté un Algérien du parti opposé, alors que, la semaine précédente, on avait condamné seulement à la réclusion criminelle et pas à la peine de mort un Algérien qui avait tué un policier français. Je lui ai dit : « Il ne faut quand même pas que ça coûte plus cher d'avoir raté un Algérien que d'avoir tué un policier français ! ». Je ne sais pas si c'est ça qui a produit effet, mais il ne m'a rien dit. Il m'avait dit : « Maître, je vous écoute ». Il m'a dit : « Maître, je vous ai écoutée ». Il ne m'a pas dit : « Je vous ai entendue », ce qui aurait été bon signe, mais simplement : « Je vous ai écoutée », puis il m'a raccompagnée à la porte. C'était froid comme il n'est pas possible ! Mais j'ai eu la grâce de mon client.

Je suis allée une fois, quand même, au réveil d'un condamné à mort. Je ne l'avais pas défendu parce que je connaissais sa mère… Sa grand-mère devait être un peu cousine de ma grand-mère. Il avait été chef adjoint de la milice. Je m'étais dit que je ne pouvais pas le défendre, que je ne pourrais pas éviter la peine de mort. Pour sa grand-mère, c'était terrible. Alors, il a été condamné à mort. La grâce a été refusée parce que c'était dans l'année qui suivait la guerre. Son avocat m'a dit : « Il va être exécuté demain matin ». Alors je lui ai dit : « Si vous n'y voyez pas d'inconvénient, j'irai à son réveil pour pouvoir dire à sa mère que je l'ai vu ». Alors, je suis allée au réveil. Il avait fait une lettre pour sa femme qu'il a donnée à son avocat, mais comme sa femme et sa mère ne s'entendaient pas très bien, il m'a donné la lettre pour sa mère. J'ai assisté à son réveil et à la dernière messe que l'aumônier lui a célébrée. Ça fait quelque chose de voir quelqu'un qui est en pleine vie et puis pour lequel on se dit que dans une heure, il sera mort parce qu'on lui aura tiré douze coups dont un coup à blanc… C'est paraît-il l'habitude, pour que chaque soldat qui tire puisse se dire : « Peut-être que moi je vais tirer à blanc ? ».

Et dans les affaires, donc de collaborateurs, vous vous souvenez de dossiers particuliers ?

J'ai détruit tous mes dossiers parce que, théoriquement un dossier d'avocat c'est confidentiel. Mais après coup, j'ai regretté. Mon père avait gardé tous ses dossiers. Personnellement, j'ai attendu le délai de la prescription, sauf le dossier Mounier. Je suis allée demander au bâtonnier en lui disant : « Madame Mounier avait autorisé », puisqu'elle avait donné une autorisation de publication et tout a été débattu en audience publique. Toutes les pièces du dossier, mon père a plaidé dessus. Tout est dans les archives du tribunal.

Ensuite, quand j'ai déposé les papiers de mon père – sauf les dossiers d'avocat – aux archives municipales, j'ai aussi déposé le dossier Mounier. En général, mes clients n'étaient pas des gens intéressants du point de vue historique, parce qu'ils étaient des sous-ordres, il y en a même qui n'avaient pas fait grand-chose. Par contre, j'ai visité à la prison des clients de mon père qui, eux, étaient plus intéressants, par exemple l'ancien directeur du *Nouvelliste*. Un prêtre qui s'était baptisé lui-même aumônier de la milice, à qui le cardinal Gerlier avait toujours refusé de donner le titre d'aumônier de la milice. Il n'avait pas été nommé officiellement. Des gens comme lui, j'ai souvent suivi leur dossier, pris des notes pour mon père. Je les ai vus.

IV. La guerre d'Algérie

Et donc, après, vous avez été amenée à défendre des gens du FLN ?

J'allais dire en même temps. Les dernières affaires politiques que j'ai défendues, il y avait des jours où c'étaient des collaborateurs, des jours où c'était des

FLN. On en trouve encore actuellement, ceux qui se sont cachés et puis qu'on arrête. Donc, il y en a que j'ai défendu en 1961-1962 – j'ai quitté le barreau en 63 – mais en même temps que j'avais des Algériens.

Vous pourriez reparler un peu de ces procès ?

Des Algériens ? Oui. Je n'en ai pas eu beaucoup au début de la guerre d'Algérie. Les premiers que j'ai défendus, c'était en 1958. Il y avait eu un tour du gouvernement, ou plutôt de la police, de ceux qui voulaient essayer de se débarrasser d'Algériens qui étaient en France, à qui la police n'avait rien à reprocher. On n'avait pas pu prouver qu'ils avaient des liens quelconques avec le FLN, mais on se disait qu'étant donné leur culture, qu'ils cotisaient peut-être au FLN, qu'ils recevaient de l'argent, mais on ne pouvait pas le prouver. On ne pouvait pas les interner en France si on n'avait rien à leur reprocher. Alors, je ne sais pas comment le gouvernement s'était débrouillé, mais il a fait envoyer des mandats d'arrêt du juge d'instruction militaire d'Alger – ça permettait d'interner quelqu'un contre lequel on avait des soupçons, même si on n'avait pas de preuves. Le juge d'instruction lance d'abord des mandats d'arrêt dans toute la zone Sud et une trentaine d'Algériens sont arrêtés à Lyon pour être menés à la prison Montluc avant d'être transférés à Alger. La femme de l'un d'eux est venue me demander de défendre son mari. Alors, j'y suis allée. Qui est-ce qui lui avait dit de s'adresser à moi ? Elle était allée à la Chronique Sociale voir monseigneur Matagrin qui n'était pas encore évêque – il l'a été quelques mois après – mais aumônier de la Chronique Sociale. Son mari algérien, chargé de cours au lycée, était en rapport avec la Chronique Sociale, où il était allé suivre des conférences. Le père Matagrin, qui me connaissait bien lui avait donné mon adresse. Elle, française, est venue me voir et elle m'a dit : – « Je ne sais pas du tout pourquoi mon mari est demandé par le juge du tribunal militaire d'Alger, mais il est arrêté alors qu'il n'appartient pas à un mouvement. Il faut que vous alliez le voir pour savoir pourquoi ».

J'y suis allé et il m'a dit : – « On est une trentaine, arrêtés en même temps et on voudrait choisir des avocats. Est-ce que je peux leur dire de vous écrire ? »

J'ai dit : – « Je ne peux pas en prendre trente à la fois mais il y en a deux ou trois qui peuvent m'écrire ».

Il m'a dit : – « Vous pouvez me donner d'autres noms ? Parce qu'on se demande… Bien sûr, on souhaite l'indépendance de l'Algérie, mais on n'est pas mêlés à des choses politiques. On est tous bien intégrés, il y en a un qui est clerc d'huissier, un autre professeur, d'autres ouvriers ».

La veille, nous avions eu une réunion d'un petit groupe informel d'avocats catholiques avec le père Varillon. J'avais en tête tout ce groupe, il y en a déjà plusieurs qui défendaient des Algériens. Moi, je n'en avais pas encore eu. Alors, je donne tous les noms. Ce qui fait qu'ils ont tous été choisis, plus quelques autres avocats qui étaient personnellement connus de ces Algériens.

On a su ensuite que si on les envoyait en Algérie, c'est parce qu'ils étaient considérés comme des gens à surveiller : trop cultivés, trop intelligents, ça devenait dangereux. Seulement, on ne pouvait pas faire ouvrir une information contre eux parce qu'il n'y avait rien à leur reprocher. En les envoyant en Algérie, on avait un non-lieu si les juges d'instruction ne trouvaient rien, mais on pouvait les interner, alors qu'en France ce n'était pas possible, on ne pouvait pas interner administrativement un suspect.

Là-dessus, trente autres sont arrêtés de la même façon. On s'est dit : « Il y a quelque chose, là, derrière. C'est évident que c'est un coup. » Nous voyons tous que nos clients sont des gens intégrés en France, plusieurs ont épousé une Française. Je n'avais pas du tout envie qu'on les envoie dans un camp en Algérie avec leur famille en France. Alors, lorsqu'on a su ça, on s'est dit que c'était vraiment intéressant à défendre mais qu'il fallait faire un peu de bruit là autour.

La Chronique sociale, la Ligue des droits de l'homme, les syndicats des enseignants, tout le monde a été alerté, et s'est développée une association lyonnaise des droits de la personne – ou quelque chose comme ça –, qui a dit : « Il faut protester et il faut monter une souscription pour payer les voyages des avocats qui vont aller à Alger. » Les mouvements se sont unis : comme il y avait des professeurs [parmi les Algériens arrêtés], la Ligue de l'Enseignement s'est unie à la Chronique Sociale, les catholiques de je-ne-sais-quoi se sont unis aux étudiants communistes, etc. Un comité s'est créé pour organiser une conférence où Maître Bernardin devait expliquer ce qu'il y avait là derrière, expliquer ce que c'était que cet état d'urgence en Algérie qui permettait d'interner administrativement, expliquer pourquoi étaient envoyés là-bas ceux à qui on n'avait rien reproché alors qu'ils étaient bien intégrés en France. Leurs collègues, leurs camarades devaient venir témoigner. On avait loué le Guignol Mourguet, quai Saint-Antoine. La conférence commençait lorsque la salle fut remplie de grenades lacrymogènes. On nous a tous fait sortir. L'extrême droite était venue dire : « C'est épouvantable ! Vous soutenez le FLN ! Et par-dessus le marché, il y a des catholiques là-dedans ! » Il y avait le père Matagrin bien sûr, il y avait le vice-recteur de la Catho, il y avait des prêtres, la Chronique Sociale… On s'est tous retrouvés sur le quai Saint-Antoine. Le vice-recteur de la Catho a dit : « Écoutez, on n'a qu'à se retrouver à la Faculté catholique ». Bon. Tout le monde a suivi. La Ligue de l'Enseignement était ennuyée, mais elle est venue. On a pris la salle du rez-de-chaussée au 29 rue du Plat, on a recommencé, puisque maître Bernardin devait expliquer ça. Et puis de nouveau les grenades lacrymogènes, alors cette fois-ci, on a quand même capitulé. On est sorti.

Ce soir-là, le recteur de la Catho n'y était pas. Il est rentré chez lui quand tout était terminé, vers 23 heures. On était encore sur le trottoir à parler de tout ça. Le commissaire de police qui était là lui a dit : « Eh bien ! Vous recevez du beau monde à la Catho ! » C'était monseigneur Gardette qui était moins ouvert que le vice-recteur [Gelin]. Lui, n'aurait pas ouvert la salle. Mais enfin, il a pris sur lui de couvrir le vice-recteur. Il m'a demandé ce dont il s'agissait et le lendemain, il y a eu une petite circulaire à l'intérieur de la Catho précisant qu'il ne fallait pas disposer des salles sans l'autorisation du recteur… ! Il a dû dire quelque chose au vice-recteur mais on avait été tout heureux d'amener ces gens dans cette salle et puis on se regardait, avec les avocats, en se disant : « Ce n'est quand même pas banal, on fait venir les libres penseurs, on trouve à se réconcilier. » C'est ça la laïcité !

Dans l'intervalle j'étais allée voir nos clients [en Algérie]. Entre avocats, on s'était dit : « Il va y avoir des convocations à Alger, on va demander au juge d'instruction de regrouper des interrogatoires parce que si on nous convoque 60 fois différentes pour 60 inculpés… On défendait gratuitement, mais payer les voyages… » Alors c'est moi qui ai écrit au juge d'instruction, au nom de tous les avocats. Grâce au groupe qui s'était constitué afin de trouver de l'argent pour payer les voyages des avocats, la première fois, nous y sommes allés à deux, parce que personne ne voulait y aller. Ils voulaient savoir où on mettait les pieds. Donc, j'y suis allée avec Jean Delay. Nous avons retenu une chambre à l'hôtel chic d'Alger où tout le monde allait : l'Hôtel Alita. La première fois on nous a dit qu'il y avait de la place, ce qui n'a pas été le cas la seconde fois.

Finalement, nous avons obtenu des permis de visite pour nos clients que nous avons visités à la prison. On assiste ensuite aux interrogatoires. On avait dit au juge d'instruction : « Mettez-en le plus possible pendant la semaine où nous restons là. Et il y a un autre avocat qui viendra dans quelques jours pour les autres interrogatoires ».

Dès les premiers interrogatoires et tout ce que nous apportions, le juge d'instruction militaire m'a dit : « Je ne comprends pas. Il n'y a rien dans les dossiers de vos clients, il n'y a pas de pièces à charge contre eux. Et d'après ce que vous me dites, d'après ce qu'ils me disent, je ne vois pas d'activité ». J'ai dit au juge d'instruction : « Mais oui. Et pour les autres, ça va être pareil. Envoyez maintenant des commissions rogatoires, vous allez comprendre que ça a été fait pour qu'ils puissent être internés le jour où vous rendrez une ordonnance de non-lieu. On se sert de vous. Nous vous le disons depuis le début. On voulait que vous les fassiez transférer ici pour pouvoir les interner, parce qu'on ne pouvait pas les interner en France, mais nous vous avons dit qu'il n'y avait rien ! ». Le juge d'instruction avait quand même peine à nous croire. Il a fallu que je lui indique le nom des juges d'instruction ou des Commissaires du gouvernement avec qui j'étais en très bon rapport à Lyon pour qu'il voie que, quand même, je n'avais pas l'air de me ficher de lui.

Alors, c'est ça qu'on voulait raconter à Lyon. Lorsque nous sommes revenus, nous étions bien convaincus. J'ai écrit au ministère en disant que ça me paraissait inadmissible, contraire aux droits de l'homme, que ça avait été fait uniquement pour pouvoir interner là-bas des gens contre lesquels on n'avait aucune preuve, alors que leur activité était en France, que leur famille était en France, que plusieurs avaient des fonctions presque officielles : enfin, quand on est chargé de cours dans un lycée, moi je considère qu'on est un peu fonctionnaire. Les mettre loin de leur famille, de leurs enfants, c'était inadmissible.

La première fois, nous étions allés en Algérie à deux, parce que ni l'un ni l'autre ne savait comment ça se passerait là-bas. Voyant que nous avions été bien reçus par le juge d'instruction, très bien à la prison, très bien par l'archevêque, la seconde fois nous n'avions pas besoin d'y aller à deux. Mais enfin, qu'on vienne défendre des Algériens, il n'y avait pas beaucoup d'avocats sur place qui le faisaient. Je sais qu'un confrère qui y était allé a rencontré un avocat qu'il connaissait bien, avec lequel il a déjeuné. Pendant le déjeuner, il lui a dit : « Comment ça se fait que tu sois ici ? »

– « Ah ! dit-il, je viens défendre des Algériens ».

Le type a arrêté le repas, il est parti.

Et la seconde fois que j'y suis allée, comme à l'Hôtel Aletti j'avais des familles de clients personnels qui étaient venus me voir, lorsque j'ai voulu retenir ma chambre, j'ai reçu un télégramme disant qu'il n'y avait pas de place ! Mais dans l'intervalle, un confrère y était allé et m'avait dit : « J'ai trouvé un petit hôtel bien près du tribunal militaire. » Alors, je suis allée dans ce petit hôtel qui, n'étant pas un grand hôtel, ne mettait pas à la porte les avocats qui risquaient de recevoir des Algériens !

Et par la suite, donc ?

Il y a eu une lettre ouverte au cardinal Gerlier pour se plaindre d'une part des avocats, qui sont aussi professeurs à la Catho et du vice-recteur qui recevait des manifestations en faveur du FLN. Il y a eu une lettre de réponse du cardinal, qui a été lue dans la paroisse de la Catho. Le cardinal soutenait la défense de ceux qui étaient poursuivis et la défense des droits de l'Homme, parce qu'on disait : « Il y a une atteinte aux droits de l'Homme ».

Ce qui a valu, quelques semaines après, – je ne sais pas si c'était une loi ou un arrêté – permettant l'internement en France, même lorsqu'il n'y avait pas de jugement ou de poursuites. Il y a eu au moins deux camps d'internement – camp militaire : à Thol [Ain] et le Larzac – dont un qui était à côté du village où je passe mes vacances et dont la famille de maman est originaire depuis des siècles [Neuville-sur-Ain]. J'y suis justement allée comme avocate, voir quelqu'un dont on avait obtenu qu'il soit interné en France. Je me suis dit : « On a provoqué ça, c'est embêtant, mais de toute façon, si on devait les interner, en France, à ma connaissance, il n'y a pas eu de disparitions en sortie de camp d'internement alors qu'en Algérie, il y en a qui ont disparu sans qu'on sache ce qu'ils sont devenus ». Et puis en France, je suis allée en voir, leur avocat avait le droit d'y aller, la famille pouvait y aller. En Algérie, la famille habitant la France, c'était fini.

Si je comprends bien, votre engagement n'était pas forcément bien compris dans le milieu dans lequel vous viviez ?

Surtout l'engagement pour les Algériens. Non. La dernière fois que j'ai eu l'occasion de voir Claude Bernardin, on en a reparlé. Les clients n'ont pas vu ça d'un très bon œil. Parce que, vous savez, on ne pouvait pas à la fois défendre les clients du FLN et puis défendre une société commerciale, défendre une compagnie d'assurances, une banque.

Moi, je n'ai pas cherché à les avoir parce que je ne voulais pas rester indéfiniment au barreau. Je n'ai été sollicitée par aucun de ces habituels, comme les industriels, les compagnies d'assurances… ceux dont vous êtes sûrs qu'ils font marcher le cabinet. Les divorces, on divorce une fois dans sa vie. Ensuite, il n'y en a quand même pas tout le temps. Ce ne sont pas des gens très riches. Il faut avoir des clients de fond.

Claude Bernardin me disait la même chose. Il est beaucoup allé plaider à Alger où des confrères ont refusé de lui serrer la main parce qu'il venait défendre des Algériens.

Avec Jean Delay, nous sommes allés voir le bâtonnier [à Alger]. Il ne nous a pas invités, il ne nous a pas proposé une aide quelconque. On se débrouillait au tribunal militaire. Par contre, je suis allée voir deux fois l'archevêque d'Alger qui nous a très bien reçus. Malheureusement pour lui, les avocats d'Alger ne l'aimaient pas beaucoup. Ils l'appelaient « Monseigneur Mohammed ».

Vous vous souvenez de son nom ?

Monseigneur Léon-Etienne Duval, qui est devenu plus tard cardinal. Je l'avais vu avant qu'il soit à Alger. Il était allé voir mon oncle en Tunisie quand il avait été nommé évêque de Constantine. Il était venu au service que le cardinal Gerlier avait célébré à Tunis après la mort de mon oncle. Je le connaissais déjà et il avait connu mon oncle.

V. Les Facultés catholiques et la création de l'Institut des sciences de la famille

Est-ce que vous voudriez revenir sur les années 1960-1970 à la Faculté, la création de l'Institut des sciences de la famille ?

Vous savez que l'Université catholique s'était fondée en concurrence avec la Faculté d'État, ce qui fait qu'on y préparait les mêmes diplômes sur les mêmes programmes sans avoir la possibilité de délivrer des diplômes. Il fallait que les étudiants se présentent devant l'Université d'État. Pendant longtemps – mais je n'ai pas connu cette époque-là –, la faculté de droit, comme les autres facultés de l'Université catholique, ne présentait pas les examens à Lyon. Je sais que mon père a passé ses examens et sa thèse devant l'Université de Dijon. La faculté des Lettres présentait devant l'université de Grenoble. Mais depuis la guerre de 1914 peut-être, en tout cas avant la guerre de 1939, la faculté catholique de droit avait dû se réconcilier avec la faculté d'État. Les professeurs se connaissaient. Certains étaient d'ailleurs des deux côtés, au barreau de Lyon, comme le professeur de droit commercial qui enseignait la même matière que mon père, qui était son confrère au barreau. Ce qui fait qu'il n'y avait plus de difficultés entre la faculté catholique et la faculté d'État, en ce qui concerne le droit. Mais il n'empêche qu'on ne pouvait pas faire autre chose que les programmes de nos collègues d'État, puisque ce sont eux qui devaient faire passer les examens. Autant que possible, il fallait que nos étudiants aient les mêmes chances que les autres. Seulement, c'était devenu de plus en plus difficile à mesure que le droit se diversifiait, que les (matières) se multipliaient, d'arriver à savoir exactement ce qui se faisait de l'autre côté du Rhône. On avait l'impression d'être pris pour les répétiteurs de la faculté d'en face. Cela ne présentait plus d'intérêt. On se demandait ce qu'on pourrait faire d'autre.

On avait déjà dans l'idée, depuis 1944-1945... Il s'était créé l'Institut social annexé à la faculté catholique de droit où on était libre bien sûr de faire ce qu'on voulait et on faisait déjà pas mal de cours sur des questions de famille, parce que mon père a toujours été très orienté du côté famille. J'ai quitté le barreau en 1963 pour avoir plus le temps de faire autre chose. Et en même temps parce que c'était trop difficile de mener de front le barreau, l'enseignement et des activités extérieures. Si on voulait que le barreau couvre au moins les frais qu'il occasionnait, il fallait s'y donner à fond.

Mais à partir de 1963, ayant quitté le barreau, je pouvais m'intéresser à d'autres choses. Aussi, ai-je essayé, avec deux ou trois collègues de la faculté de droit, d'organiser des réunions avec des théologiens. Nous avions envie de réfléchir sur les problèmes de mariages, divorces, droit de la famille. Nous étions quelques professeurs de la faculté qui étions avocats interpellés par des collègues qui nous avaient dit : « Vous plaidez des divorces – J'en ai parlé précédemment. Est-ce que c'est normal ? » On voulait avoir la réaction des théologiens qui, bien sûr, nous ont donné raison. Parce que les théologiens que nous avions choisis avaient tous l'esprit très large. On savait avec qui on voulait travailler. On a commencé à se dire : « C'est intéressant en tant que juristes, de rencontrer des théologiens. »

Au même moment, on parlait beaucoup, non pas encore de la libération de l'IVG, mais de la libération de la pilule. Or, il y avait au grand séminaire un supérieur qui avait réuni des médecins et des théologiens pour qu'ils discutent de la question de la contraception, de la maîtrise même de la procréation. Et sachant que je m'intéressais aux questions tournant autour du Droit, ils m'ont invitée à ces réunions. Ce qui fait que juristes, théologiens et même médecins, on a commencé à se réunir pour étudier les questions du mariage et de contraception,

C'était pluridisciplinaire. Mais, on avait oublié au moins une discipline. On en avait oublié d'autres. On a vu ensuite qu'il fallait la psychologie, la sociologie, etc. Mais, on avait oublié la philosophie. Je me suis rendu compte en tout cas qu'il fallait la philosophie comme médiation entre la théologie et le Droit car c'était difficile de discuter directement entre juristes et théologiens. Ou du moins, ils trouvaient des réponses du point de vue de la loi morale. Mais, ce n'était pas toute la théologie qu'on voyait.

Là-dessus, en 1965, il y avait à la direction des œuvres de l'archevêché, Christian Montfalcon, un aumônier chargé de la pastorale de la famille qui a ensuite également été chargé de la pastorale de la santé. Ça allait bien ensemble. Il avait su par le père Matagrin – qui n'était pas encore évêque, mais que je connaissais bien – que je m'intéressais à toutes ces questions. Il est venu me trouver en même temps qu'il avait convoqué un chargé de cours à la faculté : Georges Cochet, un de ses anciens camarades de collège qui était aussi avocat. [Le père Matagrin] nous dit : « Sur toutes ces questions famille, couple, filiation et puis en allant au-delà, tous les besoins de la famille, la santé… On aurait besoin d'un vaste Institut pluridisciplinaire, travaillant non pas rien qu'entre des professeurs, des universitaires, mais aussi avec des professionnels de terrain travaillant dans les familles comme les travailleurs sociaux. Il faudrait que tout ce monde-là puisse travailler ensemble sur les questions de la famille, parce que ça commence à bouger de tous les côtés. »

Et c'est vrai que ça commençait. On parlait du couple, on parlait de la famille sans mariage. C'était vraiment les débuts, mais il l'avait senti. « Il faudrait voir à la Catho. Au lieu de faire tout ce que vous faites, qui n'est pas utile parce que ça double ce qui se fait à la faculté d'État, voyez donc si on ne pourrait pas lancer autre chose. »

J'ai répondu : « Au début, on pourrait commencer par tâter le terrain et faire quelques sessions en cours du soir. » [Sa proposition] nous a plu. On a dit : « On peut bien essayer. »

Le doyen de la faculté de Droit, qui était maître Chavrier, président des associations familiales, nous a demandé de faire quelque chose sur la famille à la faculté de Droit : « Tant que vous voudrez, voyez ce qu'on peut faire ».

Alors, avec Christian Montfalcon, Georges Cochet et quelques travailleurs sociaux avec qui nous étions en rapport, on a essayé de voir si on pouvait, dès la première année, faire quelques conférences du soir sur la famille. Je ne me rappelle plus quel thème [nous avions abordé]. C'était peut-être : « Pourquoi se marier ? », parce qu'on commençait à se demander : « Qu'est-ce qu'on va chercher dans le mariage ? » en se disant que l'union libre, c'était peut-être aussi bien ! On a essayé quelques conférences du soir pour voir ce que ça rendrait. On a fait ça à la Catho, salle Burret. Il y eut tellement de gens à ces conférences du soir qu'il a fallu sonoriser une salle à côté. On a dit : « Bien, ça prouve qu'au moins, pour ça, il y a un public ! »

L'année suivante, on a recommencé et nous sommes allés demander une salle plus grande chez les jésuites. Mais le recteur d'alors [le père Henri Hoelstandt], nous a dit :

« Oui, c'est bien vos conférences, vos cours du soir, mais ce sont des adultes que vous avez. Une université, ce n'est pas fait pour des adultes ! Les adultes, ce n'est pas le niveau universitaire ! »

Il est venu écouter une de nos conférences. [Ce jour-là], on avait fait appel à un professeur de philosophie très, très bien, mais de très haut [niveau], qui est passé au-dessus du public et au-dessus de la tête du recteur qui était un scientifique.

En sortant, il m'a dit : « C'est quand même d'un certain niveau ! »

Je ne lui ai pas dit : « Je crois que personne n'a compris », parce que j'aimais mieux qu'il croie que les gens qui étaient venus étaient de ce niveau-là...

Là-dessus, il y a eu la loi Neuwirth sur la contraception. Le cardinal d'alors m'avait demandé si on pouvait faire une conférence là-dessus. Mais, j'ai préféré que ce soit la Chronique Sociale qui l'organise, parce que lui était contre la loi, bien sûr. Il n'était pas très, très à la page celui-là et nous, on aurait été favorables à un certain contrôle [des naissances]. Alors, je me suis dit : « On n'a pas encore créé l'Institut. On essaye de tâter le terrain. Si on était par hasard condamnés par l'archevêché, [nous ne pourrions] plus rien faire. » [En revanche] la Chronique Sociale avait 70 ans d'existence derrière elle, elle pouvait faire ce qu'elle voulait.

Après, il y a eu l'encyclique *Humanæ vitæ* (1968) qui condamnait tout procédé de contraception qui n'était pas naturel. Les théologiens qui travaillaient avec nous, pour essayer de penser l'Institut des Sciences de la Famille, ont dit : « Pour les théologiens, la famille, il vaut mieux ne pas trop s'y pencher actuellement. On aime mieux la doctrine sociale de l'Église. Ça, c'est de tout repos. Mais se lancer dans la régulation des naissances, il peut venir l'avortement [derrière] – on ne disait pas encore IVG, on disait avortement ». Il y avait bien des théologiens qui n'avaient pas envie de se faire taper sur les doigts ! Alors voyant que le recteur de l'époque ne soutenait pas beaucoup les théologiens... On risquait, en lançant un Institut sur ces questions, de ne pas être approuvés à Fourvière et de voir les théologiens prendre du recul. Et puis, tant que nous avions encore des cours à faire, nous n'avions pas tellement de temps pour ça. On a laissé tomber.

Là-dessus, arrive 1968. Révolution dans les universités, y compris à l'Université catholique où tout le monde dit : « Il faut qu'on cherche autre chose. On ne peut pas continuer à travailler comme ça ! Il faut faire des choses nouvelles ».

En 1969, on nous dit : « Vous pouvez délivrer les diplômes les premières années. Il n'y a que le diplôme final que vous ne donnerez pas. »

On répond : « Très bien. On fait passer nos étudiants de première année. » Il y en a qui sont collés. Il y en a qui sont reçus. Au mois de juillet, le Conseil d'État annule le décret qui avait permis de donner les diplômes intermédiaires. À nos étudiants qui croyaient être en vacances, on dit : « Il faut repasser vos examens au mois de septembre. »

Nous nous sommes dit que nous n'allions pas continuer comme ça. À la faculté de Droit, on était complètement découragé. Nous pensions que ça passerait au moins dans les premières années… Mais là, voir nos étudiants obligés de repasser, nous nous sommes dit : « C'est inutile. On ne continue pas. » Surtout, plus de la moitié des étudiants avaient dit : « Si c'est ça, on fait transférer nos dossiers à la faculté d'État. » On se serait retrouvés avec la petite poignée des survivants. Alors, nous nous sommes dit : « Cela ne vaut pas le coup. À quoi on sert ? Il vaut mieux s'arrêter. »

Il y en a qui étaient dans d'autres situations. Par exemple au barreau, il y avait des collègues auxquels l'Université d'État a ouvert la porte de chargé de cours. Ça a été très, très chic entre les deux universités à ce moment-là.

Du coup, on s'est dit : « Il faut qu'on fasse autre chose. L'Institut Social existe toujours. On peut le développer si on veut créer quelque chose, on peut toujours commencer. La faculté de Droit existe sur le papier, même si elle ne fait pas de cours. Elle servira de support. » C'est elle qui donnait les diplômes de l'Institut social qui n'étaient pas reconnus en France, mais qui comptaient beaucoup d'étudiants du Tiers-Monde. Quand ils retournaient dans leur pays en Afrique, cela leur était bien égal que ce soit l'Université d'État ou l'Université catholique qui délivre leur diplôme, pourvu que ce soit un diplôme français.

Donc, dès l'année où on a supprimé des cours, on a fait un peu plus de cours de droit de la famille ou de droit du travail, au sein de l'Institut Social. Et puis, dès l'année suivante, on s'est dit que cela s'appellerait « Section des Sciences Familiales » – au début on disait « Familiales » au lieu de dire « de la Famille ». Il y a même une dame qui est venue un jour me dire : « Dans les sciences familiales, il y a des cours de cuisine ? » Alors, je me suis dit : « Peut-être que "Sciences Familiales", ça trompe. Si on dit "Sciences de la Famille", peut-être qu'on ne pensera pas que c'est le ménage ou la cuisine, ou la couture, mais que c'est ce qui porte sur la famille ». Et on a pris le nom de « Sciences de la Famille ».

Mais les cours, on les faisait le soir et pour les travailleurs sociaux, parce que le Droit de la famille s'était mis à changer beaucoup, beaucoup et il y avait encore des projets de changements. Donc, en 1971, on a créé des cours du soir, parce qu'on se disait qu'il y en avait qui pouvaient difficilement venir dans la journée. Le gros problème, pour les formations s'adressant à des adultes, c'est que s'ils travaillaient, il fallait les faire en cours du soir. Sinon, on n'avait que les mères au foyer qui venaient aux cours l'après-midi.

Est arrivée la loi sur la formation permanente, qui annonçait des formations [se déroulant] sur le temps de travail et payées par l'employeur. Mais il n'y avait pas beaucoup d'employeurs qui payaient. Il y en a, pour les Services Sociaux, qui tenaient à ce que leurs travailleurs sociaux se mettent à jour, au point de vue juridique et qui payaient quand même une formation. Donc, il y a eu cette possibilité de faire des cours d'adultes alors que d'autre part, l'Université catholique, comme l'Université d'État qui avait peut-être commencé avant, se rendait compte que la formation devait s'étaler sur la vie entière et qu'il pouvait bien y avoir des choses qui s'adressaient aux adultes. Et puis, le recteur a changé à la Catho. Le nouveau [le père Paul Chevallier] était très ouvert à tout ce qui pouvait se faire d'autre que ce qui se faisait dans une université ordinaire. Il disait : « Surtout pas de concurrence avec ce qui se fait ailleurs, et c'est normal qu'on s'adresse à des adultes, ils en ont besoin. » Donc, tout allait bien. On a pu, bien que l'on ne se déclare pas officiellement, s'appeler « Institut des Sciences de la Famille » en… je me trompe… 1969. En 1972, on s'est « créé ». J'ai retrouvé la lettre datant de 1971, du père Montfalcon qui voyant tout ça et n'ayant pas perdu son idée, a écrit au nouveau recteur en lui disant : « Est-ce que ce ne serait pas le moment, quand même, de créer un Institut des Sciences de la Famille ? »

J'ai alors pris contact avec le recteur et j'ai retrouvé une lettre de juin 1971 ou 1972, adressée par le recteur à tous les professeurs que cela pouvait intéresser, pour leur présenter un projet d'Institut des Sciences de la Famille. Il y en a un certain nombre qui sont venus. J'ai été surprise de voir un professeur de Sciences Physiques. Je me suis dit : « Tiens, comment est-ce que cela peut l'intéresser les Sciences de la Famille ? » Ensuite, il m'a dit : « Ce n'est pas pour faire des cours. C'est parce que je suis père de famille et je trouve qu'on a bien besoin d'un institut de formation. » Il est plutôt venu la première année. Ensuite, il y a eu Jacques Paquette, professeur de sociologie, Jean Claude Sagne, dominicain et professeur de psychologie qui a enseigné à Lyon 2. Et puis j'avais, cette année-là, un théologien. Mais il s'est marié l'année suivante. Comme il était sociologue, je l'ai récupéré un peu après, une fois qu'il est passé père de famille. Mais enfin, à la Catho, un prêtre qui se mariait… Il fallait laisser un tout petit peu de temps. En 1971-1972, on a créé 4 cours : un de sociologie de la famille, un de psychologie, un de droit et un de théologie.

Et puis après, en 1972, on a pu trouver d'autres professeurs, d'autres besoins. Une circulaire a rendu obligatoire l'Éducation Sexuelle dans le secondaire. La Direction de l'Enseignement Religieux, qui était en lien avec le vice-recteur, m'a dit : « Vous ne pourriez pas penser à des programmes ou former des professeurs ? On a un Directeur de l'enseignement secondaire en Saône-et-Loire qui a étudié ces questions. Il pourrait venir les étudier avec vous. ». C'est comme ça qu'on a recruté et fait venir à Lyon un professeur de Saône-et-Loire : Albert Desserprit, qui était philosophe. Au début, il s'est occupé de cette question d'Éducation Sexuelle en entrant à temps plein à l'Institut. Ce qui fait que j'étais à temps plein et lui aussi. Et puis l'année suivante, on a trouvé un psychologue [Joël Clerget] qui se formait comme psychanalyste et qui pouvait lui aussi venir à temps plein. Ce qui fait que j'étais seule au début mais qu'ensuite nous avons été deux puis trois. On a pu recruter un médecin de l'Hôpital Saint-Joseph – parce qu'on avait déjà un médecin-gynécologue – le Docteur Blanc et une conseillère conjugale, Micheline Colin. Alors eux, c'était des temps partiels qui venaient lorsqu'on en avait besoin et qui réfléchissaient avec nous. En 1974, comme nous étions équipés, j'ai fait la déclaration au Ministère, à l'Université d'État, comme Établissement d'Enseignement Supérieur au nom de l'ISF. Nous nous sommes également déclarés comme Institut de Formation Permanente, puisque nous voulions surtout nous adresser à des adultes pour être agréés par tous les fonds de Formation Permanente. À partir de ce moment-là, nous avons vraiment pu être un institut complet.

Et puis, est venue la Loi sur l'IVG. Théoriquement, elle est de janvier 1975, mais elle a été votée en 1974 (ce qui a retardé sa parution, c'est qu'il y avait eu des recours devant le Conseil constitutionnel). Mais, je m'étais dit : « Il faut que l'on voie tout de suite ce qu'il y a dedans. » Alors, j'avais relu les travaux parlementaires pour reprendre ce qui avait été voté, pour qu'on puisse commencer son étude avec les collègues et voir en quoi elle pouvait nous concerner, dès avant sa parution. On a vu qu'il y avait cet entretien avant IVG, qui pouvait être fait par les travailleurs sociaux ou dans les centres de planification. Ces centres étaient prévus par la loi sur la contraception mais le Décret d'Application n'était pas paru. Rien n'avait été fait pour former le personnel. Je me suis dit que les femmes qui voulaient se faire avorter iraient trouver l'Assistante Sociale. Or, jusqu'à présent, les Assistantes Sociales n'avaient connu comme IVG que les IVG clandestines, puisque c'était défendu. Elles voyaient les femmes qui se faisaient avorter en cachette. Elles avaient besoin de savoir ce que c'est cet entretien avant IVG, elles avaient besoin de connaître la loi. Par conséquent, avant même que la loi paraisse, il fallait que nous ayons prévu ce que l'on pouvait faire à destination des travailleurs sociaux en exercice.

Ce qui fait que nous avons bâti un programme avec notre médecin, avec notre psychologue, notre conseillère conjugale – je connaissais la loi comme juriste – et puis le philosophe, pour réfléchir là-dessus. Et dès que la loi parut, nous avons essayé de donner tout ça en une journée. On a envoyé une présentation du programme d'une journée sur la loi sur l'IVG. Nous avons – je me souviens de ça – envoyé 100 tracts dans les services sociaux qu'on connaissait et puis à la DASS. On a reçu tout de suite 200 inscriptions. Et puis j'ai eu un coup de téléphone de la Directrice des Services de la DASS me disant : « Moi, j'ai 200 travailleurs sociaux à vous envoyer. Je voudrais deux journées rien que pour eux et je pourrais en envoyer 100 à la fois. » Du coup, avec nos 200 inscriptions, on doublait. Donc, on a fait quatre journées sur le même thème.

Et puis, j'ai vu arriver la conseillère technique départementale du Doubs qui m'a dit : « J'ai entendu parler de votre journée. Je viens voir ce que c'est parce que je voudrais que vous veniez dans le Doubs me redonner ça. » Alors, elle est venue. Et après, elle m'a dit : « Eh bien voilà. Moi ce que je voudrais, ce n'est pas un jour car ce n'est pas assez. Je voudrais que vous veniez trois jours, mais espacés chacun d'une semaine. Et trois jours complets, parce que je voudrais à la fois la Loi Neuwirth et la Loi Veil, qu'on parle de la contraception, qu'on parle de l'IVG, que l'on s'étende sur la signification de tout ça pour la femme, pour les travailleurs sociaux, que vous développiez davantage votre réflexion philosophique. » On a bâti un programme de trois jours. Puis, comme cette responsable allait aux réunions de responsables à Paris, elle en a parlé, suite à quoi, une dizaine de départements nous ont demandé la même chose. Ensuite, ils nous ont dit : « Ce que vous avez fait sur l'IVG, pourquoi ne le feriez-vous pas sur tel ou tel autre thème ? » Alors, les départements nous ont fait venir et, comme on n'avait pas encore beaucoup développé tout ce qui se faisait à Lyon, on acceptait de se promener un peu partout. Ce qui nous a beaucoup servi, pour nous écouter les uns les autres et travailler ensemble avant de développer à Lyon des sessions interdisciplinaires. Lorsque nous étions à Lyon, je faisais mon cours de droit sur le problème [traité]. Mais, pendant que le psychologue faisait son cours, bien souvent j'étais prise ailleurs, je n'allais pas l'écouter. Tandis que lorsque nous partions dans une autre ville, nous partions dans la même voiture, nous nous écoutions mutuellement. On ne restait pas simplement pour la table ronde de fin d'après-midi, mais on s'écoutait toute la journée. Et ça nous a donné l'habitude de nous écouter et, ensuite, de travailler ensemble entre disciplines différentes, plus facilement que si on s'était borné aux réunions qu'on se fixait de temps en temps.

Comment est née la Formation en Conseil Conjugal ?

Alors, très facilement parce qu'on a vu qu'il y avait très peu de centres de planification[3]. Ils étaient en train de se créer et on manquait de conseillers conjugaux formés. Il n'y avait pas de formation pour eux à Lyon. Alors, j'ai demandé l'agrément au Ministère. Et il se trouvait que le jour où le dossier d'agrément passait, Madame Veil, qui était Ministre de la Santé, avait dans son bureau la conseillère technique régionale de la DASS que je connaissais bien, celle qui nous avait déjà envoyé 200 personnes à former sur l'IVG. Alors, elle [la Ministre] lui a dit : « J'ai une demande d'agrément d'un institut de Lyon, l'Institut des Sciences de la Famille, qui formerait au Conseil Conjugal. Vous connaissez ? » « Oh, dit-elle, très bien, très bien. » C'est elle qui m'a raconté ça après. « J'y ai fait former du personnel. Je les connais bien. Et nous n'avons aucun institut, aucun organisme de formation à Lyon. J'ai actuellement quatre assistantes sociales que je voudrais faire former au conseil conjugal. J'attends que l'Institut des Sciences de la Famille soit agréé pour les y envoyer. Vous pouvez y aller ! » Elle est rentrée à Lyon et elle m'a dit : « Vous savez, j'ai donné un avis très favorable. »

Alors, on a eu l'agrément et on a commencé à lancer la première session. On a tout de suite eu 25 inscriptions. On n'en voulait pas plus.

---

3. CPEF : centres de planification et d'éducation familiale.

Comment c'était perçu, au sein de la Catho, ces formations que vous mettiez en place ? Quelles étaient les réactions des autres enseignants ?

On était tellement pris à l'ISF qu'on ne s'inquiétait pas beaucoup de la réaction des autres. J'étais soutenue par le recteur. Il y avait des professeurs de la Faculté de Philosophie qui travaillaient avec nous. À la Faculté de Théologie, je me suis toujours bien entendue. En Lettres, il n'y avait pas grand monde. En Sciences, il y avait de tout. Et cela ne les concernait pas beaucoup. Il y en avait qui sont venus suivre nos cours. Il y en avait un qui était très, très à droite et pas très tolérant, mais il n'est pas resté. Il était presque à la retraite, il est parti presque tout de suite.

Est-ce que vous voulez dire une ou deux choses sur la façon dont l'Institut des Sciences de la Famille s'est développé ?

On l'a fait de façon empirique. Je crois que c'est difficile de faire autrement, parce qu'on [est parti] des besoins. On n'aurait pas pensé à une formation à la médiation [familiale] car ça n'existait pas. Je ne sais plus quel étudiant [en médiation familiale] m'a demandé : « Pourquoi avez-vous commencé en vous faisant agréer à la formation au conseil conjugal ? » Je lui ai répondu : « C'était le premier diplôme qui existait auquel on pouvait se faire agréer. » Dans ce domaine-là, il n'y avait pas d'autres diplômes. Il fallait quelque chose de reconnu par le ministère famille-aide sociale ou santé-famille parce que, suivant le cas, la famille était rattachée à la santé ou rattachée à l'aide sociale, ce qui en dit long d'ailleurs… pour dire qu'elle dépend un peu de tout !

Généralement, quelles étaient vos relations avec le milieu catholique lyonnais, alors que vous travailliez sur ces questions, est-ce que c'était une source de tensions ou de discussions ?

J'avais été déjà mal vue auparavant lorsque, comme avocate, je défendais des gens du FLN, et à ce moment-là, le cardinal Gerlier m'avait soutenue ouvertement parce qu'il défendait les Algériens. Après le cardinal Gerlier, durant deux ans, il y eut le cardinal Villot. J'ai eu l'occasion de lui dire que je pensais créer quelque chose sur la famille. Ce qui fait que le jour où j'étais à la cérémonie des adieux, lorsqu'il partait à Rome, il m'a dit : « N'oubliez pas de penser à un institut de la famille. » Ça a été sa dernière consigne.

Le cardinal Renard, comme je n'avais pas voulu faire quelque chose contre la contraception, puisque, au fond, c'est ce qu'il aurait voulu… Je n'ai pas tellement eu d'occasions de parler avec lui ensuite. Je savais qu'il y avait des questions qu'il ne fallait pas aborder. Mais moi, je disais au recteur : « Une université, c'est quand même libre. On ne dépend pas du chancelier, on doit jouir de la liberté

universitaire. Je ne vais pas lui demander l'autorisation de faire quelque chose ! »
Et il n'est jamais intervenu pour me défendre [de faire] quoi que ce soit.

Est-ce que vous pourriez revenir sur la vie universitaire et les rapports entre enseignants-étudiants ?

À l'université, il y avait des rapports de proximité. Comme les étudiants étaient peu nombreux, c'était à échelle humaine. On voit la différence. Si on n'en a pas plus d'une cinquantaine, on peut maintenir un certain dialogue. Je l'ai vu très nettement lorsque je faisais des cours aux élèves assistants sociaux. J'avais des promotions d'une trentaine par école. Ça allait très bien. Lorsque les quatre écoles ont réuni [tous leurs élèves] pour les cours théoriques de droit, au lieu d'avoir 30 à 50 étudiants, on en avait 150, il n'y avait plus de dialogue. Si vous acceptiez qu'un étudiant pose des questions, pendant que vous lui répondiez, tous les autres se mettaient à parler entre eux. Ce n'était plus du tout la même chose. On était obligé de faire un cours magistral. Avec un petit nombre, on peut bien mieux dialoguer. Et puis, on connaît davantage les étudiants. On peut avoir des rapports de proximité. Et les étudiants osent poser des questions, rencontrer entre deux cours un professeur. J'ai beaucoup aimé l'enseignement...

Est-ce qu'au fil des ans, vous avez perçu une évolution des étudiants, à la fois dans leur profil, dans leurs attentes dans leur façon de se comporter ?

Oui. D'abord, il y a eu plus de femmes au fur et à mesure que le temps passait. Ce n'était plus une exception. Ensuite, je suis passé de l'enseignement de la capacité à l'enseignement de licence. Donc, là, c'était différent. En première année, il y avait le tout-venant et des gens qui étaient là parce qu'ils ne savaient pas quoi faire d'autre. Et puis, quand vous les aviez en troisième, quatrième année, alors on n'avait plus que ceux qui s'étaient accrochés.

Dans l'immédiat après-guerre, ils étaient moins nombreux. C'était des étudiants plus sérieux peut-être. Ensuite, on retrouvait la vivacité. Pendant la guerre, on était plus sérieux. On était dans un pays occupé. On savait qu'on ne pouvait pas dire n'importe quoi. On était toujours obligés de se méfier, on ne connaissait pas l'opinion des gens. Après la libération, il y eut un moment où tout le monde a cru que cela serait facile, que tout était permis et puis petit à petit, c'est redevenu autre chose.

Vous avez évoqué mai 1968... Comment cela s'est-il traduit à la Catho ?

Cela fut vraiment un tournant. Je crois qu'aux Facultés catholiques, les étudiants ont eu très envie de rejoindre l'Université d'État. Mais la faculté de droit était différente des deux autres facultés parce qu'il y avait quai Claude Bernard des réunions où il y avait aussi bien des étudiants de la Catho que des étudiants de la Faculté d'État. Les pères jésuites ouvraient à tout le monde, donc il y avait déjà des contacts entre les deux universités. Et l'ambiance du quai Claude Bernard rejaillissait. En 68, il n'y a eu aucune difficulté pour que tout de suite, tout le monde à la Catho adhère à la Révolution et comme à la faculté de théologie, c'était en général des étudiants assez gauchisants, ils étaient prêts à dire : la Catho telle quelle, on n'en veut plus, la faculté de théologie suffit. Parmi les professeurs de la faculté de droit, plusieurs avaient des idées assez à droite, mais ils se disaient tout de même : « À quoi ça sert ? Il faut qu'on fasse autre chose ! ». On se rendait bien compte que ça ne rimait plus à rien. Peut-être qu'en 1905, dans un État trop laïque, il fallait maintenir tout ça. Mais [en 1968] quelle différence entre le droit que nous enseignions et le droit qui était enseigné de l'autre côté [du Rhône] ?

En 68 et surtout en 69, on a été d'accord pour dire qu'on ne voulait pas continuer, pour prendre le temps de réfléchir à ce qu'on proposait. On ne voyait pas à quoi ça servirait de continuer exactement comme avant puisqu'on n'aurait plus d'étudiants. On avait mieux à faire que faire des cours pour une toute petite poignée.

Il y a eu une grève de la faim, il me semble ?

Des étudiants ont fait la grève de la faim quand ils ont su qu'il fallait qu'ils repassent leurs examens. C'est aussi ça qui a fait que les professeurs ont dit : « On se sent solidaire, on ne peut pas continuer dans ces conditions. » Il y avait vraiment un ras-le-bol. Alors bien sûr, les autres facultés ont dit : « Vous auriez pu nous consulter, vous auriez pu réfléchir ! » Mais on leur a répondu que ce n'était pas la peine, dans 2 ou 3 ans, on en serait toujours au même point…

Mai 1968, c'est aussi le début, ou le signe, d'une révolution des mœurs. Vous y avez assisté… ?

Oui. Dès 1965, le père Montfalcon nous avait dit que tout était en train d'évoluer. On commençait à voir des articles : c'est fini la famille, la famille sans mariage, etc. En 68, ça a été l'explosion. On a parlé de « cohabitation juvénile » et puis, au bout de quelques années, on a supprimé le mot « juvénile » parce que les mêmes vivaient toujours en cohabitation, qui n'était plus du tout juvénile. C'est pour ça que du côté de la famille, on était deux ou trois à dire : « Il se passe quelque chose de nouveau, il vaut mieux qu'on s'oriente de ce côté-là et voir ce qui existe. Il vaut mieux être à l'avant-garde qu'à l'arrière-garde ». Et c'est vrai, lorsqu'on voit toutes les lois après : avec la famille sans mariage, ce sont les enfants naturels qui entraient dans la famille, sans chef, c'est la suppression de la puissance maritale… Tout ce qui avait été annoncé était consacré par le droit.

VI. L'évolution de la famille

Est-ce que vous pressentiez les évolutions contemporaines ou bien est-ce que c'est quelque chose qui vous a surprise ?

On a toujours pensé qu'on ne savait pas bien où ça s'arrêterait, mais je ne sais si on pensait que ça irait aussi vite. Quoique, après 68, comme il y a eu des ébauches de communautés sexuelles – même si ça n'a pas duré – on se demandait ce qu'il y aurait encore comme expérience.

On ne sait pas, mais on a quand même l'impression que la majorité des gens sont pleins de bon sens et qu'ils trouvent – même s'ils évitent le mariage éventuellement – quand même que le moyen le plus normal d'avoir des enfants, c'est un homme et une femme et que la place la plus normale ensuite de l'enfant, c'est entre des parents. Regardez autour de vous, même si les gens ne sont pas mariés, il y a beaucoup de couples avec des enfants qui portent le nom du père comme autrefois.

Dix, onze ou douze enfants, ce n'est pas ce qu'il faut. Mais des couples avec un, deux, trois enfants, il y en a encore un certain nombre et, en France notamment, parce qu'on a eu une politique d'allocations familiales et une politique permettant à la femme de concilier ses responsabilités de maman et son travail à l'extérieur. On a eu quand même des familles de deux et trois enfants. Par conséquent, c'est bien qu'il y ait encore des gens qui y croient. On a beau écrire beaucoup de choses, lorsqu'on regarde les gens autour de nous, on trouve beaucoup de familles. Pas forcément avec mariage et quand ils sont mariés pas forcément sans divorce, mais des couples non mariés religieusement qui durent, il y en a. On parlait une fois d'un vieux couple qui disait : « On s'aimait bien, on s'aimait tellement que pour nos noces d'argent, on s'est mariés. » Mais ils avaient attendu 25 ans de vie commune pour marquer le coup et se marier. Je me dis qu'ils étaient plus solides que des gens qui s'étaient mariés un peu rapidement pour divorcer après. Je crois que le couple, marié ou non, c'est encore une réalité, que ça existe encore très souvent, heureusement.

Quel regard votre père porterait sur la famille ?

Mon père était traditionaliste, en ce sens que pour lui la famille, c'était quand même le mariage et les enfants. J'ai justement retrouvé une conférence qu'il avait faite en 1949, où il disait qu'il ne fallait quand même pas en rester à la famille traditionnelle qui était la famille patriarcale. Il y en a pour qui la famille, c'est encore un nom à défendre, un tombeau, un patrimoine familial, une propriété de famille. Il faut tenir compte maintenant, depuis un siècle d'industrialisation, que tout ça s'est dispersé. On a découvert ce qu'est vraiment l'essence de la famille. Ce n'est plus la famille patriarcale. C'est la famille conjugale qui est faite pour l'enfant. La famille, c'est surtout la filiation, le lien parent-enfant, et ce n'est plus uniquement l'engagement. C'est l'enfant qui crée le lien entre les parents. Je suis persuadée qu'il chercherait quand même à inclure tout le monde en disant : « Vous avez des enfants, donc vous êtes quand même une famille. Si vous êtes mariés, c'est parce que vous pouvez donner un berceau. Tant que vous n'en avez pas, vous gardez la liberté. Ce n'est pas tout à fait la famille. » La famille, c'est le couple homme et femme – parce que pour lui le couple c'était homme et femme – fait pour procréer et amener l'enfant en qualité de personne.

Et vous, qu'en pensez-vous ?

[Selon moi], maintenant, je pense que l'essentiel reste l'enfant et, en attendant les progrès d'insémination artificielle, le couple parait encore, sinon indispensable, au moins le procédé le plus normal. C'est quand même moins compliqué que de recourir à l'insémination artificielle. Est-ce qu'on remplacera le couple ? Pour le moment la famille, au moins réduite au couple et à l'enfant, me paraît le mode le plus normal. Je ne dis pas qu'on ne peut pas faire des enfants autrement et qu'on ne voit pas des enfants, malheureusement pour eux, qui sont élevés sans parents, mais je crois quand même que le mode le plus normal, c'est un homme et une femme et l'enfant avec ses parents.

Ce que je lis dans la presse ou bien ce que je vois chez les jeunes qui m'entourent, ce sont des jeunes qui ne se marient pas et pour lesquels on ne fait pas bien la différence du fait qu'ils sont mariés ou pas. Après 68, j'ai vu des jeunes qui ne se mariaient pas par principe. Ils étaient contre tout ce qui était institution. Maintenant, ils ne se marient pas, mais ils n'ont pas besoin de le justifier.

Je suis beaucoup plus attristée quand je vois les mariages qui ne tiennent pas parce que lorsqu'il y a des enfants, un couple qui ne tient pas, c'est souvent grave pour les enfants. J'aime encore mieux un couple non marié qui s'entend qu'un couple marié qui divorce et qui se dispute. C'est pour ça que je dis que le couple, c'est surtout pour les enfants. Quelquefois, il y a des couples qui ne marchent pas très bien et qui se sacrifient tant que les enfants sont mineurs. Ils sauvent les apparences tant qu'il y a des enfants. Quand ils se séparent, on leur dit : « Mais comment ça se fait ? Vous avez tenu jusqu'à présent ! » Ils disent : « Parce qu'il y avait des enfants. » Ça les aidait, et surtout, ils étaient raisonnables. Ils disaient : « Pour les enfants, on a passé sur beaucoup de choses. » Je dis : « C'étaient de bons parents. »

Concernant votre propre famille. Aujourd'hui, vous avez combien de neveux, petits-neveux, arrière-petits-neveux ?

Mes parents avaient eu 11 enfants. Ceux qui se sont mariés parmi eux – parce que nous sommes trois célibataires – ont eu à eux tous 44 enfants. Il y en a deux qui sont morts sans s'être mariés, dont un à 15 ans. [Mes frères et sœurs] ont eu directement ou en adoptant 125 enfants. Parmi eux, il y a des tout jeunes petits-neveux et d'autres qui sont déjà grands, mariés et ont eux-mêmes des enfants. Les arrière-petits-neveux, pour le moment, il y en a 101 mais il y a six naissances annoncées, ce qui poussera à 107 d'ici le mois de juin. Et puis entre juin et décembre, peut-être qu'il y en aura d'autres.

Entre tout ça, il y en a de mariés, il y en a qui ne le sont pas. Les neveux qui ne sont pas des neveux directs, quand on fait des réunions de famille, ça doit faire avec les… on utilise le mot de « pièces rapportées », ce sont les valeurs ajoutées, ça doit faire 350 à peu près, les descendants de mes parents ou les alliés. Je tiens sur Internet la liste. Quand ils sont mariés, ça va très bien pour les compter. Je les maintiens même une fois divorcés, s'il y a des enfants. Et puis on met ceux qui succèdent, les familles recomposées. C'est plus compliqué pour les généalogies de calculer tout ça. Ce qui est plus ennuyeux, plus difficile, c'est quand ils ne sont pas mariés. S'il y a des enfants, comme je mets les enfants, je mets les parents des enfants.

Donc, c'est vous qui faites le lien entre les uns et les autres ?

Oui, parce que la famille ça m'intéresse. Depuis dix ans que j'ai Internet, je trouve facile de prévenir tout le monde d'une naissance, d'un décès.

Quel regard portez-vous sur les femmes ?
Les femmes telles que vous avez connu leur condition
au début du XXe siècle, et puis les femmes aujourd'hui…

Je crois qu'elles ont vécu avec leur temps. Maman, qui s'était mariée en 1916, il ne lui serait pas venu à l'idée de travailler. Et mon père, je crois que je l'ai dit, comme sa mère a été obligée de travailler parce qu'elle était veuve, il trouvait que c'était quand même beaucoup mieux pour les enfants d'avoir leur mère au foyer plutôt que d'être en pension parce que leur mère travaillait. Mes sœurs, en général, se sont mariées avant d'avoir travaillé. Celles qui travaillaient, il y en a une qui a arrêté parce qu'elle a commencé par des jumeaux et que c'était difficile. Mes belles-sœurs, au contraire, il y en a deux sur trois qui ont continué à travailler et une qui n'a pas travaillé parce que son mari se déplaçait trop. Mes nièces, alors que j'en ai beaucoup, je peux compter sur les doigts de la main, celles qui n'ont plus travaillé en même temps qu'elles ont élevé leurs enfants. C'était celles qui étaient femmes d'officiers, parce qu'il y avait trop de déplacements et qu'elles avaient envie, au moins au début tant que les enfants n'allaient pas en classe, de suivre leur mari dans ses déplacements. Mais vous voyez, je crois que c'est une question de génération.

Mes petites-nièces, puisque j'en ai déjà beaucoup qui sont mariées, à part une qui a quitté son travail à la naissance du quatrième, les autres travaillent. Et puis la vie s'organise en conséquence. Il y a beaucoup plus de crèches ou de possibilités de faire garder chez soi, alors qu'autrefois, cela ne se faisait pas beaucoup.

Toutes vos sœurs ont fait des études ?

Mes sœurs ont toutes fait des études en faculté, sauf une qui avait fait [des études] d'infirmière – mais c'était quand même des études – et qui a travaillé comme infirmière au début, puis qui s'est arrêtée ensuite quand elle a eu des enfants. [Les autres], plusieurs ont fait leur droit ou bien des sciences. Il y en a une qui a préféré continuer jusqu'au bout, mais elle ne s'est pas mariée. Elle était professeur à Lyon 1.

Avez-vous eu des liens avec des mouvements féministes ?

Féministes, non. Des mouvements féminins, oui. J'ai été sollicitée pour des conférences, des choses comme ça. En 44, comme j'étais beaucoup à la Chronique Sociale et puis déjà, professeur de droit et avocat, j'ai souvent été sollicitée dans tous les mouvements féminins. Quand on a donné le droit de vote aux femmes, on a dit : « Il va y avoir des élections mais il y a des femmes qui n'y connaissent rien. Donc, il faut organiser une initiation politique et juridique ». À ce moment-là, j'ai été sollicitée pour expliquer aux femmes en quoi les élections allaient consister, pourquoi on allait voter pour une assemblée constituante, pour des conseillers municipaux, etc.

Je crois que pour les conseillers municipaux, on avait le droit de rayer des gens et d'en mettre d'autres, ce qui fait que dans mon quartier, je n'étais pas candidate mais j'ai obtenu une quarantaine de voix. [Ce qui m'a valu] de me faire attraper par des candidats qui m'ont dit : « Pourquoi il y a des gens qui ont voté pour vous ? On veut être au courant, savoir à quoi ça correspond. » Cela montrait combien il y avait peu d'initiations civiques dans le secondaire et combien nous avions besoin d'expliquer aux gens à quoi allait servir ce pour quoi ils allaient voter.

Est-ce que vous vous reconnaîtriez dans ce terme de « féministe » ?

Non, parce que je n'étais pas pour défendre à outrance la présence des femmes partout. Je trouve que c'est normal que la femme soit l'égale de l'homme, mais en même temps différente, parce que si tout le monde fait exactement pareil, ça ne sert à rien. Je vois au barreau, en général j'ai eu beaucoup plus de clientes que de clients. Et je crois que je comprenais mieux leur position que l'avocat homme ne l'aurait fait, pourquoi il ne faut pas qu'il n'y ait que la mère pour s'occuper de l'enfant.

Sur les questions d'avortement et d'accompagnement des femmes dans la contraception, c'est quelque chose qui a beaucoup marqué toute une génération. Qu'est-ce que vous avez comme souvenirs de ces débats ?

Je n'ai pas vu beaucoup de femmes qui s'étaient fait avorter. Ce n'était pas à moi qu'elles avaient affaire. J'ai vu les gens qui les avaient reçues. On les formait, mais moi, je faisais la partie juridique pour former les gens qui faisaient ces entretiens. On formait les conseillers conjugaux qui en avaient besoin pour faire les entretiens [pré] IVG, mais on n'oubliait pas que le rôle des centres de planification n'était pas simplement de faire ces entretiens. Le législateur a mis en premier le mot « planification » mais il y a aussi le mot « éducation ». Les centres sont chargés de l'éducation sexuelle. Chargés de la contraception, ils peuvent donner la pilule gratuitement aux mineures. Lorsqu'ils faisaient l'entretien avant IVG – puisque maintenant, il n'est plus obligatoire –, ils essayaient de dire aux femmes : « Vous ne pouvez peut-être pas faire autrement mais vous vous rendez compte que ce n'est pas banal. Revenez nous trouver pour que l'on vous aide à ne pas vous retrouver dans la même situation et être obligées de recourir à une IVG. Il vaut mieux contrôler votre fécondité avant d'être acculée ensuite à l'IVG. Gardez ça en dernier recours ».

Ce qui fait qu'au moment où l'on créait l'ISF quasiment, j'ai été amenée à participer à la création d'un centre de planification et d'éducation familiale, par l'intermédiaire du père Montfalcon. Il y avait un certain nombre de personnes parmi des travailleurs sociaux qui disaient : « C'est bien beau de vouloir essayer d'empêcher l'IVG mais il faudrait trouver des moyens d'aider plus efficacement les femmes, on ne voudrait pas que l'IVG se multiplie ». Certains voulaient des centres d'accueil pour recevoir les femmes enceintes. Le père Montfalcon m'en a parlé. J'ai dit : « Mais pourquoi le "côté" catholique cherche-t-il toujours à faire quelque chose de spécial ? Pourquoi chercher quelque chose d'original ? Le législateur a prévu des institutions. Il en a même revu le financement, mais depuis la loi Neuwirth qui avait déjà cinq ans, il n'y avait pas encore eu les décrets d'application. On n'avait pas créé de centres. On n'y a pensé qu'après la loi sur l'IVG ». Je leur ai dit : « Il me semble qu'avec les centres de planification et d'éducation familiale, vous avez tout que vous voulez pour faire en sorte qu'il y ait moins d'avortements, si vous aidez les femmes à la régulation des naissances. Et d'autre part, si vous faites l'éducation des jeunes à la contraception, à la régulation, vous diminuerez automatiquement – ou on pouvait l'espérer – les grossesses non désirées. Donc, vous diminuez les IVG. En plus de ça, vous n'avez pas besoin de vous occuper de trouver un financement. Vous vous faites agréer par les pouvoirs publics, c'est beaucoup plus simple ».

Comme je connaissais bien la DASS, on m'a demandé d'aller les sonder. On pensait à Vénissieux ou Vaulx-en Velin mais c'était déjà dans les projets de la DASS qui nous a dit : « À Saint-Priest, par exemple, on n'a pas de projet. C'est une commune très peuplée, avec beaucoup de naissances. Si vous voulez créer un centre là-bas, on vous agrée tout de suite. On vous fait confiance, mais que ce soit un centre neutre, où on ne va pas dire aux gens : "Il ne faut pas vous faire avorter" ». Il faut que ce soit ouvert ! ... parce qu'on avait su, enfin, on savait que je n'étais quand même pas tout à fait païenne, [même si] on ne m'a jamais dit : « Non, non, là, c'est non-confessionnel ! »

Alors ils ont cherché, ils ont trouvé un local, un médecin, une assistante sociale, une conseillère conjugale. J'ai fait partie de l'association qui s'est créée en 1975 et qui avait aussi d'autres objectifs. Le centre existe toujours et il s'est bien développé. Il a commencé par faire les entretiens IVG, mais il a suivi beaucoup de jeunes en [matière de] contraception. Il est allé dans les écoles. On m'a même dit qu'une année, l'école maternelle les avait fait venir pour voir comment on pouvait familiariser les tout jeunes enfants à l'éducation à la sexualité. Il faut la commencer au berceau. Alors, on a demandé à la conseillère conjugale de venir à l'école maternelle pour parler différence des sexes aux enfants. Mais je me souviens que lorsqu'on s'est implanté là-bas, les travailleurs sociaux ont demandé à nous rencontrer – j'étais dans l'équipe fondatrice – pour s'assurer que ce n'était pas confessionnel.

Ensuite, j'ai eu l'occasion de faire visiter le centre à mon amie Bernadette Isaac [Sibille] qui était conseillère générale, maire de mon arrondissement, puis députée, et qui allait beaucoup en Ukraine, où elle était en contact avec des médecins qui se désolaient parce qu'il y avait des interruptions de grossesse en quantité, y compris de très jeunes femmes [vivant à proximité] de Tchernobyl. Suite aux fuites, on disait que les femmes en contact avec les émanations auraient des enfants anormaux. Et par-dessus le marché, comme il n'y avait pas de moyens contraceptifs là-bas, il y avait beaucoup, beaucoup de jeunes filles avortées. Mon amie a vu des médecins qui se désolaient du grand nombre de mineures qui se faisaient avorter. Elle les a invités à venir en France, à voir ce centre de planification, puis elle les a emmenés à l'ISF pour leur expliquer la formation au conseil conjugal, à la planification, à tout ça. J'ai aussi été invitée plusieurs fois là-bas pour parler aux médecins des centres de planification et pour qu'ils en créent [sur place] afin de mettre les mineures à l'abri des IVG. Vous voyez, ça a essaimé jusque là-bas.

Et là aussi, comment ce genre d'initiatives étaient-elles perçues par les autorités religieuses locales ?

Pas mal, parce que je pense que le père Montfalcon avait dû agir par-derrière et expliquer.

VII. Ses engagements associatifs et les Semaines Sociales

On souhaitait s'arrêter avec vous sur vos engagements associatifs…

J'ai participé au démarrage de pas mal de choses. Le centre social de mon quartier et le centre de planification conjugale. J'ai reçu la semaine passée le compte-rendu d'activités de l'association qui le gère. On m'envoie toujours les comptes rendus parce que je paye toujours ma cotisation. Voilà des années que je n'y vais plus, mais je sais que ça marche bien. Comme le centre social de mon quartier, que j'ai aidé au démarrage. J'y suis restée deux ou trois ans. Mais comme c'était en même temps le démarrage de l'ISF et que j'avais aussi pris la présidence de la Sauvegarde, j'ai dit : « Je ne peux plus. »

Comment avez-vous décidé de vous investir dans ce centre social ?

On avait eu une réunion un soir [à la paroisse]. Le lendemain, Bernadette Isaac Sibille qui faisait partie de ce groupe – depuis, elle a fait une carrière politique – me téléphone en disant : « Ce n'est pas ce qu'il faut… Ce dont on a parlé hier. Il ne faut pas animer la paroisse. Il faut animer le quartier. » À cette époque, c'était un quartier[4] [composé] de propriétés individuelles, de grands parcs, dans lequel on était en train de construire une cité rue Sœur Janin et de grands ensembles. Elle m'a dit : « Ça se peuple de tous les côtés. Des gens arrivent. Il faut qu'on fasse un centre social. » On est allés dire à notre curé : « Plutôt que de s'occuper de ce que vous nous demandez, on a envie de faire un centre social. » Il nous a dit : « Oh, très bien. La ville nous a fait quitter l'école libre. On nous a demandé de partir parce qu'elle veut construire une grande place mais elle n'y est pas encore. Elle n'a pas encore repris les locaux. Si la paroisse vous les loue, la ville serait obligée de reloger le centre social une fois que vous y seriez installés. »

Comme on n'avait pas un sou, le curé nous a prêté de l'argent pour acheter des chaises, des tables et tout ça. Et puis, on est allé trouver le centre social des Quatre Chemins où allaient les gens du Point du Jour qui demandait des cotisations à tous les commerçants du Point du Jour. Là, ils ont été très chics en disant : « Avant que vous soyez agréés comme centre social, ce sera long. Démarrez tout de suite comme annexe du centre des Quatre Chemins et on vous servira de support pour commencer. » Ils nous ont aussi [laissé] tous les commerçants.

Après avoir trouvé le curé et le centre social voisin bien disposés [à nous aider], on a créé le centre social avec une partie de l'équipe d'animation de la paroisse. [En revanche], on s'est dit qu'on ne pouvait pas faire les deux [simultanément] ; un centre social, c'est neutre. On a dit au revoir au curé et il fut tout à fait d'accord pour que ce soit quelque chose de non-confessionnel pour le quartier.

---

4. Quartier du Point du jour, dans le Ve arrondissement de Lyon.

Ensuite, on a pu le rembourser. Lorsque la ville a expulsé le centre social pour faire la place, elle l'a relogé. À l'époque, il avait été agréé comme centre social complet. [Quant à] moi, je l'ai complètement lâché lorsqu'il a été relogé. Il n'y avait plus à s'en occuper. Au début, [j'étais là] pour faire les statuts, pour faire toutes les démarches de demande d'agréments. [Concernant] celle qui l'avait fondé, Bernadette Isaac Sibille, le maire de Lyon s'est dit : « Voilà quelqu'un qui est actif et qui connaît bien le quartier. Est-ce que vous ne pourriez pas être sur ma liste du conseil municipal pour l'arrondissement ? » Du coup, elle a laissé le centre social. Elle est devenue conseillère municipale, maire d'arrondissement, puis conseillère générale, puis députée. Elle a tout lâché, mais le point de départ, ce fut le conseil d'animation de la paroisse puis le centre social qui l'ont fait démarrer.

Vous avez songé à une carrière politique vous-même ?

Non, jamais. J'ai été sollicitée de divers côtés, mais je n'ai jamais eu envie parce qu'il n'y avait aucun parti qui me plaisait complètement. J'avais hésité après la guerre parce que tous mes amis de l'ACJF, les garçons avec qui j'avais travaillé, sont entrés au MRP en bloc, tous. Alors, bien sûr, ils ont essayé de m'y tirer. Mais non… J'avais suffisamment de choses par ailleurs.

Les Semaines Sociales d'un côté, la Sauvegarde de l'autre, furent vos deux engagements les plus importants. Pouvons-nous nous arrêter sur les Semaines sociales ?

Mon père a fait partie de la Chronique sociale quand il était étudiant, c'est-à-dire depuis 1904, du temps de Marius Gonin et de tous les premiers. Il a fait partie de l'équipe des Semaines sociales. Il y faisait des cours quasiment tous les deux ans, beaucoup de cours sur les questions familiales. Au début, avant d'être père de famille nombreuse, c'était plutôt sur les questions de droit des sociétés, de capitalisme. Comme il était professeur de droit commercial, on lui demandait plutôt [d'intervenir] dans ce domaine. Et puis, il s'est marié pendant la guerre de 1914 et les enfants sont nés un par un. Alors, il s'est occupé des mouvements familiaux et par la suite il s'est beaucoup plus [consacré] aux questions familiales.

Avant de fréquenter les équipes de la Chronique sociale, comme nous habitions la rue du Plat où se trouvait La Chronique sociale, mon père nous chargeait de porter un dossier à Marius Gonin – le fondateur des Semaines sociales – en allant en classe. Je l'ai connu quand j'étais toute jeune simplement pour être allée lui porter les dossiers de mon père. Comme je le dis souvent, ma sœur et moi, nous avions été frappées, parce qu'une fois maman, en le voyant passer depuis la fenêtre, nous avait dit : « Ce Monsieur, c'est un saint ». Ma sœur, plus jeune que moi, avait dit : « Comment ça se fait qu'il n'ait pas une petite assiette derrière la tête ? » On avait des images de tous les saints avec l'auréole. Donc, un saint qui n'a pas d'auréole, c'était bizarre. Voilà la réputation de Marius Gonin chez nous !

Autrement, je l'ai revu la première fois que je suis allée à une Semaine sociale lorsque j'étais étudiante. C'était en 1936, la dernière Semaine sociale à laquelle il fut présent, puisque l'année suivante en 1937, il tomba très malade et il est mort pendant l'été.

J'ai été formée dans cet esprit des Semaines sociales. Au début, il n'y avait rien de spécial pour les femmes. Pendant la guerre, mon beau-frère – qui n'était pas encore mon beau-frère, mais qui était avocat, c'est comme ça que je l'ai connu – était responsable du cercle Marius Gonin qui formait des garçons aux questions sociales. Je voyais la fille du docteur Biot qui était un grand militant de la Chronique sociale. On s'est dit : « Il faut qu'on fasse quelque chose pour les jeunes filles. Pourquoi n'y a-t-il rien pour nous ? » Alors, on a créé un cercle Marius Gonin féminin. Et puis, au bout de très peu de temps, on s'est dit : « Quand même, avoir un cercle pour les hommes et un cercle pour les jeunes filles, on ne va pas vivre séparés comme ça ! » Alors, on a fusionné les deux cercles qu'on a appelés « les carrefours Marius Gonin ». Ce n'était ni masculin ni féminin. Je ne sais pas ce que c'est devenu ensuite.

À la fin de la guerre, j'ai été très prise par des choses que le cardinal Gerlier m'avait confiées, mais qui n'ont duré que le temps de la guerre. Sur le plan national, les mouvements s'étaient réfugiés à Lyon tant que c'était une zone libre. Il y avait un conseil des mouvements de jeunesse, une réunion spontanée des mouvements de jeunesse masculins et féminins, neutres, confessionnels, laïques… Il ne nous manquait que les mouvements juifs… On avait peur d'un mouvement de jeunesse unique. Alors, ils s'étaient constitués en un conseil de mouvements. Du côté masculin, les mouvements catholiques de jeunes étaient réunis par l'ACJF, que ce soit la JAC, la JSC etc., qui représentait tout le monde. Du côté féminin, il y avait une poussière de mouvements, il devait bien y en avoir une douzaine. Les autres mouvements ont dit : « On ne peut pas avoir 12 représentants de mouvements catholiques pour représenter les jeunes de la bourgeoisie, les jeunes des classes moyennes, les jeunes urbains des petites villes… On veut bien la JOCF ou la JOC parce que ce sont des mouvements bien spécifiques, mais tout le reste, JSC de ceci, de cela, des lycées, de l'enseignement libre, des écoles supérieures… Il nous faut une seule personne. » Le cardinal Gerlier les a toutes réunies mais elles n'arrivaient pas à se mettre d'accord. Chacune voulait représenter les autres. Il leur a dit : « J'ai quelqu'un dans mon diocèse qui sait déjà réunir les gens. » Comme je n'appartenais à aucun mouvement, aucun ne pouvait être jaloux. Il m'a demandé ça. [Auparavant] j'assurais la coordination de tous les mouvements lyonnais car Sylvie Mingeolet, la secrétaire de Folliet qui était très prise lorsque Folliet fut prisonnier – durant 2 ans – elle m'avait demandé de prendre [cette coordination]. J'ai accepté [la proposition du cardinal] et j'ai passé à quelqu'un d'autre ce que j'avais à Lyon.

J'ai trouvé cela très intéressant, notamment [le fait] de travailler avec les mouvements protestants parce qu'à l'époque, on ne connaissait pas bien l'œcuménisme. Puis, [travailler] avec les Compagnons de France et tous les mouvements non confessionnels, ça sortait un peu des facultés catholiques et de la Chronique sociale qui était un peu moins catho, mais qui l'était beaucoup quand même ! C'est ça qui m'a ouverte à travailler avec tout le monde. Il ne nous manquait que les mouvements juifs parce qu'il n'y avait pas de musulmans à l'époque.

Lorsque les deux zones ont été réunies, on a continué quelques réunions à Lyon. Et puis, on s'est dit qu'il allait bientôt y avoir la libération. On sentait que ça venait. Les mouvements nationaux ont remonté leurs sièges à Paris. Je suis convoquée et je dis au cardinal Gerlier : « Il y a une réunion à Paris ». Il me dit : « Très bien. » Comme l'aumônier de l'ACJF était remonté à Paris aussi, il m'écrit en me disant : « Il faudrait quand même prévenir l'archevêque de Paris que vous y allez pour représenter les mouvements catholiques. Je dois le voir, mais ce serait bon que vous lui écriviez. » Je lui écris en lui disant : « Comme je suis très prise à Lyon et que je ne vais à [Paris] que pour cette réunion, je ne pourrais pas venir vous voir. Mais je vous préviens qu'avec l'accord du cardinal Gerlier, je vais à cette réunion » La veille, l'aumônier de l'ACJF va le voir et le cardinal [de Paris] lui dit : « Dans son diocèse, le cardinal Gerlier fait ce qu'il veut, mais à Paris, une réunion des mouvements catholiques avec des mouvements protestants et des mouvements laïques, je ne peux pas l'autoriser. » L'aumônier prévient la responsable chef guide de France qui était une petite fille de Lyautey qui dit : « Si ça ne peut pas se faire dans le diocèse, j'ai le droit d'inviter chez moi qui je veux. » Elle téléphone à tout le monde en disant : « Il y a des difficultés du côté catholique, alors vous venez tous chez moi. » L'aumônier m'attendait à la gare pour me dire : « Comme le cardinal ne veut pas, la réunion est organisée au domicile personnel de Madame de Quairol Lyautey ».

Elle avait bien ajouté le nom de son grand-père à son nom. C'est chez elle qu'on a fait la réunion. J'ai [constaté] qu'à l'époque, l'œcuménisme commençait peut-être à Lyon mais qu'à Paris, au début de 1944, ce n'était pas encore admis. Même une réunion quasi privée ! Car, on ne prévenait pas les pouvoirs publics qu'on se réunissait pour résister. Ils étaient au courant, mais ce n'était pas officiel.

Des choses comme celles-là m'ont habituée à travailler en dehors de tout cadre. Les Semaines sociales, mon père en faisait partie. On n'appelait pas ça « conseil d'administration » mais « commission générale des Semaines sociales ». Après la guerre, on m'a assez vite demandé d'entrer à la commission générale. Joseph Folliet qui remplaçait Marius Gonin à Lyon, en était le secrétaire général. J'ai beaucoup travaillé avec lui. Puis, on a changé de vice-président et on a nommé Joseph Folliet. Étant donné le travail qu'il faisait, c'était mieux qu'il soit vice-président. Alors, on m'a demandé d'être secrétaire générale et comme le président des Semaines sociales avait aussi envie d'avoir aussi un secrétaire général à Paris, on a nommé Georges Hourdin, qui était le président fondateur de la

Vie catholique. Alors, je faisais le travail à Lyon avec Folliet et puis lui secondait Charles Flory, directeur général d'une banque, qui fut président jusqu'en 1960, avant Alain Barrère.

Donc, j'ai beaucoup travaillé avec Folliet. À ce moment-là, je ne m'occupais plus du tout de la Chronique sociale à Lyon mais uniquement du secrétariat général des Semaines sociales. Tout ce qui était administratif se faisait à Lyon. Les réunions avaient lieu à Paris, avec les membres de la commission générale ou bien avec les professeurs qui devaient intervenir à la Semaine sociale suivante, mais tout le travail de préparation, d'envoi, de liens avec le lieu où ça se tiendrait, avait lieu à Lyon : aller voir les lieux pour expliquer ce dont on aurait besoin, faire la propagande, recueillir les textes des professeurs, les faire imprimer, etc. Sylvie Mingeolet, la secrétaire de Marius Gonin qui est restée secrétaire de Folliet, était merveilleuse pour s'occuper de tout ce qui était papier administratif : faire la correspondance avec les professeurs auxquels je pouvais avoir affaire, penser à envoyer des convocations, à téléphoner dans la ville où nous devions aller, s'assurer que tout était prêt… Elle s'occupait de tout.

Aux Semaines sociales, ce qui m'a beaucoup intéressée… Je n'avais pas eu beaucoup de temps pour assister aux conférences parce qu'il y avait toujours quelque chose à faire, mais j'ai assisté à toute la préparation, ce qui était beaucoup plus intéressant. D'une part parce qu'en commission générale, – où il y avait beaucoup de professeurs de droit, d'économie politique, d'histoire, de militants d'actions catholiques, de syndicalistes, de théologiens – on choisissait le sujet deux ans à l'avance. On discutait de ce qu'il y aurait dedans, du choix des professeurs. Nous nous réunissions deux fois par an, deux jours complets avant, puis un après-midi pendant la session des Semaines. Je rencontrais tous ces gens qui faisaient partie de la commission et ensuite, pendant l'année qui précédait la semaine, nous avions deux fois deux jours de réunion avec les professeurs qui devaient faire des cours. Ils ne venaient pas l'intégralité des deux jours, mais ils venaient pour écouter ce que les autres diraient et [présenter] aux gens de la commission générale le contenu de leur cours. On pouvait voir si ça correspondait bien à ce qu'on voulait en cherchant à équilibrer tout ça. Une réunion avait lieu aux mois d'octobre-novembre, et l'autre réunion au mois de mars, la Semaine sociale étant en juillet.

C'était ce qu'il y avait de plus passionnant, parce qu'on ne voyait pas un professeur faire son cours, mais en train de le construire, d'après ce que le président avait expliqué. « D'après ce que vous m'avez dit, voilà ce que je pense dire. Est-ce ça convient ? » [À ce moment-là], les autres, parce qu'ils étaient spécialistes ou parce qu'ils connaissaient bien le milieu de celui qu'ils écoutaient – on avait des anciens présidents de l'ACJF comme André Colin, Rémi Montagne, Maurice-René Simonnet, ancien responsable de la JEC – pouvaient dire : « Si on veut que ça plaise aux jeunes, voilà comment il faudrait orienter [le propos] ». On avait des responsables de syndicats qui disaient : « Le problème, chez nous actuellement, voilà comment il se pose. » Ce qui fait que cela donnait des idées à tout le monde. Assister au travail de préparation, c'est ce que j'ai trouvé le plus passionnant, beaucoup plus que la Semaine une fois bâtie.

Combien de personnes assistaient aux Semaines Sociales à l'époque ?

Cela variait, disons, à la fin de la formule qu'on a abandonnée en 1970, il n'y a plus que 2 000 personnes, alors qu'on en a eu jusqu'à 4 000 et 5 000.

En provenance de quel milieu ? De quelles origines sociales ?

De toutes les origines, même s'[ils étaient] peu nombreux [à être issus] des milieux plus simples. C'est tout de même resté quelque chose d'intellectuel. Mais il y avait quand même [des personnes en provenance] de tous les milieux, dont un certain nombre [faisaient partie] de la CFTC et puis de la CFDT. Du côté des jeunes, c'était surtout des étudiants.

Mais vers la fin, on a commencé à avoir de la contestation, [y compris] à l'intérieur de la commission générale, où certains disaient : « Ce n'est plus ce qu'il faut ». Il y avait [alors] trois cours par jour : deux le matin, un le soir. [Il s'agissait] de cours magistraux durant une heure [qui ne prévoyaient pas de temps] de discussion, suivis des carrefours sur des sujets déterminés en début d'après-midi, avec des animateurs, avant le troisième cours à 17 heures. Les plus jeunes ont dit : « Ce n'est plus ce qui se fait. Les cours magistraux, on n'en veut plus. On veut pouvoir discuter avec le professeur, il faut prévoir autre chose. »

On a commencé à réduire le nombre de cours et puis il y a eu 68. À l'époque, le président était Alain Barrère. Il venait d'être élu comme doyen de sa faculté. Il nous a dit : « Vous ferez la Semaine sociale sans moi, je ne peux pas quitter ma faculté ». On lui a répondu : « C'est vraiment la dernière année où on peut faire comme la faculté, il faut trouver autre chose ! Ce qu'ils réclamaient dans les facultés, c'est aussi ce que nous réclamons : nous ne voulons plus des cours magistraux ! » Ce qui fait qu'en 1969-1970, on a dit : « Il faut faire moins de cours, il faut prévoir des discussions, mais sans changer complètement la formule ».

Entre 1969 et 1972, [les effectifs] ont baissé. Pour la dernière Semaine sociale, de même qu'à la faculté de droit (à la Catho), j'avais été de ceux qui insistaient pour qu'on ferme la faculté afin de trouver autre chose, là, j'ai dit : « Il faut éventuellement s'arrêter quelques années si on n'a pas autre chose à proposer tout de suite, mais on ne peut pas continuer. Qu'est-ce que ça veut dire ? On va attendre d'être complètement mort ? Il vaut mieux s'arrêter pour chercher une autre formule quitte à faire dans l'intervalle, une ou deux sessions d'un ou deux jours sur un thème déterminé ».

Les Semaines sociales ne sont pas mortes. On ne sait pas pourquoi elles s'appellent [encore] « semaine » si elles ne durent pas plus de deux jours et demi mais enfin, ce qu'il y a de mieux, c'est qu'elles ont repris en gardant leur nom… Parce que le nom, il y en a qui y étaient attachés. Comme nous nous étions dit à la faculté de droit : « On ne va pas attendre de ne plus avoir d'étudiants, il vaut mieux s'arrêter pour prendre le temps de trouver autre chose », pour les Semaines, c'était pareil. Car, quand on y pense, nous étions montés jusqu'à 5 000 [participants] avant de redescendre à 1 000. Qu'est-ce que ça voulait dire si ce sont les plus vieux qui [restent] fidèles mais que nous n'atteignons pas les jeunes…

VIII. La Sauvegarde

Et la Sauvegarde (de l'Enfance et de l'Adolescence) ?

La Sauvegarde, mon père en a été le premier président lorsqu'elle fut créée. Lorsque certains disent que c'est lui qui a « fondé » la Sauvegarde, je dis : « Non ! Des médecins, qui réfléchissaient aux besoins [de la société], sont venus le chercher ». [À cette époque], les magistrats ne réfléchissaient pas mais ils se demandaient que faire des enfants et des mineurs délinquants. Il y avait des multitudes d'orphelinats. On plaçait les enfants là où il y avait de la place sans se préoccuper de leurs besoins. On ne faisait pas un entretien psychologique. C'était [qu'une question] de place : « Il y a de la place dans tel orphelinat, on le met là ». [Ce sont] les médecins qui disaient : « Il faudrait savoir ce dont l'enfant a besoin. Il faudrait former le personnel des maisons d'enfants et des orphelinats et spécialiser [ces derniers] suivant les besoins de l'enfant. » Seulement, pour tout ça, il fallait de l'argent.

Un jour, le gouvernement de Vichy a décidé de créer une association dans chaque région qui coordonnerait tous ceux qui s'occupaient de l'enfance parce qu'on ne savait même pas ce qui existait. Il y eut une association régionale à Lyon. Depuis deux ans, deux médecins psychiatres avaient réuni un petit groupe d'instituteurs et de jeunes assistantes sociales – les éducateurs n'existaient pas encore. Ils avaient connaissance de la misère chez les enfants. Ils se disaient : « Il y aura des fonds puisque l'État crée quelque chose. On va pouvoir créer un centre d'observation pour les jeunes enfants ». Les assistantes sociales étaient prêtes à s'en occuper. Il y avait aussi un instit qui y était [disposé]. À défaut d'éducateurs, ils ont trouvé des scouts qui pouvaient servir d'éducateurs. Ils ont [constitué] une petite équipe. De leur côté, les juges ont dit : « On aura peut-être quelque chose de spécial pour les mineurs délinquants ».

À l'époque, il y avait des délégués à la jeunesse, à la famille. Le délégué à la famille était très bien. La preuve, c'est que le gouvernement l'a gardé après la Libération, Ce délégué à la famille a écrit à mon père qui était président d'associations familiales : « Il se crée une association pour s'occuper des enfants en difficultés. Pour la présidence, il risque d'y avoir un conflit entre les médecins et les juges. [Or], il faut démontrer qu'avant d'appartenir aux médecins et aux juges, l'enfant dépend de la famille. Ce serait bien si vous, qui êtes président d'associations familiales, vous étiez président de cette association parce que ça mettrait tout le monde d'accord et ça montrerait la prééminence de la famille ». J'ai retrouvé cette lettre dans les dossiers que j'ai déposés aux archives municipales, mais j'en ai gardé une copie. Mon père a accepté et il fut accepté par les médecins qui le connaissaient bien et par les juges qui le connaissaient [en tant] qu'avocat. Il a donc été le premier président de la Sauvegarde. Il est resté deux ans, le temps de faire démarrer un certain nombre de choses. Et puis, en 1945, il a dit qu'il était tellement pris par sa profession – j'étais majeure mais j'avais encore des frères et sœurs mineurs – qu'il lui fallait [d'abord] penser à l'exercice de sa profession. Et puis, les mouvements familiaux le prenaient de plus en plus parce qu'on créait partout les associations départementales des familles. Alors, il a donné sa démission et, je crois que le premier qui l'a remplacé, c'est le Doyen Garraud qui lui-même étant très pris n'a pas voulu rester trop longtemps. Mais c'est resté un juriste et ça a très souvent été des juristes à la Sauvegarde.

C'était une association régionale, mais en 1950, on a créé des associations départementales. Ce qui est amusant, c'est qu'on a chargé les associations départementales de la gestion de tous les établissements et qu'on a laissé aux associations régionales uniquement ce que le gouvernement de Vichy avait voulu leur donner : la coordination de ce qui existait dans la Région. Mais toutes les créations d'établissements, les services éducatifs en milieu ouvert, tout est passé aux associations départementales.

C'est à ce moment-là que le docteur Line Thévenin devint présidente. Ensuite, Vincent quand il a été élu a passé ça à Pierre Guillot. En 71, lorsque les associations ont été soumises au même régime que les sociétés en ce qui concerne le comité d'établissement, les délégués du personnel, des élections ont eu lieu. Pierre Guillot a eu tellement de difficultés avec les représentants du personnel qu'il a fait annuler les premières puis les deuxièmes élections. Le syndicat a dit : « Je vais demander la nullité ». On s'est dit : « Si c'est ça, ça ne marche plus ». Il [Guillot] voulait faire un second recours. Alors, le bureau, où nous étions quatre, s'est réuni. Il y avait deux médecins. On s'est dit que ça ne pouvait plus continuer comme ça. On m'a chargée de dire à Pierre Guillot, au cas où il souhaite faire un recours : « Si ça dépend du président, vous le faites. Si ça dépend du bureau ou du conseil d'administration, nous ne sommes pas d'accord ». On terminait les réunions de bureau à 23 heures et je me suis appliquée à faire une lettre. Je suis arrivée un peu avant neuf heures à la Sauvegarde, en même temps que lui. Je lui ai dit : « Voilà ce que je suis chargée de vous dire ». Il m'a dit : « Ça va » – on était au mois de juin – « Je donne ma démission pour le mois de septembre et vous vous débrouillez. »

[Me concernant] lorsque mon père est mort en 1960, je me souviens que Vincent qui était venu aux funérailles m'avait dit dans l'église en me présentant ses condoléances : « Il faudra que vous veniez le remplacer au conseil d'administration », parce qu'il avait démissionné comme président, mais il était resté administrateur. Même en n'y allant pas, on lui demandait des conseils de temps en temps. Ensuite, il m'a fait rentrer au bureau puis élire comme vice-présidente. Les statuts [prévoyait le fait] qu'en l'absence d'un président, le vice-président le remplaçait. Pendant un an, j'ai fait fonction de président en me disant que je ne pouvais pas car j'étais en train de faire démarrer l'ISF et le centre social du Point du jour. Mais enfin, là, [dans cette situation] je ne pouvais pas lâcher [la Sauvegarde]. Alors, pendant un an, j'ai été vice-présidente faisant fonction de présidente. Tout le personnel était inquiet. Les pouvoirs publics disaient : « La Sauvegarde n'a pas de président. Qu'est-ce qui se passe ? » Alors, au bout d'un an, j'ai dit : « Je veux bien être présidente, à condition que le vice-président me décharge de ce qui se passe dans la journée, parce que je ne suis pas encore à la retraite et que je suis prise dans la journée ». J'ai eu un vice-président qui s'est bien chargé de tout ce qui était syndicat, comité d'entreprise, réunions avec le personnel, [CAD] les réunions dans la journée. J'ai délégué un autre pour toutes les réunions DASS, Conseil général, autres associations, pour ne garder que les réunions que nous faisions le soir. Maintenant, les administrateurs [sont uniquement] des gens à la retraite... Toutes les réunions se font l'après-midi. À l'époque, c'était des gens qui travaillaient pour la plupart. On faisait les réunions à 19 heures puis on mangeait ensemble jusqu'à vingt-trois heures. Tant que j'ai été en activité, j'ai laissé aux vice-présidents la plupart des réunions en journée et je me suis chargée des réunions du soir...

À la Sauvegarde, quels ont été les grands projets que vous avez portés ?

Au début, je n'ai pas porté de projets parce qu'on venait de créer ou de transformer un certain nombre d'établissements et qu'il fallait [d'abord] le digérer. Ce que j'ai porté, c'est le démarrage [de propositions] pour des [personnes] adultes handicapées. C'est venu naturellement parce qu'on avait des établissements pour jeunes handicapés qui arrivaient à treize-quatorze ans et on avait ensuite créé un établissement pour les jeunes handicapés de 14 [à] 19-20 ans. Mais petit à petit, tous arrivaient à vingt ans – dans un établissement pour jeunes jusqu'à quatorze ans –. La DASS nous a dit : « J'ai besoin de postes ailleurs. Avec la loi sur l'interruption de grossesse, bientôt, votre établissement ne servira plus parce que toutes les fois qu'on pourra déceler une anomalie, il y aura une IVG. Il y aura beaucoup moins de jeunes handicapés mentaux. Préparez-vous d'ici deux ans à ce que je ferme l'établissement parce que j'ai besoin des postes dans les établissements psychiatriques. » On avait une directrice qui a dit : « Dans ces conditions, moi je prends ma retraite. » On avait un éducateur très dynamique qui venait de passer des concours et des examens pour pouvoir être directeur. Je lui ai dit : « Écoutez, voilà un établissement pour lequel la directrice s'en va. Il doit être fermé dans deux ans. Il faut qu'on trouve quelque chose. » Il me dit : « Je suis partant. » D'après ce qu'il venait de faire comme mémoire, je lui ai dit : « On a besoin de quelque chose pour des 15-25 ans [atteints de] troubles du comportement mais qui peuvent [faire preuve d'une] intelligence normale. Il n'existe [rien pour eux]. Il faut qu'on essaie de proposer quelque chose. Ce serait doublement expérimental : 15-20 ans, c'est la Sécu. 20-25 ans, c'est le conseil général. Ce serait donc à la fois la Sécu et la DASS. Et puis plutôt malades psychiatriques que malades mentaux. »

Il a bâti un projet. Les parents des plus de vingt ans pour lesquels on n'avait pas de place étaient tout heureux. Le directeur de la DASS était tout à fait contre notre projet. J'ai demandé à un parent de venir à la commission où il fallait faire agréer les projets. Le parent était venu en disant : « On ne sait plus quoi faire de nos enfants. Ça nous va tellement bien ce que la Sauvegarde nous propose ». Ensuite, j'ai expliqué le projet. Le directeur me lançait un regard furieux. Je devais faire un cours l'après-midi dans une école de service social. J'ai téléphoné pour dire que j'étais prise et que je ne pourrais pas y aller. Je voulais attendre le résultat de la commission. J'ai vu sortir le directeur de la DASS qui ne m'a pas regardée, je me suis dit : « C'est peut-être bon signe. »

Ils m'ont dit : « Voilà, vous êtes agréée avec statut expérimental ». La DASS nous a dit : « Ah, oui, mais nous avons déjà disposé de la moitié de vos postes pour l'hôpital psychiatrique. Avec cette nouvelle formule, vous ne prendrez que la moitié de ce que vous aviez jusqu'à maintenant comme personnel. » Il a quand même fallu qu'on place certains ailleurs parce qu'on n'avait pas les moyens pour démarrer complètement. Là où on a aussi eu des difficultés, c'est lorsqu'on nous a dit : « Jusqu'à vingt ans, la Sécurité sociale paie au tarif "mineur". Au-dessus de vingt ans, c'est le Conseil général, mais c'est un tarif moindre parce qu'on estime que ces majeurs n'ont pas besoin d'éducateurs, il suffit de les surveiller », alors que nous, on disait qu'on peut apprendre à tout âge et qu'on allait continuer, jusqu'à leurs vingt-cinq ans, de leur faire faire des progrès. Donc, ce fut difficile au point de vue financier, mais on a tenu pendant les cinq ans de formule expérimentale.

Seulement quand est arrivé ce moment-là [la fin des cinq années], tous ceux de 15 ans avaient plus de 20 ans. Et ceux de 25 ans, on n'avait pas trouvé d'établissements où les mettre. Alors, on nous a dit : « Maintenant, il faut que vous les passiez au statut d'adulte, mais à double tarification quand même », ce qu'on a pu faire admettre, Conseil général pour l'hébergement, Sécurité sociale pour les soins, de manière à pouvoir garder des gens qui étaient handicapés, mais avec des troubles mentaux. Il n'y a donc pas eu besoin de créer quelque chose [de nouveau pour eux], on a transformé.

Et puis, on avait l'autre établissement avec les 15-20 ans. Un jour, il ne restait presque plus de moins de 20 ans. On a dit : « C'est bien simple, on va se transformer en un établissement d'adultes », parce que, les autres établissements d'adultes, ils dépendaient d'associations de handicapés qui avaient des établissements d'enfants et d'adultes et leurs établissements d'adultes recevaient en priorité les jeunes qui venaient de chez eux. [De notre côté], on pouvait en placer un de temps en temps, mais on n'était pas prioritaire. Alors, on a dit : « On va créer un établissement d'adultes et comme il nous reste d'autres établissements d'enfants, eh bien ces derniers seront prioritaires chez nous. »

Vous aviez aussi différents établissements pour les mineurs, avez-vous senti une évolution des politiques en la matière ?

Comme on les laissait autant que possible dans le milieu ouvert, il y en a suffisamment pour les mineurs. Là où il y a un manque, ce sont des établissements pour les mineurs qui ont des troubles associés. C'est ceux-ci qu'on envoie quelquefois en Belgique, parce qu'on en manque… Autrement, il nous reste deux établissements, parce qu'on a recréé une annexe pour une quarantaine de mineurs qui [souffrent de] troubles mentaux et une autre annexe pour une quarantaine d'enfants, souffrant de troubles comportementaux. Pour le moment, ça suffit.

Il y a plutôt ceux qui ont des troubles mentaux, qu'on envoyait autrefois dans des hôpitaux psychiatriques, qui disent : « Mais, il y a des mineurs qui seraient mieux ailleurs. » Alors, ce que j'ai fait, c'est plutôt des réorganisations des services de milieu ouvert. Parce qu'au début, il s'était créé un service qu'on appelait « service social » auprès du tribunal, mais les assistantes sociales n'avaient pas de spécialisation. Elles faisaient aussi bien les enquêtes divorces, le suivi quand on avait ordonné une mesure d'action éducative, les tutelles aux prestations sociales… Alors, on a pensé que c'était bon de faire un supplément de formation pour chacune et que dans ce service il y ait des spécialisations, que ce ne soit pas la même personne qui fasse l'enquête pour savoir à quel parent on va confier le divorce et l'enquête pour savoir s'il va y avoir une déchéance ou simplement une mesure d'AEMO. Ce ne sont pas les mêmes qui sont chargées d'une tutelle aux prestations sociales. Celles-ci ont besoin d'une formation en gestion pour bien gérer les allocations familiales. Donc, on a fait des spécialisations. Et puis au bout de quelque temps, il y en a – celles qui font la gestion – qui ont dit : « On aimerait bien avoir notre service à part, ne pas être dans le grand service. » Celles qui s'occupaient des divorces, on leur a donné très rapidement un local à part avec une pièce pour que les parents puissent voir leurs enfants quand il n'y avait pas la possibilité [d'exercer] le droit de visite à l'extérieur. On a créé le service « visite accompagnée et surveillée », et elles ont pu le faire parce qu'on a donné l'autonomie à leur service, un local à part, la possibilité de réfléchir sans avoir des réunions qui n'intéressaient pas [le reste] du service.

Ensuite, ceux qui faisaient l'AEMO ont dit : « Mais nous, avoir un seul lieu pour recevoir à l'intérieur du tribunal, ça ne nous va pas. L'équipe qui travaille à Vénissieux voudrait avoir un local à Vénissieux pour convoquer ses clients. Ce serait plus facile pour nous mettre en rapport avec les travailleurs sociaux, avec les CAF, avec l'école, on veut un local. » Alors, on a disséminé les locaux à Vénissieux, à Vaulx-en-Velin, à Lyon Sud, à Vaise, etc.

Jusqu'à quand vous avez gardé la présidence de la sauvegarde ?

Je suis devenue présidente en 1974 et jusqu'en 1994 : vingt ans.

Mais vous continuez à faire partie d'un groupe de recherche, de réflexion ?

Lorsque j'ai quitté la Sauvegarde, j'ai dit au président et au directeur, que lorsque j'étais présidente, j'avais remarqué qu'assez souvent, des directeurs ou des professionnels de base venaient me soumettre un cas difficile. Je sais qu'une fois j'ai posé la question : « Mais vous me le demandez parce que je suis juriste ou parce que je suis présidente ? » et le travailleur social m'avait dit : « Je ne sais pas, peut-être un peu les deux ». C'était parce que j'étais juriste et qu'ils avaient besoin d'un conseil juridique. Mais je m'apercevais qu'une fois que je leur donnais le conseil juridique, il fallait qu'en tant que présidente je leur dise : « Mais ça ne résout pas votre problème, il y a quand même d'autres problèmes à étudier ! » Et je leur ai dit : « Ce serait bien qu'on mette à la disposition un comité en dehors de toute hiérarchie, parce que quelquefois un directeur ça peut l'embêter de poser au directeur général une question dont il devrait connaître la réponse. Il la posera plus facilement à quelqu'un d'extérieur. »

De même, il y a des choses que certains professionnels devraient savoir, il y en a à qui je pouvais le dire parce que je leur avais fait des cours lorsqu'ils étaient à l'école. Je [n'hésitais] pas à leur dire : « Mais c'était écrit dans votre cours de droit ! » Seulement, je pouvais leur dire en riant, parce que j'avais été leur professeur…

Je leur ai donc dit que ça serait bien qu'il y ait un comité. J'en ai d'abord parlé au directeur général qui m'a dit : « Ça, ça serait très bien », parce qu'il aimait bien les questions d'ordre éthique. Et puis j'en ai parlé au président qui me remplaçait, qui lui, connaissant le droit, mais pas spécialement le droit de la famille – parce qu'il était dans les affaires avant et n'avait pas spécialement les connaissances des assistantes sociales ou des éducateurs. Il m'a dit : « Bien sûr, bien sûr, bien sûr… » Ils ont été ravis. Lorsqu'on a prévenu les directeurs, au début ils nous ont posé quelques questions – on en a moins maintenant parce que les nouveaux directeurs ne sont pas [forcément] au courant qu'on existe –. L'autre jour, un directeur nous a dit : « Vous comprenez, il n'y a aucun endroit où on peut réfléchir sur des questions comme celles-là. »

IX. L'Église

Pourriez-vous nous parler de certaines grandes figures qui ont marqué le concile Vatican II et que vous avez côtoyées à la Faculté catholique ?

Vatican II. J'ai assisté à une séance, parce que je connaissais bien celui qui était encore coadjuteur à Lyon, monseigneur Villot, qui avait été vice-recteur à la

Catho et aumônier-guide de mes sœurs. Avant d'être nommé cardinal de Lyon, il était secrétaire adjoint au Concile. Alors, je lui avais écrit, avec une amie, que nous aimerions bien assister au moins à une messe du Concile – on ne disait pas à une séance – pour voir l'ensemble des évêques. Il m'a répondu en m'envoyant deux autorisations pour assister à une messe, mais en nous disant d'aller le voir avant d'aller à la messe. C'était en 64, il y avait deux jours de vacances [autour] du 11 novembre. On est allé le voir la veille du 10 novembre. Et en même temps, c'était la dernière séance du cardinal Gerlier qui logeait au même endroit. Il nous a redonné l'autorisation pour la messe du 10 novembre et celle du lendemain en nous disant : « Vous ne vous mettrez pas avec ceux qui n'assistent qu'à la messe et [comme ça] vous pourrez rester à l'Assemblée générale ».

Alors, le premier jour, nous sommes allées assister à la messe, puis on est allé visiter Rome. Le lendemain, on nous a mises dans un endroit spécial, où il y avait moins de monde, pour les personnes autorisées à rester. Avec nous, [il y avait une personne] chargée de traduire du latin au français, ce devait être un séminariste. Un autre traduisait en allemand et un [troisième] en anglais, en fonction des gens qui étaient là. Alors, on a assisté à la messe suivie du débat, avec notre traducteur. On a eu la chance, que ce jour-là, il y ait un patriarche oriental qui refusait de parler latin et qui s'exprimait en français. C'est le seul qui s'exprimait en français. Oh, ce n'était pas passionnant. C'était sur les bombes bactériologiques ou la bombe atomique, etc. Ce n'était pas sur la famille ou sur des questions qui nous passionnaient, mais enfin, on l'a eue en français ! Heureusement, parce qu'après lui c'était le cardinal Spellman et notre traducteur nous a dit : « Le latin avec l'accent américain, je n'arrive pas à traduire ! » Mais c'était justement amusant de voir comme c'était varié, même les accents. Parce que le latin, sans le comprendre aussi parfaitement que lorsqu'on était en rhéto, on comprend les grandes lignes de ce qui est dit. Mais quand c'est avec l'accent allemand, anglais, autrichien ou je ne sais quoi, tous ceux qui parlaient en latin, je ne les comprenais même pas. Et puis le latin, depuis que le concile l'a supprimé, il est loin derrière moi…

Et aux Facultés catholiques, vous aviez côtoyé le père de Lubac et d'autres… ?

Alors, le père de Lubac, oui. C'était vraiment un ami pour moi. Je l'ai côtoyé à la Chronique Sociale et aux Semaines Sociales, puis ce fut un collègue à la Catho. On n'avait pas souvent des réunions générales de professeurs, mais on se voyait lors des rentrées ou des [événements] comme ça. C'était un des théologiens que je connaissais le mieux. [Du temps où] il faisait des cours, il venait aux Semaines sociales.

L'autre, le père Congar, le dominicain, n'était pas à la Catho et n'était pas lyonnais, donc j'avais moins d'occasions de le voir. Je le voyais aux Semaines sociales, aux réunions de professeurs ou autres.

Le père de Lubac avait aussi de la famille à Lyon. Sa sœur était la femme d'un professeur de la faculté de Droit, bien qu'ils ne soient pas de Lyon, ni l'un ni l'autre.

Et puis, il était un grand ami de mon oncle, l'Archevêque de Tunis. Puisque je sais qu'au début, quand il a eu des ennuis avec son ordre [la Compagnie de Jésus], mon oncle l'avait invité et il était très content de l'avoir à Tunis… Mais, comme on a dit qu'il était déserteur, il est quand même revenu en France. Mais mon oncle, déjà avant la guerre, s'était porté garant de « l'authenticité »… Je ne sais plus comment appeler ça…

L'orthodoxie ?

Oui, de l'orthodoxie de la théologie du père de Lubac. Parce que mon oncle était lazariste avant d'être évêque, supérieur d'un séminaire, à Montauban, avant d'avoir été à Dax. Et, il organisait des mois de formation pour les prêtres de sa région. Déjà avant la guerre, il faisait venir le père de Lubac. Comme [mon oncle] a été consacré évêque en 1937, ça devait donc être vers 1936.

Certains avaient attaqué la théologie du père de Lubac. Et celui-ci, dans son livre qu'il a écrit bien après pour expliquer toutes ces attaques, citait une lettre de mon oncle, encore supérieur de séminaire, disant : « J'ai assisté à toutes ses réunions et l'évêque de Dax aussi » – puisque ça se passait à Dax – « et nous pouvons être garants de la théologie qu'il a enseignée. »

Là, il commençait donc à avoir des difficultés. Et puis, avant le concile, même ses supérieurs lui ont interdit d'enseigner. À ce moment-là, le cardinal Gerlier a dit aux Facultés catholiques : « Vous le laissez, il n'enseigne plus, mais vous le laissez dans la liste des enseignants. Il est en congés parce que ses supérieurs lui interdisent d'enseigner, mais la Catho doit le garder dans sa liste. » Le cardinal était tout à fait d'accord avec sa théologie.

Je crois que le cardinal Gerlier n'allait pas regarder de tellement près les écrits de chacun. Il faisait confiance à certaines personnes et à ce que d'autres personnes pouvaient lui dire. Je sais que parmi ses vicaires généraux, il y avait quelqu'un qui connaissait bien la théologie du père de Lubac, qui était lui-même un bon théologien, et qui pouvait lui dire : « Là vous savez, vous pouvez y aller à tous les coups. » Et lui [le cardinal], s'il faisait confiance à quelqu'un, et bien c'était… Il me faisait confiance. Combien de fois il m'a demandé des renseignements sur telle ou telle personne !

Est-ce que le cardinal Gerlier vous a soutenue contre des personnes qui vous auraient critiquée ?

Écoutez, je n'ai pas eu de gens qui m'ont officiellement critiquée. Ou bien, ceux qui recevaient les critiques ne me le disaient pas.

Parce que vos engagements...

Oui, il y en a qui n'étaient pas d'accord, mais je n'ai jamais essayé de me défendre. Ah, bien sûr, à la Catho, les jours où on a fait des formations sur l'avortement, où on a été obligé de démultiplier tous les carrefours en [affichant] : « Carrefour sur l'avortement » avec une flèche « dans telle salle », qu'est-ce que vous voulez, il y en a un... Mais après, il a démissionné de la Catho. Je me demande si ce n'est pas parce que le recteur avait trop soutenu ça [les formations de l'ISF].

Là où le cardinal m'a défendue, c'est à propos de la Guerre d'Algérie. Oui, ça l'a intéressé, et la Catho, indirectement.

Dans le même ordre d'idées, quel regard portez-vous sur l'évolution de l'Église catholique, en presque 100 ans ?

Moi, j'ai été trop confiante après le concile. J'ai cru que c'était arrivé, qu'on avait changé et quand j'ai vu que le père de Lubac et le père Congar étaient nommés cardinaux... qu'ils étaient experts au concile. Que le pape les choisisse, ça donnait déjà de l'espoir et puis qu'après, ils soient nommés cardinaux, que le pape fasse un certain nombre de réformes...

Malheureusement, on a eu à Lyon, après le cardinal Villot, un évêque qui était très gentil, qui avait vraiment toujours peur de faire de la peine, mais qui avait aussi peur de prendre des responsabilités. Ça ne pouvait pas changer rapidement tant qu'on a eu cet évêque. Et puis quand [il y a eu] l'encyclique *Humanae vitae* [1968], j'ai vu que la plupart des prêtres que je fréquentais habituellement ont dit [plus ou moins] ce que dit notre pape actuel : il y a ce qu'on dit comme principe et puis il y a ce qu'il faut faire lorsqu'on a à recevoir des gens : les acheminer vers ce qui est possible.

Et puis, il y a ceux qui sont en train de choisir en fonction de leur situation. J'ai vu un laïc, très bon catholique, père de dix enfants me dire : « Écoutez, si ma femme attendait maintenant et que le médecin me dise qu'il faille choisir en [me demandant] : je peux, en provoquant de telle et telle façon la naissance, avoir l'enfant vivant, mais c'est votre femme qui meurt, tandis que s'il y a maintenant un arrêt de la naissance, une IVG, votre femme, ça ira ». Cet homme m'a dit : « J'ai beau être bien convaincu, je ne peux pas sacrifier la mère de mes enfants, encore petits qui en ont tant besoin, pour un enfant qui n'est pas encore né. Je me mets à la place du père de famille, on ne peut pas faire autrement que de conserver la mère de ses enfants. On ne va pas faire des orphelins même s'il y a quelque chose d'écrit ». Je lui ai [répondu] que n'importe quel prêtre ne pourrait pas lui dire autre chose ou alors il fallait vraiment qu'il soit extrême. Peut-être certains cardinaux de la Curie, on ne sait pas...

Mais moi, à ce moment-là, ça m'a déçue. Déjà, qu'on ait empêché le concile d'en traiter alors qu'on savait très bien qu'il y aurait eu quelque chose de nuancé, ça pouvait se comprendre. Parce que c'était un concile pastoral qui n'avait pas à toucher aux règles. Mais ensuite, le Pape, comme le dit le nôtre actuellement : « Je ne touche pas aux règles ». Mais au point de vue pastoral, il y avait d'autres choses que les règles à prendre en considération. Il suffisait de faire des réserves pour libérer les gens de bonne volonté qui disent : « Je ne demande pas mieux que de faire le bien, mais il ne faut pas que ce bien soit l'occasion d'un mal. » Dès ce moment-là, je me suis dit : « Il y a quand même quelque chose… » Le concile ce n'était pas ce que j'imaginais. Et puis, quand on a vu aussi toutes les résistances, qui ont été bêtes…

Et actuellement, moi ce qui m'inquiète, c'est que beaucoup de jeunes prêtres que je connais, ce ne sont pas des intégristes, mais ce sont des prêtres qui ne sont pas dans le catholicisme de gauche. Eh oui. Il y en a qui portent encore la soutane et il y en a, si on leur disait de la porter, qui ne diraient pas non. C'est [peut-être] très bien, mais ce n'étaient pas exactement les idées du père de Lubac ou de la Chronique sociale…

Je connais un prêtre qui enseignait à l'Institut d'Études Sociales de la faculté catholique qui dit : « Emma Gounot est une sainte ! » Qu'en pensez-vous ?

Alors il exagère ! (*Rire*). Je n'ai pas d'assiette (d'auréole). Je l'aime bien, mais je ne dirais de personne encore existant que c'est un saint, parce que j'estime que personne ne peut être saint, et que c'est normal. On est des hommes ou des femmes, donc on n'est pas parfaits. Seulement, j'ai toujours été d'accord avec lui. On a toujours tendance à estimer ceux qui vous soutiennent. Mais là, je ne suis pas d'accord.

Une dernière question, quel est le mot qui vous caractérise ?

J'ai été l'aînée d'une famille nombreuse et j'ai beaucoup d'admiration pour mes parents. Je crois que c'est cela qui fait que, comme mon père, je me suis intéressée à la famille.

Donc, je peux dire que ce que j'ai gardé actuellement comme activité, c'est de tenir au courant des événements familiaux les 300 et quelques, en comptant les conjoints, descendants de mes parents.

*
* *

Témoignages familiaux
– Emma vue par les siens[1]

Début juillet 2014, on repeignait avec Martin, Antoinette et Paul le rez-de-chaussée de la petite maison des tantes au Point du Jour. Comme il faisait soleil mais pas trop chaud, les tantes jardinaient en même temps… Eh oui ! Les tantes, au pluriel ! C'était (presque) une surprise, quand, pour prendre l'air, je sortais de la maison et voyais Tante Emma, à 97 ans, assise par terre, à arracher les mauvaises herbes. Surprise, étonnement, et surtout émerveillement !

Barthélémy Neyra, fils de Marc

Moi ce sont les yeux de Tante Poulette qui m'ont marquée, si clairs, et la douceur et l'ouverture plus grande à tous depuis qu'elle était plus faible physiquement et qu'elle ne pouvait plus parler fort. Je l'ai bien aimée.

Sylvie Neyra-Dubois

Le 26 février 2016, tante Poulette était chez Maman pour ses 99 ans, et lorsque je lui ai dit : « Dans 1 an, ce sera avec une autre dimension », elle m'a répondu avec son bon sourire : « Oui, avec ou sans moi… »

Quel bonheur, cette grande famille, c'est sympa, tous ces mails !

Babeth Neyra-Moreau

Lorsqu'il avait été question de donner à une ruelle de LYON le nom d'Emmanuel GOUNOT, consultée à ce sujet, Tante Emma s'était exclamée : « Tout sauf une impasse ! » Et l'on donna ainsi son nom à l'Allée GOUNOT…

Pascale de La Bussière

Je suis heureuse d'appartenir à une telle famille. Tante Emma/Poulette a beaucoup œuvré pour la famille ou les familles en général, en plus de la nôtre en particulier.

Anne Guigard

---

1. Ces témoignages ont été recueillis par Bernard Meunier, neveu d'Emma Gounot.

« Tante Emma mémoire de la famille, témoin de 4 générations de souvenirs au Point du Jour… » Tante Emma est partie en paix, simplement et sereinement semble-t-il, après une belle, longue et grande vie.

De Paris à Cannes, notre doyenne nous manquera, mais son exemple de foi, sa sagesse et sa vigueur inépuisable resteront gravés dans nos mémoires. Avec toute l'affection des Tabutin.

Chantal, fille d'Albert Gounot

Fin novembre 2006 : Suzanne (ma deuxième fille) et son mari Benoît viennent présenter Raphaël (à peine deux mois) aux Tantes du Point-du-Jour. Et là, émerveillement : c'est à Tante Poulette que Raphaël fait son premier sourire ! Et quel sourire !

François Neyra

Un petit souvenir sur le Point du Jour : je me souviens des premiers bouquets de primevères qu'on ramassait au printemps et qu'on tendait très fiers aux parents. Je revis ces instants chaque année, quand je découvre les premières fleurs dans mon jardin après l'hiver.

Babeth Charpin-Vincent

En mai 2012, à Pignans.

Au petit-déjeuner : Les tantes sont en visite à Pignans. Je propose à Tante Emma qui devait subir un traitement à l'iode radioactif pour la thyroïde d'emporter un livre ou une revue (je ne sais plus) si elle le souhaite. Elle refuse car elle ne pourra me le rendre puisque tout sera contaminé et détruit. Et elle poursuit avec l'œil qui frise : « Vous vous rendez compte, il a fallu que j'attende d'avoir 95 ans pour devenir une bombe ! »

Débat télévisé Hollande-Sarkozy : Sarkozy conteste Hollande en disant que ses chiffres sont faux, qu'il ment. Tante Emma signale alors : « On ne doit pas parler ainsi. Il faut dire : "On vous a mal renseigné" ».

De passage à Lyon chez les tantes fin 2016 : Nous donnons et prenons des nouvelles de la tribu. Tante Emma nous dit « Oh, je vois que Charlotte fait beaucoup de choses, son compte est très actif sur Facebook ». Xavier demande à Emma si elle répond sur Facebook : « Oh non, je regarde mais je ne réponds pas. J'aurai alors trop d'amis et j'ai peur d'être vite débordée ! »

Xavier Gounot

Nous avons tous de si nombreux souvenirs avec Tante Emma, différents selon les tranches d'âge mais certainement tous aussi vivants. Quel exemple de droiture et d'intelligence à l'écoute des autres. Toujours calme d'apparence, mais si vive, avec son sourire… Une très belle vie. Descendant encore à la piscine en bas du Point du Jour à 99 ans… et continuant d'assurer le lien entre nous tous. Nous pouvons tous lui dire merci !

Personnellement, je n'aurais pu recevoir une meilleure marraine.

Je me souviens encore de sa remarque l'été dernier, lors de l'ordination d'Alban, sous forme de pressentiment : « Oui, on prépare pour mes 100 ans. C'est bien. Je ne sais si je serai encore là. Mais de toute façon vous ferez alors la fête sans moi ». Je croyais entendre Papa, votre Oncle Albert, qui dans la même veine rajoutait : « J'ai laissé du vin à la cave ».

Elle sera certainement avec nous du haut du ciel. Confions-lui nos prières. Affectueusement.

Denys

Nous n'avons pas d'anecdote particulière sinon notre joie à retrouver tante Emma chaque fois que nous allions au Point du Jour, la joie qu'elle a eue d'avoir un petit-neveu ordonné prêtre et la grande affection toute particulière qu'Alban a pour elle.

Mireille Vallet (Gounot) fille d'Albert Gounot

Un jour où je débutais toute juste dans la vie active, j'ai été chargée de faire la synthèse de 10 années de conseils d'administration d'une maison d'enfants à caractère social. Je me suis retrouvée avec une masse de documents. Je ne savais pas trop comment m'organiser et j'ai eu l'idée de demander conseil à tante Poulette. Je lui ai exposé le travail que le centre me demandait. Elle a feuilleté rapidement les documents…

Elle a fermé les yeux, penché la tête. Je me suis demandé à un moment si elle dormait… au bout d'environ une dizaine de minutes, elle m'a énoncé le plan, introduction et conclusion comprises. J'étais épatée, admirative… et soulagée !

Nanou

Les petites phrases de « La Tante Poulette » sont nombreuses mais il est difficile de les dissocier de cette intonation bienveillante si caractéristique qui les accompagnait…

Et puis j'ai la mémoire courte et je ne te rapporte qu'une anecdote récente que m'a racontée Tante Anne Monique à l'hôpital vendredi matin.

Le mercredi 8 février, soit 4 jours avant son hospitalisation, Tante Poulette a exprimé le souhait de descendre en bus à la FNAC, place Bellecour, pour acheter… des cartouches d'encre pour son imprimante ! Puis elle est allée chercher une robe pour le 26. Avant de s'asseoir un quart d'heure au soleil sur un banc, place Bellecour.

Pour enfin remonter en bus au Point du Jour… Tante Anne Monique voulait prendre un taxi, mais Poulette n'a pas voulu, affirmant qu'à son âge elle pouvait bien prendre les transports en commun !

C'était sa première sortie « en ville » depuis plusieurs semaines, ce fut aussi la dernière. Peu importe, ou tant mieux, on peut dire qu'elle a bien « vécu » jusqu'au bout, avec une volonté et une force de caractère admirable.

Dimanche dernier, elle commençait à frissonner, elle n'était pas très bien et elle a préféré ne pas aller avec ses sœurs déjeuner chez Zize, de peur de les contaminer !

Vincent Neyra

Évoquer ces souvenirs a provoqué chez moi beaucoup de nostalgie, de joies, de douceurs… que de bons et chaleureux moments partagés en famille !

Je repense aux pique-niques et aux bains dans la rivière de l'Ain, où il fallait attendre trois heures avant de se baigner pour ne pas faire d'hydrocution… les jeux de « gamelle » à Thol ou au Point du Jour, les rencontres à la campagne entre Varambon, Thol, Frangy et St-Christophe en été, les réunions de famille… C'était toujours une joie de voir le plaisir des trois tantes, qui nous considéraient un peu comme leurs enfants.

Beaucoup plus récemment, j'ai envoyé une traditionnelle carte de vœux aux Tantes, Emma m'a tout de suite répondu par mail, en écrivant : « Je n'attends pas le courrier, trop lent, pour te répondre » : quelle modernité !

Tante Poulette avait créé un lien plus « professionnel » avec ma fille aînée, Annaëlle, avocate au Barreau de Paris. Elles discutaient toutes les deux avec passion, s'appelant volontiers « ma chère consœur ».

J'ai souvenir d'un petit mot (peut-être un marque-page, mais je ne l'ai pas retrouvé) écrit par elle, qui disait que « tout être humain, même le plus petit, le plus handicapé, le plus démuni, a sa place dans la société ».

C'est ce souci constant de l'autre, son écoute, sa gentillesse, qui resteront gravés dans mon cœur, elle restera pour nous tous un modèle.

Bernadette Neyra-Moye

J'ai toujours eu beaucoup de plaisir à discuter avec Tante Poulette, de l'éducation spécialisée en institution, du travail avec les familles d'enfants handicapés, etc. Ce n'est pas que de la théorie, loin de là, mais on reconnaît vite une « femme de terrain ».

J'ai gardé, affiché au salon, bien en vue, cette belle phrase : « Tout être humain, même le plus handicapé, même le plus marginal, est une personne à part entière, capable d'évolution, et à qui on doit une place dans la société. » *Emma Gounot, présidente de la Sauvegarde de l'Enfance et de l'Adolescente du Rhône de 1973 à 1994.*

On a une chance immense d'avoir une tante comme elle. Continuons à faire du lien dans la famille, comme elle l'a si bien fait jusque-là.

Babeth Neyra Moreau

J'apporte une petite contribution à l'album… Il ne s'agit pas d'une anecdote familiale, mais d'une citation d'Emma souvent reprise à la Sauvegarde ! Emma a beaucoup contribué au développement de cette association de protection de l'enfance et des personnes en situation de handicap, et cette phrase résume assez bien sa pensée et son état d'esprit :

« Toute personne, quels que soient ses difficultés ou handicaps, a la capacité d'évoluer et de développer, à son rythme et selon ses potentialités, un projet de vie individualisé » Affectueusement.

Pierre Neyra

Quand j'ai prêté serment en mai 2014, Tante Poulette était ravie d'avoir une petite-nièce avocate ! Elle m'appelait « mon petit confrère » et avait même voulu me donner sa robe, mais, m'avait-elle dit (il faut bien sûr imaginer Tante Poulette parler), « Elle doit être un peu abîmée, puisqu'elle date de la guerre » !

J'ai eu la chance de l'entendre évoquer ses souvenirs d'avocate. Elle m'a raconté avoir défendu, avec son père, des résistants pendant la guerre, puis des « collabos » pendant l'épuration. Elle m'a expliqué avoir, pendant la guerre d'Algérie, défendu des Algériens accusés d'actes de terrorisme. Trois d'entre eux ont été condamnés à mort, et Tante Poulette est allée à Paris pour demander leur grâce au président de la République. Le trajet était alors beaucoup plus long et inconfortable que maintenant, et Tante Poulette voyageait en 3e classe car elle faisait le voyage à ses frais. La grâce présidentielle a été obtenue à chaque fois (si je me souviens bien, il s'agissait alors des présidents Coty et de Gaulle). Tante Poulette m'a raconté avoir fait un de ces voyages alors que son père était mourant. Il est décédé peu après son retour.

Tante Poulette m'a expliqué qu'en défendant ces terroristes algériens, elle avait perdu une grande partie de la clientèle bourgeoise d'hommes d'affaires de son père. Elle a alors choisi de se consacrer à l'enseignement et à la vie associative.

Comment ne pas être impressionnés par cet engagement, raconté si simplement ? D'autant plus quand l'on sait qu'il y avait très peu de femmes avocates à l'époque... C'était toujours un plaisir de discuter avec Tante Poulette.

Annaëlle, fille aînée de Bernadette Moye-Neyra

Tante Emma était pour nous, « les plus anciens », un exemple du « bien vieillir », toujours tournée vers les autres malgré l'avancée en âge.

Petite anecdote : une image me revient de Tante Emma fredonnant très fort une chanson sans parole au volant de la voiture familiale (une Citroën 15 ?)

Est-ce un souvenir que les cousins de mon âge partagent ?

Nous sommes tristes mais admiratifs de sa vie si bien remplie.

Bien affectueusement à tous.

Anne Mazué de La Bussière

Anne Mazué m'a coupé l'herbe sous le pied car je m'apprêtais à écrire que ce qui m'a marqué sur tante Poulette quand j'étais plus jeune est qu'elle chantonnait toujours et aussi bien sûr la Traction avec son petit banc. Les petits-cousins ravis de monter pour faire un tour étaient ainsi face à face.

Je me rappelle aussi des ventes de charité de la Chronique où il y avait une super pêche à la ligne et où l'on retrouvait aussi les cousins.

Au-delà de tous les souvenirs, je garde la mémoire d'une personne à l'air bienveillant, calme, souriante mais un peu intimidante quand même... à la démarche assurée et un regard doux et tellement bleu ! Une personne discrète sur sa vie mais très engagée, une « grande » personne !

Anne-Monique Serieye

La mort de « tante Poulette » nous attriste tous.

Mais Anne, tu as raison : quel exemple de vie extraordinaire !

Et que de bons souvenirs ! Pour moi, la voiture est bien une Citroën, une Traction, il me semble qu'on ajoutait un petit banc au milieu pour faire une troisième rangée ? La chanson fredonnée, surtout pendant les marches arrière, faisait dire à Gabriel, son beau-frère, : « Emma est comme les scouts, elle sourit ou chante dans les difficultés ! ». Affectueusement.

Marie Morin

J'ai eu une fois ou l'autre la joie de monter avec Tante Poulette à côté d'elle dans sa deux chevaux. Je me souviens que, quand la route montait, elle se penchait et se redressait sur le volant et elle se mettait à chanter comme pour encourager sa voiture à monter. On aurait dit que c'était elle qui faisait l'effort, comme sur un vélo !

Marie-Françoise

Centenaire de Tante Poulette. Quelques souvenirs personnels, mais sûrement partagés par beaucoup…

Un de mes premiers souvenirs de Thol doit remonter au début des années cinquante : je me rappelle qu'un soir, j'ai eu le privilège d'aller chercher « le Bon-Papa » qui arrivait de Lyon en train. La gare (une gare ?) était à Bosseron (pour les jeunes : c'était de l'autre côté de l'Ain) C'est Tante Poulette, évidemment, qui conduisait la Renault. Je n'ai gardé qu'un très vague souvenir de la voiture, de ses marchepieds et d'un banc en bois entre les sièges avant et arrière (mais peut-être était-ce un strapontin ?) En revanche, j'ai presque encore en tête le fredonnement de Tante Poulette au volant, fredonnement encore plus accentué lors de manœuvres… À dire vrai, Tante Poulette a toujours fredonné au volant !

Autre souvenir de Thol : les consignes données par Tante Poulette de respecter un délai de trois heures après le repas avant de se baigner. Imaginez notre frustration lors des pique-niques à la Roche de l'Île en plein été… Il est certain que les autres adultes devaient passer les mêmes consignes de prudence, mais c'est à Tante Poulette que j'associe cette fermeté… et je ne lui en veux pas, au contraire : je n'ai pas le souvenir du moindre incident de baignade !

Souvenir plus récent : lorsque les Tantes quittaient la maison du chemin des Massues (je suis un peu vieux jeu : c'est plus joli que « rue du Dr Locard »…) Tante Poulette m'a proposé de récupérer son lit, qui était le « lit de jeune homme » de Bon-Papa. Un lit en 110 de large, en fonte noire, avec de magnifiques boules en laiton. Bref, un certain poids… Je m'étais donc mis à descendre dans le jardin les différentes pièces du lit, en plusieurs voyages, évidemment. Surprise : à peine arrivé en bas, je vois Tante Poulette sur mes talons, portant un des principaux éléments du lit ! Quelques gros kilos. Elle avait décidé de m'aider, pour que je ne me fatigue pas trop… J'espère avoir la même forme dans 25 ans…

Et en juillet 2015 : avec Marie-Hélène, nous allons saluer respectueusement nos Tantes dans leur appartement. C'est en fin de matinée. L'heure de l'apéritif. Elisabeth et Anne-Monique proposent du jus d'orange. Ça tombe bien, il fait chaud. Mais Tante Poulette tend son verre d'orangeade à ses sœurs et fait signe qu'il manque un peu de whisky (ou de vodka, notre mémoire n'est pas très claire sur ce point) Et ses sœurs de s'empresser de finir de remplir le verre ! Et on a trinqué très joyeusement !

Autre souvenir plus sérieux : en octobre 2012, j'ai eu la chance, grâce à ma sœur Anne, de participer à une visite des anciennes prisons Saint-Paul et Saint-Joseph, qui venaient d'être désaffectées, mais dont les travaux de réhabilitation démarraient à peine. Cette visite était organisée par des magistrats et avocats en l'honneur de Tante Poulette. Nous étions donc une vingtaine de personnes (ma fille Emmanuelle m'accompagnait).

Une matinée émouvante à plus d'un titre : d'abord le cadre, inimaginable de vétusté, de saleté…

Et puis la chance de contempler l'œuvre du peintre Ernest Pignon-Ernest (que nous avons abondamment photographiée).

Notre guide pour la visite était un ancien « client » de l'établissement. Du vécu…

Mais, surtout, c'est la présence de Tante Poulette qui a nous a marqués : la visite s'est terminée dans une salle où, pendant une vingtaine de minutes, Tante Poulette nous a raconté qu'il s'agissait d'un des parloirs où elle rencontrait ses clients… Et quels clients… Dans la cour, un marteau-piqueur était en action. Eh bien je peux vous dire que nous n'entendions pas ces bruits extérieurs, et que nous n'avons pas perdu un mot de l'évocation par Tante Poulette de ces moments exceptionnels (selon moi !) de sa carrière d'avocate. Pas de micro, pas de haut-parleur, sa seule conviction ! La classe ! Ces entretiens et la visite ont été filmés ; dommage, nous n'avons pas pu remettre la main sur le cinéaste et son œuvre… Il me reste plus d'une centaine de photos de cette matinée.

Et nous nous retrouvons dans ces mêmes lieux…

François Neyra

Souvenir 1 : Petite fille, à l'occasion d'une visite aux « tantes du Point du jour » j'avais été fascinée par l'arbre généalogique de tante Emma. Il ressemblait à un vrai arbre avec le tronc et les branches en fil de fer et une feuille par personne, avec une nuance de vert par branche de la famille. Je me rappelle aussi la règle, graduée en années, qui lui permettait d'accrocher les feuilles à la bonne hauteur. Déjà à l'époque, Tante Emma nous expliquait que le poids de certaines branches (trop chargées ?) l'obligeait à rectifier régulièrement la hauteur de quelques familles. Je ne sais pas ce que cet arbre est devenu mais si quelqu'un en a une photo je serais curieuse de la voir.

Souvenir 2 : En septembre 2012, à l'occasion des journées du patrimoine, les anciennes prisons Saint Paul et Saint Joseph ont ouvert une dernière fois leurs portes au public. Quelques jours plus tard, une visite privée était organisée pour Tante Emma. De passage à Lyon avec mon père (François), nous avons eu la chance de nous joindre à elle.

À la fin de la visite, dans la pièce où elle venait, avec son père, rencontrer Emmanuel Mounier, elle a évoqué pour nous ses souvenirs quand elle défendait les résistants, puis les raisons qui l'ont amenée après la guerre à défendre les collabos. Elle nous a parlé de la guerre d'Algérie, de la peine de mort, d'un jeune homme qu'elle avait accompagné dans ces derniers moments…

Je ne sais pas comment décrire son discours très précis et très clair, ni sa manière de raconter de manière si vivante sans jamais se mettre en avant ni tomber dans le sensationnel ou jouer sur les émotions…

Emmanuelle Neyra, fille de François

Très nombreux sont nos souvenirs avec tante Emma, depuis toujours comme filleul, puis de façon plus fréquente pendant toutes ces années où Papa avait repris la maison familiale du Point du Jour.

Nul passage chez les parents sans monter au second pour se dire bonjour ou nous croiser dans le jardin et échanger sur les nouvelles des uns et des autres, pendant que nos enfants grandissaient, construisant eux-mêmes leur relation « avec les Tantes ». La majorité de notre vie se sera passée hors de Lyon, parfois au-delà des Alpes ou outre Atlantique, mais l'ancrage sera toujours resté, venant entretenir la flamme familiale. Merci pour tous ces souvenirs et cette transmission de valeurs, années après années.

Mon dernier souvenir, souriant tous ensemble au Point du Jour, aura été ce dîner de juin 2016 autour de la piscine, après la signature permettant à Julia et Olivier de regrouper le terrain du bas. Permettant aux merles de passer sans clôture sur les framboisiers. Comme avant. La roue tourne mais l'esprit demeure et se transmet au sein de cette merveilleuse famille. Tante Emma avait retrouvé toute sa joie et son énergie et nous devisâmes jusqu'à la nuit. Terminant sur la remarque qu'elle descendrait se baigner le lendemain. À 99 ½ ans !

Un grand merci et toute notre affection.

Denys Gounot

« *Emma Gounot faisait honneur au diocèse de Lyon !* »
Interview du père Christian Montfalcon[1]

Laure Marmilloud[2] : *Merci d'avoir accepté cet entretien au sujet d'Emma Gounot*

Ce que je vais vous dire n'est pas forcément exact, ce n'est pas une biographie savante mais simplement quelques souvenirs qui m'ont marqué. Ce n'est pas une étude historique puisant aux meilleures sources mais seulement des éléments qui font mémoire. De plus, il faudra sans doute que je fasse croiser dans mon propos des traits de mon histoire sacerdotale en ministère dans le diocèse de Lyon. J'espère que cet enchevêtrement n'embrouillera pas mon témoignage qui se veut pourtant discret, simple et respectueux.

Comment avez-vous connu Emma Gounot ?

Emma Gounot faisait partie des richesses spirituelles dans le diocèse de Lyon tant par sa capacité de jeune avocate que par son action sociale. Son père, Maitre Gounot, qui fut un brillant bâtonnier et un novateur, lui « légua » son amour du droit, de la justice et de l'action sociale.

Vous la connaissiez d'abord de réputation ?

Oui c'est cela. Je l'ai connue lorsqu'elle était secrétaire générale des semaines sociales et je l'ai aussi connue par la Chronique sociale.

Vous peignez le portrait d'une femme que tout le monde aimait. Vous concernant, quelles étaient vos fonctions d'alors ?

Lorsque j'ai été nommé « membre » de l'équipe de la direction des œuvres, j'ai connu Michel Vial et Gabriel Matagrin[3]. L'un et l'autre parlaient souvent d'Emma Gounot. J'avais hâte de la rencontrer.

---

1. Né en 1928 à Saint-Cyr-au-Mont d'Or, prêtre catholique à la retraite, Christian Montfalcon fut *Vicaire* général du diocèse de Lyon (1988 à 1994).
2. Interview réalisée à Lyon en mai 2019 par Laure Marmilloud, infirmière, titulaire d'un Master 2 de philosophie.
3. J'ai rencontré Gabriel Matagrin peu avant 1960 et j'ai beaucoup appris de lui ; il a marqué la pensée politique et sociale en France. Il est ensuite devenu évêque de Grenoble de 1969 à 1989.

En somme, elle avait une réputation qui faisait qu'on la connaissait sans l'avoir jamais rencontrée personnellement. On la pressentait rayonnante, souriante, efficace, travailleuse. Pour moi, jeune prêtre, elle se rangeait parmi les chrétiens laïques qui constituaient « l'élite marchante » du diocèse. Cette jeune femme faisait honneur au diocèse de Lyon.

Il faut maintenant, pour comprendre la suite, que je vous parle du Cardinal Gerlier qui appréciait beaucoup la profondeur et le dynamisme d'Emma. Il connaissait aussi son père. Il y a je crois dans les archives, une lettre fameuse (que je n'ai jamais lue) où il disait à Monsieur Gounot le grand bien qu'il pensait de sa fille Emma.

En 1958, ce même cardinal Gerlier me convoqua dans son bureau. À ma grande stupéfaction, il m'a dit : « On vous demande à Paris pour être un aumônier adjoint national d'un nouveau mouvement d'action catholique qui va se créer : l'ACMSS[4] ». Je lui ai dit : « Qui sera mon patron ? », il m'a répondu : « Paul Huot-Pleuroux ». J'ai dit : « Je ne connais pas », il m'a rétorqué : « Moi non plus ! ». Avec Paul, nous nous sommes rencontrés sur un quai de gare à Dijon pour monter ensemble à Paris et, de là, s'en est suivie une grande amitié. J'ai fait six ans avec Paul Huot-Pleuroux et je suis entré dans le monde prestigieux de la santé et de l'action sociale. Après, Paul est devenu secrétaire de l'épiscopat et je suis rentré à Lyon.

C'est à ce moment-là que vous avez eu l'occasion de mieux connaître Emma Gounot ?

Oui, tout à fait. Avant de poursuivre, permettez-moi encore un crochet d'histoire pour mieux comprendre ma rencontre avec Emma : le Cardinal Gerlier a eu un coadjuteur en la personne de Mgr Jean Villot. J'ai beaucoup accroché, pastoralement, avec Mgr Villot. Il m'avait proposé initialement de devenir secrétaire général de la Pastorale urbaine. Puis Mgr Villot est parti à Rome pour préparer le Concile et Mgr Renard lui a succédé. Mgr Renard ne voyait pas bien ce que pouvait être une pastorale urbaine. Il m'a dit : « Non, vous ne continuez pas ce genre de ministère mais j'ai quelque chose à vous demander : c'est de créer la pastorale familiale dans notre diocèse ». Je me suis donc retrouvé avec la responsabilité de mettre en œuvre la Pastorale Familiale en n'y ayant jamais réfléchi d'une manière approfondie. Et c'est le début de ma relation avec Emma car je me suis souvenu qu'elle avait beaucoup travaillé à la Sauvegarde de l'enfance et qu'elle avait suivi les compétences de son père dans ce domaine.

Quels ont été vos débuts à la Pastorale Familiale avec Emma Gounot autour de l'ISF ?

Je suis allé voir Emma Gounot à la Catho et je lui ai expliqué : voilà, je vais monter la Pastorale Familiale mais je compte beaucoup sur vous pour m'initier à ce que peut être la famille et sur votre recherche en droit et en sociologie familiale.

---

4. Action Catholique des Mouvements Sanitaires et Sociaux.

Et puis, quand j'ai eu à fonder cette Pastorale de la famille, je me suis dit : « On ne va pas être que des curés là-dedans ! ». Il m'apparaissait très important que des laïques soient partie prenante et qu'ils puissent être formés.

Au bout de quelque temps, j'ai dit à Emma : « vous savez Mademoiselle : il nous faudrait créer un Institut à la Catho » ; je l'avais un peu « baratinée » (rires) pour que cette idée fasse son chemin dans sa tête. Un jour, on en a reparlé et elle m'a dit : « Mais pourquoi pas créer cet institut ! » Alors nous avons donc décidé d'aller voir ensemble le Recteur des facultés catholiques qui était à l'époque Mgr Chevalier qui nous a écoutés avec bienveillance et qui a dit : « Pourquoi pas ! ». Donc Emma fonda l'Institut des Sciences de la Famille (ISF). C'est notre discussion qui l'a amenée et qui a amené le Recteur à lui dire : « Montez donc l'ISF » et c'est ce qu'elle a fait, tout en continuant la Sauvegarde, la Chronique, les Semaines sociales.

Je lui avais demandé d'être un organe de formation dans la région pour que la Pastorale Familiale prenne corps car il n'y avait encore rien de défini à ce propos. C'est ainsi que des sessions ont été organisées pour former des laïques à la pastorale familiale. Emma a aussi beaucoup aidé les travailleurs sociaux, non seulement à Lyon, mais encore à Besançon et un peu partout en parlant avec eux de la famille et de la sauvegarde de l'enfance.

En 1968, l'encyclique Humanae Vitae est promulguée ; comment l'avez-vous reçue ?

J'étais à Combloux avec Gabriel Matagrin et Michel Vial, on prenait des vacances ensemble. Et on avait écouté, ensemble, la promulgation de l'encyclique Humanae Vitae. En rentrant à Lyon, j'ai dit : « Montfalcon, il faut que tu fasses quelque chose, tu ne peux pas rester comme ça ». Quelques années après, c'est là que nous avons monté de toute pièce l'association « Vie et Famille » que nous souhaitions non confessionnelle. Emma Gounot était au bureau de « Vie et Famille » avec Albert Desserprit, Marie-Albert Bellay, Clerget et d'autres. J'avais demandé à Jean Revillard d'en être le premier président. Revillard était une notoriété à l'époque à Lyon, il avait été architecte de la ville donc il était connu de tout le monde…

Quelque temps après, en 1977, avec Philippe Hallonet, Emma Gounot, Marie-Albert Bellay, nous avons créé à St Priest un Centre d'écoute, d'accompagnement et de formation pour les familles, ainsi que pour les femmes qui désiraient être accompagnées après avoir avorté[5]. En même temps, le centre formait au sein de l'école publique des gamins de 12-13 ans à la grandeur de la famille, à leur manière d'être enfants avec leurs parents. Cette réalisation du Centre de Saint-Priest a été une belle réussite.

---

5. Suite à la promulgation de la Loi Veil en 1975.

L'association « Vie et Famille » l'a rendue possible, mais comment cette association a-t-elle pu voir concrètement le jour ?

J'avais connu Marie-Albert Bellay par Michel Vial qui était alors évêque à Nantes ; il m'avait dit : « il y a, à Nantes, une assistante sociale qui est religieuse et maitresse des novices, j'ai entendu dire qu'elle finit sa charge de maitresse des novices : vous ne croyez pas qu'on pourrait lui demander de fonder avec vous cette association ? ». Comme je ne partais de rien, il fallait quelqu'un qui puisse être permanent et j'ai demandé à la Catho d'embaucher Marie-Albert Bellay. Mais la question était : comment la payer ? C'est là que je suis allé voir Paul Huot-Pleuroux et je lui ai dit : « J'ai besoin d'argent ». Il m'a dit : « Je vais te chercher ça ». Au bout de quelque temps, il m'écrit : « Tu vas aller au Café Diderot près de la Gare de Lyon, tu auras le Journal La Croix sous le bras et des lunettes, on t'abordera et on te demandera ce que tu veux. »

C'est un scénario digne d'un roman policier ! Racontez-nous la suite !

Oui (rires) et c'est ce que j'ai fait. En arrivant, je trouve un monsieur qui boit un café et qui me dit : « Vous êtes sans doute l'abbé Montfacon ; on attend un camarade qui doit venir pour vous écouter et voir ce que l'on fait avec vous ». Quelque temps après, le camarade est arrivé en vélo (je me souviens qu'il avait des pinces à linges qui tenaient le bas de son pantalon !). Ils m'ont expliqué qu'il était cinq ou six copains qui avaient un salaire important et qu'ils avaient fondé une banque pour avoir encore plus d'argent et pour davantage faire l'aumône. Ils m'ont dit : « Qu'est-ce que vous voulez ? » ; « Voilà, j'aurais besoin d'une permanente pendant un an, est-ce que vous pouvez me donner le salaire d'une personne pendant un an ? » ; ils m'ont dit : « Il n'y a pas de problème ! ». C'est là que j'ai pu payer Marie-Albert Bellay pour lancer « Vie et Famille » et le Centre de St Priest. Et puis il fallait un médecin, alors j'ai demandé à Philippe Hallonnet, médecin gynécologue. Philippe Hallonnet est allé voir à Saint-Priest pour monter quelque chose quand ses collègues de Saint-Priest lui ont dit : « tu n'as pas le droit de faire ça car tu vas nous enlever des clients. Alors Philippe a donné sa démission et a été bénévole ».

C'est donc à cette occasion que Marie-Albert Bellay et Emma Gounot se sont rencontrées.

Oui c'est à cette occasion … Elles ont travaillé ensemble par sainteté !

Elles n'avaient pas le même tempérament ?

Emma Gounot était laïque dans tous les sens du terme ; la vie religieuse, elle la comprenait bien parce qu'elle avait une foi profonde mais ce n'était pas son affaire. Collaborer avec une religieuse c'était un peu plus complexe… !

C'est dans ce contexte de travail avec Revillard, Hallonnet, Emma Gounot et Bellay que notre sympathie est née de plus en plus entre Emma et moi.

J'ai notion que vous avez beaucoup correspondu l'un et l'autre.

Oui, nous avons toujours gardé le contact dans les diverses pages de l'histoire du diocèse de Lyon. Mgr Decourtray est arrivé en 1981. Au bout d'un certain temps, il m'a dit : « Je vois d'autres responsabilités pour vous. » C'est là que nous avons parlé de la santé et que je suis devenu responsable de la Pastorale de la santé. Dans ce ministère j'ai appris à mieux connaître le « monde » des travailleurs sociaux et leur action en différents domaines.

Un jour, Emma m'a dit : « Est-ce que je peux venir parler avec vous régulièrement ? » Je lui ai dit : « Ce sera avec plaisir ». Et voilà que je l'ai vue tous les mois pendant une trentaine d'années.

Un jour, je ne sais plus comment, dans la conversation, nous avons eu à parler de la volonté de Dieu et je lui ai dit : « Dieu n'a pas de volonté » ; elle était affolée ! Elle m'a dit « Dieu n'a pas de volonté ? » » : « Non, il n'a comme volonté que la volonté des humains qui l'aiment et qui cherchent à l'aimer ; mais il n'a pas de volonté en lui-même, ce n'est pas lui qui dit : Emma tu seras à la Pastorale familiale, c'est vous qui le découvrez ; la volonté de Dieu c'est vous qui la faites ». Je crois qu'elle a compris cela. Elle a compris que Dieu ouvrait l'homme à la charité universelle et lui faisait comprendre la volonté qui fait la communion avec les uns et les autres.

Progressivement, j'ai appris plus encore à connaître cette femme douce, présente, disponible. Le mot « disponible » me semble le plus adapté. Elle était disponible aux événements qui se proposaient et quand elle avait compris un évènement, elle voyait la réponse qu'il fallait lui apporter et s'engageait pour être efficace durablement. Donc sa compétence et sa disponibilité l'ont tout à fait ancrée dans la pastorale familiale et l'action sociale.

Sur fond de toutes ces années, qu'est-ce que vous retenez, personnellement, de la vie d'Emma Gounot ?

La compétence, la disponibilité et la douceur. Elle était hyper compétente dans les domaines du droit, de la sociologie, et de l'action sociale.

Et quel est, selon vous, le message d'Emma Gounot pour le monde d'aujourd'hui ?

Le message d'Emma Gounot, c'est d'être présent au monde pour le faire réussir. C'est cela que je retiens. Elle était fondamentalement laïque ; elle aimait le monde, le connaissait. Elle avait plaidé pour Mounier, plus tard, elle a plaidé aussi bien pour les militants de l'OAS que pour des militants du FLN et elle avait arraché trois grâces au Président de la République pour trois personnes condamnées à mort. Il me semble qu'elle n'avait pas d'engagement politique. Elle avait des amis qui étaient en politique mais je ne lui ai pas connu une attache en politique ; elle parlait politique avec ses amis.

Quand elle fut un peu plus âgée, tout au moins à ce que j'ai su, elle écrivait à sa famille. Aînée de onze enfants, ça fait nombre de beaux-frères et de belles-sœurs, nombres de neveux et petits-neveux. Elle m'a dit qu'elle écrivait 220 lettres par trimestre pour donner des nouvelles aux uns et aux autres. Elle s'était attachée à la rencontre des uns et des autres dispersés en France et dans le monde en leur donnant des nouvelles les uns des autres. C'est là aussi qu'elle m'a laissé entendre comment les circonstances la conduisaient à une action. Et comme elle y mettait tout son cœur, cette action réussissait sans doute par sa fidélité à ce qu'elle avait entrepris. Elle m'a beaucoup appris.

Concernant la filiation avec son père, on parlait de la loi « Gounot » et j'ai toujours cru qu'il avait été député. C'était en fait sa renommée qui avait fait qu'on avait nommé cette loi du nom de son père. Emma a développé cette approche mais elle n'a pas fait que suivre son père, j'allais dire que son père a été une occasion pour elle d'inventer autre chose. Je crois que le fond de sa vie a été de lire le monde présent pour inventer autre chose. Et sa foi était liée à cette invention car elle le faisait d'une certaine manière en communion avec Dieu. Elle voulait aimer le monde comme Dieu l'aimait donc elle le prenait comme il était. Elle était disponible à le faire réussir dans l'idée qu'il fallait s'aimer les uns les autres.

Merci beaucoup pour ce riche témoignage. Voudriez-vous encore ajouter quelque chose ?

Il me vient encore trois remarques :

— Emma aimait la société ; ceux et celles qui étaient malmenés par les événements la faisaient souffrir, elle se mobilisait pour leur apporter un soutien et une formation. L'un et l'autre, nous avions choisi d'être présents à la fragilité humaine que nous partageons tous.

— Sa famille a été pour elle un lieu de bonheur et elle ne supportait pas que d'autres n'aient pas la chance de connaître une pareille joie.

— On peut dire que mes premières années de ministère m'ont préparé à la rencontre de sa personnalité et à son action dans la société. Ce qui a permis notre écoute et notre entente c'est que nous avons aimé et servi le même aspect de la réalité sociale. Nos parcours très différents mais analogues nous disaient la même chose et facilitaient nos échanges spirituels. En Emma, au fil des jours, se conjuguaient sans violence, un brin de « classicisme » et une ardeur soutenue d'actions audacieuses au service de la société humaine et en particulier de la réalité familiale.

Table des matières

Liste des auteurs	21
Introduction Valérie AUBOURG, Hugues FULCHIRON, Bernard MEUNIER et Fabrice TOULIEUX	23

PREMIÈRE PARTIE
EMMA GOUNOT, UNE FEMME ENGAGÉE

Emma Gounot (1917-2017), une femme de son temps Bernadette ANGLERAUD	33
I. Une histoire familiale : l'héritage	33
II. Les remous de la seconde moitié du XXe siècle	36
Emma Gounot. L'engagement pionnier d'une fille dans les pas de son père aux Semaines Sociales de France Denis VINCKIER	41
I. L'histoire des Semaines Sociales	43
A. Une université itinérante née en 1904… jusqu'à la « mise en sommeil » après mai 1968	43
B. La place de Lyon	44
C. La tradition des leçons	46
II. La rencontre d'Emma Gounot avec les Semaines Sociales	48
A. La rencontre avec les Semaines Sociales via son père mais pas uniquement	48
B. Un spécialiste de la famille aux Semaines Sociales	50
C. Une histoire rare mais qui n'est pas unique	51
III. Les grandes leçons des Gounot aux Semaines Sociales de France	52
A. La leçon d'Emmanuel Gounot à Bordeaux en 1957 (44e Semaine Sociale de France)	52
B. La leçon d'Emma Gounot à Metz en 1972 (59e Semaine Sociale de France)	54
C. Des Semaines Sociales aux réalisations concrètes	55

Emma Gounot et le catholicisme social lyonnais
Jean-Dominique Durand 59
   I. Un héritage.. 59
   II. Une action 62
      La guerre et la justice 62
      L'œcuménisme et le dialogue entre les cultures 67
      La Chronique sociale et les Semaines Sociales................................. 69
   Conclusion... 71

La Sauvegarde, Emmanuel et Emma Gounot, une histoire de filiation et de transmission
François Boursier 73
   I. Qui est Emmanuel Gounot ? 74
   II. Au cœur d'une histoire et d'un contexte complexe,
   Emmanuel Gounot ou la fermeté sur les principes 75
      Un homme de réseau dont le pivot central est la Chronique sociale...... 77
      Le fondateur de la Sauvegarde 78
      Un farouche défenseur de la liberté associative face à l'État 80
   III. Emma, ou la défense et l'illustration des corps intermédiaires........... 84

Aux origines de l'Institut des Sciences de la Famille
Daniel Moulinet 87
   I. Une première étape en 1965 88
   II. Une réflexion menée dans le contexte de la crise
   de la Faculté de droit 89
   III. Le démarrage de l'Institut.. 94
   IV. L'époque de la loi Veil 96

Trois figures féminines en lien, pour partie, avec les engagements d'Emma Gounot dans le domaine de la famille, des enfants et de la justice
Mathilde Dubesset 99
   I. Germaine Poinso-Chapuis (1901-1981) 99
   II. Françoise Dolto (1908-1988) 102
   III. Marie-Madeleine Dienesch (1914-1998) 103

DEUXIÈME PARTIE
DONNER SA PLACE À L'ENFANT

Ne surtout pas oublier les enfants dans la lutte contre les violences conjugales !
Isabelle CORPART 109
   I. Ne pas refuser aux enfants la qualité de victimes 110
      A. L'enfant n'est pas seulement un témoin des violences conjugales 111
      B. L'enfant est une victime dont la protection doit être organisée 113
   II. Ne pas ériger la coparentalité en principe mais faire primer l'intérêt de l'enfant 115
      A. L'intérêt de l'enfant peut conduire à adapter le concept de coparentalité en cas de violences conjugales 116
      B. L'intérêt de l'enfant peut conduire à mettre fin à toute mission parentale en cas de violences conjugales 118

La justice familiale protectrice des droits de l'enfant
Marc JUSTON 123
   I. La médiation familiale : un processus pacificateur 125
   II. Réfléchir à une bonne utilisation de la médiation familiale 127
   III. La nécessaire prise de conscience du caractère protéiforme du conflit familial 130
   IV. Une évolution nécessaire de la justice familiale 134

La prise en considération de la parole et de l'intérêt supérieur de l'enfant dans la procédure d'adoption
Blandine MALLEVAEY 137
   I. La participation de l'enfant capable de discernement à la procédure d'adoption : un double affirmement 141
      A. La participation à la procédure d'adoption de l'enfant de plus de 13 ans 142
      B. La participation de l'enfant de moins de 13 ans et capable de discernement à la procédure d'adoption 144
   II. La représentation de l'enfant dénué de discernement dans la procédure d'adoption : un double immobilisme 146
      A. L'absence de représentation de l'enfant non encore pourvu de discernement 147
      B. L'impossible adoption de l'enfant de plus de 13 ans dépourvu de discernement 148

L'aide sociale à l'enfance : son histoire, ses défis, ses limites, actuels et à venir
Pierre Verdier 153
    I. La lutte contre la mort 154
        L'abandon 155
        Le Secret 156
    II. L'organisation de l'assistance 158
    III. La logique de la protection 158
    IV. La logique du soin 162
    V. Le droit des personnes 164
    VI. Le recentrage sur les besoins de l'enfant 165

Enfin, une consécration du droit à l'enfant !
(Éléments pour une anticipation vraisemblable)
Vincent Bonnet 169
    I. Le temps de l'obscurité 172
    II. Le temps des lumières 176

TROISIÈME PARTIE
FAMILLE ET COUPLE EN MUTATION

Le couple aujourd'hui. Un révélateur des inégalités sociales
Emmanuelle Santelli 185
    I. L'individualisation de la sphère conjugale 186
    II. Une institution toujours forte 188
    III. Des couples néanmoins plus fragiles 189
    IV. Persistance des inégalités 191
    En guise de conclusion 194

Les politiques d'égalité femmes/hommes
Au-delà du combat féministe, la promesse d'une vie meilleure pour tous
Isabelle Rome 195
    I. À la conquête des droits… 196
    II. Ce n'est qu'au xxe siècle… 197
    III. Le concept d'égalité n'est plus forcément un objet de luttes
    mais devient un élément à part entière de la mise en œuvre
    des politiques publiques, en matière de gouvernance, comme de gestion
    des ressources humaines 199

Insuffler la culture de l'égalité 202
Mettre en place des outils efficients permettant de décliner une politique d'égalité professionnelle 204

À cet endroit précis où les liens font mal
La justice familiale selon l'espérance
Jean Philippe PIERRON 207
    I. Séparation, rupture et perte dans les relations conjugales et familiales ... 208
    II. Une symbolique du lien 211
    III. Pourquoi créer un Institut des sciences de la famille : une épistémologie des relations pour comprendre les séparations 214
    IV. Le discernement spirituel du lien difficile et de la perte 215

Spiritualité et théologie catholiques du mariage au risque du modèle religieux. Un rapprochement contemporain à interroger
Bertrand DUMAS 219
    I. Le rehaussement du mariage par son rapprochement avec la vie religieuse : une tendance contemporaine, une impasse 220
        Un idéal proposé au grand public 220
        Un paradigme académique vivant 222
        … Mais une impasse 223
    II. Derrière les raisons théologiques, des raisons culturelles ? Conjugalité et postmodernité 224
        Raisons historico-doctrinales : catholicisme et sexualité, une histoire ambiguë 225
        Raisons culturelles : la postmodernité, source d'incertitudes 227
    III. Pour une théologie de la médiation conjugale comme remède à la « monasticisation » des couples 228

La famille en archipel. Approche psychanalytique de la famille
Joël CLERGET 235
    I. Feu la famille 236
    II. Adoption 238
    III. La famille en archipel 240
    IV. Composition familiale 242
    V. Faire famille 243
    VI. Individuation et éducation 247

Us et abus de l'ethnologie pour éclairer les transformations de la famille d'aujourd'hui
Martine SEGALEN [†] 249

I. Ce que nous enseignent les concepts de l'anthropologie 250
   Nommer 250
   S'affilier 251
   S'épouser 254
II. Ruptures théoriques et rencontres thématiques 255
   Le vieillissement : du coût social à la grand-parentalité 256
   Les migrations internationales : des transformations sociales et spatiales aux réseaux familiaux 257
III. Comparaison n'est pas toujours raison 259
   Comment pallier la stérilité des couples 261
   Faire circuler les enfants 262
   Conclusion : l'ethnologie est une grande maison 263

Droit de la famille *versus* Droit des étrangers : entre rapprochements et tensions. *L'exemple de la fragilisation du lien de la filiation par les dispositifs de lutte contre les reconnaissances frauduleuses*
Carole PETIT 265

I. La limitation des effets du lien de filiation par le dispositif de lutte *a posteriori* contre les reconnaissances frauduleuses 266
   A. Les sanctions des reconnaissances frauduleuses enregistrées 266
   B. Les restrictions au droit de séjour des parents d'enfants français ... 268
II. La création d'obstacles à l'établissement du lien de filiation par le dispositif de lutte *a priori* contre les reconnaissances frauduleuses ... 272
   A. Les entraves à l'enregistrement des reconnaissances 272
   B. Une atteinte inutile aux droits de l'enfant 275

Dignité et fin de vie : enjeux sociétaux d'une expérience singulière
Julie HENRY et Laure MARMILLOUD 279

I. Naissance du mouvement des soins palliatifs 279
   A. D'hier à aujourd'hui : quelles avancées ? Quel état des lieux ? 281
   B. Des questions et des missions non réservées aux professionnels des soins palliatifs 282
II. Réflexions sur la législation française autour de la fin de vie 283
   A. Retours sur l'histoire législative autour de la fin de vie 284
   B. À propos du besoin d'éthique une fois la fonction du droit reconnue 286

QUATRIÈME PARTIE
NOUVEAUX ENJEUX POUR LA JUSTICE

Les horizons métaphysiques pré-interprétatifs du jugement pénal
Yan PLANTIER 295

Famille et détention : de la difficulté de maintenir des liens
Marion WAGNER 303
   I. Le difficile entretien des liens familiaux : la famille sacrifiée 306
      A. Les disparités sur le territoire : un inégal accès au maintien
      des liens familiaux 307
      B. Les transferements : obstacle au maintien des liens familiaux 313
   II. La difficile construction des liens familiaux : les enfants sacrifiés 315
      A. Les enfants en visite 315
      B. Les enfants en détention 317

Laïcité et prisons françaises : applications juridiques et perspectives
Alexandre DELAVAY 325
   I. Encadrer par le droit la pratique cultuelle en détention 326
      L'encadrement normatif de l'accès au culte 326
      L'application du statut de la fonction publique : le droit à la neutralité... 328
   II. Permettre la pratique cultuelle en détention : une obligation positive
   à la charge de l'État 330
      La diversité des statuts et missions imparties aux aumôniers 332
      L'obligation de mise à disposition de moyens matériels : la situation
      des objets cultuels et des repas confessionnels 333
      Sur les objets cultuels 334
      Sur les repas confessionnels 335
   Conclusion : des textes à la pratique, vers un meilleur respect des droits 338

Le procès Dominic Ongwen à la CPI : l'impossible narration d'un enfant soldat
Clarisse BRUNELLE-JUVANON 339

La traite d'êtres humains en Europe
Pascale BOUCAUD 349
   I. Moyens mis en œuvre par la Convention pour lutter contre la traite
   des êtres humains 351
      A. Quelles sont les victimes visées ? 352
      B. Quels sont précisément les éléments constitutifs
      de l'infraction de traite ? 352

C. Quelles sont les mesures visant à protéger les droits des victimes ? 353
D. L'imposition aux États parties d'incriminer la traite
des êtres humains.. 358
E. Afin de faciliter les poursuites et le déroulement de la procédure,
la Convention prévoit enfin des règles particulières en faveur des victimes 359

II. La Cour européenne des droits de l'homme et la condamnation
de la traite des êtres humains.. 360
A. Tout d'abord, des obligations substantielles 364
B. En plus des obligations substantielles, la Cour déduit de l'article 4
une obligation procédurale d'enquêter, à la charge des États 366

CINQUIÈME PARTIE
EMMA AU PLUS PRÈS

Libre traversée d'un siècle
Valérie AUBOURG et Hugues FULCHIRON 371
I. La Jeunesse 371
II. Avocate pendant la guerre 378
III. Avocate après la guerre... 381
IV. La guerre d'Algérie 385
V. Les Facultés catholiques et la création de l'Institut des sciences
de la famille 390
VI. L'évolution de la famille... 401
VII. Ses engagements associatifs et les Semaines Sociales 407
VIII. La Sauvegarde 413
IX. L'Église... 418

Témoignages familiaux – Emma vue par les siens 423

« *Emma Gounot faisait honneur au diocèse de Lyon !* »
Interview du père Christian Montfalcon 433